U0216186

吉林人民出版社

元史

卷一——卷四三

（一）

〔明〕 宋 濂等 撰

余大钧 标点

目　　录

元史卷一
本纪第一

太　祖

太祖法天启运圣武皇帝,讳铁木真,姓奇渥温氏,蒙古部人。

其十世祖孛端叉儿,母曰阿兰果火,嫁脱奔咩哩犍,生二子,长曰博寒葛答黑,次曰博合睹撒里直。既而夫亡,阿兰寡居,夜寝帐中,梦白光自天窗中入,化为金色神人,来趋卧榻。阿兰惊觉,遂有娠,产一子,即孛端叉儿也。孛端叉儿状貌奇异,沉默寡言,家人谓之痴;独阿兰语人曰:"此儿非痴,后世子孙必有大贵者。"阿兰没,诸兄分家赀不及之;孛端叉儿曰:"贫贱富贵命也,赀财何足道。"独乘青白马至八里屯阿懒之地居焉。食饮无所得,适有苍鹰,搏野兽而食,孛端叉儿以缗设机取之,鹰即驯狎。乃臂鹰猎兔禽以为膳,或阙即继,似有天相之。居数月,有民数十家自统急里忽鲁之野逐水草来迁,孛端叉儿结茅与之居,出入相资,自此生理稍足。一日,仲兄忽思之,曰:"孛端叉儿独出而无赀,近者得无冻馁乎?"即自来访,邀与俱归。孛端叉儿中路谓其兄曰:"统急里忽鲁之民无所属附,若临之以兵,可服也。"兄以为然。至家,即选壮士,令孛端叉儿帅之前行,果尽降之。

孛端叉儿殁,子八林昔黑剌秃合必畜嗣,生子曰咩撚笃敦。咩撚笃敦妻曰莫拏伦,生七子而寡。莫拏伦性刚急。时押剌伊而部有群小儿掘田间草根以为食,莫拏伦乘车出,适见之,怒曰:"此田乃我子驰马之所,群儿辄敢坏之邪!"驱车径出,辄伤诸儿,有至死者。

押剌伊而忿怨，尽驱莫挈伦马群以去。莫挈伦诸子闻之，不及被甲，往追之。莫挈伦私忧曰："吾儿不甲以往，恐不能胜敌。"令子妇载甲赴之，已无及矣。既而果为所败，六子皆死。押剌伊而乘胜杀莫挈伦，灭其家。唯一长孙海都尚幼，乳母匿诸积木中，得免。

先是，莫挈伦第七子纳真，与八剌忽民家为赘婿，故不及难。闻其家被祸，来视之，见病妪十数与海都尚在，其计无所出。幸驱马时，兄之黄马三次掣套竿逸归，纳真至是得乘之。乃伪为牧马者，诣押剌伊而。路逢父子二骑先后行，臂鹰而猎。纳真识其鹰，曰："此吾兄所擎者也。"趋前绐其少者曰："有赤马引群马而东，汝见之乎？"曰："否。"少者乃问曰："尔所经过，有凫雁乎？"曰："有。"曰："汝可为吾前导乎？"曰："可。"遂同行。转一河隈，度后骑相去稍远，刺杀之。縻马与鹰，趋迎后骑，绐之如初。后骑问曰："前射凫雁者吾子也，何为久卧不起耶？"纳真以鼻呬对。骑者方怒，纳真乘隙刺杀之。复前行至一山下，有马数百，牧者唯童子数人，方击髀石为戏。纳真熟视之，亦兄家物也。绐问童子，亦如之。于是登山四顾，悄无来人，尽杀童子，驱马臂鹰而还，取海都并病妪归八剌忽之地止焉。

海都稍长，纳真率八剌忽怯谷诸民共立为君。海都既立，以兵攻押剌伊而臣属之，形势浸大。列营帐于八剌合黑河上，跨河为梁，以便往来。由是四傍部族归之者渐众。

海都殁，子拜姓忽儿嗣。拜姓忽儿殁，子敦必乃嗣。敦必乃殁，子葛不律寒嗣。葛不律寒殁，子八哩丹嗣。八哩丹殁，子也速该嗣，并吞诸部落，势愈盛大。也速该崩，至元三年十月，追谥烈祖神元皇帝。

初，烈祖征塔塔儿部，获其部长铁木真。宣懿太后月伦适生帝，手握凝血如赤石。烈祖异之，因以所获铁木真名之，志武功也。

族人泰赤乌部旧与烈祖相善，后因塔儿不台用事，遂生嫌隙，绝不与通。及烈祖崩，帝方幼冲，部众多归泰赤乌。近侍有脱端火儿真者，亦将叛，帝自泣留之。脱端曰："深池已乾矣，坚石已碎矣，留复何为。"竟帅众驰去。宣懿太后怒其弱已也,麾旗将兵,躬自追叛者,驱其太半而还。

时帝麾下掇只别居萨里河,札木合部人秃台察儿居玉律哥泉,时欲相侵凌,掠萨里河牧马以去。掇只麾左右匿群马中,射杀之。札木合以为怨,遂与泰赤乌诸部合谋,以众三万来战。帝时驻军答阑版朱思之野,闻变,大集诸部兵,分十有三翼以俟。已而札木合至,帝与大战,破走之。

当是时,诸部之中,唯泰赤乌地广民众,号为最强。其族照烈部,与帝所居相近。帝尝出猎,偶与照烈猎骑相属。帝谓之曰:"今夕可同宿乎?"照烈曰:"同宿固所愿,但从者四百,因糗粮不具,已遣半还矣,今将奈何?"帝固邀与宿,凡其留者,悉饮食之。明日,再合围,帝使左右驱兽向照烈,照烈得多获以归。其众感之,私相语曰:"泰赤乌与我虽兄弟,常攘我车马,夺我饮食,无人君之度。有人君之度者,其惟铁木真太子乎?"照烈之长玉律,时为泰赤乌所虐,不能堪,遂与塔海答鲁领所部来归,将杀泰赤乌以自效。帝曰:"我方熟寐,幸汝觉我。自今车辙人迹之涂,当尽夺以与汝矣。"已而二人不能践其言,复叛去。塔海答鲁至中路,为泰赤乌部人所杀。照烈部遂亡。

时帝功德日盛,泰赤乌诸部多苦其主非法,见帝宽仁,时赐人以裘马,心悦之。若赤老温,若哲别,若失力哥也不干诸人,若朵郎吉,若札剌儿,若忙兀诸部,皆慕义来降。

帝会诸族薛彻、大丑及薛彻别吉等,各以旄车载湩酪,宴于斡难河上。帝与诸族及薛彻别吉之母忽儿真之前,共置马湩一革囊;薛彻别吉次母野别该之前,独置一革囊。忽儿真怒曰:"今不尊我,而贵野别该乎?"疑帝之主膳者失丘儿所为,遂笞之。于是颇有隙。时皇弟别里古台掌帝乞列思事,乞列思,华言禁外系马所也。播里掌薛彻别吉乞列思事。播里从者因盗去马鞘,别里古台执之。播里怒斫别里古台,伤其背。左右欲斗,别里古台止之,曰:"汝等欲即复仇乎?我伤幸未甚,姑待之。"不听,各持马乳橦疾斗,夺忽儿真、火里真二哈敦以归。薛彻别吉遣使请和,因令二哈敦还。

会塔塔儿部长蔑兀真笑里徒背金约,金主遣丞相完颜襄帅兵,逐之北走。帝闻之,发近兵自斡难河迎击。仍谕薛彻别吉帅部人来助;候六日,不至。帝自与战,杀蔑兀真笑里徒,尽虏其辎重。

帝之麾下有为乃蛮部人所掠者,帝欲讨之,复遣六十人征兵于薛彻别吉。薛彻别吉以旧怨之故杀其十人,去五十人衣而归之。帝怒曰:"薛彻别吉曩答我失丘儿,斫伤我别里古台,今又敢乘敌势以陵我耶!"因帅兵逾沙碛攻之,杀虏其部众,唯薛彻、大丑仅以妻孥免。越数月,帝复伐薛彻、大丑,追至帖烈徒之隘灭之。

克烈部札阿绀孛来归。札阿绀孛者,部长汪罕之弟也。汪罕名脱里,受金封爵为王,番言音重,故称王为汪罕。

初,汪罕之父忽儿札胡思杯禄既卒,汪罕嗣位,多杀戮昆弟。其叔父菊儿帅兵与汪罕战,逼于哈剌温隘败之,仅以百余骑脱走,奔于烈祖。烈祖亲将兵,逐菊儿走西夏,复夺部众归汪罕。汪罕德之,遂相与盟,称为按答。按答,华言交物之友也。烈祖崩,汪罕之弟也力可哈剌怨汪罕多杀之故,复叛归乃蛮部。乃蛮部长亦难赤为发兵伐汪罕,尽夺其部众与之。汪罕走河西、回鹘、回回三国,奔契丹。既而复叛归,中道粮绝,挏羊乳为饮,刺橐驼血为食,困乏之甚。帝以其与烈祖交好,遣近待往招之。帝亲迎抚劳,安置军中振给之。遂会于土兀剌河上,尊汪罕为父。

未几,帝伐蔑里乞部,与其部长脱脱战于莫那察山,遂掠其资财、田禾以遗汪罕。汪罕因此部众稍集。

居亡何,汪罕自以其势足以有为,不告于帝,独率兵复攻蔑里乞部。部人败走,脱脱奔八儿忽真之隘。汪罕大掠而还,于帝一无所遗,帝不以屑意。

会乃蛮部长不鲁欲罕不服,帝复与汪罕征之。至黑辛八石之野,遇其前锋也的脱孛鲁者,领百骑来战,见军势渐逼,走据高山,其马鞍转坠,擒之。曾未几何,帝复与乃蛮骁将曲薛吾撒八剌二人遇。会日暮,各还营垒,约明日战。是夜,汪罕多燃火营中,示人不疑,潜移部众于别所。及旦,帝始知之,因颇疑其有异志,退师萨里河。既而汪罕亦还至土兀剌河,汪罕子亦剌合及札阿绀孛来会。曲薛吾等察知之,乘其不备,袭虏其部众于道。亦剌合奔告汪罕,汪罕命亦剌合与卜鲁忽孛共追之,且遣使来曰:"乃蛮不道,掠我人民。太子有四良将,能假我以雪耻乎?"帝顿释前憾,遂遣博尔术、木华黎、博罗浑、赤老温四人,帅师以往。师未至,亦剌合已追及曲薛吾,与之战,大败,卜鲁忽孛成擒。流矢中亦剌合马胯,几为所获。须臾四将至,击乃蛮走,尽夺所掠归汪罕。

已而与皇弟哈撒儿再伐乃蛮,拒斗于忽阑盍侧山,大败之,尽杀其诸将族众,积尸以为京观。乃蛮之势遂弱。

时泰赤乌犹强,帝会汪罕于萨里河,与泰赤乌部长沆忽等大战斡难河上,败走之,斩获无算。

哈答斤部、散只兀部、朵鲁班部、塔塔儿部、弘吉剌部闻乃蛮、泰赤乌败,皆畏威不自安,会于阿雷泉,斩白马为誓,欲袭帝及汪罕。弘吉剌部长迭夷恐事不成,潜遣人告变。帝与汪罕自虎图泽逆战于盂亦烈川,又大败之。

汪罕遂分兵,自由绿怜河而行。札阿绀孛谋于按敦阿述、燕火脱儿等曰:"我兄性行不常,既屠绝我昆弟,我辈又岂得独全乎?"按敦阿述泄其言。汪罕令执燕火脱儿等至帐下,解其缚,且谓燕火脱儿曰:"吾辈由西夏而来,道路饥困,其相誓之语遽忘之乎?"因唾其面,坐上之人皆起而唾之。汪罕又屡责札阿绀孛,至于不能堪。札阿绀孛与燕火脱儿等俱奔乃蛮。

帝驻军于彻彻儿山,起兵伐塔儿部,部长阿剌兀都儿等来逆战,大败之。

时弘吉剌部欲来附,哈撒儿不知其意,往掠之。于是弘吉剌归札木合部,与朵鲁班、亦乞剌思、哈答斤、火鲁剌思、塔塔儿、散只兀诸部会于犍河,共立札木合为局儿罕,盟于秃律别儿河岸,为誓曰:"凡我同盟,有泄此谋者,如岸之摧,如林之伐。"誓毕,共举足蹋岸,挥刀斫林,驱士卒来侵。塔海哈时在众中,与帝麾下抄吾儿连姻,抄吾儿偶往视之，具知其谋，即还至帝所，悉以其谋告之。帝即起兵，逆战于海剌儿帖尼火鲁罕之地，破之。札木合脱走。弘吉剌部来降。

岁壬戌，帝发兵于兀鲁回失连真河，伐按赤塔塔儿、察罕塔塔儿二部。先誓师曰："苟破敌逐北，见弃遗物慎无获，俟军事毕散之。"既而果胜，族人按弹、火察儿、答力台三人背约，帝怒，尽夺其所获，分之军中。

初，脱脱败走八儿忽真隘，既而复出为患，帝帅兵讨走之。至是，又会乃蛮部不鲁欲罕，约朵鲁班、塔塔儿、哈答斤、散只兀诸部来侵。帝遣骑乘高四望，知乃蛮兵渐至，帝与汪罕移军入塞。亦剌合自北边来，据高山结营。乃蛮军冲之不动，遂还。亦剌合寻亦入塞。将战，帝迁辎重于他所，与汪罕倚阿兰塞为壁，大战于阙奕坛之野。乃蛮使神巫祭风雪，欲因其势进攻。既而反风，逆击其阵。乃蛮军不能战，欲引还，雪满沟涧。帝勒兵乘之，乃蛮大败。是时，札木合部起兵援乃蛮，见其败，即还，道经诸部之立己者，大纵掠而去。

帝欲为长子术赤求婚于汪罕女抄儿伯姬，汪罕之子秃撒合亦欲尚帝女火阿真伯姬，俱不谐，自是颇有违言。初，帝与汪罕合军攻乃蛮，约明日战。札木合言于汪罕曰："我于君是白翎雀，他人是鸿雁耳。白翎雀寒暑常在北方，鸿雁遇寒则南飞就暖耳。"意谓帝心不可保也。汪罕闻之疑，遂移部众于别所。及议婚不成，札木合复乘隙谓亦剌合曰："太子虽言是汪罕之子，尝通信于乃蛮，将不利于君父子。君若能加兵，我当从傍助君也。"亦剌合信之。会答力台、火察儿、按弹等叛归亦剌合，亦说之曰："我等愿佐君讨宣懿太后诸子也。"亦剌合大喜，遣使言于汪罕。汪罕曰："札木合巧言寡信人也，不足听。"亦剌合力言之。使者往返者数四。汪罕曰："吾身之存，实太子是赖。髭须已白，遗骸冀得安寝，汝乃喋喋不已耶？汝善自为之，毋贻吾忧可也。"札木合遂纵火焚帝牧地而去。

岁癸丑，汪罕父子谋欲害帝，乃遣使来曰："向者所议姻事，今当相从，请来饮布浑察儿。"布浑察儿，华言许亲酒也。帝以为然，率十骑赴之。至中道,心有所疑,命一骑往谢。帝遂还。汪罕谋既不成,即议举兵来侵。圉人乞力失闻其事,密与弟把带告帝。帝即驰军阿兰塞,悉移辎重于他所,遣折里麦为前锋,俟汪罕至,即整兵出战。先与朱力斤部遇,次与董哀部遇,又次与火力失烈门部遇,皆败之。最后与汪罕亲兵遇,又败之。亦剌合见势急,突来冲阵。射之中颊,即敛兵而退。怯里亦部人遂弃汪罕来降。

汪罕既败而归,帝亦将兵还至董哥泽驻军,遣阿里海致责于汪罕曰:"君为叔父菊儿所逐,困迫来归,我父即攻菊儿,败之于河西,其土地人民尽收与君。此大有功于君一也。君为乃蛮所攻,西奔日没处。君弟札阿绀孛在金境,我亟遣人召还。比至,又为蔑里乞部人所逼,我请我兄薛彻别及及我弟大丑往杀之。此大有功于君二也。君因迫来归时,我过哈丁里,历掠诸部,羊马资财尽以奉君。不半月间,令君饥者饱、瘠者肥。此大有功于君三也。君不告我往掠蔑里乞部,大获而还,未尝以毫发分我,我不以为意。及君为乃蛮所倾覆,我遣四将夺还尔民人,重立尔国家。此大有功于君四也。我征朵鲁班、塔塔儿、哈答斤、散只兀、弘吉剌五部,如海东鸷禽之于鹅雁,见无不获,获则必致于君。此大有功于君五也。是五者皆有明验,君不报我则已,今乃易恩为仇,而遽加兵于我哉!"汪罕闻之,语亦剌合曰:"我向者之言何如?吾儿宜识之。"亦剌合曰:"事势至今日,必不可已。唯有竭力战斗,我胜则并彼,彼胜则并我耳。多言何为。"

时帝诸族按弹、火察儿皆在汪罕左右,帝因遣阿里海诮责汪罕,就令告之曰:"昔者吾国无主,以薛彻、太丑二人实我伯祖八剌哈之裔,欲立之。二人既已固辞,乃以汝火察儿为伯父聂坤之子,又欲立之,汝又固辞。然事不可中辍,复以汝按弹为我祖忽都剌之子,又欲立之,汝又固辞。于是汝等推戴吾为之主,初岂我之本心哉,不自意相迫至于如此也。三河,祖宗肇基之地,毋为他人所有。汝善事汪罕。汪罕性无常,遇我尚如此,况汝辈乎?我今去矣,我今去矣。"按弹等无一言。

帝既遣使于汪罕，遂进兵虏弘吉利别部溺儿斤以行。至班朱尼河，河水方浑，帝饮之以誓众。有亦乞烈部人孛徒者，为火鲁剌部所败，因遇帝，与之同盟。哈撒儿别居哈剌浑山，妻子为汪罕所虏，挟幼子脱虎走，粮绝，探鸟卵为食，来会于河上。时汪罕形势盛强，帝微弱，胜败未可知，众颇危惧。凡与饮河水者，谓之饮浑水，言其曾同艰难也。汪罕兵至，帝与战于哈阑真沙陀之地，汪罕大败。其臣按弹、火察儿、札木合等谋杀汪罕，弗克，往奔乃蛮；答力台、把怜等部稽颡来降。

帝移军斡难河源，谋攻汪罕，复遣二使往汪罕，伪为哈撒儿之言曰："我兄太子今既不知所在，我之妻孥，又在王所，纵我欲往，将安所之耶？王倘弃我前愆，念我旧好，即束手来归矣。"汪罕信之，因遣人随二使来，以皮囊盛血与之盟。及至，即以二使为向导，令军士衔枚夜趋折折运都山，出其不意袭汪罕败之，尽降克烈部众。

汪罕与亦剌合挺身遁去。汪罕叹曰："我为吾儿所误，今日之祸，悔将何及！"汪罕出走，路逢乃蛮部将，遂为其所杀。亦剌哈走西夏，日剽掠以自资。既而亦为西夏所攻走。至龟兹国，龟兹国主以兵讨杀之。

帝既灭汪罕，大猎于帖麦该川，宣布号令，振凯而归。时乃蛮部长太阳罕心忌帝能，遣使谋于白达达部主阿剌忽思曰："吾闻东方有称帝者。天无二日，民岂有二王邪？君能益我右翼，吾将夺其弧矢也。"阿剌忽思即以是谋报帝；居无何，举部来归。

岁甲子，帝大会于帖麦该川，议伐乃蛮。群臣以方春马瘦，宜俟秋高为言。皇弟斡赤斤曰："事所当为，断之在早，何可以马瘦为辞。"别里古台亦曰："乃蛮欲夺我弧矢，是小我也，我辈义当同死。彼恃其国大而言夸，苟乘其不备而攻之，功当可成也。"帝悦曰："以此众战，何忧不胜。"遂进兵伐乃蛮。驻兵于建忒该山，先遣虎必来、哲别二人为前锋。

太阳罕至自按台，营于沆海山，与蔑里乞部长脱脱、克烈部长阿怜太石、猥剌部长忽都花别吉暨秃鲁班、塔塔儿、哈答斤、散只兀诸部合,兵势颇盛。时我队中赢马有惊入乃蛮营中者,太阳罕见之与众谋曰:"蒙古之马瘦弱如此,今当诱其深入,然后战而擒之。"其将火力速八赤对曰:"先王战伐,勇进不回,马尾人背不使敌人见之。今为此迁延之计,得非心中有所惧乎?苟惧之,何不令后妃来统军也。"太阳罕怒,即跃马索战。

帝以哈撒儿主中军。时札木合从太阳罕来,见帝军容整肃,谓左右曰:"乃蛮初举兵,视蒙古军若粘羁羔儿,意谓蹄皮亦不留。今吾观其气势,殆非往时矣。"遂引所部兵遁去。是日,帝与乃蛮军大战。至晡,禽杀太阳罕。诸部军一时皆溃,夜走绝险,坠崖死者不可胜计。明日,余众悉降。于是,朵鲁班、塔塔儿、哈答斤、散只兀四部亦来降。

已而复征蔑里乞部,其长脱脱奔太阳罕之兄卜鲁欲罕。其属带儿兀孙献女迎降,俄复叛去。帝至泰寒寨,遣孛罗欢、沈白二人领右军往平之。

岁乙丑,帝征西夏,拔力吉里寨,经落思城,大掠人民及其橐驼而还。

元年丙寅,帝大会诸王、群臣,建九游白旗,即皇帝位于斡难河之源。诸王、群臣共上尊号曰成吉思皇帝。是岁,实金泰和之六年也。

帝既即位,遂发兵复征乃蛮。时卜鲁欲罕猎于兀鲁塔山,擒之以归。太阳罕子屈出律罕与脱脱奔也儿的石河上。

帝始议伐金。初,金杀帝宗亲咸补海罕,帝欲复仇。会金降俘等具言金主璟肆行暴虐,帝乃定议致讨,然未敢轻动也。

二年丁卯秋,再征西夏,克斡罗孩城。

是岁,遣按弹、不兀剌二人使乞力吉思。既而野牒亦纳里部、阿里替也儿部皆遣使来献名鹰。

三年戊辰春,帝至自西夏。夏,避暑龙庭。冬,再征脱脱及屈出律罕。时斡亦剌部等遇我前锋,不战而降,因用为向导,至也儿的石河,讨蔑里乞部,灭之。脱脱中流矢死,屈出律奔契丹。

四年己巳春,畏吾儿国来归。帝入河西,夏主李安全遣其世子率师来战。败之,获其副元帅高令公。克兀剌海城,俘其太傅西壁氏。进至克夷门,复败夏师,获其将嵬名令公。薄中兴府,引河水灌之。堤决,水外溃。遂撤围还。遣太傅讹答入中兴,招谕夏主。夏主纳女请和。

五年庚午春,金谋来伐,筑乌沙堡。帝命遮别袭杀其众,遂略地而东。初,帝贡岁币于金。金主璟卫王允济受贡于静州。帝见允济,不为礼。允济归,欲请兵攻之。会金主璟殂。允济嗣位,有诏至国,傅言当拜受。帝问金使曰:“新君为谁?”金使曰:“卫王也。”帝遽南面唾曰:“我谓中原皇帝是天上人做,此等庸懦亦为之耶,何以拜为!”即乘马北去。金使还言。允济益怒,欲俟帝再入贡就进场害之。帝知之,遂与金绝,益严兵为备。

六年辛未春,帝居怯绿连河。西域哈剌鲁部主阿昔兰罕来降。畏吾儿国主亦都护来觐。

二月,帝自将南伐。败金将定薛于野狐岭。取大水泺、丰利等县。金复筑乌沙堡。

秋七月,命遮别攻乌沙堡及乌月营,拔之。八月,帝及金师战于宣平之会河川,败之。九月,拔德兴府。居庸关守将遁去,遮别遂入关,抵中都。冬十月,袭金群牧监,驱其马而还。耶律阿海降,入见帝于行在所。皇子术赤、察合台、窝阔台分徇云内、东胜、武、朔等州,下之。是冬,驻跸金之北境。刘伯林、夹谷长哥等来降。

七年壬申春正月,耶律留哥聚众于隆安,自为都元帅,遣使来附。

帝破昌、桓、抚等州。金将纥石烈九斤等率兵三十万来援。帝与战于獾儿嘴,大败之。秋,围西京。金元帅左都监奥屯襄率师来援,帝遣兵诱至密谷口,逆击之,尽歼。复攻西京,帝中流矢,遂撤围。九月,察罕克奉圣州。冬十二月甲申,遮别攻东京,不拔。即引去,夜驰还,袭克之。

八年癸酉春,耶律留哥自立为辽王,改元元统。

秋七月,克宣德府。遂攻德兴府,皇子拖雷、驸马赤驹先登,拔之。帝进至怀来,及金行省完颜纲、元帅高琪战,败之。追至北口,金兵保居庸。诏可忔、薄刹守之,遂趋涿鹿。金西京留守忽沙虎遁去。帝出紫荆关,败金师于五回岭,拔涿、易二州。契丹讹鲁不儿等献北口,遮别遂取居庸,与可忔、薄刹会。

八月,金忽沙虎弑其主允济,迎丰王珣立之。

是秋,分兵三道:命皇子术赤、察合台、窝阔台为右军,循太行而南,取保、遂、安肃、安、定、邢、洺、磁、相、卫、辉、怀、孟、掠泽、潞、辽、沁、平阳、太原、吉、隰,拔汾、石、岚、忻、代、武等州而还;皇弟哈撒儿及斡陈那颜、拙赤駙、薄刹为左军,遵海而东,取蓟州、平、滦、辽西诸郡而还;帝与皇子拖雷为中军,取雄、霸、莫、安、河间、沧、景、献、深、祁、蠡、冀、恩、濮、开、滑、博、济、泰安、济南、滨、棣、益都、淄、潍、登、莱、沂等郡。复命木华黎攻密州,屠之。史天倪、萧勃迭率众来降,木华黎承制并以为万户。帝至中都,三道兵还,合屯大口。是岁,河北郡县尽拔,唯中都、通、顺、真定、清、沃、大名、东平、德、邳、海州十一城不下。

九年甲戌春三月,驻跸中都北郊。诸将请乘胜破燕,帝不从。乃遣使谕金主曰:"汝山东、河北郡县悉为我有,汝所守惟燕京耳。天既弱汝,我复迫汝于险,天其谓我何?我今还军,汝不能犒师以弭我诸将之怒耶?"金主遂遣使求和,奉卫绍王女岐国公主及金帛、童男女五百、马三千以献,仍遣其丞相完颜福兴送帝出居庸。

夏五月,金主迁汴,以完颜福兴及参政抹撚尽忠辅其太子守忠留守中都。六月,金纠军斫答等杀其主帅,率众来降。诏三摸合、石抹明安与斫答等围中都。帝避暑鱼儿泺。秋七月,金太子守忠走汴。

冬十月,木华黎征辽东。高州庐琮、金扑等降。锦州张鲸杀其节度使,自立为临海王,遣使来降。

十年乙亥春正月,金右副元帅蒲察七斤以通州降,以七斤为元帅。二月,木华黎攻北京,金元帅寅答虎、乌古伦以城降,以寅答虎为留守,吾也而权兵马都元帅镇之。兴中府元帅石天应来降,以天应为兴中府尹。三月,金御史中丞李英等率师援中都,战于霸州,败之。

夏四月,克清、顺二州。诏张鲸总北京十提控兵从南征。鲸谋叛伏诛。鲸弟致遂据锦州,僭号汉兴皇帝,改元兴龙。五月庚申,金中都留守完颜福兴仰药死,抹撚尽忠弃城走,明安入守之。是月,避暑桓州凉泾。遣忽都忽等籍中都帑藏。

秋七月,红罗山寨主杜秀降,以秀为锦州节度使。遣乙职里往谕金主,以河北、山东未下诸城来献及去帝号为河南王,当为罢兵;不从。诏史天倪南征,授右副都元帅,赐金虎符。八月,天倪取平州,金经略使乞住降。木华黎遣史进道等攻广宁府,降之。是秋,取城邑凡八百六十有二。

冬十月,金宣抚蒲鲜万奴据辽东,僭称天王,国号大真,改元天泰。十一月,耶律留哥来朝,以其子斜阇入侍。史天祥讨兴州,擒其节度使赵守玉。

十一年丙子春,还庐朐河行宫。张致陷兴中府,木华黎讨平之。

秋,撒里知兀觺三摸合拔都鲁率师由西夏趋关中,遂越潼关,获金西安军节度使尼庞古蒲鲁虎,拔汝州等郡,抵汴京而还。

冬十月,蒲鲜万奴降,以其子帖哥入侍;既而复叛,僭称东夏。

十二年丁丑夏,盗祁和尚据武平,史天祥讨平之,遂擒金将巢元帅以献。察罕破金监军夹谷于霸州,金求和,察罕乃还。

秋八月,以木华黎为太师,封国王,将蒙古、糺、汉诸军南征,拔遂城、蠡州。冬,克大名府,遂东定益都、淄、登、莱、潍、密等州。

是岁,秃满部民叛,命钵鲁完、朵鲁伯讨平之。

十三年戊寅秋八月,兵出紫荆口,获金行元帅事张柔,命还其旧职。木华黎自西京入河东,克太原、平阳及忻、代、泽、潞、汾、霍等州。金将武仙攻满城,张柔击败之。

是年,伐西夏,围其王城。夏主李遵顼出走西凉。契丹六哥据高丽江东城,命哈真、札剌率师平之。高丽王瞰遂降,请岁贡方物。

十四年己卯春，张柔败武仙，降祁阳、曲阳、中山等城。

夏六月，西域杀使者，帝率师亲征，取讹答剌城，擒其酋哈只儿只兰秃。

秋，木华黎克岢岚、吉、隰等州；进攻绛州，拔其城，屠之。

十五年庚辰春三月，帝克蒲华城。夏五月，克寻思干城，驻跸也石的石河。秋，攻斡脱罗儿城，克之。

木华黎徇地至真定，武仙出降。以史天倪为河北西路兵马都元帅、行府事，仙副之。东平严实籍彰德、大名、磁、洺、恩、博、滑、濬等州户三十万来归，木华黎承制授实金紫光禄大夫、行尚书省事。冬，金邢州节度使武贵降。木华黎攻东平不克，留严实守之，撤围趋洺州，分兵徇河北诸郡。是岁，授董俊龙虎卫上将军、右副都元帅。

十六年辛巳春，帝攻卜哈儿、薛迷思干等城，皇子术赤攻养吉干、八儿真等城，并下之。夏四月，驻跸铁门关。金主遣乌古孙仲端奉国书请和，称帝为兄；不允。金东平行省事忙古弃城遁，严实入守之。宋遣苟梦玉来请和。夏六月，宋涟水忠义统辖石珪率众来降，以珪为济、兖、单三州总管。秋，帝攻班勒纥等城，皇子术赤、察合台、窝阔台分攻玉龙杰赤等城，下之。冬十月，皇子拖雷克马鲁察叶可、马鲁、昔剌思等城。木华黎出河西，克葭、绥德、保安、鹿、坊、丹等州；进攻延安，不下。十一月，宋京东安抚使张琳以京东诸郡来降，以琳为沧、景、滨、棣等州行都元帅。是岁，诏谕德顺州。

十七年壬午春，皇子拖雷克徒思、匿察兀儿等城。还经木剌夷国，大掠之。渡搠搠阑河，克也里等城。遂与帝会，合兵攻塔里寒寨，拔之。木华黎军克乾、泾、邠、原等州，攻凤翔不下。夏，避暑塔里寒寨。西域主札阑丁出奔，与灭里可汗合，忽都忽与战不利。帝自将击之，擒灭里可汗；札阑丁遁去，遣八剌追之，不获。

秋，金复遣乌古孙仲端来请和，见帝于回鹘国。帝谓曰："我向欲汝主授我河朔地，令汝主为河南王，彼此罢兵；汝主不从。今木华黎已尽取之，乃始来请耶？"仲端乞哀。帝曰："念汝远来，河朔既为我有，关西数城未下者，其割付我。令汝主为河南王，勿复违也。"仲端乃归。金平阳公胡天祚以青龙堡降。冬十月,金河中府来附,以石天应为兵马都元帅守之。

十八年癸未春三月,太师国王木华黎薨。夏,避暑八鲁弯川。皇子术赤、察合台、窝阔台及八剌之兵来会。遂定西域诸城,置达鲁花赤监治之。冬十月,金主珣殂,子守绪立。是岁,宋复遣苟梦玉来。

十九年甲申夏,宋大名总管彭义斌侵河北。史天倪与战于恩州,败之。是岁,帝至东印度国,角端见,班师。

二十年乙酉春正月,还行宫。二月,武仙以真定叛,杀史天倪。董俊判官李全亦以中山叛。三月,史天泽击仙走之,复真定。夏六月,彭义斌以兵应仙,天泽御于赞皇,擒斩之。

二十一年春正月,帝以西夏仇人赤腊喝翔昆及不遣质子,自将伐之。二月,取黑水等城。夏,避暑于浑垂山。取甘、肃等州。秋,取西凉府搠罗、河罗等县,遂逾沙陀,至黄河九渡,取应里等县。九月,李全执张琳。郡王带孙进兵围全于益都。冬十一月庚申,帝攻灵州,夏遣嵬名令公来援。丙寅,帝渡河击夏师,败之。丁丑,五星聚见于西南。驻跸盐州川。十二月,李全降。授张柔行军千户、保州等处都元帅。是岁,皇子窝阔台及察罕之师围金南京。遣唐庆责岁币于金。

二十二年丁亥春,帝留兵攻夏王城,自率师渡河攻积石州。二月,破临洮府。三月,破洮、河、西宁二州。遣斡陈那颜攻信都府,拔之。夏四月,帝次龙德,拔德顺等州,德顺节度使爱申、进士马肩龙死焉。五月,遣唐庆等使金。闰月,避暑六盘山。六月,金遣完颜合周、奥屯阿虎来请和。帝谓群臣曰:“朕自去冬五星聚时,已尝许不杀掠,遽忘下诏耶。今可布告中外,令彼行人亦知朕意。”是月,夏主李睍降。帝次清水县西江。

秋七月壬午,不豫。己丑,崩于萨里川哈老徒之行宫。临崩谓左右曰:“金精兵在潼关,南据连山,北限大河,难以遽破。若假道于宋,宋、金世仇,必能许我,则下兵唐、邓,直捣大梁。金急,必征兵潼关。然以数万之众,千里赴援,人马疲弊,虽至弗能战,破之必矣。”

言讫而崩。寿六十六。葬起辇谷。至元三年冬十月，追谥圣武皇帝。至大二年冬十一月庚辰，加谥法天启运圣武皇帝。庙号太祖。在位二十二年。

帝深沉有大略，用兵如神，故能灭国四十，遂平西夏。其奇勋伟迹甚众，惜乎当时史官不备，或多失于纪载云。

戊子年。是岁，皇子拖雷监国。

元史卷二
本纪第二

太宗　定宗

太宗英文皇帝,讳窝阔台,太祖第三子。母曰光献皇后,弘吉剌氏。太祖伐金、定西域,帝攻城略地之功居多。太祖崩,自霍博之地来会丧。

元年己丑夏,至忽鲁班雪不只之地,皇弟拖雷来见。

秋八月己未,诸王、百官大会于怯绿连河曲雕阿兰之地,以太祖遗诏即皇帝位于库铁乌阿剌里。始立朝仪,皇族尊属皆拜。颁大札撒。华言大法令也。金遣阿虎带来归太祖之赗,帝曰:"汝主久不降,使先帝老于兵间,吾岂能忘也。赗何为哉?"却之。遂议伐金。敕蒙古民有马百者输牝马一,牛百者输牸牛一,羊百者羒羊一,为永制。始置仓廪,立驿傅。命河北汉民以户计,出赋调,耶律楚材主之;西域人以丁计,出赋调,麻合没的滑剌西迷主之。印度国主、木罗夷国主来朝。西城伊思八剌纳城酋长来降。是岁,金复遣使来聘,不受。

二年庚寅春正月,诏自今以前事勿问。定诸路课税,酒课验实息十取一,杂税三十取一。

是春,帝与拖雷猎于斡儿寒河。遂遣兵围京兆,金主率师来援,败之,寻拔其城。夏,避暑于塔密儿河。朵忽鲁及金兵战,败绩。命速不台援之。秋七月,帝自将南伐,皇弟拖雷、皇侄蒙哥率师从,拔天成等堡,遂渡河,攻凤翔。

冬十一月，始置十路徵收课税使，以陈时可、赵昉使燕京，刘中、刘桓使宣德，周立和、王贞使西京，吕振、刘子振使太原，杨简、高廷英使平阳，王晋、贾从使真定，张瑜、王锐使东平，王德亨、侯显使北京，夹谷永、程泰使平州，田木西、李天翼使济南。

是月，师攻潼关、蓝关，不克。十二月，拔天胜寨及韩城、蒲城。

三年辛卯春二月，克凤翔。攻洛阳、河中诸城，下之。夏五月，避暑于九十九泉。命拖雷出师宝鸡。遣搠不罕使宋假道，宋杀之。复遣李国昌使宋需粮。

秋八月，幸云中。始立中书省，改待从官名。以耶律楚材为中书令，粘合重山为左丞相，镇海为右丞相。

是月，以高丽杀使者，命撒礼塔率师讨之，取四十余城。高丽王瞰遣其弟怀安公请降。撒礼塔承制设官分镇其地，乃还。

冬十月乙酉，帝围河中。十二月己未，拔之。

四年壬辰春正月戊子，帝由白坡渡河。庚寅，拖雷度汉江，遣使来报，即诏诸军进发。甲午，次郑州，金防城提控马伯坚降，授伯坚金符，使守之。丙申，大雪。丁酉，又雪。次新郑。是日，拖雷及金师战于钧州之三峰，大败之，获金将蒲阿。戊戌，帝至三峰。壬寅，攻钧州，克之，获金将合达。遂下商、虢、嵩、汝、陕、洛、许、郑、陈、亳、颍、寿、睢、永等州。三月，命速不台等围南京，金主遣其弟曹王讹可入质。帝还，留速不台守河南。

夏四月，出居庸，避暑官山。高丽叛，杀所置官吏，徙居江华岛。秋七月，遣唐庆使金谕降，金杀之。八月，撒礼塔复征高丽，中矢卒。金参政完颜思烈、恒山公武仙救南京，诸军与战，败之。九月，拖雷薨。帝还龙庭。冬十一月，猎于纳兰赤剌温之野。十二月，如太祖行宫。

五年癸巳春正月庚申，金主奔归德。戊辰，金西面元帅崔立杀留守完颜奴申、完颜习捏阿不，以南京降。二月，幸铁列都之地。诏诸王议伐万奴，遂命皇子贵由及诸王按赤带将左翼军讨之。夏四月，速不台进至青城，崔立以金太后王氏、后徙单氏及荆王从恪、梁王守纯等至军中，速不台遣送行在，遂入南京。六月，金主奔蔡，塔察儿率师围之。诏以孔子五十一世孙元楷袭封衍圣公。

秋八月，猎于兀必思地。以阿同葛等充宣差勘事官，括中州户，得户七十三万余。九月，擒万奴。冬十一月，宋遣荆鄂都统孟珙以兵粮来助。十二月，诸军与宋兵合攻蔡。败武仙于息州。金人以海、沂、莱、潍等州降。是冬，帝至阿鲁兀忽可吾行宫。大风霾七昼夜。敕修孔子庙及浑天仪。

六年甲午春正月，金主传位于宗室子承麟，遂自经而焚。城拔，获承麟，杀之。宋兵取金主余骨以归。金亡。

是春，会诸王，宴射于斡儿寒河。夏五月，帝在达兰达葩之地，大会诸王百僚，谕条令曰：“凡当会不赴而私宴者，斩。诸出入宫禁，各有从者，男女止十人为朋，出入毋得相杂。军中凡十人，置甲长，听其指挥，专擅者论罪。其甲长以事来宫中，即置权摄一人、甲外一人，二人不得擅自往来，违者罪之。诸公事非当言而言者，拳其耳；再犯，笞；三犯，杖；四犯，论死。诸千户越万户前行者，随以木镞射之；百户、甲长、诸军有犯，其罪同。不遵此法者，斥罢。今后来会诸军，甲内数不足，于近翼抽补足之。诸人或居室，或在军，毋敢喧呼。凡来会，用善马五十匹为一羁，守者五人，饲羸马三人，守乞烈思三人。但盗马一二者，即论死。诸人马不应绊于乞烈思内者，辄没与畜虎豹人。诸妇人制质孙燕服不如法者及妒者，乘以骟牛徇部中，论罪，即聚财为更娶。”

秋七月，胡土虎那颜为中州断事官。遣达海绀卜征蜀。是秋，帝在八里里答兰答八思之地，议自将伐宋，国王查老温请行，遂遣之。冬，猎于脱卜寒地。

七年乙未春，城和林，作万安宫。遣诸王拔都及皇子贵由、皇侄蒙哥征西域，皇子阔端征秦、巩，皇子曲出及胡土虎伐宋，唐古征高丽。

秋九月，诸王口温不花获宋何太尉。冬十月，曲出围枣阳，拔之，遂徇襄、邓，入郢，虏人民牛马数万而还。十一月，阔端攻石门，金便宜都总帅汪世显降。中书省臣请契勘《大明历》,从之。

八年丙申春正月,诸王各治具来会宴。万安宫落成。诏印造交钞行之。二月,命应州郭胜、钧州孛术鲁九住、郑州赵祥从曲出充先锋伐宋。三月,复修孔子庙及司天台。

夏六月,复括中州户口,得续户一百一十余万。耶律楚材请立编修所于燕京,经籍所于平阳,编集经史,召儒士梁陟充长官,以王万庆、赵著副之。

秋七月,命陈时可阅刑名、科差、课税等案,赴阙磨照。诏以真定民户奉太后汤沐,中原诸州民户分赐诸王、贵戚、斡鲁朵:拔都,平阳府;茶合带,太原府;古与,大名府;孛鲁带,邢州;果鲁干,河间府;孛鲁古带,广宁府;野苦,益都、济南二府户内拨赐;按赤带,滨、棣州;斡陈那颜,平、滦州;皇子阔端、驸马赤苦、公主阿剌海、公主果真、国王查剌温、茶合带、锻真、蒙古寒札、按赤那颜、坏那颜、火斜、术思,并于东平府户内拨赐有差。耶律楚材言非便,遂命各位止设达鲁花赤,朝廷置官吏收其租颁之,非奉诏不得徵兵赋。阔端率汪世显等入蜀,取宋关外数州,斩蜀将曹友闻。

冬十月,阔端入成都。诏招谕秦、巩等二十余州,皆降。皇子曲出薨。张柔等攻郢州,拔之。襄阳府来附,以游显领襄阳、樊城事。

九年丁酉春,猎于揭揭察哈之泽。蒙哥征钦察部,破之,擒其酋八赤蛮。夏四月,筑扫邻城,作迦坚茶寒殿。六月,左翼诸部讹言括民女,帝怒,因括以赐麾下。秋八月,命术虎乃、刘中试诸路儒士,中选者除本贯议事官,得四千三十人。冬十月,猎于野马川。幸龙庭,遂至行宫。是冬,口温不花等围光州,命张柔、巩彦晖、史天泽攻下之。遂别攻蕲州,降随州,略地至黄州,宋惧请和,乃还。

十年戊戌春,塔思军至北峡关,宋将汪统制降。夏,襄阳别将刘义叛,执游显等降宋,宋兵复取襄、樊。帝猎于揭揭察哈之泽,筑图苏湖城,作迎驾殿。秋八月,陈时可、高庆民等言诸路旱蝗,诏免今年田租,仍停旧未输纳者,俟丰岁议之。

十一年己亥春,复猎于揭揭察哈之泽。皇子阔端军至自西川。

秋七月，游显自宋逃归。以山东诸路灾，免其税粮。冬十一月，蒙哥率师围阿速蔑怯思城，阅三月，拔之。十二月，商人奥都剌合蛮买扑中原银课二万二千锭，以四万四千锭为额，从之。

十二年庚子春正月，以奥都剌合蛮充提领诸路课税所官。皇子贵由克西域未下诸部，遣使奏捷。命张柔等八万户伐宋。冬十二月，诏贵由班师。赦州郡失盗不获者，以官物偿之。国初令民代偿，民多亡命，至是罢之。是岁，以官民贷回鹘金偿官者，岁加倍，名羊羔息，其害为甚；诏以官物代还，凡七万六千锭。仍命凡假贷岁久，惟子本相侔而止，著为令。籍诸王、大臣所俘男女为民。

十三年辛丑春二月，猎于揭揭察哈之泽。帝有疾，诏赦天下囚徒。帝瘳。秋，高丽国王王㬚以族子綧入质。冬十月，命牙老瓦赤主管汉民公事。

十一月丁亥，大猎。庚寅，还至铧铁锋胡兰山。奥都剌合蛮进酒，帝欢饮，极夜乃罢。辛卯迟明，帝崩于行殿。在位十三年，寿五十有六。葬起辇谷。追谥英文皇帝，庙号太宗。

帝有宽弘之量，忠恕之心，量时度力，举无过事，华夏富庶，羊马成群，旅不赍粮，时称治平。

壬寅年春，六皇后乃马真氏始称制。秋七月，张柔自五河口渡淮，攻宋扬、滁、和等州。

癸卯年春正月，张柔分兵屯田于襄城。夏五月，荧惑犯房星。秋，后命张柔总兵戍杞。

甲辰年夏五月，中书令耶律楚材薨。

乙巳年秋，后命马步军都元帅察罕等率骑三万与张柔掠淮西，攻寿州，拔之，遂攻泗州、盱眙及扬州。宋制置赵蔡请和，乃还。

定宗简平皇帝，讳贵由，太宗长子也。母曰六皇后乃马真氏，以丙寅年生帝。太宗尝命诸王按只带伐金，帝以皇子从，虏其亲王而归。又从诸王拔都西征，次阿速境，攻围木栅山寨，以三十余人与战,帝及宪宗与焉。太宗尝有旨以皇孙失烈门为嗣。太宗崩,皇后临朝,会诸王、百官于答兰答八思之地,遂议立帝。

元年丙午春正月,张柔入观于和林。秋七月,即皇帝位于汪吉宿灭秃里之地。帝虽御极,而朝政犹出于六皇后云。冬,猎黄羊于野马川。权万户史权等耀兵淮南,攻虎头关寨,拔之,进围黄州。

二年丁未春,张柔攻泗州。夏,避暑于曲律淮黑哈速之地。秋,西巡。八月,命野里知吉带率掇思蛮部兵征西。是月,诏蒙古人户每百以一名充拔都鲁。九月,取太宗宿卫之半,以也曲门答儿领之。冬十月,括人户。

三年戊申春三月,帝崩于横相乙儿之地。在位三年,寿四十有三。葬起辇谷。追谥简平皇帝,庙号定宗。

是岁,大旱,河水尽涸,野草自焚,牛马十死八九,人不聊生。诸王及各部又遣使于燕京迤南诸郡,征求货财、弓矢、鞍辔之物,或于西域回鹘索取珠玑,或于海东楼取鹰鹘,驲骑络绎,昼夜不绝,民力益困。然自壬寅以来,法度不一,内外离心,而太宗之政衰矣。

己酉年。
庚戌年。
定宗崩后,议所立未决。当是时,已三岁无君。其行事之详,简策失书,无从考也。

元史卷三
本纪第三

宪　宗

　　宪宗桓肃皇帝,讳蒙哥,睿宗拖雷之长子也。母曰庆献太后,怯烈氏,讳唆鲁禾帖尼,岁戊辰十二月三日生帝。时有黄忽答部知天象者,言帝后必大贵,故以蒙哥为名。蒙哥,华言长生也。太宗在潜邸,养以为子,属昂灰皇后抚育之。既长,为娶火鲁剌部女火里差为妃,分之部民。及睿宗薨,乃命归藩邸。

　　从征伐,屡立奇功。尝攻钦察部,其酋八赤蛮逃于海岛。帝闻,亟进师,至其地,适大风刮海水去,其浅可渡。帝喜曰:"此天开道与我也"。遂进屠其众。擒八赤蛮,命之跪。八赤蛮曰:"我为一国主,岂苟求生。且身非驼,何以跪人为。"乃命囚之。八赤蛮谓守者曰:"我之窜入于海,与鱼何异。然终见擒,天也。今水回期且至,军宜早还。"帝闻之,即班师。而水已至,后军有浮渡者。复与诸王拔都征斡罗思部,至也烈赞城,躬自搏战,破之。

　　岁戊申,定宗崩,朝廷久未立君,中外汹汹,咸属意于帝,而觊觎者众,议未决。诸王拔都、木哥、阿里不哥、唆亦哥秃、塔察儿,大将兀良合台、速你带、帖木迭儿、也速不花,咸会于阿剌脱忽剌兀之地。拔都首建议推戴。时定宗皇后海迷失所遣使者八剌在坐曰:"昔太宗命,以皇孙失烈门为嗣,诸王、百官皆与闻之。今失烈门故在,而议欲他属,将置之何地耶?"木哥曰:"太宗有命,谁敢违之?然前议立定宗,由皇后脱忽列乃与汝辈为之,是则违太宗之命者汝等也,今尚谁咎耶?"八剌语塞。兀良合台曰:"蒙哥聪明睿知,人咸知之,拔都之议良是。"拔都即申令于众,众悉应之,议遂定。

元年辛亥夏六月,西方诸王别儿哥、脱哈帖木儿,东方诸王也古、脱忽、亦孙哥、按只带、塔察儿、别里古带,西方诸大将班里赤等,东方诸大将也速不花等,复大会于阔帖兀阿阑之地,共推帝即皇帝位于斡难河。失烈门及诸弟脑忽等心不能平,有后言。帝遣诸王旭烈与忙可撒儿帅兵觇之。诸王也速忙可、不里、火者等后期不至,遣不怜吉觯率兵备之。

遂改更庶政:命皇弟忽必烈领治蒙古、汉地民户;遣塔儿、斡鲁不、察乞剌、赛典赤、赵壁等诣燕京,抚谕军民;以忙哥撒儿为断事官;以孛鲁合掌宣发号令、朝觐贡献及内外闻奏诸事;以晃兀儿留守和林宫阙、帑藏,阿蓝答儿副之;以牙剌瓦赤、不只儿、斡鲁不、睹答儿等充燕京等处行尚书省事,赛典赤、匿咎马丁佐之;以讷怀、塔剌海、麻速忽等充别失八里等处行尚书省事,暗都剌兀尊、阿合马、也的沙佐之;以阿儿浑充阿母河等处行尚书省事,法合鲁丁、匿只马丁佐之;以茶寒、叶了干统两淮等处蒙古、汉军,以带答儿统四川等处蒙古、汉军,以和里觯统土蕃等处蒙古、汉军,皆仍前征进。以僧海云掌释教事,以道士李真常掌道教事。叶孙脱、按只觯、畅吉、爪难、合答曲怜、阿里出及刚疙疸、阿散、忽都鲁等,务持两端,坐诱诸王为乱,并伏诛。遂颁便事宜于国中:凡朝廷及诸王滥发牌印、诏旨、宣命,尽收之;诸王驰驿,许乘三马,远行亦不过四;诸王不得擅招民户;诸官属不得以朝觐为名赋敛民财;民粮远输者,许于近仓输之。罢筑和林城役千五百人。

冬,以宴只吉带违命,遣合丹诛之,仍籍其家。

二年壬子春正月,幸失灰之地。遣乞都不花攻末来吉儿都怯寨。皇太后崩。

夏,驻跸和林。分迁诸王于各所:合丹于别石八里地,蔑里于叶儿的石河,海都于海押立地,别儿哥于曲儿只地,脱脱于叶密立地,蒙哥都及太宗皇后乞里吉忽帖尼于扩端所居地之西。仍以太宗诸后妃家赀分赐亲王。定宗后及失烈门母以厌禳事觉,并赐死。谪失烈门、也速、孛里等于没脱赤之地。禁锢和只、纳忽、孙脱等于军营。

秋七月,命忽必烈征大理,诸王秃儿花、撒丘征身毒,怯的不花征没里奚,旭烈征西域素丹诸国。诏谕宋荆南、襄阳、樊城、均州诸守将,使来附。八月,忽必烈次临洮,命总帅汪田哥以城利州闻,欲为取蜀之计。

冬十月,命诸王也古征高丽。帝驻跸月帖古忽阑之地。时帝因猎堕马伤臂,不视朝百余日。

十二月戊午,大赦天下。以帖哥绅、阔阔术等掌帑藏;孛阑合刺孙掌斡脱;阿忽察掌祭祀、医巫、卜筮,阿刺不花副之。诸王合刺薨。以只儿斡带掌传驿所需,孛鲁合掌必阇赤写发宣诏及诸色目官职。徙诸匠五百户修行宫。

是岁,籍汉地民户。诸王旭烈薨。

三年癸丑春正月,汪田哥修治利州且屯田,蜀人莫敢侵轶。帝猎于怯蹇叉罕之地。诸王也古以怨袭诸王塔刺儿营。帝遂会诸王于斡难河北,赐予甚厚。罢也古征高丽兵,以札刺儿带为征东元帅。遣必阇别儿哥括斡罗思户口。三月,大兵攻海州,戍将王国昌逆战于城下,败之,获都统一人。

夏六月,命诸王旭烈兀及兀良合台等师师征西域哈里发八哈塔等国。又命塔塔儿带撒里、土鲁花等征欣都思、怯失迷儿等国。帝幸火儿忽纳要不花之地。诸王拔都遣脱必察诣行在,乞买珠银万锭。以千锭授之,仍诏谕之曰:“太祖、太宗之财,若此费用,何以给诸王之赐,王宜详审之。此银就充今后岁赐之数。”

秋,幸军脑儿,以忙可撒儿为万户,哈丹为札鲁花赤。九月,忽必烈次忒刺地,分兵三道以进。

冬十二月,大理平。帝驻跸汪吉地。命宗王耶虎与洪福源同领军征高丽,攻拔禾山、东州、春州、三角山、杨根、天龙等城。是岁,断事官忙哥撒儿卒。

四年甲寅春,帝猎于怯蹇叉罕。夏,幸月儿灭怯之地。遣札刺亦儿部人火儿赤征高丽。秋七月,诏官吏之赴朝理算钱粮者,许自首不公,仍禁以后浮费。冬,大猎于也灭干哈里叉海之地。忽必烈还自大理,留兀良合台攻诸夷之未附者,人觐于猎所。

是岁,会诸王于颗颗脑儿之西,乃祭天于日月山。初籍新军。帝谓大臣,求可以慎固封守、闲于将略者。擢史枢征行万户,配以真定、相、卫、怀、孟诸军,驻唐、邓。张柔移镇亳州。权万户史权屯邓州。张柔遣张信将八汉军戍颖州。王安国将四千户渡汉南,深入而还。张柔以连岁勤兵,两淮艰于粮运,奏据亳之利。诏柔率山前八军,城而戍之。柔又以涡水北隘浅不可舟,军既病涉,曹、濮、魏、博粟皆不至,乃筑甬路自亳抵汴,堤百二十里,流深而不能筑,复为桥十五,或广八十尺,横以二堡戍之。均州总管孙嗣遣人赍蜡书降,且乞援,史权以精甲备宋人之要,遂援嗣而来。其后骁将钟显、王梅、杜柔、袁师信各帅所部来降。

五年乙卯春,诏徵逋欠钱谷。夏,帝幸月儿灭怯土。秋九月,张柔会大帅于符离。以百丈口为宋往来之道,可容万艘,遂筑甬路自亳而南六十余里,中为横江堡。又以路东六十里皆水,可致宋舟,乃立栅水中,惟密置侦逻于所达之路。由是鹿邑、宁陵、考、柘、楚丘、南顿无宋患,陈、蔡、颖、息皆通矣。

是岁,改命答刺觯与洪福源同征高丽。后此又连三岁,攻拔其光州、安城、中州、玄凤、珍原、甲向、玉果等城。

六年丙辰春,大风起北方,砂砾飞扬,白日晦冥。帝会诸王、百官于欲儿陌哥都之地,设宴六十余日,赐金帛有差,仍定拟诸王岁赐钱谷。忽必烈遣没儿合石诣行在所,奏请续签内郡汉军,从之。

夏四月,驻跸于答密儿。五月,幸昔刺兀鲁朵。六月,太白昼见。幸觯亦儿阿塔。诸王亦孙哥、驸马也速儿等请伐宋。帝亦以宋人违命囚使,会议伐之。

秋七月,命诸王各还所部以居。诸王塔察儿、驸马帖里垓军过东平诸处,掠民羊豕。帝闻,遣使问罪。由是诸军无犯者。

是岁,高丽国王细嵯甫、云南酋长摩合岁嵯及素丹诸国来觐。

兀良合台讨白蛮等,克之;遂目昔八儿地还至重庆府,败宋将张都统;赐金缕织文衣一袭,银五十两,采帛万二百匹,以赍军士。

冬,帝驻跸阿塔哈帖乞儿蛮。以阿木河回回降民分赐诸王、百官。

七年丁巳春,幸忽阑也儿吉。诏诸王出师征宋。乞都不花等讨末来吉儿都怯寨,平之。夏六月,谒太祖行宫,祭旗鼓,复会于怯鲁连之地,还幸月儿灭怯土。

秋,驻跸于军脑儿,酾马乳祭天。九月,出师南征。以驸马剌真之子乞觯为达鲁花赤,镇守斡罗思,仍赐马三百、羊五千。回鹘献水精盆、珍珠伞等物,可直银三万余锭。帝曰:"方今百姓疲敝,所急者钱尔,朕独有此何为。"却之。赛典赤以为言,帝稍偿其直,且禁其勿复有所献。宗王塔察儿率诸军南征,围樊城,霖雨连月,乃班师。元帅卜邻吉觯军自邓州略地,遂渡汉江。

冬十一月,兀良合台伐交趾,败之,入其国。安南主陈日暊窜海岛,遂班师。遣阿蓝答儿、脱因、囊加台等诣陕西等处理算钱谷。冬,帝度漠南,至于玉龙栈。忽必烈及诸王阿里不哥、八里土、出木哈儿、玉龙塔失、昔烈吉、公主脱灭干等来迎,大燕。既而,各遣归所部。

八年戊午春正月朔,幸也里本朵哈之地,受朝贺。二月,陈日暊传国于长子光昺。光昺遣婿与其国人以方物来见,兀良合台送诣行在所。诸王旭烈兀讨回回哈里发,平之,禽其王,遣使来献捷。帝猎于也里海牙之地。师南征,次于河。适冰合,以土覆之而渡。帝自将伐宋,由西蜀以入。命张柔从忽必烈征鄂,趋杭州。命塔察攻荆山,分宋兵力。宋四川制置使蒲泽之攻成都。纽邻率师与战,败之,进攻云顶山,守将姚某等以众相继来降。诏以纽邻为都元帅。帝由东胜河度。遣参知政事刘太平括兴元户口。三月,命洪茶丘率师从札剌觯同征高丽。

夏四月,驻跸六盘山,诸郡县守令来觐。丰州千户郭燧奏请续签军千人修治金州,从之。是时,军四万,号十万,分三道而进:帝由陇州入散关,诸王莫哥由祥州入米仓关,孛里叉万户由渔关入沔州。以明安答儿为太傅,守京兆。诏徵益都行省李璮兵,璮来言:"益都南北要冲,兵不可撤。"从之。璮还,击海州、涟水等处。五月,皇子阿速带因猎,独骑伤民稼。帝见让之,遂挞近侍数人。士卒有拔民葱者,即斩以徇。由是秋毫莫敢犯。仍赐所经郡守各有差。

秋七月,留辎重于六盘山,率兵由宝鸡攻重贵山,所至辄平。八月辛丑,璮与宋人战,杀宋师殆尽。九月,驻跸汉中。都元帅纽邻留密里火者、刘黑马等守成都,悉率余兵渡马湖,禽宋制置使张实。遂遣实招谕苦竹隘,实遁。

冬十月壬午,帝次宝峰。癸未,如利州,观其城池并非深固,以汪田哥能守,蜀不敢犯,赐卮酒奖谕之。帝渡嘉陵江,至白水江,命田哥造浮梁以济。梁成,赐田哥等金帛有差。帝驻跸剑门。戊子,攻苦竹隘。裨将赵仲窃献东南门。师入,与其守将杨立战,败之,杀立,众皆奔溃。诏毋犯赵仲家属,仍赐仲衣帽,徙于隆庆。己亥,获张实,支解之。赐田哥玉带及犒赏士卒。留精兵五百守之。遣使招谕龙州。帝至高峰。庚子,围长宁山。守将王佐、裨将徐昕等率兵出战,败之。

十一月己酉,帝督军先攻鹅顶堡。壬子,力战于望喜门。薄暮,宋知县王仲由鹅顶堡出降。是夜,破其城,王佐死焉。癸丑,诛佐之子及徐昕等四十余人。以彭天祥为达鲁花赤,治其事,王仲副之。丙辰,进攻长获山,守将大渊降。命大渊为四川侍郎,仍以其兵从。庚午,次和溪口,遣骁骑略青居山。是月,龙州王知府降。诸王莫哥都攻礼义山,不克,诸王塔察儿略地至江而还,并会于行在所。命忽必烈统诸路蒙古、汉军伐宋。

十二月壬午,杨大渊率所部兵与汪田分哥分击相如等县。都元帅纽邻攻简州,以宋降将张威率众为先锋。乙酉,帝次于运山。大渊遣人招降其守将张大悦,仍以大悦为元帅。师至青居山,裨将刘渊等杀守统段元鉴降。庚寅,遣使招谕未附。丁酉,隆州守县降。己亥,大良山守将蒲元圭降。诏诸军毋俘掠。癸卯,攻雅州,拔之。石

泉守将赵顺降。甲辰,遣宋人晋国宝招谕合州守将王坚。坚辞之,
国宝遂归。

是岁,皇子辨都薨于吉河之南。

九年己未春正月乙巳朔,驻跸重贵山北,置酒大会,因问诸王、
驸马、百官曰:“今在宋境,夏暑且至,汝等其谓可居否乎?”札剌亦
儿部人脱欢曰:“南土瘴疠,上宜北还。所获人民,委吏治之便。”阿
儿剌部人八里赤曰:“脱欢怯,臣愿往居焉。”帝善之。戊申,晋国宝
归次峡口,王坚追还杀之。诸王莫哥都复攻渠州礼义山,曳剌秃鲁
雄攻巴州平梁山。丁卯,大渊请攻合州,俘男女八万余。二月丙子,
帝悉率诸兵渡鸡爪滩,至石子山。丁丑,督诸军战城下。辛巳,攻一
字城。癸未,攻镇西门。三月,攻东新门、奇胜门、镇西门小堡。

夏四月丙子,大雷雨,凡二十日。乙未,攻护国门。丁酉,夜登
外城,杀宋兵甚众。五月,屡攻不克。六月丁巳,汪田哥复选兵夜登
外城马军寨,杀寨主及守城者。王坚率兵来战。迟明,遇雨,梯折,
后军不克进而止。是月,帝不豫。

秋七月辛亥,留精兵三千守之,余悉攻重庆。癸亥,帝崩于钓鱼
山。寿五十有二,在位九年。追谥桓肃皇帝,庙号宪宗。

帝刚明雄毅,沉断而寡言,不乐燕饮,不好侈靡,虽后妃不许之
过制。初,太宗朝,群臣擅权,政出多门。至是,凡有诏旨,帝必亲起
草,更易数四,然后行之。御群臣甚严,尝谕旨曰:“尔辈若得朕奖谕
之言,即志气骄逸;志气骄逸,而灾祸有不随至者乎?尔辈其戒之!”
性喜畋猎,自谓遵祖宗之法,不蹈袭他国所为。然酷信巫觋卜筮之
术,凡行事必谨叩之,殆无虚日,终不自厌也。

元史卷四
本纪第四

世祖一

　　世祖圣德神功文武皇帝,讳忽必烈,睿宗皇帝第四子。母庄圣太后,怯烈氏。以乙亥岁八月乙卯生。及长,仁明英睿,事太后至孝,尤善抚下。纳弘吉剌氏为妃。

　　岁甲辰,帝在潜邸,思大有为于天下,延藩府旧臣及四方文学之士,问以治道。

　　岁辛亥六月,宪宗即位,同母弟惟帝最长且贤,故宪宗尽属以漠南、汉地军国庶事,遂南驻爪忽都之地。邢州有两答剌罕言于帝曰:"邢吾分地也,受封之初,民万余户,今日减月削,才五七百户耳,宜选良吏抚循之。"帝从其言。承制以脱兀脱及张耕为邢州安抚使,刘肃为商榷使,邢乃大治。

　　岁壬子,帝驻桓、抚间。宪宗令断事官牙鲁瓦赤与不只儿等总天下财赋于燕,视事一日,杀二十八人。其一人盗马者,杖而释之矣,偶有献环刀者,遂追还所杖者,手试刀斩之。帝责之曰:"凡死罪必详谳而后行刑,今一日杀二十八人,必多非辜。既杖复斩,此何刑也?"不只儿错愕不能对。

　　太宗朝立军储所于新卫,以收山东、河北丁粮,后惟计直取银帛,军行则以资之。帝请于宪宗,设官筑五仓于河上,始令民入粟。宋遣兵攻虢之庐氏、河南之永宁、卫之八柳渡,帝言之宪宗,立经略司于汴,以忙哥、史天泽、杨惟中、赵璧为使,陈纪、杨果为参议,俾屯田唐、邓等州,授之兵、牛,敌至则御,敌去则耕,仍置屯田万户于邓,完城以备之。

夏六月,入觐宪宗于曲先恼儿之地,奉命帅师征云南。秋七月丙午,祃牙西行。

岁癸丑,受京兆分地。诸将皆筑第京兆,豪侈相尚,帝即分遣使戍兴元诸州。又奏割河东解州盐池,以供军食,立从宜府于京兆,屯田凤翔,募民受盐入粟,转漕嘉陵。夏,遣王府尚书姚枢立京兆宣抚司,以孛兰及杨惟中为使,关陇大治。又立交钞提举司,印钞以佐经用。

秋八月,师次临洮。遣玉律术、王君候、王鉴谕大理,不果行。

九月壬寅,师次忒剌,分三道以进:大将兀良合带率西道兵,由晏当路;诸王抄合、也只烈帅东道兵,由白蛮;帝由中道。乙巳,至满陀城,留辎重。

冬十月丙午,过大渡河。又经行山谷二千余里,至金沙江,乘革囊及筏以渡。摩娑蛮主迎降,其地在大理北四百余里。

十一月辛卯,复遣玉律术等使大理。丁酉,师至白蛮打郭寨,其主将出降,其侄坚壁拒守,攻拔杀之,不及其民。庚子,次三甸。辛丑,白蛮送款。

十二月丙辰,军薄大理城。初,大理主段氏微弱,国事皆决于高祥、高和兄弟。是夜,祥率众遁去,命大将也古及拔突儿追之。帝既入大理,曰:“城破而我使不出,计必死矣。”己未,西道兵亦至,命姚枢等搜访图籍,乃得三使尸,既瘗,命枢为文祭之。辛酉,南出龙首城,次赵睑。癸亥,获高祥,斩于姚州。留大将兀良合带戍守,以刘时中为宣抚使,与段氏同安辑大理,遂班师。

岁甲寅夏五月庚子,驻六盘山。六月,以廉希宪为关西道宣抚使,姚枢为劝农使。秋八月,至自大理,驻桓、抚间,复立抚州。冬,驻爪忽都之地。

岁乙卯春,复驻桓、抚间。冬,驻奉圣州北。

岁丙辰春三月,命僧子聪卜地于桓州东、滦水北,城开平府,经营宫室。冬,驻于合剌八剌合孙之地。宪宗命益怀州为分地。

岁丁巳春,宪宗命阿蓝答儿、刘太平会计京兆、河南财赋,大加钩考;其贫不能输者,帝为代偿之。冬十二月,入觐于也可迭烈孙之地,议分道攻宋,以明年为期。

岁戊午冬十一月戊申,祃牙于开平东北,是日启行。

岁己未春二月,会诸王于邢州。夏五月,驻小濮州。微东平宋子贞、李昶访问得失。

秋七月甲寅,次汝南,命大将拔都儿等前行,备粮汉上,戒诸将毋妄杀。命杨惟中、郝经宣抚江淮,必阇赤孙贞督军须蔡州。有军士犯法者,贞缚致有司,白于帝,命戮以徇,诸军凛然,无敢犯令者。

八月丙戌,渡淮。辛卯,入大胜关,宋戍兵皆遁。壬辰,次黄陂。甲午,遣廉希宪招台山寨;比至,千户董文炳等已破之。时淮民被俘者众,悉纵之。庚子,先锋茶忽得宋沿江制置司榜来上,有云:“今夏谍者闻北兵会议,取黄陂民船,系筏,由阳逻堡以渡,会于鄂州。”帝曰:“此事前所未有,愿如其言。”辛丑,师次江北。

九月壬寅朔,亲王穆哥自合州钓鱼山遣使,以宪宗凶问来告,且请北归,以系天下之望。帝曰:“吾奉命南来,岂可无功遽还。”甲辰,登香炉山,俯瞰大江。江北曰武湖,湖之东曰阳逻堡,其南岸即浒黄洲。宋以大舟扼江渡,帝遣兵夺二大舟。是夜,遣木鲁花赤、张文谦等具舟楫。乙巳迟明,至江岸。风雨晦冥,诸将皆以为未可渡。帝不从,遂申敕将帅,扬旗伐鼓,三道并进,天为开霁。与宋师接战者三,杀获甚众,迳达南岸。军士有擅入民家者,以军法从事,凡所俘获,悉纵之。丁未,遣王冲道、李宗杰、訾郊招谕鄂城。比至东门,矢下如雨。冲道坠马,为敌所获,宗杰、郊奔还。帝驻浒黄洲。己酉,抵鄂,屯兵教场。庚戌,围鄂。壬子,登城东北压云亭,立望楼,高可五丈,望见城中出兵,趣兵迎击,生擒二人,云:“贾似道率兵救鄂,事起仓卒,皆非精锐。”遂命官取逃民弃粮聚之军中,为攻取计。戊午,顺天万户张柔兵至。大将拔突儿等以舟师趋岳州,遇宋将吕文德自重庆来。拔都儿等迎战,文德乘夜入鄂城,守愈坚。

冬十月辛未朔，移驻鸟龟山。甲戌，拔突儿还自岳。

十一月丙辰，移驻牛头山。兀良合带略地诸蛮，由交趾历邕、桂，抵潭州，闻帝在鄂，遣使来告。时先朝诸臣阿蓝答儿、浑都海、脱火思、脱里赤等谋立阿里不哥。阿里不哥者，睿宗第七子，帝之弟也。于是阿蓝答儿发兵于漠北诸部，脱里赤括兵于漠南诸州，而阿蓝答儿乘传调兵，去开平仅百余里。皇后闻之，使人谓之曰："发兵大事，太祖皇帝曾孙真金在此，何故不令知之？"阿蓝答儿不能答。继又闻脱里赤亦至燕，后即遣脱欢、爱莫干驰至军前密报，请速还。丁卯，发牛头山，声言趋临安，留大将拔突儿等帅诸军围鄂。

闰月庚午朔，还驻青山矶。辛未，临江岸。遣张文谦还谕诸将曰："迟六日，当去鄂退保浒黄洲。"命文谦发降民二万北归。宋贾似道遣宋京请和。命赵璧等语之曰："汝以生灵之故来请和好，其意甚善。然我奉命南征，岂能中止。果有事大之心，当请于朝。"是日，大军北还。己丑，至燕。脱里赤方括民兵，民甚苦之。帝诘其由，托以宪宗临终之命。帝察其包藏祸心，所集兵皆纵之。人心大悦。

是冬，驻燕京近郊。

中统元年春三月戊辰朔，车驾至开平。亲王合丹、阿只吉率西道诸王，塔察儿、也先哥、忽刺忽儿、爪都率东道诸王，皆来会，与诸大臣劝进。帝三让，诸王大臣固请。辛卯，帝即皇帝位。以祃祃、赵璧、董文炳为燕京路宣慰使。陕西宣抚使廉希宪言："高丽国王尝遣其世子倎入觐，会宪宗将兵攻宋，倎留三年不遣。今闻其父已死，若立倎，遣归国，彼必怀德于我，是不烦兵而得一国也。"帝是其言，改馆倎，以兵卫送之，仍赦其境内。

夏四月戊戌朔，立中书省，以王文统为平章政事，张文谦为左丞，以八春、廉希宪、商挺为陕西、四川等路宣抚使，赵良弼参议司事，粘合南合、张启元为西京等处宣抚使。己亥，诏谕高丽国王王倎，仍归所俘民及其逃户，禁边将勿擅掠。辛丑，以即位诏天下。诏曰：

朕惟祖宗肇造区宇,奄有四方,武功迭兴,文治多缺,五十余年于此矣。盖时有先后,事有缓急,天下大业,非一圣一朝所能兼备也。先皇帝即位之初,风飞雷厉,将大有为。忧国爱民之心,虽切于己,尊贤使能之道,未得其人。方董夔门之师,遽遗鼎湖之泣。岂期遗恨,竟勿克终。

肆予冲人,渡江之后,盖将深入焉。乃闻国中重以签军之扰,黎民惊骇,若不能一朝居者。予为此惧,驲骑驰归。目前之急虽纾,境外之兵未戢。乃会群议,以集良规。不意宗盟,辄先推戴。左右万里,名王巨臣,不召而来者有之,不谋而同者皆是。咸谓国家之大统不可久旷,神人之重寄不可暂虚。求之今日,太祖嫡孙之中,先皇母弟之列,以贤以长,止予一人。虽在征伐之间,每存仁爱之念,博施济众,实可为天下主。天道助顺,人谟与能。祖训传国大典,于是乎在,孰敢不从。朕峻辞固让,至于再三,祈恳益坚,誓以死请。于是俯徇舆情,勉登大宝。自惟寡昧,属时多艰,若涉渊冰,罔知攸济。爰当临御之始,宜新弘远之规。祖述变通,正在今日。务施实德,不尚虚文。虽承平未易遽臻,而饥渴所当先务。呜呼!历数攸归,钦应上天之命;勋亲斯托,敢忘烈祖之规?体极建元,与民更始。朕所不逮,更赖我远近宗族、中外文武,同心协力,献可替否之助也。诞告多方,体予至意。

丁未,以翰林侍读学士郝经为国信使,翰林待制何源、礼部郎中刘人杰副之,使于宋。丙辰,收辑中外官吏宣札牌面。遣帖木儿、李舜钦等行部,考课各路诸色工匠。置急递铺。乙丑,徵诸道兵六千五百人赴京师宿卫。置互市于涟水军,禁私商不得越境,犯者死。是月,阿里不哥僭号于和林城西按坦河。召贾居贞、张儆、王焕、完颜愈乘传赴阙。

五月戊辰朔,诏燕帖木儿、忙古带节度黄河以西诸军。丙戌,建元中统,诏曰:

祖宗以神武定四方,淳德御群下。朝廷草创,未遑润色之

文。政事变通,渐有纲维之目。朕获缵旧服,载扩丕图,稽列圣
之洪规,讲前代之定制。建元表岁,示人君万世之传。纪时书
王,见天下一家之义。法《春秋》之正始,体大《易》之乾元。炳
焕皇猷,权舆治道。可自庚申年五月十九日,建元为中统元年。
惟即位体元之始,必立经陈纪为先。故内立都省,以总宏纲;外
设总司,以平庶政。仍以兴利除害之事、补偏救弊之方,随诏以
颁。于戏!秉箓握枢,必因时而建号;施仁发政,期与物以更新。
敷宣恳恻之辞,表著忧劳之意。凡在臣庶,体予至怀。

诏安抚寿春府军民。甲午,以阿里不哥反,诏赦天下。乙未,立十路
宣抚司。以赛典赤、李德辉为燕京路宣抚使,徐世隆副之;宋子贞为
益都、济南等路宣抚使,王磐副之;河南路经略使史天泽为河南宣
抚使;杨果为北京等路宣抚使,赵晒副之;张德辉为平阳太原路宣
抚使,谢瑄副之;勃鲁海牙、刘肃并为真定路宣抚使;姚枢为东平路
宣抚使,张肃副之;中书左丞张文谦为大名、彰德等路宣抚使,游显
副之;粘合南合为西京路宣抚使,崔巨济副之;廉希宪为京兆等路
宣抚使。以汪惟正为巩昌等处便宜都总帅,虎阑箕为巩昌路元帅。
诏谕成都路侍郎张威安抚元、忠、绵、资、邛、彭等州。西川、潼川、隆
庆、顺庆等府及各处山寨归附官吏,皆给宣命、金符有差。诏平阳、
京兆两路宣抚司签兵七千人,于延安等处守隘,以万户郑鼎、昔剌
忙古带领之,贫不能应役者,官为资给。徵诸路兵三万驻燕京近地。
命诸路市马万匹送开平府。以总帅汪良臣统陕西汉军于沿河守隘。
立望云驿,非军事毋得辄入。荧惑入南斗,留五十余日。

　六月戊戌,诏燕京、西京、北京三路宣抚司运米十万石,输开平
府及抚州、沙井、靖州、鱼儿泺,以备军储。以李璮为江淮大都督。刘
太平等谋反,事觉伏诛,并诛乞带不花于东川,明里火者于西川。浑
都海反。乙巳,李璮言:“获宋谍者,言贾似道调兵,声言攻涟州。遣
人觇之,见许浦江口及射阳湖兵船二千艘,宜缮理城堑以备。”罢阿
蓝带儿所签解盐户军百人。壬子,诏陕西、四川宣抚司八春节制诸
军。乙卯,诏东平路万户严忠济等发精兵一万五千人赴开平。乙丑,

以石长不为大理国总管,佩虎符。诏十路宣抚司造战袄、袭、帽,各以万计,输开平。是月,召真定刘郁、邢州郝子明,彰德胡祗遹,燕京冯渭、王光益、杨恕、李彦通、赵和之,东平韩文献、张昉等,乘传赴阙。高丽国王王倎遣其子永安公僖、判司宰事韩即来贺即位,以国王封册、王印及虎符赐之。

秋七月戊辰,敕燕京、北京、西京、真定、平阳、大名、东平、益都等路宣抚司造羊袭、皮帽、裤、靴,皆以万计,输开平。己巳,以万户史天泽扈从先帝有功,赐银万五千两。遣灵州种田民还京兆。庚午,赐山东行省大都督李璮金符二十、银符五,俾给所部有功将士。癸酉,以燕京路宣慰使祃祃行中书省事,燕京路宣慰使赵璧平章政事,张启元参知政事,王鹗翰林学士承旨兼修国史,河南路宣抚使史天泽兼江淮诸翼军马经略使。丙子,诏中书省给诸王塔察儿益都、平州封邑岁赋、金帛,并以诸王白虎、袭剌门所属民户、人匠、岁赋给之。诏造中统元宝交钞。立互市于颍州、涟水、光化军。北京路都元帅阿海乞免所部军士征徭,从之。宋兵攻边城,诏遣太丑、怯列、忙古带率所部,合兵击之。下诏褒赏行省大都督李璮。帝自将讨阿里不哥。敕刘天麟规措中都析津驿传马。

八月丙午,授中书左丞、行大名等路宣抚使张文谦虎符。丁未,诏都元帅纽璘所过毋擅捶掠官吏。己酉,立秦蜀行中书省,以京兆等路宣抚使廉希宪为中书省右丞,行省事。宋兵临涟州,李璮乞诸道援兵。癸丑,赐必阇赤塔剌浑银二千五百两。李璮乞遣将益兵,渡淮攻宋,以方遣使修好,不从。癸亥,泽州、潞州旱,民饥,敕赈之。

九月丁卯,帝在转都儿哥之地,以阿里不哥遗命,下诏谕中外。乙亥,李璮复请攻宋,复谕止之。壬午,初置拱卫仪仗。是月,阿蓝答儿率兵至西凉府,与浑都海军合,诏诸王合丹、合必赤与总帅汪良臣等率师讨之。丙戌,大败其军于姑臧,斩阿蓝答儿及浑都海,西土悉平。

冬十月丁未,李璮言宋兵复军于涟州。癸丑,初行中统宝钞。戊午,车驾驻昔光之地,命给官钱,雇在京橐驼,运米万石输行在所。

十一月戊子，发常平仓，赈益都、济南、滨棣饥民。

十二月丙申，以礼部郎中孟甲、礼部员外郎李文俊使安南、大理。乙巳，李璮上将士功，命璮以益都官银赏之。帝至自和林，驻跸燕京近郊，始制祭享太庙祭器、法服。以梵僧八合思八为帝师，授以玉印，统释教。立仙音院，复改为玉宸院，括乐工。立仪凤司。又立符宝局及御酒库、群牧所。升卫辉为总管府。赐亲王穆哥银二千五百两；诸王按只带、忽剌忽儿、合丹、忽剌出、胜纳合儿银各五千两，文绮帛各三百匹，金素半之；诸王塔察、阿术鲁钞各五十九锭有奇，绵五千九十八斤，绢五千九十八匹，文绮三百匹，金素半之；海都银八百三十三两，文绮五十匹，金素半之；睹儿赤、也不干银八百五十两；兀鲁忽带银五千两，文绮三百匹，金素半之；只必帖木儿银八百三十三两；爪都、伯木儿银五千两，文绮三百匹，金素半之；都鲁、牙忽银八百三十三两，特赐绵五十斤；阿只吉银五千两，文绮三百，金素半之；先朝皇后怗古伦银二千五百两，罗绒等折宝钞二十三锭有奇；皇后斡者思银二千五百两；兀鲁忽乃妃子银五千两。自是岁以为常。

二年春正月辛未夜，东北赤气照人，大如席。乙酉，宋兵围涟州。己丑，李璮率将士迎战，败之。赐诏奖谕，给金银符，以赏将士。庚寅，璮擅发兵，修益都城堑。

二月丁酉，太阴掩昴。己亥，宋兵攻涟水，命阿术等帅兵赴之。丙午，车驾幸开平。诏减免民间差发。罢守隘诸军。秦蜀行省借民钱给军，以今年税赋偿之。免平阳、太原军站户重科租税。丁未，诏行中书省平章祃祃及王文统等率各路宣抚使赴阙。丁巳，李璮破宋兵于沙湖堰。

三月壬戌朔，日有食之。

夏四月丙午，诏军中所俘儒士听赎为民。辛亥，遣弓工往教都阐人为弓。乙卯，诏十路宣抚使量免民间课程。命宣抚司官劝农桑，抑游惰，礼高年，问民疾苦，举文学才识可以从政及茂才异等，列名上闻,以听擢用,其职官污滥及民不孝悌者,量轻重议罚。辛酉,诏太康弩军二千八百人戍蔡州。以礼部郎中刘芳使大理等国。

五月乙丑,禁使臣毋入民家,令止顿析津驿。遣崔明道、李全义为详问官,诣宋淮东制司访问国信使郝经等所在,仍以稽留信使、侵扰疆场诘之。庚辰,敕使臣及军士所过城邑,官给廪饩,毋扰于民。丁亥,申严沿边军民越境私商之禁。唐庆子政臣入见,诏复其家。弛诸路山泽之禁。禁私杀马牛。申严越境私商,贩马匹者罪死。以河南经略宣抚使史天泽为中书右丞相,河南军民并听节制。诏成都路置惠民药局。遣王祐于西川等路采访医、儒、僧、道。

六月癸巳,括漏籍老幼等户,协济编户赋税。丙申,赐新附人王显忠、王谊等衣物有差。李璮遣人献涟水捷。罢诸路拘收字兰奚。禁诸王擅遣使招民及徵私钱。戊戌,太阴犯角。诏谕十路宣抚司并管民官,定盐酒税课等法。癸卯,以严忠范为东平路行军万户兼管民总管,仍谕东平路达鲁花赤等官并听节制。诏定中外官所乘马数各有差。乙巳,赈火少里驿户之乏食者。赏钦察所部将校有功者银二千五百两及币帛有差。己酉,命窦默仍翰林侍讲学士。默与王鹗面论王文统不宜在相位,荐许衡代之,帝不怿而罢。辛亥,转懿州米万石赈亲王塔察儿所部饥民。赐亲王合丹所部军币帛九百匹、布千九百匹。乙卯,敕平阳路安邑县蒲萄酒,自今毋贡。诏:“宣圣朝及管内书院,有司岁时致祭,月朔释奠,禁诸官员使臣军马,毋得侵扰亵渎,违者加罪。”丙辰,以汪良臣同金巩昌路便宜都总帅,凡军民官并听良臣节制。丁巳,敕诸路造人、马甲及铁装具万二千,输开平。戊午,诏毋收卫辉、怀孟赋税,以偿其所借刍粟。庚申,宋泸州安抚使刘整举城降,以整行夔府路中书省兼安抚使,佩虎符。仍谕都元帅纽璘等使存恤其民。赐故金翰林修撰魏璠谥靖肃。秦蜀行省言青居山都元帅钦察等所部将校有功,诏降虎符一、金符五、银符五十七,令行省铨定职名给之。城临洮。升真定鼓城县为晋州,以鼓城、安平、武强、饶阳隶焉。赐僧子聪怀孟、邢州田各五十顷。罢金、银、铜、铁、丹粉、锡碌坑冶所役民夫及河南舞阳姜户、藤花户,

还之州县。赐大理国主段实虎符,优诏抚谕之。命李璮领益都路盐
课。出工局秀女,听其婚嫁。怀孟广济渠提举王允中、大使杨端仁
凿沁河渠成,溉田四百六十余所。高丽国王倎更名禃,遣其世子愖
奉表来朝,命宿卫将军孛里察、礼部郎中高逸民持诏往谕,仍以玉
带赐之。以不花为中书右丞相,耶律铸为中书左丞相,张启元为中
书右丞。授管领崇庆府、黎、雅、威、茂、邛、灌七处军民小太尉虎符。

秋七月辛酉朔,立军储都转远使司,以马月合乃为使,周锴为
副使。癸亥,初立翰林国史院。王鹗请修辽、金二史,又言:“唐太宗
置弘文馆,宋太宗设内外学士院。今宜除拜学士院官,作养人才。乞
以右丞相史天泽监修国史,左丞相耶律铸、平章政事王文统监修
辽、金史,仍采访遗事。”并从之。赈和林饥民。赏巩昌路总帅汪惟
正将校斩浑都海功银二千五百两、马价银四千九百两。诸王昌童招
河南漏籍户五百,命付之有司。命总管王青制神臂弓、柱子弓。谕
河南管军官于近城地量存牧场,余听民耕。巴思答儿乞于高丽鸭绿
江西立互市,从之。乙丑,遣使持香币祀岳渎。丁丑,渡江新附民留
屯蔡州者,徙居怀孟,贷其种、食。以万家奴为安抚高丽军民达鲁花
赤,赐虎符。庚辰,西京、宣德陨霜杀稼。辛巳,诏许衡即其家教怀
孟生徒。命西京宣抚司造船备西夏漕运。壬午,遣纳速剌丁、孟甲
等使安南。乙酉,以牛驿雨雪,道途泥泞,改立水驿。己丑,命炼师
王道归于真定筑道观,赐名玉华。谕将士举兵攻宋,诏曰:

朕即位之后,深以戢兵为念,故年前遣使于宋以通和好。
宋人不务远图,伺我小隙,反启边衅,东剽西掠,曾无宁日。朕
今春还宫,诸大臣皆以举兵南伐为请,朕重以两国生灵之故,
犹待信使还归,庶有悛心,以成和议,留而不至者,今又半载
矣。往来之礼遽绝,侵扰之暴不已。彼尝以衣冠礼乐之国自居,
理当如是乎?曲直之分,灼然可见。今遣王道贞往谕。卿等当
整尔士卒,砺尔戈矛,矫尔弓矢,约会诸将,秋高马肥,水陆分
道而进,以为问罪之举。尚赖宗庙社稷之灵,其克有勋。卿等
当宣布朕心,明谕将士,各当自勉,毋替朕命。

鄂州青山矶、浒黄洲所招新民迁至江北者,设官领之。敕怀孟牧地听民耕垦。

八月壬辰,赐故金补阙李大节谥贞肃。丁酉,命开平守臣释奠于宣圣庙。戊戌,以燕京等路宣抚使赛典赤为平章政事。敕以贺天爵为金齿等国安抚使,忽林伯副之,仍招谕使安其民。己亥,谕武卫军都指挥使李伯佑汰本军疲老者,选精锐代之,给海青银符一,有奏,驰驿以闻。辛丑,以宣抚使粘合南合为中书右丞,阔阔为中书左丞,贾文备为开元、女直、水达达等处宣抚使,赐虎符。以宋降将王青为总管,教武卫军习射。乙巳,禁以俘掠妇女为娼。丙午,太白犯岁星。以许衡为国子祭酒。丁未,以姚枢为大司农,窦默仍翰林侍讲学士。先是,以枢为太子太师,衡为太子太傅,默为太子太保,枢等以不敢当师傅礼,皆辞不拜,故复有是命。初立劝农司,以陈邃、崔斌、成仲宽、粘合从中为滨棣、平阳、济南、河间劝农使,李士勉、陈天锡、陈膺武、忙古带为邢洺、河南、东平、涿州劝农使。己酉,命大名等路宣抚使岁给翰林侍讲学士窦默、太医副使王安仁衣粮,赐田以为永业。甲寅,赏董文炳所将渡江及北征有功者二十二人,银各五十两。封顺天等路万户张柔为安肃公,济南路万户张荣为济南公。陕西四川行省乞就决边方重刑,不允。诏陕西四川行省存恤归附军民。诏:"自今使臣有矫称上命者,有司不得听受。诸王后妃公主驸马非闻奏,不许擅取官物。"赐庆寿寺、海云寺陆地五百顷。敕西京运粮于沙井,北京运粮于鱼儿泊。立檀州驿。颁斗斛权衡。赈桓州饥民。赐诸王塔察儿金千两、银五千两、币三百匹。给阿石寒甲价银千二百两。核实新增户口。措置诸路转输法。命刘整招怀夔府、嘉定等处民户。宋私商七十五人入宿州,议置于法,诏宥之,还其货,听榷场贸易。仍檄宋边将还北人之留南者。

九月庚申朔,诏以忽突花宅为中书省署。奉迁祖宗神主于圣安寺。癸亥,邢州安抚使张耕告老,诏以其子鹏翼代之。武卫亲军都指挥使李伯祐、董文炳言:"武卫军疲老者,乞补换,仍存恤其家。"从之。丙寅,诏以粘合南合行中兴府中书省。戊辰,大司农姚枢请

以儒人杨庸教孔、颜、孟三氏子孙,东平府详议官王镛兼充礼乐提
举;诏以庸为教授,以镛特兼太常少卿。辛未,以清、沧盐课银偿往
岁所贷民钱给公费者。置和籴所于开平,以户部郎中宋绍祖为提举
和籴官。丙子,谕诸王、驸马,凡民间词讼无得私自断决,皆听朝廷
处置。河南民王四妻靳氏一产三男,命有司量给赡养。敕今岁田租
输沿河近仓,官为转漕,不可劳民。癸未,以甘肃等处新罹兵革,民
务农安业者为戍兵所扰,遣阿沙、焦端义往抚治之。以海青银符二、
金符十给中书省,量军国事情缓急,付乘驿者佩之。以开元路隶北
京宣抚司。真定路官民所贷官钱,贫不能偿,诏免之。王鹗请于各
路选委博学老儒一人,提举本路学校,特诏立诸路提举学校官,以
王万庆、敬铉等三十人充之。敕燕京、顺天等路续制人甲五千、马甲
及铁装具各二千。

　　冬十月庚寅朔,诏凤翔府种田户隶平阳兵籍,毋令出征,务耕
屯以给军饷。辛卯,陕西四川行省上言:"军务急速,若待奏报,恐失
事机。"诏与都元帅纽璘会议行之。遣道士訾洞春代祀东海广德王
庙。壬辰,敕火儿赤、奴怀率所部略地淮西。丁酉,敕爱亦伯等及陕
西宣抚司检核不鲁欢、阿蓝塔儿所贷官银。庚子,以右丞张启元行
中书省于平阳、太原等路。括西京两路官民,有壮马皆从军,令宣德
州杨庭训统之,有力者自备甲仗,无力者官与供给。两路奥鲁官并
在家军人,凡有马者,并付新军刘总管统领。昂吉所管西夏军并丰
州、荨麻林、夏水阿剌浑皆备鞍马甲仗,及孛鲁欢所管兵,凡徒行者
市马给之,并令从军,违者以失误军期论。修葺京旧城。命平章政
事赵璧、左三部尚书怯烈门率蒙古、汉军驻燕京近郊、太行一带,东
至平滦,西控关陕,应有险阻,于附近民内,选谙武事者,修立堡寨
守御。以河南屯田万户史权为江汉大都督,依旧戍守。又选锐卒三
千,付史枢管领,于燕京近郊屯驻。壬寅,命亳州张柔、归德邸浃、睢
州王文干、水军解成、张荣实、东平严忠嗣、济南张宏七万户,以所
部兵来会。罢东平会计前任官侵用财赋。甲辰,宋兵攻泸州,刘整
击败之;诏赏整银五千两、币帛二千匹;失里答、刘元振守御有功,

各赏银五百两,将士银万两、币帛千匹。乙巳,诏指挥副使郑江将千人赴开平,指挥使董文炳率善射者千人由鱼儿泊赴行在所,指挥使李伯祐率余兵屯潮河川。壬子,诏霍木海、乞带等自得胜口至中都预备粮饷刍粟。丙辰,诏平章政事塔察儿率军士万人,由古北口西便道赴行在所。

十一月壬戌,大兵与阿里不哥遇于昔木土脑儿之地,诸王合丹等斩其将合丹火儿赤及其兵三千人,塔察儿与合必赤等复分兵奋击,大破之,追北五十余里。帝亲率诸军以蹑其后,其部将阿脱等降,阿里不哥北遁。庚午,太阴犯昴。壬申,诏免今年赋税。癸酉,驻跸帖买和来之地。以尚书怯烈门、平章赵璧兼大都督,率诸军从塔察儿北上。分蒙古军为二:怯烈门从麦肖出居庸口,驻宣德德兴府;讷怀从阿忽带出古北口,驻兴州。帝亲将诸万户汉军及武卫军,由檀、顺州驻潮河川。敕官给刍粮,毋扰居民。罢十路宣抚司,止存开元路。命诸路市马二万五千余匹,授蒙古军之无马者。丁丑,徵诸路宣抚司官赴中都。移跸于速木合打之地。诏汉军屯怀来、晋山。鹰坊阿里沙及阿散兄弟二人,以擅离扈从,伏诛。

十二月庚寅,诏封皇子真金为燕王,领中书省事。辛卯,荧惑犯房。壬辰,荧惑犯钩钤。癸巳,以昌、抚、盖利泊等处荐罹兵革,免今岁租赋。甲午,师还。诏撤所在戍兵,放民间新签军。命太常少卿王镛教习大乐。壬寅,以隆寒,命诸王合必赤所部军士无行帐者,听舍民居。命陕蜀行中书省给绥德州等处屯田牛、种、农具。初立宫殿府,秩正四品,专职营缮。立尚食局、尚药局。初设控鹤五百四人,以刘德为军使领之。立异样局达鲁花赤,掌御用织造,秩正三品,给银印。赐诸王金银币帛如岁例。是岁,天下户一百四十一万八千四百九十有九。断死罪四十六人。

元史卷五
本纪第五

世祖二

　　三年春正月癸亥，修宣圣庙成。庚午，罢高丽互市。诸王塔察
儿请置铁冶，从之；请立互市，不从。忽剌忽儿所部民饥，罢上供羊。
命银冶户七百、河南屯田户百四十，赋税输之州县。命匠户为军者，
仍为军，其军官当考第富贫，存恤无力者。耶律铸诣北京饷诸王军，
仍遣宣抚使柴祯等增价籴米三万石益之。赐高丽国历。辛未，禁诸
道戍兵及势家纵畜牧犯桑、枣、禾稼者。癸酉，以军兴，人民劳苦，敕
停公私逋负毋徵。癸未，赐广宁王瓜都驼钮金镀银印及诸王合必赤
行军印。宋制置使贾似道以书诱总管张元等，李璮获其书上之。丙
戌，命江汉大都督史权、亳州万户张弘彦将兵八千赴燕。备宫悬钟
磬、乐舞、篪，凡用三百六十二人。高丽遣使奉表来谢，优诏答之。李
璮质子彦简逃归。

　　二月丁亥朔，元籍军窜名为民者，命有司还正之。括诸道逃亡
军。己丑，李璮反，以涟、海三城献于宋，尽杀蒙古戍军，引麾下趋益
都。前宣抚副使王磐脱身走至济南。驿召磐，令姚枢问计，磐对：
“竖子狂妄，即成擒耳。”帝然之。庚寅，宋兵攻新蔡。辛卯，始定中
外官俸。命大司农姚枢讲定条格。甲午，李璮入益都，发府库犒其
将校。乙未，诏诸道以今岁民赋市马。丙申，郭守敬造宝山漏成，徙
至燕京。以兴、松、云三州隶上都。辛丑，李璮遣骑寇蒲台。癸卯，
诏发兵讨之。以赵璧为平章政事。修深、冀、南宫、枣强四城。甲辰，

发诸蒙古、汉军讨李璮,命水军万户解成、张荣实、大名万户王文干及万户严忠范会东平,济南万户张宏、归德万户邸浃、武卫军炮手元帅薛军胜等会滨棣。诏济南路军民万户张宏、滨棣路安抚使韩世安各修城堑,尽发管内民为兵以备。召张柔及其子弘范率兵二千诣京师。丙午,命诸王合必赤总督诸军。以不只爱不干及赵璧行中书省事于山东,宋子贞参议行中省事,以董源、高逸民为左右司郎中,许便宜从事。真定、顺天、河间、平滦、大名、邢州、河南诸路兵皆会济南。以中书左丞阔阔、尚书怯烈门、宣抚游显行宣慰司于大名,洺滋、怀孟、彰德、卫辉、河南东西两路皆隶焉。己酉,王文统坐与李璮同谋,伏诛,仍诏谕中外。王演等以妖言诛。辛亥,敕元帅阿海分兵戍平湾、海口及东京、广宁、懿州,以余兵诣京师。诏诸道括逃军还屯田,严其禁。壬子,李璮据济南。癸丑,诏大名、洺磁、彰德、卫辉、怀孟、河南、真定、邢州、顺天、河间、平滦诸路皆籍兵守城。宋兵攻滕州。丙辰,诏拔都抹台将息州戍兵诣济南,移其民于蔡州;东平万户严忠范留兵戍宿州及蕲县,以余兵自随。

三月戊午,有旨:"非中书省文移及兵民官申省者,不许入递"。己未,括木速蛮、畏吾儿、也里可温、答失蛮等户丁为兵。庚申,括北京鹰坊等户丁为兵,蠲其赋,令赵炳将之。辛酉,宗拔突言河南有自愿从军者,命即令将之。遣郑鼎、赡思丁、答里带、三岛行宣慰司事于平阳、太原。签见任民官及捕鹰坊、人匠等军。徙弘州锦工、绣女于京师。敕河东两路元括金州兵付郑鼎将之。诏以平章政事祃祃、廉希宪,参政商挺,断事官麦肖行中书省于陕西、四川。获私商南界者四十余人,命释之。敕燕京至济南置海青驿凡八所。壬申,命户部尚书刘肃专职钞法,平章政事赛典赤兼领之。以撒吉思、柴桢行宣慰司事于北京。免今岁丝银,止输田租。癸酉,命史枢、阿术各将兵赴济南。遇李璮军,邀击、大破之,斩首四千,璮退保济南。乙亥,宋将夏贵攻符离。戊寅,万户韩世安率镇抚马兴、千户张济民,大破李璮兵于高苑,获其权府傅圭,赐济民、兴金符。诏以李璮兵败谕诸路。禁民间私藏军器。壬午,始以畏吾字书给驿玺书。免西京今年

丝银税。甲申,免高丽酒课。乙酉,宋夏贵攻蕲县。谕诸路管民官,
毋令军马、使臣入州城、村居、镇市,扰及良民。

　　夏四月丙戌朔,大军树栅凿堑,围璮于济南。丁亥,诏博兴、高
苑等处军民尝为李璮胁从者,并释其罪。庚寅,命怯烈门、安抚张耕
分邢州户隶两答剌罕。辛卯,修河中禹庙,赐名建极宫。壬辰,以大
梁府渠州路军民总帅蒲元圭为东爨路经略使。丙申,宋华路分、汤
太尉攻徐、邳二州。诏分张柔军千人还戍亳州。庚子,江汉大都督
史权以赵百户絜众逃归,斩之。诏:"自今部曲犯重罪,鞫问得实,必
先奏闻,然后置诸法。"诏安辑徐、邳民,禁征戍军士及势官,毋纵畜
牧伤其禾稼桑枣。以米千石、牛三百给西京蒙古户。癸卯,宋兵攻
亳州。甲辰,命行中书省、宣慰司、诸路达鲁花赤、管民官,劝诱百姓
开垦田土,种植桑、枣,不得擅兴不急之役,妨夺农时。乙巳,以北
京、广宁、豪、懿州军兴劳弊,免今岁税赋。命诸路详谳冤狱。诏河
东两路并平阳、太原路达鲁花赤及兵民官,抚安军民,各安生业,毋
失岁计。丁未,李璮遣柴牛儿招谕部民卢广,广缚以献,杀之,以广
权威州军判兼捕盗官。戊申,赐诸王也相哥金印。庚戌,赐诸王合
必赤金、银海青符各二。免松州、兴州、望云州新旧差赋。以望云、
松山、兴州课程隶开平府。壬子,敕非军情,毋行望云驿。乙卯,河
南路王豁子、张无僧、杜信等谋为不轨,并伏诛。诏右丞相史天泽专
征,诸将皆受节度。

　　五月戊午,蕲县陷,权万户李义、千户张好古死之。庚申,筑环
城,围济南,璮不复得出。诏撒吉思安抚益都路百姓各务农功,仍禁
蒙古、汉军剽掠。癸亥,史权妄奏徐、邳总管李杲哥完复邳州城,诏
由杲哥以下,并原其罪。时宋将夏贵攻邳州,杲哥出降。贵既去,杲
哥自陈能保全州城,史权以闻,故有是命。甲子,宋兵攻利津县。蠲
滨棣今岁田租之半,东平蠲十之三。自燕至开平立牛驿,给钞市车
牛。戊辰,以右丞相忽鲁不花兼中书省都断事官,赐虎符。真定、顺
天、邢州蝗。以平章政事赛典赤兼领工部及诸路工作。以孟烈所献
蹶张弩藏于中都。丙子,晋山至望云立海青驿。丁丑,李杲哥等伏

诛。命史天泽选考徐、邳总管。甲申，真定路不眼里海牙擅杀造伪
钞者三人，诏诘其违制之罪。西京、宣德、咸宁、龙门霜。天顺、平阳、
河南、真定雨雹。东平、滨棣旱。诏核实逃户、输纳丝银税租户，口
增者赏之，隐匿者罪之，逃民苟免差税重加之罪。大司农姚枢辞赴
省议事，帝勉留之，命枢与左三部尚书刘肃依前商议中书省事。

六月乙酉朔，宋兵攻沧州、雅州、泸山，民既降复叛，命诛其首
乱者七人，余令安业。割辽河以东隶开元路。戊子，滨棣安抚使韩
安世败宋兵于滨州丁河口。己丑，遣塔察儿帅兵击宋军，仍安谕濒
海军民。乙未，禁女直侵轶高丽国民，其使臣往还，官为护送。命婆
娑府屯田军，移驻鸭绿江之西，以防海道。丙申，高丽国王王禃遣使
来贡。壬寅，陕西行省言西京、宣德、太原匠军困乏，乞以民代之。有
旨："军籍已定，不宜动摇。宜令贫富相资，果甚贫者，令休息一岁。"
癸卯，太原总管李毅奴哥、达鲁花赤戴曲薛等领李璮伪檄，传行旁
郡，事觉诛之。敕武宁军岁输所产铁。河西民及诸王忽撒吉所部军
士乏食，给钞赈之。壬子，申严军官及兵伍扰民之禁。癸丑，立小峪、
芦子、宁武军、赤泥泉铁冶四所。东平严忠济向为民贷钱输赋四十
三万七千四百锭，借用课程、钞本、盐课银万五千余两，诏勿徵。

秋七月戊午，复蒙古军、站户差赋，农民包银征其半，俘户止令
输丝。民当输赋之月，毋征私债。敕私市金银应支钱物，止以钞为
准。丙寅，赐夔州路行省杨大渊金符十、银符十九，赏麾下将士，别
给海青符二，事有急，速驰以上闻。立枪杆岭驿，以便转输。癸酉，
甘州饥，给银以赈之。甲戌，李璮穷蹙，入大明湖，投水中不即死，获
之，并蒙古军囊家伏诛，体解以徇。戊寅，以夔府行省刘整行中书省
于成都、潼川两路，仍赐银万两，分给军士之失业者。

八月己丑，郭守敬请开玉泉水以通漕运，广济河渠司王允中请
开邢、洺等处漳、滏、澧河、达泉以溉民田，并从之。甲午，博都欢等
奏请以宣德州、德兴府等处银冶付其匠户，岁取银及石绿、丹粉输
官，从之。丙午，立诸路医学教授。戊申，敕王鹗集廷臣商榷史事，
鹗等乞以先朝事迹录付史馆。河间、平滦、广宁、西京、宣德、北京陨

霜害稼。

九月戊午，亳州万户张弘略破宋兵于蕲县，复宿、蕲二城。以侍卫亲军都指挥使董文炳兼山东路经略使，收集益都旧军充武卫军，戍南边。诏益都行省大都督撒吉思与董文炳会议兵民籍，每十户惟取其二充武卫军；其海州、东海、涟水移入益都者，亦隶本卫。己未，罢霸州海青驿。安南国陈光昺遣使贡方物。壬戌，改邢州为顺德府，立安抚司，洺、磁、威三州隶焉。听太原民食小盐，岁输银七千五百两。己巳，以马月合乃饷军功，授礼部尚书，赐金符。壬申，授安南国王陈光昺达鲁花赤讷刺丁虎符。敕济南官吏，凡军民公私逋负，权阁毋徵。癸酉，都元帅阔阔带卒于军，以其兄阿术代之，授虎符，将南边蒙古、汉军。

闰月甲申朔，沙、肃二州乏食，给米、钞赈之。丁亥，立古北口驿。己丑，济南民饥，免其赋税。免诸路军户他徭。庚寅，敕京师顺州至开平置六驿。辛卯，严忠范奏请补东平路庙学太常乐工，从之。敕武卫军及黑军会于京师。庚子，中翼千户九住破宋兵于虎脑山。庚戌，发粟三十万赈济南饥民。

冬十月丙辰，放金州所屯军士二千人及大明、河南新签防城军为民。庚申，分益都军民为二：董文炳领军，撒吉思治民。禁诸王使臣、师旅敢有恃势扰民者，所在执以闻。诏以李璮所掠民马还其主。以郝经、刘人杰使宋未还，廪其家。中书省奏与宋互市，庶止私商，及复通民之陷于宋者，且觇涟、海二州，不允。以刘仁杰不附李璮，擢益都路总管，仍以金帛赐之。壬戌，授益都行中书省都督府所统州郡官金符十七、银符十一。乙丑，诏禁京畿畋猎。丙寅，分东西两川都元帅府为二：以帖的及刘整等为都元帅及左右副都元帅。诏责高丽欺慢之罪。又诏赐高丽王禃历。以战功赏渠州达鲁花赤王璋等金五十两、银一千五百五十两。赏阆、蓬等路都元帅合州战功银五千两。丁卯，诏凤翔屯田军隶兵籍，仍屯田凤翔。放刁国器所签平阳军九百一十五人为民。阆、蓬、广安、顺庆、夔府等路都元帅钦察戍青居山，请益兵；诏陕西行省及巩昌总帅汪惟正以兵益之。

戊辰,杨大渊乞于利州大安军以盐易军粮,从之。庚午,敕巩昌总帅汪惟正将戍青居军还,屯田利州。乙亥,分中书左右部。丁丑,敕宿州百户王达等所擒宋王用、夏珍等八人赴京师。命百家奴所将质子军入侍。戊寅,命不里刺所统固安、平滦质子军自益都徙还故地。诏益都府路官吏、军、民为李璮胁从者,并赦其罪。敕万户严忠范修复宿州、蕲县,万户忽都虎、怀都、何总管修完邳州城郭。

十一月乙酉,太白犯钩钤。丁亥,敕圣安寺作佛顶金轮会,长春宫设金箓周天醮。辛丑,日有背气重晕三珥。敕济南人民为李璮裨校掠取财物者,诣都督撒吉思所讼之。真定民郝兴仇杀马忠,忠子荣受兴银,令兴代其军役。中书省以荣纳赂忘仇,无人子之道,杖之,没其银。事闻,诏论如法。有司失出之罪,俾中书省议之。三叉沽灶户经宋兵焚掠,免今年租赋。汰少府监工匠,存其良者千二百户。遣官审复陕西重刑。敕河西民徙居应州,其不能自赡者百六十户,给牛具及粟、麦种,仍赐布,人二匹。乙巳,诏都元帅阿术分兵三千人,同阿鲜不花、怀都兵马,复立宿州、蕲县、邳州。有旨谕史天泽:"朕或乘怒欲有所诛杀,卿等宜迟留一二日,覆奏行之。"丙午,诏特徵人员,宜令乘传。戊申,升抚州为隆兴府,以昔剌斡脱为总管,割宣德之怀安、天成及威宁、高原隶焉。

十二月甲寅,封皇子真金为燕王,守中书令。丙辰,敕诸王塔察儿等所部猎户止收包银,其丝税输之有司。立河南、山东统军司,以塔剌浑火儿赤为河南路统军使,卢升副之,东距亳州、西至均州诸万户隶焉;茶不花为山东路统军使,武秀副之,西自宿州、东至宁海州诸万户隶焉。罢各路急递铺。丁巳,立十路宣慰司,以真定路达鲁花赤赵璠等为之。己未,犯罪应死者五十三人,诏重加详谳。辛酉,诏给怀州新民耕牛二百,俾种水田。立诸路转运司,以燕京路监榷官曹泽等为之使。癸亥,享太庙。诏:"各路总管兼万户者,止理民事,军政勿预。其州县官兼千户、百户者,仍其旧。"乙丑,复立息州城,以安其民。召真定、顺德等路宣慰使王盘乘传赴京师。丙寅,申严屠杀牛马之禁。己巳,诏:"诸路管民总管子弟,有分管州、府、司、县及鹰坊、人匠诸色事务者,罢之。"壬申,遣使收辑诸路军民官海青牌及驿券。戊寅,诏:"诸路管民官理民事,管军官掌兵戎,各有所司,不相统摄。"作佛事于昊天寺七昼夜,赐银万五千两。割北京、兴州隶开平府。建行宫于兴隆路。升太原临泉县为临州。降宁陵为下县,仍隶归德。赐诸王金、银、币帛如岁例。

是岁,天下户一百四十七万六千一百四十六。断死罪六十六人。

四年春正月乙酉,禁蒙古军马扰民。宋贾似道遣杨琳赍空名告身及蜡书、金币,诱大获山杨大渊南归。大渊部将执琳,诏诛之。以宋忽儿、灭里及沙只回回鹰坊等兵戍商州、蓝田诸隘。军民官各从统军司及宣慰司选举。岳天辅乞复立息州,不允。丙戌,以姚枢为中书左丞。改诸路监榷课税所为转运司。甲午,给公主拜忽符印,其所属设达鲁花赤。给钞赈益都路贫民之无牛者。立十路奥鲁总管。丁酉,益都路行省大都督撒吉思上李璮所伤涟水军民及陷宋蒙古、女直、探马赤军数,男女凡七千九百三十二人。癸卯,领部阿合马请兴河南等处铁冶及设东平等路巡禁私盐军,从之。召商挺、赵良弼赴阙。乙巳,敕李平阳以所部西川出征军士戍青居山,其各翼军在青居山者悉还成都。诏陕西行省塔剌海等收恤离散军户。诏:"以诸路汉军奥鲁毋隶各万户管领。其科徵差税,山东、河南隶统军司,东西两川隶征东元帅府,陕西隶行户部。凡奥鲁官内有各万户弟男及私人,皆罢之。"敕总帅汪忠臣、都元帅帖的及刘整等益兵付都元帅钦察,戍青居山。仍以解州盐课给军粮。丙午,诏诸翼万户简精兵四千充武卫军。罢古北口新置驿。增万户府监战一员、参议一员。以马合麻所俘济南老僧口之民文面为奴者,付元籍为民。汪忠臣、史权械系宋谍者六人至京师,有旨释之。辛亥,申禁民家兵器及蒙古军扰民者。陵州达鲁花赤蒙哥战死济南,以其子忙兀带袭职。召云顶山侍郎张威赴阙。

二月壬子朔,命河东宣慰司市马百二十九匹,赐诸王八剌军士之无马者。甲寅，诏诸路官员子弟入质。以高丽不答诏书，诘其使者。以民杜了翁先朝旧功，复其家。庚申，赏万户怯来所部将士讨李璮有功者银二千七百五十两。甲子，车驾幸开平。以王德素充国信使，刘公谅副之，使于宋，致书宋主，诘其稽留郝经之故。诏：“诸路置局造军器。私造者，处死。民间所有，不输官者，与私造同。”

三月戊子，沂州胡节使、范同知陷于宋，命存恤其家。或言其曾为宋兵乡导，乃分其妻孥、资产，赐有功将士。辛卯，敕撒吉思招集益都逃民。命董文炳以所获宋谍及俘八十一人赴隆兴府。听诸路猎户及捕盗巡盐者执弓矢。壬辰，遣札马剌丁和籴东京。己亥，诸路包银以钞输纳，其丝料入本色。非产丝之地，亦听以钞输入。凡当差户包银钞四两，每十户输丝十四斤，漏籍老幼钞三两、丝一斤。庚子，亦黑迭儿丁请修琼华岛，不从。壬寅，关东蒙古、汉军官未经训敕者，令各乘传赴开平。癸卯，初建太庙。乙巳，赐迭怯那延等银七千九十两。命北京元帅阿海发汉军二千人赴开平。己酉，高丽国王王禃遣其臣朱英亮入贡，上表谢恩。复立宿州。

夏四月庚戌朔，以漏籍户一万一千八百、附籍户四千三百，于各处起冶，岁课铁四百八十万七千斤。癸丑，选益都兵千人充武卫军。甲寅，偿河西阿沙赈赡所部贫民银三千七百两。己未，以完颜端田宅赐益都千户傅国忠。国忠父天佑为端所杀，故命以其田宅赐之。宣德至开平置驿。罢开元路宣慰司。丙寅，西京武州陨霜杀稼。戊寅，召窦默、许衡乘驿赴开平。诸王阿只吉所部贫民远徙者，赐以马牛车币。以东平为军行蹂践，赈给之。改沧、清、深盐提领所为转运司。王鹗请延访太祖事迹付史馆。

五月癸未，诏北京运米五牛石赴开平，其车牛之费并从官给。乙酉，初立枢密院，以皇子燕王守中书令，兼判枢密院事。戊子，升开平府为上都，其达鲁花赤兀良吉为上都路达鲁花赤，总管董铨为上都路总管兼开平府尹。辛卯，诏立燕京平准库，以均平物价，通利钞法。乙未，敕商州民就戍本州，毋禁弓矢。丙申，立上都马、步驿。丁酉，以元帅杨大渊、张大悦复神山有功，降诏奖谕。戊戌，以礼部尚书马月合乃兼领颍州、光化互市，及领已括户三千，兴煽铁冶，岁输铁一百三万七千斤，就铸农器二十万事，易粟四万石输官。河南随处城邑市铁之家，令仍旧鼓铸。庚子，河南路总管刘克兴矫制括户，罢其职，籍家资之半。升上都路望云县为云州，松山县为松州。赏前讨浑都海战功，撒里都、阔阔出等钞二千一百七十四锭、币帛一千四百二十匹。

六月壬子，河间、益都、燕京、真定、东平诸路蝗。乙卯，以管民官兼统怀孟等军俺撒战殁汴梁，命其子忙兀带为万户，佩金符。戊午，赐线真田户六百。己未，赐高丽国王王禃羊五百。癸酉，赐拜忽公主所部钞千锭。立上都惠民药局。建帝尧庙于平阳，仍赐田十五顷。以线直为中书右丞相，塔察儿为中书左丞相。

秋七月癸未，诏诸投下毋擅勾摄燕京路州县官吏。乙酉，禁野狐岭行营民，毋入南、北口纵畜牧，损践桑稼。给公主拜忽银五万两，合剌合纳银千两。乙未，以故东平权万户吕义死王事，赐谥贞节。戊戌，诏弛河南沿边军器之禁。升燕京属县安次为东安州，固安为固安州。河南统军司言：“屯田民为保甲丁壮射生军，凡三千四百人，分戍沿边州郡，乞蠲他徭。”从之。庚子，诏赐诸王爪都牛马价银六万三千一百两。壬寅，诏禁益都路探马赤扰民。以成都经略司隶西川行院。禁蒙古、汉军诸人煎、贩私盐。诏山东经略司徙胶、莱、莒、密之民及灶户居内地。中书省臣以妨煮盐为言，遂令统军司完复边戍，居民灶户毋徙。诏阿术戒蒙古军，不得以民田为牧地。燕京、河间、开平、隆兴四路属县雨雹害稼。

八月戊申朔，诏霍木海总管诸路驿，佩金符。辛亥，置元帅府于大理。诏东平、大名、河南宣慰司市马千五百五十匹，给阿术等军。升宣德州为宣德府，隶上都。以淄、莱、登三州为总管府，治淄州。命昔撒昔总制鬼国、大理两路。兵部郎中刘芳前使大理，至吐蕃遇害，命恤其家。壬子，命中书省给北京、西京转运司车牛价钞。彰德路及洺、磁二州旱，免彰德今岁田租之半，洺、磁十之六。冀州蒙古百户阿昔等犯盐禁，没入马百二十余匹，以给军士之无马者。甲寅，命成都路运米万石饷潼川。给钞付刘整市牛屯田。分刘元礼等军戍潼川，命按敦将之。丙辰，诏以成都路绵州隶潼川。戊午，以阿脱、商挺行枢密院于成都，凡成都、顺庆、潼川都元帅府并听节制。庚申，以史天倪前为武仙所杀，以武仙第赐其子楫。癸亥，敕京兆路给赐刘整第一区、田二十顷。以梦八剌所部贫乏，赐银七千五百两给之。甲子，以西凉经兵，居民困弊，给钞赈之，仍免租赋三年。敕诸臣传旨，有疑者须履奏。丙寅，以诸王只必帖木儿部民困乏，赐银二万两给之。壬申，复置急递铺。滨、棣二州蝗。真定路旱。诏西凉流民复业者，复其家三年。车驾至自上都。

九月壬午，河南、大名两道宣慰司所获宋谍王立、张达、刁俊等十八人，遇赦释免，给衣服遣还。乙酉，立漕运河渠司。己丑，赐诸王阿只吉所部种、食、牛具。庚寅，谕高丽、上京等处毋重科敛民。招谕济南、滨棣流民。遣使徵诸路赋税钱帛。民间所卖布帛有疏薄狭短者，禁之。

冬十月戊午，初置隆兴路驿。

十一月甲申，诏以岁不登，量减阿述、怯烈各军行饷。东平、大名等路旱，量减今岁田租。丙戌，享于太庙，以合丹、塔察儿、王盘、张文谦行事。高丽国王王禃以免置驿、籍民等事，遣其臣韩就奉表来谢；赐中统五年历并蜀锦一，仍命禃入朝。立御衣、尚食二局。

十二月丁未朔，以凤翔屯军、汪惟正青居等军、刁国器平阳军，令益都元帅钦察统之，戍虎啸寨。甲戌，敕驸马爱不花蒲萄户依民例输赋。也里可温、答失蛮、僧、道种田入租，贸易输税。丙子，赐诸王金、银、币、帛如岁例。

是岁，天下户一百五十七万九千一百一十。赋，丝七十万六千四百一斤，钞四万九千四百八十七锭。断死罪七人。

至元元年春正月丁丑朔，高丽国王王禃遣使奉表来贺。壬午，敕诸路宣慰司，非奉旨无辄入觐。以千户张好古殁王事，命其弟好义、好礼并袭职为千户。癸巳，以益都武卫军千人屯田燕京，官给牛

具。以邓州保甲军二千三百二十九户隶统军司。戊戌，杨大渊进花
罗、红边绢各百五十段，优诏谕之。己亥，立诸路平准库。癸卯，命
诸王位下工匠已籍为民者，并征差赋，儒、释、道、也里可温、达失蛮
等户，旧免租税，今并徵之；其蒙古、汉军站户所输租减半。西北诸
王率部民来归。敕北京、西京宣慰司、隆兴总管府和籴以备粮饷。筑
冷水河城，命千户土虎等戍之。罢南边互市。申严持军器、贩马、越
境私商之禁。

二月辛亥，贺福等六人告来阳、太原漏籍户，诏赏以官；廷臣以
非材对，给钞与之。敕选儒士编修国史，译写经书，起馆舍，给俸以
赡之。壬子，修琼花岛。发北京都元帅阿海所领军疏双塔漕渠。甲
寅，以故亳州千户邸闰陷于宋，命其子荣祖袭职。丙辰，罢陕西行户
部。丁卯，太阴犯南斗。癸酉，车驾幸上都。诏诸路总管史权等二
十三人赴上都大朝会。弛边城军器之禁。

三月庚辰，设周天醮于长春宫。己亥，命尚书宋子贞陈时事，子
贞条具以闻，诏奖谕，命中书省议行之。辛丑，诏四川行院，命阿脱
专掌军政，其刑名、钱谷商挺任之。立漕运司，以王光益为使。

夏四月戊申，以彰德、洺磁路引漳、滏、洹水灌田，致御河浅涩，
盐运不通，塞分渠以复水势。辛亥，太阴犯轩辕御女星。壬子，东平、
太原、平阳旱，分遣西僧祈雨。己卯，诏高丽国王王禃来朝上都，修
世见之礼。辛酉，以四川茶、盐、商、酒、竹课充军粮。杨大渊以部将
王仲得宋将昝万寿书，杀之。诏以其事未经鞫问，或堕宋人行间之
计，岂宜辄施刑戮，诘责大渊，仍存恤仲家。御苑官南家带请修驻跸
凉楼并广牧地；诏凉楼俟农隙，牧地分给农之无田者。丁卯，追治李
璮逆党万户张邦直兄弟及姜郁、李在等二十七人罪。戊辰，给新附
戍军粮饷。高丽国王王禃遣其臣金禄来贡。

五月乙亥，诏遣唆脱颜、郭守敬行视西夏河渠，俾具图来上。庚
辰，敕剑州守将分军守剑门，置驿于人头山。丙戌，太阴犯房。丁亥，
释宋私商五十七人，给粮遣归其国。己丑，以平阴县尹马钦发私粟
六百石赡饥民，又给民粟种四百余石，诏奖谕，特赐西锦一端，以旌

其义。乙未,初置四川急递铺。丙申,赐诸王钦察银万两,济其所部贫乏者。己亥,太阴犯昴。以中书右丞粘合南合为平章政事。邛部川六番安抚招讨使都王明亚为邻国建都所杀,敕其子伯佗袭职,赐金符。

六月乙巳,召王鹗、姚枢赴上都。宋制置夏贵率兵欲攻虎啸山,敕以万户石抹纪札剌一军,益钦察戍之。戊申,高丽国王王禃来朝。

秋七月甲戌,慧星出舆鬼,昏见西北,贯上台,扫紫微、文昌及北斗,旦见东北,凡四十余日。以阿合马言,益解州盐课,均赋诸色僧、道、军、匠等户,其太原小盐,听从民便。癸未,改新凤州为徽州。以西番十八族部立安西州,行安抚司事。丁亥,诸王算吉所部营帐军民被火,发粟赈之。庚寅,给诸王也速不花印。壬辰,特诏谕巩昌路总帅汪惟正劳勉之,赐元宝交钞三万贯,仍戍青居。赐诸王玉龙答失印,仍以先朝猎户赐之。丁酉,龙门禹庙成,命侍臣阿合脱因代祀。己亥,定用御宝制:凡宣命,一品、二品用玉,三品至五品用金;其文曰"皇帝行宝"者,即位时所铸,惟用之诏诰;别铸宣命金宝行之。庚子,阿里不哥自昔木土之败,不复能军;至是,与诸王玉龙答失、阿速带、昔里给,其所谋臣不鲁花、忽察、秃满、阿里察、脱忽思等来归。诏诸王皆太祖之裔,并释不问,其谋臣不鲁花等皆伏诛。

八月壬寅朔,陕西行省臣上言:"川蜀戍兵军需,请令奥鲁官徵入官库,移文于近戍官司,依数取之。宋新附民宜拨地土衣粮,给其牛种,仍禁边将分匿人口。商州险要,乞增戍兵。陕西猎户移猎商州。河西、凤翔屯田军迁戍兴元。四川各翼军,有地者徵其税,给无田者粮。"皆从之。甲辰,诏秦蜀行省发银二十五万两,给沿边岁用。乙巳,立诸路行中书省,以中书左丞相耶律铸、参知政事张惠等行省事。诏新立条格:省并州县,定官吏员数,分品从官职,给俸禄,颁公田,计月日以考殿最,均赋役,招流移,禁勿擅用官物,勿以官物进献,勿借易官钱,勿擅科差役,凡军马不得停泊村坊,词讼不得隔越陈诉,恤鳏寡,劝农桑,验雨泽,平物价,具盗贼、囚徒起数,月申省部。又颁陕西四川、西夏中兴、北京三处行中书条格。定立诸王使臣驿传、税赋、差发,不许擅招民户,不得以银与非投下人为斡脱,禁口传敕旨及追呼省臣官属。诏:"蒙古户种田,有马牛羊之家,其粮住支,无田者仍给之。"庚戌,命燕王署敕、诸王设僚属及说书官。诸站户限田四顷免税,供驿马及祗应,命各路总管府兼领其事。癸丑,命僧子聪同议枢密院事。诏子聪复其姓刘氏,易名秉忠,拜太保,参领中书省事。乙卯,诏改燕京为中都,其大兴府仍旧。增都省参佐掾史月俸。丙辰,刘秉忠、王鹗、张文谦、商挺言,燕王既署相衔,宜于省中别置幕位,每月一再至,判署朝政。其说书官,皇子忙安以李磐为之,南木合以高道为之。丁巳,以改元大赦天下,诏曰:

> 应天者惟以至诚,拯民者莫如实惠。朕以菲德,获承庆基,内难未戡,外兵未戢,夫岂一日,于今五年。赖天地之畀矜,暨祖宗之垂裕,凡我同气,会于上都。虽此日之小康,敢朕心之少肆。

> 比者星芒示儆,雨泽愆常,皆阙政之所繇,顾斯民之何罪。宜布惟新之令,溥施在宥之仁。据不鲁花、忽察、秃满、阿里察、脱火思辈,构祸我家,照依太祖皇帝扎撒正典刑讫。可大赦天下,改中统五年为至元元年。于戏!否往泰来,迓续亨嘉之会;鼎新革故,正资辅弼之良。咨尔臣民,体予至意!

戊午,给益都武卫军千人冬衣。己未,凤翔府龙泉寺僧超过等谋乱遇赦,没其财,羁管京兆僧司;同谋苏德,责令从军自效。发万户石抹纠札剌所部千人赴商州屯田,亳州军六百八人及河南府军六十人助钦察戍青居。敕山东经略副使武秀选益都新军千人充武卫军,赴中都。城郊,以沂州监战塔思、万户孟义所部兵戍之。太原路总管攸忙兀带坐藏甲匿户,罢职为民。

九月壬申朔,立翰林国史院。以改元诏谕高丽国,并赦其境内。辛巳,车驾至自上都。庚寅,益都毛璋谋逆,二子及其党崔成并伏诛,籍其家赀赐行省撒吉思。

冬十月壬寅朔,高丽国王王禃来朝。乙巳,禁上都畿内捕猎。庚戌,有事于太庙。壬子,恩州历亭县进嘉禾,一茎五穗。戊辰,改武卫军为侍卫亲军。

十一月丙子,诏宋人归顺及北人陷没来归者,皆月给粮食。辛巳,征骨嵬。先是,吉里迷内附,言其国东有骨嵬、亦里于两部,岁来侵疆,故往征之。乙丑,以至元二年历日赐高丽国王王禃。禁登州、和州等处并女直人入高丽界剽掠。辛卯,召卫州太一五代度师李居素赴阙。壬辰,罢领中书左右部,并入中书省。以领中书省左右部兼诸路都转运使、知太府监事阿合马为平章政事,领中书省左右部兼诸路都转运使阿里为中书右丞。丁酉,太原路临州进嘉禾二茎。以元帅按敦、刘整、刘元礼、钦察等将士获功,赏赉有差。

十二月乙巳,罢各投下达鲁花赤。定中外百官仪从。丁未,敕遣宋谍者四人还其国。戊午,赏拨都军人银五十万两。甲子,太阴犯房。乙丑,以王鉴昔使大理没于王事,其子天赦不能自存,忧恤之。丁卯,敕邓州沿边增立茱萸、常平、建陵、季阳四堡。戊辰,命选善水者一人,沿黄河计水程达东胜可通漕运,驰驿以闻。庚午,诏罢枢密院断事官及各路奥鲁官,令总管府兼总押所。始罢诸侯世守,立迁转法。

是岁,真定、顺天、洺、磁、顺德、大名、东平、曹、濮州、泰安、高唐、济州、博州、德州、济南、滨、棣、淄、莱、河间大水。赐诸王金、银、币帛如岁例。户一百五十八万八千一百九十五。断死罪七十三人。

元史卷六
本纪第六

世祖三

　　二年春正月辛未朔,日有食之。癸酉,山东廉访使言:"真定路总管张宏,前在济南,乘变盗用官物。"诏以宏尝告李璮反,免宏死罪,罢其职,徵赃物偿官。邳州万户张邦直等违制贩马,并处死。敕徙镇海、百里八、谦谦州诸色匠户于中都,给银万五千两为行费。又徙奴怀、忒木带儿炮手人匠八百名赴中都,造船运粮。己卯,北京路行省给札剌赤户东徙行粮万石。以邓州监战讷怀、新旧军万户董文炳并为河南副统军。甲申,诏申严越界贩马之禁,违者处死。乙酉,以河南、北荒田,分给蒙古军耕种。戊子,诸王塔察儿使臣阔阔出至北京花道驿,手杀驿吏郝用、郭和尚;有旨徵钞十锭给其主赎死。庚寅,城西番匦答路。癸巳,八东乞儿部牙西来朝,贡银鼠皮二千;赐金、素币各九,帛十有八。武城县王氏妻崔一产三男。丁酉,给亲王玉龙答失部民粮二千石。高丽国王王禃遣其弟公恂奉表来贡。

　　二月辛丑朔,元帅按东与宋兵战于钓鱼山,败之,获战舰百四十六艘。甲辰,初立宫闱局。戊申,赐亲王兀鲁带河间王印,给所部米千石。丁巳,车驾幸上都。癸亥,并六部为四,以麦术丁为吏礼部尚书,马亨户部尚书,严忠范兵刑部尚书,别鲁丁工部尚书。禁山东东路私煎硝磶。甲子,以蒙古人充各路达鲁花赤,汉人充总管,回回人充同知,永为定制。以同知东平路宣慰使宝合丁为平章政事,山东廉访使王晋为参知政事。廉希宪、商挺罢。诏并诸王只必帖木儿所设管民官属。诏谕总统所："僧人通五大部经者为中选,以有德业者为州郡僧录、判、正副都纲等官,仍于各路设三学讲、三禅会。"

三月癸酉,骨嵬国人袭杀吉里迷部兵,敕以官粟及弓甲给之。丁亥,敕边军习水战、屯田。诛宋谍李富住。乙未,罢南北互市,括民间南货,官给其直。辽东饥,发粟万石、钞百锭赈之。

夏四月戊午,赐诸王合必赤、亦怯烈金、素币各四,拜行金币一。

五月壬午,赏万户晃里答儿所部征吐蕃功银四百五十两。戊子,禁北京、平滦等处人捕猎。庚寅,令:"军中犯法,不得擅自诛戮,罪轻断遣,重者闻奏。"敕上都商税、酒醋诸课毋徵,其榷盐仍旧;诸人自愿徙居永业者,复其家。诏西川、山东、南京等路戍边军屯田。

闰五月癸卯,升蓚县为景州。辛亥,检核诸王兀鲁带部民贫无挚畜者三万七百二十四人,人月给米二斗五升,四阅月而止。丙辰,雅州碉门宣抚使请复碉门城邑,诏相度之。癸亥,移秦蜀行省于兴元。丙寅,命四川行院分兵屯田。丁卯,分四亲王南京属州,郑州隶合丹,钧州隶明里,睢州隶孛罗赤,蔡州隶海都,他属县复还朝廷。以平章政事赵璧行省于南京、河南府、大名、顺德、洺磁、彰德、怀孟等路,平章政事廉希宪行省事于东平、济南、益都、淄莱等路,中书左丞姚枢行省事于西京、平阳、太原等路。诏:"诸路州府,若自古名郡,户数繁庶,且当冲要者,不须改并。其户不满千者,可并则并之。各投下者,并入所隶州城。其散府州郡户少者,不须更设录事司及司候司。附郭县止令州府官兼领。括诸路未占籍户任差职者以闻。"

六月戊申朔,新得州安抚向良言:"顷以全城内附,元领军民流散南界者,多欲归顺,并乞招徕。"从之。又敕良以所领新降军民移戍通江县,行新得州事。辛未,赐阿术所部马价钞一千二十三锭有奇。丙子,太阴犯心大星。戊寅,移山东统军司于沂州。万户重喜立十字路。复正阳,命秃剌戍之。己卯,以淇州隶怀孟路。高丽国王王禃遣其臣荣衜伯奉表来贺圣诞节。千户阔阔出部民乏食,赐钞赈之。王晋罢。枢密院臣言:"各路出征逃亡汉军,及贫难未起户,并投下隐匿事故者,宜一概发遣应役。"从之。敕行院及诸军将校卒伍,须正身应役,违者罪之。

秋七月辛酉,益都大蝗饥,命减贾籴官粟以赈。癸亥,安南国王陈光昺遣使奉表来贡。甲子,诏赐光昺至元三年历。

八月丙子,济南路邹平县进芝草一本。戊寅,高丽国王王禃遣使来贡方物。己卯,诸宰职皆罢。以安童为中书右丞相,伯颜为中书左丞相。戊子,召许衡于怀孟,杨诚于益都。车驾至自上都。

九月戊戌,以将有事太庙,取大乐工于东平,预习仪礼。敕江淮沿边树栅,徐、宿、邳三州助役徒。庚子,皇孙铁穆尔生。丁巳,赏诸王只必帖木儿麾下河西战功银二百五十两。

冬十月己卯,享于太庙。癸未,敕顺天张柔、东平严忠济、河间马总管、济南张林、太原石抹总管等户,改隶民籍。统军抄不花、万户怀都麾下军士所俘宋人九十三口,官赎为民。其私越禁界掠获者四十五人,许令亲属完聚,并种田内地。戊子,诏随路私商曾入南界者,首实免罪充军。

十一月丙申,召李昶于东平。辛丑,赐诸王只必帖木儿银二万五千两、钞千锭。癸丑,赏杨文安战功金五十两,所部军银六百两及币帛有差。甲子,诏事故贫难军不堪应役者,以两户或三户合并正军一名,其丁单力备者,许雇人应役。

十二月己巳,省并州县凡二百二十余所。庚午,宋子贞言:"朝省之政,不宜数行数改。又刑部所掌,事干人命,尚书严忠范年少,宜选老于刑名者为之。"又请罢北京行中书省,别立宣慰司以控制东北州郡。并从之。禁朝省告讦,以息争讼。辛未,以诸王也速不花所部戍西蕃军,屡有战功,赏银三百两。癸酉,召张德辉于真定,徒单公履于卫州。丁丑,诏谕高丽,赐至元三年历日。癸未,赐刘秉忠金五十两。甲申,赐伯颜、宋子贞、杨诚银千两、钞六十锭。丁亥,敕选诸翼军富强才勇者万人,充侍卫亲军。己丑,浚山大玉海成,敕置广寒殿。

是岁,户一百五十九万七千六百一,丝九十八万六千二百八十八斤,包银钞五万七千六百八十二锭。赐诸王金、银、币帛如岁例。
彰德、大名、南京、河南府、济南、淄莱、太原、弘州雹。西京、北京、益
都、真定、东平、顺德、河间、徐、宿、邳蝗、旱。太原霜灾。断死罪四
十二人。

三年春正月乙未,高丽国王王禃遣使来贺。丙午,遣朵端、赵璧
持诏抚谕四川将吏、军民。壬子,立制国用使司,以阿合马为使。癸
丑,选女直军二千为侍卫军。四川行枢密院谋取嘉定,请益兵,命朵
端、赵璧摘诸翼蒙古、汉军六千人付之。

二月丙寅,廉希宪、宋子贞为平章政事,张文谦复为中书左丞,
史天泽为枢密副使。癸酉,立沈州,以处高丽降民。壬午,平阳路僧
官以妖言惑众,伏诛。以中书右丞张易同知制国用使司事,参知政
事张惠为制国用副使。癸未,车驾幸上都。甲申,罢西夏行省,立宣
慰司。初制太常礼乐工冠服。立东京、广宁、懿州、开元、恤品、合懒、
婆娑等路宣抚司。乙酉,蠲中都今年包银四分之一。诏理断阿术部
下所俘人口、畜牧及其草地为民侵种者。以制国用使司条画谕中外
官吏。

三月辛巳,分卫辉路为亲王玉龙答失分地。戊戌,赈水达达民
户饥。己未,王晋及侍中和哲斯、济南益都转运使王明,以隐匿盐
课,皆伏诛。

夏四月丁卯,五山珍御榻成,置琼华岛广寒殿。亳州水军千户
胡进等领骑兵渡淝水,逾荆山,与宋兵战,杀获甚众,赏钞币有差。
庚午,敕僧道祈福于中都寺观。诏以僧机为总统,居庆寿寺。己卯,
申严濒海私盐之禁。敕宫烛毋彩绘。

五月乙未,遣使诸路虑囚。庚子,敕太医院领诸路医户、惠民药
局。辛丑,以黄金饰浑天仪。丙午,浚西夏中兴汉延、唐来等渠。凡
良田为僧所据者,听蒙古人分垦。丙辰,罢益都行省。蠲平滦、益都
质子户赋税之半。

六月丁卯,封皇子南木合为北平王,以印给之。辛未,徙归化民

于清州兴济县屯田,官给牛具。壬申,赐刘整畿内地五十顷。癸酉,以千户札剌儿没于王事,赐其妻银二百五十两。丙子,立漕运司。戊寅,以陕西行省平章赛典赤等政事修治,赐银五千两。命山东统军副使王仲仁督造战船于汴。申严陕西、河南竹禁。立拱卫司。

秋七月丙申,罢息州安抚司。壬寅,诏上都路总管府,遇车驾巡幸,行留守司事;车驾还,即复旧。丙午,遣使祠五岳四渎。甲寅,添内外巡兵。外路每百户选中产者一人充之,其赋令余户代输,在都增武卫军四百。己未,以崞、代、坚、台四州隶忻州。诏令西夏避乱之民还本籍,成都新民为豪家所庇者,皆归之州县。诏招集逃亡军,限百日诣所属陈首,原其罪,贫者并户应役。

八月癸亥,赐丞相伯颜第一区。丁卯,以兵部侍郎黑的、礼部侍郎殷弘使日本,赐书曰:

皇帝奉书日本国王:朕惟自古小国之君,境土相接,尚务讲信修睦,况我祖宗受天明命,奄有区夏,遐方异域畏威怀德者,不可悉数。朕即位之初,以高丽无辜之民,久瘁锋镝,即令罢兵,还其疆场,反其旄倪。高丽君臣,感戴来朝,义虽君臣,而欢若父子。计王之君臣,亦已知之。高丽,朕之东藩也。日本密迩高丽,开国以来,时通中国,至于朕躬,而无一乘之使以通和好。尚恐王国知之未审,故特遣使持书布告朕心,冀自今以往,通问结好,以相亲睦。且圣人以四海为家,不相通好,岂一家之理哉?以至用兵,夫孰所好,王其图之。

又诏高丽导去使至其国。戊子,高丽国王王禃遣其大将军朴琪来贺圣诞节。阿术略地蕲、黄,俘获以万计。

九月戊午,车驾至自上都。

冬十月庚申朔,降德兴府为奉圣州。癸亥,高丽使还,以王禃病,诏和药赐之。丁丑,徙平阳经籍所于京师。更敕牒旧式。太庙成,丞相安童、伯颜言:“祖宗世数、尊谥庙号、增祀四世、各庙神主、配享功臣、法服祭器等事,皆宜定议。”命平章政事赵璧等集群臣议,定为八室。申禁京畿畋猎。壬午,命制国用使司造神臂弓千张、矢六万。

十一月辛卯，初给京、府、州、县、司官吏俸及职田。戊戌，濒御河立漕仓。丁未，申严杀牛马之禁。宋子贞致仕。辛亥，以忽都答儿为中书左丞相。诏禁天文、图谶等书。丙辰，千户散竹带以嗜酒失所守大良平，罪当死，录其前功免死，令往东川军前自效。诏建都使复归朝。又诏嘉定等府沿江一带城堡早降。又诏四川行枢密院遣人告谕江、汉、庸、蜀等效顺，具官吏姓名，对阶换授，有功者迁，有才者用，民无生理者以衣粮赈之，愿迁内地者给以田庐，毋令失所。

十二月庚申，给诸王合必赤行军印。辛酉，诏改四川行枢密院为行中书省，以赛典赤、也速带儿等佥行中书省事。甲子，立诸路洞冶所。以梁成生擒宋总辖官，授同知开州事，佩金符。减辉州竹课。先是，官取十之六；至是，减其二。丁亥，诏安肃公张柔行工部尚书，段天佑等同行工部事，修筑宫城。并太府监入宣徽院，仍以宣徽使专领监事。诏赐高丽以至元四年历日，仍慰谕之。建大安阁于上都。凿金口，道庐沟水以漕西山木石。敕：“诸越界私商及谍人与伪造钞者，送京师审核。”

是岁，天下户一百六十万九千九百三。东平、济南、益都、平滦、真定、洺磁、顺天、中都、河间、北京蝗。京兆、凤翔旱。断死罪九十六人。赐诸王金、银、币帛如岁例。

四年春正月甲午，陕西行省以开州新得复失，请益兵；敕平阳、延安等处签民兵三千人，山东、河南、怀孟、潼川调兵七千人益之。丁酉，申严平阳等处私盐之禁。壬寅，立茶速秃水十四驿。癸卯，敕修曲阜宣圣庙。乙巳，百济遣其臣梁浩来朝，赐以锦绣有差。禁僧官侵理民讼。辛亥，封安肃公张柔为蔡国公。以赵璧为枢密副使。立诸路洞冶都总管府。癸丑，敕封昔木土山为武定山，其神曰武定公，泉为灵渊，其神曰灵渊侯。金蒙古军，户二丁、三丁者出一人为军；四丁、五丁者二人；六丁、七丁者三人。乙卯，高丽国王王禃遣使来朝,诏抚慰之。戊午,立提点宫城所。析上都隆兴府自为一路,行总管府事。立开元等路转运司。城大都。

二月庚申,粘合南合复平章事,阿里复为中书右丞。丁卯,改经籍所为弘文院,以马天昭知院事。丁亥,括西夏民田,徵其租。车驾幸上都。诏陕西行省招谕宋人。又诏嘉定、泸州、重庆、夔府、涪、达、忠、万及钓鱼、礼义、大良等处官吏军民有能率众来降者,优加赏擢。

三月己丑,复以耶律铸为中书左丞相。辛卯,自潼关至蕲县立河渡官八员,以察奸伪。乙未,敕中都路建习乐堂,使乐工隶业其中。己亥,赐皇子燕王、忙阿剌、那没罕、忽哥赤银三万两。辛丑,夏津县大雨雹。壬寅,安童言:“比者省官员数,平章、左丞各一员,今丞相五人,素无此例。臣等议拟设二丞相,臣等蒙古人三员,惟陛下所命。”诏以安童为长,史天泽次之,其余蒙古、汉人参用,勿令员数过多。又诏:宜用老成人,如姚枢等一二员,同议省事。丁巳,耶律铸制宫县乐成,诏赐名《大成》。

夏四月甲子,新筑宫城。辛未,遣使祀岳渎。

五月丁亥朔,日有食之。敕上都重建孔子庙。乙未,应州大水。丙申,威州山后大番弄麻等十一族来附,赐以玺书、金银符。己酉,以捕猎户达鲁花赤伪造银符,处死。壬子,敕诸路官吏俸,令包银民户,每四两增纳一两以给之。丙辰,析东平之博州五城别为一路。

六月壬戌,以中都、顺天、东平等处蚕灾,免民户丝料轻重有差。乙丑,复以史天泽为中书左丞相,忽都答儿、耶律铸并降平章政事,伯颜降中书右丞,廉希宪降中书左丞,阿里、张文谦并降参知政事。乙酉,赐诸王玉龙答失银五千两、币三百,岁以为常。罢宣徽院。黑的、殷弘以高丽使者宋君斐、金赞不能导达至日本来奏,降诏责高丽王王禃,仍令其遣官至彼宣布,以必得要领为期。

秋七月丙戌朔,敕自中兴路至西京之东胜立水驿十。戊戌,罢息州安抚岳林,以其民隶南京路。罢怀孟路安抚李宗杰,以其民隶本路。发巩昌、凤翔、京兆等处未占籍户一千,修治四川山路、桥梁、栈道。大名路达鲁花赤爱鲁、总管张弘范等盗用官钱,罢之。壬寅,申严京畿牧地之禁。甲寅,诏亦即纳新附贫民,从人借贷困不能偿者,官为偿之,仍给牛具种实及粮食。签东京军千八百人,充侍卫军。

八月庚申,填星犯天罇。辛酉,申严平滦路私盐酒醋之禁。丙寅,复立宣徽院,以前中书右丞相线真为使。丁丑,封皇子忽哥赤为云南王,赐驼钮金镀银印。壬午,太白犯轩辕大星。命怯绵征建都。高丽国王王禃遣其秘书监郭汝弼来贺圣诞节。阿术略地至襄阳,俘生口五万、马牛五千。宋人遣步骑来拒,阿术率骑兵败之。

九月壬辰,作玉殿于广寒殿中。乙未,总帅汪良臣请立寨于母章德山,控扼江南,以当钓鱼之冲,从之。戊申,以许衡为国子祭酒。安南国王陈光昞遣使来贡,优诏答之。立大理等处行六部,以阔阔带为尚书,兼云南王傅,柴桢尚书,兼府尉,宁源侍郎,兼司马。庚戌,遣云南王忽哥赤镇大理、鄯阐、茶罕章、赤秃哥儿、金齿等处,诏抚谕吏民。又诏谕安南国,俾其君长来朝,子弟入质,编民出军役、纳赋税,置达鲁花赤统治之。癸丑,申严西夏中兴等路僧尼、道士商税、酒醋之禁。车驾至自上都。王鹗请立选举法,有旨令议举行,有司难之,事遂寝。

冬十月辛酉,制国用司言:“别怯赤山石绒织为布,火不能然。”诏采之。壬戌,赐驸马不花银印。鱼通、嵓州等处达鲁花赤李福招谕西番诸族酋长,以其民入附,以阿奴版的哥等为喝吾等处总管,并授玺书及金、银符。铁旗城后番官官折兰遣其子天郎持先受宪宗玺书、金符,乞改授新命,从之。甲子,岁星犯轩辕大星。辛未,太原进嘉禾二本,异亩同颖。甲戌,赈新附民陈忠等钞。丁丑,制国用使司请量节经用,从之。庚辰,定品官子孙荫叙格。

十一月乙酉,享于太庙。戊戌,立新蔡县,以忽察、李家奴统所部兵戍之。甲辰,立夒府路总帅府。戍开州。乙巳,填星犯天罇距星。申严京畿畋猎之禁。南京宣慰刘整赴阙,奏攻宋方略,宜先从事襄阳。

十二月甲戌,赏河南路统军使讷怀所部将士战功银九千六百五十两,钞、币、鞍勒有差。丙子,赈亲王移相哥所部饥民。丁丑,给辽东新签军布六万匹。已卯,立辽东路水驿七。赏元帅阿术部下有功将士二千二十五人,银五万五千三百两、金五十两,及锦采、鞍勒有差。庚辰,签女直、水达达军三千人。立诸位斡脱总管府。省平阳路岳阳、和州二县入冀氏,复置霸州益津县,省安西路栎阳县入临潼。

是岁,天下户口一百六十万四千三十。山东、河南、北诸路蝗,顺天束鹿县旱,免其租。断死罪一百十四人。赐诸王金银、币帛如岁例。

五年春正月甲午,太阴犯井。庚子,上都建城隍庙。辛丑,敕陕西五路四川行省造战舰五百艘,付刘整。高丽国王王禃遣其弟淐来朝。诏以禃饰辞见欺,面数其事于淐,切责之。复遣北京路总管于也孙脱、礼部郎中孟甲持诏往谕,令具表遣海阳公金俊、侍郎李藏用与去使同来以闻。庚戌,赐高丽国新历。

闰月戊午,以陈、亳、颍、蔡等处屯田户充军。令益都漏籍户四千淘金登州栖霞县,每户输金岁四钱。

二月戊子,太阴犯天关。已丑,太阴犯井。给河南、山东贫乏军士钞。戊戌,改军器局为军器监。辛丑,百户浑都速驻营济南路属县三年,胁取民饮食粮料,当粟五千石,敕杖决之,仍偿粟千石。析甘州路之肃州自为一路。

三月丙寅,罢诸路四品以下子孙入质者。田禹妖言,敕减死流之远方。禁民间兵器,犯者验多寡定罪。甲子,敕怯绵率兵二千,招谕建都。壬申,改母章德山为定远城,武群山为武胜军。丁丑,敕阿里等诣军前阅视军籍。罢诸路女直、契丹、汉人为达鲁花赤者,回回、畏兀、乃蛮、唐兀人仍旧。

夏四月壬寅,遣使祀岳渎。

五月辛亥朔,以太医院、拱卫司、教坊司及尚食、尚果、尚酝三局隶宣徽院。癸亥,都元帅百家奴拔宋嘉定五花、石城、白马三寨。

癸酉,赐诸王禾忽及八剌合币帛六万匹。

六月辛巳朔,济南王保和以妖言惑众,谋作乱,敕诛首恶五人,余勿论。甲申,中山大雨雹。阿术言:"所领者蒙古军,若遇山水寨栅,非汉军不可、宜令史枢率汉军协力征进。"从之。戊申,东平等处蝗。己酉,封诸王习怯吉为河平王,赐驼钮金印。

秋七月辛亥,召翰林直学士高鸣,顺州知州刘瑜,中都郝谦、李天辅、韩彦文、李佑赴上都。以山东统军副使王仲仁戍眉州。壬子,诏陕西统军司兼领军民钱谷。罢各路奥鲁官,令管民官兼领。癸丑,立御史台,以右丞相塔察儿为御史大夫。诏谕之曰:"台官职在直言。朕或有未当,其极言无隐,毋惮他人,朕当尔主。"仍以诏谕天下。立高州北二驿。戊辰,罢西夏宣抚司。庚午,省诸路打捕鹰坊工匠洞冶总管府,令转运司兼领之。丙子,立西夏惠民局。高丽国王王禃遣其臣崔东秀来言备兵一万,造船千只。诏遣都统领脱朵儿往阅之,就相视黑山日本道路,仍命耽罗别造船百艘,以伺调用。诏四川行省赛典赤自利州还京兆。立东西二川统军司。以刘整为都元帅,与都元帅阿术同议军事。整至军中,议筑白河口、鹿门山,遣使以闻,许之。罢军中诸司参议。

八月乙酉,程思彬以投匿名书,言斥乘舆,伏诛。己丑,亳州大水。庚子,敕京师濒河立十仓。命忙古带率兵六千,征西番、建都。

九月癸丑,中都路水,免今年田租。罢中都路和顾所。丁巳,阿术统兵围樊城。敕长春宫修设金箓周天大醮七昼夜。建尧庙及后土太宁宫。庚申,赐安南国王陈光昞锦绣,及其诸臣有差。己丑,立河南屯田。命兵部待郎黑的、礼部待郎殷弘赍国书复使日本,仍诏高丽国遣人导送,期于必达,毋致如前稽阻。诏谕安南国陈光昞:

> 来奏称占城、真腊二寇侵扰,已命卿调兵与不干并力征讨,今复命云南王忽哥赤统兵南下。卿可遵前诏,遇有叛乱不庭为边寇者,发兵一同进讨,降服者善为抚绥。

车驾至自上都。益都路饥,以米三十一万八千石赈之。复以史天泽为枢密副使。

　　冬十月戊寅朔，日有食之。己卯，敕中书省、枢密院，凡有事与御史台官同奏。立河南等路行中书省，以参知政事阿里行中书省事。庚辰，以御史中丞阿里为参知政事。壬午，诏恤沿边诸军，其横科差赋，责奥鲁官偿之。庚寅，敕从臣秃忽思等录《毛诗》、《孟子》、《论语》。乙未，享于太庙。中书省臣言：“前代朝廷必有起居注，故善政嘉谟不致遗失。”即以和礼霍孙、独胡剌充翰林待制兼起居注。敕给黎、雅、嘉定新附民田。戊戌，宫城成。刘秉忠辞领中书省事，许之，为太保如故。

　　十一月己酉，签河南、山东边城附籍诸色户充军。庚申，宋兵自襄阳来攻沿山诸寨，阿术分诸军御之，斩获甚众，立功将士千三百四人。诏首立战功生擒敌军者，各赏银五十两，其余赏赉有差。癸酉，御史台臣言：“立台数月，发擿甚多，追理侵欺粮粟近二十万石，钱物称是。”有诏褒谕。免南京、河南两路来岁修筑都城役夫。

　　十二月戊寅，以中都、济南、益都、淄莱、河间、东平、南京、顺天、顺德、真定、恩州、高唐、济州、北京等处大水，免今年田租。敕二分、二至及圣诞节日，祭星于司天台。诏谕四川行省沿边屯戍军士逃役者处死。复置乾州奉天县，省好畤、永寿入焉。以凤州隶兴元路。德兴府改奉圣州，隶宣德。

　　是岁，京兆大旱。天下户一百六十五万二百八十六。断死罪六十九人。赐诸王金、银、币、帛如岁例。

　　六年春正月癸丑，高丽国王王植遣使，以诛权臣金佼来告，赐历日、西锦。立四道按察司。戊午，阿术军入宋境，至复州、德安府、荆山等处，俘万人而还。庚申，以参知政事杨果为怀孟路总管。甲戌，益都、淄莱大水，恩州饥，命赈之。敕史天泽与枢密副使、驸马忽剌出董师襄阳。

　　二月壬午，以立四道提刑按察司诏谕诸道。己丑，诏以新制蒙古字颁行天下。丙申，罢宣德府税课所，以上都转运司兼领。改河南、怀孟、顺德三路税课所为转运司。丁酉，签民兵二万赴襄阳。赈欠州人匠贫乏者米五千九百九十九石。敕：“鞍、靴、箭、镞等物，自今不得以黄金为饰。"开元等路饥,减户赋布二匹,秋税减其半,水达达户减青鼠二,其租税被灾者免徵。免单丁贫乏军士一千九百余户为民。癸卯,给河南行省钞千锭犒军。

三月甲寅,诏益都路签军万人,人给钞二十五贯。戊午,赈曹州饥。筑堡鹿门山。

夏四月辛巳,制玉玺大小十纽。甲午,遣使祀岳渎。大名等路饥,赈米十万石。

五月丙午,东平路饥,赈米四万一千三百余石。辛酉,诏禁戍边军士牧践屯田禾稼。

六月辛巳,以招讨怯绵征建都败绩,又擅追唆火儿玺书、金符,处死。壬午,免益都新签军单丁者千六百二十一人为民。丁亥,河南、河北、山东诸郡蝗。癸巳,敕真定等路旱蝗,其代输筑城役夫户赋,悉免之。丙申,高丽国王王禃遣其世子愖来朝,赐禃玉带一,愖金五十两,从官银币有差。壬寅,阿术率兵万五千人阨宋万山、射垛冈、鬼门关樵苏之路。癸卯,诏董文炳等率兵二万二千人南征。东昌路饥,赈米二万七千五百九十石。

秋七月丁巳,遣宋私商四十五人还其国。庚申,水军千户邢德立、张志等生擒宋荆鄂都统唐永坚,赏银币有差。辛酉,制太常寺祭服。壬戌,西京大雨雹。己巳,立诸路蒙古字学。癸酉,立国子学。诏遣官审理诸路冤滞,正犯死罪明白者,各正典刑,其杂犯死罪以下量断遣之。又诏谕宋国官吏军民,示以不欲用兵之意。复遣都统领脱朵儿、统领王昌国等往高丽点阅所备兵船,及相视耽罗等处道路。立西蜀四川监榷茶场使司。宋将夏贵率兵船三千至鹿门山,万户解汝楫、李庭率舟师败之,俘杀二千余人,获战舰五十艘。

八月己卯,立金州招讨司。丙申,以沙、肃州钞法未行,降诏谕之。诏诸路劝课农桑。命中书省采农桑事,列为条目,仍令提刑按察司与州县官相风土之所宜,讲究可否,别颁行之。高丽国世子愖奏,其国臣僚擅废国王王禃,立其弟安庆公淐。诏遣斡朵思不花、李谔等往其国详问,条具以闻。

九月癸丑,恩州进嘉禾,一茎三穗。戊午,敕民间贷钱取息,虽逾限止偿一本息。己未,授高丽世子王㥌特进上柱国、东安公。壬戌,丰州、云内、东胜旱,免其租赋。戊辰,敕高丽世子愖率兵三千赴其国难,愖辞东安公,乃授特进上柱国。辛未,敕管军万户宋仲义征高丽。以忽剌出、史天泽并平章政事,阿里中书右丞,行河南等路中书省事,赛典赤行陕西五路西蜀四川中书省事。车驾至自上都。斡朵思不花、李谞以高丽刑部尚书金方庆至,奉权国王禃表,诉国王禃遘疾,令弟㥜权国事。

冬十月己卯,定朝仪服色。壬午,升高唐、冠氏并为州。丁亥,广平路旱,免租赋。诏遣兵部侍郎黑的、淄莱路总管府判官徐世雄召高丽国王王禃、王弟㥜及权臣林衍俱赴阙。命国王头辇哥以兵压其境,赵璧行中书省于东京。仍降诏谕高丽国军民。庚子,太阴犯辰星。宋遣人馈盐、粮入襄阳,我军获之。赐诸王奥鲁赤驼钮金镀银印。

十一月癸卯,高丽都统领崔坦等以林衍作乱,挈西京五十余城来附。丁未,签王綧、洪茶丘军三千人往定高丽。高丽西京都统李延龄乞益兵,遣忙哥都率兵二千赴之。庚午,敕诸路鳏寡废疾之人,月给米二斗。安南国王陈光昺遣使来贡。济南饥,以米十二万八千九百石赈之。高丽国王王禃遣其尚书礼部侍郎朴烋从黑的入朝,表称受诏已复位,寻当入觐。筑新城于汉江西。

十二月戊子,筑东安浑河堤。己丑,作佛事于太庙七昼夜。高唐、固安二州饥,以米二万六百石赈之。析彰德、怀孟、卫辉为三路。升林虑县为林州。改桢州复为韩城县。并省冯翊等州县十所。以懿州、广宁等府隶东京。

是岁,天下户一百六十八万四千一百五十七。赐诸王金、银、币帛如岁例。断死罪四十二人。

元史卷七
本纪第七

世祖四

七年春正月辛丑朔，高丽国王王禃遣使来贺。丙午，耶律铸、廉希宪罢。立尚书省，罢制国用使司。以平章政事忽都答儿为中书左丞相，国子祭酒许衡为中书左丞，制国用使阿合马平章尚书省事，同知制国用使司事张易同平章尚书省事，制国用使司副使张惠、签制国用使司事李尧咨、麦术丁并参知尚书省事。己酉，太阴犯毕。敕诸投下官隶中书省。壬子，敕驿券无印者，不许乘传。甲寅，高丽国王王禃遣使来言：“比奉诏，臣已复位，今从七百人入觐。”诏令从四百人来，余留之西京。诏高丽西京内属，改东宁府，划慈悲岭灵界。丁巳，以蒙哥为安抚高丽使，佩虎符，率兵戍其西境。戊午，均、房州总管孙嗣擒宋统制朱兴祖等。丙寅，赈兀鲁吾民户钞。丁卯，定省、院、台文移体式。

二月辛未朔，以前中书右丞相伯颜为枢密副使。甲戌，筑昭应宫于高梁河。丙子，帝御行宫，观刘秉忠、孛罗、许衡及太常卿徐世隆所起朝仪，大悦，举酒赐之。丁丑，以岁饥，罢修筑宫城役夫。甲申，置尚书省署。乙酉，立纸甲局。申严畜牧损坏禾稼、桑果之禁。壬辰，立司农司，以参知政事张文谦为卿，设四道巡行劝农司。乙未，宋襄阳出步、骑万余人、兵船百余艘来趋万山堡，万户张弘范、千户脱脱击却，败之。事闻，各赐金纹绫有差。高丽国王王禃来朝，求见皇子燕王。诏曰：“汝一国主也，见朕足矣，”禃请以子愖见，从之。诏谕禃曰："汝内附在后,故班诸王下。我太祖时,亦都护先附,即令齿诸王上,阿思兰后附,故班其下,卿宜知之。"又诏令国王头輦哥等举军入高丽旧京,以脱脱朵儿、焦天翼为其国达鲁花赤,护送禃还国。仍下诏:"林衍废立,罪不可赦。安庆公淐,本非得已,在所宽宥。有能执送衍者,虽旧在其党,亦必重增官秩。"世子愖奏乞随朝及尚主,不许,命随其父还国。

三月庚子朔,日有食之。改河南等路及陕西五路西蜀四川、东京等路行中书省为行尚书省。尚书省臣言:"河西和籴,应僧人、豪官、富民一例行之。"制可。甲寅,车驾幸上都。丙辰,浚武县御河。丁巳,定医官品从。戊午,益都、登、莱蝗、旱,诏减其今年包银之半。阿术与刘整言:"围守襄阳,必当以教水军、造战舰为先务。"诏许之。教水军七万余人,造战舰五千艘。

夏四月壬午,檀州陨黑霜三夕。设诸路蒙古字学教授。敕:"诸路达鲁花赤子弟荫叙充散府、诸州达鲁花赤,其散府、诸州子弟充诸县达鲁花赤,诸县子弟充巡检。"改御史台典事为都事。癸未,定军官等级,万户、总管、千户、百户、总把以军士为差。己丑,省终南县入盩厔,复真定赞皇县、太原乐平县。高丽行省遣使来言:"权臣林衍死,其子惟茂擅袭令公位,为尚书宋宗礼所杀。岛中民皆出降,已迁之旧京。衍党裴仲孙等复集余众,立禃庶族承化侯为王,窜入珍岛。"

五月辛丑,怀州河内县大雨雹。癸卯,陕西签省也速带儿、严忠范与东西川统军司率兵及宋兵战于嘉定、重庆、钓鱼山、马湖江,皆败之,拔三寨,擒都统牛宣,俘获人民及马牛、战舰无算。甲辰,威州汝凤川番族八千户内附,其酋长来朝,授宣命,赐金符。丁未,东京路饥,兼运粮造船劳役,免今年丝银十之三。以同知枢密院事合答为平章政事。乙卯,复平滦路抚宁县,以海山、昌黎入之。丙辰,括天下户。尚书省臣言:

诸路课程,岁银五万锭,恐疲民力,宜减十分之一。运司官吏俸录,宜与民官同,其院务官量给工食,仍禁所司多取于民,岁终较其增损而加黜陟。上都地里遥远，商旅往来不易，物免收税以优之，惟市易庄宅、奴婢、孳畜，例收契本工墨之费。管民官迁转，以三十月为一考，数于变易，人心苟且，自今请以六十月迁转。诸王遣使取索诸物及铺马等事，自今并以文移，毋得口传教令。

并从之。改宣徽院为光禄司，秩正三品，以宣徽使线真为光禄使。庚申，命枢密院阅实军数。壬戌，东平府进瑞麦，一茎二穗、三穗、五穗者各一本。省中都打捕鹰坊总管府入工部。大名、东平等路桑蚕皆灾，南京、河南等路蝗，减今年银丝十之三。

六月丙子，敕：西夏中兴市马五百匹。庚辰，敕："戍军还，有乏食及病者，令所过州城村坊主者给饮食医药。"丁亥，罢各路洞冶总管府，以转运司兼领。徙谦州甲匠于松山，给牛具。赐皇子南木合马六千、牛三千、羊一万。赐北边戍军马二万、牛一千、羊五万。丙申，立籍田大都东南郊。禁民擅入宋境剽掠。

秋七月辛丑，设上林署。乙卯，赐诸王拜答寒印及海青金符二。庚申，初给军官俸。壬戌，金诸道回回军。乙丑，阅实诸路炮手户。都元帅也速带儿等略地光州，败宋兵于金刚台。以辽东开元等路总管府兼本路转运司事。山东诸路旱、蝗，免军户田租，戍边者给粮。命达鲁花赤兀良吉带给上都扈从畋猎粮。

八月戊辰朔，筑环城以逼襄阳。己巳，赈应昌府饥。诸王拜答寒部曲告饥，命有车马者，徙居黄忽儿玉良之地，计口给粮，无车马者，就食肃、沙、甘州。戊寅，隆兴府总管昔剌斡脱以盗用官钱罢。庚辰，以御史大夫塔察儿同知枢密院事，御史中丞帖只为御史大夫。高丽世子王愖来贺圣诞节。辛巳，设应昌府官吏。辛卯，保定路霖雨，伤禾稼。

九月庚子，敕僧、道、也里可温有家室不持戒律者，占籍为民。丁巳，太阴犯井。丙寅，括河西户口，定田税。宋将范文虎以兵船二千艘来援襄阳。阿术、合答、刘整率兵逆战于灌子滩，杀掠千余人，获船三十艘，文虎引退。西京饥，敕诸王阿只吉所部就食太原。山东饥，敕益都、济南酒税以十之二收粮。

冬十月戊辰朔，敕两省以已奏事报御史台。庚午，太白犯右执法。癸酉，敕宗庙祭祀祝文，书以国字。乙亥，宋人攻莒州。乙酉，享于太庙。丁亥，以南京、河南两路旱、蝗，减今年差赋十之六。发清、沧盐二十四万斤，转南京米十万石，并给襄阳军。已丑，敕来年太庙牲牢，勿用豢豕，以野豕代之，时果勿市，取之内园。车驾至自上都。降兴中府为州。赈山车淄莱路饥。

十一月壬寅，荧惑犯太微西垣上将。壬子，河西诸郡诸王顿舍，僧、民协力供给。丁巳，敕益兵二千，合前所发军为六千，屯田高丽，以忻都及前左壁总帅史枢，并为高丽金州等处经略使，佩虎符，领屯田事。仍诏谕高丽国王立侍仪司。安南国王陈光昺遣使来贡，优诏答之。复赈淄莱路饥。

闰月丁卯朔，高丽世子王愖还，赐王禃至元八年历。戊辰，禁缯段织日月龙虎，及以龙犀饰马鞍者。已巳，给河西行省钞万锭，以充岁费。以义州隶婆娑府。癸未，诏谕西夏提刑按察司管民官，禁僧徒冒据民田。壬辰，申明劝课农桑赏罚之法。诏设诸路脱脱禾孙。

十二月丙申朔，改司农司为大司农司，添设巡行劝农使、副各四员，以御史中丞孛罗兼大司农卿。安童言：“孛罗以台臣兼领，前无比例。”有旨：“司农非细事，朕深谕此，其令孛罗总之。”命陕西等路宣抚使赵良弼为秘书监，充国信使，使日本。敕岁祀太社、太稷、风师、雨师、雷师。戊戌，徙怀孟新民千八百余户居河西。壬寅，升御史大夫秩正二品。降河南韶州为渑池县。宋重庆制置朱祀孙遣谍者持书榜来诱安抚张大悦等，大悦不发封，并谍者送致东川统军司。丁未，金齿、骠国三部酋长阿匿、福勒丁、阿匿爪来内附，献驯象三、马十九匹。已酉，鱼通路知府高曳失获宋谍者，诏赏之。辛酉，以都水监隶大司农司。以诸王伯忽儿为札鲁忽赤之长。建大护国仁王寺于高良河。敕更定僧服色。

是岁，天下户一百九十三万九千四百四十九。赐先朝后妃及诸王金、银、币、帛如岁例。断死刑四十四人。

八年春正月乙丑朔,高丽国王王禃遣其秘书监朴恒、郎将崔有涾来贺,兼奉岁贡。丙寅,太阴犯毕。己卯,以同金河南等路行中书省事阿里海牙参知尚书省事。中书省臣言:"前有旨:令臣与枢密院、御史台议河南行省阿里伯等所置南阳等处屯田。臣等以为,凡屯田人户,皆内地中产之民,远徙失业,宜还之本籍。其南京、南阳、归德等民赋,自今悉折输米粮,贮于便近地,以给襄阳军食。前所屯田,阿里伯自以无效引伏,宜令州郡募民耕佃。"从之。史天泽告老,不允。敕:"前筑都城,徙居民三百八十二户,计其直偿之。"设枢密院断事官。遣冗都蛮率蒙古军镇西方当当。丙戌,高丽安抚阿海略地珍岛,与逆党遇;多所亡失。中书省臣言:"谍知珍岛余粮将竭,宜乘弱攻之。"诏不许,令巡视险要,常为之备。丁亥,管如仁、费正寅以国机事为书,谋遣崔继春、贾靠山、路坤入宋。事觉,穷治,正寅、如仁、继春皆正典刑,靠山、坤并流远方。壬辰,敕:"诸路鳏寡孤独疾病不能自存者,官给庐舍、薪米。"高丽国王王禃遣使奉表,为世子禃请昏。诏禁边将受赂放军及科敛。赈北京、益都饥。

二月乙未朔,定民间婚聘礼币,贵贱有差。丁酉,发中都、真定、顺天、河间、平滦民二万八千余人筑宫城。己亥,罢诸路转运司入总管府。以尚书省奏定条画颁天下。移陕蜀行中书省于兴元。癸卯,四川行省也速带儿言:"比因饥馑,盗贼滋多,宜加显戮。"诏令群臣议。安童以为:"强窃盗贼一皆处死,恐非所宜;罪至死者,仍旧待命。"以中书左丞、东京等路行尚书省事赵璧为中书右丞。甲辰,添设监察御史六员。命忽都答儿持诏招谕高丽林衍余党裴仲孙。乙巳,大理等处宣慰都元帅宝合丁、王傅阔阔带等,协谋毒杀云南王,火你赤、曹桢发其事,宝合丁、阔阔带及阿老瓦丁、亦速夫并伏诛。赏桢、火你赤及证左人金银有差。以沙州、瓜州鹰坊三百人充军。戊申,诏以治事日程谕中外官吏。敕往畏吾儿地市米万石。庚戌,申严东川井盐之禁。己未,敕军官佩金银符,其民官、工匠所佩者,并拘入,勿复给。敕海青符用太祖皇帝御署。庚申,奉御九住旧以梳栉奉太祖,奉所落须发束上,诏椟之,藏于太庙夹室。辛酉,敕:"凡讼而自匿及诬告人罪者,以其罪罪之。"分归德为散府,割宿、亳、祁、徐等州隶之。升申州为南阳府,割唐、邓、裕、嵩、汝等隶之。赈西京饥。

三月乙丑,增治河东山西道按察司,改河东陕西道为陕西四川道,山北东西道为山北辽东道。甲戌,敕:"元正、圣节、朝会,凡百官表章、外国进献、使臣陛见、朝辞礼仪,皆隶侍仪司。"丙子,改山东、河间、陕西三路盐课都转运司为都转运盐使司。己卯,中书省臣言:"高丽叛臣裴仲孙乞诸军退屯,然后内附,而忻都未从其请,今愿得全罗道以居,直隶朝廷。"诏以其饰词迁延岁月,不允。辛巳,复立夏邑县,以砀山入焉。省谷熟入睢阳。滨棣万户韩世安,坐私储粮食、烧毁军器、诈乘驿马及擅请诸王塔察儿益都四县分地等事,有司屡以为言,诏诛之,仍籍其家。甲申,车驾幸上都。乙酉,许衡以老疾辞中书机务,除集贤大学士、国子祭酒,衡纳还旧俸,诏别以新俸给之。命设国子学,增置司业、博士、助教各一员,选随朝百官近侍蒙古、汉人子孙及俊秀者充生徒。丁亥,荧惑犯太微西垣上将。己丑,立西夏中兴等路行尚书省,以趁海参知行书省事。命尚书省阅实天下户口,颁条画,谕天下。赈益都等路饥。敕:"有司毋留狱滞讼,以致越诉,违者官民皆罪之。"制封皇子燕王乳母赵氏幽国夫人,夫巩德禄追封德育公。

夏四月壬寅,高丽凤州经略司忻都言:"叛臣裴仲孙稽留使命,负固不服,乞与忽林赤、王国昌分道进讨。"从之。平滦路昌黎县民生子,中夜有光,诏加鞠养。或以为非宜,帝曰:"何幸生一好人,毋生嫉心也。"命高丽签军征珍岛。癸卯,给河南行中书省岁用银五十万两,仍敕襄、樊军士自今人月给米四斗。甲辰,签壮丁备宋。戊午,阿术率万户阿剌罕等,与宋将范文虎等战于湍滩,败之,获统制朱胜等百余人,夺其军器,赏阿术、阿剌罕等金帛有差。以至元七年诸路灾,蠲今岁丝料轻重有差。

五月乙丑,以东道兵围守襄阳,命赛典赤、郑鼎提兵,水陆并进,以趋嘉定,汪良臣、彭天祥出重庆,札剌不花出泸州,曲立吉思出汝州,以牵制之。改签省也速带儿、郑鼎军前行尚书事,赛典赤行省事于兴元,转给军粮。丙寅,牢鱼国来贡。己巳,修佛事于琼华岛。辛未,分大理国三十七部为三路。以大理八部蛮酋新附降,诏抚谕。壬申,造内外仪仗。丁丑,赈蔚州饥。己卯,命史天泽平章军国重事。升太府监为正三品。忻都、史枢表言:珍岛贼徒败散,余党窜入耽罗。辛巳,赐河西行省金符、银海青符各一。令蒙古官子弟好学者兼习算术。癸未,升济州为济宁府。以玉宸院隶宣徽院。高丽国王王禃遣使贡方物。

六月甲午,敕:"枢密院凡军事径奏,不必经由尚书省,其干钱粮者议之。"上都、中都、河间、淄莱、真定、卫辉、洺磁、顺德、大名、河南、南京、彰德、益都、顺天、怀孟、平阳、归德诸州县蝗。癸卯,宋将范文虎率苏刘义、夏松等舟师十万援襄阳,阿术率诸将迎击,夺其战船百余艘,敌败走。平章合答又遣万户解汝楫等邀击,擒其总管朱日新、郑皋,大破之。辛亥,敕:"凡管民官所领钱谷公事,并俟年终考较。"乙卯,招集河西、斡端、昂吉呵等处居民。己未,山东统军司塔出、董文炳侦知宋人欲据五河口,请筑城守之。既而,坐失事机,宋兵已树栅其地。事闻,敕决罚塔出、文炳等有差。辽州和顺县、解州闻喜县蚼蚄生。

秋七月壬戌朔,尚书省请增太原盐课,岁以钞千锭为额,仍令本路兼领。从之。设回回司天台官属,以札马剌丁为提点。签女直、水达达军。以郑元领祠察岳渎,授司禋大夫。丁卯,南人李忠进言,运山侍郎张大悦尝与宋交通。以其事无实,诏谕大悦:"宋善用间,朕不轻信,毋怀疑惧。"以国王头辇哥行尚书省于北京、辽东等路。辛未,置左、右、中三卫亲军都指挥使司。乙亥,巩昌、临洮、平凉府、会、兰等州陨霜杀禾。乙酉,宋将来兴国攻百丈山营,阿术击破之,追至湍滩,斩首二千余级。高丽世子王愖入质。珍岛胁从民户来降。

八月壬辰朔,日有食之。癸巳,敕:"军、站户地四顷以上,依例输租。"己亥,诏招谕宋襄阳守臣吕文焕。壬子,车驾至自上都。迁成都统军司于眉州。已未，圣诞节，初立内外仗及云和署乐位。东川统兵司引兵攻宋铜钹寨，守寨总管李庆等降，以庆知梁山军事。

九月壬戌朔，敕都元帅阿术以所部兵略地汉南。癸亥，高丽世子王愖辞归，赐国王王禃西锦，优诏谕之。甲子，赐刘整钞五百锭、邓州田五百顷，整辞，改赐民田三百户，科调如故。给河南行省岁用钞二万八千六百锭。丙寅，罢陕西五路西蜀四川行尚书省，以也速答儿行四川尚书省事于兴元、京兆等路，直隶尚书省。败宋军于涡河。戊辰，升成都府德阳县为德州，降虢州为虢略县。壬申，选胄子脱脱木儿等十人肄业国学。癸酉，益都府济州进芝二本。甲戌，签西夏回回军。太庙殿柱朽坏，监察御史劾都水刘晸监造不敬，晸以忧卒。张易请先期告庙，然后完葺，从之。丙子，敕今岁享太庙，毋用牺牛。太阴犯毕。庚辰，右卫亲军都指挥使忽都等言："五河城堡已成，唯庐舍未完，凡材甓皆出宋境，请率精兵分道抄掠。"从之。壬午，山东路统军司言：宋兵攻胶州，千户蒋德等逆战，败之，俘统制范广等五十余人，获战船百艘。癸未，诏忙安仓失陷米五千余石，特免徵，仍禁诸王非理需索。诏以四川民力困弊，免茶盐等课税，以军民田租给沿边军食。仍敕有司："自今有言茶盐之利者，以违制论。"

冬十月癸巳，大司农臣言："高唐州达鲁花赤忽都纳、州尹张廷瑞、同知陈思济劝课有效，河南府陕县尹王仔怠于劝课，宜加黜陟，以示劝惩。"从之。丁酉，享于太庙。已未，檀、顺等州风潦害稼。赐高丽至元九年历。

十一月辛酉朔，敕品官子孙傔直。敕遣阿鲁忒儿等抚治大理。壬戌，罢诸路交钞都提举司。乙亥，刘秉忠及王磐、徒单公履等言："元正、朝会、圣节、诏赦及百官宣敕，具公服迎拜行礼。"从之。禁行金泰和律。建国号曰大元，诏曰：

> 诞膺景命，奄四海以宅尊；必有美名，绍百王而纪统。肇从隆古，匪独我家。且唐之为言荡也，尧以之而著称；虞之为言乐也，舜因之而作号。驯至禹兴而汤造，互名夏大以殷中。世降以还，事殊非古。虽乘时而有国，不以利而制称。为秦为汉者，

著从初起之地名;曰隋曰唐者,因即所封之爵邑。是皆徇百姓见闻之狃习,耍一时经制之权宜,概以至公,不无少贬。

我太祖圣武皇帝,握乾符而起朔土,以神武而膺帝图,四震天声,大恢土宇,舆图之广,历古所无。顷者,耆宿诣庭,奏章申请,谓既成于大业,宜早定于鸿名。在古制以当然,于朕心乎何有。可建国号曰大元,盖取《易经》"乾元"之义。兹大冶流形于庶品,孰名资始之功;予一人底宁于万邦,尤切体仁之要。事从因革,道协天人。于戏!称义而名,固匪为之溢美;孚休惟永,尚不负于投艰。嘉与敷天,共隆大号。

丙戌,置四川省于成都。上都万安阁成。

十二月辛卯朔,诏天下兴起国字学。宣徽院请以阑遗、漏籍等户淘金,帝曰:"姑止,毋重劳召民也。"乙巳,减百官俸。括西夏田。召塔出、董文炳赴阙。辛亥,并太常寺入翰林院,宫殿府入少府监。甲寅,诏尚书省迁入中书省。

是岁,天下户一百九十四万六千二百七十。赐先朝手妃及诸王金、银、币、帛如岁例,赐囊家等羊、马价钞万千一百六十七锭。断死罪一百五人。

九年春正月庚申朔,高丽国王王禃遣其臣礼宾卿宣文烈来贺,兼奉岁贡。甲子,并尚书省入中书省。平章尚书省事阿合马、同平章尚书省事张易并中书平章政事,参知尚书省事张惠为中书左丞,参知尚书省事李尧咨、麦术丁并参知中书政事。罢给事中、中书舍人、检正等官,仍设左右司,省六部为四,改称中书。丙寅,诏遣不花及马璘谕高丽,具舟粮助征躭罗。河南省请益兵,敕诸路签军三万。丁丑,敕:"皇子西平王奥鲁赤、阿鲁帖木儿、秃哥及南平王秃鲁所部与四川行省也速带儿部下并忙古带等十八族,欲速公弄等土番军,同征建都。"新安州初隶雄州,诏为县,入顺天。庚辰,改北京、中兴、四川、河南四路行尚书省为行中书省。京兆复立行省。仍命诸王只必帖木儿设省断事官。给西平王奥鲁赤马价、弓矢。赐南平王秃鲁银印及金、银符各五。辛巳,移凤州屯田于盐、白二州。敕董文炳时巡掠南境,毋令宋人得立城堡。敕:"军民讼田者,民田有余则分之军,军田有余,亦分之民。仍遣能臣听其直,其军奴入民籍者,还正之。"敕燕王遣使持香幡,祠岳渎、后土、五台兴国寺。命刘整总汉军。壬午,改山东东路都元帅府统军司为行枢密院,以也速带儿、塔出并为行枢密院副使。乙酉,定受宣敕官礼仪。诏元帅府统军司、总管万户府阅实军籍。

二月庚寅朔,奉使日本赵良弼遣书状官张铎同日本二十六人至京师求见。辛卯,诏:"札鲁忽赤乃太祖开创之始所置,位百司右,其赐银印,立左右司。"壬辰,高丽国王王禃遣其臣齐安侯王淑来贺改国号。改中都为大都。甲午,命阿术典蒙古军,刘整、阿里海牙典汉军。戊戌,以去岁东平及西京等州县旱、蝗、水潦,免其租赋。庚子,复唐州秘阳县。建中书省署于大都。戊申,始祭先农,如祭社之仪。诏诸路开浚水利。车驾幸上都。

三月乙丑,谕旨中书省:日本使人速议遣还。安童言:"良弼请移金州戍兵,勿使日本妄生疑惧。臣等以为:金州戍兵,彼国所知,若复移戍,恐非所宜。但开谕来使,此戍乃为耽罗暂设,尔等不须疑畏也。"帝称善。甲戌,括民间四教经,焚之。蒙古都元帅阿术、汉军都元帅刘整、阿里海牙督本军破樊城外郛,斩首二千级,生擒将领十六人,增筑重围守之。赈济南路饥。诏免医户差徭。

夏四月己丑,诏于土蕃、西川界立宁河驿。辛卯,赐皇子爱牙赤所部马。丙午,给西平王奥鲁赤所部米。甲寅,赈大都路饥。

五月戊午朔,立和林转运司,以小云失别为使,兼提举交钞使。己未,给阔阔出海青银符二。辛酉,罢签回回军。癸亥,敕拨都军于怯鹿难之地开渠耕田。丙寅,签徐、邳二州丁壮万人戍邳州。庚午,减铁冶户。罢西蕃秃鲁干等处金银矿户为民。禁汉人聚众与蒙古人斗殴。诏议取耽罗及济州。辛巳,敕修筑都城,凡费悉从官给,毋取诸民,并蠲伐木役夫税赋。甲申,敕诸路军户驱丁,除至元七年前从良入民籍者当差,余虽从良,并令助本户军力。乙酉,太白犯毕距星。宫城初建东、西华、左右掖门。诏安集答里伯所部流民。

六月壬辰,遣高丽国西京属城诸达鲁花赤及质子金镒等归国。减乞里吉思屯田所入租,仍遣南人百名,给牛具以往。是夜,京师大雨,坏墙屋,压死者众。癸巳,敕以籍田所储粮赈民,不足,又发近地官仓济之。甲午,高丽告饥,转东京米二万石赈之。己亥,山东路行枢密院塔出于四月十三日遣步骑趋涟州,攻破射龙沟、五港口、盐场、白头河四处城堡,杀宋兵三百余人,虏获人牛万计,第功赏赉有差。辛亥,高丽国王王禃请讨耽罗余寇。

秋七月丁巳朔,河南省臣言:“往岁徙民实边屯耕,以贫苦悉散还家。令唐、邓、蔡、息、徐、邳之民,爱其田庐,仍守故屯,愿以丝银准折输粮,而内地州县转粟饷军者,反厌若之。臣议:今岁沿边州郡,宜仍其旧输粮,内地州郡,验其户数,俾折钞就沿边和籴,庶几彼此交便。”制曰:可。拘括开元、东京等路诸漏籍户。禁私鬻回回历。赈水达达部饥。戊寅,赐诸王八八部银、钞。集都城僧诵《大藏经》九会。壬午,和礼霍孙奏:“蒙古字设国子学,而汉官子弟未有学者,及官府文移犹有畏吾字。”诏:“自今凡诏令,并以蒙古字行,仍遣百官子弟入学”。乙酉,免徙大罗镇居民,令倍输租米给鹰坊。诏分阅大都、京兆等处探马赤奴户名籍。

八月丙戌朔,日有食之。戊子,立群牧所,掌牧马及尚方鞍勒。壬辰,敕忙安仓及靖州预储粮五万石,以备弘吉剌新徙部民及西人内附者廪给。调兵增戍全罗州。乙未,禁诸人以己事辄呼至尊称号者。丁酉,立斡脱所。己亥,诸王阔阔出请以分地宁海、登、莱三州自为一路,与他王比,岁赋惟入宁海,无输益都。诏从之。癸卯,千户崔松败宋襄阳援兵,斩其将张顺,赐松等将士有差。乙巳,车驾至自上都。丁未,改延州为延津县,与阳武同隶南京。癸丑,赈辽东等路饥。

九月甲子,宋襄阳将张贵以轮船出城,顺流突战,阿术、阿剌海牙等举烽燃火,烛江如昼,率舟师转战五十余里,至柜门关,生获贵及将士二千余人。丙寅,敕枢密院:“诸路正军贴户及同籍亲戚奴仆,丁年既长,依诸王权要以避役者,并还之军;惟匠艺精巧者,以名闻。"癸酉,同签河南省事崔斌讼右丞阿里妄奏军数二万,敕杖而罢之。甲戌,罢水军总管府。东川元帅李吉等略地开州,拔石羊寨,擒宋将一人。统军使合剌等兵掠合州及渠江口,获战船五十艘,赏银币有差。丙子,发民夫三千人伐巨木辽东,免其家徭赋。戊寅,太阴犯御女。赈益都路饥。

冬十月丙戌朔,封皇子忙哥剌为安西王,赐京兆为分地,驻兵六盘山。遣使持诏谕扮卜、忻都国。壬辰,享于太庙。癸巳,赵璧为平章政事,张易为枢密副使。乙未,筑浑河堤。戊戌,荧惑犯填星。己亥,敕自七月至十一月终听捕猎,余月禁之。癸卯,立文州。初立会同馆。

十一月乙卯朔,诏以至元十年历赐高丽。壬戌,发北京民夫六千,伐木乾山,蠲其家徭赋。诸王只必帖木儿筑新城成,赐名永昌府。丙寅,蠲昔剌斡脱所负官钱。丁卯,太阴犯毕。城光州。遣无籍军掠宋境。己巳,敕发屯田军二千、汉军二千、高丽军六千,仍益武卫军二千,征耽罗。辛未,召高陆儒者杨巷懿,不至。癸酉,以前拔樊城外郛功,赏千户刘深等金银符。己卯,并中书省左右司为一。宋荆湖制置李庭芝为书,遣永宁僧赍金印、牙符,来授刘整庐龙军节度使,封燕郡王。僧至永宁,事觉,上闻,敕张易、姚枢杂问。适整至自军中,言:"宋患臣用兵襄阳,欲以是杀臣,臣实不知。"敕令整为书复之,赏整,使还军中,诛永宁僧及其党友。参知行省政事阿里牙言:"襄阳受围久未下,宜先攻樊城,断其声援。"从之。回回亦思马因创作巨石炮来献,用力省而所击甚远,命送襄阳军前用之。

十二月乙酉朔,诏诸路、府、州、司、县达鲁花赤、管民长官,兼管诸军奥鲁。丁亥,立肃州等处驿。以东平府民五万余户,复为东平路。辛丑,诸王忽剌出拘括逃民高丽界中,高丽达鲁花赤上其事。诏高丽之民犹未安集,禁罢之。遣宋议互市使者南归。戊午,赐北平王南木合军马一万二千九百九十一、羊六万一千五百三十一,及诸王塔察儿军币帛。辛亥,宋将昝万寿来攻成都,金省严忠范出战,失利,退保子城,同知王世英等八人弃城遁。诏以边城失守,罪在主将,世英虽遁,与免其罪,惟遣使缚忠范至京师。癸丑,升拱卫司为拱卫直都指挥使司。

是岁,天下户一百九十五万五千八百八十。赐先朝后妃及诸王金、银、币、帛如岁例。断死罪三十九人。建大圣寿万安寺。

元史卷八
本纪第八

世祖五

十年春正月乙卯朔,高丽国王王禃遣其世子愖来朝。戊午,敕自今并以国字书宣命。命忻都、郑温、洪茶丘征耽罗。宿州万户爱先不花请筑堡牛头山,以阨两淮粮运,不允。爱先不花因言:"前宋人城五河,统军司臣皆当得罪。今不筑,恐为宋人所先。"帝曰:"汝言虽是,若坐视宋人戍之,罪亦不免也。"安南使者还,言陈光昞受诏不拜。中书移文责问,光昞称从本俗。改回回爱薛所立京师医药院,名广惠司。己未,禁鹰坊扰民及阴阳图谶等书。癸亥,阿里海牙等大攻樊城,拔之。守将吕文焕惧而请降,中书省驿闻,遣前所俘唐永坚持诏谕之。丁卯,立秘书监。戊辰,给皇子北平王甲一千。置军器、永盈二库,分典弓矢、甲胄。庚午,签陕西探马赤军。己卯,川蜀省言:"宋眘万寿攻成都,也速带儿所部骑兵征建都未还,拟于京兆等路签新军六千为援。"从之。诏遣扎术呵押失寒、崔杓持金十万两,命诸王阿不合市药狮子国。壬午,赏东川统军合剌所部有功者。合剌请于渠江之北云门山及嘉陵西岸虎头山立二戍,以其图来上,及乞益兵二万,诏给京兆新签军五千益之。

二月丙戌,以皇后、皇太子受册宝,遣太常卿合丹告于太庙。丙申,云南罗羽酋长阿旭叛,诏有司安集其民,募能捕斩阿旭者赏之。遣断事官麦肖勾校川陕行省钱谷。诏勘马剌失里、乞带脱因、刘源使缅国,谕遣子弟、近臣来朝。高丽国王王禃以王师征耽罗,乞下令禁俘掠,听自制兵仗,从之。丁未,宋京西安抚使、知襄阳府吕文焕以城降。

三月甲寅朔,诏申谕大司农司遣使巡行劝课,务要农事有成。乙丑,敕枢密院:以襄阳吕文焕率将吏赴阙。熟券军并城居之民仍居襄阳,给其田牛,生券军分隶各万户翼。文焕等发襄阳,择蒙古、汉人有才力者,护视以来。丙寅,帝御广寒殿,遣摄太尉、中书右丞相安童授皇后弘吉剌氏玉册、玉宝,遣摄太尉、同知枢密院事伯颜授皇太子真金玉册、金宝。辛未,以皇后、皇太子受册宝诏告天下。刘整请教练水军五六万及于兴元金、洋州、汴梁等处造船二千艘,从之。壬申,分金齿国为两路。癸酉,客星青白如粉絮,起毕,度五车北,复自文昌贯斗杓,历梗河,至左摄提,凡二十一日。以前中书左丞相耶律铸平章军国重事,中书左丞张惠为中书右丞。车驾幸上都。西蜀严忠范以罪罢,遣察不花等抚治军民。罢中兴等处行中书省。

夏四月癸未朔,阿里海牙以吕文焕入朝,授文焕昭勇大将军、侍卫亲军都指挥使、襄汉大都督,赐其将校有差。时将、相、大臣皆以声罪南伐为请,驿召姚枢许衡,徙单公履等问计。公履对曰:“乘破竹之势,席卷三吴,此其时矣。”帝然之。诏罢河南等路行中书省。以平章军国重事史天泽,平章政事阿术、参知政事阿里海牙行荆湖等路枢密院事,镇襄阳,左丞相合丹,参知行中书省南刘整,山东都元帅塔出、董文炳行淮西等路枢密院事,守正阳。天泽等陛辞,诏谕以襄阳之南,多有堡寨,可乘机进取,仍以钞五千锭赐将士及赈新附军民。甲申,免隆兴路榷课三年。丁酉,敕南儒为人掠卖者,官赎为民。辛丑,罢四川行省。以巩昌二十四处便宜总帅汪良臣行西川枢密院,东川阆、蓬、广安、顺庆、夔府、利州等路统军使合剌行东川枢密院,东川副统军王仲仁同金行枢密院事,仍命汪良臣就率所部军以往。

五月壬子朔,定内外官复旧制,三岁一迁。甲寅,禁无籍军从大军杀掠,其愿为军者听。戊辰,诏:“天下狱囚,除杀人者待报,其余一切疏放，限以八月内自至大都，如期而至者皆赦之。"乙亥，诏：
"免民代输签军户丝银及伐木夫户赋税。负前朝官钱不能偿者，毋
徵。主守失陷官钱者，杖而释之。阵亡军及营缮工匠无丁产者，量
加廪给。"以雄、易州复隶大都。庚辰，赏襄阳有功万户奥鲁赤等银
钞、衣服有差。

六月乙酉，赈诸王塔察儿部民饥。丁亥，以各路弓矢甲匠并隶
军器监。免大都、南京两路赋役，以纾民力。赈甘州等处诸驿。辛
卯，汰陕西贫难军。以刘整、阿里海牙不相能，分军为二，各统之。癸
巳，敕襄阳造战船千艘。甲午，改资用库为利用监。丁酉，置光州等
处招讨司。戊申，经略忻都等兵至耽罗，抚定其地。诏以失里伯为
耽罗国招讨使，尹邦宝副之。升拱卫直为都指挥司。使日本赵良弼
至太宰府而还，具以日本君臣爵号、州郡名数、风俗土宜来上。

闰月癸丑，敕诸道造甲一万、弓五千，给淮西行枢密院。己巳，
罢东西两川统军司。辛未，以翰林院纂修国史，敕采录累朝事实以
备编集。丙子，以平章政事赛典赤行省云南，统合剌章、鸭赤、赤科、
金齿、茶罕章诸蛮，赐银贰万五千两、钞五百锭。

秋七月辛巳，以金州军八百人及统军司还成都，忽朗吉军千人
隶东川。壬午，以修太庙，将迁神主别殿，遣兀鲁忽奴带、张文谦祭
告。丙戌，敕枢密院："襄阳生券军无妻子者，发至京师，仍益兵卫
送，其老疾者遣还家。"庚寅，河南水，发粟赈民饥，仍免今年田租。
省西凉府入永昌路。戊申，高丽国王王禃遣其顺安公王悰、同知枢
密院事宋宗礼贺皇后、皇太子受册礼成。

八月庚戌朔，前所释诸路罪囚自至大都者凡二十二人，并赦
之。甲寅，凤翔宝鸡县刘铁妻一产三男，复其家三年。丁丑，圣诞节，
高丽王王禃遣其上将军金诜来贺。己卯，赐襄阳生、熟券军冬衣有
差。

九月辛巳，辽东饥，弛猎禁。以合伯为平章政事。壬午，立河南
宣慰司，供给荆湖、淮西军需。甲申，襄阳生券军至大都，诏伯颜谕
之，释其械系，免死罪，听自立部伍，俾征日本，仍敕枢密院具铠仗，

人各赐钞娶妻,于蒙古、汉人内选可为率领者。丙戌,刘秉忠、姚枢、王磐、窦默、徒单公履等上言:"许衡疾归,若以太子赞善王恂主国学,庶几衡之规模不致废坠。"又请增置生员。并从之。秉忠等又奏置东宫宫师府詹事以次官属三十八人。戊子,遣官诣荆湖行省,差次有功将士。禁京畿五百里内射猎。己丑,敕:自今秋猎鹿豕,先荐太庙。壬辰,中书省臣奏:"高丽王王禃屡言小国地狭,比岁荒歉,其生券军乞驻东京。"诏令营北京界,仍敕东京路运米二万石以赈高丽。丁酉,立正阳诸驿。敕河南宣慰司运米三十万石给淮西合答军。仍给淮西、京湖军需有差。壬寅,敕会同馆专居降附之入觐者。以翰林学士承旨和礼霍孙兼会同馆事,以主朝廷咨访及降臣奏请。征东招讨使塔匣剌请征骨嵬部,不允。丙午,置御药院。车驾至自上都。给诸王塔察儿所部布万匹。

冬十月乙卯,享于太庙。丙辰,以西川编民、东川义士军屯田,饷潼川、青居戍兵。敕伯颜、和礼霍孙以史天泽、姚枢所定新格,参考行之。庚申,御史台臣言:没入赃罚,为钞一千三百锭。诏:有贫乏不能存者,以此赈之。有司断死罪五十人,诏加审复,其十三人因斗殴杀人,免死充军,余令再三审复以闻。禁牧地纵火。以合答带为御史大夫。升襄阳府为路。罢广宁府新签军。初建正殿、寝殿、香阁、周庑两翼室。西蜀都元帅也速答儿与皇子奥鲁赤合兵攻建都蛮,擒酋长下济等四人,获其民六百,建都乃降,诏赏将士有差。

十一月癸未,命布只儿修《起居注》。丁未,大司农司言:"中书移文,以畿内秋禾始收,请禁农民复耕,恐妨刍牧。"帝以农事有益,诏勿禁。

十二月己酉朔,安童等言:"昔博赤伯都谓总管府权太重,宜立运司并诸军奥鲁以分之;臣以今之民官循例迁徒,保无邪谋,别立官府,于民未便。"帝然之。壬子,赐襄、樊被伤军士钞千锭。甲寅,宋夏贵攻正阳,淮西行院击走之。壬戌,召阿术同吕文焕入觐。大司农司请罢西夏世官,括诸色户;从之。安南国王陈光昞遣使来贡方物。诸王薛阇秃以罪从军,累战皆捷,召赴阙。己巳,省陕州虢略、朱阳二县入灵宝。赐万户解汝楫银万五千两。诸王孛兀儿出率所部兵与皇子北平王合军讨叛臣聂古伯,平之,赏立功将士有差。赐诸王金、银、币、帛如岁例。

是岁,诸路虫蝻灾五分,霖雨害稼九分,赈米凡五十四万五千五百九十石。天下户一百九十六万二千七百九十五。

十一年春正月己卯朔,宫阙告成,帝始御正殿,受皇太子诸王百官朝贺。高丽国王王禃遣其少卿李义孙等来贺,兼奉岁贡。乙酉,以金州招讨使钦察率襄阳生、熟券军千人戍鸭池。庚寅,初立军官以功升散官格。免诸路军杂赋。以忙古带等新旧军一万一千五百人戍建都。立建都宁远都护府,兼领互市监。壬辰,置西蜀四川屯田经略司。丁酉,长春宫设周天金箓醮七昼夜。敕荆湖行院以军三万、水、弩、炮手五千,隶淮西行院。丙午,彰德赵当道等以谋逆伏诛,余从者论罪有差。立于阗、鸦儿看两城水驿十三,沙州北陆驿二。免于阗采工差役。阿里海牙言:“荆襄自古用武之地,汉水上流已为我有,顺流长驱,宋必可平。”阿术又言:“臣略地江淮,备见宋兵弱于往昔,今不取之,时不能再。”帝趣召史天泽同议,天泽对曰:“此国大事,可命重臣一人如安童、伯颜都督诸军,则四海混同可计日而待矣;臣老矣,如副将者,犹足为之。”帝曰:“伯颜可以任吾此事矣。”阿术、阿里海牙因言:“我师南征,必分为三,旧军不足,非益兵十万不可。”诏中书省签军十万人。

二月戊申朔,赐阿术所部将士及茶罕章阿吉老耆等银钞有差。甲寅,太阴犯井宿。庚申,新德副元帅杨尧元战没,以其子袭职。初立仪鸾局,掌宫门管钥、供帐灯烛。壬申,造战船八百艘于汴梁。以廉希宪为中书右丞、北京等处行中书省事。车驾幸上都。

三月己卯,诏以劝课农桑谕高丽国王王禃,仍命安抚高丽军民总管洪茶丘提点农事。己丑,吕文焕随司千户陈炎谋叛,诛首恶二人,其随司军并其妻、子皆令内徙。庚寅,敕凤州经略使忻都、高丽军民总管洪茶丘等将屯田军及女直军并水军合万五千人,战船大小合九百艘征日本。移碉门兵戍合答城。辛卯,改荆湖、淮西二行枢密院为二行中书省。伯颜、史天泽并为左丞相,阿术为平章政事,阿里海牙为右丞,吕文焕为参知政事,行中书省于荆湖;合答为左丞相,刘整为左丞,塔出、董文炳为参知政事,行中书省于淮西。遣使代祀岳渎、后土。河南宣慰司言:"军兴转输烦重,宜赋军、匠诸户,权助财用。"从之。癸巳,获嘉县尹常德,课最诸县,诏优赏。亦乞里带强取民租产、桑园、庐舍、坟墓,分为探马赤军牧地,诏还其民。万户阿里必尝发李璮逆谋,为璮所杀,以其子剌剌吉袭职。改金州招讨司为万户府。遣要速木、咱兴憨失招谕八鲁国。帝师八合思八归土番国,以其弟亦邻真袭位。建大护国仁王寺成。

夏四月辛亥,分陕西陇右诸州置提刑按察司,治巩昌。癸丑,初建东宫。甲寅,诛西京讹言惑众者。括诸路马五万匹。辛未,诏安慰斡端、鸦儿看、合失合儿等城。赐襄、樊战死之士二百四十九人之家,每家银百两。乙亥,命也速带儿将千人同撒吉思所部五州丁壮,戍益都。

五月丙戌,汪惟正以所部军逃亡,乞于民站户选补;从之。敕:北京、东京等路新签军,恐不宜暑,权驻上都。乙未,枢密院臣言:"旧制,蒙古军每十人月食粮者,惟拔都二人;今遣怯薛丹合丹核其数,多籍二千六百七十人。"敕杖合丹,斥无入宿卫,谪往西川效死军中,余定罪有差。丙申,以皇女忽都鲁揭里迷失下嫁高丽世子王愖。辛丑,敕:"随路所佥新军,其户丝银均配于民者,并除之。"

六月丙午朔,刘整乞益甲仗及水、弩手;给之。庚戌,赐建都合马里战士银、钞有差。癸丑,敕"合答选部下蒙古军五千人,与汉军分戍沿江堡隘,为使传往来之卫。"仍以古不来拔都、翟文彬率兵万人,掠荆南鸦山,以缀宋之西兵。丙辰,免上都、隆兴两路签军。庚申,问罪于宋,诏谕行中书省及蒙古、汉军万户、千户军士曰:

爰自太祖皇帝以来,与宋使介交通。宪宗之世,朕以藩职奉命南伐,彼贾似道复遣宋京诣我,请罢兵息民。朕即位之后,追忆是言,命郝经等奉书往聘,盖为生灵计也。而乃执之,以致师出连年,死伤相藉,系累相属,皆彼宋自祸其民也。襄阳既降之后,冀宋悔祸,或起令图,而乃执迷,罔有悛心,所以问罪之师,有不能已者。

今遣汝等水陆并进,布告遐迩,使咸知之。无辜之民,初无预焉,将士毋得妄加杀掠。有去逆效顺,别立奇功者,验等第迁赏。其或固拒不从及逆敌者,俘戮何疑。

甲子,分遣忙古带、八都、百家奴率武卫军南征。丙寅,以合剌合孙为中书左丞,崔斌参知政事,仍行河南道宣慰司事。敕:有司阅核延安新军,贫无力者免之。戊辰,监察御史言:"江淮未附,将帅阙人。今首用阿里海牙子忽失海牙、刘整子垓,素不知兵,且缺人望,宜依弟男例罢去。"从之。

秋七月乙亥朔,敕:山北辽东道提刑按察使兀鲁失不花同参知政事廉希宪行省北京,国王头辇哥毋署事,有大事则希宪等就议。乙酉,徙生券军八十一人屯田和林。癸巳,高丽国王王禃薨,遣使以遗表来上,且言:世子愖孝谨,可付后事。敕同知上都留守司事张焕册愖为高丽国王。乙未,伯颜等陛辞,帝谕之曰:"古之善取江南者唯曹彬一人。汝能不杀,是吾曹彬也。"兴元凤州民献麦一茎四穗至七穗,谷一茎三穗。

八月甲辰朔,颁诸路立社稷坛壝仪式。丁未,史天泽言:"今大师方兴,荆湖、淮西各置行省,势位既不相下,号令必不能一,后当败事。"帝是其言,复改淮西行中书省为行枢密院。癸丑,行中书省言:"江汉未下之州,请令吕文焕率其麾下临城谕之,令彼知我宽仁,善遇降将,亦策之善者也。"从之。甲寅,弛河南军器之禁。辛未,高丽王愖遣其枢密使朴璆来贺圣诞节。诏太原新金军远戍两川,诚可悯恤,谕枢密院遣使分括廪粟,给其家。

九月丙戌,行中书省以大军发襄阳,檄谕宋州郡官吏将校、士民。癸巳,师次盐山,距郢州二十里。宋兵十余万当郢,夹汉水,城万胜堡,两岸战舰千艘,铁绹横江,贯大舰数十,遏我舟师不得下。惟黄家湾有溪,经鹞子山入唐港,可达于江,宋又为坝,筑堡其处,驻兵守之,系舟数百,与坝相依。伯颜督诸军攻拔之,凿坝挽舟入溪,出唐港,整列而进。车驾至自上都。

冬十月己酉,享于太庙。庚申,长河西千户必剌冲剽掠甲仗,集众为乱。火你赤移戍未还,副元帅覃澄率属吏赴之。帝曰:"澄不必独往,趣益兵三千付火你赤,合力讨之。"壬戌,岁星犯垒壁阵。乙丑,伯颜督诸将破沙洋堡,生擒守将串楼王。翌日,次新城,总制黄顺缒城降。伯颜遣顺招都统边居义,不出。总管李庭破其外堡,诸军蚁附而登,拔之,居义自焚死。辛未,赐北平王南木合马三万、羊十万。

十一月庚辰,断死罪三十九人。壬午,敕西川行枢密院也速带儿取嘉定府。癸未,符宝郎董文忠言:"比闻益都、彰德妖人继发,其按察司达鲁花赤及社长不能禁止,宜令连坐。"诏行之。乙酉,军次复州,宋安抚使翟贵出降。丁亥,诏宋嘉定安抚昝万寿及凡守城将校纳款来降,与避罪及背主叛亡者,悉从原免。癸巳,东川元师杨文安与青居山蒙古万户怯烈乃、也只里等会兵达州,直趣云安军,至马湖江与宋兵遇,大破之,遂拔云安、罗拱、高阳城堡;赐文安等金银有差。以香河荒地千顷置中卫屯。伯颜遣万户帖木儿,译史阿里奏沙洋、新城之捷,且以新城总制黄顺来见。赐顺黄金锦衣及细甲,授湖北道宣慰使,佩虎符。敕京师盗诈者众,宜峻立冶法。召征日本忽敦、忽察、刘复亨、三没合等赴阙。壬寅,安童以阿合马擅财赋权,蠹国害民,凡官属所用非人,请别加选择;其营作宫殿,贪缘为奸,亦宜诘问。帝命穷治之。起阁南直大殿及东西殿。增选乐工八百人,隶教坊司。

十二月丙午,伯颜大军次汉口。宋淮西制置使夏贵,都统高文明、刘仪以战船万艘,分据诸隘,都统王达守阳罗堡,荆湖宣抚朱祀孙以游击军扼中流。师不得进。用千户马福言,自汉口开坝,引船会沦河口,径趣沙芜,遂入大江。癸丑,以诸路逃奴之无主者二千人,隶行工部。甲寅,赏忻都等征耽耽罗功银、钞、币、帛有差。乙卯,阿里海牙督万户张弘范等攻武矶堡,宋夏贵以兵来援。阿术率万户晏彻儿等四翼军对青山矶泊。丙辰，万户史格以一军先渡，为宋荆鄂诸军都统程鹏飞所败。总管史塔剌浑等率众赴敌，鹏飞败走。进军沙洲，抵观音山，夏贵东走，遂破武矶堡，斩宋都统王达，始达南岸，追至鄂州南门而还。丁巳，伯颜登武矶山。宋朱祀孙遁归江陵。己未，师次鄂州，宋直祕阁湖北提举张晏然、权知汉阳军王仪、知德安府来兴国并以城降。程鹏飞以本军降。伯颜承制以宋鄂州民兵总制王该知鄂州事，王仪、来兴国仍旧任，撤其戍兵，分隶诸军。下令禁侵暴，凡逃民悉纵还之。以阿里海牙兵四万镇鄂汉。伯颜、阿术将大军，水陆东下。以侍卫亲军都指挥使秃满带为诸军殿。以襄阳路总管贾居贞为宣抚使，商议行中书省事。庚申，淮西正阳火，庐舍甲仗焚荡无余，杖万户爱先不花等有差。癸亥，赐太一真人李居素第一区，仍赐额曰太乙广福万寿宫。行中书省以渡江捷闻。敕纵吕文焕随司军悉还家。割南阳卢氏县隶嵩州，置归德永城县，长武县省入泾川，良原县省入灵台。

　　是岁，天下户一百九十六万七千八百九十八。诸路蚜蚄等虫灾凡九所。民饥，发米七万五千四百一十五石、粟四万五百九十九石以赈之。

　　十二年春正月癸酉朔，高丽国王王愖遣其判阁事李信孙来贺，及奉岁币。甲戌，大军次黄州，宋沿江制置副使、知黄州陈奕以城降，伯颜承制授奕沿江大都督。其子岩知涟州，奕遣人以书谕之，书至，岩即出降。乙亥，徙襄阳新民七百户于河北。东川副都元帅张德润拔礼义城，杀宋安抚使张资，招降军民千五百余人。继遣元帅张桂孙略地，俘总管郭武及都辖唐惠等六人以归。赐德润金五十两及西锦、金鞍、细甲、弓矢，部下将士钞三百锭。戊寅，刘整卒。安西王相府乞给钞万锭为军需；敕以千锭给之。癸未，师次蕲州，宋安抚使管景模以城降。乙酉，敕枢密院以纳忽带儿、也速带儿所统戍军及再签登莱丁壮八百人付五州经略司，其郯城、十字路亦听经略司节度。丙戌，大军次江州，宋江西安抚使、知江州钱真孙及淮西路六

安军曹明以城降。丁亥，枢密院臣言："宋边郡如嘉定、重庆、江陵、
郢州、涟海等处。皆阻兵自守，宜降玺书招谕。"从之。宋知南康军
叶阊以城降。敕以侍卫亲军指挥使札的失、襄加带将蒙古军二千，
百家奴、唐古、忙兀儿将汉军万人赴蔡州。秃满带、贾忙古带复将余
兵赴阙。己丑，遣伯术、唐永坚赍诏招谕郢州，仍敕襄阳统军司调兵
三千人，卫送永坚等。选蒙古、畏吾、汉人十四人赴行中书省，为新
附州郡民官。庚寅，遣左卫指挥副使郑温、唐古、帖木儿率卫军万
人，同札的失、襄加带戍黄州。诏谕重庆府制置司并所属州郡、城寨
官吏、军民举城归附。壬辰，以宣抚使贾居贞签书行中书省事，戍鄂
州。安南国使者还，敕以旧制籍户、设达鲁花赤、签军、立站、输租及
岁贡等事谕之。乙未，遣兵部尚书廉希贤、工部侍郎严忠范、秘书监
丞柴紫芝奉国书使于宋。丁酉，以万家奴所募愿为军者万人南征。
己亥，云南总管信苴日、石买等刺杀合刺章舍里威之为乱者，以金
赏之。命土鲁至云南，趣阿鲁帖木儿入觐。以蛮夷未附者尚多，命
宣慰司兼行元帅府事，并听行省节度，置郡县，尹长选廉能者任之。
置云南诸路规措所，以赡思丁为使。益卫送唐永坚兵，永坚求拜都、
忙古带偕行，许之。敕追诸王海都、八刺金、银符三十四。

　　二月癸卯，大军次安庆府，宋殿前都指挥使、知安庆府范文虎
以城降，伯颜承制授文虎两浙大都督。甲辰，以中书右丞博鲁欢为
淮南都元帅，中书右丞阿里左右副都元帅。仍命阿里、撒吉思等各
部蒙古、汉军会邳州。又发薪、宿戍兵将河南战船千艘赴之。遣必
阇赤孛罗检核西夏榷课。命开元宣抚司赈吉里迷新附饥民。敕畏
吾地春夏毋猎孕字野兽。立后土祠于平阳之临汾，伏羲、女娲、舜、
汤、河渎等庙于河中、解州、洪洞、赵城。丙午，大军次池州，宋权州
事赵卯发自经死，都统制张林以城降。省西夏中兴都转运司入总管
府。议以中统钞易宋交会，并发蔡州盐贸易药材。丁未，禁无籍自
效军俘掠新附复业军民。戊申，诏谕江、黄、鄂、岳、汉阳、安庆等处
归附官吏、士民、军、匠、僧、道人等，令农者就末，商者就涂，士庶缁
黄，各安已业，如或镇守官吏妄有搔扰，诣行中书省陈告。史天泽

卒。召游显、杨庭训赴阙。赐陈言人霍升、张和钞十锭，俾从淮东元
帅府南征。庚戌，遣礼部侍郎杜世忠、兵部郎中何文著，赍书使日本
国。辛亥，遣同知济南府事张汉英，持诏谕淮东制置使李庭芝。壬
子，洺磁路总管姜毅捕获农民郝进等四人，造祆言惑众，敕诛进，余
减死流远方。宋都督贾似道遣计议宋京、承宣使阮思聪诣行中书
省，请还已降州郡，约贡岁币。伯颜使襄加带同阮思聪还报命，留宋
京以待，使谓似道曰：“未渡江时，入贡议和则可，今沿江诸郡皆已
内属，欲和则当来面议也。”襄加带还，乃释宋京。以同签枢密院事
倪德政赴鄂州省治财赋。癸丑，御史台臣劾前南京路总管田大成以
其弟妇赵氏为妻，废绝人伦，敕杖八十，三年不齿，时大成已死，惟
市杖赵氏八十。丙辰，赏征东元帅府日本战功锦绢、弓矢、鞍勒。庚
申，遣塔不带、斡鲁召鄂汉降臣张晏然等赴阙，仍谕之曰：“朕省卿
所奏云：宋之权臣不践旧约，拘留使者，实非宋主之罪，傥蒙圣慈，
止罪擅命之臣，不令赵氏乏祀者。卿言良是。卿既不忘旧主，必能
辅弼我家。比卿奏上，已遣伯颜按兵不进，仍遣兵部尚书廉希贤等
持书往使，果能悔过来附，既往之愆，朕复何究。至于权臣贾似道，
尚无罪之之心，况肯令赵氏乏祀乎？若其执迷罔悛，未然之事，朕将
何言，天其鉴之。”辛酉，以阔阔出率其部下军千人及亲附军五百，
听阿剌海牙节制。凡湖南州县及濒水之民有来附者，俾阔阔出统
之，拒敌不降者就为招集。诏令大洪山避兵民还归汉阳，复业农亩，
命阿剌海牙镇守之。又命阿失罕、唐永坚、綦公直等，与脱烈将甲骑
千人，持诏招谕郢州。大军次丁家洲，战船蔽江而下，宋贾似道分遣
步帅孙虎臣及督府节制军马苏刘义集兵船于江之南、北岸，似道与
淮西制置使夏贵将后军，战船二千五百余艘横亘江中。翌日，伯颜
命左右翼万户率骑兵，夹岸而进，继命举巨炮击之。宋兵阵动，夏贵
先遁，似道错愕失错，鸣钲斥诸军散，宋兵遂大溃。阿术与镇抚何
玮、李庭等舟师及步骑，追杀百五十里，得船二千余艘及军资、器
仗、督府图籍、符印。似道东走扬州。阿先不花言：“夏贵纵北军岳
全还，称欲内附，宜降玺书招谕。”遂遣其甥胡应雷持诏往谕之。甲

子,大军次芜湖县,宋江东运判、知太平州孟之缙以城降。都元帅博鲁欢次海州,知州丁顺以城降。乙丑,阿里海牙言:"江陵宋巨镇,地居大江上流,屯精兵不啻数十万,若非乘此破竹之势取之,江水泛溢,鄂汉之城亦恐难守。"从其请,仍降玺书遣使谕江陵府制置司及高达已下官吏、军民。宋福州团练使、知特摩道事农士贵率知那寡州农天或、知阿吉州农昌成、知上林州农道贤,州县三十有七,户十万,诣云南行中书省请降。丙寅,枢密院言:"渡江初,亳州万户史格、毗阳万户石抹绍祖,以轻进致败,乞罪之。"有旨:"或决罚降官,或以战功自赎,其从行省裁处。"禁民间赌博,犯者流之北地。戊辰,师次采石镇,知和州王善以城降。都元帅博鲁欢次涟州,宋知州孙嗣武以城降。己巳,复遣伯术、唐永坚等宣谕郢州官吏、士庶。庚午,大军次建康府,宋沿江制置使赵溍南走,都统、权兵马司事徐王荣、翁福、茅世雄等及镇军曹旺以城降。宋贾似道至扬州,始遣总管段佑送国信使郝经、刘人杰等来归。敕枢密院迎经等由水路赴阙。诏安南国王陈光昺,仍以旧制六事谕之,趣其来朝。命怯薛丹察罕不花、侍仪副使关思义、真人李德和,代祀岳渎、后土。车驾幸上都。

三月壬申朔,宋镇江府马军总管石祖忠以城降。行中书省分遣淮西行枢密院阿塔海驻京口。宋诛殿帅韩震,其部将李大明等二百人,携震母、妻并诸子文焴、文炳自临安来奔。甲戌,宋江阴军金判李世修以城降。乙亥,谕枢密院:"此遣建都都元帅火你赤征长河西,以副都元帅覃澄镇守建都,付以玺书,安集其民。"仍敕安西王忙兀剌、诸王只必帖木儿、驸马长吉分遣所部蒙古军从西平王奥鲁赤征吐蕃。命万执中、唐永坚同前所遣阿失罕等将锐兵千人同往招谕郢州:已降,则镇之;不降,则从陆路与阿里海牙、忽不来会于荆南。丙子,国信使廉希贤等至建康,传旨令诸将各守营垒,毋得妄有侵掠。宋知滁州王文虎以城降。戊寅,赐皇子安西王币帛八千匹、丝万斤。乙卯,改平阴县新镇寨为肥城县,隶济宁府。庚辰,宋知宁国府颜绍卿以城降。江东路得府二、州五、军二、县四十三,户八十三万一千八百五十二,口一百九十一万九千一百六。甲申,于中兴路置怀远、灵武二县,分处新民四千八百余户。丙戌,宋常州安抚戴之泰、通判王虎臣以城降。国信使廉希贤、严忠范等至宋广德军独松关,为宋人所杀。丁亥,免诸路军杂赋。辛卯,宋将高世杰复据岳州,质知州孟之绍妻、子。又取复州降将翟贵妻、子,送之江陵。世杰会郢、复、岳三州及上流诸军战船数千艘,兵数万人,扼荆江口。壬辰,阿里海牙以军屯于东岸,世杰夜半遁去,黎明至洞庭湖口,兵船成列而阵。阿里海牙督诸翼万户及水军张荣实、解汝楫等逐世杰于湖口之夹滩,遣郎中张鼎召世杰,世杰降。阿里海牙以世杰招岳州,孟之绍亦以城降。以世杰力屈而降,诛之。赐北平王南木合所部马二千一百八十、羊三百。癸巳,敕郯城、沂州、十字路戍兵,从博鲁欢征淮南。丙申,侧布蕃官税昔、确州蕃官庄寮男车甲等,率四十三族,户五千一百六十,诣四川行枢密院来附。戊戌,遣山东路经略使王俨戍岳州。庚子,从王磐、窦默等请,分置翰林院,专掌蒙古文字,以翰林学士承旨撒的迷底里主之。其翰林兼国史院,仍旧纂修国史、典制诰、备顾问,以翰林学士承旨兼修《起居注》和礼霍孙主之。辛丑,敕阿术分兵取扬州。

夏四月壬寅朔,赏讨长河西必剌充有功者及阵亡者金、银、钞、币、帛各有差。乙巳,改西夏中兴道按察司为陇右河西道。丙午,立涟州、新城、清河三驿。阿里海牙驻军江陵城南沙市,攻其栅,破之,知荆门军刘懋降。丁未,阿里海牙遣郎中张鼎赍诏入江陵,宋荆湖制置朱祀孙,湖北制置副使高达,京西湖北提刑青阳梦炎、李湜始出降。阿里海牙入江陵,分道遣使招谕未下州郡。知峡州赵真、知归州赵仔、权澧州安抚毛浚、常德府新城总制鲁希文、旧城权知府事周公明等悉以城降。辛亥,遣使招谕宋五郡镇抚使吕文福使降。甲寅,谕中书省议立登闻鼓,如为人杀其父母、兄弟、夫、妇,冤无所诉,听其来击,其或以细事唐突者,论如法。辛酉,宋郢州安抚赵孟、复州安抚翟贵以城降。宋度支尚书吴浚移书建康徐王荣等,述其丞相陈宜中语,请罢兵通好。伯颜遣中书议事官张羽、淮西行院令史王章同宋来使马驭持徐王荣复书,至平江府驿亭,悉为宋所杀。癸亥,阿术师驻瓜洲,距扬州四十五里,宋淮东制置司尽焚城中庐舍,迁其居民而去。阿术创立楼橹战具以守之。丙寅,立尚牧监。赐降臣丁顺等衣服。免京畿百姓今岁丝银。丁卯,以大司农、御史中丞孛罗为御史大夫。罢随路巡行劝农官,以其事入提刑按察司。括诸寺阑遗人口。庚午,以高达为参知政事,仍诏慰谕之。遣兵部郎中王世英、刑部郎中萧郁持诏召嗣汉四十代天师张宗演赴阙。

五月辛未朔,阿里海牙以所俘童男女千人、牛万头来献。枢密院言:“峡州宜以战船扼其津要。又郢、复二州戍兵不足,今拟襄阳等处选五千七百人,隶行中书省,听阿里海牙调遣。”从之。诏中书右丞廉希宪、参知政事脱博忽鲁秃花行中书省于江陵府。阿里海牙还鄂州。立襄阳至荆南三驿。丁丑,阿术立木栅于扬子桥,断淮东粮道,且为瓜州藩蔽。庚辰,诏谕参知政事高达曰:

> 昔我国家出征,所获城邑,即委而去之,未尝置兵戍守,以此连年征伐不息。夫争国家者,取其土地、人民而已,虽得其地而无民,其谁与居?今欲保守新附城壁,使百姓安业力农,蒙古人未之知也。尔熟知其事,宜加勉勖。湖南州郡皆汝旧部曲,未归附者何以招怀,生民何以安业,听汝为之。

宋嘉定安抚昝万寿遣部将李立奉书请降,言累负罪愆,乞加赦免;诏遣使招谕之。辛巳,宋知辰州吕文兴、黄仙洞行随州事傅安国、仙人寨行均州事徐鼎、知沅州文用圭、知靖州康玉、知房州李鉴等,皆以城降。荆南湖北路凡得府三、州十一、军四、县五十七,户八十万三千四百一十五,口一百九十四万三千八百六十。丙戌,以三卫新附生券军赴八达山屯田。丁亥,召伯颜赴阙,以蒙古万户阿刺罕权行中书省事。遣肃州达鲁花赤阿沙签河西军。万户爱先不花违伯颜节制,擅撤戍兵,诏追夺符印,使从军自效。淮东宣抚陈岩乞解官,终丧三年,不许。申严屠牛马之禁。庚寅,宋五郡镇抚使吕文福来降。壬辰,宋都统制刘师勇、殿帅张彦据常州。癸巳,谕高丽国王王禃,招珍岛余党之在耽罗者。

六月庚子朔,日有食之。宋嘉定安抚使昝万寿以城降,赐名顺。

癸卯，遣两浙大都督范文虎持诏往谕安丰、寿州、招信、五河等处镇
戍官吏军民。遣刑部待郎伯术谕朱祀孙，以年老多病，不任朝谒，权
留大都，无自疑惧。谕廉希宪等，元没青阳梦炎、李湜家赀，如籍还
之，并徙其家赴都。甲辰，以万户阿剌罕为行中书省参知政事。获
知开州张章，赦其罪；章二子柱、楫先来降，以其子故，免死。敕失里
伯、史枢率襄阳熟券军二千、猎户丁壮二千，同范文虎招安丰军，各
赐马十匹。其故尝从丞相史天泽者十九人愿宣劳军中，令从枢以
行。戊申，签平阳、西京、延安等路达鲁花赤弟男为军。辛亥，赏诸
王兀鲁所部获功建都者三十五人银钞有差。定兀鲁卫士人各马二
匹，从者一匹。敕淮东元帅府发兵及鄂州戍兵与李璮旧部曲，并前
河南已签军万人、后免为民者，复籍为兵，并付行中书省。戊午，诏
遣使招谕宋四川制置赵定应："比者毕再兴、青阳梦炎赴阙面陈蜀
阃事宜，奏请缓师，令自纳款，姑从所请。今遣再兴宣布大信，若能
顺时达变，可保富贵，毋为涂炭生灵，自贻后悔。"庚申，遣重庆府招
讨使毕再兴，持诏招谕宋合州节使张珏、江安潼川安抚张朝宗、涪
州观察阳立、梁山军防御马堑。辛酉，宋潼川安抚使、知江安州梅应
春以城降。乙丑，以涟、海新附丁顺等括船千艘，送淮东都元帅府。
丙寅，宋扬州都统姜才、副将张林步骑二万人，乘夜攻扬子桥木栅，
守栅万户史弼来告急。阿术自瓜以兵赴之，诘旦至栅下。才军来水
为阵，阿术麾骑兵渡水击之，阵坚不动。阿术军引却，才军平逼，我
军与力战，才军遂走。阿术麾步、骑并进，大败之，才仅以身免，生擒
张林，斩首万八千级。戊辰，敕塔出率阿塔海、也速带儿两军赴涟
水。以逊摊为耽罗国达鲁花赤。罢山东经略司。

　　秋七月庚午朔，阿术集行省诸翼万户兵船于瓜洲，阿塔海、董
文炳集行院诸翼万户兵船于西津渡。宋沿江制置使赵潜、枢密都承
旨张世杰、知泰州孙虎臣等陈舟师于焦山南、北。阿术分遣万户张
弘范等，以拔都兵船千艘，西掠珠金沙。辛未，阿术、阿塔海登南岸
石公山，指授诸军。水军万户刘琛循江南岸，东趋夹滩，绕出敌后。
董文炳直抵焦山南麓，以掎其右；招讨使刘国杰趣其左，万户忽剌

出拚其中。张弘范自上流继至,趣焦山之北。大战,自辰至午,呼声震天地,乘风以火箭射其篛篷。宋师大败,世杰、虎臣等皆遁走。追至圌山,获黄鹄、白鹞船数百艘。宋人自是不复能军。翌日,宋平江都统刘师勇、殿帅张彦,以两浙制司军至吕城,复为阿塔海行院兵所败。壬申,签云南落落、蒲纳烘等处军万人,隶行中书省。癸酉,太白犯井。诏取茶罕章未附种落。丁丑,立卫州至杨村水驿五。已卯,增置燕南河北道提刑按察司。以蔡州驿蒙古军四百隶阿里海牙,汉军六百从万户宋都带赴江西。壬午,遣使招宋淮安安抚使朱焕。癸未,诏遣使江南,搜访儒、医、僧、道、阴阳人等。敕左丞相伯颜率诸将直趋临安;右丞阿里海牙取湖南;蒙古万户宋都带,汉军万户武秀、张荣实、李恒,兵部尚书吕师夔行都元帅府,取江西。罢淮西行枢密院。以右丞阿塔海、参政董文炳同署行中书省事。辛卯,太阴犯毕。甲午,遣使持诏招谕宋李庭芝及夏贵。以伯颜为中书右丞相,阿术为中书左丞相。

八月已亥,免北京、西京、陕西等路今岁丝银。癸卯,伯颜陛辞南行,奉诏谕宋君臣相率来附,则赵氏族属可保无虞,宗庙悉许如故。授故奉使大理王君候子如珪正八品官。已未,升任城县为济州。辛酉,车驾至自上都。丙寅,高丽王王愖遣其枢密副使许珙、将军赵珪来贺圣诞节。

九月已巳,太白犯少民。庚午,阿合马等以军兴国用不足,请复立都转运司九,量增课程元额,鼓铸铁器,官为局卖,禁私造铜器。乙亥,赏清河、新城战士及死事者银千两、钞百锭。赐西平王所部鸭城戍兵,人马三匹。丁丑,以襄阳官牛五千八百赐贫民,弛河南鬻马之禁。赐东、西川屯戍蒙古军粮钞有差。戊寅,谕太常卿合丹:"去冬享太宫,敕牲无用牛,今其复之。"已卯,太白犯太微西垣上将。壬午,阿术筑湾头堡。乙酉,罢襄阳统军司。甲午,宋扬州都统姜才将步、骑万五千人攻湾头堡,阿术、阿塔海击败之。赏淮安招讨使乞里迷失及有功将士锦衣、银钞有差。丙申,以玉昔帖木儿为御史大夫。括江南诸郡书版及临安秘书省《乾坤宝典》等书。

冬十月戊戌朔,享于太庙。辛丑,弛北京、义、锦等处猎禁。癸丑,太阴犯毕。

十一月丁卯,阿里海牙以军攻潭州。乙亥,伯颜分军为三,趋临安:阿剌罕率步、骑自建康、四安、广德以出独松岭;董文炳率舟师循海趋许浦、澉浦,以至浙江;伯颜、阿塔海由中道节度诸军,期并会于临安。丙子,宋权融、宜、钦三州总管岑从毅,沿边巡检使、广西节制军马李维屏等诣云南行中书省降。丁丑,阿合马奏立诸路转运司凡十一所。已卯,宋都带等军次隆兴府,宋江西转运使、知府刘槃以城降。都元帅府檄谕江西诸郡相继归附,得府州六、军四、县五十六、户一百五万一千八百二十九、口二百七万六千四百。壬午,伯颜大军至常州,督诸军登城,四面并进,拔其城,刘师勇变服单骑南走。改顺天府为保定府。枢密院言:"两都、平滦猎户新签军二千,皆贫无力者,宜存恤其家。又新附郡县有既降复叛,及纠众为盗,犯罪至死者,既已款伏,乞听权宜处决。"皆从之。中书省臣议断死罪,诏:"今后杀人者死,问罪状已白,不必待时,宜即行刑。其奴婢杀主者,具五刑论。"乙酉,阿剌罕克广德,趋独松关。丙戌,太阴犯轩辕大星。已丑,遣太常卿合丹以所获涂金爵三,献于太庙。庚寅,伯颜遣降人游介实奉玺书副本使于宋,仍以书谕宋大臣。甲午,以高丽国官制僭滥,遣使谕旨;凡省、院、台、部、官名、爵号,与朝廷相类者,改正之。

十二月戊戌,填星犯亢。已亥,金书四川行枢密院事昝顺言:"绍庆府、施州、南平及诸蛮吕告、马蒙、阿永等有向化之心;又播州安抚杨邦宪、思州安抚田景贤未知逆顺,乞降诏,使之自新,并许世绍封爵。"从之。辛丑,董文炳军次许浦,宋都统制祁安以本军降。宋主为书,介国信副使严忠范俉焕请和。甲辰,伯颜次平江府,宋都统王邦杰以城降。乙巳,免江陵等处今岁田租。丁未,改诸站提领司为通政院。戊申,中书左丞相忽都带儿与内外文武百寮及缁黄耆庶,请上皇帝尊号曰宪天述道仁文义武大光孝皇帝,皇后曰贞懿顺圣昭天睿文光应皇后,不许。太阴犯毕。庚子,宋主复遣尚书夏士林、右史陆秀夫奉书,称侄乞和。西川沧溪知县赵龙遣间使入宋,敕流远方,籍其家。癸亥,敕枢密院:"靖州既降复叛,今已平定,其遣张通判、李信家属并同叛者赴都。"甲子,答宋国主书,令其来降。丙寅,阿剌罕军次安吉州,宋安抚使赵与可以城降。升高丽东宁府为路。割江东南康路隶江西省。置马湖路总管府。省重庆路隆化县入南川,滦州海山县入昌黎县。复华州郑县。

是岁,卫辉、太原等路旱,河间霖雨伤稼,凡赈米三千七百四十八石、粟二万四千二百六石。天下户四百七十六万四千七十七。断死罪六十八人。

元史卷九
本纪第九

世祖六

　　十三年春正月丁卯朔,克潭州,宋安抚使李芾尽室自焚死。阿里海牙分遣官属,招徕未附者。旬日间,湖南州郡相继悉降,得府一、州六、军二、县四十,户五十六万一千一百一十二,口百五十三万七千七百四十。伯颜军次嘉兴府,安抚刘汉杰以城降。董文炳军至乍浦,宋统制官刘英以本军降。辛未,董文炳军至海盐,知县事王与贤及澉浦镇统制胡全、福建路马步军总管沈世隆皆降。壬申,改都统领司为通政院,以兀良合带等领之。立回易库于诸路,凡十有一,掌市易币帛诸物。敕大都路总管府和顾、和买,权豪与民均输。癸酉,宋相陈宜中遣军器监刘庭瑞,赍宋主称藩表章,诣军前禀议,又致宜中等书于伯颜,伯颜以书答之。乙亥,诏谕四川制置使赵定应来朝。徙大都等路猎户戍大洪山之东,符宝郎董文忠请贫病者勿徙,从之。宋复遣监察御史刘岊,赍宋主称藩表至军前,且致书伯颜为宗社生灵请命。丙子,赏合儿鲁带所部将士征建都功银、钞、锦衣。丁丑,宋遣都统洪模赍陈宜中、吴坚等书,请俟宗长福王至,同诣军前。戊寅,伯颜以军出嘉兴府,留万户忽都虎、千户王秃林察戍之,刘汉杰乃为其府安抚使。辛巳,命云南行省给建都屯军弓矢。军次崇德县,宋遣侍郎刘庭瑞、都统洪模来逆。行都元帅府宋都带言:“江西隆兴、建昌、抚州等郡虽附,而闽、广诸州尚阻兵,乞增兵进讨。”敕以襄汉军四千俾将之。壬午,军次长安镇,董文炳以兵来会。

宋陈宜中、吴坚等违约不至。癸未，军次临平镇。甲申，次高亭山，阿剌罕以兵来会。宋主遣其保康军承宣使尹甫、和州防御使吉甫等，赍传国玉玺及降表诣军前。其辞曰：

> 大宋国主㬎，谨百拜奉表于大元仁明神武皇帝陛下：臣昨尝遣侍郎柳岳、正言洪雷震捧表驰诣阙庭，敬伸卑悃，伏计已彻圣听。臣眇焉幼冲，遭家多难，权奸似道，背盟误国，臣不及知，至勤兴师问罪，宗社阽危，生灵可念。臣与太皇日夕忧惧，非不欲迁辟以求两全，实以百万生民之命寄臣一身，今天命有归，臣将焉往。惟是世传之镇宝，不敢爱惜，谨奉太皇命戒，痛自贬损，削帝号，以两浙、福建、江东西、湖南北、二广、四川见在州郡，谨悉奉上圣朝，为宗社生灵祈哀请命。欲望圣慈垂哀，祖母太后耄及，卧病数载，臣茕茕在疚，情有足矜，不忍臣祖宗三百年宗社遽至殒绝，曲赐裁处，特与存全，大元皇帝再生之德，则赵氏子孙世世有赖，不敢弭忘。臣无任感天望圣，激切屏营之至。

伯颜既受降表、玉玺，复遣囊加带以赵尹甫、贾余庆等还临安，召宰相出议降事。乙酉，师次安北十五里，囊加带、洪模以总管殷俊来报，宋陈宜中、张世杰、苏刘义、刘师勇等挟益、广二王出嘉会门，渡浙江遁去，惟太皇太后、嗣君在宫。伯颜亟使谕阿剌罕、董文炳、范文虎率诸军，先据守钱塘口，以劲兵五千人追陈宜中等，过浙江不及而还。丙戌，伯颜下令禁军士入城，违者以军法从事。遣吕文焕赍黄榜，安谕临安中外军民，俾按堵如故。时宋三司卫兵白昼杀人，张世杰部曲尤横闾里，小民乘时剽杀。令下，民大悦。伯颜又遣宣抚程鹏飞，计议孙鼎亨、囊加带、洪君祥入宫，安谕太皇谢氏。丁亥，云南行省赛典赤以改定云南诸路名号来上。又言云南贸易与中州不同，钞法实所未谙，莫若以交会、贝子公私通行，庶为民便；并从之。戊子，中书省臣言：“王孝忠等以罪，命往八答山来宝玉自效，道经沙州，值火忽叛，孝忠等自拔来归，令于瓜、沙等处屯田。”从之。大名路达鲁花赤小钤部，坐奸赃伏诛，没其家。宋主祖母谢氏遣其丞相吴坚、文天祥,枢密谢堂,安抚贾余庆,中贵邓惟善来见伯颜于明因寺。伯颜顾文天祥举动不常,疑有异志,遂令万户忙古带、宣抚唆都羁留军中,且以其降表不称臣,仍书宋号,遣程鹏飞、洪君祥偕来使贾余庆复往易之。已丑,军次湖州市,遣千户囊加带、省掾王祐,赍传国玉玺赴阙。敕高丽国以有官子弟为质。中书省臣言:“赋民旧籍已有定额,至元七年新括协济合并户,为数凡二十万五千一百八十。”敕减今岁丝赋之半。庚寅,伯颜建大将旗鼓,率左右翼万户,巡临安城,观潮浙江,于是宋宗室、大臣以次来见,暮还湖州市。辛卯,张弘范、孟祺、程鹏飞赍所易宋主称臣降表至军前。甲午,复蓟州平谷县。立随路都转运司,仍诏谕诸处管民官。以瓮吉剌带、丑汉所部军五百戍哈答城,不吉带所部军六百移戍建都,其兀儿秃、唐忽军前在建都者,并遣还翼。穿济州漕渠。以真定总管昔班为中书右丞。

二月丁酉,诏刘颋、程德辉招淮西制置使夏贵。已亥,克临江军。庚子,宋主显率文武百僚,诣祥曦殿,望阙上表,乞为藩辅,遣右丞相兼枢密使贾余庆、枢密使谢堂、端明殿学士签枢密院事家铉翁、端明殿学士同签枢密院事刘岊奉表以闻。宋主祖母太皇太后亦奉表及笺。是日,宋文武百司出临安府,诣行中书省,各以其职来见。行省承制以临安为两浙大都督府,都督忙古带、范文虎入城视事。辛丑,伯颜令张惠、阿剌罕、董文炳、左右司官石天麟、杨晦等入城,取军民钱谷之数,阅实仓库,收百官诰命、符印,悉罢宋官府,散免侍卫禁军。宋主显遣其右丞相贾余庆等充祈请使,诣阙请命,右丞相命吴坚、文天祥同行。行中书省右丞相伯颜等以宋主显举国内附,具表称贺。两浙路得府八、州六、军一、县八十一,户二百九十八万三千六百七十二,口五百六十九万三千六百五十。丁未,诏谕临安新附府、州、司、县官吏、士民、军卒人等曰:

间者,行中书省右丞相伯颜遣使来奏,宋母后、幼主暨诸大臣、百官,已于正月十八日赍玺绶奉表降附。朕惟自古降王必有朝觐之礼,已遣使特往迎致。尔等各守职业,其勿妄生疑畏。凡归附前犯罪，悉从原免。公私逋欠，不得徵理。应抗拒王师及逃亡啸聚者，并赦其罪。百官有司、诸王邸第、三学、寺、监、秘省、史馆及禁卫诸司，各宜安居。所在山林、河泊，除巨木花果外，余物权免征税。秘书省图书，太常寺祭器、乐器、法服、乐工、卤簿、仪卫，宗正谱牒，天文、地理图册，凡典故文字，并户口版籍，尽仰收拾。前代圣贤之后，高尚儒、医、僧、道、卜筮，通晓天文历数，并山林隐逸名士，仰所在官司，具以名闻。名山、大川，寺观庙宇，并前代名人遗迹，不许拆毁。鳏寡孤独不能自存之人，量加赡给。

伯颜就遣宋内待王垫入宫，收宋国衮冕、圭璧、符玺及宫中图籍、宝玩、车辂、辇乘、卤簿、麾仗等物。戊申，立浙东西宣慰司于临安，以户部尚书麦归、秘书监焦友直为宣慰使，吏部侍郎杨居宽同知宣慰司事，并兼知临安府事。乙卯，诏谕淮东制置使李庭芝、淮西制置使夏贵及所辖州、军、县、镇官吏、军民。丁巳，命焦友直括宋秘书省禁书、图籍。戊午，祀先农东郊。淮西制置夏贵以淮西诸郡来降。唯镇巢军复叛，贵遣使招之，守将洪福杀其使。贵亲至城下，福始降，阿术斩之军中。淮西路得府二、州六、军四、县三十四，户五十一万三千八百二十七，口一百二万一千三百四十九。庚申，召伯颜偕宋君臣入朝。辛酉，车驾幸上都。设资戒大会于顺德府开元寺。伯颜遣不伯、周青招泉州蒲寿庚、寿晟兄弟。甲子，董文炳、唆都发宋随朝文士刘褒然及三学诸生赴京师。太学生徐应镳父子四人同赴井死。帝既平宋，召宋诸将问曰："尔等何降之易耶？"对曰："宋有强臣贾似道擅国柄，每优礼文士，而独轻武官。臣等久积不平，心离体解，所以望风而送款也。"帝命董文忠答之曰："借使似道实轻汝曹，特似道一人之过耳，且汝主何负焉。正如所言，则似道之轻汝也固宜。"

三月丁卯，命枢密副使张易兼知秘书监事。伯颜入临安，遣郎中孟祺籍宋太庙四祖殿，景灵宫礼乐器、册宝暨郊天仪仗，及秘书省、国子监、国史院、学士院、太常寺图书祭器乐器等物。戊辰，括江

南已附州郡军器。甲戌,阿术遣使报庐州夏贵已降,文天祥自镇江
遁去,追之弗获。荆湖南路行中书省言:"潭州既定,湖南州郡降者
相继,即分命诸将镇守其地。"从之。宋福王与芮自浙东至伯颜军
中。以独松关守将张濡尝杀奉使廉希贤,斩之,籍其家。乙亥,伯颜
等发临安。丁丑,阿塔海、阿剌罕、董文炳诣宋主宫,趣宋主㬎同太
后入觐。郎中孟祺奉诏宣读,至"免系颈牵羊"之语,太后全氏闻之
泣,谓宋主㬎曰:"荷天子圣慈,活汝,当望阙拜谢。"宋主㬎拜毕,子
母皆肩舆出宫,唯太皇太后谢氏以疾留。戊寅,敕诸路儒户通文学
者三千八百九十,并免其徭役;其富实以儒户避役者,为民;贫乏者
五百户,隶太常寺。敕淮西庐州置总管万户府,以中书右丞、河南等
路宣慰使合剌合孙、襄阳管军万户邸浃并行府事。庚辰,襄加带以
宋玉玺来上。乙酉,赣、吉、袁、南安四郡内附。庚寅,赐郡王瓜都银
印。敕上都和雇和买,并依大都例。以中书右丞昔班为户部尚书。

闰月丙申,置宣慰司于济宁路,掌印造交钞,供给江南军储。以
前西夏中兴签行中书省事暗都剌即思、大都路总管张守智并为宣
慰使。东川行枢密院总帅汪惟正略地涪州,克山寨、溪洞凡二十有
三所。丁酉,召湖广阿里海牙、忽都帖木儿赴阙,令脱拨忽鲁秃花、
崔斌并留后鄂州。辛亥,命副枢张易遣宋降臣吴坚、夏贵等赴上都。
戊午,淮西万户府招降方山等六寨。甲子,禁西番僧持军器。以中
书省左右司郎中郝祯参知政事。

夏四月乙丑朔,阿术以宋高邮、宝应尝馈饷扬州,遣蒙古军将
苦彻及史弼等守之,别遣都元帅孛鲁欢等攻泰州之新城。丁卯,赐
诸王都鲁金印。戊辰,以河南兵事未息,开元路民饥,并弛正月五月
屠杀之禁。庚午,敕南商贸易京师者,毋禁。辛未,行江西都元帅宋
都带以应诏儒生、医、卜士郑梦得等六人进,敕隶秘书监。丙子,省
东川行枢密院及成都经略司,以其事入西川行院。复石人山寨居民
于信阳军。免大都医户至元十二年丝银。己卯,以侍卫亲军征戍岁
久,放令还家,期六月各归其军。庚辰,以水达达分地岁输皮革,自
今并入上都。壬午,召嗣汉天师张宗演赴阙。乙酉,召昭文馆大学

士姚枢、翰林学士王磐、翰林侍讲学士徒单公履赴上都。庚寅，修太庙。以北京行中书省廉希宪为中书右丞，行中书省事于荆南府。

五月乙未朔，伯颜以宋主㬎至上都，制授㬎开府仪同三司、检校大司徒，封瀛国公。以平宋，遣官告天地祖宗于上都之近郊。遣使代祀岳渎。己亥，伯颜请罢两浙宣慰司，以忙古带、范文虎仍行两浙大都督府事；从之。庚子，定度量。壬寅，宋三学生四十六人至京师。癸卯，复沂、莒、胶、密、宁海五州所括民为防城军者为民，免其租徭二年。乙巳，赐伯颜所部有功将校银二万四千六百两。阿术遣总管陈杰攻拔泰州之新城，遣万户乌马儿守之，以偪泰州。丁未，宋扬州都统姜才攻湾头堡，阿里别击走之，杀其步骑四百人，右卫亲军千户董士元战死。戊申，宋冯都统等自真州率兵二千、战船百艘袭瓜州，阿术遣万户昔里罕、阿塔赤等出战，大败之，追至珠金沙，得船七十七艘，冯都统等赴水死。改博州为东昌路。己酉，括猎户、鹰坊户为兵。乙卯，靖州张州判及李信、李发焚其城，退保飞山新城，行中书省发兵，攻杀之，徙其党及家属于大都。宋江西制置黄万石率其军来附，敕令入觐。辛酉，安西王相府请颁诏招合州张珏；不从。癸亥，升异样局为总管府，秩三品。

六月甲子朔，敕新附三卫兵之老弱者，放还其家。己巳，以孔子五十三世孙曲阜县尹孔治兼权主祀事。命东征元帅府选襄阳生券军五百，充侍卫军。置行户部于大名府，掌印造交钞，通江南贸易。庚午，敕西京僧、道、也里可温、答失蛮等有室家者，与民一体输赋。辛未，命阿里海牙出征广西，请益兵，选军三万俾将之。壬申，罢两浙大都督府。立行尚书省于鄂州、临安。设诸路宣慰司，以行省官为之，并带相衔，其立行省者不立宣慰司。甲戌，以《大明历》浸差，命太子赞善王恂与江南日官置局更造新历，以枢密副使张易董其事。易、恂奏：“今之历家，徒知历术，罕明历理，宜得耆儒如许衡者商订。”诏衡赴京师。宋扬州姜才夜率步、骑数千，趋丁村堡，守将史弼、苦彻出战，斩首百余级，获马四十匹。诘旦，阿里、都督陈岩以湾头堡兵邀其后，伯颜察儿踵至，所将皆阿术麾下兵，姜才军遥望旗帜，呕走，遂大破之，获米五千余石。阿术又以宋人高邮水路不通，必由陆路馈运，千户也先忽都以千骑邀之，数日，米运果来，杀负米卒数千，获米三千石。戊寅，诏作《平金平宋录》及诸国臣服传记，仍命平章军国重事耶律铸监修国史。戊子，枢密院上言："陈宜中、张世杰聚兵福建以攻我师，江西都元帅宋都带求援。"命以安庆、蕲、黄等郡宿兵付宋都带将之。己丑，宋都带言：福建魏天佑、游义荣弃家来附。以天佑为管军总管兼知邵武军事，义荣遥授建宁路同知，充管军千户。壬辰，下诏招谕宋扬州制置李庭芝以次军官及通、泰、真、滁、高邮大小官员。又诏谕陈宜中、张世杰、苏刘义、刘师勇等使降。李庭芝留朱焕守扬州，与姜才率步、骑五千东走，阿术亲率百余骑驰去，督右丞阿里、万户刘国杰分道追及泰州西，杀步卒千人，庭芝等仅得入，遂筑长围，堑而守之，阿术独当东南面，断其走路。以户部尚书张澍参知政事，行中书省事于北京。

秋七月乙未，行中书省左右司郎中孟祺以亡宋金玉宝及牌印来上，命太府监收之。丙申，淮安、宝应民流寓邳州者万余口，听还其家。丁酉，宋涪州观察阳立子嗣荣，请降诏招谕其父，从之。戊戌，升阆州为保宁府。敕山丹城直隶省部，以达鲁花赤行者仍领之。壬寅，以李庭出征，赏其部将李承庆等钞、马、衣服、甲仗有差。乙巳，朱焕以扬州降。丁未，诏谕广西路静江府等大小州城官吏，使降。甲寅，赐诸王孛罗印。以杨村至浮鸡泊漕渠洄远，改从孙家务。乙卯，宋泰州守将孙良臣与李庭芝帐下卒刘发、郑俊开北门以降，执李庭芝、姜才，系杨州狱。丙辰，阿术以总管乌马儿等守泰州，其通、滁、高邮等处相继来附。淮东路得州十六、县三十三、户五十四万二千六百二十四、口一百八万三千二百一十七。遣使持香币祠岳渎后土。以中书右丞阿里海牙为平章政事；签书枢密院事、淮东行枢密院别乞里迷失为中书右丞；参知政事董文炳为中书左丞；淮东左副都元帅塔出、两浙大都督范文虎、江东江西大都督知江州吕师夔、淮东淮西左副都元帅陈岩并参知政事。

八月己巳，穿武清蒙村漕渠。敕汉军都元帅阔阔带、李庭将侍卫军二千人西征。升溧阴县为溧州。乙亥,斩宋淮东制置使李庭芝、都统姜才于扬州市。庚辰,罢襄阳统军司。车驾至自上都。遣太常卿脱忽思以铜爵一、豆二献于太庙。以四万户总管奥鲁赤参知政事。

九月壬辰朔,命国师益怜真作佛事于太庙。乙亥,享于太庙,常馔外,益野豕、鹿、羊、蒲萄酒。庚子,命姚枢、王磐选宋三学生之有实学者,留京师,余听还家。辛丑,遣泸州屯田军四千,转漕重庆。癸卯,以平宋赦天下。乙巳,高丽国王王愖上参议中赞金方庆功,授虎符。丙午,敕常德府岁贡包茅。丁未,谕西川行枢密院移檄重庆,俾内附。命有司隳沿淮城垒。辛亥,太白犯南斗。甲寅,太白入南斗。乙卯,以吐蕃合答城为宁远府。辛酉,召宋宗臣鄂州教授赵与票赴阙。设资戒会于京师。阿术入觐。江淮及浙东西、湖南北等路得府三十七、州一百二十八、关一、监一、县七百三十三,户九百三十七万四百七十二,口千九百七十二万一千一十五。

冬十月甲子,以陈岩拔新城、丁村功,赐金五十两,部将刘忠等赐银有差。乙亥,赐皇子北平王出征军士贫乏者羊马币帛有差。申明以良为娼之禁。丁亥,两浙宣抚使焦友直以临安经籍、图画、阴阳秘书来上。戊子,淮西安抚使夏贵请入觐,乞令其孙贻孙权领宣抚司事,从之。以淮东左副都元帅阿里为平章政事,河南等路宣慰使合剌合孙为中书右丞,兵部尚书王仪、吏部尚书兼临安府安抚使杨镇、河南河北道提刑按察使迷里忽辛并参知政事。参知政事陈岩行中书省事于淮东。

十一月癸巳,安西王所部军克万州。丙午,赐阿术所部有功将士二百三十九人,各银二百五十两。西川行院忽敦言:“所部军士久围重庆,逃亡者众,乞益军一万并降诏招诱逋民之在大良平者。”并从之。壬子,赐龙答温军有功及死事者银钞有差。癸丑,并省内外诸司。丁卯,太阴犯填星。庚申,敕管民及理财之官由中书铨调,军官由枢密院定议。隳襄汉、荆湖诸城。南平招抚使兼知峡州事赵真,请降诏招谕夔州安抚张起岩,从之。高丽国王王愖遣其臣判秘书寺朱悦,来告更名睗。

十二月辛卯朔,荧惑掩钩钤。以十四年历日赐高丽。丁卯,改云南萝葡甸为元江府路。辛未,赐塔海所部战士及死事者银钞有差,赐忽不来等战功十九人银千二百两。壬申,李思敬告运使姜毅所言悖妄,指毅妻、子为证。帝曰:"妻、子岂为证者耶?"诏勿问。乙亥,定江南所设官府。辛巳,以军士围守崇庆劳苦,赐钞六千锭。庚寅,诏谕浙东西、江东西、淮东西、湖南北府、州、军、县官吏、军民:

昔以万户、千户渔夺其民,致令逃散,今悉以人民归之元籍州县。凡管军将校及宋官吏,有以势力夺民田庐产业者,俾各归其主,无主则以给附近人民之无生产者。其田租商税、茶盐酒醋、金银铁冶、竹货、湖泊课程,从实办之。凡故宋繁冗科差、圣节上供、经总制钱等百有余件,悉除免之。

伯颜言:"张惠守宋府库,不俟命擅启管钥。"诏阿术诘其事。仍谕江之东西、浙之东西、淮之东西官吏等,检柂新旧钱谷。除浙西、浙东、江西、江东、湖北五道宣慰使。升江陵为上路。瑞安府仍为温州,陇州为散府,蓟州复置丰闰县,升临洮渭源堡为县。赐诸王金、银、币、帛如岁例。赐诸王乃蛮带等羊马价。赏阿术等战功及赐降臣吴坚、夏贵等银、钞、币、帛各有差。赐伯颜、阿术等青鼠、银鼠、黄鼬只孙衣,余功臣赐豹裘、獐袭及皮衣帽各有差。

是岁,东平、济南、泰安、德州、淀海、清河、平滦、西京西三州以水旱缺食,赈军民站户米二十二万五千五百六十石,粟四万七千七百十二石,钞四千二百八十二锭有奇。平阳路旱,济宁路及高丽沈州水,并免今年田租。断死罪三十四人。

十四春正月癸巳,行都元帅府军次广东,知循州刘兴以城降。丙申,以江南平,百姓疲于供军,免诸路今岁所纳丝银。赐嗣汉天师张宗演演道灵应冲和真人,领江南诸路道教。戊戌,高丽金方庆等为乱,命高丽王治之,仍命忻都、洪茶丘饬兵御备。癸卯,复立诸道提刑按察司。甲辰,命阿术选锐军万人赴阙。丁未,知梅州钱荣之以城降。戊申，赐三卫军士之贫乏者八千三百五十二人，各钞二锭、币十匹。己酉，赐耶律铸钞千锭。甲寅，敕宋福王赵与芮家赀之在杭、越者，有司辇至京师，付其家。丙辰，立建都、罗罗斯四路，守戍乌木等处，并置官属。己未，以白玉、碧玉、水晶爵六，献于太庙。括上都、隆兴、北京、西京四路猎户二千为兵。置江淮等路都转运盐使司及江淮榷茶都转运使司。命嗣汉天师张宗演修周天醮于长春宫。宗演还江南，以其弟子张留孙留京师。

二月辛酉，命征东都元帅洪茶丘将兵二千，赴上都。壬戌，瑞州安抚姚文龙率张文显来降，其家属为宋人所害，赐文龙、文显等钞有差。癸亥，慧星出东北，长四尺余。甲子，遣使代祀岳渎、后土。丙寅，改安西王傅铜印为银印。立永昌路山丹城等驿，仍给钞千锭为本，俾取息以给驿传之须。诸王只必铁木儿言：“永昌路驿百二十户，疲于供给，质妻孥以应役。”诏赐钞百八十锭，赎还之。丁卯，荆湖北道宣慰使塔海拔归州山寨四十七所。戊辰，祀先农东郊。甲戌，西川行院不花率众数万至重庆，营浮屠关，造梯冲将攻之，其夜都统赵安以城降。张珏舣船江中，与其妻妾顺流走涪州，元帅张德润以舟师邀之，珏遂降。车驾幸上都。辛巳，命北京选福住所统军三百赴上都。壬午，隳吉、抚二州城，隆兴滨西江，姑存之。仍选汀州军马守御瑞金县。丙戌，连州守过元龙已降复叛，塔海将兵讨之，元龙弃城遁。丁亥，知南恩州陈尧道、金判林叔虎以城降。诏以僧亢吉祥、怜真加加瓦并为江南总摄，掌释教。除僧租赋，禁扰寺宇者。以大司农、御史大夫、宣徽使兼领侍仪司事孛罗为枢密副使，兼宣徽使，领侍仪司事。

三月庚寅朔，以冬无雨雪，春泽未继，遣使问便民之事于翰林国史院。耶律铸、姚枢、王磐、窦默等对曰：“足食之道，唯节浮费，糜谷之多，无逾醪醴曲蘖。况自周、汉以来，尝有明禁。祈赛神社，费亦不赀，宜一切禁止。”从之。辛卯，湖广行中书省言：“广西二十四郡并已内附，议复行中书省于潭州，置广南西路宣抚司于静江。”诏郑鼎所将侍卫军万人还京师，崔斌、阿里海牙同驻静江，忽都铁木儿、郑鼎同驻鄂汉,贾居贞、脱博忽鲁秃花同驻潭州。癸巳,以行都水监兼行漕运司事。甲午,以郑鼎所部军士抚定静江之劳,命还家少休,期六月赴上都。乙未,福建漳、泉二郡蒲寿庚、印德傅、李珏、李公度皆以城降。丁酉,括马三万二千二百六匹,孕驹者还其主。壬寅,广东肇庆府新封等州皆来降。癸卯,寿昌府张之纲以从叛弃市。乙巳,命中外军民官所佩金银符,以色组系于肩腋,庶无亵渎,具为令。庚戌,建宁府通判郭缵以城降。黄州归附官史胜入觐,以所部将校于跃等三十一人战功闻,命官之。金书东西川行枢密院事昝顺言:"比遣同知隆州事赵孟烯赍诏招谕南平军都掌蛮、罗计蛮及凤凰、中垅、罗韦、高崖等四寨皆降。田、杨二家、豕鹅夷民,亦各遣使纳款。"壬子,宝应军人施福杀其守将,降于淮东都元帅府,诏以福为千户,佩金符。癸丑,命汪惟正自东川移镇巩昌。行中书省承制,以闽浙温、处、台、福、泉、汀、漳、剑、建宁、邵武、兴化等郡降官,各治其郡。潭州行省遣使上言:"广南西路庆远、蕃林、昭、贺、藤、梧、融、宾、柳、象、邕、廉、容、贵、浔皆降,得府一、州十四。"复立襄阳府襄阳县。平章政事、浙西道宣慰使阿塔海为平章政事,行中书省事于江淮,郡王合答为平章政事,行中书省事于北京。

夏四月甲子,宋特磨道将军农士贵、知安平州李惟屏、知来安州岑从毅等,以所属州、县、溪洞百四十七、户二十五万六千来附。癸酉,省各路转运司事入总管府。设盐转运司四。置榷场于碉门、黎州,与吐蕃贸易。丙子,召安抚赵与可、宣抚陈岩入觐。丙戌,禁江南行用铜钱。均州复立南漳县。

五月癸巳,申严大都酒禁,犯者籍其家赀,散之贫民。辛丑,千户合剌合孙死于浑都海之战,命其子忽都带儿袭职。癸卯,改广南西路宣抚司为宣慰司。广西钦、横二州改立安抚司。各道提刑按察司兼劝农事。敕江南归附官三品以上者,遣质子一人入侍。西番长阿立丁甯占等三十一族来附,得户四万七百。丙子,融州安抚使谭昌谋为不轨,伏诛。辛亥,以河南、山东水、旱,除河泊课,听民自渔。乙卯,选蒙古、汉军相参宿卫。诏谕思州安抚使田景贤。又诏谕泸州西南番蛮王阿永,筠连、腾串等处诸族蛮夷,使其来附。命真人李德和代祀济渎。

六月丙寅,涪州安抚阳立及其子嗣荣相继来附,命立为夔路安抚使,嗣荣为管军总管,并佩虎符,仍赐钞百锭。壬寅,赏征广战死之家,银各五十两。丁丑,置尚膳院,秩三品,以提点尚食、尚药局忽林失为尚膳使,其属司有七。庚辰,赏阳立所部战士钞千锭。甲申,荆湖北道宣慰使黑的得谍者言:夔府将出兵攻荆南;谕阳立行与塔海会兵御之。丁亥,升崇明沙为崇明州。以行省参政、行江东道宣慰使阿刺罕为中书左丞、行江东道宣慰使,湖北道宣慰使奥鲁赤参知政事、行湖北道宣慰使。

秋七月戊子朔,罢大名、济宁印钞局。壬辰,敕:“犯盗者,皆弃市。”符宝郎董文忠言:“盗有强、窃,赃有多寡,似难悉置于法。”帝然其言,遽命止之。丁酉,敕:“自今非佩符使臣,及军情急速,不听乘传。”戊戌,申禁羊马群之在北者,八月内毋纵出北口诸隘,践食京畿之禾,犯者没其畜。癸卯,诸王昔里吉劫北平王于阿力麻里之地,械系右丞相安童,诱胁诸王以叛,使通好于海都,海都弗纳,东道诸王亦弗从,遂率西道诸王至和林城北。诏右丞相伯颜帅军往御之。诸王忽鲁带率其属来归,与右丞相伯颜等军合。丙午,置行御史台于扬州,以都元帅相威为御史大夫。置八道提刑按察司。戊申,东川都元帅张德润等攻取涪州,大败之,擒安抚程聪、陈广。置行中书省于江西,以参知政事、行江西宣慰使塔出为右丞,参知政事、行江西宣慰使麦术丁为左丞,淮东宣慰使彻里帖木儿、江东宣慰使张荣实、江西宣慰使李恒、招讨使也的迷失、万户昔里门、荆湖路宣抚使程鹏飞、闽广大都督兵马招讨使蒲寿庚,并参知政事、行江西省事。壬子,榷大都商税。丁巳,湖北宣慰司调兵攻司空山,复寿昌、黄州二郡。赐平宋将帅军士及简州军士广西死事者银钞各有差。回水窝渊圣广源王加封善佑,常山灵济昭应王加封广惠,安丘甗泉灵霈侯追封灵霈公。以参知政事、行江东道宣慰使吕文焕为中书左丞。

八月戊午朔，诏不花行院西川。丁卯，成都路仓收羡余五千石，按察司已治其罪，命以其米就给西川兵。辛未，常德府总管鲁希文与李三俊结构为乱，事觉，命行省诛之。车驾畋于上都之北。

九月壬辰，制镵铁海青圆符。丙申，广南东路广、连、韶、德庆、惠、潮、南雄、英德等郡皆内附。甲辰，福建行省以宋二王在其疆境，调都督忙兀带、招讨高兴领兵讨之。昂吉儿、忻都、唐兀带等引兵攻司空山寨，破之，杀张德兴，执其三子以归。壬子，福建路宣慰使、行征南都元帅唆都，遣招讨使百家奴、丁广取建宁之崇安等县及南剑州。

冬十月丙辰朔，日有食之。己未，享于太庙。庚申，湖北宣慰使塔海略地至夔府之太原坪，禽其将诛之。辛酉，弛盖州猎禁。乙亥，以宋张世杰、文天祥犹未降，命阿塔海选锐兵防遏隆兴诸城。禁无籍军随大军剽掠者，勿过关渡。己卯，降臣郭晓、魏象祖入觐，赐币帛有差。壬午，置宣慰司于黄州。甲申，播州安抚使杨邦宪言："本族自唐至宋世守此土将五百年，昨奉旨许令仍旧，乞降玺书。"从之。以行省参政忽都帖木儿、脱博忽鲁秃花、崔斌并为中书左丞，鄂州总管府达鲁花赤张鼎、湖北道宣慰使贾居贞并参知政事。

十一月戊子，枢密院臣言："宋文天祥与其徒赵孟濴同起兵，行中书发兵攻之，杀孟濴，天祥仅以身免。"诏以其妻孥赴京师。右副都元帅张德润上涪州功，赐钞千锭。乙未，凡伪造宝钞、同情者，并处死，分用者减死杖之；具为令。庚子，命中书省檄谕中外：江南既平，宋宜曰亡宋，行在宜曰杭州。以吏部尚书别都鲁丁参知政事。

十二月丙辰，置中滦、唐村、淇门驿。丁卯，以大都物价翔踊，发官廪万石赈粜贫民。庚午，梁山军袁世安以其城及金石城军民来降。壬申，潭州行省复祈阳县。斩首贼罗飞，余党悉平。乙亥，都元帅杨文安攻咸淳府，克之。以十五年历日赐高丽国。以参议中书省事耿仁参知政事。冠州及永年县水，免今年田租。导任河，复民田三千余顷。赐诸王金、银、币、帛等物如岁例。赐诸王也不干、燕帖木儿等五百二十九人羊马价钞八千四百五十二锭。赏拜答儿等千三百五十五人战功，金百两、银万五千一百两、钞百三十锭，及纳失失、金素币帛、貂鼠豹裘、衣帽有差。

是岁，赈东平、济南等郡饥民，米二万一千六百十七石、粟二万八千六百十三石、钞万一百十二锭。断死罪三十二人。

元史卷一○
本纪第一○

世祖七

　　十五年春正月辛卯,阿老瓦丁将兵戍斡端,给米三千石、钞三十锭。以千户郑郭有战功,升万户,佩虎符。癸巳,西京饥,发粟一万石赈之,仍谕阿合马广贮积,以备阙乏。顺德府总管张文焕、太原府达鲁花赤太不花以按察司发其奸赃,遣人诣省自首,反以罪诬按察司。御史台臣奏:“按察司设果有罪,不应因事而告,宜待文焕等事决,方听其诉。”从之。己亥,收括阑遗官也先、阔阔带等坐易官马、阑遗人畜,免其罪,以诸路、州、县管民官兼领其事。官吏隐匿及擅易马区、私配妇人者,没其家。禁官吏、军民卖所娶江南良家子女及为娼者,卖买者两罪之,官没其直,人复为良。赐湖州长兴县金沙泉名为瑞应泉。金沙泉不常出。唐时用此水造紫筍茶进贡,有司具牲币祭之,始得水,事讫辄涸。宋末屡加浚治,泉迄不出。至是中书省遣官致祭,一夕水溢,可溉田千亩。安抚司以事闻,故赐今名。封磁州神崔府君为齐圣广佑王。壬寅,弛女直、水达达酒禁。丙午,安西王相府言:“万户秃满答儿、郝札剌不花等攻克泸州,斩其主将王世昌、李都统。”戊申,从阿合马请,自今御史台非白于省,毋擅召仓库吏,亦毋究钱谷数,及集议中书不至者罪之。授宋福王赵与芮金紫光禄大夫、检校大司农、平原郡公。庚戌,东川副都元帅张德闰大败涪州兵,斩州将王明及其子忠训、总辖韩文广、张遇春。诏军官不能抚治军士及役扰致逃亡者,没其家赀之半。以阿你哥为大司徒,兼领将作院。

二月戊午，祀先农。蒙古胄子代耕籍田。癸亥，咸淳府等郡及良平民户饥，以钞千锭赈之。命平章政事阿塔海、阿里选择江南廉能之官，去其冗员与不胜任者。复立河中府万泉县。辛未，以川蜀地多岚瘴，弛酒禁。丁丑，荧惑犯天街。庚辰，征别十八里军士，免其徭役。壬午，参知政事、福建路宣慰使唆都率师攻潮州，破之。置太史院，命太子赞善王恂掌院事，工部郎中郭守敬副之，集贤大学士兼国子祭酒许衡领焉。改华亭县为松江府。遣使代祀岳渎。以参知政事夏贵、范文虎、陈岩并为中书左丞，黄州路宣慰使唐兀带、史弼并参知政事。

三月乙酉，诏蒙古带、唆都、蒲寿庚行中书省事于福州，镇抚濒海诸郡。以沿海经略副使合剌带领舟师南征，升经略使，兼左副都元帅，佩虎符。丁亥，太阴犯太白。戊子，太阴犯荧惑。己丑，行中书省请考核行御史台文卷，不从。甲午，西川行枢密院招降西蜀、重庆等处，得府三、州六、军一、监一、县二十、栅四十、蛮夷一。乙未，宋广王昺遣倪坚以表来上，令俟命大都。命扬州行省选铁木儿不花所部兵，助隆兴进讨。丁酉，命塔海毁夔府城壁。戊戌，刘宗纯据德庆府，梧州万户朱国宝攻之，焚其寨栅，遂拔德庆。诏中书左丞吕文焕遣官招宋生、熟券军堪为军者，月给钱粮，不堪者，给牛屯田。庚子，汉军都元帅李庭自愿将兵击张世杰，从之。西川行枢密院招宜胜、土恢等城及石榴寨，相继来降。壬寅，以诸路岁比不登，免今年田租、丝银。癸卯，都元帅杨文安遣兵攻克绍庆，执其郡守鲜龙，命斩之。乙巳，广南西道宣慰司遣管军总管崔永、千户刘潭、王德用招降雷、化、高三州，即以永等镇守之。宋张世杰、苏刘义挟广王昺奔硐洲。参知政事密立忽辛、张守智，并行大司农司事。

夏四月乙卯，命元帅刘国杰将万人北征，赐将士钞二万六百七十一锭。修会川县盘古王祠，祀之。丙辰，诏以云南境土旷远，未降者多，签军万人进讨。戊午，以江南土寇窃发，人心未安，命行中书省左丞夏贵等分道抚治军民，检核钱谷，察郡县被旱灾甚者、吏廉能者举以闻,其贪残不胜任者劾罢之。甲子,命不花留镇西川,汪惟正率获功蒙古、汉军官及降臣入觐,大都巡军之戍西川者遣还。立云南、湖南二转运司。以时雨沾足,稍弛酒禁,民之衰疾饮药者,官为酝酿量给之。辛未,置光禄寺,以同知宣徽院事秃剌铁木儿为光禄卿。广州张镇孙叛,犯广州,守将张雄飞弃城走,出兵临之,镇孙乞降,命遣镇孙及其妻赴京师。丁丑,云南行省招降临安、白衣、和泥分地城寨一百九所,威楚、金齿、落落分地城寨军民三万二千二百,秃老蛮、高州、筠连州等城寨十九所。庚辰,以许衡言,遣使至杭州等处取在官书籍版刻至京师。壬午,立行中书省于建康府。中书左丞崔斌言:“比以江南官冗,委任非人,命阿里等沙汰之,而阿合马溺于私爱,一门子弟并为要官。”诏并黜之。又言:“阿老瓦丁,台臣劾其侵欺官钱,事犹未竟,今复授江淮参政,不可。”诏止其行。敕自今罢免之官,宰执为宣慰,宣慰为路官,路官为州官。淮、浙盐课直隶行省,宣慰司官勿预。改北京行省为宣慰司。追江南工匠官虎符。

五月癸未朔,诏谕翰林学士和礼霍孙:“今后进用宰执及主兵重臣,其与儒臣、老者同议。”乙酉,行中书言:“近讨邵武、建昌、吉、抚等岩洞山寨,获聂大老、戴巽子,余党皆下。独张世杰据碙洲,攻傍郡,未易平,拟遣宣慰使史格进讨。”诏以也速海牙总制之。敕:“主兵官,若已擢授,其旧职宜别授有功者,勿复以子孙承袭。”申严无籍军房掠及佣奴代军之禁。甲午,诸职官犯罪,受宣者闻奏,受敕者从行台处之,受省札者按察司治之。其宣慰司官吏,奸邪非违文移案牍,从本道提刑按察司磨刷。应有死罪,有司勘问明白,提刑按察司审覆无冤,依例结案,类奏待命。自行中书以下应行公务,小事限七日,中事十五日,大事三十日。选江南锐军为侍卫新军。乙未,以乌蒙路隶云南行省,仍诏谕乌蒙路总管阿牟置立站驿,修治道路,其一应事务并听行省平章赛典赤节制。立川蜀水驿,自叙州达荆南府。已亥,江东道按察使阿八赤求江东宣慰使吕文焕金银器皿及宅舍子女不获,诬其私匿兵仗。诏行台大夫相威诘之,事白,免阿八赤官。辛亥，制授张留孙江南诸路道教都提点。赐拱卫司官及其所部四百五十人钞二千六十锭。

六月乙卯，改西蕃李唐城为李唐州。庚申，敕博儿赤、答剌赤及司粮、司币等官，并勿授符，已授者收之。壬戌，赐泸州降臣薛旺等钞有差。丙寅，以江南拓关临一十三所，设官太冗，选军民官廉能者各一人分领。升济南府为济南路，降西凉府为西凉州。丁卯，置甘州和籴提举司，以备给军饷、赈贫民。甲戌，诏汰江南冗官。江南元设淮东、湖南、隆兴、福建四省，以隆兴并入福建。其宣慰司十一道，除额设员外，余皆罢去。仍削去各官旧带相衔。罢茶运司及营田司，以其事隶本道宣慰司。罢漕运司，以其事隶行中书省。各路总管府，依验户数多寡，以上中下三等设官。宋故官应入仕者，付吏部录用。以史塔剌浑、唐兀带骤升执政，忙古带任无为军达鲁花赤，复遥领黄州宣慰使，并罢之。时淮西宣慰使昂吉儿入觐，言江南官吏太冗，故有是命。帝谕昂吉儿曰："宰相明天道、察地理、尽人事，能兼此三者，乃为称职。尔纵有功，宰相非可觊者。回回人中阿合马才任宰相，阿里年少亦精敏，南人如吕文焕、范文虎率众来归，或可以相位处之。"又顾谓左右曰："汝可谕姚枢等，江南官吏太冗，此卿辈所知，而皆未尝言，昂吉儿乃为朕言之。"近侍刘铁木儿因言："阿里海牙属吏张鼎今亦参知政事。"诏即罢去。遂命平章政事哈伯等谕中书省、枢密院、御史台："翰林院及诸南儒，今为宰相、宣慰及各路达鲁花赤佩虎符者，俱多谬滥，其议所以减汰之者；凡小大政事，顺民之心所欲者行之，所不欲者罢之。"乙亥，敕省、院、台诸司应闻奏事，必由起居注。丁丑，太庙殿柱朽腐，命太常少卿伯麻思告于太室，乃易之。戊寅，全州西延溪洞徭蛮二十所内附。己卯，发蒙古军千人从江东宣慰使张弘范由海道讨宋余众。参知政事蒙古带请颁诏招宋广王昺及张世杰等，不从。庚辰，处州张三八、章焱、季文龙等为乱，行省遣宣慰使谒只里率兵讨之。辛巳，达实都收括中兴等路阑遗。安南国王陈光昞遣使奉表来贡。

秋七月壬午朔，湖南制置张烈良、提刑刘应龙与周隆、贺十二起兵,行省调兵往讨,获周隆、贺十二斩之。烈良等举家及余兵奔思州鸟罗洞,为官军所袭,二人皆战死。甲申,赐亲王爱牙赤所部建都戍军贫乏者钞千二百七十七锭。行御史台增设监察御史四员。江南湖北道、岭南广西道、福建广东道并增设提刑按察司。乙酉,改江南诸路总管府为散府者七、为州者一,散府为州者二。丙戌,以江南事繁,行省官未有知书者,恐于吏治非便,分命崔斌至扬州行省,张守智至潭州行省。丁亥,诏虎符旧用畏吾字,今易以国字。癸巳,以塔海征獟军旅之还戍者及扬州、江西舟师悉付水军万户张荣实将之,守御江口。丙申,以右丞塔出、吕师夔、参知政事贾居贞行中书省事于赣州,福建、江西、广东皆隶焉。丁酉,赐江西军与张世杰力战者三十人,各银五十两。以江西参知政事李恒为都元帅,将蒙古、汉军征广,命扬州行中书省分军三千付李恒。复上都守戍军二千人为民。壬寅,改铸高丽王王愖驸马印。丙午,改开元宣抚司为宣慰司,太仓为御廪,资成库为尚用监,皮货局入总管府。定江南俸禄、职田。戊申,濮州蝗。己酉,禁使人经行纳怜驿。辛亥,改京兆府为安西府。诏江南、浙西等处毋非理征科扰民。建汉祖天师正一祠于京城。以参知政事李恒为蒙古、汉军都元帅,忙古带为福建路宣慰使,张荣实、张鼎并为湖北道宣慰使,也的迷失为招讨使。

　八月壬子朔,追毁宋故官所受告身。以嘉定、重庆、夔府既平,还侍卫亲军归本司。遣礼部尚书柴椿等使安南国,诏切责之,仍俾其来朝。丁巳,沿海经略司、行左副都元帅刘深言:“福州安抚使王积翁既已降附,复通谋于张世杰。”积翁上言:“兵力单弱,若不暂从,恐为阖郡生灵之患。”诏原其罪。壬戌,有首高兴匿宋金者,诏置勿问。两淮运粮五万石赈泉州军民。乙丑,济南总管张宏以代输民赋,尝贷阿里、阿答赤等银五百五十锭,不能偿。诏依例停徵。辛未,复给漳州安抚使沈世隆家赀。世隆前守建宁府,有郭赞者受张世杰檄诱世隆,世隆执赞斩之。蒙古带以世隆擅杀,籍其家。帝曰:“世隆何罪,其还之。”仍授本路管民总管。中书省臣言:“近有旨追诸路管民官所授金虎符,其江南降臣宜仍所授。”从之。制封泉州神女号护国明著灵惠协正善庆显济天妃。甲戌，安西王相府言："川蜀悉平，城邑、山寨、洞穴凡八十三，其渠州礼义城等处凡三十三所，宜以兵镇守，余悉撤毁。"从之。己卯，初立提刑按察司于畏吾儿分地。庚辰，以四川平，劳赏军士钞二万一千三百三十九锭。辛巳，升洺磁为广平府路。监察御史韩昺劾同知大都路总管府事舍里甫丁殴部民至死；诏杖之，免其官，仍籍没家赀十之二。诏行中书省唆都、蒲寿庚等曰："诸蕃国列居东南岛屿者，皆有慕义之心，可因蕃舶诸人宣布朕意，诚能来朝，朕将宠礼之。其往来互市，各从所欲。"诏谕军前及行省以下官吏，抚治百姓，务农乐业，军民官毋得占据民产，抑良为奴。以中书左丞董文炳佥书枢密院事，参知政事唆都、蒲寿庚并为中书左丞。

九月壬午朔，敕以总管张子良所签军二千二百人为侍卫军，俾张亨、陈瑾领之。癸未，省东、西川行枢密院，其成都、潼川、重庆、利州四处皆设宣慰司。诏分拣诸路所括军，验事力乏绝者为民，其恃权豪避役者，复为兵。所遣分拣官及本府州县官，能核正无枉者，升爵一级。又减至元九年所括三万军半，以为民，其商户余丁军并除之。戊子，以征东元帅府治东京。庚寅，昭信达鲁花赤李海剌孙言：愿同张弘略取宋二王，调汉军、水军俾将之。以中书左丞、行江东道宣慰吕文焕为中书右丞。

冬十月己未，享于太庙，常设牢醴外，益以羊、鹿、豕、蒲萄酒。庚申，车驾至自上都。辛酉，赈别十八里、日忽思等饥民钞二千五百锭。分夔府汉军二千、新军一千付塔海将之。赐合答乞带军士马价币帛二千匹，其军士力战者，赏赉有差。乙丑，正一祠成，诏张留孙居之。丁卯，弛山场樵采之禁。己巳，趣行省造海船付乌马儿、张弘范，增兵四千俾将之。庚午，敕御史台：凡军官私役军士者，视数多寡定其罪。诏："河西、西京、南京、西川、北京等处宣慰司案牍，宜依江南近例，令按察司磨照。"移河南河北道提刑按察司治南京。御史台臣言："失里伯之弟阿剌与王权府等俘掠良民，失里伯纵弗问，及遣御史掾诘问，不伏"。诏执而鞠之。

十一月庚辰朔，枣阳万户府言："李均收抚大洪山寨，为宋朱统制所害。"命赐银千两周其家。丁亥，以辰、沅、靖、镇远等郡，与蛮獠接壤，民不安业，命塔海、程鹏飞并为荆湖北道宣慰使，置司常德路，余官属留荆南府，供给粮食军需。壬辰，江东道宣慰使襄加带言："江南既平，兵、民宜各置官长。蒙古军宜分屯大河南北，以余丁编立部伍，绝其虏掠之患。分摘官僚，本以革阿合马滥设之弊。其将校立功者，例行沙汰，何以劝后？新附军士，宜令行省赐其衣粮，无使阙乏。"帝嘉纳之。徵宋相马廷鸾、章鉴赴阙。甲午，开酒禁。复阿合马子忽辛、阿散先等官。始忽辛等以崔斌论列而免，至是以张惠请，故复之。惠又请复其子麻速忽及其侄别都鲁丁、苦思丁前职，帝疑惠不从。敕：已除官僚不之任者，除名为农。丁酉，召陈岩入觐。己亥，贷侍卫军屯田者钞二千锭市牛具。辛丑，建宁政和县人黄华，集盐夫，联络建宁、括苍及畲民妇自称许夫人为乱。诏调兵讨之。丁未，行中书省自扬州移治杭州。立淮东宣慰司于扬州，以阿剌罕为宣慰使。诏谕沿海官司通日本国人市舶。以参知政事程鹏飞行荆湖北道宣慰使。

闰月庚戌朔，罗氏鬼国主阿榨、西南蕃主韦昌盛为并内附，诏阿榨、韦昌盛各为其地安抚使，佩虎符。辛亥，太白、荧惑、填星聚于房。甲寅，幸光禄寺。丙辰，诏秃鲁赤同潭州行省官一员，察成还病军所过州县不加顾恤者按之。甲子，发蒙古、汉军都元帅张弘范攻漳州，得山寨百五十、户百万一。是日，谍报文天祥见屯潮阳港，亟遣先锋张弘正、总管襄加带率轻骑五百人，追及于五坡岭麓中，大败之，斩首七千余，执文天祥及其将校四人赴都。

十二月己卯，签书西川行枢密院昝顺招诱都掌蛮夷及其属百一十人内附，以其长阿永为西南番蛮安抚使，得兰纽为都掌蛮安抚使，赐虎符，余授宣敕、金银符有差。庚辰，思州安抚使田景贤、播州安抚使杨邦宪请归宋旧借镇远、黄平二城，仍彻戍卒，不允。景贤等请降诏禁戍卒毋扰思、播之民，从之。鸭池等处招讨使钦察所领南征新军不能自赡者千人，命屯田于京兆。乙酉，伯颜以渡江收抚沙

阳、新城、阳罗堡、闽、浙等郡获功军士及降臣姓名来上。诏授虎符
者入觐，千户以下并从行省授官。丙戌，扬州行省上将校军功凡百
三十四人，授官有差。丙申，从播州安抚杨邦宪请，以鼎山仍隶播
州。庚子，敕长春宫修金箓大醮七昼夜。丙午，禁玉泉山樵采、渔弋。
戊申，以叙州等处秃老蛮杀使臣撒里蛮，命发兵讨之。封伯夷为昭
义清惠公，叔齐为崇让仁惠公。以十六年历日赐高丽。海州赣榆县
雹伤稼，免今年田租。南宁、吉瑞、万安三郡内附。开城路置屯田总
管府，广安县隶之。临淄、临朐、清河复为县。导肥河入于鄗，淤陂
尽为良田。会诸王于大都，以平宋所俘宝玉器币分赐之。赐诸王等
金、银、币、帛如岁例。

　　是岁，西京奉圣州及彰德等处水旱，民饥，赈米八万八百九十
石、粟三万六千四十石、钞二万四千八百八十锭有奇。断死罪五十
二人。

　　十六年春正月己酉朔，高丽国王王愖遣其签议中赞金方庆来
贺，兼奉岁币。壬子，罢五翼探马赤重役军。癸丑，汪良臣言："西川
军官父死子继，勤劳四十年，乞显加爵秩。"诏从其请。诏以海南、琼
崖、儋、万诸郡俱平，令阿里海牙入觐。泸州降臣赵金、吴大才、袁禹
绳等从征重庆，其家属为叛者所杀，诏赐钞有差，仍以叛者妻孥付
金等。敕高丽国置大灰艾州、东京、柳石、孛落四驿。甲寅，无籍军
侵掠平民，而诸王只必帖木儿所部为暴尤甚，命捕为首者置之法。
敕移赣州行省还隆兴。高丽国来献方物。辛酉，合州安抚使王立以
城降。先是，立遣间使降安西王相李德辉，东川行院与德辉争功，德
辉单舸至城下呼立出降，川蜀以平。东川行院遂言立久抗王师，尝
指斥宪宗，宜杀之。枢密院以其事闻，而降臣李谅亦讼立前杀其妻
子，有其财物，遂诏杀立，籍其家赏偿谅。既而，安西王具立降附本
末来上，且言东川院臣愤李德辉受降之故，诬奏诛立，枢密院臣亦
以前奏为非。帝怒曰："卿视人命若戏耶！前遣使计杀立久矣，今追
悔何及。卿等妄杀人，其归待罪。"斥出之。会安西王使再至，言未

杀立。即召立入觐,命为潼川路安抚使,知合州事。壬戌,分川蜀为
四道:以成都等路为四川西道,广元等路为四川北道,重庆等路为
四川南道,顺庆等路为四川东道,并立宣慰司。赏重庆等处从征蒙
古、汉军钞三万九千九百五十一锭。改播州鼎山县为播川县。丁卯,
赐参知政事昝顺田民百八十户于江津县。戊辰,立河西屯田,给耕
具,遣官领之。甲戌,张弘范将兵追宋二王至崖山寨,张世杰来拒
战,败之,世杰遁去,广王昺偕其官属俱赴海死,获其金宝以献。丙
子,诏谕又巴、散毛等四洞番蛮酋长,使降。以中书左丞别乞里迷失
同知枢密院事。禁中书省文册、奏检用畏吾字书。赐异样等局官吏、
工匠银二千两。赐皇子奥鲁赤及诸王拜答罕下军士与思州田师贤
所部军衣服及钞有差。

　　二月戊寅朔,祭先农于籍田。壬午,升深州为路。遣使访求通
皇极数番阳祝泌子孙,其甥傅立持泌书来上。拨民万户隶明里淘
金。以江南漕运旧米赈军民之饥者。癸未,增置五卫指挥司。诏遣
塔黑麻合儿、撒儿答带括中兴户。太史令王恂等言:“建司天台于大
都,仪象圭表皆铜为之,宜增铜表高至四十尺,则景长而真。又请上
都、洛阳等五处分置仪表,各选监候官。”从之。甲申,平章阿里伯乞
行中书省检核行御史台文案,且请行台呈行省,比御史台呈中书省
例。从之。以征日本,敕扬州、湖南、赣州、泉州四省造战船六百艘。
移绍兴宣慰司于处州。己丑,调潭州行省军五千戍沿海州郡。庚寅,
张弘范以降臣陈懿兄弟破贼有功,且出战船百艘从征宋二王,请授
懿招讨使兼潮州路军民总管,及其弟忠、义、勇三人为管军总管,十
夫长塔剌海获文天祥有功,请授管军千户,佩金符。并从之。壬辰,
诏谕宗师张留孙悉主淮东、淮西、荆襄等处道教。乙未,玉速帖木儿
言:“行台文卷令行省检核,于事不便。”诏改之。其运司文卷听御史
台检核。饶州路达鲁花赤玉古伦擅用羡余粮四千四百石,杖之,仍
没其家。诏湖南行省于戍军还涂,每四五十里立安乐堂,疾者医之,
饥者廪之,死者藁葬之,官给其需。遣官核实益都、淄莱、济南逃亡
民地之为行营牧地者。禁诸奥鲁及汉人持弓矢,其出征所持兵仗,

还即输之官库。壬寅,赐太史院银一千七十八两。癸卯,发嘉定新附军千人屯田脱里北之地。甲辰,升大都兵马都指挥使司秩四品。诏大都、河间、山东管盐运司并兼管酒醋、商税等课程。中书省臣请以真定路达鲁花赤蒙古带为保定路达鲁花赤。帝曰:"此正人也,朕将别以大事付之。"赏汪良臣所部蒙古、汉军收附四川功钞五万锭。命嘉定以西新附州郡及田、杨二家诸贵官子,俱充质子入侍。车驾幸上都。乙巳,命同知太史院事郭守敬访求精天文历数者。西蜀四川道立提刑按察司。丙午,遣使代祀岳渎、后土。诏河南、西京、北京等路课程,令各道宣慰司领之。赏西川新附军钞三千八百五十锭。以斡端境内蒙古军耗乏,并汉军、新附军等,赐马、牛、羊及马、驴价钞、衣服、弓矢、鞍勒各有差。

三月戊申朔,诏禁归德、亳、寿、临淮等处畋猎。庚戌,敕郭守敬繇上都、大都,历河南府抵南海测验晷景。壬子,襄加带括两淮造回回炮新附军匠六百,及蒙古、回回、汉人、新附人能造炮者俱至京师。庚申,给千户马乃部下拔突军及土浑川军屯田牛具。丙寅,敕中书省:凡掾史文移稽缓一日、二日者,杖;三日者死。甲戌,潭州行省遣两淮招讨司经历刘继昌招下西南诸番,以龙方零等为小龙番等处安抚使,仍以兵三千戍之。中书省下太常寺讲究州郡社稷制度,礼官折衷前代,参酌《仪礼》,定拟祭祀仪式及坛壝祭器制度,图写成书,名曰《至元州县社稷通礼》,上之。以保定路旱,减是岁租三千一百二十石。

夏四月己卯,立江西榷茶运司及诸路转运盐使司、宣课提举司。癸巳,以给事中兼起居注,掌随朝诸司奏闻事。戊戌,以池州路达鲁花赤阿塔赤战功升招讨使,兼本军万户。癸卯,填星犯键闭。乙巳,汪良臣言:"昔昝顺兵犯成都,掠其民以归。今嘉定既降,宜还其民成都。"制曰"可"。敕以上都军四千卫都城,凡他所来戍者,皆遣归。从唆都请,令泉州僧依宋例输税,以给军饷。诏谕扬州行中书省,选南军精锐者二万人充侍卫军,并发其家赴京师,仍给行费钞万六千锭。大都等十六路蝗。

五月己酉，中书省请复授宣慰司官虎符，不允。又请各路设提举、同提举、副提举各一员，专领课程，从之。辛亥，蒲寿庚请下诏招海外诸蕃，不允。诏谕漳、泉、汀、邵武等处暨八十四畲官吏军民，若能举众来降，官吏例加迁赏，军民按堵如故。以泉州经张世杰兵，减今年租赋之半。丙辰，以五台僧多匿逃奴及逋赋之民，敕西京宣慰司、按察司搜索之。命畏吾界内计亩输税。以各道按察司地广事繁，并劝农官入按察司，增副使、佥事各一员，兼职劝农水利事。甲子，御史台臣言：“先是省臣阿里伯言有罪者与台臣相威同问，有旨从之。臣等谓行省断罪，以意出入，行台何由举正。宜从行省问讫，然后体察为宜。”制曰“可。”高兴侵用宋二王金三万一千一百两有奇，银二十五万六百两。诏遣使追理。诏涟、海等州募民屯田，置总管府及提举司领之。乙丑，敕江陵等路拔突户一万，凡千户置达鲁花赤一员，直隶省部。丙寅，敕江南僧司文移，毋辄入递。临洮、巩昌、通安等十驿，非有海青符，不听乘传。丁卯，改云南宝山、崀渠二县为州。己巳，诏沿路驿店民家，凡往来使臣，不当乘传者，毋给人畜饮食、刍料。完都、河南七驿民贫乏，给其马牛羊价钞千八百锭。庚午，赐乃蛮带战功及攻围重庆将士及宣慰使刘继昌等钞、衣服各有差。壬申，以吕虎来归，授顺庆府总管，佩虎符，仍赐钞五十锭。徙丁子峪所驻侍卫军万人，屯田昌平。癸酉，兀里养合带言：“赋北京、西京车牛俱至，可运军粮。”帝曰：“民之艰苦，汝等不问，但知役民。使今年尽取之，来岁禾稼何由得种，其止之。”甲戌，给要束合所领工匠牛二千，就令运米二千石供军。诏谕脱儿赤等管甘州路宣课，诸人毋或沮扰。潭州行省上言：“琼州宣慰马旺已招降海外四州，寻有土寇黄威远等四人为乱，今已擒获。”诏置之极刑。丙子，进封桑乾河洪济公为显应洪济公。命宗师张留孙即行宫作醮事，奏赤章于天，凡五昼夜。赐皇子奥鲁赤、拨里答等及千户伯牙兀带所部军及和州站户羊马钞各有差。

六月丁丑朔，阿合马言：“常州路达鲁花赤马恕告签浙西按察司事高源不法四十事，源亦劾恕。”事闻，诏令廷辩。诏发新附军五百人、蒙古军百人、汉军四百人戍碉门、鱼通、黎、雅。诏谕王相府及四川行中书省,四道宣慰司抚治播川、务川西南诸蛮夷,官吏、军民各从其俗,无失常业。壬午,以浙东宣慰使陈祐没王事,命其子巙为管军总管,佩虎符。甲申,宋张世杰所部将校百五十八人,诣琼、雷等州来降。敕造战船征日本,以高丽材用所出,即其地制之。令高丽王议其便以闻。乙酉,榆林、洪赞、刁窝,每驿益马百五十、车二百,牛如车数给之。丙戌,左右卫屯田蝗蝻生。庚寅,升济宁府为路。壬辰,以参知政事、行河南等路宣慰使忽辛为中书左丞,行中书省事。癸巳,以新附军二万分隶六卫屯田。彻里帖木儿言其部军多为盗劫掠赍财,有司不即理断,乞遣官诘治。诏兀鲁带往治之。以不花行西川枢密院事,总兵入川,平宋诸城之未下者。仍令东川行枢密院调兵守钓鱼山寨。西川既平,复立屯田,其军官第功升擢,凡授宣敕、金银符者百六十一人。诏以高州、筠连州腾川县新附户于淑州等处治道立驿。云南都元帅爱鲁、纳速剌丁招降西南诸国。爱鲁将兵分定亦乞不薛。纳速剌丁将大理军抵金齿、蒲骠、曲蜡、缅国界内,招忙木、巨木秃等寨三百,籍户十一万二百。诏定赋租,立站递,设卫送军。军还,献驯象十二。戊戌,改宣德府龙门镇复为县。庚子,拘括河西、西番阑遗户。辛丑,以通州水路浅,舟运甚艰,命枢密院发军五千,仍令食禄诸官雇役千人开浚,以五十日讫工。癸卯,以临洮、巩昌、通安等十驿岁饥,供役繁重,有质卖子女以供役者,命选官抚治之。甲辰,以襄阳屯田户四百代军当驿役。赐征北诸郡蒙古军阔阔八都等力战有功者银五十两,战殁者家给银百两,从行伍者钞一锭,其余衣物有差。禁伯颜察儿诸峪寨捕猎。诏免四川差税。以参知政事、行中书省事别都鲁丁为河南等路宣慰使。以阿合马子忽辛为潭州行省左丞,忽失海牙等并复旧职。占城、马八儿诸国遣使,以珍物及象、犀各一来献。赐诸王所部银、钞、衣服、币、帛、鞍勒、弓矢及羊马价钞等各有差。五台山作佛事。

秋七月戊申,宁国路新附军百户詹福谋叛,福论死,授告者何士青总把、银符,仍赐钞十锭。罢西川行省。庚戌,禁脱脱和孙搜取乘传者私物。乙卯,应昌府依例设官。置东宫侍卫军。定江南上、中路置达鲁花赤二员,下路一员。敕发西川蒙古军七千、新附军三千,付皇子安西王。丁巳,交趾国遣使来贡驯象。已未,以朵哥麻思地之算木多城为镇西府。敕以蒙古军二千、益都军二千、诸路军一千、新附军五千,合万人,令李庭将之。壬戌,赏瓮吉剌所部力战军,人银五十两,死事者人百两,给其家。阿里海牙入觐,献金三千五百八十两、银五万三千一百两。罢潭州行省造征日本及交趾战船。丙寅,填星犯键闭。癸酉,西南八番、罗氏等国来附,洞寨凡千六百二十有六,户凡十万一千一百六十有八。诏遣牙纳术、崔或至江南访求艺术之人。以中书左丞、行四川行中书省事汪良臣为安西王相。赐诸王纳里忽所部有功将校银、钞、衣装、币、帛、羊、马有差。以赵州等处水旱,减今年租三千一百八十一石。命散都修佛事十有五日。

八月丁丑,车驾至自上都。庚辰,太阴犯房距星。戊子,范文虎言:“臣奉诏征讨日本,比遣周福、栾忠与日本僧赍诏往谕其国,期以来年四月还报,待其从否,始宜进兵。”又请简阅旧战船以充用。皆从之。海贼贺文达率众来归文虎,文虎以所得银三千两来献。有旨释其前罪,官其徒四十八人,就以银赐文虎。已丑,宋降臣王虎臣陈便宜十七事,令张易等议可者行之。庚寅,敕沅州路蒙古军总管乞答合征取桐木笼、犵狫、伯洞诸蛮未附者。调江南新附军五千驻太原,五千驻大名,五千驻卫州。以每岁圣诞节及元辰日,礼仪费用皆敛之民,诏天下罢之。丁酉,以江南所获玉爵及坫凡四十九事纳于太庙。己亥,海贼金通精死,获其从子温。有司欲论如法,帝曰:“通精已死,温何预焉。”特赦其罪。庚子,岁星犯轩辕大星。甲辰,诏汉军出征,逃者罪死,且没其家。置大护国仁王寺总管府,以散扎儿为达鲁花赤,李光祖为总管。赐范文虎僚属二十一人金纹绫及西锦衣。赏征重庆将校币帛有差。赐诸王阿只吉粮五千石、马六百匹、羊万口。

九月乙巳朔,范文虎荐可为守令者三十人。诏:“今后所荐,朕自择之,凡有官守不勤于职者,勿问汉人、回回,皆论诛之,且没其家。"女直、水达达军不出征者,令隶民籍输赋。己酉,罢金州守船军千人,量留监守,余皆遣还。庚戌,诏行中书省左丞忽辛兼领杭州等路诸色人匠,以杭州税课所入,岁造缯段十万以进。杭、苏、嘉兴三路办课官吏,额外多取分例,今后月给食钱,或数外多取者罪之。阿合马言:"王相府官赵炳云,陕西课程岁办万九千锭,所司若果尽心措办,可得四万锭。"即命炳总之。同知扬州总管府事董仲威坐赃罪,行台方按其事,仲威反诬行台官以他事。诏免仲威官,仍没其产十之二。戊午,王相府言:"四川宣慰司有籍无军,虚受赏者一万七千三百八人。"命诘治之。议罢汉人之为达鲁花赤者。御史台臣言:"江南三路管课官于分例外,支用钞一千九百锭。"命尽徵之。诏遣使招谕西南诸蛮部族酋长,能率所部归附者,官不失职,民不失业。乙丑,以忽必来、别速台为都元帅,将蒙古军二千人、河西军一千人戍斡端城。己巳,枢密院臣言:"有唐兀带者冒禁,引军千余人,于辰、溪、沅州等处劫掠新附人千余口,及牛马、金银、币帛等,而麻阳县达鲁花赤武伯不花为之乡导。敕斩唐兀带、武伯不花,余减死论,以所掠者还其民。给河西行省钞万锭以备支用。

　　冬十月己卯,享于太庙。辛巳,叙州、夔府至江陵界立水驿。乙酉,帝御香阁。命大乐署令完颜椿等肄文武乐。戊子,张融诉西京军户和买、和雇,有司匿所给价钞,计万八千余锭。官吏坐罪,以融为侍卫军总把。千户脱略、总把忽带擅引军入婺州永康县界,杀掠吏民。事觉,自陈扈从先帝出征有功,乞贷死。敕没入其家赀之半,杖遣之。辛卯,赈和州贫民钞。乙未,纳碧玉爵于太庙。丙申,太阴犯太微西垣上将。辛丑,以月直元辰,命五祖真人李居寿作醮事奏赤章,凡五昼夜。毕事,居寿请间言:"皇太子春秋鼎盛,宜预国政。"帝喜曰:"寻将及之。"明日,下诏皇太子燕王参决朝政,凡中书省、枢密院、御史台及百司之事,皆先启后闻。甲辰,赐高丽国王至元十七年历日。

　　十一月戊申,敕诸路所捕盗,初犯,赃多者死,再犯,赃少者从轻罪论。阿合马言："有盗以旧钞易官库新钞百四十锭者，议者谓罪不应死，且盗者之父执役臣家，不论如法，宁不自畏。"诏处死。壬子，遣礼部尚书柴椿偕安南国使杜中赞赍诏往谕安南国世子陈日烜，责其来朝。癸丑，太阴犯荧惑。乙卯，罢太原、平阳、西京、延安路新签军还籍。罢招讨使刘万奴所管无籍军愿从大军征讨者。赵炳言：陕西运司郭同知、王相府郎中令郭叔云盗用官钱。敕尚书秃速忽、侍御史郭祐检核之。戊辰，命湖北道宣慰使刘深教练鄂州、汉阳新附水军。诏谕四川宣慰司括军民户数。己巳，以梧州妖民吴法受扇惑藤州、德庆府泷水徭蛮为乱，获其父诛之。并教坊司入拱卫司。

十二月戊寅，发粟、钞赈盐司灶户之贫者。括甘州户。庚辰，安南国贡药财。甲申，祀太阳。丙申，敕枢密、翰林院官就中书省与唆都议招收海外诸番事。丁酉，八里灰贡海青。回回等所过供食，羊非自杀者不食，百姓苦之。帝曰："彼吾奴也，饮食敢不随我朝乎？"诏禁之。诏谕海内、海外诸番国主。赐右丞张惠银五千四百两。敕自明年正月朔日建醮于长春宫，凡七日，岁以为例。命李居寿告祭新岁。诏谕占城国主，使亲自来朝。唆都所遣阇婆国使臣冶中赵玉还。改单州、兖州隶济宁路，复置万泉县隶河中府，改垣曲县隶绛州，降归州路为州，升沔阳、安陆各为府，改京兆为安西路，改惠州、建宁、梧州、柳州、象州、邕州、庆还、宾州、横州、容州、浔州并为路。建圣寿万安寺于京城。帝师亦怜吉卒。敕诸国教师、禅师百有八人，即大都万安寺设斋圆戒，赐衣。

是岁，断死罪百三十二人。保定等二十余路水、旱、风、雹害稼。

元史卷一一
本纪第一一

世祖八

十七年春正月癸卯朔,高丽国王王睼遣其佥议中赞金方庆来贺,兼奉岁贡。丙午,命万户綦公直戍别失八里,赐钞一万二千五百锭。辛亥,磁州、永平县水,给钞贷之。丙辰,立迁转官员法,凡无过者授见阙,物故及过犯者选人补之,满代者令还家以俟。又定诸路差税课程,增益者即上报,隐漏者罪之,不须履亩增税,以摇百姓。诏括江淮铜及铜钱、铜器。辛酉,以海贼贺文达所掠良妇百三十余人还其家。广西廉州海贼霍公明、郑仲龙等伏诛。甲子,敕泉州行省:所辖州郡山寨未即归附者率兵拔之,已拔复叛者屠之。以总管张瑄、千户罗璧收宋二王有功,升瑄沿海招讨使,虎符,璧管军总管,金符。丁卯,畋近郊。诏毋以侍卫军供工匠役。戊辰,敕相威检核阿里海牙、忽都帖木儿等所俘丁三万二千余人,并放为民。置行中书省于福州。改德庆路为总管府。赐开滦河五卫军钞。

二月乙亥,张易言:"高和尚有秘术,能役鬼为兵,遥制敌人。"命和礼霍孙将兵与高和尚同赴北边。丙子,立北京道二驿。丁丑,答里不罕以云南行省军攻定昌路,擒总管谷纳,杀之。诏令答里不罕还,以阿答代之。敕:非远方归附人,毋入会同馆。诏纳速剌丁将精兵万人征缅国。乙酉,赏纳速剌丁所部征金齿功银五千三百二十两。己丑,命梅国宾袭其父应春泸州安抚使职。泸州尝叛,应春为前重庆制置使张珏所杀,国宾诣阙诉冤。诏以珏畀国宾,使复其父仇,珏时在京兆,闻之自经死。国宾请赎还泸州军民之为俘者,从之。日本国杀国使杜世忠等。征东元帅忻都、洪茶丘请自率兵往讨,廷议姑少缓之。丙申,诏谕真人祈志诚等焚毁《道藏》伪妄经文及板。庚子,阿里海牙及纳速剌丁招缅国及洞蛮降臣,诏就军前定录其功以闻。江淮行省左丞夏贵请老,从之,仍官其子孙。合剌所部和州等城为叛兵所掠者,赐钞给之,仍免其民差役三年。发侍卫军三千浚通州运粮河。畏吾户居河西界者,令其屯田。辛丑,以广中民不聊生,召右丞塔出、左丞吕师夔廷诘坏民之由,命也的迷失、贾居贞行宣慰司,往抚之。师夔至,廷辩无验,复令还省治事。诏王相府于诸奥鲁市马二万六千三百匹。遣使代祀岳渎。赐诸王阿八合、那木干所部及征日本行省阿剌罕、范文虎等西锦衣、银钞、币帛各有差。又赐四川贫民及兀剌带等马、牛、羊价钞。

三月癸卯,命福建王积翁入领省事,中书省臣以为不可,改户部尚书。甲辰,车驾幸上都。思、播州军侵镇远、黄平界,命李德辉等往视之。罢通政院官不胜任者。丙午,敕东西两川发蒙古、汉军戍鱼通、黎、雅。乙卯,立都功德使司,从二品,掌奏帝师所统僧人并吐番军民等事。己未,诏讨罗氏鬼国,命以蒙古军六千,哈剌章军一万,西川药剌海、万家奴军万人,阿里海牙军万人三道并进。癸亥,高邮等处饥,赈粟九千四百石。辛未,立畏吾境内交钞提举司。给月脱古思八部屯田牛具。赐忙古带等羊马及皇子南木合下羊马价。

夏四月壬申朔,中书省臣言:"唆都军士扰民,故南剑等路民复叛。及忙古带往招徕之,民始获安。"诏以忙古带仍行省福州。癸酉,南康杜可用叛,命史弼讨擒之。定杭州宣慰司官四员,以游显、管如德、忽都虎、刘宣充之。丙子,隆兴路杨门站复为怀安县。庚辰,四川宣慰使也罕的斤请赐海青符,命以二符给之。壬午,史弼入朝。乙酉,以宋太常乐付太常寺。改泗州灵璧县仍隶宿州。丁亥,立杭州路金玉总管府。甲午,敕军户贫乏者还民籍。丙申,以罗佐山道梗,敕阿里海牙发军千人戍守。以隆兴、泉州、福建置三省不便,命廷臣集议以闻。己亥,诸王只必帖木儿请各投下设宫,不从。庚子,岁星犯轩辕大星。敕权停百官俸。宁海、益都等四郡霜,真定七郡虫,皆损桑。

五月辛丑朔,枢密院调兵六百守居庸南、北口。甲辰,作行宫于察罕脑儿。丙午,升沙州为路。癸丑,括沙州户丁,定常赋,其富户余田,令所戍汉军耕种。诏云南行省发四川军万人,命药剌海领之,与前所遣将同征缅国。高丽国王王睶以民饥,乞贷粮万石,从之。福建行省移泉州。甲寅,汀、漳叛贼廖得胜等伏诛。造船三千艘,敕耽罗发材木给之。庚申,赐诸王别乞帖木儿银印。辛酉,赐国师掌教所印。赏伯颜将士战功银二万八千七百五十两。真定、咸平、忻州、涟、海、邳、宿诸州郡蝗。

六月辛未朔,以忽都带儿收籍阑遗人民牛畜,拨荒地令屯田。壬申,复招谕占城国。丁丑,唆都部下顾总管聚党于海道,劫夺商货,范文虎招降之,复议置于法,命文虎等集议处之。阿答海等请罢江南所立税课提举司,阿合马力争,诏御史台选官检核,具实以闻。阿合马请立大宗正府。罢上都奥鲁官,以留守司兼管奥鲁事。西安王薨,罢其王相府。遣吕告蛮部安抚使王阿济同万户昝坤招谕罗氏鬼国。壬辰,召范文虎议征日本。戊戌,高丽王王睶遣其将军朴义来贡方物。江淮等处颁行钞法,废宋铜钱。遣不鲁、合答等检核江淮行省阿里伯、燕帖木儿钱谷。改泗州隶淮安路。赐忽烈秃、忽不剌等将士力战者银钞,及给折可察儿等军士羊马价钞各有差。

秋七月辛丑,广东宣慰使帖木儿不花言:“诸军官宜一例迁转。江淮郡县首乱者,诛没其家;官豪隐庇佃民,不供徭役,宜别立籍;各万户军交参重役,宜发还元翼。”诏中书省、枢密院、翰林院集议以闻。敕思州安抚司还旧治。戊申,太阴掩房距星。以高丽国初置驿,站民乏食,命给粮一岁。仍禁使臣往来,勿求索饮食。己酉,立行省于京兆,以前安西相李德辉为参知政事,兼领钱谷事。徙泉州行省于隆兴。以秃古灭军劫食火拙畏吾城禾,民饥,命官给驿马之费,仍免其赋税三年。太阴犯南斗。甲寅,发卫兵八百治沙岭桥,敕毋践民田。戊午,从阿合马言,以参知政事郝祯、耿仁并为中书左

丞。用姚演言，开胶东河及收集逃民屯田涟、海。甲子，遣安南国王
子倪还。括蒙古军成丁者。敉亦来等率万人入罗氏鬼国，如其不附，
则入讨之。乙丑，罢江南财赋总管府。丁卯，并大都盐运司入河间
为一，仍减汰冗员。割建康民二万户种稻，岁输酿米三万石，官为运
至京师。戊辰，诏括前愿从军者及张世杰溃军，使征日本。命范文
虎等招集避罪附宋蒙古、回回等军。已巳，遣中使咬难历江南名山
访求高士，且命持香币诣信州龙虎山、临江阁皂山、建康三茅山，皆
设醮。赐阿赤黑等及怯薛都等战功银钞。赐招收散毛等洞官吏衣
段。

八月庚午朔，萧简等十人历河南五路擅招阑遗户，事觉，谪其
为首者从军自效，余皆杖之。乙亥，改蒙古侍卫总管为蒙古侍卫亲
军都指挥使司。丙子，太阴犯心东星。丁丑，唆都请招三佛齐等八
国，不从。镇守南剑路万户吕宗海窃兵亡去，诏追捕之。戊寅，占城、
马八儿国皆遣使奉表称臣，贡宝物、犀、象。以前所括愿从军者为
军，付茶忽领之征日本。丁亥，许衡致仕官，其子师可为怀孟路总
管，以便侍养。纳碧玉盏六、白玉盏十五于太庙。癸巳，赐西平王所
部粮。戊戌，高丽王王睶来朝，且言将益兵三万征日本。以范文虎、
忻都、洪茶丘为中书右丞，李庭、张拔突为参知政事，并行中书省
事。赐阔里吉思等钞，迷里兀合等羊、马，怯鲁怜等牛、羊、马价，及
东宫位下怯怜口等粟帛。大都、北京、怀孟、保定、南京、许州、平阳
旱，濮州、东平、济宁、磁州水。

九月壬子，车驾至自上都。壬戌，也罕的斤进征斡端。癸亥，命
沿途廪食和林回军。甲子，太阴掩右执法，并犯岁星。乙丑，守库军
盗库钞，八刺合赤分其赃，纵盗遁去，诏诛之。丁卯，罗氏鬼国主阿
察及阿里降，安西王相李德辉遣人偕入觐。赐八刺合赤等羊马价二
万八千三锭，及秃浑下贫民粮三月。

冬十月庚午，塔刺不罕军与贼力战者，命给田赏之。癸酉，加高
丽国王王睶开府仪同三司、中书左丞相、行中书省事。甲戌，遣使括
开元等路军三千征日本。丙子，赐云南王忽哥赤印。丁丑，以湖南

兵万人攻亦奚不薛，亦奚不薛降。戊寅，发兵十万，命范文虎将之，赐右丞洪茶兵所将征日本新附军钞及甲。辛巳，立营田提举司，从五品，俾置司柳林，割诸色户千三百五十五隶之，官给牛、种、农具。壬午，诏立陕西四川等处行中书省，以不花为右丞，李德辉、汪惟正并左丞，时德辉已卒。甲申，诏龙虎山天师张宗演赴阙。己丑，命都实穷黄河源。辛卯，以汉军屯田沙、甘。壬辰，亦奚不薛病，遣其从子入觐。帝曰："亦奚不薛不禀命，辄以职授其从子，无人臣礼，宜令亦奚不薛出，乃还军。"癸巳，诏谕和州诸城招集流移之民。丙申，命在官者，任事一月，后月乃给俸，或发事者斥之。遣使谕爪哇国及交趾国。始制象轿。给怯烈等粮。赐火察家贫乏者。

十一月己亥朔，翰林学士承旨和礼霍孙等言："俱蓝、马八、阇婆、交趾等国，俱遣使进表，乞答诏。"从之，仍赐交趾使人职名及弓矢、鞍勒。降诏招谕爪哇国。乙巳，置泉府司，掌领御位下及皇太子、皇太后、诸王出纳金银事。敕别置局院，以处童匠，有贫乏者，给以钞币。诏："有罪配役者，量其程远近；犯罪当死者，详加审谳。"戊申，中书省臣议："流通钞法，凡赏赐宜多给币帛，课程宜多收钞。"制曰：可。庚戌，命和礼霍孙柬汰交趾国使，除可留者，余皆放还。辛亥，敕缓营建工役。壬子，诏谕俱蓝国，使来归附。甲寅，太原路坚州进嘉禾六茎。壬戌，诏江淮行中书省括巧匠。甲子，诏颁《授时历》。丁卯，诏以末甘孙民贫，除仓站税课外，免其役三年。复遣宣慰使教化、孟庆元等持诏谕占城国主，令其子弟或大臣入朝。诏江南、江北、陕西、河间、山东诸盐场增拨灶户。赐将作院吕合剌工匠银钞、币帛。

十二月庚午，以江淮行省平章政事阿里伯、左丞燕铁木儿擅易命官八百员，自分左右司官，铸银铜印，复违命不散防守军，敕诛之。辛未，以熟券军还襄阳屯田。高丽国王王晪领兵万人、水手万五千人、战船九百艘、粮一十万石，出征日本。给右丞洪茶丘等战具、高丽国铠甲、战袄。谕诸道征日本兵，取道高丽，毋扰其民。以高丽中赞金方庆为征日本都元师，密直司副使朴球、金周鼎为管高丽国征日本军万户,并赐虎符。癸酉,以高丽国王王睶为中书右丞相。甲戌,复授征日本军官元佩虎符。丁丑,用忽辛言,以民当站役十户为率,官给一马,死则买马补之。戊寅,以奉使木剌由国速剌蛮等为招讨使,佩金符。己卯,罗氏鬼国土寇为患,思、播道路不通,发兵千人与洞蛮开道。甲申,甘州增置站户,诏于诸王户藉内签之。乙酉,敕民避役窜名匠户者,复为民。淮西宣慰使昂吉儿请以军士屯田。阿塔海等以发民兵非便,宜募民愿耕者耕之,且免其租三年,从之。丁亥,复诏管民官兼管诸军奥鲁。戊子,以征也不薛军千五百复还塔海,戍八番、罗甸。壬辰,陈桂龙据漳州反,唆都率兵讨之,桂龙亡入畲洞。甲午,大都重建太庙成,自旧庙奉迁神主于祐室,遂行大享之礼。置镇北庭都护府于畏吾境,以脱脱木儿等领其事。丙申,辽东路所益兵以妻、子易马,敕以合输赋税赎还之。敕镂板印造帝师八合思八新译戒本五百部,颁降诸路僧人。左丞相阿术巡历西边,至别十八里以疾卒。敕擅据江南逃亡民田者有罪。修桐柏山淮渎祠。以三茅山上清四十三代宗师许道杞祈祷有验,命别主道教。安南国来贡驯象。赐蛮洞主银钞、衣物有差。赈巩昌、常德等路饥民,仍免其徭役。改拱卫司为都指挥司。升尚舍监秩三品。立太仓提举司,秩五品。改建宁、雷州、封州、廉州、化州、高州为路。以肇庆路隶广南西道。迁峡州路于江北旧治。复置郚县,隶巩昌路。宿州灵壁县复隶归德。

　　是岁,断死罪一百二人。

　　十八年春正月戊戌朔,高丽国王王睶遣其签议中赞金方庆来贺,兼奉岁币。辛丑,召阿剌罕、范文虎、襄加带同赴阙受训谕。以拔都、张珪、李庭留后。命忻都、洪茶丘军陆行抵日本,兵甲则舟运之,所过州县给其粮食。用范文虎言,益以汉军万人。文虎又请马二千给秃失忽思军及回回炮匠。帝曰:“战船安用此。”皆不从。癸卯,发钞及金银付孛罗以给贫民。丁未,畋于近郊。敕江南州郡兼用蒙古、回回人。凡诸王位下合设达鲁花赤,并令赴阙,仍诏谕诸王阿只吉等知之。己酉,改黄州阳罗堡复隶鄂州。辛亥,遣使代祀岳渎、后土。壬子,高丽王王睶遣使言日本犯其边境,乞兵追之。诏以戍金州隰口军五百付之。丙辰,车驾幸漷州。改符宝局为典瑞监,收天下诸司职印。丁巳,制以六祖李全祐嗣五祖李居寿祭斗。癸亥,邵武民高日新据龙楼寨为乱,擒之。赏忻都等战功。赐征日本诸军钞。

二月戊辰,发侍卫军四千完正殿。赐征日本善射军及高丽火长、水军钞四千锭。辛未,车驾幸柳林。高丽王王睶以尚主,乞改宣命益驸马二字。制曰:可。乙亥,敕以耽罗新造船付洪茶丘出征。诏以刑徒减死者付忻都为军。扬州火,发米七百八十三石赈被灾之家。诏谕范文虎等以征日本之意,仍申严军律。立上都留守司。升叙州为路,隶安西省。移潭州省治鄂州,徙湖南宣慰司于潭州。乙酉,改畏吾断事官为北庭都护府,升从二品。丙戌,征日本国军启行。浙东饥,发粟千二百七十余石赈之。己丑,发肃州等处军民凿渠溉田。给征日本军衣甲、弓矢、海青符。敕通政院官浑都与郭汉杰整治水驿,自叙州至荆南凡十九站,增户二千一百、船二百十二艘。诏谕乌琐纳空等毋扰罗氏鬼国,违者令国主阿利具以名闻。福建省左丞蒲寿庚言:“诏造海船二百艘,今成者五十,民实艰苦。”诏止之。乙未,贞懿顺圣昭天睿文光应皇后弘吉剌氏崩。

丙申,车驾还宫。诏三茅山三十八代宗师蒋宗瑛赴阙。遣丹八八合赤等诣东海及济源庙修佛事。以中书右丞、行江东道宣慰使阿剌罕为中书左丞相,行中书省事,江西道宣慰使兼招讨使也的迷失参知政事,行中书省事。以辽阳、懿、盖、北京、大定诸州旱,免今年租税之半。

三月戊戌,许衡卒。己亥,敕黄平隶安西行省,镇远隶潭州行省,各遣兵戍守。甲辰,命天师张宗演即宫中奏赤章于天七昼夜。丙午,车驾幸上都。丙辰,升军器监为三品。辛酉,立登闻鼓院,许有冤者挝鼓以闻。

夏四月辛未,益云南军征合剌章。癸酉,复颁中外官吏俸。辛巳,通、泰二州饥,发粟二万一千六百石赈之。戊子,置蒙古、汉人新附军总管。甲午,命太原五户丝就输太原。自太和岭至别十八里置新驿三十。赐征日本河西军等钞。

五月癸卯,禁西北边回回诸人越境为商。甲辰,遣使赈瓜、沙州饥。戊申,罢霍州畏兀按察司。己酉,禁甘、肃、瓜、沙等州为酒。壬子,免耽罗国今岁入贡白纻。丙辰,以乌蒙阿谋宣抚司隶云南行省。岁星犯右执法。庚申,严鬻人之禁,乏食者量加赈贷。壬戌,诏括契丹户。敕耽罗国达鲁花赤塔儿赤禁高丽全罗等处田猎扰民者。

六月丙寅,敕赛典赤、火尼赤分管乌木、拔都怯儿等八处民户。谦州织工百四十二户,贫甚,以粟给之,其所鬻妻、子,官与赎还。以太原新附军五千屯田甘州。丁丑,以按察司所劾羡余粮四万八千石饷军。己卯,以顺庆路隶四川东道宣慰司。安西等处军、站,凡和顾、和买,与民均役。增陕西营田粮十万石,以充常费。壬午,命耽罗戍力田以自给。日本行省臣遣使来言:大军驻巨济岛,至对马岛获岛人,言:太宰府西六十里,旧有戍军,已调出战,宜乘虚捣之。诏曰:“军事卿等当自权衡之。”癸未,命中书省会计姚演所领涟、海屯田官给之资与岁入之数,便则行之,否则罢去。丁亥,放乞赤所招猎户七千为民。庚寅,以阿剌罕有疾,诏阿塔海统率军马征日本。壬辰,高丽国王王睶言:本国置驿四十,民畜凋弊。敕并为二十站,仍给马价八百锭。奉使木剌由国苦思丁至占城船坏,使人来言,乞给舟粮及益兵。诏给米一千四百余石。以中书左丞忽都帖木儿为中书右丞,行中书省事,御史中丞、行御史台事忽剌出为中书左丞,行尚书省事。赐皇子南木合所部工匠羊马价钞。

秋七月甲午朔,命万户綦公直分宣慰使刘恩所将屯肃州汉兵千人入别十八里,以尝过西川兵百人为向导。丁酉,敕甘州置和中所,以给兵粮。京兆四川分置行省于河西。己亥,阿剌罕卒。庚子,括回回炮手散居他郡者,悉令赴南京屯田。癸卯,太阴犯房距星。庚戌,以忻都戍大和岭所所将蒙古军还,复令汉军戍守。以松州知州仆散秃哥前后射虎万计,赐号万虎将军。赐贵赤合八儿秃所招和、真、滁等户二千八百二十,俾自领之。辛酉,唆都征占城,赐驼蓬以辟瘴毒。占城国来贡象、犀。命天师张宗演等即寿宁宫奏赤章于天,凡五昼夜。

八月甲子朔,招讨使方文言择守令、崇祀典、戢奸吏、禁盗贼、治军旅、奖忠义六事;诏廷臣及诸老议举行之。丙寅,荧惑犯诸侯西第三星。庚午,忙古带为中书右丞,行中书省事。辛未,敕隆兴行省参政刘合拔儿秃,凡金谷造作专领之。乙亥,甘州凡诸投下户,依民例应站役。申严大都总管府、兵马司、左右巡院敛民之禁。庚寅,以阿剌罕既卒,命阿塔海等分戍三海口。令阿塔海就招海中余寇。高丽国王王睶遣其密直司使韩康来贺圣诞节。壬辰,以开元等路六驿饥,命给币帛万二千匹,其鬻妻、子者,官为赎之。诏征日本军回,所在官为给粮。忻都、洪茶丘、范文虎、李庭、金方庆诸军船为风涛所激,大失利,余军回至高丽境,十存一二。设醮于上都寿宁宫。赐欢只兀部及灭乞里等羊马价及众家奴等助军羊马钞。赐常河部军贫乏者,给过西川军粮。海南诸国来贡象、犀、方物。给怯薛丹粮,拘其所占田为屯田。

闰月癸巳朔,荧惑犯司怪南第二星。阿塔海乞以戍三海口军击福建贼陈吊眼,诏以重劳,不从。敕守缙山道侍卫军还京师。壬辰,瓜州屯田进瑞麦一茎五穗。丙午,车驾至自上都。庚戌,太阴犯昂。丁巳,命播州每岁亲贡方物。改思州宣抚司为宣慰司,兼管内安抚使。升高丽签议府为从三品。敕中书省减执政及诸司冗员。遣兀良合带运沙城等粮六千石入和林。括江南户口税课。庚申,安南国贡方物。江西行省荐举兵官,命罢之。壬戌,诏谕斡端等三城官民及忽都带儿括不阑奚人口。两淮转运使阿剌瓦丁坐盗官钞二万一千五百锭,盗取和买马三百四十四匹,朝廷宣命格而弗颁,又以官员所佩符擅与家奴往来贸易等事,伏诛。赐谦州屯田军人钞币、衣裘等物,及给农具、渔具。偿站匠等助军羊马价。

九月癸亥朔,畋于近郊。甲子,增大都巡兵千人。给钞赈上都饥民。癸酉,商贾市舶物货已经泉州抽分者,诸处贸易,止令输税。

益耽罗戍兵,仍命高丽国给战具。庚辰,还宫。辛巳,大都立蒙古站屯田,编户岁输包银者及真定等路阙遗户,并令屯田,其在真定者与免皮货。癸未,京兆等路岁办课额,自一万九千锭增至五万四千锭,阿合马尚以为未实,欲核之。帝曰阿合马何知,事遂止。大都、新安县民复和顾、和买。甲申,太阴犯轩辕大星。壬辰,占城国来贡方物。赐修大都城侍卫军钞币帛有差。赏北征军银钞。赐怯怜口及四斡耳朵下与范文虎所部将士羊马、衣服、币帛有差。

冬十月乙未,享于太庙,贞懿顺圣昭天睿文光应皇后祔。丙申,募民淮西屯田。己亥,议封安南王号,易所赐安南国畏吾字虎符,以国字书之。仍降诏谕安南国,立日烜之叔遗爱为安南国王。庚子,溪洞新附官镇安州岑从毅纵兵杀掠,迫死知州李显祖,召从毅入觐。壬寅,赐征日本将校衣装、币帛、靴帽等物有差。乙巳,命安西王府协济户及南山隘口军,于安西、延安、凤翔、六盘等处屯田。河西置织毛段匠提举司。丁未,安南国置宣慰司,以北京路达鲁花赤孛颜帖木儿参知政事,行安南国宣慰使都元帅、佩虎符,柴椿、忽哥儿副之。给钞万锭付河西行省以备经费。己酉,张易等言:"参校道书,惟《道德经》系老子亲著,余皆后人伪撰,宜悉焚毁。"从之,仍诏谕天下。给隆兴行省海青符。命失里咱牙信合八剌麻合迭瓦为占城郡王,加荣录大夫,赐虎符。立行中书省占城,以唆都为右丞,刘深为左丞,兵部侍郎也里迷失参知政事。庚戌,敕以海船百艘,新旧军及水手合万人,期以明年正月征海外诸番,仍谕占城郡王给军食。以安南国王陈遗爱入安南,发新附军千人卫送。诏谕干不昔国来归附。壬子,用和礼霍孙言,于扬州、隆兴、鄂州、泉州四省置蒙古提举学校官各二员。以翰林学士承旨撒里蛮兼领会同馆、集贤院事。以平章政事、枢密副使张易兼领秘书监、太史院、司天台事。以翰林学士承旨和礼霍孙守司徒。改大都、南阳、真定等处屯田孛兰奚总管府为农政院。癸丑,皇太子至自北边。丙辰,以兀良合带言,上都南四站人畜困乏,赐钞给之。庚申,籍西川户。辛酉,邵武叛人高日新降。给征日本回侍卫新附军冬衣。赐刘天锡等银币,胜兀剌等羊马钞,诸王阿只吉等马牛羊,各有差。

十一月癸亥朔,诏谕探马礼,令归附。甲子,敕诛陈吊眼首恶者,余并收其兵仗,系送京师。己巳,敕军器监给兵仗付高丽沿海等郡。奉使占城孟庆元、孙胜夫并为广州宣慰使,兼领出征调度。高丽国金州等处置镇边万户府,以控制日本。高日新及其弟鼎新等至阙,以日新两为叛首,授山北路民职。文庆之属,遣还泉州。赐有功将校二百二十三员银十万两及币帛、弓矢、鞍勒有差。诏安南国王给占城行省军食。高丽国王请完滨海城,防日本,不允。辛未,给诸王阿只吉粮六千石。甲戌,太阴犯五车次南星。乙亥,召法师刘道真,问祠太乙法。丁丑,太阴犯鬼。壬午,诏谕爪哇国主,使亲来觐。昌州及盖里泊民饥,给钞赈之。丙戌,给钞二万锭,付和林贸易。敕征日本回军后至者分戍沿海。丁亥,太阴掩心东星。给扬州行省新附军将校钞,人二锭。己酉,赐安南国出征新附军钞。赐礼部尚书留梦炎及出使马八国俺都剌等钞各有差。

十二月甲午,以瓮吉剌带为中书右丞相。己亥,罢日本行中书省。丙午,太阴犯轩辕大星。丁未,议选侍卫军万人练习,以备扈从。升太常寺为正三品。辛亥,命西川行省给万家奴所部兵仗。癸丑,敕免益都、淄莱、宁海开河夫今年租赋,仍给其佣直。乙卯,以诸王札忽儿所占文安县地给付屯田。丙辰,调新附军屯田。获福州叛贼林天成,戮于市。免福州路今年税二分,十八年以前租税并免徵。以汉州德阳县隶成都府。改漳州为路。赐礼部尚书谢昌元钞。赏揑古伯战功银有差。偿阿只吉等助军马价。赐塔剌海籍没户五十。

是岁,保定路清苑县水,平阳路松山县旱,高唐、夏津、武城等县蝱害稼,并免今年租,计三万六千八百四十石。断死罪二十二人。

元史卷一二
本纪第一二

世祖九

　　十九年春正月壬戌朔,高丽国王王睠遣其大将军金子廷来贺。丙寅,罢征东行中书省。丁卯,诸王札剌忽至自军中。时皇子北平王以军镇阿里麻里之地,以御海都。诸王昔里吉与脱脱木儿、篯木忽儿、撒里蛮等谋劫皇子北平王以叛,欲与札剌忽结援于海都,海都不从。撒里蛮悔过,执昔里吉等,北平王遣札剌忽以闻。妖民张圆光伏诛。立太仆院。拨信州民四百八户,隶诸王柏木儿。丙子,车驾畋于近郊。丁丑,高丽国王贡䌷布四百匹。丙戌,赐西平王怯薛那怀等钞一万一千五百二十一锭。

　　二月辛卯朔,车驾幸柳林。饶州总管姚文龙言:江南财赋岁可办钞十万锭,诏以文龙为江西道宣慰使,兼措置茶法。命司徒阿你哥、行工部尚书纳怀制饰铜轮仪表刻漏。敕改给驸马昌吉印。修宫城、太庙、司天台。癸巳,调军一万五千、马五千匹征也可不薛。遣使代祀岳渎后土。甲午,甘州逃军二千二百人,自陈愿挈家四千九百四十口还戍,敕以钞一万六百二十锭、布四千九百四十匹、驴四千九百四十头给之。议征缅国,以太卜为右丞,也罕的斤为参政、领兵以行。戊戌,给别十八里元帅綦公直军需。遣使往乾山,造江南战船千艘。庚子,赐诸王塔剌海籍没五十户,愿受十二户。字罗欢理算未徵粮二十七万石,诏徵之。壬寅,升军器监秩三品。命军官阵亡者,其子袭职,以疾卒者,授官降一等,具为令。授溪洞招讨使郭昂等九人虎符,仍赏张温、颜义显银各千两。收晃兀儿、塔海民匠九百五十三户入官。乙巳,立广东按察司。戊申,车驾还宫。己酉,减省部官冗员。改上都宣课提领为宣课提举司。立铁冶总管府,罢提举司。减大都税课官十四员为十员。改罗罗斯宣慰司隶云南省。徙浙东宣慰司于温州。分军戍守江南,自归州以及江阴至三海口,凡二十八所。庚戌,以参知政事唐兀带等六人镇守黄州、建康、江陵、池州、兴国。壬子,诏金亦奚不薛及播、思、叙三州军征缅国。癸丑,大良平元帅蒲元圭遣其男世能入觐。甲寅,车驾幸上都。申严汉人军器之禁。丁巳,安州张拗驴以诈敕及伪为丞相孛罗署印,伏诛。戊午,赐云南使臣及陕西签省八八以下银钞、衣服有差。籍福建户数。

三月辛酉朔,乌蒙民叛,敕那怀、火鲁思迷率蒙古、汉人新附军讨之。赏忽都答儿等战功牛羊马。益都千户王著以阿合马蠹国害民,与高和尚合谋杀之。壬午,诛王著、张易、高和尚于市,皆醢之,余党悉伏诛。甲申,的斤帖林以己赀充屯田之费。诸王阿只吉以闻,敕酬其直。丙戌,禁益都、东平、沿淮诸郡军民官捕猎。戊子,立塔儿八合你驿,以乌蒙阿谋岁输骒马给之。以领北庭都护阿必失哈为御史大夫,行御史台事。

夏四月辛卯,敕和礼霍孙集中书省部、御史台、枢密院、翰林院等官,议阿合马所管财赋,先行封籍府库。丁酉,以和礼霍孙为中书右丞相,降右丞相瓮吉刺带为留守,仍同金枢密院事。戊戌,征蛮元帅完者都等平陈吊眼巢穴班师,赏其军钞,仍令还家休息。遣扬州射士戍泉州。陈吊眼父文桂及兄弟桂龙、满安纳款,命护送赴京师。其党吴满、张飞迎敌,就诛之。敕以大都巡军隶留守司。壬寅,立回易库。中书左丞耿仁等言:“诸王公主分地所设达鲁花赤,例不迁调,百姓苦之;依常调,任满,从本位下选代为宜。”从之。以留守司兼行工部。敕自今岁用官车,勿赋于民,可即滦河造之,给其粮费。甲辰,以甘州、中兴屯田兵逃还太原,诛其拒命者四人,而赏不逃者。乙巳,以阿合马家奴忽都答儿等久总兵权,令博敦等代之,仍隶大都留守司。弛西山薪炭禁。以阿合马之子江淮行中书省平章政事忽辛罪重于父，议究勘之。考核诸处平准库，汰仓库官。御史台臣言："见在赃罚钞三万锭，金银、珠玉、币帛称是。"诏留以给贫乏者。丙午，收诸王别帖木儿总军银印。敕也里可温依僧例给粮。戊申，宁国路太平县饥，民采竹实为粮，活者三百余户。敕出使人还，不即以所给符上，与上而有司不即收者，皆罪之。凡文书并奏可始用御宝。己酉，刊行蒙古畏吾儿字所书《通鉴》。以和礼霍孙为右丞相诏天下。庚戌，行御史台言："阿里海牙占降民为奴，而以为征讨所得。"有旨：降民还之有司，征讨所得，籍其数量，赐臣下有功者。以兴兵问罪海外，天下供给繁重，诏慰谕军民，应有逋欠钱粮及官吏侵盗并权停罢。设怀孟路管河渠使、副各一员。拘括江南官豪隐匿逃军。壬子，罢江南诸司自给驿券。丙辰，敕以妻女姊妹献阿合马得仕者，黜之。核阿合马占据民田，给还其主，庇富强户输赋其家者，仍输之官。北京宣慰使阿老瓦丁滥举非才为管民官，命选官代之。议设盐使司卖盐引法，择利民者行之，仍令按察司磨刷运司文卷。定民间贷钱取息之法，以三分为率。定内外官以三年为考，满任者迁叙，未满者不许超迁。禁吐蕃僧给驿太繁，扰害于民，自今非奉旨勿给。给控鹤人钞一万五锭，及其官吏有差。

五月己未朔，钩考万亿库及南京宣慰司。沙汰省部官阿合马党人七百十四人，已革者百三十三人，余五百八十一人并黜之。泸州管军总管李从，坐受军士贿纵其私还，致万户爪难等为贼所杀，伏诛。籍阿合马马驼牛羊驴等三千七百五十八。追治阿合马罪，剖棺戮其尸于通玄门外。罢南京宣慰司及江南财赋总管府。丁卯，降各省给驿玺书。戊辰，并江西、福建行省。去江南冗滥官。免福建山县镇店宣课。禁当路私人权府、州、司、县官。招谕畲洞人，免其罪。禁差戍军防送。禁人匠提举擅招匠户。己巳，遣浙西道宣慰司同知刘宣等理算各盐运司及财赋府、茶场、都转运司出纳之数。籍阿合马妻、子、亲属所营资产，其奴婢纵之为民。罢宣慰使所带相衔。壬申，锁系耿仁至大都，命中书省鞫之。庚辰，议于平滦州造船，发军民合九千人,令探马赤伯要带领之,伐木于山,及取于寺观坟墓,官酬其直,仍命桑哥遣人督之。癸未,给大都拔都儿正军夏衣。和礼霍孙言:省部滥官七百十四员,其无过者五百八十一员姑存之。沿海左副都元帅石国英请以税户赡军,军逃死者,令其补足,站户苗税,贫富不均者,宜均其役。又请行盐法、汰官吏、罢捕户。诏中书集议行之。张惠、阿里罢。以甘肃行省左丞麦术丁为中书右丞,行御史台御史中丞张雄飞参知政事。乙酉,元帅綦公直言:“乞黥逃军,仍使从军,及设立冶场于别十八里鼓铸农器。”从之。丙戌,别十八里城东三百余里,蝗害麦。

六月己丑朔,日有食之。芝生眉州。甲午,阿合马滥设官府二百四所,诏存者三十三,余皆罢。又江南宣慰司十五道,内四道已立行中书省,罢之。乙未,发六盘山屯田军七百七十人,以补刘恩之军。敕宣慰司等官毋役官军。丙申,发射士百人卫丞相,他人不得援例。戊戌,以占城既服复叛,发淮、浙、福建、湖广军五千、海船百艘、战船二百五十,命唆都为将讨之。亡宋军有手号及无手号者,并听为民。己亥,命何子志为管军万户,使暹国。辛丑,籍阿合马妻、子、婿奴婢、财产。癸卯,禁滥保军功。乙巳,招无籍军给衣粮。己酉,赏太子府宿卫军御盗之功,给钞、马有差,无妻者以没官寡妇配之。以阿合马居第赐和礼霍孙。壬子,申敕中外百官立限决事。癸丑,从和礼霍孙言,罢司徒府及农政院。锁系忽辛赴扬州鞫治。丁巳,征亦奚不薛,尽平其地,立三路达鲁花赤留军镇守,命药刺海总之,以也速带儿为都元帅宣慰使。

秋七月戊午朔,日有食之。立行枢密院于扬州、鄂州。庚申,命行御史台拣汰各道按察司官。辛酉,剖郝祯棺,戮其尸。壬戌,命以官钱给戍军费,而以各奥鲁所征还官。禁诸位下营运钱货,差军护送。高丽国王请自造船一百五十艘助征日本。戊辰,征鸭池回军屯田安西,以钞给之。庚午,令蒙古军守江南者更番还家。壬申,发察罕脑儿军千人治晋山道。立马湖路总管府。癸酉,赐高丽王王睶金印。癸酉,宣慰孟庆元、万户孙胜夫使爪哇回,为忙古带所囚,诏释之。丁丑,罢汪札剌儿带总帅,收其制命、虎符。以巩昌路达鲁花赤别速帖木儿为巩昌、平凉等处二十四处军前便宜都总帅府达鲁花赤。以蒙古人孛罗领湖北辰、沅等州淘金事。戊寅,议筑阿失答不速皇城,枢密院言用木十二万,地远难致,依察罕脑儿筑土为墙便。从之。乙酉,赐诸王塔海帖木儿、忽都帖木儿等金银、币帛有差。阇婆国贡金佛塔。发米赈乞里吉思贫民。

八月丁亥朔,给乾山造船军匠冬衣及新附军钞。庚寅,忙古带征罗氏鬼国还,仍佩虎符,为管军万户。辛卯,以阿八赤督运粮。癸巳,发罗罗斯等军助征缅国。辛亥,并淄莱路田、索二镇,仍于驿台立新城县治。大驾驻跸龙虎台。江南水,民饥者众,真定以南旱,民多流移,和礼霍孙请所在官司发廪以赈,从之。申严以金饰车马服御之禁。又禁诸监官不得令人匠私造器物。甲寅,圣诞节,是日还宫。乙卯,御正殿,授皇太子、诸王、百官朝贺。丙辰,谪捏兀迭纳戍占城以赎罪。

九月丁巳朔,赈真定饥民,其流移江南者,官给之粮,使还乡里。敕中书省穷治阿合马之党。别速带请于罗卜、阇里辉立驿,从之。以阿合马没官田产充屯田。籍阿里家。戊午,诛阿合马第三子阿散,仍剥其皮以徇。庚申,汰冗官。游显乞罢涟、海州屯田,以其事隶管民官,从其请,仍以显平章政事,行省扬州。福建宣慰司获倭国谍者,有旨留之。辛酉,诛耿仁、撒都鲁丁及阿合马第四子忻都。招讨使杨庭坚招抚海外,南番皆遣使来贡。俱蓝国主遣使奉表,进宝货、黑猿一。那旺国主忙昂,以其国无识字者,遣使四人,不奉表。苏木都速国主土汉八的亦遣使二人。苏木达国相臣那里八合剌摊赤,因事在俱蓝国,闻诏代其主打古儿遣使奉表,进指环、印花绮段及锦衾二十合。寅俱蓝国也里可温主兀咱儿撒里马亦遣使奉表,进七宝项牌一、药物二瓶。又管领木速蛮马合马亦遣使奉表,同日赴阙。壬戌,禁诸人不得沮挠课程。敕:“官吏受贿及仓库官侵盗,台察官知而不纠者,验其轻重罪之。中外官吏赃罪轻者,杖决,重者处死。言官缄默,与受赃者一体论罪。”仍诏谕天下。乙丑,签亦奚不薛等处军。丁卯,安南国进贡犀兕、金银器、香药等物。增给元帅綦公直军冬衣、钞。己巳,命军站户出钱助民和顾、和买。籍云南新附户。自兀良合带镇云南,凡八籍民户,四籍民田,民以为病,至是令已籍者勿动,新附者籍之。定云南税赋用金为则,以贝子折纳,每金一钱直贝子二十索。罢云南宣慰司。壬申,敕平滦、高丽、耽罗及扬州、隆兴、泉州共造大小船三千艘。亦奚不薛之北蛮洞向世雄兄弟及散毛诸洞叛,命四川行省就遣亦奚不薛军前往招抚之,使与其主偕来。癸酉,阿合马侄宰奴丁伏诛。罢忽辛党马璘江淮行省参知政事。丁亥,遣使括云南所产金,以孛罗为打金洞达鲁花赤。戊寅,给新附军贾祐衣粮。祐言为日本国焦元帅婿,知江南造船,遣其来候动静,军马压境,愿先降附。辛巳,敕各行省止用印一,余者拘之,及拘诸位下印。发钞三万锭于隆兴、德兴府、宣德州和籴粮九万石。壬申,赐诸王阿只吉金五千两、银五万两。厘正选法,置黑簿以籍阿合马党人之名。令诸路岁贡儒、吏各一人。各道提刑按察司举廉能者,升等迁叙。

冬十月丁亥朔,增两浙盐价。诏整治钞法。己丑,敕河西僧、道、也里可温有妻室者,同民纳税。庚寅,以岁事不登,听诸军捕猎于汴梁之南。辛卯,以平章军国重事、监修国史耶律铸为中书左丞相。壬辰,享于太庙,罢西京宣慰司。丙申,初立詹事院,以完泽为右詹事,赛阳为左詹事。由大都至中滦,中滦至瓜州,设南北两漕运司。立芦台、越支、三叉沽盐使司,河间沧清、山东滨、乐安及胶莱、莒密盐使司五。敕籍没财物精好者及金银币帛入内帑,余付刑部,以待给赐。禁中出纳分三库:御用宝玉、远方珍异隶内藏,金银、只孙衣段隶右藏,常课衣段、绮罗、缣布隶左藏。设官吏掌钥者三十二人,仍以宦者二十二人董其事。减太府监官。癸卯,命崔彧等钩考枢密院文卷。甲辰,占城国纳款使回,赐以衣服。乙巳,遣阿耽招降法里郎、阿鲁、乾伯等国。罢屯田总管府,以其事隶枢密院,令管军万户兼之。丙午,以汪惟孝为总帅。丁未,女直六十自请造船运粮,赴鬼国赡军,从之。议征义巴洞。庚戌,以四川民仅十二万户,所设官府二百五十余,令四川行省议减之。移成都宣慰司于碉门。罢利州及顺庆府宣慰司。禁大都及山北州郡酒。诏两广、福建五品以下官从行省就便铨注。耶律铸言:"有司官吏以采室女,乘时害民,如今大郡岁取三人,小郡二人,择其可者厚赐其父母,否则遣还为宜。"从之。籍京畿隐漏田,履亩收税。命游显专领江浙行省漕运。乙卯,命坚童专掌奏记。诛阿合马长子忽辛、第二子抹速忽于扬州,皆醢之。

十一月戊午,上都建利用库。赐太常礼乐、籍田等三百六十户钞千二百锭。甲子,给欠州屯田军衣服。丁卯,给河林戍还军校银钞、币帛。江南袭封衍圣公孔洙入觐,以为国子祭酒兼提举浙东道学校事,就给俸禄与护持林庙玺书。诏以阿合马罪恶颁告中外,凡民间利病即与兴除之。壬申,以势家为商贾者阻遏官民船,立沿河巡禁军,犯者没其家。癸酉,分元帅綦公直军戍曲先。甲戌,中书省臣言:"天下重囚,除谋反大逆,杀祖父母、父母,妻杀夫,奴杀主,因奸杀夫,并正典刑外,余犯死罪者,令充日本、占城、缅国军。"从之。改铸省印。丙子,四川行省招谕大盘洞主向臭友等来朝。戊寅,耶律铸言:"前奉诏杀人者死,仍征烧埋银五十两,后止征钞二锭,其事太轻;臣等议,依蒙古人例,犯者没一女入仇家,无女者征钞四锭。"从之。以袁州、饶州、兴国军复隶隆兴省。马八儿国遣使以金叶书及土物来贡。罢都功德使脱烈,其修设佛事妄费官物,皆征还之。赐贫乏者合纳塔儿、八只等羊马钞。

十二月丁亥,命阿剌海领范文虎等所有海船三百艘。壬寅,中书左丞张文谦为枢密副使。乙未,中书省臣言:"平原郡公赵与芮、瀛国公赵显、翰林直学士赵与票,宜并居上都。"帝曰:"与芮老矣,当留大都,余如所言。"继有旨,给瀛国公衣粮发遣之,唯与票勿行。以中山薛保住上匿名书告变,杀宋丞相文天祥。癸卯,御史中丞崔彧言:"台臣于国家政事得失、生民休戚、百官邪正,虽王公将相亦宜纠察。近唯御史有言,臣以为台官皆当建言,庶于国家有补。选用台察官,若由中书,必有偏徇之弊。御史宜从本台选择,初用汉人十六员,今用蒙古人十六员,相参巡历为宜。"从之。浚济川河。降拱卫司复正四品,仍收其虎符。罢湖广行省金银铁冶提举司,以其事隶各路总管府。以建康淘金总管府隶建康路。中书右丞札散为平章政事。罢解盐司及诸盐司,令运司官亲行调度盐引。罢南京屯田总管府,以其事隶南阳府。阿里海牙复镇远军,发军千人戍守,以其地与西川行省接,就以隶焉。诏立帝师答耳麻八剌剌吉塔,掌玉印,统领诸国释教。造帝师八合思八舍利塔。免巩昌等处积年所欠田租、税课。赐皇子北安王位下塔察儿等马牛羊各有差。

二十年春正月丙辰朔,高丽国王王睶遣其大将军俞洪慎来贺。己未,纳皇后弘吉剌氏。辛酉,赐诸王出伯印。赏诸王必赤帖木儿、驸马昌吉军钞。敕诸王、公主、驸马得江南分地者,于一万户田租中输钞百锭,准中原五户丝数。癸亥,敕药剌海领军征缅国。乙丑,高丽国王王睶遣使兀剌带贡氍布线绅等物四百段。和礼霍孙言:“去冬中山府奸民薛宝住为匿名书来上,妄效东方朔书,欺罔朝迁,希觊官赏。”敕诛之。又言:“自今应诉事者,必须实书其事赴省、台陈告,其敢以匿名书告事,重者处死,轻者流远方,能发其事者给犯人妻子,仍以钞赏之。又阿合马专政时衙门太冗,虚费俸禄,宜依刘秉忠、许衡所定并省为便。”皆从之。设务农司。敕诸事赴省、台诉之,理决不平者,许诣登闻鼓院击鼓以闻。预备征日本军粮,令高丽国备二十万石。以阿塔海依旧为征东行中书省丞相。丙寅,发五卫军二万人征日本。发钞三千锭籴粮于察罕脑儿以给军匠。以燕南、河北、山东诸郡去岁旱,税粮之在民者,权停勿徵。仍谕:“自今管民官,凡有灾伤,过时不申,及按察司不即行视者,皆罪之。”刑部尚书崔彧言时政十八事,诏中书省与御史大夫玉速帖木儿议行之。罢上都回易库。丁卯,伯要带等伐船材于烈垧都山、乾山,凡十四万二千有奇,起诸军贴户年及丁者五千人、民夫三千人运之。己巳,太阴犯轩辕御女。赐诸王也里干、塔纳合、奴木赤金各五十两、金衣袄一。庚午,以平滦造船,去运木所远,民疲于役,徙于阳河造之。壬申,御史台言:“燕南、山东、河北去年旱灾,按察司已尝阅视,而中书不为奏免,民何以堪。请权停税粮。"制曰:可。移巩昌按察司治甘州。命右丞阇里帖木儿及万户三十五人、蒙古军习舟师者二千人、探马赤万人、习水战者五百人征日本。丁丑,以招讨杨廷璧为宣慰使,赐弓矢、鞍勒,使谕俱蓝等国。己卯,命诸军习舟楫,给钞八千锭于隆兴、宣德等处和籴以赡之。庚辰,太阴入南斗。壬午,车驾畋于近郊。以四川归附官杨文安为荆南道宣慰使。改广东提刑按察司为海北广东道,广西按察司为广西海北道,福建按察司为福建闽海道,巩昌按察司为河西陇北道。癸未,拨忽兰及塔剌不罕等四千户隶皇太子位下。壬戌,敕于秃烈秃等富户内贷牛六百头,给乞里古思之贫乏者。

二月戊子,定两广、四川戍军二三年一更,廪其家属,军官给俸以赡之。赐俱蓝国王瓦你金符。赐驸马阿秃江南民千户。以春秋仲月上戊日祭社稷及武成王。庚寅,太阴掩昴。癸巳,敕斡脱钱仍其旧。丁酉,给别十八里屯田军战袄。庚子,敕权贵所占田土,量给各户之外,余者悉以与怯薛带等耕之。减四川官府,并西川东、西、北三道宣慰司及潼川等路镇守万户府、新军总管府,威、灌、茂等州安抚司十四处。是夜,太白犯昴。辛丑,定军官选格。立官吏赃罪法。壬寅,太白犯昴。乙巳,令隆兴行省遣军护送占城粮船。太阴犯心。丁未,定安洞酋长遣其兄弟入觐,敕给驿马。己酉,升阆遗监秩正五品。癸丑,谕中书省:"大事奏闻,小事便宜行之,毋致稽缓。"甲寅,降太医院为尚医监,改给铜印。立江南等处官医提举司。赐日本军官八忽带及军士银钞有差。敕遣官录扬州囚徒。

三月丁巳,诸王胜纳合儿设王府官三员。以万户不都蛮镇守金齿。罢女直造日本出征船。罢河西行御史台。立巩昌等处行工部。罢福建市舶总管府,存提举司。并泉州行省入福建行省。免福建归附后未徵苗税。以阔阔你敦治江淮行省,或言其过,命兀奴忽带、伯颜佐之。戊午,以新附洞蛮酋长为千户。己未,岁星犯键闭。罢京兆行省,立行工部。御史台臣言:"平滦造船,五台山造寺伐木,及南城建新寺,凡役四万人,乞罢之。"诏:"伐木建寺,即罢之,造船一事,其与省臣议。"前后卫军自愿征日本者,命选留五卫汉军千余,其新附军令悉行。庚申,太阴犯井。辛酉,赏诸王合班弟忙兀带所部军士战功银钞、币帛、衣服各有差。给甘州戍军钞。壬戌,太阴犯鬼。乙丑,命兀奴忽鲁带住扬州录囚,遣江北重囚谪征日本。立云南按察司,照刷行省文卷。罢淮安等处淘金官,惟计户取金。以阿合马绵绢丝线给贫民工匠。给王傅兀讷忽帖只印。给西川、福建、两广之任官驿马。以湖南宣慰使张鼎新、行省参知政事樊楫等尝阿附阿里海牙,敕罢之。丙寅,车驾幸上都。江西行省参政完颜那怀坐越例骤升及妄举一百九十八人入官,罢之。罢河西办课提举司。丁卯,增置蒙古监察御史六员。乙巳,岁星犯房。癸酉,岁星掩房。广州新会县林桂方、赵良钤等聚众,伪号罗平国,称延康年号,官军擒之,伏诛,余党悉平。乙亥,罢诸处役夫。遣阿塔海戍曲先,汉都鲁迷失帅甘州新附军往斡端。己卯,给各卫军出征马价钞。辛巳,立畏吾儿四处驿及交钞库。壬午,祀太一。罢福建道宣慰司,复立行中书省于漳州,以中书右丞张惠为平章政事,御史中丞也先帖木儿为中书左丞,并行中书省事。赐迷里札蛮、合八失钞。赈八鲁怯薛、八剌合赤等贫乏。赐皇子北平王所部马牛羊各有差。

夏四月丙戌,立别十八里、和州等处宣慰司。庚寅,敕药剌海戍守亦奚不薛。都元帅也速答儿还自亦奚不薛,驻军成都,求入见,许之,仍遣人屯守险隘。以侍卫亲军二万人助征日本。辛卯,枢密院臣言:"蒙古侍卫军于新城等处屯田,砂砾不可种,乞改拨良田。"从之。壬辰,阿塔海求军官习舟楫者同征日本,命元帅张林、招讨张瑄、总管朱清等行。以高丽王就领行省,规画日本事宜。甲午,减江南诸道医学提举司,四省各存其一。免京畿所括豪势田旧税三之二、新税三之一。高丽国王王睶请以蒙古人同行省事。禁近侍为人求官,紊乱选法。申严酒禁,有私造者,财产女子没官,犯人配役。申私盐之禁,许按察司纠察盐司。己亥,太阴犯房。壬寅,太阴犯南斗。癸卯,授高丽国王王睶征东行中书省左丞相,仍驸马、高丽国王。乙巳,命枢密院集军官议征日本事宜。程鹏飞请明赏罚,有功者军前给凭验，候班师日改授，从之。庚戌，右丞也速带儿招抚筠连州、定州、阿永、都掌等处蛮，独山都掌蛮不降，进军讨之，生擒酋长得兰纽，遂班师。发大都所造回回炮及其匠张林等，付征东行省。辛亥，以征日本，给后卫军衣甲及大名、卫辉新附军钞。麦术丁等检核万亿库，以罪监系者多，请付蒙古人治。有旨："蒙古人为利所汩，亦异往日矣，其择可任者使之。"

五月乙卯，给甘州戍军夏衣。戊午，丞相伯颜、诸王相吾答儿等言：征缅国军，宜参用蒙古、新附军，从之。己未，免五卫军征日本，发万人赴上都。纵平滦造船军归耕，拨大都见管军代役。庚申，减隆兴府昌州盖里泊管盐官吏九十九人，以其事隶隆兴府。定江南民官及转运司官公田。甲子，徙扬州淘金夫赴益都。立征东行中书省，以高丽国王与阿塔海共事，给高丽国征日本军衣甲。御史中丞崔彧言："江南盗贼相继而起，皆缘拘水手、造海船，民不聊生；日本之役，宜姑止之。江南四省应办军需，宜量民力，勿强以土产所无，凡给物价及民者必以实，召募水手当从所欲。伺民之气稍苏，我之力粗备，三二年复东征未晚。"不从。丙寅，太阴掩心东星。免江南税粮三之二。敕阿里海牙调汉军七千、新附军八千，以付唆都从征。辛未，占城行省已破占城，其国主补底遁去，降玺书招徕之。甲戌，发征日本重囚往占城、缅国等处从征。设高丽国劝农官四员。丙子，诏谕诸王相吾答儿："先是云南重囚，令便宜处决，恐滥及无辜，自今凡大辟罪，仍须待报。"并省江淮、云南州郡。以耶律老哥为中书参知政事。免戍军差税。禁诸王奥鲁官科扰军户。以西南蛮夷有谋叛未附者，免西川征缅军，令专守御。支钱令各驿供给。戊寅，诸陈言者从都省集议，可行者以闻，不可则明以谕言者。许按察司官用弓矢。监察御史阿刺浑坐擅免赃钱、不纠私酿等罪罢。用御史中丞崔彧言，罢各路选取室女。颁行宋文思院小口斛。敕以陕西按察司赃罚钱输于秦王。省北京提刑按察司副使、佥事各一员。立海西辽东提刑按察司，按治女直、水达达部。己卯，酬诸王只必帖木儿给军羊马钞十万锭。海南四州宣慰使朱国宝请益兵讨占城国主，诏以阿里海牙军万五千人应之。用王积翁言,诏江南运粮于阿八赤新开神山河及海道两道运之。立斡脱总管府。辛巳,给占城行省唆都弓矢、甲仗。

六月丙戌,申严私易金银之禁。以甘州行省参政王椅为中书参知政事。免大都及平滦路今岁丝料。江南迁转官不之任者,杖之,追夺所受宣敕。戊子,以征日本,民间骚动,盗贼窃发,忽都帖木儿、忙古带乞益兵御寇,诏以兴国、江州军付之。己丑,增官吏俸给。庚寅,定市舶抽分例,舶货精者取十之一,粗者十之五。差五卫军人修筑行殿外垣。命诸王忽牙都设断事官。丙申,发军修完大都城。辛丑,发军修筑堤堰。戊申,用伯颜等言,所括宋手号军八万三千六百人,立牌甲设官以统之,仍给衣粮。庚戌,流叛贼陈吊眼叔陈桂龙于憨答孙之地。辛亥,四川行省参政曲立吉思等讨平九溪十八洞,以其酋长赴阙,定其地立州县,听顺元路宣慰司节制。以向世雄等为叉巴诸洞安抚大使及安抚使。

秋七月癸丑朔,蠲建宁路至元十七年前未纳苗税。丙辰,免微骨鬼军赋。谕阿塔海所造征日本船宜少缓之,所拘商船其悉给还。阿里沙坐虚言惑众,诛。太白犯井。丁巳,赐捏古带等珠衣。庚申,调军益戍云南。丙寅,立亦奚不薛宣慰司,益兵戍守。开云南驿路。分亦奚不薛地为三,设官抚治之。癸亥,太阴犯南斗。乙丑,太白犯井。丁卯,罢淮南淘金司,以其户还民籍。庚午,荧惑犯司怪。新附官周文英入见,其贽礼银万两、金四十锭,铁木儿不花匿为己有;诏即其家搜阅,没入官帑。敕捕阿合马妇翁尚书蔡仲英,徵偿所贷官钞二十万锭。阿八赤、姚演以开神山桥渠,侵用官钞二千四百锭,折阅粮米七十三万石,诏徵偿,仍议其罪。壬申,亦奚不薛军民千户宋添富及顺元路军民总管兼宣抚司阿里等来降。班师,以罗鬼酋长阿利及其从者入觐。立亦奚不薛总管府,命阿里为总管。丙子,减江南十道宣慰司官一百四十员为九十三员。敕上都商税六十分取一。免大都、平滦两路今岁俸钞。立总教院,秩正三品。丁丑,命按察司照刷吐蕃宣慰司文卷。立铺军捕淮西盗贼。淮东宣慰同知宋廷秀私役军四十人,杖而罢之。庚辰,给忽都帖木儿等军贫乏。偿怯儿合思等羊马价钞。

八月癸未,以明理察平章军国重事,商议公事。立怀来淘金所。甲午,敕大名、真定、北京、卫辉四路屯驻新附军于东京屯田。安南国遣使以方物入贡。丙午,太白犯轩辕。丁未,岁星犯钩铃。浙西道宣慰使史弼言:"顷以征日本船五百艘,科诸民间,民病之。宜取阿八赤所有船,修理以付阿塔海,庶宽民力,并给钞于沿海募水手。"从之。济州新开河成,立都漕运司。庚戌,赏还役宿卫军。赐皇子北安王所部军钞羊马。

九月壬子,太白犯轩辕少女。戊午,合剌带等招降象山县海贼尤宗祖等九千五百九十二人,海道以宁。太阴犯斗。壬戌,调黎兵同征日本。丙寅,古答奴国因商人阿剌畏等来言自愿效顺。并占城、荆湖行省为一。徙旧城市肆局院税务皆入大都,减税徵四十分之一。赏朱云龙漕运功,授七品总押,仍以币帛给之。己巳,太白犯右执法。辛未,以岁登,开诸路酒禁。广东盗起,遣兵万人讨之。壬申,太阴掩井。癸酉,荧惑犯鬼。甲戌,太阴犯鬼,荧惑犯积尸气,太白犯左执法。戊寅,史弼陈弭盗之策:为首及同谋者死,余屯田淮上。帝然其言。诏以其事付弼,贼党耕种内地,其妻孥送京师以给鹰坊人等。

冬十月庚寅,给征日本新附军钞三万锭。壬辰,车驾由古北口路至自上都。癸巳,斡端宣慰使刘恩进嘉禾,同颖九穗、七穗、六穗者各一。甲午,以平章政事札散为枢密副使。诏五卫军:"岁以冬十月听十之五还家备资装,正月番上代其半还,四月毕入役。"时各卫议先遣七人,而以三人自代,从之。乙未,享于太庙。丙申,太阴犯昴。丁酉,诛占城逃回军。忙兀带请增蒙古、汉军戍边,从之。以忽都忽总扬州行省唆都新益军。庚子,许阿速带军以兄弟代役。建宁路管军总管黄华叛,众几十万,号头陀军,伪称宋祥兴五年,犯崇安、浦城等县,围建宁府。诏卜怜吉带、史弼等将兵二万二千人讨平之。耶律铸罢。壬寅,立东阿至御河水陆驿,以便递运。徙济州潭口驿于新河鲁桥镇。给甘州纳硫黄贫乏户钞。癸卯,诸王只必帖木儿请括阅常德府分地民户,不许。中书省臣言:"阿八赤新开河二处,皆有仓,宜造小船分海运。"从之。中书省臣言:"押亦迷失尝请谕江南诸郡募人种淮南田。今乃往各郡转收民户,行省官阔阔你敦言其非便,宜令于其于治所召募,不可强民。"从之。戊申,给水达达鳏寡孤独者绢千匹、钞三百锭。立和林平准库。遣官检核益都淘金欺弊。罢中兴管课提举司及北京盐铁课程提举司。己酉,签河西质子军年及丁者充军。庚戌,各道提刑按察司增设判官二员。

十一月壬子,赏太不花、脱欢等战功银币。癸丑,总管陈义愿自备海船三十艘以备征进,诏授义万户,佩虎符。义初名五虎,起自海盗,内附后,其兄为招讨,义为总管。敕凡盗贼必由管民官鞠问,仍不许私和。丁巳,命各省印《授时历》。诸王只必帖木儿请于分地二十四城自设管课官,不从。又请立拘榷课税所,其长从都省所定,次则王府差设,从之。诏:"大都田土并令输税,甘州新括田土,亩输租三升。"己未,吏部尚书刘好礼以吉利吉思风俗事宜来上。壬戌,复立南京宣慰司。乙丑,罢开城路屯田总管府入开城路,隶京兆宣慰司。戊辰,立司农司,掌官田邸舍人民。给诸王所部撒合儿、兀鲁等羊马,以周其乏。河西官府参用汉人。徙甘、肃、沙州民户复业。大都城门设门尉。丁丑,禁云南管课官于常额外多取余钱。戊寅,禁云南权势多取债息,仍禁没人口为奴及黥其面者。太白、岁星相犯。己卯,从诸王术白、蒙古带等请,赏也秃古等银钞,以旌战功。赐皇太子钞千锭。以御史台赃罚钞赐怯怜口。

十二月庚辰,赐诸王浑都帖木儿衣物,忽都儿所部军银钞、币帛。甲申,赐别速带所部军衣服、币帛七千,马二千。赏西番军官爱纳八斯等战功。辛卯,以茶忽所管军六千人备征日本。壬辰,给诸王阿只吉牛价。以中书参议温迪罕秃鲁花廉贫,不阿附权势,赐钞百锭。罢女直出产金银禁。甲午,给钞四万锭,和籴于上都。给司阍卫士贫者,人钞二十锭。辛丑,赐诸王昔烈门等银。以海道运粮招讨使朱清为中万户,赐虎符,张瑄子文虎为千户,赐金符。徙新附官仕内郡。以蠡州还隶真定府路。癸卯,发粟赈水达达四十九站。甲辰,太阴掩荧惑。丙午,罢云南造卖金箔规措所。罢云南都元帅府及重设官吏。定质子令,凡大官子弟遣赴京师。戊申,云南施州子童兴兵为乱,敕参知政事阿合八失帅兵,合罗罗斯脱儿世合讨之。给布万匹赈女直饥民一千户。

是岁,断死罪二百七十八人。

元史卷一三
本纪第一三

世祖十

二十一年春正月乙卯,帝御大明殿,右丞相和礼霍孙率百官,奉玉册、玉宝,上尊号曰宪天述道仁文义武大光孝皇帝,诸王、百官朝贺如朔旦仪,赦天下。丁巳,敕:"自今凡奏事者,必先语同列以所奏;既奏,其所奉旨云何,令同列知而后书之簿;不明以告而辄书簿者,杖必阇赤。"己未,罢云南都元帅府,所管军民隶行省。甲子,罢扬州等处理算官,以其事付行省。江浙行省平章忙忽带进真珠百斤。丙寅,阔阔你敦言:"屯田芍陂兵二千,布种二千石,得粳糯二万五千石有奇,乞增新附军二千。"从之。丁卯,建都王、乌蒙及金齿一十二处俱降。建都先为缅所制,欲降未能。时诸王相吾答儿及行省右丞太卜、参知政事也罕的斤分道征缅,于阿昔、阿禾两江造船二百艘,顺流攻之,拔江头城,令都元帅袁世安成之。遂遣使招谕缅王,不应。建都太公城乃其巢穴,遂水陆并进,攻太公城,拔之,故至是皆降。庚午,立江淮、荆湖、江西、四川行枢密院,治建康、鄂州、抚州、成都。立耽罗国安抚司。辛未,相吾答儿遣使进缅国所贡珍珠、珊瑚、异彩及七宝束带。甲戌,遣蒙古官及翰林院官各一人,祠岳渎、后土。遣王积翁赍诏使日本,赐锦衣、玉环、鞍辔。积翁由庆元航海至日本近境,为舟人所害。御史台臣言:"罪黜之人,久忘其名又复奏用,乞戒约。"帝曰:"卿等所言固是,然其间岂无罪轻可录用者?"御史大夫玉速帖木儿对曰:"以各人所犯罪状明白敷奏,用否当取圣裁。"从之。丙子,建宁叛贼黄华自杀。丁丑,云南诸路按察司官陛辞,诏谕之曰:"卿至彼,当宣明朕意,勿求货财;名成则货财随之,徇财则必失其名,而性命亦不可保矣。"己卯,马八儿国遣使贡珍珠、异宝、缣段。

二月辛巳,以福建宣慰使管如德为泉州行省参知政事,征缅。浚扬州漕河。罢高丽造征日本船。丁亥,命翰林学士承旨撒里蛮祀先农于籍田。壬辰,以江西叛寇妻子赐鹰坊养虎者。以别速带逃军七百余人付安西王屯田,给以牛具。邕州、宾州民黄大成等叛,梧州、韶州、衡州民相挺而起,湖南宣慰使撒里蛮将兵讨之。甲午,罢群牧所。己亥,瑞州获叛民晏顺等三十二人,并妻孥送京师。罢阿八赤开河之役,以其军及水手各万人运海道粮。放檀州淘金五百人还家。丁未,括江南乐工。命阿塔海发兵万五千人、船二百艘助征占城,船不足命江西省益之。戊申,徙江淮行省于杭州,徙浙西宣慰司于平江,省黄州宣慰司入淮西道。立法轮竿于大内万寿山,高百尺。漳州盗起,命江浙行省调兵进讨。秦州总管刘发有罪,尝欲归黄华,事觉伏诛。迁故宋宗室及其大臣之仕者于内地。

三月辛亥,敕思、播管军民官自今勿迁。丁巳,皇子北平王南术合至自北边。王以至元八年建幕庭于和林北野里麻里之地,留七年,至是始归。右丞相安童继至。以张弘范等将新附军。壬戌,更定虎符。丙寅,乘舆幸上都。丁卯,太庙正殿成,奉安神主。甲戌,置潮、赣、吉、抚、建昌戍兵。乙亥,高丽国王王睶以皇帝尊号礼成,遣使来贺。

夏四月壬午,令军民同筑堤堰,以利五卫屯田。乙酉,省泉府司入户部。立大都留守司兼少府监。立大都路总管府。立西川、延安、凤翔、兴元宣课司。从迷里火者、蜜剌里等言,以钞万锭为市于别十八里及河西、上都。以火者赤依旧扬州盐运使,岁市盐八十万石以赎过。乙亥,涿州巨马河决,冲突三十余里。庚子,湖广行省平章阿里海牙请身至海滨,收集占城散军复使南征,且趣其未行者。许之。壬寅,江淮行省进各翼童男女百人。忽都铁木儿征缅之师为贼冲溃。戊申，高丽王王睶及公主以其世子源来朝。敕发思、播田、杨二家军二千从征缅。籍江南盐徒军，藏匿者有罪。火儿忽等所部民户告饥，帝曰："饥民不救，储粮何为？"发万石赈之。命开元等路宣慰司造船百艘，付狗国戍军。云南行省为破缅国江头城，进童男女八十人并银器、币帛。

五月己酉，从秃秃合言，立二千户，总钦察、康里子弟愿为国宣劳者。壬子，拘征东省印。癸丑，枢密院臣言："唆都溃军已令李恒收集，江淮、江西两省溃军，别遣使招谕，凡至者皆给之粮，舟楫损者修之，以俟阿里海牙调用。"从之。戊午，敕中书省："奏目及文册，皆不许用畏吾字，其宣命、扎付并用蒙古书。"己未，荆湖占城行省言："忽都虎、忽马儿等将兵征占城，前锋舟师至舒眉莲港不知所向，令万户刘君庆进军次新州，获占蛮，始知我军已还矣；就遣占蛮向导至占城境，其国主遣阿不兰以书降，且言其国经唆都军马虏掠，国计已空，俟来岁遣嫡子以方物进，继遣其孙路司理勒蛰等奉表诣阙。"乙丑，取高丽所产铁。蠲江南今年田赋十分之二，其十八年已前逋欠未征者，尽免之。阿鲁忽奴言："曩于江南民户中拨匠户三十万，其无艺业者多，今已选定诸色工匠，余十九万九百余户，宜纵令为民。"从之。诏谕各道提刑按察司分司事宜。庚午，荆湖占城行省以兵进据乌马境，地近安南，请益兵。命鄂州达鲁花赤赵翥等奉玺书往谕安南。河间任丘县民李移住谋叛，事觉伏诛。括天下私藏天文图谶《太乙雷公式》、《七曜历》、《推背图》、《苗太监历》，有私习及收匿者罪之。丁丑，忽都虎、乌马儿、刘万户等率扬州省军二万赴唆都军前，遇风船散，共军皆溃。敕追乌马儿等诰命、虎符及部将所受宣敕，以河西孛鲁合答儿等代之，听阿里海牙节制。

闰五月己卯，封法里剌王为郡王，佩虎符。改思、播二州隶顺元路宣抚司。罢西南番安抚司，立总管府。给西川蒙古军钞，使备铠仗，耕遂宁沿江旷土以食，四顷以下者免输地税。命总帅汪惟正括四川民户。辛巳，加封卫辉路小清河神曰洪济威惠王。壬午，蒙古侍卫亲军都指挥使八忽带征黄华回，进人口百七十一。乙酉，以云南境内洪城并察罕章,隶皇太子。丙戌,行御史台自扬州迁于杭州,庚寅,赐归附洞蛮官十八人衣,遣还。癸巳,赐北安王螭纽金印。罢皮货所。理算江南诸行省造征日本船隐弊,诏按察司毋得沮挠。甲辰,安南国王世子陈日烜遣其中大夫陈谦甫贡玉杯、金瓶、珠摝、金领及白猿、绿鸠、币帛等物。丙午,以侍卫亲军万人修大都城。

六月壬子,遣使分道寻访测验暑景、日月交食、历法。增官吏俸,以十分为率,不及一锭者,量增五分。甲寅,诏封皇子脱欢为镇南王,赐涂金银印,驻鄂州。庚申,改蒙古都元帅府为蒙古都万户府,炮手元帅府为炮手万户府,炮手都元帅府为回回炮手军匠万户府。甲子,命也速带儿所部军六十人淘金双城。从憨答孙请,移阿剌带和林屯田军与其所部相合,屯田五河。乙丑,中卫屯田蝗。甲戌,赐皇子爱牙赤怯薛带孛折等及兀剌海所部民户钞二万一千六百四十三锭,皇子南木合怯薛带、怯怜口一万二百四十六锭。以马一万一百九十五、羊一万六十赐朵鲁朵海扎剌伊儿所部贫军。秋七月丁丑朔,敕荆湖、西川两省合兵讨义巴、散毛洞蛮。云南省臣言:“腾越、永昌、罗必丹民心携贰,宜令也速带儿或汪总帅将兵讨之。”制曰:可。命枢密院差军修大都城。己卯,立衍福司。中书省臣言:“宰相之名,不宜轻授,今占城省臣已及七人,宜汰之。”诏军官勿带相衔。赐皇子北安王印。复扬州管匠提举司。丁亥,江淮行省以占城所遣太半达连扎赴阙,及其地图来上。塔剌赤言:“头辇哥国王出戍高丽,调旺速等所部军四百以往,今头辇哥已回,留军耽罗,去其妻、子已久,宜令他军更戍。”伯颜等议,以高丽军千人屯耽罗,其留戍四百人纵之还家。从之。戊子,诏镇南王脱欢征占城。遣所留安南使黎英等还其国。日烜遣其中大夫阮道学等以方物来献。总帅汪惟正言:“一门兄弟从仕者众,乞仍于秦、巩州置便宜都总帅府,仍用元帅印,即其兄弟四人择一人为总帅,总帅之下总管府令其兼之;汪氏二人西川典兵者,亦择其一为万户,余皆依例迁转。”从之。赐贫乏者阿鲁浑、玉龙帖木儿等钞,共七千四百八十锭。

八月丁未,云南行省言:“华帖、白水江、盐井三处土老蛮叛,杀诸王及行省使者。"调兵千人讨之。定拟军官格例,以河西、回回、畏吾儿等依各官品充万户府达鲁花赤,同蒙古人,女直、契丹同汉人,若女直、契丹生西北,不通汉语者,同蒙古人,女直生长汉地同汉人。己酉,御史台臣言:"无籍之军愿从军杀掠者,初假之以张渡江兵威,今各持弓矢剽劫平民,若不分隶各翼,恐生他变。"诏遣之还家。辛亥,征东招讨司聂古带言:"有旨进讨骨嵬,而阿里海牙、朵剌带、玉典三军皆后期,七月之后海风方高,粮仗船重,深虞不测,姑宜少缓。"从之。占城国王乞回唆都军,愿以土产岁修职贡,使大盘亚罗日加翳、大巴南等十一人奉表诣阙,献三象。甲子,放福建畲军收其军器,其部长于近处州郡民官迁转。庚午,车驾至自上都。甲戌,掫完上言:"建都女子沙智治道立站有功,已授虎符,管领其父元收附民为万户,今改建昌路总管,仍佩虎符。"从之。

九月甲申,京师地震。并市舶司入盐运司,立福建等处盐课市舶都转运司。中书省言:"福建行省军饷绝少,必于扬州转输,事多迟误,若并两省为一,分命省臣治泉州为便。"诏以中书右丞、行省事忙兀台为江淮等处行中书省平章政事;其行省左丞忽剌出、蒲寿庚,参政管如德,分省泉州。癸巳,太白犯南斗。丙申,以江南总摄杨琏真加发宋陵冢所收金银、宝器修天衣寺。甲辰,海南贡白虎、狮子、孔雀。

冬十月丁未,享于太庙。戊申,四川行省言:金齿遗民尚多未附;以要剌海将探马赤军二千人讨之。己酉,敕:"管军万户为行省宣慰使者,毋兼管军事;仍为万户者,毋兼莅民政。"壬子,定涟、海等处屯田法。辛酉,征东招讨司以兵征骨嵬。宋有手记军,死则以兄弟若子继,诏依汉军籍之,毋文其手。丁卯,和礼霍孙请设科举,诏中书省议;会和礼霍孙罢,事遂寝。以招讨使张万为征缅招讨使,佩三珠虎符。戊辰,立常平仓,以五十万石价钞给之。甲戌,诏谕行中书省:凡征日本船及长年篙手,并官给钞,增价募之。赐贫乏者押失、忻都察等钞一万四千三锭。

十一月甲申,封南木里、忙哥赤郡公。戊子,命北京宣慰司修滦

河道。己丑，江西行省参知政事也的迷失禽获海盗黎德及招降余党
百三十三人，即其地诛黎德以徇，以黎德弟黎浩及伪招讨吴兴等槛
送京师。迁转官员薄而不就者，其令归农当役。庚寅，占城国王遣
使大罗盘亚罗日加翳等奉表来贺圣诞节，献礼币及象二。占城旧州
主宝嘉娄亦奉表入附。庚子，以范文虎为左丞，商量枢密院事。太
阴犯心。辛丑，和礼霍孙、麦术丁、张雄飞、温迪罕皆罢。前右丞相
安童复为右丞相，前江西榷茶运使卢世荣为右丞，前御史中丞史枢
为左丞，不鲁迷失海牙、撒的迷失并参知政事。前户部尚书拜降参
议中书省事。敕中书省整治钞法、定金银价、禁私自回易，官吏奉行
不虔者罪之。壬寅，安童、卢世荣言：“阿合马专政时所用大小官员
例皆奏罢，其间岂无通才，宜择可用者仍用之。”诏：依所言汰选，毋
徇私情。癸卯，福建行省遣使人八合鲁思招降南巫里、别里剌、理
伦、大力等四国，各遣其相奉表，以方物来贡。以江淮间自襄阳至于
东海多荒田，命司农司立屯田法，募人开耕，免其六年租税并一切
杂役。赐蒙古贫乏者也里古、薛列海、察吉儿等钞十二万四千七百
二十二锭。

十二月甲辰朔，中书省臣言：“江南官田为权豪、寺观欺隐者
多，宜免其积年收入，限以日期，听人首实，逾限为人所告者，征以
其半给告者。”从之。立常平盐局。乙巳，崔彧言：卢世荣不可为相；
忤旨罢。以丁壮万人开神山河，立万户府以总之。辛亥，以仪凤司
隶卫尉院。癸亥，卢世荣言：“京师富豪户酿酒，价高而味薄，以致课
不时输，宜一切禁罢，官自酤卖，向之岁课一月可办。”从之。甲子，
以高丽提举司隶工部。乙丑，祀太一。丙寅，荆湖占城行省遣八番
刘继昌谕降龙昌宁、龙延万等赴阙，奉羊马、白毡来贡，各授本处安
抚使。立宣慰司，招抚西南诸蕃等处酋长。癸酉，命翰林承旨撒里
蛮、翰林集贤大学士许国祯集诸路医学教授增修《本草》。是月，镇
南王军至安南，杀其守兵，分六道以进。安南兴道王以兵拒于万劫，
进击败之。万户倪闰战死于刘村。以泾州隶都总帅府。赐蒙古贫
乏者兀马儿等钞二千八百八十五锭、银四十锭。

二十二年春正月戊寅，以命相诏天下。民间买卖金银、怀孟诸路竹货、江淮以南江河鱼利，皆弛其禁。诸处站赤饮食，官为支给。遣官诸路虑囚，罪轻者释之。徙屯卫辉亲附军六千家，廪之京师，以完仓廪。发五卫军及新附军浚蒙村漕渠。庚辰，立别十八里驿传。毁宋郊天台。桑哥言：杨辇真加云，会稽有泰宁寺，宋毁之以建宁宗等攒宫，钱唐有龙华寺，宋毁之以为南郊，皆胜地也，宜复为寺，以为皇上、东宫祈寿。时宁宗等攒宫已毁建寺，敕毁郊天台，亦建寺焉。壬午，诏立市舶都转运司。立上都等路群牧都转运使司、诸路常平盐铁坑冶都转运司。甲申，遣使代祀五岳、四渎、东海、后土。戊子，阔阔你敦言：“先有旨遣军二千屯田苟陂，试土之肥硗，去秋已收米二万余石，请增屯士二千人。”从之。徙江南乐工八百家于京师。封驸马唆郎哥为宁昌郡王，赐龟纽银印。西川赵和尚自称宋福王子广王以诳民，民有信者；真定民刘驴儿有三乳，自以为异，谋不轨。事觉，皆磔裂以徇。移五条河屯田军五百于兀失蛮、扎失蛮。辛卯，发诸卫军六千八百人给护国寺修造。广御史台赃罚库。癸巳，枢密臣言：“旧制四宿卫各选一人参决枢密院事，请以脱列伯为签院。”从之。诏括京师荒地，令宿卫士耕种。乙未，中书省臣请以御史大夫玉速帖木儿为左丞相，中丞撒里蛮为御史大夫；罢行御史台，以其所属按察司隶御史台，行御史台大夫拨鲁罕为中书省平章政事。帝曰：“玉速帖木儿朕当思之，拨鲁罕宽缓，不可。”安童对曰：“阿必赤合何如？”帝曰：“此事朕自处之；罢行御史台者，当如所奏。”卢世荣请罢福建行中书省，立宣慰司，隶江西行中书省。又言：“江南行中书省事繁，恐致壅滞，今随行省立行枢密院，总兵以分其务为便。”帝曰：“行院之事，前日已言，由阿合马欲其子忽辛兼兵柄而止，今议行之。”流征占城擅还将帅二十三人于远方。丙申，帝畋于近郊。升武备监为武备寺，尚医监为太医院，职俱三品。升六部为二品。以合必赤合为中书平章政事。命礼部领会同馆。初，外国使至，常令翰林院主之，至是改正。荆湖占城行省平叛蛮百六十六洞。诏禁私酒。己亥,分江浙行省所治南康隶江西省。辛丑,以杨兀鲁带为征骨嵬招讨使,佩二珠虎符。壬寅,造大樽于殿,樽以木为质,银内而金外,镂为云龙,高一丈七寸。是月壬午,乌马儿领兵与安南兴道王遇,击败之,兵次富良江北。乙酉,安南世子陈日烜领战船千余艘以拒。丙戌,与战,大破之,日烜遁去。入其城,还屯富良江北。唆都、唐古带等引兵与镇南王会。

二月乙巳,驻跸柳林。增济州漕舟三千艘,役夫万二千人。初江淮岁漕米百万石于京师,海运十万石,胶、莱六十万石,而济之所运三十万石,水浅舟大,恒不能达,更以百石之舟,舟用四人,故夫数增多。塞浑河堤决,役夫四千人。诏改江淮、江西元帅招讨司为上中下三万户府,蒙古、汉人、新附诸军相参,作三十七翼。上万户:宿州、蕲县、真定、沂郯、益都、高邮、沿海七翼;中万户:枣阳、十字路、邳州、邓州、杭州、怀州、孟州、真州八翼;下万户:常州、镇江、颍州、庐州、亳州、安庆、江阴水军、益都新军、湖州、淮安、寿春、扬州、泰州、弩手、保甲、处州、上都新军、黄州、安丰、松江、镇江水军、建康二十二翼。翼设达鲁花赤、万户、副万户各一人,以隶所在行院。江西盗黎德等余党悉平。以应放还五卫军穿河西务河。旧例,五卫军十人为率,七人、三人分为二番,十月放七人者还,正月复役,正月放三人者还,四月复役,更休息之。丙午,以荆湖行省所隶八番、罗甸隶西川行省。分岚、管为二州。加封桑乾神洪济公为显应洪济公。己酉,为皇孙阿难答立衍福司,职四品,使、同知、副使各一员。辛亥,广东宣慰使月的迷失讨潮、惠二州盗郭逢贵等四十五寨,皆平,降民万余户、军三千六百一十人,请将所获渠帅入觐,面陈事宜。从之。丙辰,诏罢胶、莱所凿新河,以军万人隶江浙行省习水战,万人载江淮米泛海,由利津达于京师。辛酉,御史台臣言:“近中书奏罢行御史台,改按察司为提刑转运司,俾兼钱谷,而纠弹之职废矣,请令安童与老臣议。”从之。壬戌,太阴犯心。中书省臣卢世荣请立规措所,经营钱谷,秩五品,所用官吏以善贾为之,勿限白身人。帝从之。参知政事不鲁迷失海牙等因奏世荣姻党有牛姓者,前为提举，今浙西运司课程颇多，拟升转运副使。亦从之。诏旧城居民之迁京城者以赀高及居职者为先，仍定制以地八亩为一分；其或地过八亩及力不能作室者，皆不得冒据，听民作室。升御带库为章佩监。徙右千户以儿海迷失分地泉州。赐合剌失都儿新附民五千户，合剌赤、阿速、阿塔赤、昔宝赤、贵由赤等尝从征者，亦皆赐之。以民八十户赐皇太子宿卫臣尝从征者。用卢世荣言，回买江南民土田。诏天下拘收铜钱。申禁私造酒曲。戊辰，车驾幸上都。帝问省臣："行御史台何故罢之？"安童曰："江南盗贼屡起，行御史台镇遏居多，臣以为不可罢；然与江浙行中书省并在杭州，地甚远僻，徙之江州，居江浙、湖南、江西三省之中为便。"从之。立真定、济南、太原、甘肃、江西、江淮、湖广等处宣慰司兼都转运使司，以治课程，仍立条制。禁诸司不得擅追管课官吏，有敢沮扰者，具姓名以闻。增济州漕运司军万二千人。立江西、江淮、湖广造船提举司。令江浙行省参政冯珪，湖广行省右丞要束木、参政潘杰，龙兴行省左丞伯颜、参政杨居宽、签省陈文福，专领课程事。以瓮吉剌带为中书左丞相。己巳，复立按察司。拨民二万七千户与驸马唆郎哥。以忽都鲁为平章政事。诏：各道提刑按察司能遵奉条画，莅事有成者，任满升职，赃污不称任者，罢黜除名。诏立供膳司，职从五品，达鲁花赤、令、丞各一员。罢融州总管府为州。

三月丙子，遣太史监候张公礼、彭质等往占城测候日晷。癸未，罢甘州行中书省，立宣慰司，隶宁夏行中书省。荆湖占城行省请益兵。时陈日烜所逃天长、长安二处兵力复集，兴道王船千余艘聚万劫，阮盝在永平，而官兵远行久战，悬处其中，唆都、唐古带之兵又不以时至，故请益兵。帝以水行为危，令遵陆以往。庚子，诏依旧制凡盐一引四百斤，价银十两，以折今钞为二十贯，商上都者，六十而税一。增契本为三钱。立上都规措所回易库，增坏钞工墨费每贯二分为三分。

夏四月癸卯，立行枢密院都镇抚司。置畏兀驿六所。丙午，以征日本船运粮江淮及教军水战。庚戌，监察御史陈天祥劾中书右丞卢世荣罪恶,诏世荣、天祥皆赴上都。壬子,江陵民张二妻邓氏一产三男。癸丑,诏追捕宋广王及陈宜中。遣中书省、枢密院、御史台官各一员,决大都及诸路罪囚。大都、汴梁、益都、庐州、河间、济宁、归德、保定蝗。辛酉,以耽罗所造征日本船百艘赐高丽。壬戌,御史中丞阿剌帖木儿、郭佑,侍御史白秃剌帖木儿,参知政事撒的迷失等以卢世荣所招罪状奏。阿剌帖木儿等与世荣对于帝前,世荣悉款服。改六部依旧为三品。诏:"安童与诸老臣议世荣所行,当罢者罢之,更者更之,其所用人实无罪者,朕自裁决。"癸亥,敕以麦术丁所行清洁,与安童治省事。

五月甲戌,以御史中丞郭佑为中书省参知政事。丁丑,减上都商税。戊寅,广平、汴梁、钧、郑旱。以远方历日取给京师不以时至,荆湖等处四行省所用者,隆兴印之,合剌章、河西、西川等处所用者,京兆印之。诏甘州每地一顷,输税三石。壬午,以军千人修阿失盐场仓。以忻都为踢里玉招讨使,佩虎符。有旨:不可兴兵远攻,近地有不服者讨之。右巴等洞蛮平。甲申,立汴梁宣慰司,依安西王故事,汴梁以南至江,以亲王镇之。丁亥,中书省臣言:六部官冗甚,可止以六十八员为额,余悉汰去。诏择其廉洁有干局者存之。分汉地及江南所拘弓箭、兵器为三等,下等毁之,中等赐近居蒙古人,上等贮于库,有行省、行院、行台者掌之,无省、院、台者达鲁花赤、畏兀、回回居职者掌之,汉人、新附人虽居职,无有所预。戊子,改升江、乌定、朵里灭该等府为路。云南行省臣脱帖木儿言蠲逋赋、征侵隐、戍叛民、明黜陟、罢转运、给亲王、赋豪户、除重税、决盗贼、增驿马、取质子、定俸禄、教农桑、优学者、恤死事、捕逃亡十余事,命中书省议其可者行之。庚寅,真定、广平、河间、恩州、大名、济南蚕灾。增大都诸门尉、副各一人。敕朵儿只招集甘、沙、速等州流徙饥民。行御史台复徙于杭州。丁酉,徙行枢密院于建康。戊戌,汴梁、怀孟、濮州、东昌、广平、平阳、彰德、卫辉旱。罢江南造船提举司。陈日烜走海港,镇南王命李恒追袭,败之。适暑雨疫作,兵欲北还思明州,命唆都等还乌里。安南以兵追蹑,唆都战死。恒为后距,以卫镇南王,药矢中左膝,至思明毒发而卒。

六月庚戌,命女直、水达达造船二百艘及造征日本迎风船。辛亥,扬州进芝草。丙辰,遣马速忽、阿里赍钞千锭往马八图求奇宝,赐马速忽虎符,阿里金符。高丽遣使来贡方物。庚午,诏减商税,罢牙行,省市舶司入转运司。左丞吕师夔乞假五月,省母江州。帝许之,因谕安童曰:“此事汝蒙古人不知,朕左右复无汉人,可否皆自朕决,汝当尽心善治百姓,无使重困致乱,以为朕羞。”参知政事张德润献其家人四百户于皇太子。马湖部田鼠食稼殆尽,其总管祠而祝之,鼠悉赴水死。

秋七月壬申,造温石浴室及更衣殿。癸酉,诏禁捕猎。甲戌,敕秘书监修《地理志》。乙亥,安南降者昭国王、武道、文义、彰宪、彰怀四侯赴阙。戊寅,京师蝗。分甘州屯田新附军三百人田于亦集乃之地。己卯,以米千石廪瓮吉剌贫民。壬午,陕西四川行中书省左丞汪惟正入见。甲申,改阔里吉思等所平大小十溪洞悉为府、州、县。修汴梁城。丁亥,广东宣慰使月的迷失入觐,以所降渠帅郭逢贵等至京师,言山寨降者百五十余所。帝问:“战而后降邪?招之即降邪?”月的迷失对曰:“其首拒敌者,臣已磔之矣,是皆招降者也。”因言:“塔术兵后未尝抚治其民,州县官复无至者,故盗贼各据土地互相攻杀,人民渐耗,今宜择良吏往治之。”从之。庚寅,枢密院言:“镇南王脱欢所总征交趾兵久战力疲,请于奥鲁赤等三万户分蒙古军千人,江淮、江西、荆湖三行院分汉军、新附军四千人,选良将将之,取镇南王脱欢、阿里海牙节制,以征交趾。”从之。复以唐兀带为荆湖行省左丞。唐兀带请放征交趾军还家休憩,诏从脱欢、阿里海牙处之。给诸王阿只吉分地贫民农具、牛、种,令自耕播。乙未,云南行省言:“今年未暇征缅,请收获秋禾,先伐罗北甸等部。”从之。庚子,改开、达、梁山三州隶夔州路。

八月庚子,给钞万二千四百锭为本,取息以赡甘、肃二州屯田贫军。辛丑,命有司祭斗三日。戊申,分四川镇守军万人屯田成都。丙辰,车驾至自上都。己未,诏复立泉府司,秩从二品,以答失蛮领之。初，和礼霍孙以泉府司商贩者，所至官给饮食，遣兵防卫，民实厌苦不便，奏罢之。至是，答失蛮复奏立之。

九月丙寅，遣蒙古军三千人屯田清、沧、靖海。戊辰，罢禁海商。省合剌章、金齿二宣抚司为一，治永昌。立临安广西道宣抚司。中书省臣奏：“近奉旨括江淮水手，江淮人皆能游水，恐因此动摇者众。”从之。罢榷酤。初，民间酒听自造，米一石，官取钞一贯。卢世荣以官钞五万锭立榷酤法，米一石取钞十贯，增旧十倍。至是，罢榷酤，听民自造，增课钞一贯为五贯。敕拘铜钱，余铜器听民仍用。令福建黄华畲军有恒产者为民，无恒产与妻子者编为守城军。汪惟正言：巩昌军民站户并诸人奴婢，因饥岁流入陕西、四川者，彼即括为军站。帝曰：“信如所言，当鸠集与之，如非己有而强欲得之者，岂彼于法不知惧邪？”乙亥，听民自实两淮荒地，免税三年。中书省以江北诸城课程、钱粮，听杭、鄂二行省节制，道途迂远，请改隶中书。从之。永昌、腾冲二城在缅国、金齿间，摧圮不可御敌，敕修之。敕自今贡物，惟地所产，非所产者毋辄上。丙子，真蜡、占城贡乐工十人及药材、鳄鱼皮诸物。辛巳，收集工匠之隐匿者。丙戌，速木都剌、马答二国遣使来朝。庚寅，敕征交趾诸军，除留蒙古军百、汉军四百为镇南王脱欢宿卫，余悉遣还。别以江淮行枢密院所总蒙古兵戍江西。癸巳，云南贡方物。乌蒙叛，命四川行院也速带儿将兵讨之，马湖总管汝作以蛮军三百为助。降西崖门酋长阿者等百余户。

冬十月己亥，以钞五千锭和籴于应昌府。复分河间、山东盐课转运司为二。遣合撒儿海牙使安南。遣雪雪的斤领畏兀儿户一千戍合剌章。庚子，享于太庙。甲辰，修南岳庙。乙巳，枢密院臣言：“脱脱木儿遣使言阿沙、阿女、阿则三部欲叛，宜遣人往召，如不至乘隙伐之。”不允。因敕谕之：“事不议于云南王也先帖木儿者，毋辄行。”诏征东招讨使塔塔儿带、杨兀鲁带以万人往骨嵬，因授杨兀鲁带三珠虎符，为征东宣慰使都元帅。壬子，长葛、鄢城各进芝草。癸丑，立征东行省，以阿塔海为左丞相，刘国杰、陈岩并左丞，洪茶丘右丞，征日本。赐脱里察安、答即古阿散等印，令考核中书省，其制如三品。丙辰，以参议帖木儿为参知政事，位郭佑上，且命之曰："自今之事皆责于汝。"马法国入贡。戊午，以江淮行省平章忙兀带为江浙省左丞相。初，西川止立四路，阿合马滥用官，增而为九。台臣言：其地民少，留广元、成都、顺庆、重庆、夔府五路，余悉罢去。后以山谷险要，蛮夷难处，复置嘉定路、叙州宣抚司以控制之。升大理寺为都护府，职从二品。都护府言：合剌禾州民饥，户给牛二头，种二石，更给钞一十一万六千四百锭，籴米六万四百石，为四月粮赈之。癸亥，以答即古阿散理算积年钱谷，别置司署，与省部敌，干扰政务，并入省中。丁卯，敕枢密院计胶、莱诸处漕船，高丽、江南诸处所造海舶，括佣江淮民船，备征日本。仍敕习泛海者，募水工至千人者为千户，百人为百户。塔海弟六十言："今百姓及诸投下民俱令造船于女直，而女直又复发为军，工役繁甚。乃颜、胜纳合儿两投下鹰坊、采金等户独不调。"有旨遣使发其民。乌蒙蛮夷宣抚使阿蒙叛。诏止征罗必丹兵，同云南行省出兵讨之。郭佑言："自平江南十年之间，凡钱粮事八经理算。今答即古阿散等又复钩考，宜即罢去。"帝嘉纳之。

十一月己巳朔，广东宣慰使月的迷失以英德、循、梅三路民少，请改为州。又请以管军总管于跃为惠州总管，蔚州知州木八剌为潮州达鲁花赤。帝疑其专，不允。御史台臣言："御史台、按察司以纠察百官为职，近钩校钱谷者恐发其奸，私聚群不逞之徒，欲沮其事，愿陛下依旧制谕之。"制曰：可。庚午，赐皇子爱牙赤银印。壬申，以讨日本，遣阿八剌督江淮行省军需，遣察忽督辽东行省军需。甲戌，置合剌章、四川、建都等驿。戊寅，遣使告高丽，发兵万人、船六百五十艘，助征日本；仍令于近地多造船。己丑，籍重庆府不花家人百二十三户为民。御史台臣奏："昔宋以无室家壮士为盐军，数凡五千，今存者一千一百二十二人，性习凶暴，民患苦之，宜给以衣粮，使屯田自赡。"诏议行之。癸巳，敕漕江淮米百万石泛海贮于高丽之合浦，仍令东京及高丽各贮米十万石，备征日本，诸军期于明年三月以次而发，八月会于合浦。乙未，以秃鲁欢为参知政事。卢世荣伏

诛。丙申，赦囚徒，黥其面，及招宋时贩私盐军习海道者为水工，以
征日本。

十二月，敕减天下罪囚。以占城遁还忽都虎、刘九、田二复旧
职，从征日本。增阿塔海征日本战士万人、回回炮手五十人。己亥，
从枢密院请，严立军籍条例，选壮士及有力家充军。敕枢密院："向
以征日本故，遣五卫军还家治装，今悉选壮士，以正月一日到京
师。"江淮行省以战船千艘习水战江中。辛丑，诛答即古阿散党人蔡
仲英、李蹊。丁未，皇太子甍。戊午，以中卫军四千人伐木五万八千
六百，给万安寺修造。己未，丹太庙楹。乙酉，立集贤院，以扎里蛮
领之。戊子，罢合剌章打金规运所及都元帅。敕合剌章酋长之子入
质京师，千户、百户子留质云南王也先帖木儿所。中书省臣奏："纳
速丁言，减合剌章冗官，可岁省俸金九百四十六两，又屯田课程专
人主之，可岁得金五千两。"皆从之。遣只必哥等考核云南行省。庚
寅，诏毋迁转工匠官。辛卯，敕有司祭北斗。

是岁，命江浙转运司通管课程。集诸路僧四万于西京普恩寺作
资戒会七日夜。并省重庆等处州县。占城行省参政亦黑迷失等以
军还，驻海外四州，遣使以闻，敕放其军还。赐皇子脱欢，诸王阿鲁
灰、只吉不花，公主囊家真等，钞计七千七百三十二锭、马六百二十
九匹、衣段百匹、弓千、矢二万发。赐诸王阿只吉、合儿鲁、忙兀带、
宋忽儿、阿沙、合丹、别合剌等及官户散居河西者，羊马价钞三万七
千七百五十七锭、布四千匹、绢二千匹。以伯八剌等贫乏，给钞七万
六千五百二锭。赏诸王阿只吉、小厮、汪总帅、别速带、也先等所部
及征缅、占城等军，钞五万三千五百四十一锭、马八千一百九十七
匹、羊一万六千六百三十四、牛十一、米二万二千一百石、绢帛八万
一千匹、绵五百三十斤、木绵二万七千二百七十九匹、甲千被、弓千
张、衣百七十九袭。命帝师也怜八合失甲自罗二思八等递藏佛事于
万安、兴教、庆寿等寺凡一十九会。断死罪二百七十一人。

元史卷一四
本纪第一四

世祖十一

　　二十三年春正月戊辰朔，以皇太子故，罢朝贺。禁赍金银铜钱越海互市。甲戌，帝以日本孤远岛夷，重困民力，罢征日本，召阿八赤赴阙，仍散所顾民船。以江南废寺土田为人占据者，悉付总统杨琏真加修寺。己卯，立罗不、怯台、阇鄺、斡端等驿。吕文焕以江淮行省右丞告老，许之，任其子为宣慰使。庚辰，马八国遣使进铜盾。壬午，太阴犯轩辕太民。使代祀岳渎、东海。癸未，罢巩昌二十四城拘榷所，以其事入有司。发钞五千锭籴粮于沙、静、隆兴。从桑哥请，命杨琏真加遣宋宗戚谢仪孙、全允坚、赵沂、赵太一入质。甲申，忽都鲁言："所部屯田新军二百人凿河渠于亦集乃之地，役久功大，乞以傍近民、西僧余户助其力。"从之。憨答孙遣使言："军士疲乏者八百余人，乞赈赡，宜于朵鲁朵海处验其虚实。"帝曰："比遣人往，事已缓矣，其使赡之。"丁亥，焚阴阳伪书《显明历》。辛卯，命阿里海牙等议征安南事宜。癸巳，升福州长溪县为福宁州，以福安、宁德二县隶之。丙申，以新附军千人屯田合思罕关东旷地，官给农具、牛、种。丁酉，畋于近郊。降叙州为县，隶蛮夷宣抚司。诏禁沮扰盐课。设诸路推官，以审刑狱，上路二员，中路一员。升龙兴武宁县为宁州，以分宁隶之。

　　二月己亥，敕中外：凡汉民持铁尺、手挝及杖之藏刃者，悉输于官。辛丑，遣使以钞五千锭赈诸王小薛所部饥民。甲辰，以雪雪的斤为缅中行省左丞相,阿台董阿参知政事,兀都迷失签行中书省事,以阿里海牙仍安南行中书省左丞相,奥鲁赤平章政事,都元帅乌马儿、亦里迷失、阿里、昝顺、樊楫并参知政事。遣使谕皇子也先铁木儿调合剌章军千人或二三千,付阿里海牙从征交趾,仍具将士姓名以闻。乙巳,廷议以东北诸王所部杂居其间,宣慰司望轻,罢山北辽东道、开元等路宣慰司,立东京等处行中书省,以阔阔你敦为左丞相,辽东道宣慰使塔出右丞,同签枢密院事杨仁风、宣慰使亦而撒合并参知政事。敕中书省:"太府监所储金银,循先朝例分赐诸王。"复立大司农司,专掌农桑。升宣徽院正二品。降镇巢府为巢州。丁未,用御史台臣言,立按察司巡行郡县法,除使二员留司,副使以下每岁二月分莅按治,十月还司。丙午,太阴犯井。戊申,枢密院奏:"前遣蒙古军万人屯田,所获除岁费之外,可粜钞三千锭,乞分廪诸翼军士之贫者。"帝悦,令从便行之。调京师新附军二千,立营屯田。癸丑,复置隰州大宁县。丁巳,命湖广行省造征交趾海船三百,期以八月会钦、廉州。戊午,并江南行枢密院四处入行省。命荆湖占城行省将江浙、湖广、江西三行省兵六万人伐交趾。荆湖行省平章奥鲁赤以征交趾事宜,请入觐,诏乘传赴阙。集贤直学士程文海言:"省、院诸司皆以南人参用,惟御使台、按察司无之,江南风俗,南人所谙,宜参用之便。"帝以语玉速铁木儿,对曰:"当择贤者以闻。"帝曰:"汝汉人用事者,岂皆贤邪?"江南诸路学田昔皆隶官,诏复给本学,以便教养。封陈益稷为安南王,陈秀嵘为辅义公,仍下诏谕安南吏民。复立岳、鄂、常德、潭州、静江榷茶提举司。癸亥,太史院上《授时历经》、《历议》,敕藏于翰林国史院。甲子,复以平原郡公赵与芮江南隶东宫。立甘州行中书省。丙寅,以编地理书,召曲阜教授陈俨、京兆萧斟、蜀人虞应龙,唯应龙赴京师。

三月己巳,御史台臣言:"近奉旨,按察司参用南人,非臣等所知,宜令侍御史、行御史台等程文海与行台官,博采公洁知名之士,具以名闻。"帝合贾诏以往。太阴犯娄。浚治中兴路河渠。省云和署入教坊司。辛未,降梅、循为下州。甲戌,雄、霸二州及保定诸县水泛溢,冒官民田,发军民筑河堤御之。乙亥,以麦术丁仍中书右丞,与郭佑并领钱谷,杨居宽典铨选。立钦察卫亲军都指挥使司。赐诸王脱忽帖木儿羊二万。丙子,大驾幸上都。诏行御史台按察司,以八月巡行郡县。中书省臣言:“阿合马时,诸王、驸马往来饷给之费,悉取于万亿库,后征百官俸入以偿,最非便”。诏在籍者除之勿征。以榷茶提举李起南为江西榷茶转运使。起南尝言:江南茶每引价三贯六百文,今宜增每引五贯;事下中书议,因令起南为运使,置达鲁花赤处其上。丁丑,徙东京行中书省于咸平府。癸巳,岁星犯垒壁阵。以临江路为北安王分邑。

　　夏四月庚子,中书省臣请立汴梁行中书省及燕南、河东、山东宣慰司。有旨:“南京户寡盗息,不必置省。其宣慰司如所请;济南乃胜纳合儿分地,太原乃阿只吉分地,其令各位委官一人同治之。”敕免云南从征交趾蒙古军屯田租。立乌蒙站。江南诸路财赋并隶中书省。云南省平章纳速剌丁上便宜数事:一曰弛道路之禁,通民来往;二曰禁负贩之徒,毋令从征;三曰罢丹当站赋民金为饮食之费;四曰听民伐木贸易;五曰戒使臣勿扰民居,立急递铺以省驲骑。诏议行之。辛丑,陕西行省言:“延安置屯田鹰坊总管府,其火失不花军逃散者,皆入屯田,今复供秦王阿难答所部阿黑答思饲马及输他赋。”有旨皆罢之,其不悛者罪当死。甲辰,行御史台自杭州徙建康。以山南、淮东、淮西三道按察司隶内台。增置行台色目御史员数。丁未,江东宣慰司进芝一本。庚戌,制谥法。壬子,枢密院纳速剌丁言:“前所统浙丁军五千人往征打马国,其力已疲,今诸王复籍此军征缅,宜取进止。”帝曰:“苟事力未损,即遣之。”仍谕纳速剌丁分阿剌章蒙古军千人,以能臣将之,赴交趾助皇子脱欢。己未,遣要束木勾考荆湖行省钱谷,中书拟要束木平章政事,脱脱忽参知政事。有旨:“要束木小人,事朕方五年,授一理算官足矣;脱脱忽人奴之奴,令史、宣使才也,读卿等所进拟,令人耻之,其以朕意谕安童。”以汉民就食江南者多,又从官南方者秩满多不还,遣使尽徙北还,仍设脱脱禾孙于黄河、江、淮诸津渡,凡汉民非赍公文适南者,止之，为商者听。中书省臣言："比奉旨凡为盗者毋释；今窃钞数贯及佩刀微物与童幼窃物者，悉令配役。臣等议，一犯者杖释，再犯依法配役为宜。"帝曰："朕以汉人徇私，用泰和律处事，致盗贼滋众，故有是言，人命至重，今后非详谳者勿辄杀人。"

五月丁卯朔，枢密院臣言："臣等与玉速帖木儿议别十八里军事，凡军行并听伯颜节制，其留务委孛栾带及诸王阿只吉官属统之为宜。"从之。己巳，荧惑犯太微西垣上将。荆湖行省阿里海牙上言："要束木在鄂省钩考，岂无贪贿，臣亦请钩考之。"诏遣参知政事秃鲁罕、枢密院判李道、治书侍御史陈天祥偕行。甲戌，汴梁旱。徙江东按察司于宣州。庚辰，岁星犯垒壁阵。乙酉，荧惑犯太微右执法。敕遣耽罗戍兵四百人还家。庚寅，广平等路蚕灾。辛卯，霸州、漷州蝻生。安南国遣使来贡方物。癸巳，京畿旱。

六月丙申朔，太白犯御女。辛丑，中书省臣言："秃鲁罕来奏，前要束木、阿里海牙互请钩考，今阿里海牙虽已死，事之是非当令暴白。"帝曰："卿言良是，其连引诸人，近者即彼追速，远者宜以上闻，此事自要束木所发，当依其言究行之。"乙巳，以立大司农司诏谕中外。皇孙铁木儿不花驻营亦奚不薛，其粮饷仰于西川，远且不便，徙驻重庆府。诏以大司农司所定《农桑辑要》书颁诸路。命云南、陕西二行省籍定建都税赋。戊申，括诸路马，凡色目人有马者，三取其二，汉民悉入官，敢匿与互市者罪之。辛亥，以亦马剌丹忒忽里使交趾。癸丑，湖广行省线哥言："今用兵交趾，分本省戍兵二万八千七百人，期以七月悉会静江；今已发精锐启行，余万七千八百人皆羸病、屯田等军，不可用。"敕今岁姑罢之。丁巳，设陕西等路诸站总管府，从三品。庚申，甘肃新招贫民百一十八户，敕廪给之。敕路、府、州县捕盗者持弓矢，各路十副，府州七副，县五副。以薛阇干为中省平章政事。辛酉，封杨邦宪妻田氏为永安郡夫人，领播州安抚司事。遣镇西平缅等路招讨使怯烈招谕缅国。广元路阆中麦秀两岐。高丽国遣使来贡。

秋七月丙寅朔，遣必剌蛮等使爪哇。己巳，用中书省臣言，以江南隶官之田，多为强豪所据，立营田总管府，其所据田仍履亩计之。复尚酝监为光禄寺。罢辽阳等处行中书省，复北京、咸平等三道宣慰司。给铁古思合敦贫民币、帛各二千，布千匹。庚午，江淮行省忙兀带言："今置省杭州，两淮、江东诸路财赋军实皆南输又复北上，不便，扬州地控江、海，宜置省，宿重兵镇之，且转输无往返之劳。行省徙扬州便。"从之。立淮南洪泽、芍陂两处屯田。壬申，平阳饥民就食邻郡者，所在发仓赈之。置中尚监。右丞拜答儿将兵讨阿蒙，并其妻子禽之，皆伏诛。丁丑，斡脱吉思部民饥，遣就食北京，其不行者发米赈之。以雄、易二州复隶保定。给和林军储，自京师输米万石，发钞即其地籴米万石。辛巳，八都儿饥民六百户驻八剌忽思之地，给米千石赈之。壬午，总制院使桑哥具省臣姓名以上。帝曰："右丞相安童，右丞麦术丁，参知政事郭佑、杨居宽并仍前职，以铁木儿为左丞，其左丞相瓮吉剌带、平章政事阿必失合、忽都鲁皆别议。"仍谕中书选可代者以闻。给金齿国使臣圆符。癸巳，铨定省、院、台、部官，诏谕中外：

> 中书省除中书令外，左、右丞相并二员，平章政事二员，左、右丞并一员，参知政事二员，行中书省平章政事二员，左、右丞并一员，参知政事、签行省事并二员；枢密院，除枢密院使外，同知枢密院事一员，枢密院副使、签枢密院事并二员，枢密院判一员；御史台，御史大夫一员，中丞、侍御史、治书侍御史并二员；行台同；六部尚书、侍郎、郎中、员外郎并二员；其余诸衙门，并委中书省斟酌裁减。

八月丙申，发钞二万九千锭、盐五万引，市米赈诸王阿只吉所部饥民。己亥，敕枢密院遣侍卫军千人扈从北征。平阳路岁比不登，免贫民税赋。罢淮东、蕲黄宣慰司，以黄、蕲、寿昌隶湖广行省，安庆、六安、光州隶淮西宣慰司。招集宋盐军。以市舶司隶泉府司。乙卯，太白犯轩辕右角。辛酉，婺州永康县民陈巽四等谋反，伏诛。甘州饥，禁酒。罢德平、定昌二路，置德昌军民总管府。

九月乙丑朔，马八儿、须门那、僧急里、南无力、马兰丹、那旺、丁呵儿、来来、急阑亦带、苏木都剌十国各遣子弟上表来觐,仍贡方物。以太庙雨坏,遣瓮吉剌带致告,奉安神主别殿。甲申,太阴犯天关。壬辰,高丽遣使献日本俘。是月,南部县生嘉禾,一茎九穗。芝产于苍溪县。

冬十月甲午朔,太白犯右执法。以南康路隶江西行省,徙浙西按察司治杭州。罢诸道提刑按察司判官。行御史台监察御史及按察司官,虽汉人并毋禁弓矢。襄邑县尹张玘为治有绩,邹平县达鲁花赤回回能捕盗理财,进秩有差。丁酉,享于太庙。戊戌,太阴犯建星。己亥,车驾至自上都。壬寅,太白犯左执法。遣兵千人戍畏吾境。乙巳,赐合迷里贫民及合剌和州民牛、种,给钞万六千二百锭当其价,合迷里民加赐币、帛并千匹。己酉,遣塔塔儿带、杨兀鲁带以兵万人、船千艘征骨嵬。中书省具宣徽、大司农、大都、上都留守司存减员数以闻,帝曰:“在禁近者,朕自沙汰,余从卿等议之。”辛亥,太阴犯东井。河决,开封、祥符、陈留、杞、太康、通许、鄢陵、扶沟、洧川、尉氏、阳武、延津、中牟、原武、睢州十五处,调南京民夫二十万四千三百二十三人,分筑堤防。癸丑,谕江南各省所统军官教练水军。遣侍卫新附兵千人屯田别十八里,置元帅府,即其地总之。甲寅,太白犯进贤。以征缅功,调招讨使张万为征缅副都元帅,也先铁木儿征缅招讨司达鲁花赤,千户张成征缅招讨使,并虎符,敕造战船,将兵六千人,以征缅,俾秃满带为都元帅总之。乙卯,给皇子脱欢马四千匹,部曲人三匹。庚申,济宁路进芝二茎。壬戌,改河间盐运司为都转运使司。徙戍甘州新附军千人屯田中兴,千人屯田亦里黑。高丽遣使来献日本俘十六人。马法国进鞍勒毡甲。兴化路仙游县虫伤禾。

十一月乙丑,中书省臣言:“朱清等海道运粮,以四岁计之,总百一万石,斗斛耗折愿如数以偿,风浪覆舟请免其征。”从之。遂以昭勇大将军、沿海招讨使张瑄,明威将军、管军万户兼管海道运粮船朱清并为海道运粮万户,仍佩虎符。敕禽兽字孕时无畋猎。戊辰,太白犯亢。遣蒙古千户曲出等总新附军四百人,屯田别十八里。己巳,改思明等四州并为路,以阿八赤为征交趾行省右丞。丙子,以涿、易二州,良乡、宝坻县饥,免今年租,给粮三月。平滦、太原、汴梁水旱为灾,免民租二万五千六百石有奇。改广东转运市舶提举司为盐课市舶提举司。丁丑,命塔叉儿、忽难使阿儿浑。戊寅,遣使阅实宣宁县饥民,周给之。己卯,太阴犯井。辛巳,岁星犯垒壁阵。

十二月乙未,辽东开元饥,赈粮三月。戊戌,太白犯东咸。癸卯,要束木籍阿里海牙家赀运致京师。赐诸王术伯所部军五千人银万五千两、钞三千锭,探马赤二千人羊七万口。丙午,置燕南、河东、山东三道宣慰司。罢大有署。丁未,太阴犯井。乙卯,诸道宣慰司,在内地者,设官四员,江南者六员。以阿里海牙所庇逃民无主者千人屯田。遣中书省断事官秃不申复钩考湖广行省钱谷。复置泉州市舶提举司。大都饥,发官米低其价粜贫民。丙辰,遣蒲昌赤贫民垦甘肃闲田,官给牛、种、农具。赐安南国王陈益稷羊马钞百锭。丁巳,太阴犯氐。戊午,翰林承旨撒里蛮言:“国史院纂修太祖累朝实录,请以畏吾字翻译,俟奏读然后纂定。”从之。诸路分置六道劝农司。庚申,置尚珍署于济宁等路,秩从五品。

是岁,以亦摄思怜为帝师。赐皇子奥鲁赤、脱欢,诸王术伯、也不干等羊马钞一十五万一千九百二十三锭,马七千二百九十匹,羊三万六千二百六十九口,币帛、毳段、木绵三千二百八十八匹,貂裘十四。又赐皇子脱欢所部怜牙思不花等及欠州诸局工匠钞五万六千一百三十九锭一十二两。命西僧递作佛事于万寿山、玉塔殿、万安寺,凡三十会。大司农司上诸路学校凡二万一百六十六所,储义粮九万五百三十五石,植桑、枣、杂果诸树二千三百九万四千六百七十二株。断死刑百一十四人。

二十四年春正月乙丑,复云南石梁县。戊辰,以修筑柳林河堤南军三千浚河西务漕渠。皇子奥鲁赤部曲饥,命大同路给六十日粮。免唐兀卫河西地元籍徭赋。壬申,御正殿,受诸王百官朝贺。癸酉,俱蓝国遣使不六温乃等来朝。甲戌,太阴犯东井。乙酉,太阴犯房。丙戌，以参政程鹏飞为中书右丞，阿里为中书左丞。丁亥，以不颜里海牙为参知政事。发新附军千人从阿八赤讨安南。弛女直、水达达地弓矢之禁。复改江浙省为江淮行省。戊子，以钞万锭赈斡端贫民。西边岁饥民困，赐绢万匹。庚寅，遣使代祀岳渎、后土、东海。辛卯，以淮东、淮西、山南三道按察司隶行御史台。立上林署，秩从七品。诏发江淮、江西、湖广三省蒙古、汉、券军及云南兵及海外四州黎兵，命海道运粮万户张文虎等运粮十七万石，分道以讨交趾。置征交趾行尚书省，奥鲁赤平章政事，乌马儿、樊楫参知政事，总之，并受镇南王节制。

二月壬辰朔，遣使持香币诣龙虎、阁皂、三茅设醮，召天师张宗演赴阙。癸巳，雍古部民饥，发米四千石赈之，不足，复给六千石米价。甲午，畋于近郊。乙未，以麦术丁为平章政事。真定路饥，发沿河仓粟减价粜之。以真定所牧官马四万余匹分牧他郡。禁畏吾地禽兽孕孳时畋猎。庚子，太阴犯天关。辛丑，太阴犯东井。甲辰，升江淮行大司农司事秩二品，设劝农营田司六，秩四品，使、副各二员，隶行大司农司。以范文虎为中书右丞，商议枢密院事。壬子，封驸马昌吉为宁濮郡王。设都总管府以总皇子北安王民匠、斡端大小财赋。中书省臣言："自正旦至二月中旬，费钞五十万锭，臣等兼总财赋，自今侍臣奏请赐赉，乞令臣等预议。"帝曰："此朕所常虑。"仍谕玉速铁木儿、月赤彻儿知之。丙辰，马八儿国贡方物。戊午，敕诸王阇里铁木儿节制诸军。以赵与芮子孟桂袭平原郡公。乃颜遣使征东道兵，谕阇里铁木儿毋辄发。

闰二月癸亥，太阴犯辰星。以女直、水达达部连岁饥荒，移粟赈之，仍尽免今年公赋及减所输皮布之半。以宋畲军将校授管民官，散之郡邑。敕春秋二仲月上丙日祀尧帝祠。西京等处管课官马合谋自言岁以西京、平阳、太原课程额外羡钱，市马驼千输官，而实盗官钱市之。按问有迹，伏诛。乙丑，畋于近郊。如麦术丁、铁木儿、杨居宽等与集贤大学士阿鲁浑撒里及叶李、程文海、赵孟𫖯论钞法。麦术丁言："自制国用使司改尚书省，颇有成效，今仍分两省为便。"诏从之，各设官六员：其尚书，以桑哥、铁木儿平章政事，阿鲁浑撒里右丞，叶李左丞，马绍参知政事，余一员议选回回人充；中书，宜设丞相二员、平章政事二员、参知政事二员。省陇右河西道提刑按察司分置巩昌者入甘州，设官五员；以巩昌改隶京兆提刑按察司，设官六员；省太原提刑按察司分置西京者入太原。辛未，以复置尚书省诏天下，除行省与中书议行，余并听尚书省从便以闻。设国子监，立国学监官：祭酒一员，司业二员，监丞一员，学官博士二员，助教四员，生员百二十人，蒙古、汉人各半，官给纸扎饮食，仍隶集贤院。设江南各道儒学提举司。甲申，太阴犯牵牛。车驾还宫。乙酉，改淄莱路为般阳路，置录事司。大都饥，免今岁银俸钞，诸路半征之。罢江南竹木柴薪及岸例鱼牙诸课。停不给之务。敕行省宣慰司勿滥举官吏。受除官延引岁月不即之任者，追所受宣敕。镇南王脱欢徙镇南京。改福建市舶都漕运司为都转运盐使司。范文虎改尚书右丞，商议枢密院事。改行中书省为行尚书省，六部为尚书六部。以吏部尚书忻都为尚书省参知政事。庚寅，大驾幸上都。札鲁忽赤合剌合孙等言："去岁审囚官所录囚数，南京、济南两路应死者已一百九十人，若总校诸路，为数必多，宜留札鲁忽赤数人分道行刑。"帝曰："囚非群羊，岂可遽杀耶，宜悉配隶淘金。"

三月甲午，更造至元宝钞，颁行天下，中统钞通行如故。以至元宝钞一贯文当中统交钞五贯文，子母相权，要在新者无冗，旧者无废。凡岁赐、周乏、饷军皆以中统钞为准。禁无籍自效军扰民，仍籍充军。丙申，太阴犯东井。乙卯，幸凉陉。辽东饥，弛太子河捕鱼禁。丙辰，马八儿国遣使进奇兽一，类骡而巨，毛黑白间错，名阿塔必即。降重庆路定远州为县。命都水监开汶、泗水以达京师。汴梁河水泛溢，役夫七千修完故堤。

夏四月癸酉，太阴犯氐。甲戌，太阴犯房。甲申，忻都奏发新钞十一万六百锭、银千五百九十三锭、金百两，付江南各省与民互市。是月，诸王乃颜反。

五月己亥，遣也先传旨，谕北京等处宣慰司，凡隶乃颜所部者，

禁其往来,毋令乘马持弓矢。庚子,以不鲁合罕总探马赤军三千人
出征。移济南宣慰司治益都,燕南按察司治大名,南京按察司治南
阳,太原按察司治西京。复立丰州亦剌真站。壬寅,以御史台吏王
良弼等诽讪尚书省政事,诛良弼,籍其家,余皆断罪。用桑哥言,置
上海、福州两万户府,以维制沙不丁、乌马儿等海运船。户、工两部
各增尚书二员。授高丽王睶行尚书省平章政事。罢诸路站脱脱禾
孙。括江南路匠户。沙不丁言:"江南各省南官多,每省宜用一二
人。"帝曰:"除陈岩、吕师夔、管如德、范文虎四人,余从卿议。"帝自
将征乃颜,发上都。括江南僧道马匹。诏范文虎将卫军五百镇平滦,
以钦察亲军都指挥使也速带儿、右卫佥事王通副之。甲辰,免北京
今岁丝银,仍以军旅经行,给钞三千锭赈之。壬子,高丽王睶请益兵
征乃颜,以五百人赴之。

六月庚申朔,百官以职守不得从征乃颜,愿献马以给卫士。壬
戌,至撒儿都鲁之地,乃颜党塔不带率所部六万逼行在而阵,遣前
军败之。乙丑,敕辽阳省督运军储。壬申,发诸卫军万人、蒙古军千
人戍豪、懿州。诸王失都儿所部铁哥率其党取咸平府,渡辽欲劫取
豪、懿州,守臣以乏军求援,敕以北京戍军千人赴之。括平滦路马。
北京饥,免丝银、租税。乙亥,霸州益津县霖雨伤稼。以陕西泾、邠、
乾及安西属县闲田立屯田总管府,置官属,秩三品。车驾驻于大利
斡鲁脱之地,获乃颜辎重千余,仍禁秋毫无犯。

秋七月癸巳,乃颜党失都儿犯咸平,宣慰塔出从皇子爱牙亦,
合兵出沈州进讨,宣慰亦儿撒合分兵趣懿州,其党悉平。丁酉,弘州
匠官以犬兔毛制如西锦者以献,授匠官知弘州。戊戌,太阴犯南斗。
枢密院奏:"签征缅行省事合撒儿海牙言:比至缅国,谕其王赴阙,
彼言邻番数叛,未易即行,拟遣阿难答剌奉表赍土贡入觐。"辛丑,
太阴犯牵牛。壬寅,荧惑犯舆鬼。庚戌,云南行省爱鲁言:金齿酋打
奔等兄弟求内附,且乞入觐。壬子,太阴犯司怪。癸丑,日晕连环,
白虹贯之。罢乃颜所署益都、平滦,也不干河间分地达鲁花赤,及胜
纳合儿济南分地所署官。移北京道按察司置豪州。免东京等处军

民徭赋。升福建盐运使司，依两淮等例，为都转运使司。以中兴府隶甘州行省。以河西管牙赤所部屯田军同沙州居民修城河西瓜、沙等处。立阇鄽屯田。

八月癸亥，太白犯亢。浚州进瑞麦一茎九穗。乙丑，车驾还上都。以李海剌孙为征缅行省参政，将新附军五千，探马赤军一千以行，仍调四川、湖广行省军五千赴之。召能通白夷、金齿道路者张成及前占城军总管刘全，并为招讨使，佩虎符，从征。以脱满答儿为都元帅，将四川省兵五千赴缅省，仍令其省驻缅近地，以俟进止。置江南四省交钞提举司。己巳，谪从叛诸王赴江南诸省从军自效。谕镇南王脱欢禁戢从征诸王及省官奥鲁赤等，毋纵军士焚掠，毋以交趾小国而易之。癸酉，朵儿朵海获叛王阿赤思，赦之。亦集乃路屯田总管忽都鲁请疏浚管内河渠，从之。丙子，填星南犯垒壁阵。己卯，太阴犯天关。辛巳，太阴犯东井。甲申，太白犯房。丁亥，沈州饥，又经乃颜叛兵蹂践，免其今岁丝银租赋。以北京伐木三千户屯田平滦。立丰赡、昌国、济民三署，秩五品，设达鲁花赤、令、丞、直长各一员。女人国贡海人。置河西务马站。

九月辛卯，东京、谊、静、麟、威远、婆娑等处大霖雨，江水溢没民田。大定、金源、高州、武平、兴中等处霜雹伤稼。丁酉，荧惑犯长垣。己亥，湖广省臣言：“海南琼州路安抚使陈仲达、南宁军总管谢有奎、延栏总管符庇成，以其私船百二十艘、黎兵千七百余人助征交趾。”诏以仲达仍为安抚使，佩虎符，有奎、庇成亦仍为沿海管军总管，佩金符。庚子，太白犯天江。给诸王八八所部穷乏者钞万一千锭。禁市毒药者。以西京、平滦路饥，禁酒。乙巳，太阴犯毕。以米二万石、羊万口给阿沙所统唐兀军。丁未，安南国遣其中大夫阮文彦、通侍大夫黎仲谦贡方物。戊申，咸平、懿州、北京以乃颜叛，民废耕作，又霜雹为灾，告饥。诏以海运粮五万石赈之。辛亥，荧惑犯太微西垣上将。壬子，太白犯南斗。禁沮扰江南茶课。高丽王王睶来朝。

冬十月戊午朔，日有食之。壬戌，太阴犯牵牛大星。甲子，享于太庙。桑哥请赐叶李、马绍、不忽木、高翥等钞，诏赐李钞百五十锭，不忽木、绍、翥各百锭。又言："中书省旧在大内前，阿合马移置于北，请仍旧为宜。"从之。癸酉，江西行院月的迷失言："广东穷边险远，江西、福建诸寇出没之窟，乞于江南诸省分军一万益臣。"诏江西忽都帖木儿以军五千付之。丙子，诛郭佑、杨居宽。戊寅，桑哥言："北安王王相府无印，而安西王相独有印，实非事例，乞收之；诸王胜纳合儿印文曰'皇侄贵宗之宝'，宝非人臣所宜用，因其分地改为'济南王印'为宜。"皆从之。从总帅汪惟和言，分所部戍四川军五千人屯田六盘。乙酉，荧惑犯左执法。立陕西宝钞提举司。罗北甸土官火者、阿禾及维摩合刺孙之子并内附。丙戌，范文虎言："豪、懿、东京等处人心未安，宜立省以抚绥之。"诏立辽阳等处行尚书省，以薛阇干、阇里帖木儿并行尚书省平章政事，洪茶丘右丞，亦儿撒合左丞，杨仁风、阿老瓦丁并参知政事。

十一月壬辰，太白犯垒壁阵。月晕金、土二星。云南省右丞爱鲁兵次交趾木兀门，其将昭文王以四万人守之，爱鲁击破之，获其将黎石、何英。弛太原、保德河鱼禁。以桑哥为金紫光禄大夫、尚书右丞相兼统制院使，领功德使司事。从桑哥请，以平章帖木儿代其位，右丞阿刺浑撒里升平章政事，叶李升右丞，参知政事马绍升左丞。升集贤院秩正二品。丙申，荧惑犯太微东垣上相。丁酉，桑哥言："先是皇子忙哥刺封安西王，统河西、土番、四川诸处，置王相府，后封秦王，绾二金印。今嗣王安难答仍袭安西王印，弟按摊不花别用秦王印，其下复以王傅印行，一藩而二王，恐于制非宜。"诏以阿难答嗣为安西王，仍置王傅，而上秦王印，按摊不花所署王傅罢之。戊戌，以别十八里汉军及新附军五百人屯田合迷玉速曲之地。己亥，镇南王次思明，程鹏飞与奥鲁赤等从镇南王分道并进，阿八赤以万人为前锋。庚子，太白昼见。大都路水，赐今年田租十二万九千一百八十石。辛丑，乌马儿、樊楫及程鹏飞等遂趋交趾，所向克捷。改卫尉院为太仆寺，秩三品，仍隶宣徽，以月赤彻儿、秃秃合领之。丙午，镇南王次界河，交趾发兵拒守，前锋皆击破之。乙酉，诏议弭盗，桑哥、玉速帖木儿言："江南归附十年，盗贼迄今未靖者，宜降旨立限招捕，而以安集责州县之吏，其不能者黜之。"叶李言："臣在漳州十年，详知其事。大抵军官嗜利与贼通者，尤难弭息，宜令各处镇守军官，例以三年转徙，庶革斯弊。"帝皆从其议，诏行之。封驸马帖木儿济宁郡王。壬子，以江西行省平章忽都帖木儿督捕广东等处盗贼。甲寅，命京畿、济宁两漕运司分掌漕事。镇南王次万劫，诸军毕会。获福建首贼张治团，其党皆平。谕江南四省招捕盗贼。丙辰，荧惑犯进贤。

十二月癸亥，立尚乘寺。顺元宣慰使秃鲁古言：金竹寨主搔驴等以所部百二十五寨内附。甲子，皇子北安王置王傅，凡军需及本位诸事并以王傅领之。丙寅，太阴犯毕，太白昼见。丁卯，减扬州省岁额米十五万石，以盐引五十万易粮。免浙西鱼课三千锭，听民自渔。发河西、甘肃等处富民千人往阇鄌地，与汉军、新附军杂居耕植。从安西王阿难答请，设本位诸匠都总管府。升万亿库官秩四品。癸酉，镇南王次茅罗港，攻浮山寨，破之。诸王薛彻都等所驻之地，雨土七昼夜，羊畜死不可胜计，以钞暨币帛、绵布杂给之，其直计钞万四百六十七锭。丁丑，以朱清、张瑄海漕有劳，遥授宣慰使。乙酉，镇南王以诸军渡富良江，次交趾城下，败其守兵。日烜与其子弃城走敢喃堡。

是岁，命西僧监臧宛卜卜思哥等作佛事坐静于大殿、寝殿、万寿山、五台山等寺，凡三十三会。断天下死刑百二十一人。浙西诸路水，免今年田租十之二。西京、北京、隆兴、平滦、南阳、怀孟等路风雹害稼。保定、太原、河间、般阳、顺德、南京、真定、河南等路霖雨害稼，太原尤甚，屋坏压死者众。平阳春旱，二麦枯死，秋种不入土。巩昌雨雹，蚄蛴为灾。分赐皇子、诸王、驸马、怯薛带等羊马钞，总二十五万三千五百余锭，又赐诸王、怯薛带等军人，马一万二千二百、羊二万二千六百、驼百余。赈贫乏者合剌忽答等钞四万八千二百五十锭。

元史卷一五
本纪第一五

世祖十二

　　二十五年春正月,日烜复走入海,镇南王以诸军追之不及,引兵还交趾城,命乌马儿将水兵迎张文虎等粮船,又发兵攻其诸寨,破之。己丑,诏江淮省管内并听忙兀带节制。庚寅,祭日于司天台。赐诸王火你赤银五百两、珠一索、锦衣一袭,玉都银千两、珠一索、锦衣一袭。辛卯,尚书省臣言:"初以行省置丞相与内省无别,罢之;今江淮省平章政事忙兀带所统地广事繁,乞依前为丞相。"诏以忙兀带为右丞相。以蕲、黄二州、寿昌军隶湖广省。毁中统钞板。乙未,赏征东功,从乘舆将吏升散官二阶,军士钞人三锭,从皇孙将吏升散官一阶,军士钞人二锭,死事者给其家十锭,凡为钞四万一千四百二十五锭。丁酉,遣使代祀岳渎、东海、后土。戊戌,大赦。敕弛辽阳渔猎之禁,惟毋杀孕兽。壬寅,高丽遣使来贡方物。贺州贼七百余人焚掠封州诸郡,循州贼万余人掠梅州。癸卯,海都犯边,敕驸马昌吉、诸王也只烈,察乞儿、合丹两千户,皆发兵从诸王术伯北征。赐诸王亦怜真部曲钞三万锭。掌吉举兵叛,诸王拜答罕遣将追之,至八立浑,不及而还。甲辰,也速不花谋叛,逮捕至京师,诛之。乙巳。太阴犯角。蛮洞十八族饥,饿死者二百余人,以钞千五百锭有奇市米赈之。丙午,畋于近郊。以平江盐兵屯田于淮东、西。杭、苏二州连岁大水,赈其尤贫者。戊申,太阴犯房。己酉,诏中兴、西凉无得沮坏河渠,两淮、两浙无得沮坏岁课。发海运米十万石,赈辽阳省军民之饥者。辛亥，省器盒局入诸路金玉人匠总管府。癸丑，诏:"行大司农司、各道劝农营田司巡行劝课、举察勤惰,岁具府州县劝农官实迹以为殿最,路经历官、县尹以下并听裁决,或怙势作威、侵官害农者,从提刑按察司究治。"募民能耕江南旷土及公田者,免其差役三年,其输租免三分之一。江淮行省言:"两淮土旷民寡,兼并之家皆不输税,又管内七十余城止屯田两所,宜增置淮东、西两道劝农营田司,督使耕之。"制曰:可。

二月丁巳。改济州漕运司为都漕运司,并领济之南北漕;京畿都漕运司惟治京畿。镇南王引兵还万劫。乌马儿迎张文虎等粮船不至,诸将以粮尽师老,宜全师而还,镇南王从之。戊午,命李庭整汉兵五千东征。赐叶李平江、嘉兴田四顷。庚申,司徒撒里蛮等进读祖宗实录,帝曰:"太宗事则然,睿宗少有可易者,定宗固日不暇给,宪宗汝独不能忆之耶,犹当询诸知者。"征大都南诸路所放扈从马赴京,官给刍粟价,令自籴之,无扰诸县民。辽阳、武平等处饥,除今年租赋及岁课貂皮。浚沧州盐运渠。辛酉,忙兀带、忽都忽言其军三年荐饥,赐米五百石。壬戌,省辽东海西道提刑按察司入北京,江南湖北道提刑按察司入京南。敕江淮勿捕天鹅,弛鱼泺禁。丙寅,赐云南王涂金驼钮印。改南京路为汴梁路,北京路为武平路,西京路为大同路,东京路为辽阳路,中兴路为宁夏府路。改江西茶运司为都转运使司,并榷酒醋税。改河渠提举司为转运司。江淮总摄杨琏真加言以宋宫室为塔一,为寺五,已成。诏以水陆地百五十顷养之。诏征葛洪山隐士刘彦深。甲戌,盖州旱,民饥,蠲其租四千七百石。己卯,以高丽国王王睶复为征东行尚书省左丞相。豪、懿州饥,以米十五万石赈之。禁辽阳酒。京师水,发官米,下其价粜贫民。以江南站户贫富不均,命有司料简,合户税至七十石当马一匹,并免杂徭;独户税逾七十石愿入站者听。合户税不得过十户,独户税无上百石。辛巳,以杭州西湖为放生池。壬午,镇南王命乌马儿、樊楫将水兵先还,程鹏飞、塔出将兵护送之。以御史台监察御史、提刑按察司多不举职,降诏申饬之。命皇孙云南王也先铁木儿帅兵镇大理等处。

三月丙戌，诸王昌童部曲饥，给粮三月。丁亥，荧惑犯太微东垣上相。戊子，太阴犯毕。车驾还宫。淞江民曹梦炎愿岁以米万石输官，乞免他徭，且求官职，桑哥以为请，遥授浙东道宣慰副使。改曲靖路总管府为宣抚司。庚寅，大驾幸上都。改阑遗所为阑遗监，升正四品。敕辽阳省亦乞列思、吾鲁兀、札剌儿探马赤自懿州东征。李庭遥授尚书左丞，食其禄，将汉兵以行。江淮行省忙兀带言：“宜除军官更调法，死事者增散官，病故者降一等。”帝曰：“父兄虽死事，子弟不胜任者安可用之，苟贤矣，则病故者亦不可降也。”辛卯，以六卫汉兵千二百、新附军四百、屯田兵四百造尚书省。镇南王以诸军还。张文虎粮船遇贼兵船三十艘，文虎击之，所杀略相当。费拱辰、徐庆以风不得进，皆至琼州。凡亡士卒二百二十人、船十一艘、粮万四千三百石有奇。癸巳，赐诸王术伯银五万两、币帛各一万匹、兀鲁台、爪忽儿银五千两、币帛各一百。甲午，禁捕鹿羔。镇南王次内傍关，贼兵大集以遏归师，镇南王遂由单巳县趋盠州，间道以出。乙未，以往岁北边大风雪，拔突古伦所部牛马多死，赐米千石。丁酉，驻跸野狐岭，命阿束、塔不带总京师城守诸军。己亥，太阴掩角。壬寅，礼部言：“会同馆蕃夷使者时至，宜令有司仿古《职贡图》绘而为图，及询其风俗、土产、去国里程，籍而录之，实一代之盛事。”从之。镇南王次思明州，命爱鲁引兵还云南，奥鲁赤以诸军北还。日烜遣使来谢，进金人代己罪。乙巳，诏江西管内并听行尚书省节制。戊申，改山东转运使司为都转运使司，兼济南路酒税醋课。己酉，徐、邳屯田及灵璧、濉宁二屯雨雹如鸡卵，害麦。甲寅，循州贼万余人寇漳浦，泉州贼二千人寇长泰、汀、赣，畲贼千余人寇龙溪，皆讨平之。

夏四月丙辰，莱县、蒲台旱饥，出米下其直赈之。戊午，太阴犯井。庚申，以武冈、宝庆二路荐经寇乱，免今年酒税课及前岁逋租。辛酉，从行泉府司沙不丁、乌马儿请，置镇抚司、海船千户所、市舶提举司。省平阳投下总管府入平阳路，杂造提举司入杂造总管府。

桑哥言：“自至元丙子置应昌和籴所，其间必多盗诈，宜加钩考；扈
从之臣，种地极多，宜依军、站例，除四顷之外验亩征租。”并从之。
癸亥，浑河决，发军筑堤捍之。乙丑，广东贼董贤举等七人皆称大
老，聚众反，剽掠吉、赣、瑞、抚、龙兴、南安、韶、雄、汀诸郡，连岁击
之不能平。江西行枢密院副使月的米失请益兵，江西行省平章忽都
铁木儿亦以地广兵寡为言。诏江淮省分万户一军诣江西，俟贼平还
翼。戊辰，浚怯烈河以溉口温脑儿黄土山民田。庚午，立弘吉剌站。
癸酉，尚书省臣言：“近以江淮饥，命行省赈之，吏与富民因缘为奸，
多不及于贫者，今杭、苏、湖、秀四州复大水，民鬻妻女易食，请辍上
供米二十万石，审其贫者赈之。”帝是其言。甲戌，万安寺成，佛像及
窗壁皆金饰之，凡费金五百四十两有奇、水银二百四十斤。辽阳省
新附军逃还各卫者，令助造尚书省，仍命分道招集之。增立直沽海
运米仓。命征交趾诸军还家休息一岁。敕缅中行省比到缅中，一禀
云南王节制。庚辰，安南国王陈日烜遣中大夫陈克用来贡方物。赐
诸王小薛金百两、银万两、钞千锭及币帛有差。辛巳，赐诸王阿赤吉
金二百两、银二万二千五百两、钞九千锭及纱罗绢布有差。命甘肃
行省发新附军三百人屯田亦集乃，陕西省督巩昌兵五千人屯田六
盘山。癸未，云南省右丞爱鲁上言：“自发中庆，经罗罗、白衣入交
趾，往返三十八战，斩首不可胜计，将士自都元帅以下获功者四百
七十四人。”甲申，诏皇孙抚诸军讨叛王火鲁火孙、合丹秃鲁干。

　　五月丙戌，敕武平路括马千匹。戊子，诸王察合子阔阔带叛，床
兀儿执之以来。己丑，汴梁大霖雨，河决襄邑，漂麦禾。以左右怯薛
卫士及汉军五千三百人从皇孙北征。甲午，发五卫汉兵五千人北
征。乙未，桑哥言：“中统钞行垂三十年，省官皆不知其数，今已更用
至元钞，宜差官分道置局钩考中统钞本。”从之。丙申，赐诸王八八
金百两、银万两、金素段五百、纱罗绢布等四千五百。兀马儿来献璞
玉。丁酉，平江水，免所负酒课。减米价赈京师。改云南乌撒宣抚
司为宣慰司，兼管军万户府。戊戌，复芦台、越支、三叉沽三盐使司。
王家奴、火鲁忽带、察罕复举兵反。己亥，云南行省言：“金沙江西通

安等五城,宜依旧隶察罕章宣抚司,金沙江东永宁等处五城宜废,以北胜施州为北胜府。"从之。壬寅,浑天仪成。运米十五万石诣懿州饷军及赈饥民。乙巳,罢兴州采蜜提举司。营上都城内仓。丁未,奉安神主于太庙。戊申,太白犯毕。赐拔都不伦金百五十两、银万五千两及币帛纱罗等万匹。辛亥,孟州乌河川雨雹五寸,大者如拳。癸丑,诏湖广省管内并听平章政事秃满、要束木节制。迁四川省治重庆,复迁宣慰司于成都。高丽遣使来贡方物。诏四川管内并听行尚书省节制。河决汴梁,太康、通许、杞三县,陈、颍二州皆被害。

六月甲寅,以新附军修尚食局。庚申,赈诸王答儿伯部曲之饥者及桂阳路饥民。辛酉,禁上都、桓州、应昌、隆兴酒。壬戌,赐诸王术伯金银皆二百五十两、币帛、纱罗万匹。乙丑,诏蒙古人总汉军阅习水战。丁卯,又赐诸王术伯银二万五千两,币帛、纱罗万匹。复立咸平至建州四驿。以延安屯田总管府复隶安西省。戊辰,海都将暗伯、著暖以兵犯业里干脑儿,管军元帅阿里带战却之。壬申,睢阳霖雨,河溢害稼,免其租千六十石有奇。命诸王怯怜口及扈从臣转米以馈将士之从皇孙者。太医院、光禄寺、仪凤寺、侍仪司、拱卫司皆毋隶宣徽院。罢教坊司入拱卫司。癸酉,诏加封南海明著天妃为广佑明著天妃。甲戌,太白犯井。改西南番总管府为永宁路。乙亥,以考城、陈留、通许、杞、太康五县大水及河溢没民田,蠲其租万五千三百石。丙子,给兵五十人卫浙西宣慰使史弼,使任治盗之责。丁丑,太阴犯岁星。发兵千五百人诣汉北浚井。癸未,处州贼柳世英寇青田、丽水等县,浙东道宣慰副使史耀讨平之。资国、富昌等一十六屯,雨水、蝗害稼。

秋七月甲申朔,复葺兴、灵二州仓,始命昔宝赤、合刺赤、贵田赤、左右卫士转米输之,委省官督运以备赈给。丙戌,真定、汴梁路蝗。运大同、太原诸仓米至新城,为边地之储。以南安、瑞、赣三路连岁盗起,民多失业,免逋税万二千六百石有奇。弛宁夏酒禁。发大同路粟,赈流民。保定路霖雨害稼,蠲今岁田租。改储偫所为提举司。敕征交趾兵官还家休息一岁。壬辰,遣必阇赤以钞五千锭往应昌和籴军储。改会同馆为四宾库。戊戌,驻跸许泥百牙之地。同知江西行枢密院事月的迷失上言:"近以盗起广东,分江西、江淮、福建三省兵万人,令臣将之讨贼,臣愿万人内得蒙古军三百,并臣所籍降户万人,置万户府,以撒木合儿为达路花赤,佩虎符。"诏许之。以沐川等五寨割隶嘉定者,还隶马湖蛮部总管府。己亥,荧惑犯氐。庚子,太白犯鬼。胶州连岁大水,民采橡而食,命减价粜米以赈之。霸、漷二州霖雨害稼,免其今年田租。乙巳,太阴掩毕。诸王也真部曲饥,分五千户就食济南。保定路唐县野蚕茧丝,可为帛。壬子,命斡端戍兵三百一十人屯田。命六卫造兵器。

八月癸丑,诸王也真言:"臣近将济宁投下蒙古军东征,其家皆乏食,愿赐济南路岁赋银,使易米而食。"诏辽阳省给米万石赈之。丙辰,荧惑犯房。袁之萍乡县进嘉禾。诏安童以本部怯薛蒙古军三百人北征。己未,太白犯轩辕大星。辛酉,免江州学田租。癸亥,尚书省成。壬申,安西省管内大饥,蠲其田租二万一千五百石有奇,仍贷粟赈之。癸酉,以河间等路盐运司兼管顺德、广平、綦阳三铁冶。丙子,发米三千石赈灭吉儿带所部饥民。赵、晋、冀三州蝗。丁丑,嘉祥、鱼台、金乡三县霖雨害稼,蠲其租五千石。庚辰,车驾次孛罗海脑儿。以咸平荐经兵乱,发沈州仓赈之。分万亿库为宝源、赋源、绮源、广源四库。

九月癸未朔,荧惑犯天江。大驾次野狐岭。甘州旱饥,免递税四千四百石。丙戌,置汀、梅二州驿。己丑,献、莫二州霖雨害稼,免田租八百余石。壬辰,大驾至大都。乙未,罢檀州淘金户。都哇犯边。庚子,太阴犯毕。鬼国、建都皆遣使来贡方物。从桑哥请,营五库禁中以贮币帛。癸卯,荧惑犯南斗。命忽都忽民户履地输税。尚书省臣言:"自立尚书省,凡仓库诸司无不钩考,宜置征理司,秩正三品,专治合追财谷,以甘肃等处行尚书省参政秃烈羊呵、签省吴诚并为征理使。"从之。升宝钞总库、永盈库并为从五品。改八作司为提举八作司,秩正六品。增元宝、永丰及八作司官吏俸。庚戌,太医院新编《本草》成。

　　冬十月己未，享于太庙。庚申，从桑哥请，以省、院、台官十二人，理算江淮、江西、福建、四川、甘肃、安西六省钱谷，给兵使以为卫。乌思藏宣慰使软奴汪术尝赈其管内兵站饥户，桑哥请赏之，赐银二千五百两。甲子，置虎贲司，复改为武卫司。丙寅，赐瀛国公赵显钞百锭。以甘州转运司隶都省。湖广省言："左、右江口溪洞蛮獠，置四总管府，统州、县、洞百六十，而所调官畏惮瘴疠，多不敢赴，请以汉人为达鲁花赤，军官为民职，杂土人用之。"就拟夹谷三合等七十四人以闻。从之。大同民李伯祥、苏永福八人以谋逆伏诛。庚午，海都犯边。桑哥请明年海道漕运江南米须及百万石。又言："安山至临清为渠二百六十五里，若开浚之，为工三百万，当用钞三万锭、米四万石、盐五万斤，其陆运夫万三千户，复罢为民，其赋入及刍粟之估为钞二万八千锭，费略相当，然渠成亦万世之利，请以今冬备粮费，来春浚之。"制可。丙子，始造铁罗圈甲。瀛国公赵显学佛法于土番。己卯，也不干入寇，不都马失引兵奋击之。塔不带反，忽剌忽、阿塔海等战却之。诏免儒户杂徭。尚书省臣请令集贤院诸司，分道钩考江南郡学田，所入羡余，贮之集贤院，以给多才艺者。从之。给仓官俸。高丽遣使来贡方物。

　　十一月壬午，巩昌路荐饥，免田租之半，仍以钞三千锭赈其贫者。以忽撒马丁为管领甘肃、陕西等处屯田等户达鲁花赤，督斡端、可失合儿工匠千五十户屯田。丁亥，金齿遣使贡方物。以山东东西道提刑按察使何荣祖为中书省参知政事。修国子监，以居胄子。禁有分地臣私役富室为柴米户及赋外杂徭。柳州民黄德清叛，潮州民蔡猛等拒杀官军，并伏诛。庚寅，床哥里合引兵犯建州，杀三百余人，咸平大震。辛卯，兀良合饥民多殍死，给三月粮。壬辰。罢建昌路屯田总管府。癸巳，赐诸王也里千金五十两、银五千两、钞千锭、币帛纱罗等二千匹。也速带儿、牙林海剌孙执捏坤、忽都答儿两叛王以归。甲午，北兵犯边。诏福建省管内并听行尚书省节制。丙申，合迷里民饥，种不入土，命爱牙赤以屯田余粮给之。己亥，命李思衍为礼部侍郎，充国信使，以万奴为兵部郎中副之，同使安南，诏谕陈日烜亲身入朝,否则必再加兵。大都民史吉等请立桑哥德政碑,从之。辛丑,马八儿国遣使来朝。帖列灭入寇。甲辰,以巩昌便宜都总帅府统五十余城兵民,事繁,改为宣慰使司兼便宜都总帅府。改释教总制院为宣政院,秩从一品,印用三台,以尚书右丞相桑哥兼宣政使。庚戌,益咸平府戍兵三百。

十二月乙卯,赐按答儿秃等金千二百五十两、银十二万五千两、钞二万五千锭、币帛布氎布二万三千六百六十六匹。命上都募人运米万石赴和林,应昌府运米三万石给弘吉剌军。丁巳,海都兵犯边,拔都也孙脱迎击,死之。先是,安童将兵临边,为失里吉所执,一军皆没。至是,八邻来归,从者凡三百九十人,赐钞万二千五百一十三锭。辛酉,太阴犯毕。癸亥,置大都等路打捕民匠等户总管府。甲子,太阴犯井。辛未,桑哥言:"有分地之臣,例以贫乏为辞,希觊赐与,财非天坠地出,皆取于民,苟不慎其出入,恐国用不足。"帝曰:"自今不当给者,汝即画之,当给者宜覆奏,朕自处之。"甲戌,太阴犯亢,荧惑犯垒壁阵。安西王阿难答来告兵士饥且阙橐驼,诏给米六千石及橐驼百。乙亥,湖头贼张治团掠泉州,免泉州今岁田租。丙子,也速不花以昔列门叛,甘肃行省官约诸王八八、拜答罕、驸马昌吉,合兵讨之,皆自缚请罪。独昔列门以其属西走,追至朵郎不带之地,邀而获之,以归于京师,庚辰,六卫屯田饥,给更休三千人六十日粮。高丽国王遣使来贡方物。赐诸王爱牙合赤等金千两、银一万八千三百六十两、丝万两、绵八万三千二百两、金素币一千二百匹、绢五千九十八匹。赐皇子爱牙赤部曲等羊马钞二十九万百四十七锭、马二万六千九百一十四、羊十万二百一十、驼八、牛九百。周诸王贫乏者,钞二十一万六百锭、马六千七百二十五、羊一万二千八百五十七、牛四十。赐妻子家赀没于寇者钞三万二千八百八十锭、马羊百。偿以羊马诸物供军者钞千六百七十四锭、马四千三百二十五、羊三万四千百九十九、驼七十二、牛三十。赏自寇中拔归者钞四千七十八锭。因雨雹河溢害稼,除民租二万二千八百石。命亦思麻等七百余人作佛事坐静于玉塔殿、寝殿、万寿山、护国仁王等寺,凡五十四会。命天师张宗演设醮三日。以光禄寺直隶都省。置醴源仓,分太仓之曲米药物隶焉。以沧州之军营城为沧溟县。以施州之清江县隶夔路总管府。罢安和署。大司农言:耕旷地三千五百七十顷,立学校二万四千四百余所,积义粮三十一万五千五百余石。断死罪九十五人。

二十六年春正月丙戌,地震。诏江淮省忙兀带与不鲁迷失海牙及月的迷失合兵进讨群盗之未平者。己丑,发兵塞沙陀间铁列儿河。辛卯,拔都不伦言其民千一百五十八户贫乏,赐银十万五千一百五十两。徙江州都转运使司治龙兴。沙不丁上市舶司岁输珠四百斤、金三千四百两,诏贮之以待贫乏者。合丹入寇。戊戌,以荆湖占城省左丞唐兀带副按的忽都合为蒙古都万户,统兵会江淮、福建二省及月的迷失兵,讨盗于江西。蠲漳、汀二州田租。辛丑,遣使代祀岳渎、后土、东南海。立武卫亲军都指挥使司,以侍卫军六千、屯田军三千、江南镇守军一千,合兵一万隶焉。太阴犯氐。壬寅,海船万户府言:“山东宣慰使乐实所运江南米陆负至淮安,易闸者七,然后入海,岁止二十万石,若由江阴入江至直沽仓,民无陆负之苦,且米石省运估八贯有奇,乞罢胶莱海道运粮万户府,而以漕事责臣,当岁运三十万石。”诏许之。癸卯,高丽遣使来贡方物。贼钟明亮寇赣州,掠宁都,据秀岭,诏发江淮省及邻郡戍兵五千,迁江西省参政管如德为左丞,使将兵往讨。畲民丘大老集众千人寇长泰县,福州达鲁花赤脱欢同漳州路总管高杰讨平之。甲辰,复立光禄寺。戊申,徙广州按察司于韶州。以荆南按察司所统辽远,割三路入淮西,二路入江西。立咸平至聂延驿十五所。废甘州路宣课提举司入宁夏都转运使司。遣参知政事张守智、翰林直学士李天英使高丽,督助征日本粮。

二月辛亥朔,诏籍江南户口,凡北方诸色人寓居者,亦就籍之。浚沧州御河。癸丑,爱牙合赤请以所部军屯田咸平、懿州以省粮饷。己未,发和林粮千石赈诸王火你赤部曲。置延禧司,秩正三品。壬

戌,合木里饥,命甘肃省发米千石赈之。癸亥,诏立崇福司,为从二
品。徙江淮省治杭州。改浙西道宣慰司为淮东道宣慰司,治扬州。
丙寅,尚书省臣言:"行泉府所统海船万五千艘,以新附人驾之,缓
急殊不可用,宜招集乃颜及胜纳合儿流散户为军,自泉州至杭州立
海站十五站,置船五艘、水军二百,专运番夷贡物及商贩奇货,且防
御海道为便。"从之。命福建行省拜降、江淮行省忙兀带合兵击贼江
西。大都路总管府判官萧仪尝为桑哥掾,坐受赇事觉,帝贷其死,欲
徙为淘金。桑哥以仪尝钩考万亿库,有追钱之能,足赎其死,宜解职
杖遣之。帝曲从之。丁卯,幸上都。以中书右丞相伯颜知枢密院事,
将北边诸军。成都管军万户刘德禄上言:愿以兵五千人招降八番蛮
夷,因以进取交趾。枢密院请立元帅府,以药剌罕及德禄并为都元
帅,分四川军万人隶之。帝从之。以伯答儿为中书平章政事。绍兴
大水,免未输田租。合丹兵寇胡鲁口,开元路治中兀颜牙兀格战连
日,破之。己巳,立左右翼屯田万户府,秩从三品。玉吕鲁奏:江南
盗贼凡四百余处,宜选将讨之。帝曰:"月的迷失屡以捷闻,忙兀带
已往,卿无以为虑。"皇孙甘不剌所部军乏食,发大同路榷场粮赈
之。甲戌,命巩昌便宜都总帅汪惟和将所部军万人北征,令过阙受
命。乙亥,省屯田六署为营田提举司。

三月庚辰朔,日有食之。台州贼杨镇龙聚众宁海,僭称大兴国,
寇东阳、义乌,浙东大震。诸王瓮吉带时谪婺州,帅兵讨平之。立云
南屯田,以供军储。桑哥言:省部成案皆财谷事,当令监察御史即省
部稽照,书姓名于卷末,仍命侍御史坚童视之,失则连坐。从之。安
西饥,减估粜米二万石。甘州饥,发钞万锭赈之。己丑,赐陕西屯田
总管府农器、种粒。癸巳,东流县献芝。甲午,太阴犯亢。乙未,铸
浑天仪成。癸巳,金齿人塞完以其民二十万一千户有奇来归,仍进
象三。

夏四月己酉,复立营田司于宁夏府。辽阳省营内饥,贷高丽米
六万石以赈之。壬子,孛罗带上别十八里招集户数,令甘肃省赈之。
癸丑,命塔海发忽都不花等所部军,屯狗站北以御寇。宝庆路饥,下

其估粜米万一千石。丙辰,命甘肃行省给合的所部饥者粟。丁巳,遣官验视诸王安灰贫民,给以粮。戊午,禁江南民挟弓矢,犯者籍而为兵。置江西、福建打捕鹰坊总管府,福建转运司及管军总管言其非宜,诏罢之。省江淮屯田打捕提举司七所,存者徐邳、海州、扬州、两淮、淮安、高邮、昭信、安丰、镇巢、蕲黄、鱼网、石湫,犹十二所。甲子,池州贵池县民王勉进紫芝十二本。戊辰,安南国王陈日烜遣其中大夫陈克用等来贡方物。己巳,乞儿乞思户居和林,验其贫者赈之。庚午,沙河决,发民筑堤以障之。癸酉,以高丽国多产银,遣工即其地,发旁近民冶以输官。以莱芜铁冶提举司隶山东盐运司。甲戌,以御史大夫玉吕鲁为太傅,加开府仪同三司,签江西等处行尚书省事。召江淮行省参知政事忻都赴阙,以户部尚书王巨济专理算江淮省,左丞相忙兀带总之。置浙东、江东、江西、湖广、福建木绵提举司,责民岁输木绵十万匹,以都提举司总之。罢皇孙按摊不花所设断事官也先,仍收其印。尚书省臣言:“巩昌便宜都总帅府已升为宣慰使司,乞以旧兼府事别立散府,调官分治。”从之。立诸王爱牙赤投下人匠提举司于益都。并省云南大理、中庆等路州县。丁丑,升市令司为从五品。改大都路甲匠总管府为军器人匠都总管府。尚书省臣言:“乃颜以反诛,其人户月给米万七千五百二十三石,父母妻子俱在北方,恐生它志,请徙置江南;充沙不丁所请海船水军。”从之。

五月庚辰,发武卫亲军千人浚河西务至通州漕渠。癸未,移诸王小薛饥民就食汴梁。发大同、宣德等路民筑仓于昂兀剌。壬辰,太白犯鬼。软奴玉术私以金银器皿给诸王出伯、合班等,且供馈有劳;命有司如数偿之,复赏银五万两、币帛各二千匹。丙申,诏季阳、益都、淄莱三万户军久戍广东,疫死者众,其令二年一更。贼钟明亮率众万八千五百七十三人来降。江淮、福建、江西三省所抽军各还本翼。行御史台复徙于扬州。浙西提刑按察司徙苏州。以参知政事忻都为尚书左丞,中书参知政事何荣祖为参知政事,参议尚书省事张天佑为中书参知政事。己亥,设回回国子学。升利用监为从三品。辽阳路饥，免往岁未输田租。尚书省臣言："括大同、平阳、太原无籍民及人奴为良户，略见成效，益都、济南诸道亦宜如之。"诏以农时民不可扰，俟秋、冬行之。罢永盈库，以所贮上供币帛入太府监及万亿库。辛丑，御河溢入会通渠，漂东昌民庐舍。以庄浪路去甘肃省远，改隶安西省。省流江县入渠州。泰安寺屯田大水，免今岁租。青山猫蛮以不莫台、卑包等三十三寨相继内附。

六月戊申朔，发侍卫军二千人浚口温脑儿河渠。己酉，巩昌汪惟和言："近括汉人兵器，臣管内已禁绝，自今臣凡用兵器乞取之安西官库。"帝曰："汝家不与它汉人比，弓矢不汝禁也，任汝执之。"辛亥，诏以云南行省地远，州县官多阙，六品以下许本省选辟以闻。桂阳路寇乱、水、旱，下其估粜米八千七百二十石以赈之。己未，西番进黑豹。庚申，诸王乃蛮带败合丹兵于托吾儿河。丙寅，要忽儿犯边。辛巳，诏遣尚书省断事官秃烈羊呵理算云南。复立云南提刑按察司。月的迷失请以降贼钟明亮为循州知州，宋士贤为梅州判官，丘应祥等十八人为县尹、巡尉；帝不允，令明亮、应祥并赴都。大都增设倒钞库三所。辽阳等路饥，免今岁差赋。移八八部曲饥者就食甘州。海都犯边，和林宣慰使怯伯、同知乃满带、副使八黑铁儿皆反应之。合剌赤饥，出粟四千三百二十八石有奇以赈之。甲戌，西南夷中下烂土等处洞长忽带等以洞三百、寨百一十来归，得户二千余。乙亥，金刚奴寇折连怯儿。立江淮等处财赋总管府，掌所籍宋谢太后赀产，隶中宫。丁丑，汲县民朱良进紫芝。济宁、东平、汴梁、济南、棣州、顺德、平滦、真定霖雨害稼，免田租十万五千七百四十九石。

秋七月戊寅朔，海都兵犯边，帝亲征。尚珍署屯田大水，从征者给其家。己卯，驸马爪忽儿部曲饥，赈之。辛巳，两淮屯田雨雹害稼，蠲今岁田租。雨坏都城，发兵民各万人完之。开安山渠成，河渠官礼部尚书张孔孙、兵部郎中李处选、员外郎马之贞言：开魏博之渠通江淮之运，古所未有。诏赐名会通河，置提举司，职河渠事。甲申，四川山齐蛮民四寨五百五十户内附。丙戌，命百官市马助边。敕以秃鲁花及侍卫兵百人为桑哥导从。丁亥，发至元钞万锭市马于燕南、山东、河南、太原、平阳、保定、河间、平滦。戊子，太白经天四十五日。庚寅，黄兀儿月良等驿乏食，以钞赈之。辛卯，太阴犯牛。诏遣牙牙、住僧诣江南搜访术艺之士。发和林所屯乞儿乞思等军北征。癸巳，平滦屯田霖雨损稼。甲午，御河溢。东平、济宁、东昌、益都、真定、广平、归德、汴梁、怀孟蝗。乙未，太阴犯岁星。丁酉，命辽阳行省益兵戍咸平、懿州。戊戌，诛信州叛贼鲍惠日等三十三人。右丞李庭等北征。辛丑，发侍卫亲军万人赴上都。河间大水害稼。壬寅，赋百官家，制战袄。癸卯，沙河溢。铁灯杆堤决。

　　八月壬子，霸州大水，民乏食，下其估祟直沽仓米五千石。乙卯，郴之宜章县为广东寇所掠，免今岁田租。辛酉，大都路霖雨害稼，免今岁租赋，仍减价祟诸路仓粮。壬戌，漷州饥，发河西务米二千石，减其价赈祟之。癸亥，诸王铁失、孛罗带所部皆饥，敕上都留守司、辽阳省发粟赈之。甲子，月的迷失以钟明亮贡物来献。辛未，岁星昼见。癸酉，以八番罗甸宣慰使司隶四川省。台、婺二州饥，免今岁田租。甲戌，诏两淮、两浙都转运使司及江西榷茶都转运司诸人毋得沮办课。改四川金竹寨为金竹府。徙浙东道提刑按察司治婺州，河东山西道提刑按察司治太原，宣慰司治大同。

　　九月戊寅，岁星犯井。己卯，置高丽国儒学提举司，从五品。丙戌，罢济州泗汶漕运使司。丁亥，罢斡端宣慰元帅府。癸巳，以京师籴贵，禁有司拘顾商车。乙未，太阴犯毕。丙申，荧惑犯太微西垣上将。增浙东道宣慰使一员。江淮省平章沙不丁言：提调钱谷，积怨于众，乞如要束木例，拨戍兵三百人为卫。从之。平滦、昌国等屯田霖雨害稼。甲辰，以保定、新城、定兴屯田粮赈其户饥贫者。乙巳，诏福建省及诸司毋沮扰魏天佑银课。

　　冬十月癸丑，营田提举司水害稼。太阴犯牛宿距星。甲寅，荧惑犯右执法。以驼运大都米五百石有奇，给皇子北安王等部曲。乙卯，以八番罗甸隶湖广省。丙辰，禁内外百官受人馈酒食者，没其家赀之半。甲子，享于太庙。己巳，赤那主里合花山城置站一所。癸酉,尚书省臣言:沙不丁以便宜增置浙东二盐司,合浙东、西旧所立者为七,乞官知盐法者五十六人。从之。平滦水害稼,以平滦、河间、保定等路饥,弛河泊之禁。

闰十月戊寅,车驾还大都。尚书省臣言:南北盐均以四百斤为引,今权豪家多取至七百斤,莫若先贮盐于席,来则授之为便。从之。庚辰,桑哥言:"初改至元钞,欲尽收中统钞,故今天下盐课以中统、至元钞相半输官,今中统钞尚未可急敛,宜令税赋并输至元钞,商贩有中统料钞听易至元钞以行,然后中统钞可尽。"从之。月的迷失以首贼丘应祥、董贤举归于京师。癸未,命辽阳行省给诸王乃蛮带民户乏食者。乙酉,命自今所授宣敕并付尚书省。通州河西务饥,民有鬻子、去之他州者,发米赈之。丙戌,西南夷生番心楼等八族计千二百六十户内附。广东贼钟明亮复反,以众万人寇梅州,江罗等以八千人寇漳州,又韶、雄诸贼二十余处皆举兵应之,声势张甚。诏月的迷失复与福建、江西省合兵讨之,且谕旨月的迷失:"钟明亮既降,朕令汝遣之赴阙,而汝玩常不发,致有是变,自今降贼其即遣之。"丁亥,安南国王陈日烜遣使来贡方物。左右卫屯田新附军以大水伤稼乏食,发米万四百石赈之。辰星犯房。己丑,太阴犯毕,荧惑犯进贤。庚寅,江西宣慰使胡颐孙援沙不丁例,请至元钞千定为行泉府司,岁输珍异物为息,从之,以胡颐孙授遥行尚书省参政、泉府大卿、行泉府司事。诏籍江南及四川户口。丙申,宝坻屯田大水害稼。河南宣慰司请给管内河间、真定等路流民六十日粮,遣还其土,从之。婺州贼叶万五以从万人寇武义县,杀千户一人,江淮省平章不邻吉带将兵讨之。遣使钩考大同钱谷及区别给粮人户。庚子取石泗滨为磬,以补宫县之乐。辛丑,罗斛、女人二国遣使来贡方物。癸卯,禁杀羔羊。浙西宣慰使史弼请讨浙东贼,以为浙东道宣慰使,位合剌带上。甲辰,武平路饥,发常平仓米万五千石。赈保定等屯田户饥,给九十日粮。檀州饥,民刘德成犯猎禁,诏释之。湖广省臣言:近招降赣州贼胡海等,令将其众屯田自给,今过耕时,不恤之恐生变。"命赣州路发米千八百九十石赈之。丙午,缅国遣委马剌菩提班的等来贡方物。

十一月丙午朔,回回昔宝赤百八十六户居汴梁者,申命宣慰司给其田。丁未,禁江南、北权要之家毋沮监法。戊申,救尚书省发仓赈大都饥民。壬子,漳州贼陈机察等八千人寇龙严,执千户张武义,与枫林贼合,福建行省兵大破之。陈机察、丘大老、张顺等以其党降,行省请斩之以警众。事下枢密院议,范文虎曰:"贼固当斩,然既降乃杀之,何以示信,宜并遣赴阙。"从之。癸丑,建宁贼黄华弟福结陆广、马胜复谋乱,事觉,皆论诛。甲寅,瓜、沙二州城坏,诏发军民修完之。丙辰,罢阿你哥所领采石提举司。发米五百八十七石给昔宝赤五百七十八人之乏食者。丁巳,平滦、昌国屯户饥,赈米千六百五十六石。改播州为播南路。丁卯,诏山东东路毋得沮淘金。赈文安县饥民。陕西凤翔屯田大水。戊辰,太阴犯亢。己巳,发米千石赈平滦饥民。改平恩镇为丘县。武平路饥,免今岁田租。桓州等驿饥,以钞给之。

十二月丁丑,蠡州饥,发义仓粮赈之。戊寅,罢平州望都、榛子二驿,放其户为民。辛巳,诏括天下马。一品、二品官许乘五匹,三品三匹,四品、五品二匹,六品以下皆一匹。平滦大水伤稼,免其租。小薛坐与合丹秃鲁干通谋叛,伏诛。绍兴路总管府判官白絜矩言:宋赵氏族人散居江南,百姓敬之不衰,久而非便,宜悉徙京师。桑哥以闻,请擢絜矩为尚书省舍人,从之。给玉吕鲁所招集户五百人九十日粮。徙瓷吉剌民户贫乏者,就食六盘。乙酉,命四川蒙古都万户也速带选所部军万人西征。太白犯南斗。丁亥,封皇子阔阔出为宁远王。河间、保定二路饥,发义仓粮赈之,仍免今岁田租。木邻站经乱乏食,给九十日粮。命回回司天台祭荧惑。庚寅,秃木合之地霜杀稼,秃鲁花之地饥,给九十日粮。甲午,以官军万户汪惟能为征西都元帅,将所部军入漠,其先戍漠兵无令还翼。乙未,蠲大名、清丰逋租八百四十石。命甘肃行省赈千户也先所部人户之饥者。给钞赈黄兀儿月良站人户。庚子,武平饥,以粮二万三千六百石赈之。伯颜遣使来言边民乏食,诏赐网罟,使取鱼自给。拔都昔剌所部阿速户饥,出粟七千四百七十石赈之。癸卯,发麦赈广济署饥民。

是岁,马八儿国进花驴二。宁州民张世安进嘉禾二本。诏天下梵寺所贮《藏经》,集僧看诵,仍给所费,俾为岁例。幸大圣寿万安寺,置旃檀佛像,命帝师及西僧作佛事坐静二十会。免灾伤田租:真定三万五千石,济宁二千一百五十四石,东平一百四十七石,大名九百二十二石,汴梁万三千九十七石,冠州二十七石。赐诸王、公主、驸马如岁例,为金二千两、银二十五万二千六百三十两、钞一十一万二百九十锭、币十二万二千八百匹。断死罪五十九人。

元史卷一六
本纪第一六

世祖十三

二十七年春正月戊申,改大都路总管府为都总管府。庚戌,太白犯牛。改储偫提举司为军储所,秩从三品。以河东山西道宣慰使阿里火者为尚书右丞,宣慰使如故。癸丑,太阴犯井。敕从臣子弟入国子学。安南国王陈日烜遣其中大夫陈克用来贡方物。乙卯,造祀天幄殿。高丽国王王睶遣使来贡方物。丁巳,遣使代祀岳、渎、海神、后土。戊午,辽阳自乃颜之叛,民甚疲敝,发钞五千八十锭赈之。己未,赐镇远王牙忽都、靖远王合带涂金银印各一。章吉寇甘木里,诸王术伯、拜答寒、亦怜真击走之。庚申,赈马站户饥。给滕竭儿回回屯田三千户牛、种。辛酉,营懿州仓。壬戌,造长甲给北征军。乙丑,伸思、八儿术答儿、移剌四十、石抹蛮忒四人以谋不轨伏诛。丙寅,合丹余寇未平,命高丽国发耽罗戍兵千人讨之。赐河西质子军五百人马。丁卯,荧惑犯房。高丽国王王睶言:"臣昔宿卫京师,遭林衍之叛,国内大乱,高丽民居大同者皆籍之,臣愿复以还高丽为民。"从之。己巳,改西南番总管府为永宁路。辛未,赐也速带儿所部万人钞万锭。丰闰署田户饥,给六十日粮。无为路大水,免今年田租。癸酉,忻都所部别笴儿田户饥,给九十日粮。降临淮府为盱眙县,隶泗州。复立兴文署,掌经籍板及江南学田钱谷。合丹寇辽东海阳。

二月乙亥朔,立全罗州道万户府。江西诸郡盗未平,诏江淮行省分兵一千益之。命太仆寺毋隶宣徽院。丙子，新附屯田户饥，给六十日粮。顺州僧、道士四百九十一人饥，给九十日粮。戊寅，太阴犯毕。开元路宁远等县饥，民、站户逃徙，发钞二千锭赈之。播州安抚使杨汉英进雨毡千。驸马铁别赤进罗罗斯雨毡六十、刀五十、弓二十。己卯，兴州兴安饥，给九十日粮。庚辰，伯答罕民户饥，给六十日粮。辛巳，括河间昔宝赤户口。癸未，泉州地震。乙酉，赈新附民居昌平者。丙戌，改奉先县为房山县。泉州地震。己丑，江西群盗钟明亮等复降，诏徙为首者至京师，而给其余党粮。浙东诸郡饥，给粮九十日。庚寅，太阴犯亢。辛卯，复立南康、兴国榷茶提举司，秩从五品。发虎贲更休士二千人赴上都修城。河间路任丘饥，给九十日粮。癸巳，晋陵、无锡二县霖雨害稼，并免其田租。江西贼华大老、黄大老等掠乐昌诸郡，行枢密院讨平之。阇兀所部阇遗户饥，给六十日粮。常宁州民遭群盗之乱，免其田租。己亥，保定路定兴饥，发粟五千二百六十四石赈之。辛丑，唆欢禾稼不登，给九十日粮。

三月乙巳，中山畋户饥，给六十日粮。戊申，广济署饥，给粟二千二百五十石以为种。壬子，荧惑犯钩钤。蓟州渔阳等处稻户饥，给三十日粮。戊午，出忙安仓米赈燕八撒儿所属四百二十人。己未，改云南蒙怜甸为蒙怜路军民总管府，蒙莱甸为蒙莱路。放罢福建猎户、沙鱼皮户为民，以其事付有司总之。发云州民夫凿银洞。永昌站户饥，卖子及奴产者甚众，命甘肃省赎还，给米赈之。并福、泉二州人匠提举司为一，仍放无役者为民。庚申，升御史台侍御史正四品，治书侍御史正五品，增蒙古经历一员，从五品。罢行司农司及各道劝农营田司。增提刑按察司金事二员，总劝农事。四川行省旧移重庆，成都之民苦于供给，诏复徙治成都。立江南营田提举司，秩从五品，掌僧寺赀产。放寿、颍屯田军千九百五十九户为民，撤江南戍兵代之。凡工匠隶昌合剌、阿尼哥、段贞无役者，皆区别为民。诏风宪之选仍归御史台如旧制。置金竹府大隘等四十二寨蛮夷长官。癸亥，建昌贼丘元等称大老，集众千余人，掠南丰诸郡，建昌副万户擒斩之。甲子，杨震龙余众剽浙东，总兵官讨贼者多俘掠良民，敕行御史台分拣之,凡为民者千六百九十五人。庚午,以建昌路广昌县经钟明亮之乱,免其田租九千四百四十七石。辛未,太平县贼叶大五集众百余人寇宁国,皆擒斩之。

夏四月癸酉朔,大驾幸上都。婺州螟害稼,雷雨大作,螟尽死。丙子,太阴犯井。辛巳,命大都路以粟六万二千五百六十四石赈通州、河西务等处流民。芍陂屯田以霖雨,河溢,害稼二万二千四百八十亩有奇,免其租。癸未,罢海道运粮万户府。江淮行省言:"近朝廷遣白絜矩来与沙不丁议,令发兼并户偕宋宗族赴京,人心必致动摇,江南之民方患增课、料民、括马之苦,宜俟它日行之。"从之。阿速敦等二百九十五人乏食,命验其实,给粮赈之。改利津海道运粮万户府为临清御河运粮上万户府。诸王小薛部曲万二千六十一户饥,给六十日粮。发六卫汉军万人伐木,为修城具。甲申,以荐饥免今岁银俸钞,其在上都、大都、保定、河间、平滦者万一百八十锭,在辽阳省者千三百四十八锭有奇。丙戌,遣桑吉剌失等诣马八儿国访求方伎士。壬辰,荧惑守氐十余日。癸巳,河北十七郡蝗。千户也先、小阔阔所部民及喜鲁不别等民户并饥,敕河东诸郡量赈之。千户也不干所部乏食,敕发粟赈之。太傅玉吕鲁言:"招集斡者所属亦乞烈,今已得六百二十一人,令与高丽民屯田,宜给其食。"敕辽阳行省验实给之。平山、真定、枣强三县旱,灵寿、元氏二县大雨雹,并免其租。丁酉,以钞二千五百锭赈昌平至上都站户贫乏者。定兴站户饥,给三十日粮。己亥,命考大都路贫病之民在籍者二千八百三十七人,发粟二百石赈之。庚子,合丹复寇海阳。复立安和署,从六品。

五月乙巳,罢秦王典藏司,收其印。括江南阑遗人杂畜钱帛。合丹寇开元。戊申,江西行省管如德、江西行院月的迷失合兵讨反寇钟明亮,明亮降,诏缚致阙下。如德等留不遣,明亮复率众寇赣州。枢密院以如德等违诏纵贼,请诘之,从之。诏罢江西行枢密院。庚戌,陕西南市屯田陨霜杀稼,免其租。壬子,赐诸王铁木儿等军一万七百人粮,一人一从者五石,二人一从者七石五斗。丙辰,发粟赈御河船户。叙州等处诸部蛮夷进雨毡八百。戊午,移江西行省于吉州以便捕盗。尚书省遣人行视云南银洞,获银四千四十八两。奏立银场官,秩从七品。出鲁等千一百一十五户饥,给六十日粮。癸亥,敕:诸王分地之民有讼,王傅与所置监郡同治,无监郡者,王傅听之。平滦民万五千四百六十五户饥,赈粟五千石。徽州绩溪贼胡发、饶必成伏诛。乙丑,太阴犯填星。丙寅,罢奉宸库。迁江西行尚书省参政杨文璨为左丞,文璨逾岁不之官,诏以外刺带代之。外刺带至,文璨复署事,桑哥乃奏文璨升右丞。江西行省言:吉、赣、湖南、广东、福建以禁弓矢,贼益发,乞依内郡例,许尉兵持弓矢。从之。已巳,立云南行御史台。命彻里铁木儿所部女直、高丽、契丹、汉军输地税外,并免他徭。江阴大水,免田租万七百九十石。庚午,复置诸王也只里王傅,秩正四品。尚珍署广备等屯大水,免其租。伯要民乏食,命撒的迷失以车五百辆运米千石赈之。婺州永康、东阳,处州缙云贼吕重二、杨元六等反,浙东宣慰使史弼禽斩之。泉州南安贼陈七师反,讨平之。括天下阴阳户口,仍立各路教官,有精于艺者,岁贡各一人。

六月壬申朔,升闰盐州为柏兴府,降普乐州为闰盐县,金州为金县。河溢太康,没民田三十一万九千八百余亩,免其租八千九百二十八石。纳邻等站户饥,给九十日粮。甲戌,桑州总管黄布蓬、那州长罗光寨、安郡州长闭光过率蛮民万余户内附。丙子,放保定工匠楚通等三百四十一户为民。庚辰,从江淮行省请,升广济库为提举司,秩从五品。用江淮省平章沙不丁言:以参政王巨济钩考钱谷有能,赏钞五百锭。缮写金字《藏经》,凡糜金三千二百四十四两。广州增城、韶州乐昌以遭畲贼之乱,并免其田租。杭州贼唐珍等伏诛。已丑,荧惑犯房。辛卯,敕应昌府以米千二百石给诸王亦只里部曲。壬辰,别给江西行省印,以便分省讨贼。泉州大水。丙申,发侍卫兵万人完都城。丁酉,大司徒撒里蛮、翰林学士承旨兀鲁带进《定宗实录》。已亥,棣州厌次、济阳大风雹害稼,免其租。庚子,从江西省请,发各省戍兵讨贼。辛丑,免河间、保定、平滦岁赋丝之半。怀孟路武陟县、汴梁路祥符县皆大水，蠲田租八千八百二十八石。

秋七月，终南等屯霖雨害稼万九千六百余亩，免其租。丙午，禁平地、忙安仓酿酒，犯者死。戊申，江西霖雨，赣、吉、袁、瑞、建昌、抚水皆溢，龙兴城几没。癸丑，罢缅中行尚书省。江淮省平章沙不丁以仓库官盗欺钱粮，请依宋法黥而断其腕，帝曰："此回回法也。"不允。免大都路岁赋丝。戊午，贵州猫蛮三十余人作乱，劫顺元路，入其城，遂攻阿牙寨，杀伤官吏，其众遂盛。湖广省檄八番、蔡州、均州二万户府及八番罗甸宣慰司合兵讨之。凤翔屯田霖雨害稼，免其租。建平贼王静照伏诛。辛酉，荧惑犯天江。壬申，驻跸老鼠山西。乙丑，芜湖贼徐汝安、孙惟俊等伏诛。丙寅，云南阇力白衣甸酋长凡十一甸内附。丁卯，用桑哥言，诏遣庆元路总管毛文豹搜括宋时民间金银诸物，已而罢之。沧州乐陵旱，免田租三万三百五十六石。江夏水溢，害稼六千四百七十余亩，免其租。魏县御河溢，害稼五千八百余亩，免其租百七十五石。

八月辛未朔，日有食之。并广东道真阳、浛光二县为英德州。沁水溢，害冀氏民田，免其租。禁诸人毋沮平阳、太原、大同宣课。丁丑，广州清远大水，免其租。庚辰，免大都、平滦、河间、保定四路流民租赋及酒醋课。丁亥，复徙四川南道宣慰司于重庆府。以南安、赣、建昌、丰州尝罹钟明亮之乱，悉免其田租。癸巳，地大震，武平尤甚，压死按察司官及总管府官王连等及民七千二百二十人，坏仓库局四百八十间，民居不可胜计。己亥，帝闻武平地震，虑乃颜党入寇，遣平章政事铁木儿、枢密院官塔鲁忽带引兵五百人往视。

九月壬寅，河东山西道饥，敕宣慰使阿里火者炒米赈之。癸卯，岁星犯鬼。申严汉人田猎之禁。乙巳，禁诸王遣僧建寺扰民。敕河东山西道宣慰使阿里火者发大同钞本二十万锭籴米赈饥民。平章政事阇里铁木儿帅师与合丹战于瓦法，大破之。丁未，御河决高唐，没民田，命有司塞之。戊申，武平地震，盗贼乘隙剽劫，民愈忧恐，平章政事铁木儿以便宜蠲租赋，罢商税，弛酒禁，斩为盗者，发钞八百四十锭，转海运米万石以赈之。金竹府知府扫闾贡马及雨毡，且言：

"金竹府虽内附，蛮民多未服。近与赵坚招降竹古弄、古鲁花等三十余寨，乞立县设长官、总把，参用土人。"从之。己酉，福建省以管内盗贼蜂起，请益戍兵，命江淮省调下万户一军赴之。发蒙古都万户府探马赤军五百人戍鄂州。辛亥，修东海广德王庙。丙辰，敕天下。丁卯，命江淮行省钩考行教坊司所总江南乐工租赋。置四巡检司于宿迁之北。以所罢陆运夫为兵，护送会通河上供之物，禁发民挽舟。

冬十月壬申，封皇孙甘麻剌为梁王，赐金印，出镇云南。癸酉，享于太庙。甲戌，立会通汶泗河道提举司，从四品。丁丑，尚书省臣言：江阴、宁国等路大水，民流移者四十五万八千四百七十八户。帝曰："此亦何待上闻，当速赈之。"凡出粟五十八万二千八百八十九石。己卯，增上都留守司副留守、判官各一员。从甘肃行省请，签管内民千三百人为兵，以戍其境。辛巳，太白犯斗。只深所部八鲁剌思等饥，命宁夏路给米三千石赈之。禁大同路酿酒。乙酉，门答占自行御史台入觐。梁洞梁宫朝、吴曲洞吴汤暖等凡二十洞，以二千余户内附。丁亥，赐北边币帛十万匹。己丑，新作太庙登歌宫悬乐。以昔宝赤岁取鸬鹚成都扰民，罢之。

十一月辛丑，广济署洪济屯大水，免租万三千一百四十一石。兴、松二州陨霜杀禾，免其租。隆兴苦盐泺等驿饥，发钞七千锭赈之。丁未，大同路蒙古多冒名支粮，置千户、百户十员，以达鲁花赤总之，食粮户以富为贫者，籍家赀之半。戊申，太阴掩镇星。桑哥言："向奉诏，内外官受命不赴及受代官居五年不赴铨者，罢不复叙，臣谓苟无大故，不可终弃。"帝复允其请。江淮行省平章不怜吉带言："福建盗贼已平，惟浙东一道地极边恶，贼所巢穴。复还三万户，以合剌带一军戍沿海明、台，亦怯烈一军戍温、处，札忽带一军戍绍兴、婺。其宁国、徽，初用土兵，后皆与贼通，今以高邮、泰两万户汉军易地而戍。扬州、建康、镇江三城，跨据大江，人民繁会，置七万户府。杭州行省诸司府库所在置四万户府。水战之法，旧止十所，今择濒海沿江要害二十二所，分兵阅习，伺察诸盗。钱塘控扼海口，旧置战船二十艘，故海贼时出，夺船杀人，今增置战船百艘、海船二十

艘,故盗贼不敢发。"从之。庚戌,罢云南会川路采碧甸子。甲寅,禁
上都酿酒。乙卯,贵赤三百三十户乏食,发粟赈之。己未,禁山后酿
酒。庚申,赐伯颜所将兵币帛各万三千四百匹,绵三千四百斤。辛
酉,太阴掩左执法。隆兴路陨霜杀稼,免其田租五千七百二十三石。
壬戌,大司徒撒里蛮、翰林学士承旨兀鲁带带进《太宗实录》。癸亥,河
决祥符义唐湾,太康、通许,陈、颍二州大被其患。甲子,御史台言江
南盗起,讨贼官利其剽掠,复以生口充赠遗,请给还其家。帝嘉纳
之。徙河北河南道提刑按察司治许州。罢大都东西二驿脱脱禾孙。
以通政院总之。乙丑,易水溢,雄、莫、任丘、新安田庐漂没无遗,命
有司筑堤障之。丙寅,括辽阳马六千匹,择肥者给阇里铁木儿所部
军。丁卯,立新城榷场、平地脱脱禾孙。遣使钩考延安屯田。降南
雄州为保昌县,韶州为曲江县。

　　十二月辛未,以卫尉院为太仆寺。戊寅,免大都、平滦、保定、河
间自至元二十四年至二十六年逋租十三万五百六十二石。己卯,命
枢密院括江南民间兵器及将士习武,如戊子岁诏。甲申,遣兵部侍
郎靳荣等阅实安西、凤翔、延安三道军户,元籍四千外,复得三万三
千二百八十丁,枢密院欲以为兵,桑哥不可,帝从之。丙戌,兴化路
仙游贼朱三十五集众寇青山,万户李纲讨平之。京兆省上屯田所出
羊价钞六百九锭,敕以赐札散、暗伯民贫乏者。辛卯,太阴犯亢。乙
未,初,分万亿为四库,以金银输内府,至是,立提举富宁库,秩从五
品,以掌之。大同路民多流移,免其田租二万一千五百八石。洪赞、
滦阳驿饥,给六十日粮。不耳答失所部灭乞里饥,给九十日粮。诏
诸王乃蛮带、辽阳行省平章政事薛阇干、在丞洪察忽摘蒙古军万人
分戍双城及婆娑府诸城,以防合丹兵。己亥,省溧阳路为县入建康。
湖广省上二年宣课珠九万五百一十五两。处州青田贼刘甲乙等集
众万余人寇温州平阳。

　　是岁,赐诸王、公主、驸马金银、钞币如岁例。命帝师西僧递作
佛事坐静于万寿山厚载门、茶罕脑儿、圣寿万安寺、桓州南屏庵、双
泉等所,凡七十二会。断死罪七十二人。

二十八年春正月壬寅，太白、荧惑、镇星聚奎。癸卯，给诸王爱牙赤印。命玄教宗师张留孙置醮祠星三日。上都民仰食于官者众，诏佣民运米十万石致上都，官价石四十两，命留守木八剌沙总其事。辛亥，罢汴梁至正阳、杞县、睢州、中牟、郑、唐、邓十二站站户为民。癸丑，高丽国遣使来贡方物。丁巳，遣贵由赤四百人北征。辛酉，罢江淮漕运司，并于海船万户府，由海道漕运。并浙西金玉人匠提举司入浙西道金玉人匠总管府。降无为、和州二路、六安军为州，巢州为县，入无为，并隶庐州路。升安丰府为路，降寿春府、怀远军为县，怀远入濠州，并隶安丰路。升各处行省理问所为四品。免江淮贫民至元十二年至二十五年所逋田租二百九十七万六千余石，及二十六年未输田租十三万石、钞千一百五十锭、丝五千四百斤、绵千四百三十余斤。罢淘金提举司。立江东两浙都转运使司。壬戌，以札散、秃秃合总兵于瓮古之地，命有司供其军需。敕大同路发米赈瓮古饥民。尚书省臣桑哥等以罪罢。

二月辛未，赐也速带儿所部兵骣马万匹。徙万亿库金银入禁中富宁库。尚书省言：大同仰食于官者七万人，岁用米八十万石，遣使覆验，不当给者万三千五百人，乞征还官。从之。癸酉，以陇西四川总摄辇真术纳思为诸路释教都总统。改福建行省为宣慰司，隶江西行省。诏行御史台勿听行省节度。云南行省言：“叙州、乌蒙水路险恶，舟多破溺，宜自叶稍水站出陆，经中庆，又经盐井、土老、必撒诸蛮至叙州庆符，可治为驿路，凡立五站。”从之。也速带儿、汪总帅言：近制，和雇和买不及军家，今一切与民同。诏自今军勿输。丙子，罢征理司。上都、太原饥，免至元十二年至二十六年民间所逋田租三万八千五百余石。遣使同按察司赈大同、太原饥民，口给粮两月或三月。以桑哥党与，罢扬州路达鲁花赤唆罗兀思。遣官复验水达达、咸平贫民，赈之。丁丑，以太子右詹事完泽为尚书右丞相，翰林学士承旨不忽木平章政事，诏告天下。以列兀难粳米赈给贫民。己卯，遣官持香诣中岳、南海、淮渎致祷。立金齿等处宣慰司都元帅府。以上都虎贲士二千人屯田,官给牛具农器,用钞二万锭。以云南曲靖路宣抚司所辖地广,民心未安,改立曲靖等处宣慰司、管军万户府以镇之。辛巳,以湖广行省八番罗甸司复隶四川省。壬午,以桑哥沮抑台纲,又棰监察御史,命御史大夫月儿鲁辨之。癸未,太阴犯左执法。大驾幸上都。是日,次大口。复召御史台及中书、尚书两省官辨论桑哥之罪。复以阘遗监隶宣徽院。诏毋沮扰山东转运使司课程。甲申,太白犯昴。命江淮行省钩考沙不丁所总詹事院江南钱谷。乙酉,立江淮、湖广、江西、四川等处行枢密院,诏谕中外,江淮治广德军,湖广治岳州,江西治汀州,四川治嘉定。丙戌,诏:"改提刑按察司为肃政廉访司,每道仍设官八员,除二使留司以总制一道,余六人分临所部,如民事、钱谷、官吏奸弊,一切委之,俟岁终,省、台遣官考其功效。"以集贤大学士何荣祖为尚书右丞,集贤学士贺胜为尚书省参知政事。诏江淮行省遣蒙古军五百、汉兵千人从皇子镇南王镇扬州。执河间都转运使张庸,仍遣官钩考其事。丁亥,营建宫城南面周庐,以居宿卫之士。执湖广要束木诣京师。戊子,籍要束木家赀,金凡四千两。辛卯,封诸王铁木儿不花为肃远王,赐之印。壬辰,雨坏太庙第一室,奉迁神主别殿。癸巳,籍桑哥家赀。遣行省、行台官发粟赈徽之绩溪,杭之临安、余杭、于潜、昌化、新城等县饥民。命江淮行省参政燕公楠整治盐法之弊。丁酉,诏加岳、渎、四海封号,各遣官诣祠致告。

三月己亥朔,真定、河间、保定、平滦饥,平阳、太原尤甚,民流移就食者六万七千户,饥而死者三百七十一人。桑哥妻弟八吉由为燕南宣慰使,以受赂积赃伏诛。仆桑哥辅政碑。太原饥,严酒禁。丁未,太阴犯御女。己酉,太阴犯右执法。庚戌,太阴犯太微东垣上相。甲寅,常德路水,免田租二万三千九百石。乙卯,太白犯五车。乃颜所属牙儿马兀等同女直兵五百人追杀内附民余千人,遣塔海将千人平之。辛酉,吕连站木赤五十户饥,赈三月粮。发侍卫兵营紫檀殿。壬戌,以甘肃行省右丞崔彧为中书右丞。南丹州莫国麟入觐,授国麟安抚使、三珠虎符。杭州、平江等五路饥,发粟赈之,仍弛湖泊蒲、鱼之禁.溧阳、太平、徽州、广德、镇江五路亦饥,赈之如杭州。武平路饥,百姓困于盗贼军旅,免其去年田租。凡州郡田尝被灾者悉免其租,不被灾者免十之五。罢甘州转运司。江淮豪家多行贿权贵,为府县卒史,容庇门户,遇有差赋,惟及贫民,诏江淮行省严禁之。赈辽阳、武平饥民,仍弛捕猎之禁。

夏四月己巳,禁屠宰牝羊。甲戌,诏各路府、州、司、县长次官兼管诸军奥鲁。以地震故,免侍卫兵籍武平者今岁徭役。增置钦察卫经历一员,用汉人为之,余不得为例。庚辰,弛杭州西湖禽鱼禁,听民网罟。丙戌,诏凡负斡脱银者入还,皆以钞为则。乙未,岁星犯舆鬼。以沙不丁等米赈江南饥民。召朱清、张瑄诣阙。庚寅,并总制院入宣政院。以钞法故,召叶李还京师。乙未,徙湖广行枢密院治鄂州。丙申,以米三千石赈阔里吉思饥民。

五月戊戌,召江西行枢密院副使阿里诣阙。升章佩监秩三品。遣脱脱、塔剌海、忽辛三人追究僧官江淮总摄杨琏真伽等盗用官物。以参知政事廉希恕为湖广等处行省右丞,行海北海南道宣慰使都元帅,琼州安抚使陈仲达海北海南道宣慰使都元帅,湖广行省左右司郎中不颜于思、别十八里副元帅王信并同知海北海南道宣慰司事副元帅,并佩虎符,将二千二百人以征黎蛮,僚属皆从仲达辟置。立左右两江宣慰司都元帅府。壬寅,太阴犯少民。徙江淮行枢密院治建康。甲辰,中书省臣麦术丁、崔彧言:"桑哥当国四年,诸臣多以贿进,亲旧皆授要官,唯以欺蔽九重、朘削百姓为事,宜令两省严加考核,并除名为民。"从之。要束木以桑哥妻党为湖广行省平章,至是坐不法者数十事,诏械致湖广省诛之。辛亥,以太原及杭州饥,免今岁田租。增河东道宣慰使一员。征太子赞善刘因。因前为太子赞善,以继母病去,至是母亡,以集贤学士徵之,不起。罢脱脱、塔剌海、忽辛等理算僧官钱谷。罢江南六提举司岁输木绵。巩昌旧惟总帅府,桑哥特升为宣慰司,以其弟答麻剌答思为使,桑哥败,惧诛自杀,至是复总帅府。增置异珍、御带二库,秩从五品,并设提点使、副各一员。减中外冗官三十七员。宫城中建蒲萄酒室及女工室。

诏以桑哥罪恶系狱按问,诛其党要束木、八吉等。发兵塞晃火儿月
连地河渠,修城堡,令蒙古戍兵屯田川中以御寇。癸丑,罢尚书省事
皆入中书,改尚书右丞相左詹事完泽为中书右丞相,平章政事麦术
丁、不忽木并中书平章政事,尚书右丞何荣祖中书右丞,尚书左丞
马绍中书左丞,参知政事贺胜、高翥并参知中书政事,征东行尚书
省左丞相、驸马、高丽国王王睶为征东行中书省左丞相。罢大都烧
钞库,仍旧制,各路昏钞令行省官监烧。增置户部司计、工部司程,
正七品。甲寅,太阴犯牛。赈上都、桓州、榆林、昌平、武平、宽河、宣
德、西站、女直等站饥民。乙卯,以政事悉委中书,仍遣使布告中外。
诏禁失陷钱粮者托故诣京师。丁巳,建白塔二,各高一丈一尺,以居
咒师朵四的性吉等七人。何荣祖以公规、治民、御盗、理财等十事缉
为一书,名曰《至元新格》,命刻版颁行,使百司遵守。桑哥尝以刘秉
忠无子,收其田土。其妻窦氏言秉忠尝鞠犹子兰章为嗣,敕以地百
顷还之。己未,以门答占复为御史大夫,行御史台事。高丽国王王
睶乞以其子源为世子,诏立源为高丽王世子,授特进上柱国,赐银
印。

　　六月丁卯朔,禁蒙古人往回回地为商贾者。湖广饥,敕以刺里
海牙米七万石赈之。辛巳,洞蛮镇远立黄平府。乙酉,以云南诸路
行省参知政事兀难为梁王傅。洗国王、洞主市备什、王弟同来朝。益
江淮行院兵二万击郴州、桂阳、宝庆、武冈四路盗贼。以汴梁逃人男
女配偶成家,给农具耕种。丙戌,敕屯田官以三岁为满,互于各屯内
调用。宣谕江淮民恃总统琏真加力不输租者,依例征输。辛卯,太
阴犯毕。癸巳,以涟、海二州隶山东宣慰司。

　　秋七月丙申朔,云南省参政怯剌言:建都地多产金,可置冶,令
旁近民炼之以输官。从之。已亥,太白犯井。诏谕尚州等处诸洞蛮
夷。庚子,徙江西行枢密院治赣州。乙巳,大都饥,出米二十五万四
千八百石赈之。戊申,扬州路学正李淦上言:"人皆知桑哥用群小之
罪,而不知尚书右丞叶李妄举桑哥之罪,宜斩叶李以谢天下。"有旨
驿召淦诣京师,淦至而李卒,除淦江阴路教授以旌直言。给还行台

监察御史周祚妻、子。祚尝劾行尚书省官，桑哥诬以他罪，流祚于憨答孙，妻、子、家赀入官。及是，还之。禁屠宰马牛。敕江南重囚依旧制闻奏处决。罢江南诸省买银提举司。遣官招集宋时涅手军可充兵者八万三千六百人，以蒙古、汉人、宋人参为万户、千户、百户领之。辽阳诸路连岁荒，加以军旅，民苦饥，发米二万石赈之。己酉，召交趾王弟陈益稷、右丞陈岩、郑鼎子那怀并诣京师。癸丑，赐师壁洞安抚司、师壁镇抚所、师罗千户所印，安抚司从三品，余皆五品。丁巳，桑哥伏诛。募民耕江南旷土，户不过五顷，官授之券，俾为永业，三年后征租。遣憨散总兵讨平江南盗贼。己未，降江阴路为州，宜兴府为县，并隶常州路。移扬子县治新城，分华亭之上海为县，松江府隶行省。罢淘金提举司、江淮人匠提举司凡五，以其事并隶有司。雨坏都城，发兵二万人筑之。增置各卫经历一员，俾汉人为之。壬戌，弛畿内秋耕禁。

八月乙丑朔，平阳地震，坏民庐舍万有八百二十六区，压死者百五十人。丙寅，太白犯舆鬼。己巳，置中书省检校二员，秩正七品，俾考核户、工部文案疏缓者。罢江西等处行泉府司、大都甲匠总管府、广州人匠提举司、广德路录事司。罢泉州至杭州海中水站十五所。抚州路饥，免去岁未输田租四千五百石。马八儿国遣使进花牛二，水牛、土彪各一。丙子，太阴犯牵牛。大名之清河、南乐诸县霖雨害稼，免田租万六千六百六十九石。己卯，诏谕思州提省溪洞官杨都要招安叛蛮，悔过来归者，与免本罪。罢云南四州，立东川府。癸未，岁星犯轩辕大星。乙酉，遣麻速忽、阿散乘传诣云南捕黑虎。戊子，太白犯轩辕大星，并犯岁星。咀喃番邦遣马不剌罕丁进金书、宝塔及黑狮子、番布、药物。婺州水，免田租四万一千六百五十石。辛卯，命工部造飞车五辆。癸巳，太阴掩荧惑。

九月辛丑，以平章政事麦术丁商议中书省事，复以咱喜鲁丁平章政事代之。乙巳，景州、河间等县霖雨害稼，免田租五万六千五百九十五石。丙午，立行宣政院，治杭州。己酉，设安西、延安、凤翔三路屯田总管府。庚戌，太白犯右执法。襄阳南漳县民李氏妻黄一产三男。辛亥,安南王陈日烜遣使上表贡方物,且谢不朝之罪。徽州绩溪县贼未平,免二十七年田租。禁宣德府田猎。壬子,酒醋课不兼隶茶盐运司,仍隶各府县。立乞里台思至外刺等六驿。命海船副万户杨祥、合迷、张文虎并为都元帅,将兵征琉求。置左右两万户府官属,皆从祥选辟。既又用福建吴志斗言"祥不可信,宜先招谕之",乃以祥为宣抚使,佩虎符,阮监兵部员外郎,志斗礼部员外郎,并银符,赍诏往琉求。明年,杨祥、阮监果不能达琉求而还,志斗死于行,时人疑为祥所杀,诏福建行省按问,会救,不治。乙卯,以岁荒,免平滦屯田二十七年田租三万六千石有奇。丙辰,荧惑犯左执法。戊午,太白犯荧惑。徙四川行枢密院治成都。以八忽答儿、秃鲁欢、唆不阑、脱儿赤四翼蒙古兵复隶蒙古都万户府。庚申,以铁里为礼部尚书,佩虎符,阿老瓦丁、不刺并为侍郎,遣使俱蓝。辛酉,岁星犯少民。免大都今岁田租。保定、河间、平滦三路大水,被灾者全免,收成者半之。以别铁木儿、亦列失金为礼部侍郎,使马八儿国;陕西脱西为礼部侍郎,佩金符,使于马都。尚衣局织无缝衣。

冬十月乙丑朔,赐薛彻温都儿等九驿贫民三月粮。己巳,修太庙在真定倾坏者。壬申,以前缅中行尚书省平章政事雪雪的斤为中书省平章政事。癸酉,享太庙。遣使发仓赈大同屯田兵及教化的所部军士之饥者。江淮行省言:盐课不足,由私鬻者多,乞付兵五千巡捕。从之。塔剌海、张忽辛、崔同知并坐理算钱谷受赇,论诛。辛巳,召高丽国王王睶、公主忽都鲁揭里迷失诣阙。癸未,罗斛国王遣使上表,以金书字,仍贡黄金、象齿、丹顶鹤、五色鹦鹉、翠毛、犀角、笃缛、龙脑等物。高丽国饥,给以米二十万斛。罢各处行枢密院,事入行省。割八番洞蛮自四川隶湖广行省。丙戌,太阴犯轩辕大星并御女。丁亥,洞蛮烂土立定云府,改陈蒙洞为陈蒙州,合江为合江州。严山后酒禁。中书省臣言:洞蛮请岁进马五十匹,雨毡五十被、刀五十握,丹砂、雌雄黄等物,率二岁一上。有诏从其所为。己丑,太阴犯太微东垣上相。救没入琏真加、沙不丁、乌马儿妻,并遣诣京师。召行省转运司官赴京师集议治赋法。辛卯,诸王出伯部曲饥,给米赈之。癸巳，武平路饥，免今岁田租。以武平路总管张立道为礼部尚书，使交趾。免卫辉种仙茅户徭役。从辽阳行省言，以乃颜、合丹相继叛，诏给蒙古人内附者及开元、南京、水达达等三万人牛畜、田器。诏严益都、般阳、泰安、宁海、东平、济宁畋猎之禁，犯者没其家赀之半。

十一月丙申，以甘肃旷土赐昔宝赤合散等俾耕之。壬寅，遣左吉奉使新合剌的音。甲辰，太白犯房。减太府监冗员三十一人。罢器备、行内藏二库。诏回回以答纳珠充献及求售者还之，留其估以济贫者。塔叉儿、塔带民饥，发米赈之。给按答儿民户四月粮。罢海道运粮镇抚司。丙午，荧惑犯亢。丁未，太阴犯毕。耽罗遣使贡东纻百匹。太史院灵台上修祀事三昼夜。甲寅，太阴犯岁星。郴州路达鲁花赤曲列有罪论诛。复置会同馆。禁沮扰益都淘金。乙卯，新添葛蛮宋安抚率洞官阿汾、青贵来贡方物。监察御史言："沙不丁、纳速剌丁灭里、乌里儿、王巨济、琏真加、沙的、教化的皆桑哥党与，受赇肆虐，使江淮之民愁怨载路，今或系狱或释之，此臣下所未能喻。"帝曰："桑哥已诛，纳剌丁灭里在狱，唯沙不丁朕姑释之耳。"武平、平滦诸州饥，弛猎禁，其孕字之时勿捕。谕中书议增中外官吏俸。戊午，金齿国遣阿腮入觐。庚申，荧惑犯氐。辛酉，升宣德龙门镇为望云县，割隶云州。置望云银冶。

十二月乙丑，复都水监，秩从三品。遣官迓云南鸭池所遣使。辽阳洪宽女直部民饥，借高丽粟赈给之。籍探马赤八忽带儿等六万户成丁者为兵。丁卯，高丽国鸭绿江西十九驿，经乃颜反，掠其马畜，给以牛各四十。大都饥，下其价粜米二十万石赈之。己巳，诏罢遣官招集畏兀氏。改辰、沅、靖州转运司为湖北湖南道转运。立葛蛮军民安抚司。宣政院臣言：宋全太后、瀛国公母子以为僧尼，有地三百六十顷，乞如例免征其租。从之。辛未，以铁灭为兵部尚书，佩虎符，明思昔答失为兵部侍郎，佩金府，使于罗孛卜儿。御史台臣言：钩考钱谷自中统初至今余三十年，更阿合马、桑哥当国设法已极，而其余党公取贿赂，民不堪命，不如罢之。有旨议拟以闻。壬申，立河南江北行中书省，治汴梁。撒里蛮、老寿并为大司徒，领太常寺。中书省臣言："江南在宋时差徭为名七十有余，归附后一切未征，今分隶诸王城邑，岁赐之物仰给京师，又中外官吏俸少，似宜量添，可令江南依宋时诸名征赋尽输之。"何荣祖言："宜召各省官任钱谷者诣京师，集议科取之法以闻。"从之。甲戌，诏："罢钩考钱谷，应昔年逋负钱谷文卷，聚置一室，非朕命而视之者有罪。"仍遣使布告中外。庚辰，太阴犯御女。江北州郡割隶河南江北行中书省，改江淮行省为江浙等处行中书省，治杭州。赈阔阔出饥民米。阔里带言："乃颜余党窜女直之地，臣与月儿鲁议，乞益兵千五百人，可平之。"从之。癸未，太阴犯东垣上相。广济署大昌等屯水，免田租万九千五百石。平滦路及丰赡、济民二署饥，出米万五千石赈之。别都儿丁前以桑哥专恣，不肯仕，命仍为中书左丞。丙戌，八番洞官吴金叔等以所部二百五十寨民二万有奇内附，诣阙贡方物。戊子，诏释天下囚非杀人抵罪者。己丑，荧惑犯房。庚寅，荧惑犯钩钤。升营田提举司为规运提点所，正四品。辛卯，浚运粮坝河，筑堤防。授吃剌思八斡节儿为帝师，统领诸国僧尼释教事。赐亲王、公主、驸马金银钞币如岁例。令僧罗藏等递作佛事坐静于圣寿万安、涿州寺等所，凡五十度。遣真人张志仙持香诣东北海岳、济渎致祷。户部上天下户数，内郡百九十九万九千四百四十四，江淮、四川一千一百四十三万八百七十八，口五千九百八十四万八千九百六十四，游食者四十二万九千一百一十八。司农司上诸路所设学校二万一千三百余，垦地千九百八十三顷有奇，植桑枣诸树二千二百五十二万七千七百余株，义粮九万九千九百六十石。宣政院上天下寺宇四万二千三百一十八区，僧、尼二十一万三千一百四十八人。断死刑五十五人。

元史卷一七
本纪第一七

世祖十四

二十九年春正月甲午朔,以日食免朝贺。日食时左右有珥,上有抱气。丙申,云南行中书省言:"罗甸归附后,改普定府,隶云南省三十余年,今创罗甸宣慰安抚司隶湖南省不便,乞罢之,仍以其地隶云南省。"制曰:可。戊戌,清州饥,就陵州发粟四万七千八百石赈之。己亥,命太史令郭守敬兼领都水监事,仍置都水监少监、丞、经历、知事凡八员。八作司官旧制六员,今分为左右二司,增官二员。庚子,江西行省左丞高兴言:"江西、福建汀、漳诸处连年盗起,百姓入山以避,乞降旨招谕复业;福建盐课既设运司,又设四盐使司,今若设提举司专领盐课,其酒税课悉归有司为便;福建银铁又各立提举司,亦为冗滥,请罢去。"诏皆从之。禁商贾私以金银航海。壬寅,以武平地震,全免去年税四千五百三十六锭,今年量输之,止征三千五百六十九锭。癸卯,命玉典赤阿里置司邕州,以便粮饷,而以轻军逻思明州。以汉天师张宗演男与棣嗣其教。升利用监正三品。甲辰,诏:江南州县学田,其岁入听其自掌,春秋释奠外,以廪师生及士之无告者;贡士庄田,则令核数入官。乙巳,赐诸王失都儿金千两。丙午,河南、福建行中书省臣请诏用汉语,有旨:以蒙古语谕河南、汉语谕福建。罢河南宣慰司,以汴梁、襄阳、河南、南阳、归德皆隶河南行省,复割湖广省之德安、汉阳、信阳隶荆湖北道,蕲、黄隶淮西道,并淮东道三宣慰司咸隶河南省。其荆湖北道宣慰司旧领辰、沅、澧、靖、归、常德，直隶湖广省。从葛蛮军民安抚使宋子贤请，诏谕未附平伐、大瓮眼、紫江、皮陵、潭溪、九堡等处诸洞猫蛮。戊申，太阴犯岁及轩辕左角。己酉，兴州之兴安、宜兴两县饥，赈米五千石。罢南雄、韶州、惠州三路录事司。壬子，桓州至赤城站户告饥，给钞计口赈之。癸丑，罢四宾库。复会同馆。初置织造段匹提举司五。八番都元帅刘德禄言：新附洞蛮十五寨，请置官府以统之。诏设陈蒙、烂土军民安抚司。江西行省伯颜、阿老瓦丁言："蒙山岁课银二万五千两。初制，炼银一两，免役夫田租五斗，今民力日困，每两拟免一石。"帝曰："重困吾民，民何以生！"从之。丙辰，播州洞蛮因籍户，怀疑窜匿，降诏招集之。以行播州军民安抚使杨汉英为绍庆、珍州、南平等处沿边宣慰使，行播州军民宣抚使、播州等处管军万户，仍佩虎符。壬戌，召嗣汉天师张与棣赴阙。

二月甲子朔，金竹酋长骚驴贡马、毡各二十有七，从其请减所部贡马，降诏招谕之。赐新附黑蛮衣袄，遣回，命进所产朱砂、雄黄之精善者，无则止。遣使代祀岳、渎、后土、四海。乙丑，给辉州龙山、里州和中等县饥民粮一月。丁卯，畋于近郊。命宿卫受月廪及蒙古军以艰食受粮者，宣徽院仍领之。己巳，太阴犯毕。发通州、河西务粟，赈东安、固安、蓟州、宝坻县饥民。申禁鞭背。庚午，斡罗思招附桑州生猫、罗甸国古州等峒酋长三十一，所部民十一万九千三百二十六户，诣阙贡献。壬申，敕遣使分行诸路，释死罪以下轻囚。泽州献嘉禾。乙亥。立总管高丽、女直、汉军万户府，颁银印，总军六千人。以泉府太卿亦黑迷失、邓州旧军万户史弼、福建行省右丞高兴并为福建行中书省平章政事，将兵征爪哇，用海船大小五百艘，军士二万人。戊寅，立征行左右军都元帅府，都元帅四、副元帅二。上万户府达鲁花赤四，万户皆四，副万户八，镇抚四，各佩虎符。诏加高丽王王睶太保，仍锡功臣之号。诏：从诸王阿秃作乱者朵罗带以付阔里吉思，脱迭出以付阿里，抄儿赤以付月的迷失，合麦以付亦黑迷失，使从军自效。又诏、诸王从合丹作乱者讷答儿之镇南王所，聂怯来之合剌合孙答剌罕所，阿秃之云南王所，朵列秃之阿里所，八里带之月的迷失所,千里罗、忽里带之东海。发义仓、官仓粮赈德州、齐河、清平、泰安州饥民。庚辰,月儿鲁等言:"纳速剌丁灭里、忻都、王巨济党比桑哥,恣为不法,楮币、铨选、盐课、酒税无不更张变乱之,衔命江南理算者,皆严急输期,民至嫁妻、卖女,祸及亲邻,维扬、钱塘受害最惨,无故而陨其生五百余人;其初士民犹疑事出国家,今乃知天子仁爱元元,而使民至此极者实桑哥及其凶党之为,莫不愿食其肉;臣等议此三人,既已伏辜,乞依条论坐以谢天下。"从之。牙亦迷失招无籍民千四百三十六户,请隶东宫。诏命之耕田。辛巳,从枢密院臣暗伯等请,就襄阳给曲先塔林合剌鲁六百三十七户田器、种粟,俾耕而食。丁亥,以汪惟和为巩昌等二十四处便宜都总帅兼巩昌府尹,仍佩虎符。御史台月儿鲁、崔彧等言:"冯子振、刘道元指陈桑哥同列罪恶,诏令省、台臣及董文用、留梦炎等议;其一言翰林诸臣撰桑哥辅政碑者,廉访使阎复近已免官,余请圣裁。"帝曰:"死者勿论,其存者罚不可恕也。"乞台不花等使缅国,诏令遥授左丞。廷议以尚书行使事,其副以郎中处之。制曰"可"。戊子,禁杭州放鹰。己丑,岁星犯轩辕大星。庚寅,宣政院臣言:授诸路释教都总统辇真术纳思为太中大夫、土蕃等处宣慰使都元帅。敕畦零拔都儿三百四十七户佃益都闲田,给牛、种、农具,官为屋居之。壬辰,山东廉访司申棣州境内春旱且霜,夏复霖涝,饥民啖藜藿木叶,乞赈恤。敕依东平例,发附近官廪计口以给。

三月甲午,诏遣脱忽思、侬独赤昔烈门至合敦奴孙界与驸马阔里吉思议行屯田。己亥,枢密院臣言:出征女直纳里哥,议于合思罕三千新附军内选拨千人。诏先调五百人,行中书省具舟给粮,仍设征东招讨司。壬寅,御史大夫月儿鲁等奏:"比监察御史商琥举昔任词垣风宪、时望所属而在外者,如胡祇遹、姚燧、王恽、雷膺、陈天祥、杨恭懿、高道、程丈海、陈俨、赵居信十人,宜召置翰林备顾问。"帝曰:"朕未深知,俟召至以闻。"丙午,中书省臣言:"京畿荐饥,宜免今岁田租;上都、隆兴、平滦、河间、保定五路供亿视他路为甚,宜免今岁公赋;汉地河泊隶宣徽院,除入太官外,宜弛其禁,便民取食。”并从之。丁未，纳速剌丁灭里以盗取官民钞一十三万余锭，忻都在征理逋负、迫杀五百二十人，皆伏诛。王巨济虽无赃，帝以与忻都同恶，并诛之。中书省与御史台共定赃罪十三等，枉法者五，不枉法者八，罪入死者以闻。制曰：可。戊申，以威宁、昌等州民饥，给钞二千锭赈之。己酉，以大司农、同知宣徽院事兼领尚膳监事铁哥，翰林学士承旨、通政院使兼知尚乘寺事剌真并为中书平章政事，兼领旧职。中书省臣言：“右丞何荣祖以疾，平章政事麦术丁以久居其任，乞令免署，惟食其禄，与议中书省事。”从之。以阿里为中书右丞，梁暗都剌为参知政事。中书省臣言：“亦奚不薛及八番罗甸既各设宣慰司，又复立都元帅府，其地甚狭而官府多，宜合二司帅府为一。”诏从之，且命奚不薛与思、播州同隶湖广省，罗甸还隶云南，以八番罗甸宣慰使斡罗思等并为八番顺元等处宣慰使都元帅，佩虎符。以安南国王陈益稷遥授湖广等处行中书省平章政事，佩虎符，居鄂州。庚戌，车驾幸上都。赐速哥、斡罗思、赛因不花、蛮夷之长五十六人金纹绫绢各七十九匹及弓矢鞍辔。壬子，枢密院臣奏：“延安、凤翔、京兆三路籍军三千人，桑哥皆罢为民，今复其军籍，屯田六盘。”从之。敕都水监分视黄河堤堰。罢河渡司。庚申，免宝庆路邵阳县田租万三千七百九十三斛。壬戌，给还杨琏真加土田、人口之隶僧坊者。初，琏真加重赂桑哥，擅发宋诸陵，取其宝玉，凡发冢一百有一所，戕人命四，攘盗诈掠诸赃为钞十一万六千二百锭，田二万三千亩，金银、珠玉、宝器称是。省、台诸臣乞正典刑以示天下，帝犹贷之死，而给还其人口、土田。隆兴府路饥，给钞二千锭，复发粟以赈之。

　　夏四月丙子，太阴犯氐。己卯，复典瑞监三品。弛甘肃酒禁，榷其酤。辛巳，弛太原酒禁，仍榷酤。辛卯，设云南诸路学校，其教官以蜀士充。

　　五月甲午，辽阳水达达、女直饥，诏忽都不花趣海运给之。丙午，敕：云南边徼入朝，非初附者不听乘传，所进马不给刍豆。丁未，中书省臣言：“安人冯子振尝为诗誉桑哥，且涉大言，及桑哥败，即告词臣撰碑引谕失当,国史院编修官陈孚发其奸状,乞免所坐遣还家。"帝曰:"词臣何罪,使以誉桑哥为罪,则在廷诸臣谁不誉之,朕亦尝誉之矣。"诏以杨居宽、郭佑死非其罪,给还其家资。改思州安抚司为军民宣抚司,隶湖广省,诏谕其民因阅户惊逃者,各使安业。以陕西盐运司酒税等课已入州县,罢诸子盐司。并罢东平路河道提举司事入都水监。己未,龙兴路南昌、新建、进贤三县水,免田租四千四百六十八石。是月,真定之中山、新乐、平山、获鹿、元氏、灵寿,河间之沧州无棣,景之阜城、东光,益都之潍州北海县,有虫食桑叶尽,无蚕。

六月甲子,平江、湖州、常州、镇江、嘉兴、松江、绍兴等路水,免至元二十八年田租十八万四千九百二十八石。戊辰,诏听僧食盐不输课。己巳,日本来互市,风坏三舟,惟一舟达庆元路。壬申,江西省臣言:肇庆、德庆二路,封、连二州,宋时隶广东,今隶广西不便,请复隶广东。从之。铁旗城后察昔折乙烈率其族类部曲三千余户来附。甲戌,设司籍库,秩从五品,录太府监,储物之籍入者。丙子,太宁路惠州连年旱涝,加以役繁,民饿死者五百人,诏给钞二千锭及粮一月赈之,仍遣使责辽阳省臣阿散。壬午,敕以海南新附四州洞寨五百一十九、民二万余户,置会同、定安二县,隶琼州,免其田租二年。癸未,以征爪哇,暂禁两浙、广东、福建商贾航海者,俟舟师已发后从其便。丁亥,湖州、平江、嘉兴、镇江、扬州、宁国、太平七路大水,免田租百二十五万七千八百八十三石。己丑,太白犯岁星。铁木塔儿、薛阇秃、捏古带、阔阔所部民饥,诏给米,四千石付铁木塔儿、薛阇秃,一千石付捏古带、阔阔,俾以赈之。

闰六月辛卯朔,升上都兵马司四品,如大都。丁酉,辽阳、沈州、广宁、开元等路雹害稼,免田租七万七千九百八十八石。岳州华容县水,免田租四万九百六十二石。东昌路蝗。壬寅,以东安、海宁改隶淮安路。诏大都事繁,课税改隶转运司。通州造船毕,罢提举司。罢福建岁造象齿鞶带。戊申,荧惑犯狗国。庚戌,回回人忽不木思售大珠,帝以无用却之。辛亥,河西务水,给米赈饥民。江北河南省

既立,诏江北诸城悉隶其省。诏汉阳隶湖广省。左江总管黄坚言:
其管内黄胜许聚众二万,据忠州,乞调军万人、土兵三千人,命刘国
杰讨之,臣愿调军民万人以从。诏许之。太平,宁国、平江、饶、常、
湖六路民艰食,发粟赈之。高丽饥,其王遣使来请粟,诏赐米十万
石。中书省臣言:今岁江南海运粮至京师者一百五万石,至辽阳者
十三万石,比往岁无耗折不足者。甲寅,右江岑从毅降,从毅老疾,
诏以其子斗荣袭佩虎符,为镇安路军民总管。广南西路安抚副使赛
甫丁等诽谤朝政,沙不丁复资给之,以风闻三十余事妄告省官,帝
以有伤政体,捕恶党下吏如法。乙卯,济南、般阳蝗。是月,诏谕廉
访司巡行劝课农桑。礼部尚书张立道、郎中歪头使安南回,以其使
臣阮代乏、何维岩至阙,陈日燇拜表笺,修岁贡。

秋七月庚申朔,诏以史弼代也黑迷失、高兴,将万人征爪哇,仍
召三人者至阙。遣使检核审名鹰坊受粮者。辛酉,河北河南道廉访
司还治汴梁。癸亥,完大都城。也里蔑里、沙沙尝签僧、道、儒、也里
可温、答赤蛮为军,诏令止隶军籍。甲子,降诏申严牛马践稼之禁。
乙丑,阿里愿自备船,同张存从征爪哇军,往招占城、甘不察,诏授
阿里三珠虎符,张存一珠虎符,仍蠲阿里父布伯所负斡脱钞三千
锭。丙寅,罢徽州路录事司。免屯田租一万二千八百一十一石。辛
未,太阴犯牛。壬申,建社稷和义门内,坛各方五丈,高五尺,白石为
主,饰以五方色土,坛南植松一株,北塘瘗坎墙垣,悉仿古制,别为
斋庐,门庑三十三楹。戊寅,黎兵百户邓志愿谋叛,伏诛。庚辰,敕
云南省拟所辖州县官如福建、二广例,省、台委官铨选以姓名闻,随
给授宣敕。

八月己丑朔,赛甫丁处死,余党杖而徙之,仍籍其家产。壬辰,
敕礼乐户仍与军、站、民户均输赋。丁酉,辰星犯右执法。己亥,太
白犯房。辛丑,宁夏府屯田成功,升其官脱儿赤。壬寅,括唐兀秃鲁
花所部阔象赤及河西逃人入蛮地者。甲辰,车驾至自上都。讨浙东
孟总把等贼,敕诸军之驻福建者,听平章政事阇里节度。乙巳,岁星
犯右执法。丙午,用郭守敬言,浚通州至大都漕河十有四,役军匠二

万人，又凿六渠，灌昌平诸水。以广济署屯田既蝗复水，免今年田租九千二百十八石。丁未，也黑迷失乞与高兴等同征爪哇，帝曰："也黑迷失惟熟海道，海中事当付之，其兵事则委之史弼可也。"以史弼为福建等处行中省平章政事，统领出征军马。庚戌，高苑县高希允以非所宜言，伏诛。壬子，诏塔剌赤、程鹏飞讨黄圣许，刘国杰驻马军戍守。戊午，福建行省参政魏天佑献计发民一万凿山炼银，岁得万五千两，天佑赋民钞市银输官，而私其一百七十锭。台臣请追其赃而罢炼银事，从之。改燕南河北廉访司还治真定。高丽、女直界首双城告饥，敕高丽王于海运内以粟赈之。弛平滦州酒禁。诏不敦、忙兀鲁迷失以军征八百媳妇国。

九月己未朔，治书侍御史裴居安言：月的迷失遇盗起不即加兵，盗去乃延诛平民。诏台院遣官杂问之。辛酉，诏谕安南国陈日燇使亲入朝。选湖南道宣慰副使梁曾授吏部尚书，佩三珠虎符，翰林国史院编修官陈孚授礼部郎中，佩金符，同使安南。山东东西道廉访司劾宣慰使乐实盗库钞百二十锭，买库银九百五十两，官局私造弓勒等物，受屯田钞百八十锭，乐实宜解职。从之。丁卯，中书省臣言："茆莴、十围、安化等新附洞蛮凡八万，宜设管军民司，以其土人蒙意、蒙世、莫仲文为长官，以吕天佑、塔不带为达鲁花赤；八番翰罗思招附光兰州洞蛮，宜置定远府，就用其所举秃干、高守文、黄世曾、燕只哥为达鲁花赤、知府、同知、判官。"制曰：可。癸酉，徙沔州治铎水县，废新得州置通江县，复汉州绵竹县。沙州、瓜州民徙甘州，诏于甘、肃两界画地使耕，无力者则给以牛具、农器。宁夏户口繁多，而土田半葘红花，诏令尽种谷麦以补民食。丁丑，以平滦路大水且霜，免田租二万四千四十一石。辛巳，太白犯南斗。罢云南行台，徙置西川，设云南廉访司。壬午，水达达、女直民户由反地驱出者押回本地，分置万夫、千夫、百夫内屯田。甲申，乌思藏宣慰司言：由必里公反后，站驿遂绝，民贫无可供亿。命给乌思藏五驿各马百、牛二百、羊五百，皆以银，军七百三十六户，户银百五十两。丁亥，从宣政院言，置乌思藏纳里速古儿孙等三路宣慰使司都元帅。

冬十月戊子朔，诏福建廉访司知事张师道赴阙，师道至，乞汰内外官府之冗滥者。诏麦术丁、何荣祖、马纪、燕公楠等与师道同区别之。数月，授师道翰林直学士。日本舟至四明求互市，舟中甲仗皆具，恐有异图。诏立都元帅府，令哈剌带将之，以防海道。诏浚浙西河道，导水入海。庚寅，两淮运使纳速丁坐受商贾贿，多给之盐，事觉，诏严加鞫问。癸巳，弛上都酒禁。燕公楠言：岁终，各行省臣赴阙奏事，亦宜令行台臣赴阙，奏一岁举刺之数。”制曰“可”。丙申，四川行省以洞蛮酋长向思聪等七人入朝。壬寅，从朱清、张瑄请，授高德诚管领海船万户，佩双珠虎符，复以殷实、陶大明副之，令将出征水手。甲辰，信合纳帖音国遣使入觐。广东道宣慰司遣人以暹国主所上金册诣京师。乙巳，太阴犯井。丁未，太阴犯鬼。己酉，枢密院臣言：“六卫内领汉军万户，见存者六千户，拨分为三：力足以备车马者二千五百户，每甲令备马十五匹、牛车二辆；力足以备车者五百户，每甲令备牛车三辆；其三千户惟习战斗不他役之。六千户外，则供他役。庶能各勤乃事，而兵亦精锐。”诏施行之。诏择囚徒罪轻者释之。癸丑，完泽等言：“凡赐诸人物有二十万锭者，为数既多，先赐者尽得之，及后将赐或无可给，不均为甚。今计怯薛带、怯怜口、昔博赤、哈剌赤，凡近侍人，上等以二百户为率，次等半之，下等又半之，于下等择尤贫者岁加赏赐，则无不均之失矣。一岁天下所入凡二百九十七万八千三百五锭，今岁已办者才一百八十九万三千九百九十三锭，其中有未至京师而在道者，有就给军旅及织造物料馆传俸禄者，自春至今凡出三百六十三万八千五百四十三锭，出数已逾入数六十六万二百三十八锭矣。怀孟竹课岁办千九十三锭，尚书省分赋于民，人实苦之，宜停其税”。帝皆嘉纳其言。命赵德泽、吴荣领逃奴无主者二百四十户，淘银、耕田于广宁、沈州。乙卯，太阴犯氐。

十一月庚申，岳州华容县水，发米二千一百二十五石赈饥民。壬戌，太阴犯垒壁阵。戊寅，枢密院奏：一卫万人，尝调二千屯田，木八剌沙上都屯田二年有成，拟增军千人。从之。己卯，太阴犯太微东垣上相。癸未,禁所在私渡,命关津讥察奸宄。丙戌,提省溪、锦州、铜人等洞酋长杨秀朝等六人入见,进方物。

十二月庚寅,中书省臣言:"皇孙晋王甘麻剌昔镇云南,给梁王印,今进封晋王,请给晋王印。北安王府慰也里古带、司马荒兀并为晋王中尉,仍命不只答鲁带、狄琼并为司马。金齿适当忙兀秃儿迷失出征军马之冲,资其刍粮,立为木来府。"敕应昌府给乞答带粮五百石,以赈饥民。癸巳,中书省臣言:宁国路民六百户凿山冶银,岁额二千四百两,皆市银以输官,未尝采之山,乞罢之。制曰:可。庚子,太阴犯井。甲辰,太阴犯太微西垣。己酉,故麓川路军民总管达鲁花赤阿散男布八同赵升等招木忽鲁甸金齿土官忽鲁马男阿鲁来入见,贡方物。阿鲁言其地东南邻境未附者约二十万民,慕化愿附,请颁诏旨,命布八、赵升谕之。从之。壬子,敕中书省:用乌思藏站例,给合里、忽必二站马牛羊,凡为银九千五百两。丁巳,敕都水监修治保定府沙塘河堤堰。

是岁,赐皇子、皇孙、诸王、藩戚、禁卫、边廷将士等钞四十六万六千七百十三锭,给军士畸零口粮五千五百二十三石,赈其乏者为钞三十六万八千四百二十八锭。命国师、诸僧、咒师修佛事七十二会。断死狱七十四。

三十年春正月壬戌,诏遣使招谕漆头、金齿蛮。乙丑,敕福建毋进鹇。戊戌,和林汉军四百,留百人,余令耕屯杭海。丙寅,太阴犯毕。命中书汰冗员,凡省内外官府二百五十五所,总六百六十九员。丁卯,安西王请仍旧设常侍,不允。罢云南延庆司。以洛波、卜儿二蛮酋遥授知州,各赐玺书。戊辰,枢密院臣奏:兀浑察部兀末鲁罕军,每岁运米六千四百二十六石以给之,计佣直为钞万二千八百五十二锭。诏:边境无事,令本军屯耕以食。庚午,验洞酋长杨总国等来朝。捏怯烈女直二百人以渔自给,有旨:与其渔于水,曷若力田,其给牛价、农具,使之耕。甲戌,河南江北行省平章伯颜言:"扬州忙兀台所立屯田,为田四万余顷,官种外宜听民耕垦。扬州盐转运一司设三重官府，宜削去盐司，止留管勾。襄阳旧食京兆盐，以水陆难易计之，莫若改食扬州盐。蔡州去汴梁地远，宜升散府，以颍、息、信阳、光州隶之。"诏皆从其议。升广州为上路总管府。罢纳速剌丁灭里所立鱼盐局。割江西兴国路隶湖广行省。乙亥，谥皇太子曰明孝。丙子，西番一甸蛮酋三人来觐，各授以蛮夷军民官，仍以招谕人张道明为达鲁花赤。丁丑，太阴犯氐。戊寅，诏：旧隶乃颜、胜纳答儿女直户四百虚縻廪食，令屯田扬州。庚辰，岁星犯左执法。立豪、懿州七驿。辛巳，置辽阳路庆云至合里宾二十八驿，驿给牛三十头、车七辆。壬午，淮西道宣慰使昂吉儿敛军钞六百锭、银四百五十两、马二匹，敕省、台及扎鲁火赤鞫问。丁亥，遣使代祀岳、渎、东海及后土。

二月己丑，从阿老瓦丁、燕公楠之请，以杨琏真加子宣政院使暗普为江浙行省左丞。诏上都管仓库者无资品俸秩，故为盗诈，宜于六品、七品内委用，以俸给之。高丽国王王睶请易名曰昛，其签议府请升佥议司，降二品印。从之。减河南、江浙海运米四十万石。中书省添设检校二员。免大都今岁公赋。益上都屯田军千人，给农具牛价钞五千锭，以木八剌沙董之。诏以只速灭里与鬼蛮之民隶詹事院。壬辰，太阴犯毕。丙申，却江淮行枢密院官不怜吉带进鹰，仍敕自今禁戢军官无从禽扰民，违者论罪。丁酉，回回辛可马合谋沙等献大珠，邀价钞数万锭，帝曰，"珠何为，当留是钱以周贫者。"敕海运米十万石给辽阳戍兵，仍谕其省官薛阇干，令伯铁木部钦察等耕渔自养，粮不须给。甲辰，中书省臣言：侍臣传旨予官者先后七十人，臣今欲加汰择，不可用者不敢奉诏。帝曰："率非朕言，凡来奏者，朕祇谕卿等，可用与否，卿等自处之。"又言：今岁给饷上都、大都及甘州、西京，经费浩繁，自今赏赐悉宜姑止。从之。乙巳，荧惑犯天街。丁未，车驾幸上都。以新附洞蛮吴动鳌为潭溪等处军民官，佩金符。给新附军三百人，人钞十锭，屯田真定。庚戌，太阴犯牛。辛亥，诏发总帅汪惟和所部军三千征土番，又发陕西、四川兵万人，以行枢密官明安答儿统之征西番。敕以韶、赣相去地远，分赣州行

院官一员镇韶州。复立云南行御史台。诏沿海置水驿，自耽罗至鸭
渌江口凡十一所，令洪君祥董之。癸丑，太白犯垒壁阵。江西行院
官月的迷失言：江南豪右多庇匿盗贼，宜诛为首者，余徙内县。从
之。申严江南兵器之禁。

三月庚申，以同知枢密院事扎散知枢密院事，以平章政事范文
虎董疏漕河之役，平章政事李庭率诸军扈从上都。雨坏都城，诏发
侍卫军三万人完之，仍命中书省给其佣直。甲子，括天下马十万匹。
己巳，立行大司农司。洪泽、芍陂屯田，旧委四处万户，诏存其二，立
民屯二十。辛未，太阴犯氐。

夏四月己亥，行大司农燕公楠、翰林学士承旨留梦炎言："杭
州、上海、澉浦、温州、庆元、广东、泉州置市舶司凡七所，唯泉州物
货三十取一，余皆十五抽一，乞以泉州为定制。"从之。仍并温州舶
司入庆元，杭州舶司入税务。江南行大司农司自平江徙扬州，兼管
两淮农事。省八番重设州县官。罢徽州录事司。皇孙晋王位立内
史府。诏诸二品官府，自今与各部文移相关。巩昌二十四城，依旧
例于总帅汪氏弟兄子侄内选用二人。壬寅，枢密院臣言：去年征爪
哇军二万，各给钞二锭，其后只以五千人往，宜征元给钞三万锭入
官。帝曰："非其人不行，乃朕中止之耳，勿征。"癸丑，太白犯填星。
广东肃政廉访司复治广州。甲寅，诏遣使招谕暹国。斡罗思请以八
番见户合思、播之民兼管，徙宣慰司治辰、沅、靖州，常赋外，岁输钞
三千锭。不允。光州蛮人光龙等一十二人及邦崖王文显等二十八
人、金竹府马麟等一十六人、大龙番秃卢忽等五十四人、永顺路彭
世强等九十人、安化州吴再荣等一十三人、师壁散毛洞勾答什王等
四人，各授蛮夷官，赐以玺书遣归。敕江南毁诸道观圣祖天尊祠。

五月丙辰朔，给四部更番卫士马万匹，又给其必阇赤四百匹。
壬戌，定云洞蛮酋长来附。癸亥，括思、播等处亡宋涅手军。丙寅，
诏委官与行省官阅核蛮夷军民官。以江南民怨杨琏真珈，罢其子江
浙行省左丞暗普。诏以浙西大水，冒田为灾，令富家募佃人疏决水
道。辛未，敕僧寺之邸店，商贾舍止，其物货依例收税。丁丑，中书

省臣言：上都工匠二千九百九十九户，岁縻官粮万五千二百余石，宜择其不切于用者俾就食大都。从之。甲申，真定路深州静安县大水，民饥，发义仓粮二千五百七十四石赈之。

六月丙戌，敕选河西质子军精锐者八百，给以铠仗、鞍勒、狐貉衣裘，遣赴皇孙阿难答所从征。己丑，岁星犯左执法。庚寅，诏云南旦当仍属西番宣慰司。改淮西蕲、黄等路隶河南江北行省。丙申，太阴犯斗。乙巳，以皇太子宝授皇孙铁穆耳，总兵北边。己酉，诏浚太湖。壬子，大兴县蝗。易州雨雹，大如鸡卵。

秋七月丁巳，敕中书省官一员监修国史。己未，诏皇曾孙松山出镇云南，以皇孙梁王印赐之。诏免福建岁输皮货及泉州织作纻丝。庚申，命知鹤庆府昔宝赤赍玺书招谕农顺未附蛮寨。甲子，太阴犯建星。己巳，命刘国杰从诸王亦吉里督诸军征交趾。免云南屯田军逋租万石。壬申，以月失察儿知枢密院事。丁丑，赐新开漕河名曰通惠。壬申，以只儿合忽所汰乞儿吉思户七百屯田合思合之地。辛巳，太阴犯鬼。

八月丙戌，括所在荒田无主名者，令放良、漏籍等户屯田。庚寅，奉使安南国梁曾、陈孚以安南使人陶子奇、梁文藻偕来。敕福建行省放爪哇出征军归其家。甲午，辰星犯太微西垣上将。戊戌，给安西王府断事官印。甲辰，太阴犯毕。丁未，湖广行省臣言：海南、海北多旷土，可立屯田。诏设镇守黎蛮海北海南屯田万户府以董之。戊申，太阴犯鬼。营田提举司所辖屯田百七十七顷为水所没，免其租四千七百七十二石。

九月癸丑朔，大驾至自上都。戊午，敕各路达鲁花赤、总管董驿事。己未，明安答儿率军万人征土蕃，近遣使来言，乞引茂州先附寨官赴阙。不允。乙丑，立海北海南博易提举司，税依市舶司例。丙寅，遣金齿人还归。丁卯，太阴犯毕。癸酉，敕以御史台赃罚钞五万锭给卫士之贫者。辛巳，登州蝗，恩州水，百姓阙食，赈以义仓米五千九百余石。

冬十月癸未朔，以侍卫亲军千户张邦瑞为万户，佩虎符，将六盘山军千人及皇子西平王等军，共为万人西征。赐冠城疏河董役军官衣各一袭。赐交趾陶子奇等十七人冬衣，荆南安置。戊子，诏修汴堤。己丑，遣兵部侍郎忽鲁秃花等使阇蓝、可儿纳答、信合纳帖音三国，仍赐信合纳帖音酋长三珠虎符。庚寅，飨于太庙。彗星入紫微垣，抵斗魁，光芒尺许，凡一月乃灭。丙申，荧惑犯亢。己亥，太阴犯天关。辛丑，太阴犯井壬寅，敕减米直粜京师饥民，其鳏寡孤独不能自存者给之。甲辰，敕天下。戊申，僧官总统以下有妻者罢之。以段贞董开河修仓之役，加平章政事。庚戌，造象蹄掌甲。辛亥，禁江南州郡以乞养良家子转相贩鬻及强将平民略卖者。平滦水，免田租万一千九百七十七石。广济署水，损屯田百六十五顷，免田租六千二百一十三石。

十一月壬子朔，改德安府隶黄州路。丁巳，孙民献尝附桑哥，助要束木为恶，及同知上都留守司事，又受赇，减诸从臣粮，诏籍其家赀妻奴，复因潭州吕泽诉其刻虐，械送民献至湖广，如泽所诉穷治之。立海北海南道肃政廉访司，治雷州。庚申，敕中书省凡出征军毋以和顾和买烦其家。乙丑，太阴犯毕。乙卯，太阴犯井。戊辰，以金齿木朵甸户口增，立下路总管府，给其为长者双珠虎符。真定路达鲁花赤合散言：廉访司官检责民官太苛，乞以民官复检责廉访司文卷。从之。庚午，太阴犯鬼。免江南都作院军匠出征。丙子，荧惑犯钩钤。戊寅，岁星犯亢。己卯，河南江北行省平章伯颜入为中书省平章政事，位帖哥、刺真、不忽木上。

十二月丁亥，禁汉军更番者毋鬻军器。辛卯，武平路达鲁花赤塔海言：女直地至今未定，贼一人入境，百姓离散；臣愿往安集之。诏以塔海为辽东道宣慰使。壬辰，中书左丞马绍疾，以詹事丞张九思代之。乙未，太阴犯井，遣使督思、播二州及镇远、黄平，发宋旧军八千人从征安南。庚子，平章政事亦黑迷失、史弼、高兴等无功而还，各杖而耻之，仍没其家赀三之一。癸卯，敕以桑哥没入官田三百九十一顷八十余亩给阿合兀阑所司匠户。丙午，以铁赤、脱脱木儿、咬住、拜延四人，并安西王傅。

是岁,天下路府州县等二千三十八:路一百六十九,府四十三,州三百九十八,县千一百六十五,宣抚司十五,安抚司一,寨十一,镇抚所一,堡一,各甸部管军民官七十三,长官司五十一,录事司百三,巡院三,官府大小二千七百三十三处,随朝二百二十一,员万六千四百二十五,随朝千六百八十四。户一千四百万二千七百六十。赐皇后、亲王、公主如岁例。赐诸臣羊马价钞四十三万四千五百锭、币五万五千四百一十锭。周贫乏钞三万七千五百二十锭。作佛事祈福五十一。真定、宁晋等处被水、旱、蝗、雹为灾者二十九。断死罪四十一。

三十一年春正月壬子朔,帝不豫,免朝贺。癸亥,知枢密院事伯颜至自军中。庚午,帝大渐。癸酉,帝崩于紫檀殿。在位三十五年,寿八十。亲王、诸大臣发使告哀于皇孙。乙亥,灵驾发引,葬起辇谷,从诸帝陵。

夏四月,皇孙至上都。甲午,即皇帝位。丙午,中书右丞相完泽及文武百官议上尊谥。壬寅,始为坛于都城南七里。甲辰,遣司徒兀都带、平章政事不忽木、左丞相张九思率百官请谥于南郊。

五月戊午,遣摄太尉臣兀都带奉册上尊谥曰圣德神功文武皇帝,庙号世祖,国语尊称曰薛禅皇帝。是日,完泽等议同上先皇后弘吉剌氏尊谥曰昭睿顺圣皇后。

世祖度量弘广,知人善任使,信用儒术,用能以夏变夷,立经陈纪,所以为一代之制者,规模宏远矣。

元史卷一八
本纪第一八

成宗一

成宗钦明广孝皇帝，讳铁穆耳，世祖之孙，裕宗真金第三子也。母曰徽仁裕圣皇后，弘吉列氏。至元二年九月庚子生。二十四年，诸王乃颜反，世祖自将讨平之。其后合丹复叛，命帝往征之，合丹败亡。三十年乙巳，受皇太子宝，抚军于北边。三十一年春正月，世祖崩，亲王、诸大臣遣使告哀军中。

夏四月壬午，帝至上都，左右部诸王毕会。先是，御史中丞崔彧得玉玺于故臣之家，其文曰"受命于天，既寿永昌"，上之徽仁裕圣皇后。至是，手授于帝。甲午，即皇帝位，受诸王、宗亲、文武百官朝于大安阁，诏曰：

朕惟太祖圣武皇帝受天明命，肇造区夏，圣圣相承，光熙前绪。迨我先皇帝体元居正以来，然后典章文物大备。临御三十五年，薄海内外，罔不臣属，宏规远略，厚泽深仁，有以衍皇元万世无疆之祚。

我昭考早正储位，德盛功隆，天不假年，四海缺望。顾惟眇质，仰荷先皇帝殊眷，往岁之夏，亲授皇太子宝，付以抚军之任。今春宫车远驭，奄弃臣民，乃有宗藩昆弟之贤，戚畹官僚之旧，谓祖训不可以违，神器不可以旷，体承先皇帝凤昔付托之意，合辞推戴，诚切意坚。朕勉徇所请，于四月十四日即皇帝位，可大赦天下。

尚念先朝庶政，悉有成规，惟慎奉行，罔敢失坠。更赖祖亲
勋戚，左右忠良，各尽乃诚，以辅台德。布告远迩，咸使闻知。
诏除大都、上都两路差税一年，其余减丁地税粮十分之三。系官逋
欠，一切蠲免。民户逃亡者，差税皆除之。追尊皇考曰皇帝，尊太母
元妃曰皇太后。庚子，遣摄太尉兀都带等请谥于南郊。遣礼部侍郎
李衎、兵部郎中萧泰登赍诏使安南。中书省臣言：陛下新即大位，诸
王驸马赐与，宜依往年大会之例，赐金一者加四为五，银一者加二
为三；又江南分土之赋，初止验其版籍令户出钞五百文，今亦当有
所加，然不宜增赋于民，请因五百文加至二贯，从今岁官给之。从
之。乙巳，赐驸马蛮子带银七万六千五百两，阔里吉思一万五千四
百五十两，高丽王王昛三万两。丁未，湖广行省所属寇盗窃发，复令
刘国杰讨之。戊申，太白昼见，又犯鬼。诏存恤征黎蛮、爪哇等军。
己酉，云南行省以所定路、府、州、县来上，上路二，下路十一，下州
四十九，中县一，下县五十。以金齿归附官阿鲁为孟定路总管，佩虎
符。是月，即墨县雹。

五月庚戌朔，太白犯舆鬼。壬子，始开醮祠于寿宁宫。祭太阳、
太岁、火、土等星于司天台。戊午，遣摄太尉兀都带奉玉册玉宝上大
行皇帝尊谥曰圣德神功文武皇帝，庙号世祖，皇后尊谥曰昭睿顺圣
皇后，皇考尊谥曰文惠明孝皇帝，庙号裕宗。赐国王和童金二百五
十两，月儿鲁百五十两，伯颜、月赤察而各五十两，银、钞、锦各有
差。庚申，祭紫微星于云仙台。云南部长适习、四川散毛洞主覃顺
等来贡方物，升其洞为府。丁卯，八番宣慰使斡罗思犯法，为人所
讼，惧罪逃还京师。赐安西王阿难答钞万锭。己巳，改皇太后所居
旧太子府为隆福宫，詹事院为徽政院，司议曰中议，府正曰宫正，家
令曰内宰，典医署曰掌医，典宝曰掌谒，典设曰掌仪，典膳曰掌膳，
仍增控鹤至三百人。诏各处转运司官欺隐奸诈为人所讼者，听廉访
司即时追问，其案牍仍旧例于岁终检之。升福建盐提举司为盐转运
司，增捕私盐人赏格。庚午，诸王亦里不花来朝，以瘠马输官，官酬
其直为钞十有一万五千锭。赐也速带而、汪惟正两军将士粮五万

石。饷北征军。壬申,御史台臣言:"内外官府增置愈多,在京食禄者万人,在外尤众,理宜减并。"命与中书议之。用崔彧言,肃政廉访司案牍勿令总管府检劾。诏议增官吏禄。以也速带而所统将士贫乏,给钞万锭。乙亥,以扎珊知枢密院事。戊寅,封皇姑高丽王王昛妃忽都揭里迷失为安平公主。赐亦都护金五百五十两、银七千五百两,合迷里的斤帖林金五十两、银四百五十两。西平王奥鲁赤言:汪总帅之军,多庇其富实而令贫弱者应役。命更易之。以月儿鲁为太师,伯颜为太傅,月赤察而为太保。禁诸司豪夺盐船递运官物,僧道权势之家私匿盗贩。是月,密州路诸城县、大都路武清县雹,峡州路大水。

六月庚辰朔,日有食之。辛巳,御史台臣言:"名分之重,无逾宰相,惟事业显著者可以当之,不可轻授。廉访司官岁以五月,分按所属,次年正月还司。职官犯赃,敕授者听总司议,宣授者上闻,其本司声迹不佳者代之,受赂者依旧例比诸人加重。"帝曰:"其与中书同议。"乙酉,云南金齿路进驯象三。丙戌,以云南岁贡马二千五百匹给梁王数太多,命量减之。庚寅,必察不里城敢木丁遣使来贡。诏罢功德使司及泉府司官冗员。壬辰,立晋王内史府。复以光禄寺隶宣徽院。中书省臣言:"朝会赐与之外,余钞止有二十七万锭,凡请钱粮者,乞量给之。"定西平王奥鲁赤、宁远王阔阔出、镇南王脱欢及也先帖木而大会赏赐例,金各五百两、银五千两、钞二千锭、币帛各二百匹,诸王帖木而不花、也只里不花等金各四百两、银四千两、钞一千六百锭、币帛各一百六十匹。以帖木而复为平章政事。诸王阿只吉部玉速福屡叛,伏诛。以甘肃等处米价踊贵,诏禁酿酒。命月赤察而提调群牧事。乙未,以世祖、皇后、裕宗谥号播告天下。免所在本年包银、俸钞及内郡地税、江淮以南夏税之半。乙亥,以乳保劳,封完颜伯颜为冀国公,妻何氏为冀国夫人。完泽贷民钱多取其息,命依世祖定制。辛丑,浙西道提刑按察使弘吉烈带阿鲁灰受赂,遇敕免,复以为河西陇北道肃政廉访使。御史台臣言:先朝决狱,随罪轻重,笞杖异施,今止用杖,乞如旧制。不允。宋使家铉翁安置河间,年逾八十,赐衣服遣还其家。癸卯,封附马阔里吉思为唐王,给金印。甲辰,诏翰林国史院修《世祖实录》,以完泽监修国史。乙巳,给困赤秃出征军士钞,各千户千锭。丙午,太阴犯井。以昔宝赤从征诸军自备马一千一百九十余匹,命给还其直。戊申,诏宗藩内外官吏人等,咸听丞相完泽约束。以合剌思八斡节而为帝师,赐玉印。赐雪雪的斤公主钞千锭,诸王伯答罕、末察合而部贫乏者三千锭,伯牙兀真、赤里、由柔伯牙伯剌麻、阔怯伦、忙哥真各金五十两,银钞币有差。是月,东安州蝗。

秋七月壬子,诏御史大夫月儿鲁振台纲。禁内外诸司减官吏俸为宴饮费。置隆福宫卫候司。癸丑,诏军民各隶所司,无相侵越。乙卯,以诸王出伯所部四百余户乏食,徙其家属就食内郡,仍赐以奥鲁军年例钞三千锭。给瓜、沙之民徙甘州屯田者牛价钞二千六百锭。以也的迷失为东昌路达鲁花赤。中书省臣言其尝官是郡,犯法五百余款,今不宜复官,帝曰:“姑试之”。己未,复立平阳路之蒲、武乡,保定路之博野,泰安州之新泰等县。赐诸王出伯奥鲁军、也速带而红袄军,币帛各六万匹。庚申,改侍卫都指挥使司为隆福宫左都威卫使、右都威卫使。以陕西道廉访司没入赃罚钱旧给安西王者,令行省别贮之。壬戌,诏中外崇奉孔子。癸亥,罢肇州宣慰司,并入辽东道。戊辰,减八番等处所设官二百一十六员。八番称新附九十万户,设官四百二十四员,及遣官核实,止十六万五千余户,故减之。行枢密院月的迷失、程鹏飞各加平章政事,中书省臣言:枢密之臣不宜重与相衔。帝命以军职尊崇者授之。辛未,中书省臣言:“向御史台劾右丞阿里尝与阿合马同恶,论罪抵死,幸得原免,不当任以执政。臣谓阿里得罪之后,能自警省,乞令执政如故。”从之。以军户所弃田产岁入及管军官吏赎罪等钞复输枢密院。癸酉,以陕西行省平章不忽木为中书平章政事。甲戌,立随路民匠打捕鹰房纳绵等户总管府,秩正三品。诏招谕暹国王敢木丁来朝,或有故则令其子弟及陪臣入质。扎鲁花赤言:诸王之下有罪者,不闻于朝,辄自决遣。诏禁治之。诏月儿鲁守北边,赐其所统军士币帛各万匹及西征军士币三万匹、钞三万六千六百锭。赐不鲁花真公主及诸王阿只吉女弟伯秃银钞有差。是月，棣州阳信县雹，大风拔木发屋，真定路之南宫、新河，易州之涞水等县雹。

八月庚辰，太白昼见。癸未，平滦路迁安等县水，蠲其田租。戊子，初祀社稷，用堂上乐，岁以为常。己丑，以大都留守段贞、平章政事范文虎监浚通惠河，给二品银印。令军士复浚浙西太湖、淀山湖沟港。立新河运粮千户所。诏诸路平准交钞库所贮银九十三万六千九百五十四两，除留十九万二千四百五十两为钞母，余悉运至京师。复立平阳之芮城、陵川等县。辛卯，以忙哥撒而妻子为敌所掠，赐钞八千锭。戊戌，太阴犯毕，太白犯轩辕。是月，德州之安德县大风雨雹。

九月壬子，圣诞节。帝驻跸三部落，受诸王、百官贺。癸丑，诏有司存恤征爪哇军士死事之家。甲寅，口授诸王傅阿黑不花为丞相。丁巳，太白经天。庚申，以合鲁剌及乃颜之党七百余人隶同知枢密院事不怜吉带，习水战。丙寅，太阴掩填星。辛未，太阴犯轩辕。乙亥，太白犯右执法，太阴犯平道。遣秃古铁木而等使阇蓝。是月，赵州之宁晋等县水。

冬十月戊寅，车驾还大都。辛巳，江浙行省臣言："陛下即位之初，诏蠲今岁田租十分之三，然江南与江北异，贫者佃富人之田，岁输其租，今所蠲特及田主，其佃民输租如故，则是恩及富室，而不被于贫民也；宜令佃民当输田主者，亦如所蠲之数。"从之。辽阳行省所属九处大水，民饥，或起为盗贼，命赈恤之。江西行省臣言："银场岁办万一千两，而未尝及数，民不能堪。"命自今从实办之，不为额。壬午，太白犯左执法。有事于太庙。癸巳，太阴掩填星。乙未，太阴犯井。金齿新附孟爱甸酋长遣其子来朝，即其地立军民总管府。朱清、张瑄从海道岁运粮百万石，以京畿所储充足，诏止运三十万石。辛丑，帝谕右丞阿里、参政梁德珪曰："中书职务，卿等皆怀怠心。朕在上都，令还也的迷沙已没财产，任明里不花，皆至今未行。又不约束吏曹，使选人留滞。桑哥虽奸邪，然僚属惮其威，政事无不立决。

卿等其约束曹属,有不事事者笞之。仍以朕意谕右丞相完泽。"壬寅,缅国遣使贡驯象十。乙巳,遣南巫里、速木答剌、继没剌矛、毯阳使者各还其国,赐以三珠虎符及金银符,金、币、衣服有差。初,也黑迷失征爪哇时,尝招其濒海诸国。于是南巫里等遣人来附,以禁商泛海留京师,至是弛商禁,故皆遣之。

十一月丁未朔,帝朝皇太后于隆福宫,上玉册、玉宝。庚戌,行枢密院臣刘国杰讨辰州贼,诏选州民、刀弩手助其军,他不为例。京师犯赃罪者三百人,帝命事无疑者,准世祖所定十三等例决之。己酉,太阴犯亢。庚戌,广西盐先给引于民,而征其直,私盐日横,及官自鬻盐,民复不售。诏先以盐与民,而后征之。辛亥,中书省臣言:"国赋岁有常数,先帝尝曰:'凡赐与,虽有朕命,中书其斟酌之。'由是岁务节约,常有赢余。今诸王、藩戚费耗繁重,余钞止一百十六万二千余锭。上都、隆兴、西京、应昌、甘肃等处籴粮钞计用二十余万锭,诸王五户丝造作颜料钞计用十余万锭,而来会诸王尚多,恐无以给。乞俟其还部,臣等酌量定拟以闻。"从之。壬子,诏以军民不相统壹,罢湖广、江西行枢密院,并入行省。乙卯,令河西僧人依旧助役。丁巳,以伯颜察而参议中书省事,其兄伯颜言曰:"臣叨平章政事,兄弟宜相嫌避。"帝曰:"卿勿复言,兄平章于上,弟参议于下,何所嫌也。"罢贵赤屯田总管府。罢宣政院所刻河西《《藏经》板。庚申,太阴犯毕。甲子,诏禁作奸犯科者。以湖南道宣慰使何伟为中书参知政事。罢海北海南市舶提举司。壬申,立覆实司。济宁路立诸色户计诸总管府,秩四品。癸酉,太白犯房。诏改明年为元贞元年。

十二月辛巳,赐诸王亦思麻殿金五十两。癸未,岁星犯房。丙戌,罢辽河等处人匠正、副达鲁花赤。丁亥,岁星犯钩钤。甲午,以诸王晃兀而、附马阿失等皆在军,加赐金银、鞍勒、弓矢、衣服各有差。乙未,以伯遥带忽剌出所隶一千户饥,赐钞万锭。壬辰,太阴犯鬼。戊戌,禁侵扰农桑者。庚子,太阴犯房,又犯岁星。选各卫精兵千人,命孛罗、曷答而等将之,戍和林,听太师月儿鲁节度,三年而更。用帝师奏，释京师大辟三十人，杖以下百人，赐诸鳏寡贫民钞三百锭。曲静、澄江、普安等路夷官各以方物来贡。以东胜等处牛递户贫乏，赐钞三千余锭。卜阿里使麻八而还都。阿思民为海都所虏，赐钞三万九千九百锭。是月，常德、岳、鄂、汉阳四州水，免其田租。

是岁，断大辟三十一人。

元贞元年春正月戊申，诸王阿失罕来朝，赐金五十两、银四百五十两。癸丑，以太仆卿只而合郎为御史大夫。甲寅，以从世祖狩杭海功，赐诸王忽剌出金五十两、珠一串。乙卯，太阴犯填星，又犯毕。壬戌，以国忌，即大圣寿万安寺饭僧七万。癸亥，安西王阿难答、宁远王阔阔出皆言所部贫乏，赐安西王钞二十万锭、宁远王六万锭。又以陨霜杀禾，复赈安西王山后民米一万石。诏道家复行《金箓》、《科范》。以云南行省左丞杨炎龙为中书左丞。乙丑，以亦奚不薛复隶云南行省。以行枢密院既罢，赐行中书省长官虎符，领其军。庚午，以江浙行省平章阿老瓦丁为参知政事。壬申，立北庭都元帅府，以平章政事合伯为都元帅，江浙行省右丞撒里蛮为副都元帅，皆佩虎符。立曲先塔林都元帅府，以衅都察为都元帅，佩虎符。饶州路达鲁花赤阿剌红、治中赵良不法，佥江东廉访司事昔班、季让受金纵之。事觉，昔班自杀，杖季让，除名，仍没其财产、奴婢之半。罢瓜、沙等州屯田。癸酉，岁星犯东咸。甲戌，有飞书妄言朱清、张瑄有异图者，诏中外慰勉之。乙亥，追封皇国舅按只那演为济宁王，谥忠武，封皇姑囊家真公主为鲁国大长公主，驸马蛮子台为济宁王，仍赐金印。诏饬诸道盐运司。

二月丙子朔，安西王相铁赤等请复立王相府，不许，令陕西省臣给其所需，仍以廉访司没入赃罚钞与之。丁丑，翰林学士承旨留梦炎告老，帝以其在先朝，言无所隐，厚赐遣之。命曷伯、撒里蛮、孛来将探马赤军万人出征，听诸王出伯节度。壬午，罢江南茶税，以其数三千锭添入江西榷茶都转运司岁额。诏贷斡脱钱而逃隐者罪之，仍以其钱赏首告者。癸未，荧惑犯太阴。丁亥，云南行省平章也先不花言："敢麻鲁有两夷未附，金齿亦叛服不常，乞调兵六千镇抚金齿，置驿入缅。"从之。复以拱卫司为正三品。以济宁王蛮子台所部弘吉烈人贫乏，赐钞一十八万锭。戊子，思州田曷剌不花、云南夷卜木、四川洞主查�间王、金齿带梅混冬等来见。缅国阿剌扎高微班的来献舍利、宝玩。甲午，以探马赤军出征，马不足，诏除军民官吏所乘，凡有马者尽括之。壬辰，太阴犯平道。丁酉，车驾幸上都。癸卯，太阴犯岁星。以诸王亦怜真部马、牛驿人贫乏，赐钞千锭。以工部尚书兼诸路金玉人匠总管府达鲁花赤吕天麟为中书参知政事。立云州银场都提举司，秩四品。中书省臣言："近者阿合马、桑哥怙势卖官，不别能否，止凭解由迁调，由是选法大坏；宜令廉访司体覆以闻，省台选官核实，定其殿最，以明黜陟，其廉访司官亦令省台同选为宜。"从之。罢河西军，听各还其所属。赐驸马那怀钞万五千锭。以醮延春阁，赐天师张与棣、宗师张留孙、真人张志仙等十三人玉圭各一。制宝玉五方佛冠赐帝师。

　　三月乙巳朔，安南世子陈日燇遣使上表慰国哀，又上书谢宽贳恩，并献方物。丙午，遣密剌章以钞五万锭授征西元帅，令市马万匹，分赐二十四城贫乏军校。庚戌，太阴犯填星。壬子，禁来朝官敛所属俸。丙辰，给月儿鲁、秃秃军炒米万石。金齿夷洞蛮来见，赐衣遣之。戊午，罢福建银场提举司，其岁额银以有司领之。中书省臣言："枢密院、御史台例应奏举官属，其余诸司不宜奏请，今皆请之非便。"诏自今已后，专令中书拟奏。以东作方殷，罢诸不急营造，惟帝师塔及张法师宫不罢。壬戌，地震。太阴犯房。丙寅，国王和童隐所赐本部贫民钞三百五十锭，命台臣遣人按问以愧之。诏免医工门徭。增置蒙古学正，以各道肃政廉访司领之。

　　夏四月辛巳，妖人蒙虫僭拟，及其党十三人伏诛。赐章河至苦盐贫乏驿户钞一万二千九百余锭。丙戌，诸王也只里以兵五千人戍兀鲁思界，遣使来求马，帝不允。庚寅，太阴犯东咸。封乳母杨氏为赵国安翼夫人。癸巳，以同知乌撒、乌蒙等处宣慰使司事牙那木假兵部尚书，佩虎符，使马答儿的阴。戊戌，给扈从探马赤军市马钞十

二万锭。庚子,立掌谒司,掌皇太后宝,秩四品,以宦者为之。赐贵
赤亲军贫乏户钞四万一千五百余锭。癸卯,以诸王出伯所统探马
赤、红袄军各千人,隶西平王奥鲁赤。设各路阴阳教授,仍禁阴阳人
不得游于诸王、驸马之门。以贵赤万户忽秃不花等所部为敌所掠,
赐钞有差。是月,真定路之平山、灵寿等县有虫食桑。

闰四月丙午,为皇太后建佛寺于五台山,以前工部尚书涅只为
将作院使,领工部事,燕南河北道肃政廉访使宋德柔为工部尚书,
董其役,以大都、保定、真定、平阳、太原、大同、河间、大名、顺德、广
平十路应其所需。癸丑,岁星犯房。甲寅,太阴犯平道。立梭厘招
讨使司,以答而忽带为使,佩虎符。乙卯,太阴犯亢。丁巳,太阴掩
房。己未,罢打捕鹰房总管府及司籍、周用、薄敛等库,及徽州路银
场。各处盐使司盐场改设司令、司丞。仍免大都今岁田租。弛甘州
酒禁。庚申,河南行省亏两淮岁办盐十万引、钞五千锭,遣扎剌而带
等往鞫实,命随其罪之轻重治之。陕西行省增羡盐钞一万二千五百
余锭,山东都转运使司别思葛等增羡盐钞四千余锭,各赐衣,以旌
其能。南人洪幼学上封事,妄言五运,笞而遣之。壬戌,塔即古阿散
以不法伏诛。诏禁行省、行泉府司抽分市舶船货,而同匿其珍细者。
戊辰,遣爱牙赤核实高丽国储粮。平阳民诉诸王小薛、曲列失伯部
曲恣横,遣官鞫之。赐安南国王陈益稷钞千锭。是月,兰州上下三
百余里河清三日。

五月戊寅,以鲁国大长公主建佛寺于应昌,给钞千锭、金五十
两。命麦术丁、何荣祖等厘正选法。己卯,审忙兀部别阇于江西,俾
从月底迷失讨贼。庚辰,诏各省止存儒学提举司一,余悉罢之。升
江南平阳等县为州,以户为差,户至四万、五万者为下州,五万至十
万者为中州,下州官五员,中州六员。凡为中州者二十八,下州者十
五。又以户不及额,降连州路为连州。增重挑补钞人罪,告捕者仍
优其赏,令犯人给之。辛巳,罢行大司农司。加平章政事麦术丁为
平章军国重事,中书左丞、议中书省事何荣祖为昭文馆大学士、与
中书省事。甲申,诏自元贞元年五月以前逋欠钱粮者,皆罢征。丁

亥,太阴犯南斗。甲午,以诸王阿只吉部贫乏,赐钞二十万锭。江浙行省臣铁木而不听诏,遣官责之。丙申,以伯颜之子买的为金书枢密院事。太后言其父尽心王室,欲令代其父官,帝以其年尚小,故有是命。诏以农桑水利谕中外。巩昌府金州、西和州、会州雨雹,无麦禾。饶州、镇江、常州、湖州、平江、建康、太平、常德、澧州皆水。

六月戊申,济南路之历城县大清河水溢,坏民居。壬子,高丽王王昛乞为太师中书令,不允。以近边役烦及水灾,免咸平府民八百户今年赋税。诏辽阳省进海东青鹘二十四驿,每驿给牛六头,使者食米五石,鹰食羊五口。又狗递十二驿,每户给钞十锭。甲寅,翰林承旨董文用等进《世祖实录》。乙卯,江西行省所辖郡大水,无禾,民乏食,令有司与廉访司官赈之,仍弛江河湖泊之禁,听民采取。升沅州为路,以靖州隶之。遣使与各省官就迁调边远六品以下官。并左右两江宣慰司都元帅府、宣抚司为广西两江道宣慰司都元帅府,以靖江为治所,仍分司邕州。敕:“凡上封事者,命中书省发缄视之,然后以闻。”诏河西僧纳租税。癸亥,立蒙古军都元帅府于西川,径隶枢密院,以阿剌铁木而、岳乐罕并为都元帅,佩虎符。河西陇北道廉访司鞫张万户不法,西平王奥鲁赤沮挠其事,帝命谕之。甲子,以安西王所部出征军妻孥乏食,给粮二千石。昭、贺、藤、邕、澧、全、衡、柳、吉、赣、南安等处蛮寇窃发,以军民官备御不严,抚字不至,皆责而降之。驸马济宁王蛮子台私杀罪人,御史台臣言其专擅,有旨谕蛮子台令知之。庚午,立西域卫亲军都指挥使司,以迷而的斤为都指挥使。是月,汴梁路蝗,利州、盖州螟,泰安、曹州、济宁路水,巩昌、环州、庆阳、延安、安西旱。

秋七月乙亥,徙甘、凉御匠五百余户于襄阳。诏江南地税输钞。丁丑,太阴犯亢。罢追问已原逋欠。普颜怯里迷失公主等俱以其部贫乏来告,赐钞计四十九万余锭。御史台臣言:“内地盗贼窃发者众,皆由国家赦宥所致,乞命中书立为条格,督责所属,期至尽灭。”制曰:可。乙卯,诏申饬中外:“有儒吏兼通者,各路举之,廉访司每道岁贡二人,省、台委官立法考试,中程者用之,所贡不公,罪其举者。职官坐赃论断，再犯者加二等。仓库官吏盗所守钱粮，一贯以下笞之，至十贯杖之，二十贯加一等，一百二十贯徒一年，每三十贯加半年，二百四十贯徒三年，满三百贯者死。计赃以至元钞为则。"给江南行御史台守护军百人，减海南屯田军之半，还其元翼。诏增给诸军药饵价直。壬午，立肇州屯田万户府，以辽阳行省左丞阿散领其事。甲申，岁星犯房。给塞下贫民钞二万四千锭。己丑，赐刘国杰玉带锦衣，旌其战功。辛卯，以秃秃合所部贫乏，赐钞十万锭。戊戌，朱永福、边珍裕以妖言伏诛。札鲁忽赤文移旧用国语，敕改从汉字。壬寅，诏易江南诸路天庆观为玄妙观，毁所奉宋太祖神主。太都、辽东、东平、常德、湖州武卫屯田大水，隆兴路雹，太原、平阳、安丰、河间等路旱。

八月乙酉，太阴犯牛。壬子，太阴犯垒壁阵。辛酉，缅国进驯象三。癸亥，赈辽阳民被水者粮两月。己巳，以驸马那怀知枢密院事。金、复州屯田有虫食禾。汴梁、安西、真定等路旱，平江、安丰等路大水。

九月甲戌，帝至自上都。乙亥，用帝师奏，释大辟三人，杖以下四十七人。戊寅，以八撒而治私第，给盐万引。诏输米十万石于榷场故廪，以备北塞。以探马赤军士所至扰民，令合伯镇之，犯者罪其主将。乙卯，罢四川淘金户四千，还其元籍，罪初献言者。庚辰，罢宁夏路行中书省，以其事并入甘肃行省。丁亥，爪哇遣使来献方物。己丑，给桓州甲匠粮千石。壬辰，湖州司狱郭玘诉浙西廉访司佥事张孝思多取廪饩，孝思系玘于狱。行台令监察御史杨仁往鞫，而江浙行省平章铁木而逮孝思至省讯问，又令其属官与仁同鞫玘事，仁不从。行台以闻，诏省、台遣官鞫问，既引服，皆杖之。诸王薛部众扰民，遣官按问，杖其所犯重者，余听小薛责之。甲午，太阴犯轩辕。戊戌，太阴犯平道。宣德府大水，军民乏食，给粮两月。武卫万盈屯及延安路陨霜杀禾。高邮府、泗州、贺州旱。平江、庐州等路大水。

冬十月癸卯，有事于太庙。中书省臣言："去岁世祖、皇后、裕宗祔庙，以绫代玉册，今玉册、玉宝成，请纳诸各室。"帝曰："亲享之礼,祖宗未尝行之,其奉册以来,朕躬祝之。"命献官迎导入庙。给江浙、河南巡逻私盐南军兵仗。癸丑,以西北叛王将入自土蕃,命平章军国重事答失蛮往征之,仍敕便宜总帅发兵千人从行,听其节度。甲寅,中书省、御史台臣言:"江浙行省平章明里不花陈台宪非便事,臣等议,乞自今监察御史、廉访司有所按核,州县官与本路同鞫,路官与宣慰司同鞫,宣慰司官与行省同鞫。"制曰:可。诏诸王、驸马部民既隶军籍者,毋夺回本部。己未,赐各卫士贫乏者钞二万九千三百余锭。辛酉,辰星犯房。壬戌,辰星犯键闭。癸亥,赐诸王巴撒而、火而忽答孙、秃剌三部钞四万八千五百余锭。丁卯,以博而赤、答剌赤等贫乏,赐钞二万九千余锭。戊辰,太白昼见。太阴犯房。遣安南朝贡使陈利用等还其国,降诏谕陈日燇。

十一月甲戌,太白经天及犯垒壁阵。辛巳,置江浙行省检校官二员。立江浙金银洞冶转运使司。乙酉,太阴犯井。丙戌,毯阳酋长之兄脱杭捧于、法而刺酋长之弟密剌八都、阿鲁酋长之弟脱杭忽先等各奉金表来觐。丁亥,太阴犯鬼。戊子,赐阿鲁酋长虎符。癸巳,赐安西王甲胄、枪挝、弓矢、櫜鞭等十五万八千二百余事。戊戌,升赣州路之宁都、会昌二县为州,以石城县隶宁都,瑞金县隶会昌。诏江浙行省括隐漏官田及检劾富强避役之户。

十二月庚子朔,遣集贤院使阿里浑撒里等祭星于司天台。癸卯,以驸马阿不花所部民贫,赐钞万锭。赐诸王押忽秃、忽剌出、阿失罕等各二百五十两、钞五百锭。丙辰,太阴犯轩辕。荆南僧晋昭等伪撰佛书,有不道语,伏诛。己未,诏大都路,凡和顾和买及一切差役,以诸色户与民均当。赐诸王不颜铁木而、阿八也不干金各五百两、银五千两、钞二千锭、币帛各二百匹,其幼王减五分之一。以各道廉访司官八员,员一印,命收其三。甲子,太阴犯天江。赐帝师双龙纽玉印。也速带而之军因李璮乱去山东,其元驻之地为人所垦,岁久成业,争讼不已。命别以境内荒田给之,正军五顷,余丁二顷,已满数者不给。减海运脚价钞一贯,计每石六贯五百文,著为令。徙缙山所居乞里乞思等民于山东,以田与牛、种给之。丁卯,禁诸王辄召有司官吏。己巳,诏免军器匠门徭。

是岁,断大辟三十人。

元史卷一九
本纪第一九

成宗二

二年春正月丙子,诏蠲两都站户和雇和市。己卯,诏江南毋捕天鹅。以忽剌出千户所部屯夫贫乏,免其所输租。上思州叛贼黄胜许攻剽水口思光寨,湖广行省调兵击破之,获其党黄法安等,贼遁入上牙六罗。壬午,太阴犯舆鬼。诏凡户隶贵赤者,诸人毋争。甲申,命西平王奥鲁赤今夏居上都。丙戌,太白昼见。安西王傅铁赤、脱铁木而等复请立王相府,帝曰:“去岁阿难答已尝面陈,朕以世祖定制谕之。今复奏请,岂欲以四川、京兆悉为彼有耶?赋税、军、站皆朝庭所司,今姑从汝请,置王相府,惟行王傅事。”丁亥,太阴犯平道。己丑,御史台臣言:“汉人为同寮者,尝为奸人捃摭其罪,由是不敢尽言,请于近侍昔宝赤、速古而赤中择人用之。”帝曰:“安用此曹,其选汉人识达事体者为之。”以御史中丞秃赤为御史大夫。庚寅,太阴犯钩钤。辛卯,令月赤察而、也可及合剌赤所部卫士自运军粮,给其行费。甲午,授嗣汉三十八代天师张与材太素凝神广道真人,管领江南诸路道教。乙未,诏诸王、公主、驸马非奉旨毋罪官吏。赐诸王合班妃钞千二百锭、杂币帛千匹,驸马塔海铁木而钞三千锭。回纥不剌罕献师、豹、药物,赐钞千三百余锭。

二月己亥朔,中书省臣言:“陛下自御极以来,所赐诸王、公主、驸马、勋臣为数不轻,向之所储散之殆尽,今继请者尚多,臣等乞甄别贫匮及赴边者赐之,其余宜悉止。”从之。分江浙行省军万人戍湖广。给称海屯田军农具。诏奉使及军官殁而子弟未袭职者,其所佩金银符归于官,违者罪之。辛丑,立中御府,以脱忽伯、唐兀并为中御卿。丙午,禁军将擅易侍卫军、蒙古军,以家奴代役者罪之,仍令其奴别入兵籍,以其主资产之半畀之,军将敢有纵之者罢其职。括蒙古户渐丁以充行伍。丁未,太阴犯井。庚戌,诏军卒擅更代及逃归者死。给秃秃合所部屯田农器。丙辰,诏江南道士贸易、田者,输田、商税。庚申,命札剌而忽都虎所部户居于奉圣、云州者与民均供徭役。自六盘山至黄河立屯田,置军万人。丙寅,以大都留守司达鲁花赤段贞为中书平章政事。遣使代祀岳、渎。赐安西王米三千石以赈饥民。

三月壬申,以中书平章政事不忽木为昭文馆大学士,平章军国事。罢太原、平阳路酿进蒲萄酒,其蒲萄园民恃为业者,皆还之。诸王出伯言所部探马赤军懦弱者三千余人,乞代以强壮。从之,仍命出伯非奉旨毋擅征发。以怯鲁剌驻夏民饥,户给粮六月。郡王庆童有疾,以其子也里不花代之。赐八撒、火而忽答孙、秃剌三人,钞各千锭。治书侍御史万僧受赇,命御史台与宣政院使答失蛮杂治之。癸酉,增驻夏军为四万人。忻都言晋王甘麻剌,朵儿带言月儿鲁,皆有异图。诏枢密院鞫之,无验。帝命言晋王者死,言月儿鲁者谪从军自效。诏云南行台检劾亦乞不薛宣慰司案牍。甲戌,遣诸王亦只里、八不沙、亦怜真、也里悭、瓮吉剌带并驻夏于晋王怯鲁剌之地。丙子,车驾幸上都。丁丑,以完颜邦义、纳速丁、刘季安妄议朝政,杖之,徒二年,籍其家财之半。甲申,次大口。乙酉,太阴犯钩钤。辛卯,赐辽阳行省粮三万石。壬辰,诏驸马亦都护括流散畏吾而户。癸巳,湖广行省以叛贼黄胜许党鲁万丑、王献于京师。赐诸王铁木儿金二百五十两、银二千五百两、钞五千锭,以旌其战功。以合伯及塔塔剌所部民饥,赈米各千石。

夏四月己亥朔,命撒的迷失招集其祖忙兀台所部流散人户。赐诸王八卜沙钞四万锭,也真所部六万锭。平阳之绛州、台州路之黄岩州饥,杭州火,并赈之。

五月戊辰朔，免两都徭役。辛未，安西王遣使来告贫乏，帝语之曰：“世祖以分赉之难，尝有圣训，阿难答亦知之矣。若言贫乏，岂独汝耶。去岁赐钞二十万锭又给以粮，今与，则诸王以为不均；不与，则汝言人多饥死。其给粮万石择贫者赈之。”甲戌，诏民间马牛羊，百取其一，羊不满百者亦取之，惟色目人及数乃取。丁丑，太阴犯平道。庚辰，土蕃叛，杀掠阶州军民，遣脱脱会诸王铁木而不花、只列等合兵讨之。甲申，命也真、薛阇罕驻夏于合亦而之地。禁诸王、公主、驸马招户。己丑，诏诸徒役者限一年释之，毋杖。庚寅，罢四川马湖进独本葱。诏诸王、驸马及有分地功臣户居上都、大都、隆兴者，与民均纳供需。丁酉，命诸行省非奉旨毋擅调军。安南国遣人招诱叛贼黄胜许。也黑迭失进紫檀，赐钞四千锭。是月，野蚕成茧，河中府之猗氏雹，太原之平晋，献州之交河、乐寿，莫州之莫亭、任丘，及湖南醴陵州皆水，济宁之济州螟。

六月己亥，给出伯军马七千二百余匹。诏晋王所部衣粮，粮以岁给，衣则三年赐之。给瓜州、沙州站户牛、种、田具。御史台臣言：“官吏受赇，初既辞伏，继以审核而有司徇情致令异辞者，乞加等论罪。”从之。乙巳，太白犯天关。以调兵妨农，免广西容州等处田租一年。丙午，叛贼黄胜许遁入交趾。甲寅，降官吏受赇条格，凡十有三等。丁巳，太白犯填星。癸亥，太阴犯井。丙寅，诏行省、行台，凡朱清有所陈列，毋辄止之。赐西平王奥鲁赤银二百五十两、钞六千锭，所部六万锭，诸王亦怜真所部二十万锭，兀鲁思驻冬军三万锭。是月，大都、真定、保定、太平、常州、镇江、绍兴、建康、澧州、岳州、庐州、汝宁、龙阳州、汉阳、济宁、东平、大名、滑州、德州蝗，大同、隆兴、顺德、太原雹。海南民饥，发粟赈之。

秋七月庚午，肇州万户府立屯田，给以农具、种、食。辛未，以钞十一万八千锭治西蕃诸驿。甘肃两州驿户饥，给粮有差。赐诸王完泽印。癸酉，诏茶盐转运司、印钞提举司、运粮漕运司官，仍旧以三年为代；云南、福建官吏满任者，给驿以归。壬午，填星犯井。太白犯舆鬼。括伯颜、阿术、阿里海牙等所据江南田及权豪匿隐者，令输租。河泊官岁入五百锭者敕授。增江西、河南省参政一员，以朱清、张瑄为之，授特进上柱国高丽王世子王谋为仪同三司、领都金议司事。乙酉，遣云南省逃军戍亦乞不薛，命湖广、江西两省择驻夏军牧地。丙戌，遣岳乐也奴等使马八儿国。己丑，命行台监察御史钩校随省理问所案牍。以虎贲三百人戍应昌。诸提调钱正官，其部凡有通欠者勿迁叙。广西贼陈飞、雷通、蓝青、谢发寇昭、梧、藤、容等州，湖广左丞八都马辛击平之。辛巳，赐贵由赤戍军钞三万九千余锭。是月，平阳、大名、归德、真定蝗，彰德、真定、曹州、滨州水，怀孟、大名、河间旱，太原、怀孟雹。福建、广西两江道饥，赈粟有差。

八月丁酉朔，禁舶商毋以金银过海，诸使海外国者不得为商。庚子，太阴犯亢，太白犯轩辕。壬寅，命江浙行省以船五十艘、水工千三百人沿海巡禁私盐。癸卯，太阴犯天江。乙巳，诏诸人告捕盗贼者：强盗一名，赏钞五十贯，窃盗半之，应捕者又半之，皆征诸犯人，无可征者官给。乙卯，太阴犯天街，太白犯上将。给诸王亦怜真军粮三月。是月，德州、彰德、太原蝗，咸宁县、金复州、隆兴路陨霜杀禾，宁海州大雨，大名路水。

九月戊辰，太白犯左执法。辛未，圣诞节。帝驻跸安同泊，受诸王、百官贺。壬申，太阴掩南斗。甲戌，增盐价钞一引为六十五贯，盐户造盐钱为十贯，独广西如故。征浙东、福建、湖广夏税。罢民间盐铁炉灶。给襄阳府合刺鲁军未赐田者粮两月。罢淮西诸巡禁打捕人员。丁丑，太阴犯垒壁阵。戊寅，元江贼舍资杀掠边境，梁王命怯薛丹等讨降之。甲申，云南省臣也先不花征乞蓝，拔瓦农、开阳两寨，其党答刺率诸蛮来降，乞蓝悉平，以其地为云远路军民总管府。己丑，太阴犯轩辕。辛卯，诸王出伯言汪总师等部军贫乏，帝以其久戍，命留五千驻冬，余悉遣还，至明年四月赴军。甲午，令广海、左右两江戍军以二年、三年更戍。海都兀鲁思不花部给出伯所部军米万石。是月，常德之沅江县水，免其田租，河间之莫州、献州旱，河决河南杞、封丘、祥符、宁陵、襄邑五县。

冬十月丁酉，有事于太庙。壬寅，发米十万石赈粜京师。以宣

德、奉圣、怀来、缙山等处牧宿卫马。甲辰，修大都城。壬子，车驾至
自上都。职官坐赃，经断再犯者，加本罪三等。赣州贼刘六十攻掠
吉州，江西行省左丞董士选讨平之。是月，广备屯及宁海之文登水。

十一月丁卯，以蛮洞将领彭安国父子讨田知州有功，赐安国金
符，子为蛮夷官。答马剌一本王遣其子进象十六。戊辰，以广西戍
军悉隶两江宣慰司都元帅府。己巳，兀都带等进所译《太宗宪宗世
祖实录》，帝曰：“忽都鲁迷失非昭睿顺圣太后所生，何为亦曰公主，
顺圣太后崩时，裕宗已还自军中，所纪月日先后差错，又别马里思
丹炮手亦思马因、泉府司，皆小事，何足书耶？”辛未，徙江浙行省拔
都军万人戍潭州，潭州以南军移戍郴州。以洪泽、芍陂屯田军万人
修大都城。遣枢密院官整饬江南诸镇戍军，凡将校勤怠者列实以
闻。增海运明年粮为六十万石。丁丑，太阴犯月星，又犯天街。庚
辰，太阴犯井。丁亥，太阴犯上相。乙酉，枢密院臣言：“江南近边州
县，宜择险要之地合群戍为一屯，卒有警急，易于征发。”诏行省图
地形、核军实以闻。戊子，太阴犯平道。赠大都巡防汉军。壬辰，太
阴犯天江。缅王遣其子僧伽巴叔撒邦巴来贡方物。罢云南柏兴府
入德昌路。赐太常礼乐户钞五千余锭。是月，象食屯水，免其田租。

十二月戊戌，立彻里军民总管府，云南行省臣言：“大彻里地与
八百媳妇犬牙相错，今大彻里胡念已降，小彻里复占扼地利，多相
杀掠，胡念遣其弟胡伦乞别置一司，择通习蛮夷情状者为之帅，招
其来附，以为进取之地。”诏复立蒙样刚等甸军民官。癸卯，定诸王
朝会赐与：太祖位，金千两、银七万五千两，世祖位，金各五百两、银
二万五千两，余各有差。丁未，太阴犯井。诏诸行省征补逃亡军。复
司天台观星户。乙卯，太阴犯进贤。癸亥，释在京囚百人。增置侍
御史二员。赐金齿、罗斛来朝人衣。是月，大都、保定、汴梁、江陵、
沔阳、淮安水，金复州风损禾，太原、开元、河南、芍陂旱，蠲其田租。
是岁，断大辟二十四人。

大德元年春正月庚午，增诸王要木忽而、兀鲁而不花岁赐各钞

千锭。辛未，诸王亦怜真来朝，薨于道，赐币帛五百匹。乙亥，给月儿鲁匠者田，人百亩。乙酉，以边地乏刍，给出伯征行马粟四月。丙戌，以钞十二万锭、盐引三万，给甘肃行省。昔宝赤等为叛寇所掠，仰食于官，赐以农具、牛、种，俾耕种自给。己丑，以药木忽而等所部贫乏，摘和林汉军置屯田于五条河，以岁入之租资之。辛卯，以张斯立为中书省参知政事。诸王阿只吉驻太原，河东之民困于供亿，诏诘问之，仍岁给钞三万锭、粮万石。给晋王所部屯田农器千具。建五福太乙神坛畤。汴梁、归德水。木邻等九站饥，以米六百余石赈之。给可温种田户耕牛。

二月甲午朔，赐晋王甘麻刺钞七万锭，安西王阿难答三万锭。丙申，蒙阳甸酋长纳款，遣其弟阿不刺等来献方物，且请岁贡银千两及置驿传，诏即其地立通西军民府，秩正四品。戊戌，升全州为全宁府。庚子，诏东部诸王分地蒙古戍军，死者补之，不胜役者易之。癸卯，徙扬州万户邓新军屯蕲、黄。以阇里台所隶新附高丽、女直、汉军居沈州。甲申，诸军民相讼者，命军民官同听之。丁未，省打捕鹰房府入东京路。戊午，罗罗斯酋长来朝。己未，改福建省为福建平海等处行中书省，徙治泉州。平章政事高兴言泉州与瑠求相近，或招或取，易得其情，故徙之。减福建提举司岁织段三千匹，其所织者加文绣，增其岁输衲服二百，其车渠带工别立提举司掌之。封的立普哇拿阿迪提牙为缅国王，且诏之曰：

> 我国家自祖宗肇造以来，万邦黎献，莫不畏威怀德。响先朝临御之日，尔国使人禀命入觐，诏允其请。尔乃遗食前言，是以我帅阃之臣加兵于彼。比者，尔遣子信合八的奉表来朝，宜示含弘，特加恩渥。今封的立普哇拿阿迪提牙为缅国王，赐之银印，子信合八的为缅国世子，赐以虎符。仍戒饬云南等处边将，毋擅兴兵甲，尔国官民各宜安业。

又赐缅王弟撒邦巴一珠虎符，酋领阿散三珠虎符，从者金符及金币，遣之。以新附军三千屯田漳州。庚申，升宁都、会昌县为州，并隶赣州路，宁阳镇为县，隶济宁路，陕州巡检司为河曲县，隶保德州。安丰路设录事司。以行徽政院副使王庆端为中书右丞。诏改元赦天下。免上都、大都、隆兴差税三年。给也只所部六千户粮三月。

三月戊辰，荧惑犯井。己巳，完泽等奏定铨调选法。庚午，以陕西行省平章也先铁木而为中书平章政事，中书省左丞梁暗都剌为中书省右丞。癸酉，太阴掩轩辕大星。畋于柳林。免武当山新附军徭赋。甲戌，西蕃寇阶州，陕西行省平章脱列伯以兵进讨，其党悉平，留军五百人戍之。诏各省合并镇守军，福建所置者合为五十三所，江浙所置者合为二百二十七所。丙子，车驾幸上都。丁丑，封诸王铁木而不花为镇西武靖王，赐驼纽印。以江西省左丞八都马辛为中书左丞。庚辰，札鲁忽赤脱而速受赂，为其奴所告，毒杀其奴，坐弃市。乙酉，遣阿里以钞八万锭籴粮和林。丁亥，禁正月至七月捕猎，大都八百里内亦如之。庚寅，立江淮等处财赋总管府及提举司。赐诸王岳木忽而及兀鲁思不花金各百两，兀鲁思不花母阿不察等金五百两、银、钞有差。赐称海匠户市农具钞二万二千九百余锭及牙忽都所部贫户万锭，别吉赣匠万九百余锭。五台山佛寺成，皇太后将亲往祈祝，监察御史李元礼上封事止之。归德、徐、邳、汴梁诸县水，免其田租。道州旱，辽阳饥，并发粟赈之。岳木忽而及兀鲁思不花所部民饥，以乳牛、牝马济之。

夏四月癸巳朔，日有食之。丙申，中书省、御史台臣言：

阿老瓦丁及崔彧条陈台宪诸事，臣等议乞依旧例。御史台不立选，其用人则于常调官选之，惟监察御史首领官令御史台自选。各道廉访司必择蒙古人为使，或阙则以色目世臣子孙为之，其次参以色目、汉人。又合剌赤、阿速各举监察御史非便，亦宜止于常选择人。各省文案，行台差官检核。宿卫近侍奉特旨令台宪擢用者，必须明奏，然后任之。行台御史秩满而有效绩者，或迁内台，或呈中书省迁调，廉访司亦如之。其不称职者，省、台择人代之。未历有司者，授以牧民之职。经省、台同选者，听御史台自调。中书省或用台察之人，亦宜与御史台同议,各官府宪司官毋得辄入体察。今拟除转运盐使司外,其余官府悉依旧例。

制曰:可。壬寅,赐兀鲁思不花圆符。赐暹国、罗斛来朝者衣服有差。赐牙忽都部钞万锭。给岳木忽而所部和林屯田种。以米二千石赈应昌府。

五月丙寅,河决汴梁,发民三万余人塞之。戊辰,安南国遣使来朝。追收诸位下为商者制书、驿券。命回回人在内郡输商税。给钞千锭建临洮佛寺。诏强盗奸伤事主者,首从悉诛;不伤事主,止诛为首者,从者刺配,再犯亦诛。给葛蛮安抚司驿券一。辛未,遂宁州军户任福妻一产三男,给复三岁。癸酉,太白犯鬼积尸气。乙亥,太阴犯房。丁丑,禁民间捕鬻鹰鹞。庚寅,平伐酋领内附,乞隶于亦乞不薛。从之。各路平准行用库,旧制选部民富有力者为副,命自今以常调官为之,隶行省者从行省署用。上思州叛贼黄胜许遣其子志宝来降。漳河溢,损民禾稼。饶州鄱阳、乐平及隆兴路水。亦乞列等三站饥,赈米一百五十石。

六月甲午,诸王也里干遣使乘驿祀五岳、四渎,命追其驿券,仍切责之。以湖广行省参政崔良知廉贫,特赐盐课钞千锭。给和林军需钞十万锭。乙未,太白昼见。戊戌,平伐九寨来降,立长官司。己酉,令各部宿卫士输上都、隆兴粮各万五千石于北地。甲寅,罢亦奚不薛岁贡马及毡衣。丙辰,监察御史斡罗失剌言:"中丞崔彧兄在先朝尝有罪,还其所籍家产非宜,又买僧寺水碾违制。"帝以其妄言,答之。诏僧道犯奸盗重罪者,听有司鞫问。赐诸王也里干等从者钞二万锭,朵思麻一十三站贫民五千余锭。是月,平滦路虫食桑,归德、徐、邳州蝗,太原风雹,河间、大名路旱。和州历阳县江涨,漂没庐舍万八千五百余家。以粮四千余石赈广平路饥民,万五千石赈江西被水之家,二百九十余石赈铁里干等四站饥户。

秋七月庚午,太阴犯房。辛未,赐诸王脱脱、孛罗赤、沙秃而钞二千锭,所部八万四千余锭,撒都失里千锭,所部二万余锭。罢蒙古军万户府入曲先塔林都元帅府。癸未,增晋王所部屯田户。甲申,增中御府官一员。赐马八儿国塔喜二珠虎符。诏出使招谕者,授以招谕使、副;诸取药物者,授以会同馆使、副。但降旨差遣,不给制命。丙戌,以八儿思秃仓粮隶上都留守司。招籍宋两江镇守军。丁亥,免上都酒课三年。赐诸王不颜铁木而及其弟伯真字罗钞四千锭,所部八万四千八百余锭,仍给粮一年。宁海州饥,以米九千四百余石赈之。河决杞县蒲口。郴州路、耒阳州、衡州之酃县大水山崩,溺死三百余人。怀州武陟县旱。

八月庚子,诏合伯留军五千屯守,令孛来统其余众以归。丁未,命诸王阿只吉自今出猎悉自供具,毋伤民力。丁巳,祅星出奎。扬州、淮安、宁海州旱。真定、顺德、河间旱、疫,池州、南康、宁国、太平水。

九月辛酉朔,祅星复犯奎。壬戌,八番、顺元等处初隶湖广,后改隶云南,云南戍兵不至,其屯驻旧军逃亡者众,仍命湖广行省遣军代之。甲子,八百媳妇叛,寇彻里,遣也先不花将兵讨之。丙寅,诏恤诸郡水、旱、疾疫之家。罢括两淮民田。汰诸王来大都者及宿卫士冗员。丁卯,命平章伯颜专领给赐孤老衣粮。壬午,车驾还大都。己丑,增海漕为六十五万石。罢南丹州安抚司,立庆远南丹溪洞等处军民安抚司。诏边远官已尝优升品级,而托他事不赴者,夺其所升官。平珠六洞蛮及十部蛮皆来降,命以蛮夷官授之。给卫士牧马外郡者粮,令毋仰食于民。以札鲁忽赤所追赃物输中书省。卫辉路旱、疫,澧州、常德、饶州、临江等路,温之平阳、瑞安二州大水,镇江之丹阳、金坛旱,并以粮给之。

冬十月甲午,诏诸迁转官注阙二年。丁酉,有事于太庙。辛丑,减上都商税岁额为三千锭。温州陈空崖等以妖言伏诛。癸丑,免陕西盐户差税,罢其所给米。乙卯,爪哇遣失剌班直木达奉表来降。戊午,太白经天。增吏部尚书一员。以朵甘思十九站贫乏,赐马、牛、羊有差。庐州路无为州江潮泛溢,漂没庐舍。历阳、合肥、梁县及安丰之蒙城、霍丘自春及秋不雨,扬州、淮安路饥,韶州、南雄、建德、温州皆大水,并赈之。

十一月壬戌,禁权豪、僧道及各位下擅据矿炭山场。罢顺德、彰德、广平等路五提举司,立都提举司二,升正四品,设官四员,直隶中书户部。卫辉路提举司隶平、彰德都提举司,真定铁冶隶顺德都提举司。罢保定紫荆关铁冶提举司,还其户八百为民。癸亥,诏自今田猎始自九月。高丽王王昛告老,乞以爵与其子源。福建行省遣人觇瑠球国,俘其傍近百人以归。戊辰,增太庙牲用马。庚午,籍唐兀军入枢密院。辛未,曹州禹城进嘉禾一茎九穗。丁丑,诏以高丽王世子源为开府仪同三司、征东行中书省左丞相、驸马、上柱国、高丽国王,仍加授王昛为推忠宣力定远保节功臣、开府仪同三司、太尉、驸马、上柱国、逸寿王。增乌撒、乌蒙等处宣慰使一员,以孛罗欢为之。赐诸王兀鲁思不花金千两、银万五千两、钞万锭。徙大同路军储所于红城。以河南行省经用不足,命江浙行省运米二十万石给之。总帅汪惟和以所部军屯田沙州、瓜州,给中统钞二万三千二百余锭置种、牛、田具。大都路总管沙的坐赃当罢,帝以故臣子特减其罪,俾仍旧职。崔彧言不可复任,帝曰:“卿等与中书省臣戒之,若后复然,则置尔死地矣。”戊子,太白经天。增晋王内史一员,尚乘寺卿一员。赐药木忽而金一千二百五十两、银一万五千两、钞一万二千锭。常德路大水,常州路及宜兴州旱,并赈之。

十二月癸巳,令也速带而、药乐罕将兵出征。丙申,徙襄阳屯田合剌鲁军于南阳,户受田百五十亩,给种、牛、田具。戊戌,中书省臣同河南平章孛罗欢等言:“世祖抚定江南,沿江上下置戍兵三十一翼,今无一、二,惧有不虞。外郡戍卒封椿钱,军官迁延不以时取,而以己钱贷之,征其倍息。逃亡者各处镇守官及万户府并遣人追捕。皆非所宜。又富户规避差税,冒为僧道,且僧道作商贾,有妻子,与编氓无异,请汰为民。宋时为僧道者,必先输钱县官,始给度牒,今不定制,侥幸必多。无为矾课,初岁入为钞止一百六锭,续增至二千四百锭,大率敛富民、刻吏俸、停灶户工本以足之,亦宜减其数。”帝曰:“矾课遣人核实,汰僧道之制卿等议拟以闻,军政与枢密院议之。”诸王也只里部忽剌带于济南商河县侵扰居民,蹂践禾稼,帝命诘之，走归其部。帝曰：彼宗戚也，有是理耶，其令也只里罪之。禁诸王、驸马并权豪，毋夺民田，其献田者有刑。复立芍陂、洪泽屯田。壬寅，朝洞蛮内附，立长官司二，命杨汉英领之。甲辰，太白经天，又犯东咸。丙午，太阴犯轩辕。丁未，旌表烈妇漳州招讨司知事阚文兴妻王氏。戊申，增给云南廉访司驿券四十二。甲寅，太阴犯心。乙卯，免上都至大都并宣德等十三站户和雇和买。赐诸王忽剌出钞千锭，所部四万四千五百余锭，诸王阿术、速哥铁木而所部二万八千九百余锭。

闰十二月壬戌，太阴犯垒壁阵。命也速带而等出征。诏诸军户卖田者由所隶官给文券。甲子，福建平章高兴言："漳州漳浦县大梁山产水晶，乞割民百户采之。"帝曰："不劳民则可，劳民勿取。"壬申，徙乃颜民户于内地。定燕秃忽思所隶户差税，以三分之一输官。赐忽剌出所部钞万锭。癸酉至丙子，太白犯建星。己卯，赐不思塔伯千户等钞约九万锭。淮东饥，遣参议中书省事于章发廪赈之。弛湖泊之禁，仍听正月捕猎。平伐等蛮未附，播州宣抚使场汉英请以己力讨之，命湖广省答剌罕从宜收抚。瓜州屯田军万人贫乏，命减一千，以张万户所领兵补之。甲申，增两淮屯田军为二万人。赐诸王阿牙赤钞千锭，所部一万一千余锭，药乐罕等所部七万锭，暗都剌火者所部四万余锭。般阳路饥、疫，给粮两月。

是岁，济南及金复州水、旱，大都之檀州、顺州，辽阳、沈阳，广宁水，顺德、河间、大名、平阳旱，河间之乐寿、交河疫，死六千五百余人。断大辟百七十五人。

二年春正月壬辰，诏以水、旱，减郡县田租十分之三，伤甚者尽免之，老病、单弱者差税并免三年。禁诸王、公主、驸马受诸人呈献公私田地及擅招户者。丙申，遣使阅诸省兵。丁酉，置汀州屯田。辛丑，御史台臣言："诸转运司案牍例以岁终检复，金谷事繁，稽照难尽，奸伪无从知之，其未终者，宜听宪司于明年检复。"从之。乙巳，以粮十万石赈北边内附贫民。己酉，建康、龙兴、临江、宁国、太平、广德、饶、池等处水，发临江路粮三万石以赈，仍弛泽梁之禁，听民渔采。遣所俘瑠求人归谕其国使之效顺。并土蕃、碉门安抚司、运司，改为碉门、鱼通、黎、雅、长沙西、宁远军民宣抚司。以翰林王恽、阎复、王构、赵与栗、王之纲、杨文郁、王德渊，集贤王颐、宋渤、卢挚、耶律有尚、李泰、郝采、杨麟，皆耆德旧臣，清贫守职，特赐钞二千一百余锭。给西平王奥鲁赤部民粮三月，晋王秋米五百石，所部钞十二万锭，戍和林高丽、女直、汉军三万锭。

二月戊午朔，诏枢密院合并贫难军户。辛酉，岁星、荧惑、太白聚危，荧惑犯岁星。壬戌，徙重庆宣慰司都元帅府于成都，立军民宣慰司都元帅府于福建。乙丑，立浙西都水庸田司，专主水利。以中书右丞、徽政院副使张九思为平章政事，与中书省事。丁卯，改泉州为泉宁府。己巳，畋于漷州。辛未，太阴犯左执法。并江西省元分置军为六十四所。丙子，太阴犯心。帝谕中书省臣曰："每岁天下金银钞币所入几何？诸王、驸马赐与及一切营建所出几何？其会计以闻。"右丞相完泽言："岁入之数金一万九千两，银六万两，钞三百六十万锭，然犹不足于用，又至元钞本中借二十万锭，自今敢以节用为请。"帝嘉纳焉。罢中外土木之役。癸未，诏诸王、驸马毋擅祀岳镇海渎。申禁诸路军及豪右人等毋纵畜牧损农。乙酉，车驾幸上都。罢建康金银铜冶转运司，还淘金户于元籍，岁办金悉责有司。诏廉访司作成人材，以备选举。禁诸王从者假控鹤佩带扰民。诏诸郡凡民播种怠惰及有司劝课不至者，命各道廉访司治之。减行省平章为二员。丙子，以梁德圭为中书平章政事，杨炎龙为中书右丞。赐爪忽而所部钞三十万锭，近侍伯颜铁木而等三万锭，也先铁木而等市马价三万四千四百余锭，镇南王脱欢六万锭。浙西嘉兴、江阴，江东建康溧阳、池州水、旱，并赈恤之。湖广省汉阳、汉川水，免其田租。甘肃省沙州鼠伤禾稼。大都檀州雨雹。归德等处蝗。

三月丁亥朔，罢大名路故河堤堰岁入隆福宫租钞七百五十锭。申禁官吏受赂诣诸司首者，不得辄受。戊子，诏僧人犯奸盗诈伪，听有司专决，轻者与僧官约断，约不至者罪之。庚寅，命各万户出征者,其印令副贰掌之,不得付其子弟违法行事。以两淮闲田给蒙古军。壬子,御史台臣言:"道州路达鲁花赤阿林不花、总管周克敬虚申麦熟,不赈饥民,虽经赦宥,宜降职一等。"从之。壬子,诏加封东镇沂山为元德东安王,南镇会稽山为昭德顺应王,西镇吴山为成德永靖王,北镇医巫闾山为贞德广宁王,岁时与岳渎同祀,著为令式。

夏四月戊午,遣征不剌坛军还本部。庚申,以也速带而擅调甘州戍军,遣伯颜等笞之。赐大都守门合剌赤等钞九万锭,织工四万四千锭。发庆元粮五万石,减其直以赈饥民。江南、山东、江浙、两淮、燕南属县百五十处蝗。

五月辛卯,罢海南黎兵万户府及黎蛮屯田万户府,以其事入琼州路军民安抚司,罢荨麻林酒税羡余。壬辰,以中书右丞何荣祖为平章政事,与中书省事,湖广左丞八都马辛为中书右丞。淮西诸郡饥,漕江西米二十万以备赈贷。命中书省遣使监云南、四川、海北海南、广西两江、广东、福建等处六品以下选。戊戌,太阴犯心。壬寅,平滦路旱,发米五百石减其直赈之。己酉,诸王念不列妃扎忽直真增所部贫户,冒支钞一万六百余锭,遣扎鲁忽赤同王府官追之。南辉、顺德旱,大风损麦,免其田租一年。诏总帅汪惟正所辖二十四城,有安西王、诸王等并朵思麻来寓者,与编户均当赋役。耽罗国以方物来贡。抚州之崇仁星陨为石。复致用院。置和林宣慰司都元帅府,以忽剌出、耶律希周、纳邻合剌并为宣慰使都元帅,佩虎符。给两都八剌合赤钞各三万锭。

六月庚申,御史台臣言:"江南宋时行两税法,自阿里海牙改为门摊,增课钱至五万锭。今宣慰张国纪请复科夏税与门摊并征,以图升进,湖、湘重罹其害。"帝命中书趣罢之。禁权豪、斡脱括大都漕河舟楫。西台侍御史脱欢以受赂不法罢。禁诸王擅行令旨,其越例开读者,并所遣使拘执以闻。壬戌,太阴犯角。诏陕西诸色户与民均当徭役。申严陕西运司私盐之禁。置奉宸库。赐诸王岳木忽而金一千二百五十两,兀鲁思不花并其母一千两,银、钞有差。山东、河南、燕南、山北五十处蝗。山北辽东道大宁路金源县蝗。

秋七月癸巳，太阴犯心。汴梁等处大雨，河决坏堤防，漂没归德数县禾稼、庐舍，免其田租一年。遣尚书那怀、御史刘赓等塞之，自蒲口首事，凡筑九十六所。壬寅，诏诸王、驸马及诸近侍：自今奏事，不经中书辄传旨付外者罪之。高丽王王谚擅命妄杀，诏遣中书右丞杨炎龙、佥枢密院事洪君祥召其入侍，以其父昛仍统国政。赐诸王亦怜真等金、银、钞有差。江西、江浙水，赈饥民二万四千九百有奇。

八月壬戌，太阴犯箕。癸未，给四川出征蒙古军马万匹。

九月己丑，圣诞节，驻跸阻妫之地，受诸王百官贺。交趾、爪哇、金齿国各贡方物。给和林更戍军牛、车。丙申，车驾还大都。辛丑，太阴犯五车南星。命广海、左右江戍军依旧制以二年或三年更代。癸卯，太阴犯五诸侯。枢密副使塔剌忽带犯赃罪，命御史台鞫之。己酉，太阴犯左执法。庚戌，吉、赣立屯田，减中外冗员。

冬十月甲寅朔，增海漕米为七十万石。壬戌，太白犯牵牛。置蒙古都万户府于凤翔。立平珠六洞蛮夷长官司二，设土官四十四员。戊寅，太阴犯角距星。令御史台检劾枢密院案牍。赐诸王岳木忽而、兀鲁忽不花所部粮五万石。控鹤七百人赐钞五百锭。

十一月庚寅，安南贡方物。丙申，知枢密院那怀言：常例文移，乞令副枢以下署行。从之。罢云南行御史台，置肃政廉访司。己亥，太阴犯舆鬼。辛丑，辰星犯牵牛。罢徐、邳炉冶所进息钱。壬寅，太阴犯右执法。以中书右丞王庆端为平章政事。赐和林军校币六千匹，衣帽等物有差。

十二月戊午，太白经天。己未，填星犯舆鬼。乙丑，太白犯岁星，太阴犯荧惑。括诸路马，除牝孕携驹者，齿三岁以上并拘之。赐朵而朵海所部钞八十五万锭。庚午，镇星入舆鬼，太阴犯上将。辛未，增置各路推官专掌刑狱，上路二员，下路一员。诏诸逃军复业者免役三年。江浙行省平章政事答剌罕升左丞相。甲戌，彗出子孙星下。己卯，太阴犯南斗。辛巳，命廉访司岁举所部廉干者各二人。诏和市价直随给其主，违者罪之。定诸税钱三十取一，岁额之上勿增。扬州、淮安两路旱、蝗，以粮十万石赈之。给阵亡军妻、子衣粮。免内

郡赋税。诸王小薛所部三百余户散处凤翔，以潞州田二千八百顷赐
之。释在京囚二百一十九人。

元史卷二〇
本纪第二〇

成宗三

　　三年春正月癸未朔，暹番、没剌田、罗斛诸国各以方物来贡，赐暹番世子虎符。丙戌，太阴犯太白。己丑，中书省臣言："天变屡见，大臣宜依故事引咎避位。"帝曰："此汉人所说耳，岂可一一听从耶，卿但择可者任之。"庚寅，诏遣使问民疾苦，除本年内郡包银、俸钞，免江南夏税十分之三，增给小吏俸米，置各路惠民局，择良医主之。封药木忽而为定远王，赐金印。命中书省：自今后妃、诸王所需，非奉旨勿给，各位擅置官府紊乱选法者戒饬之。辛卯，诏诸行省谨视各翼病军。浙西肃政廉访使王遇犯赃罪，托权幸规免，命御史台鞫治之。壬辰，安置高丽陪臣赵仁规于安西、崔冲绍于巩昌，并答而遣之，以正其附王谞擅命妄杀之罪。复以王昛为高丽王，遣工部尚书也先铁木而、翰林待制贾汝舟赍诏往谕之。追收别铁木而、脱脱合儿鲁行军印。中书省臣言："比年公帑所费动辄巨万，岁入之数不支半岁，自余皆借及钞本，臣恐理财失宜，钞法亦坏。"帝嘉纳之，仍令谕月亦赤察而等自今一切赐与皆勿奏。癸巳，以江南军数多阙，官吏因而作弊，诏禁饬之。以答剌罕哈剌哈孙为中书左丞相。丁酉，太阴犯西垣上将。戊戌，太阴右执法。辛丑，括诸路马，隶蒙古军籍者免之。乙巳，太白经天。

　　二月癸丑朔，车驾幸柳林。丁巳，完泽等奏铨定省部官，以次引见，帝皆允之。仍谕六部官曰："汝等事多稽误，朕昔未知其人为谁，今既阅视且知姓名,其洗心涤虑,各钦乃职,复蹈前失,罪不汝贷。"
罢四川、福建等处行中书省,陕西行御史台,江东、荆南、淮西三道
宣慰司;置四川、福建宣慰司都元帅府及陕西汉中道肃政廉访司。
广和林、甘州城。诏缙山县民户为势家所蔽者,悉还县定籍。壬戌,
诏谕江浙、河南北两省军民。乙巳,荧惑犯五诸侯。壬申,加解州盐
池神惠康王曰广济,资宝王曰永泽,泉州海神曰护国庇民明著天
妃,浙西盐官州海神曰灵感弘祐公,吴大夫伍员曰忠孝威惠显圣
王。金齿国遣使来贡方物。庚辰,车驾幸上都。

三月癸巳,缅国世子信合八的奉表来谢,赐衣遣还。命妙慈弘
济大师、江浙释教总统补陀僧一山赍诏使日本,诏曰:

> 有司奏陈,向者世祖皇帝尝遣补陀禅僧如智及王积翁等
> 两奉玺书通好日本,咸以中途有阻而还。爰自朕临御以来,绥
> 怀诸国,薄海内外,靡有遐遗,日本之好,宜复通问。今如智已
> 老,补陀宁一山道行素高,可令往谕,附商舶以行,庶几必达。
> 朕特从其请,盖欲成先帝遗意耳。至于惇好息民之事,王其审
> 图之。

甲午,命何荣祖等更定律令。诏军官受赃罪,重者罢职,轻者降其散
官,或决罚就职停俸,期年许令自效。戊戌,荧惑犯舆鬼。升御史台
殿中司秩五品。乙巳,行御史台劾平章教化受财三万余锭,教化复
言平章的里不花领财赋时盗钞三十万锭及行台中丞张闾受李元善
钞百锭,敕俱勿问。戊申,减江南诸道行台御史大夫一员。赐和林
军钞十万锭。

夏四月辛亥朔,驸马蛮子台所部匮乏,以粮十三万石赈之。己
未,太阴犯上将。丙寅,填星犯舆鬼,太阴犯心。庚午,申严江浙、两
淮私盐之禁,巡捕官验所获迁赏。辛未,禁和林戍军窜名他籍。自
通州至两淮漕河置巡防捕盗司,凡十九所。己卯,以礼部尚书月古
不花为中书左丞。赐和林军钞五十万锭、帛四十万匹、粮二万石,仍
命和林宣慰司市马五千匹给之。辽东开元、咸平蒙古、女直等人乏
食,以粮二万五百石、布三千九百匹赈之。

五月壬午,罢江南诸路释教总统所。丙申,太阴犯南斗。海南速古台、速龙探、奔奚里诸番以虎、象及桫罗木舟来贡。己亥,太白犯毕。庚子,免山东也速带而牧地岁输粟之半。禁阿而剌部毋于广平牧马。庚子,复征东行中书省,以福建平海省平章政事阔里吉思为平章政事。是月,鄂、岳、汉阳、兴国、常、澧、潭、衡、辰、沅、宝庆、常宁、桂阳、茶陵旱,免其酒课、夏税,江陵路旱、蝗,弛其湖泊之禁;仍并以粮赈之。

六月辛亥,兀鲁兀敦庆童擅杀所部军之逃亡者,命枢密院戒之。癸丑,罢大名路所献黄河故道田输租。戊午,申禁海商以人马兵仗往诸蕃贸易者。以福建州县官类多色目、南人,命自今以汉人参用。禁福建民冒称权豪佃户,规免门役。庚申,太阴掩房。丁卯,荧惑犯右执法。壬申,岁星昼见。赐和林戍军钞一百四十万锭,鹰师五十万一千余锭。

秋七月己卯朔,太白犯井。庚辰,中书省臣言:“江南诸寺佃户五十余万,本皆编民,自杨总摄冒入寺籍,宜加厘正。”从之。丙申,扬州、淮安属县蝗,在地者为鹙啄食,飞者以翅击死,诏禁捕鹙。丁未,太阴犯舆鬼。

八月己酉朔,日有食之。丁巳,太阴犯箕。戊辰,太白犯轩辕大星。己巳,太阴犯五车星。赐定远王药木忽而所部钞万五千锭。是月,汴梁、大都、河间水,隆兴、平滦、大同、宣德等路雨雹。

九月癸未,圣诞节,驻跸古栅,受诸王百官贺。庚寅,置河东山西铁冶提举司。壬辰,流星色赤,尾长丈余,其光烛地,起自河鼓,没于牵牛之西,有声如雷。癸巳,罢括宋手号军。乙未,太阴犯昴距星。丁酉,太白犯左执法。己亥,车驾还大都。扬州、淮安旱,免其田租。

冬十月戊申朔,有事于太庙。壬子,册伯岳吾氏为皇后。甲寅,复立海北海南道肃政廉访司。山东转运使阿里沙等增课钞四万一千八百锭,赐锦衣人一袭。丙子,太阴犯房。赐秃忽鲁不花等所部户钞三万七千余锭,橐驼户十万二千余锭。以淮安、江陵、沔阳、扬、庐、随、黄旱,汴梁、归德水,陇、陕蝗,并免其田租。

十一月庚辰,置浙西平江河渠闸堰凡七十八所。禁和林酿酒。乙酉,太白犯房。戊子,释囚二十人。丁酉,浚太湖及淀山湖。己亥,赐隆福宫牧驼者钞十万二千锭,诸王合带部十万锭,云南王也先铁木而及所部三万八千锭,和林戍军一百四十万余锭、币帛二万九千匹。杭州火,江陵路蝗,并发粟赈之。

十二月己酉,徙镇巢万户府戍沅、靖,毗阳万户府戍辰州,均州万户府戍常德、澧州。赐诸王岳忽难银印。丙寅,诏各省戍军轮次放还二年供役。升宣徽院为从一品。癸酉,诏中书省货财出纳,自今无券记者勿与。以守司徒、集贤院使、领太史院事阿鲁浑撒里为平章政事。赐诸王六十、脱脱等钞一万三千余锭,四怯薛卫士五万二千余锭,千户撒而兀鲁所部四万锭。淮安、扬州饥,甘肃亦集乃路屯田旱,并赈以粮。

四年春正月丙申,申严京师恶少不法之禁,犯者黥刺,杖七十,拘役。辛丑,诏蒙古都元帅也速答而非奉旨勿擅决重刑。命和林戍军借斡脱钱者,止偿其本。癸卯,复淮东漕渠。赐诸王塔失铁木而金印。赐翰林承旨僧家钞五百锭,以养其母。赐诸王木忽难所部一万二千余锭,八鲁剌思等部六万锭。

二月丁未朔,日有食之。乙卯,遣使祠东岳。丙辰,皇太后崩,明日祔葬先陵。戊午,太阴犯轩辕。壬戌,帝谕何荣祖曰:“律令良法也,宜早定之。”荣祖对曰:“臣所择者三百八十条,一条有该三四事者。”帝曰:“古今异宜,不必相沿,但取宜于今者。”甲戌,发粟十万石赈湖北饥民,仍弛山泽之禁。罢称海屯田,改置于呵札之地,以农具、种实给之。乙亥,车驾幸上都。置西京大和岭屯田。立乌撒、乌蒙等郡县,并会理泗川四州为二。置维摩州。丙子,命李庭训练各卫军士。赐晋王所部钞四万锭。

三月乙未,宁国、太平两路旱,以粮二万石赈之。

夏四月丙午朔,诏云南行省厘革积弊。壬子,高邮府宝应县民孙奕妻朱一产三男,蠲复三年。丙辰,置五条河屯田。丁巳,免今年

上都、隆兴丝银，大都差税、地租。赐诸王也灭干鋈金印。缅国遣使
进白象。戊午，参政张颐孙及其弟珪等伏诛于隆兴市。颐孙初为新
淦富人胡制机养子，后制机自生子而死，颐孙利其赀，与珪谋杀之，
赂郡县吏获免。其仆胡忠诉主之冤于官，乃诛之。其赀悉还胡氏。
以中书省断事官不兰奚为平章政事。赐皇侄海山所统诸王戍军马
二万二千九百余匹。

五月癸未，左丞相答剌罕遣使来言横费不节，府库渐虚。诏自
今诸位下事关钱谷者毋辄入闻。帝谕集贤大学士阿鲁浑撒里等曰：
“集贤、翰林乃养老之地，自今诸老满秩者升之，勿令辄去，或有去
者罪将及汝，其谕中书知之。”增云南至缅国十五驿，驿给圆符四、
驿券二十。甲午，太阴犯全壁阵。辛丑，太白犯舆鬼，太阴犯昴。复
延庆司。赐诸王也只里部钞二万锭，八怜脱列思所隶户六万五千余
锭。是月，同州、平滦、隆兴雹，扬州、南阳、顺德、东昌、归德、济宁、
徐、濠、芍陂旱、蝗，真定、保定、大都通、蓟二州水。

六月己酉，诏立缅国王子窟麻剌哥撒八为缅国王，赐以银印及
金银器皿、衣服等物。丙辰，以太傅月赤察而为太师，完泽为太傅，
皆赐之印。丁巳，太白犯填星。御史中丞不忽木卒，贫无以葬，赐钞
五百锭。甲子，置耽罗总管府。诏各省自今非奉命，毋擅役军。以
和林都元帅府兼行宣慰司事。吊吉而、爪哇、暹国、蘸八等国二十二
人来朝，赐衣遣之。

秋七月甲戌朔，右丞相完泽请上徽仁裕圣皇后谥宝册。乙酉，
缅国阿散哥也弟者苏等九十一人各奉方物来朝，诏命余人留安庆，
遣者苏来上都。辛卯，荧惑犯井。加乳母冀国夫人韩氏为燕冀国顺
育夫人，石抹氏为冀国夫人。杭州路贫民乏食，以粮万石减其直粜
之。

八月癸卯朔，更定荫叙格，正一品子为正五，从五品子为从九，
中间正从以是为差，蒙古、色目人特优一级。置广东盐课提举司。癸
丑，太阴犯井。庚申，缅国阿散吉牙等昆弟赴阙，自言杀主之罪；罢
征缅兵。甲子，辰星犯灵台上星。大名之白马县旱。

闰八月庚辰,荧惑犯舆鬼。庚子,车驾还大都。以中书右丞贺仁杰为平章政事。赐晋王所部粮七万石。

九月戊午,太白犯斗。壬戌,太阴犯舆鬼。曹州探马赤军与民讼地百二十顷,诏别以邻近官田如数给之。广东英德州达鲁花赤脱欢察而招降群盗二千余户,升英德州为路,立三县,以脱欢察而为达鲁花赤兼万户以镇之。甲子,太白犯斗。改中御府为中政院。赐诸王出伯所部钞万五千四百余锭。建康、常州、江陵饥民八十四万九千六十余人,给粮二十二万九千三百九十余石。

冬十月癸本朔,有事于太庙。

十一月壬寅朔,诏颁宽令:免上都、大都、隆兴大德五年丝银、税粮,附近秣养马驼之郡免税粮十分之三,其余免十分之一,徒罪各减一半,杖罪以下释之,江北荒田许人耕种者,元拟第三年收税,今并展限一年,著为定例。并辽阳省所辖狗站、牛站为一,仍给钞以周其乏。命省、台差官同昔宝赤鞠和林运粮稽迟未至者。真定路平棘县旱。

十二月癸酉御史台臣言:"所纠官吏与有司同审,所以事沮难行,乞依旧制;中书凡有改作,辄令监察御史同往非宜,自今非奉旨勿遣。"皆从之。庚寅,荧惑犯轩辕。癸巳,太阴犯房距星。晋州达鲁花赤捏古伯给称母丧,归迎其妻。事闻,诏以其戕伤彝伦,罢职不叙。遣刘深、合剌带、郑佑将兵二万人征八百媳妇,仍敕云南省每军十人给马五匹,不足则补之以牛。赐诸王忻都部钞五万锭,兀鲁思不花等四部二十一万九千余锭,西都守城军二万八千余锭。赈建康、平江、浙东等处饥民粮二十二万九千三百余石。

五年春正月己酉,太阴犯五车。庚戌,给征八百媳妇军钞,总计九万二千余锭。壬子,太阴犯舆鬼积尸气。奉安昭睿顺圣皇后御容于护国仁王寺。罢檀、景两州探金铁冶提举司,以其事入都提举司。御史台臣言:"官吏犯赃及盗官钱事觉,避罪逃匿者,宜同狱成,虽经原免,亦加降黜,庶奸伪可革。"从之。丙寅,以两淮盐法涩滞,命转运司官两员分司上江以整治之,仍颁印及驿券。辛酉,太阴犯心。

二月己卯,太阴犯舆鬼。以刘深、合剌带并为中书右丞,郑佑为参知政事,皆佩虎符。分云南诸路行中书省事,仍置理问官二员,郎中、员外郎、都事各一员,给圆符四、驿券二十。罢福建织绣提举司。增河间转运司盐为二十八万引,罢其所属清、沧、深三盐司。丁亥,立征八百媳妇万户府二,设万户四员,发四川、云南囚徒从军。乙未,诏廉访司官非亲丧、迁葬及以病给告者不得离职;或以地远职卑受任不赴者,台宪勿复用。丙申,给脱脱等部马万匹。丁酉,车驾幸上都。诏饬云南行中书省,减内外诸司官千五百一十四员。增江浙戍兵。戊戌,赐昭应宫、兴教寺地各百顷,兴教仍赐钞万五千锭;上都乾元寺地九十顷,钞皆如兴教之数;万安寺地六百顷,钞万锭;南寺地百二十顷,钞如万安之数。己亥,凡军士杀人奸盗者,令军、民官同鞫。永宁路总管雄挫来朝,献马三十余匹,赐币帛有差。

三月甲辰,收故军官金银符。戊申,太阴犯御女。己酉,罢陕西路拘榷课税所。壬子,赐诸王也孙等钞一万八千五百锭。戊午,马来忽等海岛遣使来朝,赐金素币有差。给和林贫乏军钞二十万锭,诸王药忽木而所部万五千九百余锭。丁卯,荧惑犯填星。己巳,荧惑、填星相合。诏戒饬中外官吏。命辽阳行省平章沙蓝将万人驻夏山后,人备马二匹,官给其直。

夏四月壬申,太阴犯东井。癸酉,遣秃剌铁木而等犒和林军。壬午,以晋王甘麻剌所部贫乏,赐钞四十万锭。调云南军征八百媳妇。癸巳,禁和林酿酒,其诸王、驸马许自酿饮,不得沽卖。是月,大都、彰德、广平、真定、顺德、大名、濮州虫食桑。

五月,商州陨霜杀麦。河南妖贼丑斯等伏诛。己酉,给月里可里军驻夏山后者市马钞八万八千七百余锭。辛亥,遣怯列亦带脱脱帅师征四川。癸丑,太阴犯南斗。乙卯,荧惑犯右执法。丙辰,曲靖等路宣慰使兼管军万户忽林失来朝。壬戌,云南土官宋隆济叛。时刘深将兵由顺元入云南,云南右丞月忽难调民供馈,隆济因给其众曰:"官军征发汝等,将尽剪发黥面为兵,身死行阵,妻子为虏。"众惑其言，遂叛。丙寅，诏云南行省自愿征八百媳妇者二千人，人给贝子六十索。丁卯，太白犯井。

六月乙亥，平江等十有四路大水，以粮二十万随各处时直赈粜。开中庆路昆阳州海口。甲申，岁星犯司怪。丙戌，宋隆济率猫、狫、紫江诸蛮四千人攻杨黄寨，杀掠甚众。己酉，缅王遣使献驯象九。壬辰，宋隆济攻贵州，知州张怀德战死。梁王遣云南行省平章幢兀儿、参政不兰奚将兵御之，杀贼酋撒月，斩首五百级。癸巳，太白犯舆鬼，岁星犯井。甲午，太白犯舆鬼。赐诸王念不烈妃札忽而真所部钞二十万锭。是月，汴梁、南阳、卫辉、大名、濮州旱，大都路水。

秋七月戊戌朔，昼晦，暴风起东北，雨雹兼发，江湖泛溢，东起通、泰、崇明，西尽真州，民被灾死者不可胜计，以米八万七千余石赈之。己亥，增阶、沙二州戍军。庚子，籍安西王所侵占田、站等四百余户为民。赐宁远王阔阔出所部钞二万三千余锭。乙巳，辽阳省大宁路水，以粮千石赈之。丙午，岁星犯井。丁未，命御史大夫秃忽赤整饬台事。诏军官受赃者与民官同例，量罪大小殿黜。命监察御史审覆札鲁忽赤罪囚，检照蒙古翰林院案牍。戊申，立耽罗军民万户府。诸王也灭干薨，以其子八八剌嗣。己酉，诏诸司严禁盗贼。辛亥，太阴犯垒壁阵。赐诸王出伯等部钞六万锭，又给市马直三十八万四千锭。癸丑，诏禁畏吾儿僧、阴阳、巫觋、道人、咒师，自今有大祠祷必请而行，违者罪之。浙西积雨泛溢，大伤民田，诏役民夫二千人疏导河道，俾复其故。命云南省分蒙古射士征八百媳妇。庚申，辰星犯太白。癸亥，合丹之孙脱欢自北境来归，其父母妻子皆遭杀虏，赐钞一千四百锭。给诸王妃札忽而真及诸王出伯军钞四十万锭。中书省臣言：“旧制，京师州县捕盗止从兵马司，有司不与，遂致淹滞；自今轻罪乞令有司决遣，重者从宗正府听断，庶不留狱且民不冤。”从之。以暗伯、阿忽台并知枢密院事。禁富豪之家役军。诏封赠非中书省无辄奏请。称海至北境十二站大雪，马牛多死，赐钞一万一千余锭。命御史台检照宣政院并僧司案牍。升太医院为二品,以平章政事、大都护、提点太医事脱因纳为太医院使。赐上都诸匠等钞二十一万七千四百锭。太都、保定、河间、济宁、大名水,广平、真定蝗。

八月戊辰,给军人羊马价及定远王所部钞十四万三千锭。己巳,平滦路霖雨,滦、漆、浉、汝河溢,民死者众,免其今年田租,仍赈粟三万石。庚午,秃剌铁木而等自和林犒军还,言:“和林屯田宜令军官广其垦辟,量给农具,仓官宜任选人,可革侵盗之弊。”从之。甲戌,遣薛超兀而等将兵征金齿诸国。时征缅师还,为金齿所遮,士多战死,又接连八百媳妇诸蛮相效不输税赋,贼杀官吏,故皆征之。庚辰,诏:“遣官分道赈恤。凡狱囚禁系累年疑不能决者,令廉访司具其疑状,申呈省台详谳,仍为定例。各路被灾重者,免其差税一年,贫乏之家,计口赈恤,尤甚者优给之。小吏犯赃者,并罢不叙。”征缅万户曳剌福山等进驯象六。壬辰,太阴犯轩辕御女。乙未,填星犯太微上将。顺德路水,免其田租。

九月癸丑,放称海守仓库军还,令以次更代。丙辰,江陵、常德、澧州皆旱,并免其门摊、酒醋课。乙酉,自八月庚辰,彗出井,历紫微垣,至天市垣,凡四十六日而灭。

冬十月丙辰朔,以畿内岁饥,增明年海运粮为百二十万石。己巳,缅王遣使入贡。戊寅,云南武定路土官群则献方物。癸未,太阴犯东井。壬午,车驾还大都。丙戌,以岁饥,禁酿酒,弛山泽之禁,听民捕猎。湖广行省臣言:“海南海北道宣慰司都元帅府不与军务。遇有盗窃,惟行文移,比迴已不及事;今乞以其长二人领军务,又镇守官慢功当罚者已有定例,获功当赏者乞或加散官或授金银符。”皆从之。拨南阳府屯田地给新籍畏吾而户,俾耕以自赡,仍给粮三月。丁亥,诏:“军官既受命而不时赴者、病故不行者、被差事毕不即还者,准民官例,违限六月选人代之,被代者期年始叙。”改鄂州路为武昌路。遣使就调云南、四川、福建、广东、广西官。谕百司:凡事关中书省者,毋得辄奏;权豪势要之家佃户贷粮者,听来岁秋成还之。癸巳,分碉门、黎、雅军戍蛮夷,命陕西屯田万户也不干等将之。

辛卯,夜有流星,大如杯,光烛地,自北起,近东分为二得星,没于危宿。

十一月己亥,岁星犯东井。诏谕中书,近因禁酒,闻年老需酒之人有预市而储之者,其无酿具者勿问。罢湖南转运司、弘州种田提举司,以其事入有司。降容、象、横、宾路为州,平滦金丹提举司为管勾,升昭州为平乐府,省泌县入唐州。丁未,遣刘国杰及也先忽都鲁将兵万人,八刺及阿塔赤将兵五千人,征宋隆济。减直粜米赈京师贫民,设肆三十六所,其老幼单弱不能自存者廪给五月。选六御扈从汉军习武事,仍禁万户以下毋令私代,犯者断罪有差。戊申,太阴犯昴。猺人蓝赖率丹阳三十六洞来降,以赖等为融州怀远县簿、尉。立长信寺,秩三品。

十二月甲戌,岁星犯司怪。给安西王所部军士食,令各还其家,候春调遣。辛卯,太阴犯南斗。征东行省平章阔里吉思以不能和辑高丽罢。定强窃盗条格,凡盗人孳畜者取一偿九,然后杖之。

是岁,汴梁、归德、南阳、邓州、唐州、陈州、和州、襄阳、汝宁、高邮、扬州、常州蝗,峡州、随州、安陵、荆门、泰州、光州、扬州、滁州、高邮、安丰霖,汴梁之封丘、武阳、兰阳、中牟、延津,河南渑池,蕲州之蕲春、广济、蕲水旱,大名、宣德、奉圣、归德、宁海、济宁、般阳、登州、莱州、益都、潍州、博兴、东平、济南、滨州、保定、河间、真定、大宁水。是岁,断大辟六十一人。

六月春正月癸卯,诏千户、百户等自军逃归,先事而逃者罪死,败而后逃者杖而罢之,没入其男女。乙巳,中书省臣言:“广东宣慰副使脱欢察而收捕盗贼,屡有劳绩,近廉访司劾其私置兵仗、擅杀土寇等事,遣官鞫问,实无私罪,乞加奖谕。”命赐衣二袭。晋王甘麻剌薨,命封其王印及内史府印。丙午,京畿二十一站阙食,赐钞万二千七百余锭。陕西旱,禁民酿酒。以云南站户贫乏,增马及钞以优恤之。中书省臣以朱清、张瑄屡致人言,乞罢其职,徙其诸子官江南者于京。丁未,命江浙平章阿里专领其省财赋。庚戌,诏官吏犯罪已经赦宥者,仍从核问。海道漕运船令探马赤军与江南水手相参教习,以防海寇。江南僧石祖进告朱清、张瑄不法十事,命御史台诘问之。帝语台臣曰:"朕闻江南富户侵占民田,以致贫者流离转徙,卿等尝闻之否?"台臣言曰:"富民多乞护持玺书依倚以欺贫民,官府不能诘治,宜悉追收为便。"命即行之,毋越三日。诏:自今僧官、僧人犯罪,御史台与内外宣政院同鞫;宣政院官徇情不公者,听御史台治之。增诸王塔赤铁木而岁赐银二百五十两、杂币百匹。乙卯,筑浑河堤长八十里,仍禁豪家毋侵旧河,令屯田军及民耕种。增刘国杰等军,仍令屯戍险隘,俟秋进师。命札忽而带、阿里等整治江南影占税民地土者。中书省臣言:"御史台、廉访司体察、体覆,前后不同;初立台时,止从体察,后立按察司,事无大小,一皆体覆,由是宪司之事积不能行;请自今除水旱灾伤体覆,余依旧例体察为宜。"从之。以大都、平滦等路去年被水,其军应赴上都驻夏者,免其调遣一年。诏军官除边远出征,其余遇祖父母、父母丧,依民官例立限奔赴。禁畜养鹰犬马驼等人扰民。乙未,以诸王真童诬告济南王,谪置刘国杰军中自效。壬戌,镇星犯太微垣上将。

二月庚午,太阴犯昴。谪诸王孛罗于四川八剌军中自效。癸酉,增诸王出伯军三千人,人备马二匹,官给其直。丙戌,遣陕西省平章也速带而、参政汪惟勤将川、陕军,湖广平章刘国杰将湖广军征亦乞不薛,一切军务并听也速带而、刘国杰节制。罢征八百媳妇右丞刘深等官,收其符印、驿券。以京师民乏食,命省、台委官计口验实,以钞十一万七千一百余锭赈之。癸巳,帝有疾,释京师重囚三十八人。

三月丁酉,以旱、溢为灾,诏赦天下。大都、平滦被灾尤甚,免其差税三年,其余灾伤之地,已经赈恤者,免一年。今年内郡包银、俸钞,江淮已南夏税,诸路乡村人户散办门摊课程,并蠲免之。壬寅,太阴犯舆鬼。命僧设水陆大会七昼夜。癸卯,岁星犯井。甲寅,太阴犯钩钤。合祭昊天上帝、皇地祇于南郊,遣中书左丞相答剌罕哈剌哈孙摄事。

夏四月乙丑朔，太白犯东井。丁卯，诏曲赦云南诸部蛮夷。发通州仓粟三百石赈贫民。释轻重囚三十八人，人给钞五锭。乙亥，浚永清县南河。戊寅，太阴犯心。庚辰，上都大水，民饥，减价粜粮万石赈之。戊子，修卢沟上流石径山河堤。释重囚。车驾幸上都。庚寅，太白犯舆鬼。真定、大名、河间等路蝗。

五月乙巳，给贫乏汉军地，及五丁者一顷，四丁者二顷，三丁者三顷，其孤寡者存恤六年，逃散者招谕复业。戊申，太庙寝殿灾。癸丑，谪和林溃军征云南，其战伤而归及尝奉晋王令旨、诸王药忽木而免者，不遣。丁巳，福州路饥，赈以粮一万四千七百石。济南路大水，扬州、淮安路蝗，归德、徐州、邳州水。

六月癸亥朔，日有食之。太史院失于推策，诏中书议罪以闻。填星犯太微西垣上将。甲子，建文宣王庙于京师。辛未，享于太庙。乙亥，太阴犯斗。安南国以驯象二及朱砂来献。甲申，赐诸王合答孙、脱欢、脱列铁木而、伯牙伦、完者所部钞四万五千八百余锭。湖州、嘉兴、杭州、广德、饶州、太平、婺州、庆元、绍兴、宁国等路饥，赈粮二十五万一千余石。大同路、宁海州亦饥，以粮一万六千石赈之。广平路大水。

秋七月癸巳朔，荧惑、镇星、辰星聚井。庚子，太阴犯心。己酉，亦乞不薛土官三人弃家来归，赐金银符、衣服。戊午，太阴犯荧惑。辛酉，赐诸王八八剌、脱脱灰、也只里、也灭干等钞四万三千九百余锭。以江浙行省参知政事忽都不丁为中书右丞。建康民饥，以米二万石赈之。大都诸县及镇江、安丰、濠州蝗，顺德水。

八月甲子，诏御史台凡有司婚姻、土田文案，遇赦依例检复。乙丑，荧惑犯岁星。己巳，荧惑犯舆鬼。辛巳，太阴犯昂。壬午，太白犯轩辕。

九月乙未，遣阿牙赤、撒罕秃会计称海屯田岁入之数，仍自今令宣慰司官与阿剌台共掌之。甲午，赐诸王兀鲁思不花所部钞六万锭。丙午，荧惑犯轩辕。丁未，中书省臣言：罗里等扰民，宜依例决，遣置屯田所。从之。赐诸王八撒而等钞八万六千三百余锭。己酉，龙兴民讹言括童男女,至有杀其子者,命诛其为首者三人。癸丑,太阴犯舆鬼。丁巳,太白犯右执法。赐诸王捏苦迭而等钞五千八百四十锭。

冬十月甲子,改浙东宣慰司为宣慰司都元帅府,徙治庆元,镇遏海道。置大同路黄花岭屯田。罢军储所,立屯储军民总管万户府,设官六员,仍以军储所宣慰使法忽鲁丁掌之。南人林都邻告浙西廉访使张珪收藏禁书及推算帝五行,江浙运使合只亦言珪沮挠盐法,命省、台官同鞫之。丙子,车驾还大都。壬午,荧惑犯太微西垣上将。济南滨、隶、泰安、高唐州霖雨,米价腾涌,民多流移,发粟赈之,并给钞三万锭。

十一月辛卯,填星犯左执法。甲午,刘国杰裨将宋光率兵大败蛇节,赐衣二袭,仍授以金符。乙未,辰星犯房。癸卯,太阴犯昴。己酉,太阴犯轩辕。庚戌,禁和林军酿酒,惟安西王阿难答、诸王忽剌出、脱脱、不沙、也只里,驸马蛮子台、弘吉列带、燕里干许酿。辛亥,以同知枢密事合答知枢密院事。诏江南寺观凡续置民田及民以施入为名者,并输租充役。戊午,籍河西宁夏善射军隶亲王阿木哥,甘州军隶诸王出伯。己未,诏诸驿使辄枉道者罪之。

十二月庚申朔,荧惑犯填星。辛酉,御史台臣言:

> 自大德元年以来,数有星变及风水之灾,民间乏食。陛下敬天爱民之心,无所不尽,理宜转灾为福。而今春霜杀麦,秋雨伤稼,五月太庙灾,尤古今重事。臣等思之,得非荷陛下重任者不能奉行圣意,以致如此。若不更新,后难为力。乞令中书省与老臣识达治体者共图之。

复请禁诸路酿酒,减免差税,赈济饥民。帝皆嘉纳,命中书即议行之。云南地震。戊辰,又震。甲子,衡州袁舜一等诱集二千余人侵掠郴州,湖南宣慰司发兵讨之,获舜一及其余党。命诛其首谋者三人,余者配洪泽、芍陂屯田,其胁从者招谕复业。乙丑,岁星犯舆鬼。乙亥,太阴犯舆鬼。丙子,刘国杰、也先忽都鲁来献蛇节、罗鬼等捷。庚辰,荧惑犯太微东垣上相。命中书省更定略卖良人罪例。癸未,太阴犯房。保定等路饥,以钞万锭赈之。

　　是岁,断大辟三人。

元史卷二一
本纪第二一

成宗四

　　七年春正月戊戌,太阴犯昴。甲辰,太阴犯轩辕。丙午,定诸改补钞罪例,为首者杖一百有七,从者减二等,再犯,从者杖与首同,为首者流。己酉,以岁不登,禁河北、甘肃、陕西等郡酿酒。益都诸处牧马之地为民所垦者,亩输租一斗太重,减为四升。弛饥荒所在山泽河泊之禁一年。赈那海贫乏户米八千石。壬子,罢归德府括田。乙卯,诏凡为匿名书,辞语重者诛之,轻者流配,首告人赏钞有差,皆籍没其妻子充赏。命御史台、宗正府委官遣发朱清、张瑄妻、子来京师,仍封籍其家赀,拘收其军器、海舶等。丁巳,令枢密院选军士习农业者十人,教军前屯田。赐也梯忽而的合金五十两、银千两、钞千锭、币帛百匹。

　　二月壬戌,诏中书省汰诸有司冗员,仍令谕枢密院,除出征将帅外,掌署院事者定其员数以闻。辛未,以平章政事、行上都留守木八剌沙、陕西行省平章阿老瓦丁并为中书平章政事,江南行台御史中丞尚文为中书左丞,江浙行省参知政事董士珍为中书参知政事。壬申,诏:“枢密院、宗正府等,自今每事,与中书共议,然后奏闻,诸司不得擅奏迁调,官员虽经特旨用之而于例未允者,亦听覆奏。”甲戌,减杭州税课提举司冗员。丙子,诏和林军以六年更戍,仍给钞以周其乏。命西京也速迭而军及大都所起军皆以四月至上都,五月赴北。丁丑,命诸王出伯非急务者勿遣乘驿。诏中书省设官,自左右丞相以下，平章二员，左右丞各一员，参知政事二员，定为八府。戊寅，太阴犯心。己卯，尽除内郡饥荒所在差税，仍令河南省赈恤流民，给北师钞三十八万锭。以安南陈益稷久居鄂州，赐钞千锭。以侍御史朵台为中书参知政事。御史台臣言：江浙行省平章阿里，左丞高翥、安佑，金省张佑等诡名买盐万五千引，增价转市于人，乞遣省、台官按问。从之。太原、大同、平滦路饥，并减直粜粮以赈。庚辰，命陕西、甘肃行省赈凤翔、秦、巩、甘州、合迷里贫乏户。监察御史杜肯构等言太傅、右丞相完泽受朱清、张瑄贿赂事，不报。壬午，帝语中书省臣曰：“比有以岁课增羡希求爵赏者，此非掊刻于民何从而出，自今除元额外，勿以增羡作正数。”罢江南财赋总管府及提举司。禁内外中书省户部、转运司官，不得私买盐引。罢致用院。禁诸人毋以金银丝线等物下番。罢江南都水庸田司、行通政院。并大都盐运司入河间运司，其所掌京师酒税课令户部领之。禁诸人非奉旨毋得以宝货进献。汰诸色人冒充宿卫及诸王、驸马、妃主部属滥请钱粮者。真定路饥，赈钞五万锭，仍谕诸王小薛及鹰师等毋于真定近地纵猎扰民。丙戌，诏除征边军士及两都站户外，其余人户均当徭役。丁亥，诏自今除枢密院、御史台、宣政院依旧奏选，诸司毋得擅奏，其举用人员并经中书省。三月己丑朔，保定路饥，赈钞四万锭。庚寅，诏遣奉使宣抚循行诸道，以郝天挺、塔出往江南、江北，石珪往燕南、山东，耶律希逸、刘赓往河东、陕西，铁里脱欢、戎益往两浙、江东，赵仁荣、岳叔谟往江南、湖广，木八剌、陈英往江西、福建，塔赤海牙、刘敏中往山北、辽东，并给二品银印，仍降诏戒饬之。江浙行省平章脱脱遣发朱清、张瑄家属，其家以金珠重赂之。脱脱以闻，帝谕之曰：“朕以江南任卿，果能尔，真男子事也，其益恪勤乃事。”赐以黄金五十两。都城火，命中书省与枢密院议增巡防兵。甘肃行省供军钱粮多弊，诏徙廉访司于甘州。壬辰，定大都南北兵马司奸盗等罪，六十七以下付本路，七十七以上付也可札鲁忽赤。河间路禾稼不登，命罢修建僧寺工役。乙未，真定路饥，赈钞六百六十余锭。中书平章伯颜、梁德珪、段真、阿里浑撒里，右丞八都马辛，左丞月古不花,参政迷而火者、张斯立等受朱清、张瑄贿赂,治罪有差,诏皆罢之。以洪君祥为中书右丞,监察御史言其曩居宥密,以贪贿罢黜,乞别选贤能代之。不报。甲辰,诏定脏罪为十二章。京朝官月俸外,增给禄米,外任官无公田者,亦量给之。乙巳,以征八百媳妇丧师,诛刘深,笞合剌带、郑祐,罢云南征缅分省。戊申,小兰禧、岳铉等进《大一统志》,赐赉有差。己酉,追收元降除免和雇和市玺书。以脱欢诬告诸王脱脱,谪置湖广省军前自效。罢甘肃行省差调民兵及取勘军、民站户家属孳畜之数。庚戌,以铁哥察而所收爱牙合赤户仍隶诸王脱脱。癸丑,枢密院臣及监察御史言:"中丞董士选贷朱清、张瑄钞,非义。"帝曰:"台臣称贷,不必问也,若言者不已,后当杖之。"甲寅,车驾幸上都。丙辰,赐诸王小薛所部等钞六万锭。赈李陵台等五站户钞一千四百余锭。辽阳等路饥,赈钞万锭。

夏四月癸亥,太阴犯东井。诏省、台、枢密院、通政院:凡呼召大都总管府官吏,必用印帖,其余诸司,不得辄召。徵藩臣陈天祥、张孔孙、郭筠至京师,以天祥、孔孙为集贤大学士,筠为昭文馆大学士,皆同议中书省事。丙寅,太阴犯轩辕。庚午,以中书文移太繁,其二品诸司当呈省者,命止关六部。中书左丞相答剌罕言:"僧人修佛事毕,必释重囚,有杀人及妻妾杀夫者皆指名释之,生者苟免,死者负冤,于福何有。"帝嘉纳之。辛未,流朱清、张瑄子孙于远方,仍给行费。乙亥,岁星犯舆鬼,太阴犯南斗。庚辰,蛇节降,令海剌孙将兵五千守之,余众悉遣还各戍。拨磟门、四川军人一千人镇罗罗斯,其土军修治道路者,悉令放还。甲申,荧惑犯太微垣右执法。丁亥,岁星犯舆鬼。诛蛇节。卫辉路、辰州螟。济南路陨霜杀麦。

五月己丑,给和林军钞三十八万锭。开上都、大都酒禁,其所隶两都州县及山后、河东、山西、河南尝告饥者,仍悉禁之。诏云南行省整饬钱粮。壬辰,辰星犯东井。以大德五年战功,赏北师银二十万两、钞二十万锭、币帛各五万九千匹。赐皇侄海山及安西王阿难答,诸王脱脱、八不沙,驸马蛮子台等各金五十两,银、珠、锦、币等物有差。丙申,遣征缅回军万四千人还各戍。癸卯,诏和林军粮,除岁支十二万石,其余非奉旨不得擅支。丁未,床兀儿来朝,以战功赐金五十两、银四百两,仍给其万户所隶贫乏军钞六十九万余锭。辛亥,奉使宣抚耶律希逸、刘赓言:"平阳僧察力威犯法非一,有司惮其豪强不敢诘问,闻臣等至,潜逃京师。"中书省臣言:"宜捕送其所,令省、台、宣政院遣官杂治。"从之。甲寅,浚上都滦河。乙卯,以昌童王五户丝分给诸王塔失铁木而。令甘州站户为僧人、秃鲁花等隐藏者,依例还役。诏中外官吏无职田者,验俸给米有差,其上都、甘肃、和林诸处非产米地,惟给其价。禁诸王八不沙部于般阳等处围猎扰民。诏诸宿卫士,除官员子弟曾经奏准者留,余悉革去。禁诸王、驸马毋辄杖州县官吏,违者罪王府官。立和林宣慰司都元帅府,以忽剌出遥授中书省左丞,为宣慰使都元帅。赐诸王纳忽里钞千锭、币三十匹。济宁、东昌、济南、般阳、益都虫食麦。太原、龙兴、南康、袁、瑞、抚等路,高唐、南丰等州饥,减直粜粮五万五千石。东平、益都、济南等路蝗,般阳路陨霜。

闰五月戊午朔,日有食之。以也奴铁木而、阔阔出、晃兀没于军,赐其家钞有差。壬戌,诏禁犯曲阜林庙者。丁卯,平江等十五路民饥,减直粜粮三十五万四千石。戊辰,太阴犯心。己巳,以诸王孛罗、真童皆讨贼有功,征诣京师。完泽薨。庚辰,云南行省平章也速带而入朝,以所获军中金五百两为献。帝曰:"是金,卿效死所获者。"赐钞千锭。丁丑,禁诸王、驸马等征北诸军以奴为代者罪之。辛巳,诏僧人与民均当差役。癸未,各道奉使宣抚言,去岁被灾人户未经赈济者宜免其差役。从之。命江浙行省右丞董士选发所籍朱清、张瑄货财赴京师,其海外未还商舶,至则依例籍没。甘肃行省平章合散等侵盗官钱十六万三千余锭、盐引五千余道,命省台官征之。诏上都路、应昌府、亦乞列思、和林等处依内郡禁酒。丙戌,罢营田提举司。汴梁开封县虫食麦。

六月己丑,御史台臣言:"瓜、沙二州自昔为边镇重地,今大军屯驻甘州,使官民反居边外非宜,乞以蒙古军万人分镇险隘,立屯田以供军实,为便。"从之。罢四川宣慰司,立四川行中书省,以云南行省平章脱脱、湖广行省议事平章程鹏飞并为平章政事。壬辰,武冈路饥,减价粜粮万石以赈之。给钦察千户等贫乏者钞三万七千八百余锭。癸巳,叛贼雄挫来降。乙未,以亦乞不薛就平,留探马赤军二千人讨阿永叛蛮,余悉放还。庚子,西京道宣慰使法忽鲁丁以瑟瑟二千五百余斤鬻于官,为钞一万一千九百余锭。有旨除御榻所用外,余未用者宜悉还之。命阿伯、阿忽台等整饬河西军事。癸卯,诏:凡军官子弟年及二十者,与民官子孙同,爆直一年方许袭职,万户于枢密院,千户于行省,百户于本万户。乙巳,罢行省金省。浙西淫雨,民饥者十四万,赈粮一月,仍免今年夏税并各户酒醋课。命甘肃行省修阿合潭、曲尤壕以通漕运。大宁路蝗。

秋七月辛酉,常德路饥,减直粜粮万石以赈之。壬戌,御史台臣言:"前河间路达鲁花赤忽赛因、转运使术甲德寿皆坐赃罢,今忽赛因以献鹰犬复除大宁路达鲁花赤,术甲德寿以迭里迷失安奏其被诬,复除福宁知州,并宜改正不叙,以戢奸贪。"从之。禁僧人以修建寺宇为名,赍诸王令旨,乘传扰民。汰宿卫士。丙寅,答剌罕哈剌哈孙为中书右丞相、知枢密院事。戊寅,岁星犯轩辕。丙子,给四川行省驿券十二道。诏除集贤、翰林老臣预议朝政,其余三品以下年七十者,各升散官一等致仕。立和林兵马司。罢辽东宣慰司。丁丑,中省臣言:"大同税课比奉旨赐乳母杨氏,其家掊敛过数,扰民为甚。"敕赐钞五百锭,其税课依例输官。御史台臣言:"湖南输粮百石者,出驿马一匹。广海地狭,所输不及百石者,所出亦如之,故官以盐引助其不给。每马一匹,贵州以北给盐十七引,以南二十引。近立榷盐提举司,官价增五之三,元给二十引者,宜与钞十七锭,十七引者十五锭。"从之。罢江南白云宗摄所,其田令依例输租。都哇、察八而、灭里铁木而等遣使请息兵,帝命安西王慎饬军士,安置驿专,以俟其来。戊寅,赐诸王奴伦、伯颜、也不干等钞九万锭。罢诸王所设总管府。叛贼麻你降,贡金五百两、童男女二百人及马牛羊,却之。己卯,太阴犯井。乙酉,荧惑犯房。赐诸王曲而鲁等部钞币有差。

八月己丑,罢护国仁王寺元设江南营田提举司。给安西王所部贫民米二万石。辛卯,夜地震,平阳、太原尤甚,村堡移徙,地裂成渠,人民压死不可胜计。遣使分道赈济,为钞九万六千五百余锭。仍免太原、平阳今年差税,山场、河泊听民采捕。癸巳,太白犯氐。月里不花将瓮吉里赴云南,道卒,以其子普而耶代之。甲午,荧惑犯东咸,太阴犯牵牛。庚子,中书省臣言:“法忽鲁丁输运和林军粮,其负欠计二十五万余石,近监察御史亦言其侵匿官钱十三万余锭;臣等议遣官征之,不足则籍没其财产。”从之。乙巳,岁星犯轩辕。庚戌,缅王遣使献驯象四。辛亥,荧惑犯天江。赐诸王脱铁木而之子也先博怯所部等钞六千九百余锭。

九月戊午,车驾还大都。丙寅,太白昼见。以太原、平阳地震,禁诸王阿只吉、小薛所部扰民,仍减太原岁饲马之半。遣刑部尚书塔察而、翰林直学士王约使高丽,以其国相吴祈专权,征诣阙问罪。辛未,荧惑犯南斗。诏谕诸司赈恤平阳、太原。甲戌,太阴犯东井。乙亥,太白犯南斗。丙子,罢僧官有妻者。壬午,辰星犯氐。复木八剌沙平章政事。

冬十月丁亥,太白经天。御史台臣劾言江浙行省平章阿里不法。帝曰:“阿里,朕所信任。台臣屡以为言,非所以劝大臣也。后有言者,朕当不恕。”戊子,弛太原、平阳酒禁。以江浙年谷不登,减海运粮四十万石。己丑,诏从军医工,止复其妻、子、户如故。辛卯,复立陕西行御史台。癸巳,御史台臣及诸道奉使言:“行省官久任,与所隶编氓联姻,害政。”诏互迁之。以只而合忽知枢密院事。给大都文宣王庙洒扫户五。乙未,发云南叛寇余党未革心者来京师,留蛇节养子阿阙于本境以抚其民。改平滦为永平路,升甘州为上路。设刑部狱吏一员,以掌囚徒。安西转运司于常课外增算五万七千四百锭,人赐衣一袭,以劝其功。诏:诸司凡钱粮不经中书省议者,勿奏。庚子,改普定府为路,隶曲靖宣慰司,以故知府容苴妻适姑为总管,佩虎符。以叙州宣慰司为叙南等处诸部蛮夷宣抚司。辛丑,太阴犯东井。庚戌,翰林国史院进太祖、太宗、定宗、睿宗、宪宗五朝

《实录》。辛亥,诏军户贫乏者存恤六年。增蒙古国子生百员。

十一月甲寅朔,赐诸王阿只吉所部钞二十万锭、粮万石,命鹰师围猎毋得扰民。以顺元隶湖广省。并海道运粮万户府为海道都漕运万户府,给印二。亦乞不薛贼党魏杰等降,人赐衣一袭,遣还,俾招其首乱者。丁巳,诏大同、静州、隆兴等路运粮五万石入和林。己未,太白经天。辛酉,木冰。甲子,命依十二章断僧官罪。丙寅,镇星犯进贤。戊辰,太阴犯井。辛未,升全宁府为路。己卯,太阴犯东咸。遣诸王灭怯秃、玉龙铁木而使察八而。

十二月甲申朔,诏内郡比岁不登,其民已免差者并蠲免其田租。乙酉,弛京师酒课,许贫民酿酒。丙戌,太白经天,荧惑犯垒壁阵。戊子,以平宋隆济功增诸将秩,赐银、钞等物有差,其军士各赐钞十锭,放归存恤一年。丙申,太阴犯东井。辛丑,太阴犯明堂。诏抚谕顺元诸司。免大德七年民间逋税。命江南、浙西官田奉特旨赐赉者,许中书省回奏。赐皇姑鲁国大长公主钞一万五千锭、币帛各三百匹。加封真武为元圣仁威玄天上帝。丁未,太阴犯天江。以转输军饷劳,免思、播二州及潭、衡、辰、沅等路税粮一年,常、澧三分之一,淘金、站户无种佃者免杂役一年。七道奉使宣抚所罢赃污官吏凡一万八千四百七十三人,赃四万五千八百六十五锭,审冤狱五千一百七十六事。

是岁,断大辟十人。

八年春正月己未,以灾异故诏天下恤民隐,省刑罚。杂犯之罪当杖者减轻,当笞者并免。私盐徒役者减一年。平阳、太原免差税三年。隆兴、延安及上都、大同、怀孟、卫辉、彰德、真定、河南、安西等路被灾人户免二年。大都、保定、河间路免一年。江南佃户私租太重,以十分为率减二分,永为定例。仍弛山场、河泊之禁,听民采捕。庚申,以云南顺元同知宣抚事宋阿重生获其叔隆济来献,特升其官,赐衣一袭。置掌薪司以供尚食,令宣徽院掌其事。癸亥,禁锢朱清、张瑄族属。乙丑,复置遂平、新蔡、真阳、太和、沈丘、颍上、柘城、城父、郏、舞阳十县。丙寅，以御史中丞、太仆卿塔思不花为中书右丞，江南行台中丞赵仁荣为中书参知政事。升教坊司三品。庚午，以挈真监藏为帝师。辛巳，诏：诸王、妃主及诸路有马者十取其一，诸王、驸马往辽东捕海东鹊者毋给驿。自荥泽至睢州筑河防十有八所，给其夫钞人十贯。驸马也列干住所部民饥，以粮二千石赈之。是月，平阳地震不止，已修民屋复坏。

二月丙戌，增置国子生二百员，选宿卫大臣子孙充之。降庄浪路为州，并陇干县入德顺州。辛卯，命诸王出伯所部军屯田于薛出合出谷。甲午，诏父子兄弟有才者许并居风宪。徙江东建康道廉访司治于宁国，其建康路簿书命监察御史钩考。丙申，分军千人戍嘉定州。甲辰，翰林学士承旨撒里蛮进金书《世祖实录》节文一册、汉字《实录》八十册。减宿卫繁冗者。丙午，车驾幸上都。敕军人奸盗诈伪悉归有司。赐太祖位怯怜口户钞万八千二百锭、布帛万匹。赐秃赤及塔刺海以所籍朱清、张瑄田，人六十顷，近侍鹰坊怯怜口钞二万七千三百锭、布帛万二千匹。赐平章政事王庆端玉带，半俸终身。

三月丁巳，诏："军民官已除，以地远官卑不赴者，夺其官不叙。军官擅离所部者，悉遣还翼，违者论如律。军人不告所部私归者，杖而还之。"乙丑，去岁十二月庚戌，彗星见，约盈尺，在室十一度，入紫微垣，至是灭，凡七十四日。戊辰，中书左丞尚文以疾辞，不允。诏："诸王驸马所分郡邑达鲁花赤，惟用蒙古人，三年依例迁代，其汉人、女直、契丹名为蒙古者，皆罢之。"敕军民逃奴有获者，即付其主，主在他所者，赴所在官司给之，仍追逃奴钞充获者赏；逃及诱匿者，论罪有差。诏诸路牧羊及百至三十者，官取其一，不及数者勿取。中书省臣言："自内降旨除官者，果为近侍宿卫，践履年深，依已除叙。尝宿卫未官者，视散官叙，始历一考，准为初阶。无资滥进，降官二级，官高者量降。各位下再任者，从所隶用，三任之上，听入常调。蒙古人不在此限。"从之。云南黎州盗劫也速而带家属赀产，命宣政院督其郡邑捕之。给诸王出伯所部马万三千五百匹。庚辰，诏内外使以军务行者至其地,有司给馈十五日,自余重事八日,细事三日。命凡为衙兵者,皆半隶屯田,仍谕各卫屯官及屯田者,视其勤惰,以为赏罚。升分宁县为宁州。罢庐州路榷茶提举司。滦城、济阳等县陨霜杀桑。

夏四月丙戌,置千户所戍定海,以防岁至倭船。永宁路叛寇雄挫来降。命僧道为商者输税。凡诸王、驸马征索,有司非奉旨辄给者,罪且罢之。诏诸路畏吾儿、合迷里的自相讼者,归都护府,与民交讼者,听有司专决。甲午,诏:朝廷、诸王、驸马进捕鹰鹞皆有定户,自今非鹰师而乘传冒进者罪之。庚子,以永平、清、沧、柳林屯田被水,其逋租及民贷食者皆勿征。丁未,分教国子生于上都。赐西平王奥鲁赤、合带等部民钞万锭,朵耳思等站户钞二千二百锭、银三百九十两有奇。益都临朐、德州齐河蝗。

五月癸未朔,日有食之。辛酉,以所籍朱清、张瑄江南财产隶中政院。己巳,以平宋隆济功赐诸王脱脱、亦吉里,平章床兀而等银、钞、金、币、玉带,及大理、金齿、曲靖、乌撒、乌蒙宣慰等官银、钞各有差。壬申,罢福建都转运盐使司,以其岁课并隶宣慰司。中书省臣言:"吴江、松江实海口故道。潮水久淤,凡湮塞良田百有余里,况海运亦由是而出,宜于租户役万五千人浚治,岁免租人十五石,仍设行都水监以董其程。"从之。追收诸王驿券。癸酉,定馆陶等十七仓官品级:诸粮十万石以上者从七品,五万以上者正八品,不及五万者从八品。庚辰,以去岁平阳、太原地震,宫观摧圮者千四百余区,道士死伤者千余人,命赈恤之。是月,蔚州之灵仙,太原之阳曲,隆兴之天城、怀安,大同之白登大风雨雹伤稼,人有死者。大名之浚、滑,德州之齐河霖雨;汴梁之祥符、太康,卫辉之获嘉,太原之阳武河溢。

六月癸未,开和林酒禁,立酒课提举司。丁酉,汝宁妖人李曹驴等妄言得天书惑众,事觉伏诛。益津蝗,汴梁祥符、开封、陈州霖雨,蠲其田租。扶风、岐山、宝鸡诸县旱,乌撒、乌蒙、益州、忙部、东川等路饥、疫,并赈恤之。

秋七月辛酉,罢江淮等处财赋总管府。癸亥,诸王合赞自西域遣使来贡珍物。赐诸王也孙铁木而等钞二十万锭,戍北千户十五万锭,怯怜口等九万余锭,西平王奥鲁赤二万锭。以顺德、恩州去岁霖雨,免其民租四千余石。

八月,太原之交城、阳曲、管州、岚州,大同之怀仁雨雹陨霜杀禾,杭州火,发粟赈之。以大名、高唐去岁霖雨,免其田租二万四千余石。

九月癸丑,车驾至自上都。庚申,伯颜、梁德圭并复为中书平章政事,八都马辛复为中书右丞,迷而火者复为中书参知政事。以江浙行省平章阿里为中书平章政事。庚午,以户部尚书张祐为中书参知政事。癸酉,诸王察八而、朵瓦等遣使来附,以币帛六百匹给之。诏诸王:凡泉府规营钱,非奉旨毋辄支。贷给诸王出伯所部帛四百匹。四川、云南镇戍军家居太原、平阳被灾者,给钞有差。潮州飓风起,海溢,漂民庐舍,溺死者众,给其被灾户粮两月。以冀、孟、辉、云内诸州去岁霖雨,免其田租二万二千一百石。

冬十月辛卯,有事于太庙。辛巳,给诸王阿只吉所部马料价钞三千九百锭。以宣徽使、大都护长寿为中书右丞,陕西行省右丞脱欢为中书参知政事。丁亥,安南遣使入贡,诏诸王、驸马毋乘驿以猎。庚寅,封皇侄海山为怀宁王,赐金印,仍割瑞州户六万五千隶之,岁给五户丝直钞二千六百锭,币、帛各千匹。戊戌,命省、台、院官鞫高丽国相吴祈及千户石天辅等,以祈离间王父子,天辅谋归日本,皆笞之,徙安西。

十一月壬子,诏:“内郡、江南人,凡为盗黥三次者,谪戍辽阳,诸色人及高丽三次免黥,谪戍湖广,盗禁簜马者,初犯谪戍,再犯者死。”以平阳、太原去岁地大震,免其税课一年。遣制用院使忽邻、翰林直学士林元抚慰高丽。放辽阳民乐亦等三百九十户为兵者还民籍。丁卯,复免僧人租。戊辰,以武备卿铁古迭而为御史大夫。壬申,诏凡僧奸盗杀人者,听有司专决。宁远王阔阔出以马万五百余匹给军,命以钞五万二千五百余锭偿其直。增海漕米为百七十万石。

十二月庚子，复立益都淘金总管府。辛丑，封诸王出伯为威武西宁王，赐金印。赐安西王阿难答，诸王阿只吉、也速不干等钞一万四千锭。

九年春正月丁巳，太阴犯天关。戊午，帝师辇真监藏卒，赙金五百两、银千两、币帛万匹、钞三千锭，仍建塔寺。甲子，太阴犯明堂。以瓮吉刺部民张道奴等旧权为军者，复隶民籍。己巳，太阴犯东咸。壬申，弛大都酒禁。甲戌，赐诸王完泽、撒都失里、别不花等所部钞五万六千九百锭、币帛有差，鹰师等百五十万锭。

二月癸未，敕军、匠等户元隶东宫者，有司毋得夺之。中书省臣言：“近侍自内传旨，凡除授、赏罚皆无文记，惧有差违，乞自今传旨者悉以文记付中书。”从之。甲午，免天下道士赋税。乙未，建大天寿万宁寺。丁酉，封诸王完泽为卫安王，定远王岳木忽而为威定王，并赐金印。升翰林国史院为正二品。赐朵瓦使者币、帛五百匹。庚子，命中书议行郊祀礼。辛丑，诏赦天下。令御史台、翰林、集贤院、六部于五品以上，各举廉能识治体者三人，行省、行台、宣慰司、廉访司各举五人。免大都、上都、隆兴差税、内郡包银、俸钞一年，江淮以南租税及佃种官田者均免十分之二。致仕官止有一子应承荫者，其儤使并免之，家贫者给半俸终其身。丙午，赐宿卫怯怜口钞一百万锭。以归德频岁被水，民饥，给粮两月。平阳、太原地震，站户被灾，给钞一万二千五百锭。

三月丁未朔，车驾幸上都。给还安西王积年所减岁赐金五百两、丝一万一千九百斤，仍赐其所部钞万锭。敕辽阳行省毋专决大辟。以和林所贮币帛给怀宁王所部军。庚戌，以吃剌八思斡节儿佺相加班为帝师。诏梁王勿与云南行省事，赐钞千锭。甲寅，荧惑犯氐。戊午，岁星犯左执法。以枢密副使高兴为平章政事，仍枢密副使。赐亲王脱脱钞二千锭，奴兀伦、孛罗等金五百两、银千两、钞二万锭。以济宁去岁霖雨伤稼，常宁州饥，并赈恤之。河间、益都、般阳属县陨霜杀桑,抚之。宜黄、兴国之大冶等县火,给被灾者粮一月。

夏四月庚辰,太阴犯井。云南行省请益戍兵,不许。遣使诣诸路阅其当戍者遣之。乙酉,大同路地震,有声如雷,坏官民庐舍五千余间,压死二千余人,怀仁县地裂二所,涌水尽黑,漂出松柏朽木,遣使以钞四千锭、米二万五千余石赈之。是年,租赋、税课、徭役一切除免。戊子,赐察八而、朵瓦所遣使者银千四百两、钞七千八百余锭。乙丑,东川路蛮官阿葵以马二百五十匹、金二百五十两及方物来献。壬辰,太白犯井。中书省臣言:"前代郊祀以祖宗配享,臣等议:今始行郊礼,专祀昊天为宜。"诏依所议行之。以汴梁、归德、安丰去岁被灾,潭州、郴州、桂阳、东平等路饥,并赈恤之。

五月丁未,诏诸王、驸马部属及各投下,凡市佣徭役与民均输。遣官调云南、四川、福建、两广官。大都旱,遣使持香祷雨。戊申,征陕西儒学提举萧㪺赴阙,命有司给以安车。戊午,改各道肃政廉访司为详刑观察使,听省、台辟人用之。立衍庆司,正二品。癸亥,岁星掩左执法。以地震,改平阳为晋宁,太原为冀宁。复立洪泽、芍陂屯田,令河西行省平章阿散领其事。省郁林县入贵州。以晋宁、冀宁累岁被灾,给钞三万五千锭。宝庆路饥,发粟五千石赈之。以陕西渭南、栎阳诸县去岁旱,蠲其田租。道州旱。

六月丙朔,以立皇太子,遣中书右丞相答剌罕哈剌哈孙告昊天上帝,御史大夫铁古迭而告太庙。庚辰,立皇子德寿为皇太子,诏告天下,赐高年帛八十者一匹,九十者二匹,孝子顺孙堪从政者量才任之,亲年七十别无侍丁者从近迁除,外任官五品以下并减一资,诸处罪囚淹系五年以上,除恶逆外,疑不能决者释之,流窜远方之人量移内地。甲午,潼川霖雨,江溢,漂没民居,溺死者众,敕有司给粮一月,免其田租。以琼州屡经叛寇,隆兴、抚州、临江等路水,汴梁霖雨为灾,并给粮一月。桓州、宣德雨雹,凤翔、扶风旱,通、泰、静海、武清蝗。

秋七月乙巳朔,禁晋宁、冀宁、大同酿酒。蠲晋宁、冀宁今年商税之半。丙午，荧惑犯氐。辛亥，筑郊坛于丽正、文明门之南丙位，设郊祀署，令、丞各一员，太祝三员，奉礼郎二员，协律郎一员，法物库官二员。癸丑，以黑水新城为靖安路。升秘书监、拱卫司并正三品。罢福建蒙古字提举司及医学提举司。赐安西王阿难答子月鲁铁木而钞二千锭。甲寅，太白经天。庚申，升太府监为太府院。壬戌，以金千两、银七万五千两、钞十三万锭赐兴圣太后及宿卫臣，出居怀州。复置怀宁王王府官。赐威远王岳木忽而钞万锭。给大都至上都十二驿钞一万一千二百锭。丁卯，荧惑犯房。以大司徒段贞、中书右丞八都马辛并为中书平章政事，参知政事合剌蛮子为右丞，参知政事迷而火者为左丞，参议中书省事也先伯为参知政事。给脱脱所部乞而吉思民粮五月。洒阳之玉沙江溢，陈州之西华河溢，峄州水，赈米四千石。扬州之泰兴、江都，淮安之山阳水，蠲其田租九千余石。潭、郴、衡、雷、峡、滕、沂、宁海诸郡饥，减直粜粮五万一千六百石。

八月乙亥朔，省孛可孙冗员。孛可孙专治刍粟，初惟数人，后以各位增入，遂至繁冗。至是存十二员，余尽革之。丙子，给大都车站户粟千四百七十余石。丁丑，给曲阜林庙洒扫户，以尚珍署田五十顷供岁祀。己卯，以冀宁岁复不登，弛山泽之禁，听民采捕。命太常卿丑闾、昭文馆大学士靳德进祭星于司天台。辛巳，太阴犯东咸。丙戌，商胡塔乞以宝货来献，以钞六万锭给其直。癸巳，复立制用院。乙未，荧惑犯天江。赐宁远王阔阔出钞万锭及其所部三万锭。是月，涿州、东安州、河间、嘉兴蝗，象州、融州、柳州旱，归德、陈州河溢，大名大水，扬州饥。

九月戊申，圣诞节，帝驻跸于寿宁宫受朝贺。丁巳，荧惑犯斗，庚申，车驾至自上都。赐威武西宁王出伯所部钞三万锭。

冬十月丁丑朔，升都水监正三品。辛巳，有事于太庙。丙戌，太白经天。己丑，命两广以南军与土人同戍。庚寅，驸马按替不花来自朵瓦，赐银五十两、钞二百锭。乙未，帝谕中书省、枢密院、御史台臣曰："省中政事，听右丞相哈剌哈孙答剌罕总裁，自今用人非与答刺罕共议者,悉罢之。"戊戌,诏芍陂、洪泽等屯田为豪右占据者,悉令输租。辛丑,复以详刑观察司为廉访司。常州僧录林起祐以官田二百八十顷冒为己业施河西寺,敕募民耕种,输其租于官。御史台臣请增官吏俸,命与中书省共议以闻。括两淮地为豪民所占者,令输租赋。赐安南王陈益稷湖广地五百顷。诸王忽剌出及昔而吉思来贺立皇太子,赐钞及衣服、弓矢等有差。

十一月丁未,以钞万锭给云南行省,命与贝参用,其贝非出本土者同伪钞论。拘收诸王、妃主驿券。置大都南城警巡院。黄胜许遣其属来献方物,请复其子官。帝不允,曰:"胜许反侧不足信,如其悔罪自至,则官可得。"命赐衣服遣之。以去年冀宁地震,站户贫乏,诏诸王、驸马毋妄遣使乘驿。复立云南屯田,命伯颜察而董其事。给四川征戍军士其家居大同为地震压死者户钞五锭。庚戌,岁星、太白、镇星聚于亢。癸丑,岁星犯亢。丙寅,岁星昼见。庚午,祀昊天上帝于南郊,牲用马一、苍犊一、羊豕鹿各九,其文舞曰《崇德之舞》,武舞曰《定功之舞》,以摄太尉、右丞相哈剌哈孙、左丞相阿忽台、御史大夫铁古迭而为三献官。壬申,太白经天。

十二月乙亥,赐冀宁路钞万锭、盐引万纸以给岁费。丙子,太白犯西咸。地震。庚寅,荧惑犯垒壁阵。皇太子德寿薨。己亥,辰星犯建星。

十年春正月壬寅朔,高丽王王昛遣使来献方物。甲辰,诏询访庄圣皇后、昭睿顺圣皇后、徽仁裕圣皇后仪范中外之政,以备纪录。丙午,浚吴松江等处漕河。四川行省臣言:"所在驿传,旧制以各路达鲁花赤兼督,今沿江水驿迁远,宜令所隶州县官统治之。"从之。增置甘肃行省王浑木敦等处驿传。立福建盐课提举司,隶宣慰司。庚戌,浚真、扬等州漕河。令盐商每引输钞二贯,以为佣工之费。丁巳,太白犯建星。戊午,罢江南白云宗都僧录司,汰其民归州县,僧归各寺,田悉输租。壬戌,发河南民十万筑河防。丙寅,以沙都而所部贫乏,给粮两月。丁卯,命诸王、驸马、妃主奏请钱谷者,与中书议行之。升巡检为九品。命近侍无辄驿召外郡官。弛大同路酒禁。封驸马合伯为昭武郡王。营国子学于文宣王庙西偏。诏各道禁沮扰盐法。以京畿雷家站户贫乏,给钞五百锭。奉圣州怀来县民饥,给钞九百锭。

　闰正月癸酉,太白犯牵牛。甲戌,赈合民所部留处凤翔者粮三月。壬午,给诸王也先铁木而所部米二千石,赈暗伯拔突军屯东地者粮两月。丁亥,免大都今年租赋。己丑,太白垒壁阵。甲午,以前中书平章政事铁哥、江浙行省平章阇里、河南行省平章阿散并为中书平章政事,行宣政院使张闾、四川行省左丞杜思敬并为中书左丞,参议中书省事刘源为参知政事。是月,以曹之禹城去岁霖雨害稼,民饥,发陵州粮二千余石赈之。晋宁、冀宁地震不止。

　二月壬寅,赈金兰站户不能自赡者粮两月。赈辽阳千户小薛干所部贫匮者粮三月。辛亥,中书省臣言:“近侍传旨以文记至省者凡一百五十余人,令臣擢用,其中犯法妄进者实多,宜加遴选。”制曰:可。升行都水监为正三品,诸路提控案牍为九品。驸马济宁王蛮子带以所部用度不足,乞预贷岁得五户丝,从之。遣六卫汉军贫乏者还家休息一年。丙辰,封孛罗为镇宁王,锡以金印。朵瓦遣使来朝,赐衣币遣之。戊午,太阴犯氐。己未,江西福建道奉使宣抚塔不带坐赃遇赦,释其罪,终身不叙。丁卯,以月古不花为中书左丞。戊辰,车驾幸上都。赐安西王阿难答,西平王奥鲁赤、不里亦钞三万锭,南哥班万锭,从者三万二千锭。镇西武靖王搠思班所部民饥,发甘肃粮赈之。是月,大同路暴风、大雪,坏民庐舍,明日,雨沙阴霾,马牛多毙,人亦有死者。

　三月戊寅,岁星犯亢。己卯,嵑古王遣使来贡方物。乙未,虑大都囚,释上都死囚三人。赐驸马蛮子带钞万锭。道州营道等处暴雨,江溢山裂,漂荡民庐,溺死者众,复其田租。以济州任城县民饥,赈米万石。给千家木思答伯部粮三月。柳州民饥,给粮一月。河间民王天下奴弑父,磔裂于市。

　夏四月庚子朔,诏凡匿鹰犬者,没家赀之半,笞三十,来献者给之以赏。甲辰,枢密院臣言:“太和岭屯田,旧置屯储总管府,专督其程,人给地五十亩,岁输粮三十石,或佗役不及耕作者,悉如数征之,人致重困;乞令军官统治,以宣慰使玉龙失不花总其事,视军民所收多寡以为赏罚。”从之。丁未,命威武西宁王出伯领甘肃等地军、站事。辛酉,填星犯亢。壬戌,云南罗雄州军火主阿邦龙少结豆温匡虏、普定路诸蛮为寇,右丞汪惟能进讨,贼退据越州。谕之不服,遣平章也速带而率兵万人往捕之。兵至曲靖,与惟能合,从诸王昔宝赤、亦里吉带等进压贼境,获阿邦龙少斩之,余众皆溃。命也速带而留军二千戍之,其从军有功者,皆加赏赉。癸亥,置昆山、嘉定等处水军上万户府。甲子,倭商有庆等抵庆元贸易,以金铠甲为献,命江浙行省平章阿老瓦丁等备之。赐梁王松山钞千锭。是月,以广东诸郡、吉州、龙兴、道州、柳州、汉阳、淮安民饥,赣县暴雨水溢,赈粮有差。郑州暴风雨雹,大若鸡卵,麦及桑枣皆损,蠲今年田租。真定、河间、保定、河南蝗。

五月辛未,大都旱,遣使持香祷雨。壬午,增河间、山东、两浙、两淮、福建、广海盐运司岁煮盐二十五万余引。癸未,诏西番僧往还者不许驰驿,给以舟车。禁御史台、宣慰司、廉访司官,毋买盐引。乙酉,以同知枢密院事塔鲁忽台、塔剌海并知枢密院事。遣高丽国王王昛还国,仍署行省以镇抚之,其国佥议、密直司等官并授以宣敕。封驸马脱铁木而为濮阳王,赐以金印,公主忙哥台为郓国大长公主。丁亥,诏命右丞相哈剌哈孙答剌罕、左丞相阿忽台等整饬庶务,凡铨选钱谷等事,一听中书裁决,百司勤怠者各以名闻。赐威武西宁王出伯钞三万锭。辽阳、益都民饥,赈贷有差。大都、真定、河间蝗,平江、嘉兴诸郡水伤稼。

六月癸卯,御史台臣言:“江南行台监察御史教化劾江浙行省宣使李元不法,行省亦遣人摭拾,教化不令检核案牍,中书省臣复言教化等不循法度,擅遣军士守卫其门,搒掠李元,诬指行省等官,实温省事。”诏省、台及也可札鲁忽赤同讯之。癸丑,太阴犯罗堰上星。己未,岁星犯亢。壬戌,来安路总管岑雄叛,湖广行省遣宣慰副使忽都鲁铁木而招谕之，雄令其子世坚来降，赐衣物遣之。复淮西道廉访司。大名、益都、易州大水，景州霖雨，龙兴、南康诸郡蝗。

秋七月庚辰，太阴犯牵牛。辛巳，释诸路罪囚，常赦所不原者不与。宣德等处雨雹害稼，大同之浑源陨霜杀禾，平江大风海溢，漂民庐舍，道州之武昌，永州之兴国，黄州、沅州饥，减直赈粜米七万七千八百石。

八月壬寅，岁星犯氐。荧惑犯太微垣上将。开成路地震，王宫及官民庐舍皆坏，压死故秦王妃也里完等五千余人，以钞万三千六百余锭、粮四万四千一百余石赈之。辛亥，赐皇侄阿木哥钞三千锭。丁巳，京师文宣王庙成，行释奠礼，牲用太牢，乐用登歌，制法服三袭。命翰林院定乐名、乐章。成都等县饥，减直赈粜米七千余石。

九月己巳，荧惑犯太微垣右执法。壬申，以圣诞节，朵瓦遣款彻等来贺，壬午，荧惑犯太微垣左执法。

冬十月甲辰，太白犯斗。丁未，有事于太庙。辛亥，太阴犯毕。甲寅，太阴犯井。丁卯，安南国遣黎亢宗来贡方物，青山叛蛮红犵獠等来附，仍贡方物，赐金币各一。吴江州大水，民乏食，发米万石赈之。

十一月己巳，车驾还大都。辛未，岁星犯房。壬申，太阴犯虚。甲戌，荧惑犯亢。丁亥，武昌路火，给被灾者粮一月。戊子，荧惑犯氐。辛卯，太阴犯荧惑。丙申，安西王阿难答、西平王奥鲁赤所部皆乏食，给米有差。益都、扬州、辰州岁饥，减直赈粜米二万一千余石。

十二月壬寅，太白昼见。乙巳，岁星犯东咸。壬子，速哥察而等十三站乏食，给粮三月。乙卯，帝有疾，禁天下屠宰四十二日。丙辰，遣宣政院使沙的等祷于太庙。诸王合而班答部民溃散，诏谕所在敢匿者罪之。戊午，太阴犯氐。癸亥，琼州临高县那蓬洞主王文何等作乱伏诛。磁州民田云童弑母，磔裂于市，

是岁，断大辟四十四人。

十一年春正月丙辰朔，帝大渐，免朝贺。癸酉，崩于玉德殿，在

位十有三年，寿四十有二。乙亥，灵驾发引，葬起辇谷，从诸帝陵。是年九月乙丑，谥曰钦明广孝皇帝，庙号成宗。国语曰完泽笃皇帝。

　　成宗承天下混一之后，垂拱而治，可谓善于守成者矣。惟其末年，连岁寝疾，凡国家政事，内则决于宫壸，外则委于宰臣，然其不致于废坠者，则以去世祖为未远，成宪具在故也。

元史卷二二
本纪第二二

武宗一

　　武宗仁惠宣孝皇帝，讳海山，顺宗答剌麻八剌之长子也。母曰兴圣皇太后，弘吉剌氏。至元十八年七月十九日生。

　　成宗大德三年，以宁远王阔阔出总兵北边，怠于备御，命帝即军中代之。四年八月，与海都军战于阔别列之地，败之。十二月，军至按台山，乃蛮带部落降。五年八月朔，与海都战于迭怯里古之地，海都军溃。越二日，海都悉合其众以来，大战于合剌合塔之地。师失利，亲出阵力战，大败之，尽获其辎重，悉援诸王、驸马众军以出。明日，复战，军少却，海都乘之，帝挥军力战，突出敌阵后，全军而还。海都不得志去，旋亦死。

　　八年十月，封帝怀宁王，赐金印，置王傅官，食瑞州六万五千户。十年七月，自脱忽思圈之地，逾按台山，追叛王斡罗思，获其妻孥辎重，执叛王也孙秃阿等及驸马伯颜。八月，至也里的失之地，受诸降王秃满、明里铁木儿、阿鲁灰等降。海都之子察八儿逃于都瓦部，尽俘获其家属营帐。驻冬按台山。降王秃曲灭复叛，与战，败之，北边悉平。

　　十一年春，闻成宗崩，三月，自按台山至于和林。诸王、勋戚毕会，皆曰：“今阿难答、明里铁木儿等荧惑中宫，潜有异议，诸王也只里昔尝与叛王通，今亦预谋。”既辞服伏诛，乃因阇辞劝进。帝谢曰：“吾母、吾弟在大都，俟宗亲毕会，议之。”先是，成宗违豫日久，政出中宫，命仁宗与皇太后出居怀州。至是，仁宗闻讣以二月辛亥与太后俱至京师。安西王阿难答与诸王明里铁木儿已于正月庚午先至。左丞相阿忽台、平章八都马辛、前中书平章伯颜、中政院使怯烈、道兴等潜谋推成宗皇后伯要真氏称制，阿难答辅之。仁宗以右丞相哈剌哈孙之谋言于太后曰："太祖、世祖创业艰难，今大行晏驾，德寿已薨，诸王皆疏属，而怀宁王在朔方，此辈潜有异图，变在朝夕，俟怀宁王至，恐乱生不测，不若先事而发。"遂定计诛阿忽台、怯列等，而遣使迎帝。

五月，至上都。乙丑，仁宗侍太后来会，左右部诸王毕至会议。乃废皇后伯要真氏出居东安州，赐死，执安西王阿难答、诸王明里铁木儿至上都，亦皆赐死。甲申，皇帝即位于上都，受诸王、文武百官朝于大安阁，大赦天下，诏曰：

> 昔我太祖皇帝以武功定天下，世祖皇帝以文德洽海内，列圣相承，丕衍无疆之祚。朕自先朝，肃将天威，抚军朔方，殆将十年，亲御甲胄，力战却敌者屡矣。方诸藩内附，边事以宁，遽闻宫车晏驾，乃有宗室诸王、贵戚元勋，相与定策于和林，咸以朕为世祖曾孙之嫡，裕宗正派之传，以功以贤，宜膺大宝。朕谦让未遑，至于再三。还至上都，宗亲大臣复请于朕。间者奸臣乘隙谋为不轨，赖祖宗之灵，母弟爱育黎拔力八达禀命太后，恭行天罚。内难既平，神器不可久虚，宗祧不可乏祀，合辞劝进，诚意益坚。朕勉徇舆情，于五月二十一日即皇帝位。任大守重，若涉渊水。属嗣服之云初，其与民更始，可大赦天下。

> 存恤征戍军士及供给繁重州郡。免上都、大都、隆兴差税三年，其余路分，量重轻优免。云南、八番、田、杨地面，免差发一年。其积年逋欠者蠲之，逃移复业者免三年。被灾之处山场湖泊课程权且停罢，听贫民采取。站赤消乏者，优之。经过军马，勿得扰民。诸处铁冶，许诸人煽办。勉励学校，蠲儒户差役。存问鳏寡孤独。

是日，追尊皇考曰皇帝，尊太母元妃曰皇太后。丁亥，升通政院秩正二品。升仪凤司为玉宸乐院，秩从二品。壬辰，加知枢密院事朵儿朵海太傅，中书右丞相哈剌哈孙答剌罕太保，并录军国重事。知枢密院事塔剌海为中书左丞相，预枢密院、宣徽院事，同知徽政院事床兀儿、也可扎鲁忽赤阿沙不花、江浙行省平章政事明里不花，并为中书平章政事，江浙行省左丞刘正为中书左丞，遥授中书左丞钦察、福建道宣慰使也先帖木儿，并为中书参知政事。中书右丞、行御史中丞塔思不花为御史大夫，平章政事床兀儿为知枢密院事。特授乞台普济中书平章政事，延庆使抄儿赤中书右丞，同知和林等处宣慰司事塔海中书右丞，阿里中书左丞，脱脱御史大夫。以大都迤北六十二驿驿户罢乏，给钞周之。是月，封皇太子乳母李氏为寿国夫人，其夫燕家奴为寿国公。以中书平章政事合散为辽阳行省平章政事。建州大雨雹。真定、河间、顺德、保定等郡蝗。

六月癸巳朔，诏立母弟爱育黎拔力八达为皇太子，受金宝。升武备寺为武备院，秩从二品。甲午，建行宫于旺兀察都之地，立宫阙为中都。丁酉，中书右丞相哈剌哈孙答剌罕、左丞相塔剌海言："臣等与翰林、集贤、太常老臣集议，皇帝嗣登宝位，诏追尊皇考为皇帝，皇考大行皇帝同母兄也，大行皇帝祔庙之礼尚未举行，二帝神主依兄弟次序祔为宜；今拟请谥皇考昭圣衍孝皇帝，庙号顺宗，大行皇帝曰钦明广孝皇帝，庙号成宗；太祖之室居中，睿宗西第一室，世祖西第二室，裕宗西第三室，顺宗东第一室，成宗东第二室；先元妃弘吉剌氏失怜答里宜谥曰贞慈静懿皇后，祔成宗庙室。"制曰：可。又言："前奉旨命臣等议诸王朝会赐与，臣等议：宪宗、世祖登宝位时赏赐有数，成宗即位承世祖府库充富，比先例，赐金五十两者增至二百五十两，银五十两者增至百五十两。"有旨："其遵成宗所赐之数赐之。"戊戌，哈剌哈孙答剌罕言："比者，诸王、驸马会于和林，已蒙赐与者，今不宜再赐。"帝曰："和林之会，国事方殷，已赐者，其再赐之。"己亥，御史大夫脱脱、翰林学士承旨三宝奴言："旧制，皇太子官属，省、台参用，请以罗罗斯宣慰使斡罗思任之中书。"诏以为中书右丞。班朝诸司，听皇太子各置一人。以拱卫直都指挥使马谋沙角抵屡胜,遥授平章政事。壬寅,塔剌海加太保、录军国重事、太子太师。癸卯,置詹事院。甲辰,枢密院请以军二千五百人缮治上都鹰坊及诸官廨。有旨:"自今非奉旨,军勿辄役。"以平章政事、行和林等处宣慰使都元帅憨剌合儿,通政使、武备卿铁木儿不花,并知枢密院事。乙巳,以金二千七百五十两、银十二万九千二百两、钞万锭、币帛二万二千二百八十匹奉兴圣宫,赐皇太子亦如之。中书省臣言:"中书宰臣十四员,御史大夫四员,前制所无。"诏与翰林、集贤诸老臣议拟以闻。丙午,太阴犯南斗杓星。徽政使佤头等言:"别不花以私钱建寺为国祝厘,其父为诸王斡忽所害,请赐以斡忽所得岁赐。"命以五年与之,为银四千一百余两、丝三万一千二百九十斤、织币金百两、绢七百一十匹。戊申,特授尚乘卿字兰奚、床兀儿并平章政事,大同屯储军民总管府达鲁花赤怯里木丁中书右丞。辛亥,以中书平章政事脱虎脱为江西行省平章政事。壬子,封皇妹祥哥剌吉为鲁国大长公主,驸马瑚阿不剌为鲁王。铁木儿不花、憨剌合儿等言:"旧制,枢密院铨调军官公议以闻;比者,近侍自择名分从内降旨,恐坏世祖定制且误国事;在成宗时尝有旨,辄奏枢密事者,许本院再陈,臣等以为自今用人,宜一遵世祖成宪。"帝曰:"其遵前制,余人勿辄有请。"又言:"军官与民官不同,父子兄弟许其相袭,此世祖定制,比者近侍有辄以万户千户之职请于上者,内降圣旨,臣等未敢奉行。"帝曰:"其依例行之。"甲寅,敕内郡、江南、高丽、四川、云南诸寺僧诵《藏经》为三宫祈福。乙卯,遣也可扎鲁忽赤马剌赴北军,以印给之。丙辰,御史大夫塔思不花言:"殿中司所职:中书而下奏事者必使随之以入,不在奏事之列者听其引退,班朝百官朝会失仪者得纠劾,病故者必以告,请如旧制。"又言:"旧制,内外风宪官有所弹劾,诸人勿预,而近有受赇为监察御史所劾者,狱具,贪缘奏请,托言事入觐,以避其罪;臣等以为今后有罪者勿听至京,待其对辨事竟,果有所言方许奏陈。"皆从之。塔思不花又言:"皇太子有旨:有司赃罪不须刑部定议,受敕者从廉访司处决,省、台遣人检核廉访司文案,则私意沮格,非便。"平章阿沙不花因言："此省、台同议之事，台臣不宜独奏。"帝曰："此御史台事，阿沙不花勿妄言，台臣言是也，如所奏行之。"塔思不花、脱脱并遥授左丞相。戊午，进封高丽王王昛为沈阳王，加太子太傅、驸马都尉。置皇太子家令司、府正司、延庆司、典宝署、典膳署。己未，封宁远王阔阔出为宁王，赐金印。庚申，遥授左丞相、行御史大夫塔思不花右丞相。辛酉，汴梁、南阳、归德、江西、湖广水，保定属县蝗。

秋七月癸亥朔，封诸王秃剌为越王。诸王出伯言："瓜州、沙州屯田逋户渐成丁者，乞拘隶所部。"中书省臣言："瓜州虽诸王分地，其民役于驿传，出伯言宜勿从。"升章佩监为章佩院，秩从二品。赐阿剌纳八剌钞万锭。甲子，命御史台大夫铁古迭儿、知枢密院事塔鲁忽带、中书平章政事床兀儿以即位告谢南郊。丙寅，以礼店蒙古万户属土番宣慰司非便，命仍旧隶脱思麻宣慰司，防守陕州。诸王、驸马入觐者，非奉旨不许给驿。以中书参知政事赵仁荣为太子詹事。以阿保功，授明里大司徒，封其妻梅仙为顺国夫人。赐床兀儿军士钞六万锭、币帛二万匹。遣肥儿牙儿迷的里及铁肐胆诣西域取佛钵、舍利。肥儿牙儿迷的里遥授宣政使，铁肐胆遥授平章政事。以并命太傅右丞相哈剌哈孙答剌罕、太保左丞相塔剌海综理中书庶务，诏谕中外。己巳，太阴犯亢。置宫师府，设太子太师、少师、太傅、少傅、太保、少保、宾客，左右谕德，赞善，庶子，洗马，率更令、丞，司经令、丞，中允，文学，通事舍人，校书，正字等官。壬申，命御史大夫铁古迭儿、中书平章政事床兀儿、枢密副使孛兰奚以即位祗谢太庙。以安西、平江、吉州三路为皇太子分地，越州路为越王秃剌分地。赐诸王八不沙钞万锭。癸酉，罢和林宣慰司，置行中书省及称海等处宣慰司都元帅府、和林总管府。以太师月赤察儿为和林行省右丞相；中书右丞相哈剌哈孙答剌罕为和林行省左丞相，依前太傅、录军国重事。江浙水，民饥，诏赈粮三月，酒醋、门摊、课程悉免一年。乙亥，以永平路为皇妹鲁国长公主分地，租赋及土产悉赐之。赐越王秃剌钞万锭，诸王兀都思不花所部三万五千二百二十锭。丙子，以江浙行省平章政事塔失海牙、知枢密院事床兀儿并为中书平章政事。丁丑,封诸王八不沙为齐王,朵列纳为济王,迭里哥儿不花为北宁王,太师月赤察儿为淇阳王。加平章政事脱虎脱太尉。以中书左丞相塔剌海为中书右丞相、监修国史,御史大夫塔思不花为中书左丞相,江浙行省平章政事教化、河南江北行省平章政事法忽鲁丁并为中书平章政事,平章政事铁木迭儿为江西行省平章政事。戊寅,以仪凤司大使火失海牙、铁木儿不花、教坊司达鲁花赤沙的,并遥授平章政事,为玉宸乐院使。己卯,以集贤院使别不花为中书平章政事。七月庚辰,以御史中丞只儿合郎为御史大夫。辛巳,加封至圣文宣王为大成至圣文宣王。右丞相塔剌海、左丞相塔剌思不花言:"中书庶务,同僚一二近侍,往往不俟公议即以上闻,非便,今后事无大小,请共议而后奏。"帝曰:"卿等言是,自今庶政非公议者勿奏。"置行工部于旺兀察都。以遥授左丞相、同知枢密院事也儿吉尼知枢密院事,御史中丞王寿、江浙行省左丞郝天挺,并为中书左丞。壬午,荧惑犯南斗。命御史大夫铁古迭儿、知枢密院事塔鲁忽带、中书平章政事床兀儿,以即位告社稷。癸未,升利用监为利用院,秩从二品。甲申,遣赡思丁使西域,遥授福建道宣慰使。乙酉,赐寿宁公主钞万锭。丙戌,以内郡岁歉,令诸王卫士还大都者柬汰以入。从和林省臣请,乞如甘肃省例,给钞二千锭,岁收子钱,以佐供给,仍以纲罟赐贫民。御史大夫月儿鲁言:"旧制,中书省、枢密院、御史台、宣政院许得自选其人,他司悉从中书铨择,近臣不得辄奏,如此则纪纲不紊。"帝嘉纳之。以同知宣徽院事孛罗等失为中书左丞,中书参知政事钦察为四川行省左丞。江浙、湖广、江西属郡饥,诏行省发粟赈之。丁亥,使完泽偕乞儿乞带亦难往徽乞儿吉思部秃鲁花、骗马、鹰鹘。山东、河南蒙古军告饥,遣官赈之。赐晋王部贫民钞五万锭。己丑,塔剌海、塔思不花言:"前乃颜叛,其系房之人,奉世祖旨俱隶版籍;比者,近臣请以归之诸王脱脱,彼即遣人拘括;臣等以为此事具有先制,今已归脱脱所部,宜令辽阳省臣薛阇干等往谕之,已拘之人悉还其主。"从之。安西等郡旱、饥,以粮二万八千石赈之。庚寅,置延福司,秩正三品。辛卯,诏唐兀秃鲁花户籍已定,其入诸王、驸马各部避役之人及冒匿者皆有罪。发卒二千人为晋王也孙铁木儿治邸舍。是月，江浙、湖广、江西、河南、两淮属郡饥，于盐茶课钞内折粟，遣官赈之。诏富家能以私粟赈贷者，量授以官。保定、河间、晋宁等郡水。德州蝗。

八月甲午，中书省臣言：“内降旨与官者八百八十余人，已除三百，未议者犹五百余，请自今越奏者勿与。”帝曰：“卿等言是，自今不由中书奏者勿与官。”又言：“外任官带相衔非制也，请勿与。”制可。又言：“以朝会应赐者为钞总三百五十万锭，已给者百七十万，未给犹百八十万，两都所储已虚，自今特奏乞赏者宜暂停。”有旨，自今凡以赏为请者勿奏。”御史台臣言：“中书省、枢密院、御史台、宣政院得自选官，具有成宪。今监察御史、廉访司官非本台公选，而从诸臣所请，自内降旨，非祖宗成法。”帝曰：“凡若此者，卿等其勿行。”浙东、浙西、湖北、江东郡县饥，遣官赈之。赐山后驿户钞，每驿五百锭。置掌仪署，秩五品，设令、丞各一员。乙未，赐诸王按灰、阿鲁灰、北宁王迭里哥儿不花金三百五十两、银三千七百两。以治书侍御史乌伯都剌为中书参知政事。戊戌，御史大夫脱脱封秦国公。辛丑，迤北之民新附者，置传输粟以赈之。癸卯，改也里合牙营田司为屯田运粮万户府。甲辰，以纳兰不剌所储粮万石，赈其旁近饥民。丙午，建佛阁于五台寺。江南饥，以十道廉访司所储赃罚钞赈之。己酉，从皇太子请，升詹事院从一品，置参议断事官如枢密院。辛亥，中书右丞孛罗铁木儿以国字译《孝经》进，诏曰：“此乃孔子之微言，自王公达于庶民皆当由是而行。其命中书省刻版模印，诸王而下皆赐之。”癸丑，唐兀秃鲁花军乏食，发粟赈之。丙辰，升阑遗监秩三品。丁巳，以中书左丞王寿为御史中丞。戊午，中书平章政事乞台普济、床兀儿、别不花并加太尉，中书右丞塔海加太尉、平章政事，以中书左丞孛罗铁木儿为中书右丞。东昌、汴梁、唐州、延安、潭、沅、归、澧、兴国诸郡饥，发粟赈之。冀宁路地震。河间、真定等郡蝗。隆平、文水、平遥、祁、霍邑、靖海、容城、束鹿等县水。

九月甲子，车驾至自上都。乙丑，请谥皇考皇帝、大行皇帝于南郊,命中书右丞相塔剌海摄太尉行事。庚午,升御史台从一品。辛未,加塔剌海、塔思不花并太尉。壬申,命塔剌海奉玉册、玉宝上皇考及大行皇帝尊谥庙号。又上先元妃弘吉烈氏尊谥,祔于成宗庙室。升尚舍监秩正三品。癸酉,太白犯右执法。甲戌,改太常寺为太常礼仪院,秩正二品。升侍仪司秩正三品。丙子,置皇子位典牧监,秩正三品。中书省臣言:"内外选法,向者有旨,一遵世祖成制。两宫近侍迁叙,惟上所命。比有应入常调者夤缘骤迁,其已仕废黜及未尝入仕者亦复请自内降旨。臣等奏请禁止,蒙赐允从。是后所降内旨复有百余,臣等已尝铨择奉行。第中书政务,他人又得辄请,责以整饬,其效实难。自今铨选、钱谷请如前制,非由中书议者毋得越奏。"制从之。又言:"比怯来木丁献宝货,敕以盐万引与之,仍许市引九万;臣等窃谓,所市宝货既估其直,止宜给钞,若以引给之,徒坏盐法。"帝曰:"此朕自言,非臣下所请,其给之,余勿视为例。"江浙饥。中书省臣言:"请令本省官租于九月先输三分之一,以备赈给;又两淮漕河淤涩,官议疏浚,盐一引带收钞二贯为佣费,计钞二万八千锭,今河流已通,宜移以赈饥民;杭州一郡,岁以酒糜米麦二十八万石,禁之便;河南、益都诸郡亦宜禁之。"制可。塔剌海言:"比蒙圣恩,赐臣江南田百顷。今诸王、公主、驸马赐田还官,臣等请还所赐。"从之,仍谕诸人赐田悉令还官。命张留孙知集贤院事,领诸路道教事。丁丑,中书省臣言:"比议省臣员数,奉旨依旧制定为十二员;右丞相塔剌海,左丞相塔思不花,平章床兀儿、乞台普济如故,余令臣等议,臣等请以阿沙不花、塔失海牙为平章政事,字罗答失、刘正为右丞,郝天挺、也先铁木儿为左丞,于璋、兀伯都剌为参知政事,其班朝诸司冗员并宜柬汰。"从之。己卯,太白犯左执法。壬午,改尚乘寺为卫尉院,秩从二品。甲申,诏立尚书省分理财用,命塔剌海、塔思不花仍领中书,以脱虎脱、教化、法鲁忽丁任尚书省,仍俾其自举官属,命铸尚书省印。敕弛江浙诸郡山泽之禁。丙戌,升掌谒司秩三品。皇太子建佛寺,请买民地益之,给钞万七百锭有奇。戊子,升延庆司秩从二品。己丑,遣使录囚。晋王也孙铁木儿以诏赐钞万锭、止给八千为言,中书省臣言:"帑藏空竭,常赋岁钞四百万锭,各省备用之外,入京师者二百八十万锭,常年所支止二百七十余万锭,自陛下即位以来已支四百二十万锭,又应求而未支者一百万锭,臣等虑财用不给,敢以上闻。"帝曰:"卿之言然,自今赐予宜暂停,诸人毋得奏请,可给晋王钞千锭,余移陕西省给之。"以中书平章政事别不花为江浙行省平章政事。辛卯,御史台臣言:"至元中阿合马综理财用,立尚书省三载,并入中书;其后桑哥用事,复立尚书省,事败,又并入中书。粤自大德五年以来,四方地震水灾,岁仍不登,百姓重困,便民之政正在今日。顷又闻为总理财用,立尚书省,如是则必增置所司,滥设官吏,殆非益民之事也。且综理财用在人为之,若止命中书整饬,未见不可。臣等隐而不言,惧将获罪。"帝曰:"卿言良是,此三臣愿任其事,姑听其行焉。"是月,襄阳霖雨,民饥,敕河南省发粟赈之。

十月乙未,升典宝署为典宝监,秩正三品。庚子,中书省奏:"初置中书省时,太保刘秉忠度其地宜,裕宗为中书令,尝至省署敕;其后桑哥迁立尚书省,不四载而罢;今复迁中书于旧省,乞涓吉徙中书令位,仍请皇太子一至中书。"制可。壬寅,升典瑞监为典瑞院,秩从二品。封知枢密院事床兀儿为容国公。癸卯,以旧制,诸王、驸马事务皆内侍宰臣所领,命中书右丞孛罗铁木儿领之。乙巳,太白犯亢。敕方士、日者毋游诸王、驸马之门。丙午,诏整饬台纲,布告中外。封御史大夫铁古迭儿为郓国公。以中卫亲军都指挥使买奴知枢密院事。壬子,从中书省臣言,凡事不由中书,辄遣使并移文者禁止之。甲寅,太阴犯明堂。升集贤院秩从一品,将作院秩从二品。丙辰,以行省平章总督军马,得佩虎符,其左丞等所佩悉追纳。中书省奏:"常岁海漕粮百四十五万,今江浙岁俭不能如数,请仍旧例湖广、江西各输五十万石,并由海道达京师。"从之。己未,塔思不花上疏言政事,且辞太尉职,还所降制书及印。是月,杭州、平江水,民饥,发粟赈之。

十一月癸亥,封诸王牙忽都为楚王,赐金印,置王傅。建佛寺于五台山。乙丑，中书省臣言："宿卫廪给及马驼刍料，父子兄弟世相袭者给之，不当给者请令孛可孙汰之；今会是年十月终，马驼九万三千余，至来春二月阙刍六百万束、料十五万石，比又增马五百余匹，此国重务，臣等敢以上闻。"有旨："不当给者勿给。"丙寅，帝朝隆福宫，上皇太后玉册、玉宝。丁卯，太白犯房。阔儿伯牙里言："更用银钞、铜钱便。"命中书与枢密院、御史台、集贤、翰林诸老臣集议以闻。己巳，中书省臣阿沙不花、孛罗铁木儿言："臣等与阔儿伯牙里面论，折银钞、铜钱非便。"有旨："卿等以为不便，勿行可也。"诏：中书省官十二员，脱虎脱仍领宣政院，教化留京师，其余各任以职。庚午，卢龙、滦河、迁安、昌黎、抚宁等县水，民饥，给钞千锭以赈之。辛未，以塔剌海领中政院事。乙亥，中书省臣言："大都路供亿浩繁，概于属郡取之，其军、站、鹰坊、控鹤等户，恃其杂徭无与，冒占编氓，请降玺书依祖宗旧制悉令均当，或辄奏请者亦宜禁止。"制可。皇太子言："近蒙恩以安西、吉州、平江为分地，租税悉以赐臣，臣恐宗亲昆弟援例，自五户丝外，余请输之内帑，其陕西运司岁办盐十万引，向给安西王，以此钱斟酌与臣，惟陛下裁之。"中书计会三路租税及盐课所入钞四十万锭。有旨：皇太子所思甚善，岁以十万锭给之，不足则再赐。乐工殴人，刑部捕之。玉宸乐院长谓：玉宸与刑部秩皆三品，官皆荣禄大夫；留不遣。中书以闻，帝曰："凡诸司视其资级授之散官，不可超越，其闲冗职名官高者遵旧制降之。"建康路属州县饥，诏免今年酒醋课。丙子，太阴犯东斗。丁丑，中书省臣言："前为江南大水，以茶盐课折收米赈饥民，今商人输米中盐，以致米价腾涌，百姓虽获小利，终为无益，臣等议，茶盐之课当如旧。"从之。戊寅，授皇太子玉册。己卯，以皇太子受册礼成，帝御大明殿受诸王百官朝贺。庚辰，中书省臣言："皇太子谓臣等曰：吾之分地安西、平江、吉州三路遵旧制自达鲁花赤之外，悉从常选，其常选宜速择才能。"有旨：其择人任之。乙酉，太阴犯亢。诏：皇太后军民人匠等户租赋徭役有司勿与，并隶徽政院。升太仆院秩从二品。丁亥，杭州、平江等处大饥，发粮五十万一千二百石赈之。庚寅，赐太师月

赤察儿江南田四十顷。时赐田悉夺还官，中书省为言。有旨："月赤
察儿自世祖时积有勋劳，非余人比，宜以前后所赐合百顷与之。"仍
敕行省平章别不花领其岁入。辛卯，辰星犯岁星。从皇太子请，御
史台检核詹事院文案。

　　十二月壬辰朔，中书省臣言："旧制，金虎符及金银符典瑞院掌
之，给则由中书，事已则复归典瑞院；今出入多不由中书，下至商人
结托近侍奏请，以致泛滥，出而无归；臣等请核之，自后除官及奉使
应给者，非由中书省勿给。"从之。又言："今国用甚多，帑藏已乏，用
及钞母，非宜，盐引向从运司与民为市，今权时制宜从户部鬻盐引
八十万便。"有旨：今岁姑从所请，后勿复行。又言："太府院为内藏，
世祖、成宗朝遇重赐则取给中书，今所赐有逾千锭至万锭者，皆取
之太府；比者太府取五万锭已支二万矣，今复以乏告；请自后内府
所用数多者，仍取之中书。"帝曰："此朕特旨，后当从所奏。"乙未，
赤塔塔儿等扰檀州民，强取米粟六百余石，遣官讯之。辛丑，幸大圣
寿万安寺。授吏部尚书察乃平章政事，领工部事。癸卯，以汉军万
人屯田和林。命留守司以来岁正月十五日起灯山于大明殿后、延春
阁前。庚戌，升行泉府司为泉府院，秩正二品。以蒙古万户秃坚铁
木儿有平内难功，加镇国上将军。升皇太子典医署为典医监，秩正
三品。山东、河南、江浙饥，禁民酿酒。丁巳，以中书省言："国用浩
穰，民贫岁歉。"诏宣政院并省佛事。大都、上都二驿设敕授官二员，
余驿一员。敕诸王、公主、驸马使臣给玺书、驿券，不许辄用圆符乘
驿。中书省臣言："驿户疲乏，宜量事给驿；今经费浩大，其收售宝货
权宜停罢；又陛下即位诏书不许越职奏事，比者近侍奏除官、丐赏
者，皆自内降旨，请今不经中书省勿行；又刑法者，譬之权衡，不可
偏重，世祖已有定制，自元贞以来，以作佛事之故，放释有罪，失于
太宽，故有司无所遵守，今请凡内外犯法之人悉归有司依法裁决；
又各处民饥，除行宫外，工役请悉停罢。"皆从之。又言："律令者，治
国之急务，当以时损益；世祖尝有旨金《泰和律》勿用，令老臣通法
律者参酌古今从新定制，至今尚未行；臣等谓律令重事，未可轻议，

请自世祖即位以来所行条格,校雠归一,遵而行之。"制可。庚申,诏曰:

> 仰惟祖宗应天抚运,肇启疆宇,华夏一统,罔不率从。逮朕嗣服丕图,缵膺景命,遵承诒训,恪慕洪规,祗惕畏兢,未知攸济。永思创业艰难之始,茕然轸念,而守成万事之统,在予一人。故自即位以来,溥从宽大,量能授官,俾勤乃职,夙夜以永康兆民为急务。间者,岁比不登,流民未还,官吏并缘侵渔,上下因循,和气乖戾。是以责任股肱耳目大臣,思所以尽瘁赞襄嘉犹,朝夕入告,朕命惟允,庶事克谐,乐与率土之民,共享治安之化,迩宁还肃,顾不韪欤。可改大德十二年为至大元年。诞布惟新之令,式孚永固之休。存恤征戍蒙古、汉军,拯治站赤消乏,弛山场、河泊、芦荡禁,围猎飞放,毋得搔扰百姓。招诱流移人户。禁投属怯薛歹、鹰房避役,滥请钱粮。劝农桑,兴学校,议贡举,旌赏孝弟力田,惩戒游惰。政令得失,许诸人上书陈言。僧、道、也里可温、答失蛮,并依旧制纳税。凡选法、钱粮、刑名、造作,一切公事,近侍人员毋得隔越闻奏。

敕:内庭作佛事,毋释重囚,以轻囚释之。

至大元年春正月辛酉朔,曲敕御史台见系犯赃官吏,罪止征赃罢职。癸亥,敕枢密院发六卫军万八千五百人供旺兀察都建宫工役。甲子,授中书平章政事阿沙不花右丞相、行御史大夫。丙寅,从江浙行省请罢行都水监,以其事隶有司。立皇太子位典幄署、承和署,秩并正五品。丁卯,以中书右丞也罕的斤为平章政事,议陕西省事。己巳,绍兴、台州、庆元、广德、建康、镇江六路饥,死者甚众,饥户四十六万有奇,户月给米六斗,以没入朱清、张瑄物货隶徽政院者鬻钞三十万锭赈之。特授乳母夫寿国公杨燕家奴开府仪同三司。己巳,缅国进驯象六。辛未,枢密院臣言:"先奉旨以中卫亲军隶皇太子位,皇太子谓臣等曰,世祖立五卫,以应五方,去一不可,宜各翼选汉军万人别立一卫。"帝以为然,敕知院事铁木儿不花等摘汉军万人,别立卫。甲戌,中书省臣言:“进海东青鹘者当乘驿马五百,不敷。敕遣怯列、应童括民间车马,兵部请以各驿马陆续而进,勿括为便。”从之。改徽政院人匠总管府为缮珍司,秩正三品。己卯,升中尚监为中尚院,秩从二品。幽王出伯进玉六百一十五斤,赐金千五百两、银二万两、钞万锭,从人四万锭,宽阇、也先学可等金二千三百两、银一万七百两、钞三万九千一百锭。甲申,敕床兀儿除登极恩例外,特赐金五百两、银千两、钞二千锭。戊子,皇太子请以阿沙不花复入中书,脱脱复入御史台。己酉,中书省臣言:“阿失铁木儿请遣教化的诣河西地采玉,驮攻玉沙需马四十余匹、采玉人千余,臣等以为不急之务劳民,乞罢之。”又言:“近百姓艰食,盗贼充斥,苟不严治,将至滋蔓;宜遣使巡行,遇有罪囚,即行决遣,与随处官吏共议弭盗方略,明立赏罚,或匿盗不闻,或期会不至,或逾期不获者,官吏连坐。”又言:“江浙行省海贼出没,杀虏军民。其已获者例合结案待报;宜从中书省、也可札鲁忽赤遣官同行省、行台、宣慰司、廉访司审录无冤,弃之于市,其未获者督责追捕,自首者原罪给粟,能禽其党者加赏。”有旨:弭盗安民,事为至重,宜即议行之。封诸王也先铁木儿为营王。以乳母夫斡耳朵为司徒。

二月癸巳,立鹰坊为仁虞院,秩正二品。以右丞相脱脱、遥授左丞相秃剌铁木儿、也可札鲁忽赤月里赤,并为仁虞院使。汝宁、归德二路旱、蝗,民饥,给钞万锭赈之。甲午,增泉府院副使、同佥各一员。益都、济宁、般阳、济南、东平、泰安大饥,遣山东宣慰使王佐同廉访司核实赈济,为钞十万二千二百三十七锭有奇、粮万九千三百四十八石。乙未,中书省臣言:“陛下登极以来,赐赏诸王、恤军力、赈百姓及殊恩泛赐,帑藏空竭,豫卖盐引;今和林、甘肃、大同、隆兴、两都军粮,诸所营缮,及一切供亿,合用钞八百二十余万锭;往者或遇匮急,奏支钞本,臣等固知钞法非轻,曷敢辄动,然计无所出。今乞权支钞本七百一十余万锭以周急用,不急之费姑后之”帝曰:“卿等言是,泛赐者不以何人毋得蒙蔽奏请。”升尚舍监为尚舍寺,秩正三品。丙申,立甄用监,秩正三品,隶徽政院。淮安等处饥,从河南行省言，以两浙盐引十万贸粟赈之。戊戌，以上都卫军三千人赴旺兀察都行宫工役。壬寅，中书省臣言："贵赤扰害檀州民，敕遣人往讯，其辞伏者宜加罪。有旨：勿问。臣等以为非宜，已辞伏者，先为决遣。"帝曰："俟其猎毕治之。"从皇太子请，改詹事院使为詹事，副詹事为少詹事，院判为丞。立尚服院，秩从二品。中书省臣言："陕西行省言：开成路前者地震，民力重困，已免赋二年，请再免今年。"从之。甲辰，赐国王和童金二百五十两、银七百五十两。立皇太子卫率府。发军千五百人修五台山佛寺。命有司市邸舍一区，以赐丞相赤因铁木儿，为钞万九千四百锭。丁未，用丞相佝头言，设尚冠、尚衣、尚肇、尚沐、尚辇、尚饰六奉御，秩五品，凡四十八员，隶尚服院。甲寅，和林贫民北来者众，以钞十万锭济之，仍于大同、隆兴等处籴粮以赈，就令屯田。诸内侍、太医、阴阳、乐人，毋援常选散官。以纲罟给和林饥民。戊午，遣不达达思等送爪哇使还。己未，以皇太子建佛寺，立营缮署，秩五品。

三月庚申朔，中书省臣言："郇王拙忽难人户散失，诏有司括索；臣等议，昔阿只吉括索所失人户，成宗虑其为例，不许。今若括索，未免扰民，且诸王必多援例，乞寝其事。"从之。又庄圣皇后及诸王忽秃秃人户散入他郡，阿都赤、脱欢降玺书俾括索。陕西行省及真定等路言：百姓均在国家版籍，今所遣使辄夺军、驿、编民等户，非宜。中书省臣以闻。帝曰："彼奏误也，卿等速追以还。"赐镇南王老章金五百两、银五千两、钞二千锭、币帛八百匹，也先不花、牙儿昔金各二百五十两、银七百五十两、钞二千锭。乙丑，太阴犯井。以北来贫民八十六万八千户仰食于官非久计，给钞百五十万锭、币帛准钞五十万锭，命太师月赤察儿、太傅哈剌哈孙分给之，罢其廪给。赐诸王八亦忽金百五十两、银七百五十两。丁卯，建兴圣宫，给钞五万锭、丝二万斤。遣使祀五岳、四渎、名山、大川。诸王赐八不沙金五百两、银五千两。复立白云宗摄所，秩从二品，设官三员。戊寅，车驾幸上都。建佛寺于大都城南。立骥用、资武二库，秩正五品，隶府正司。升太史院秩从二品，司天台秩正四品。封中书右丞相、行平章政阿沙不花为康国公。以甘肃行省右丞脱脱木儿为中书平章政事，加大司徒。赐晋王所部五百四十七人钞五万二千九百六十锭，定王药木忽儿金千五百两、银三万两、钞万锭，卫士五十三人钞万六百锭。己卯，命翰林国史院纂修顺宗、成宗《实录》。壬午，嗣汉天师张与材来朝，加金紫光禄大夫，封留国公。

夏四月戊戌，中书省臣言："请依元降诏敕，勿超越授官，泛滥赐赉。"帝曰："卿等言是，朕累有旨止之，又复蒙蔽以请，自今纵有旨，卿等其覆奏罪之。"诏以永平路盐课赐祥哥剌吉公主，中书省臣执不可。从之。赐诸王木南子金五十两、银千两、钞千锭。赐皇太子位鹰坊钞二十万锭。戊戌，封三宝奴为渤国公，香山为宾国公。加铁木迭儿右丞相，都护买住中书右丞。立皇太子位人匠总管府，秩正三品。癸卯，加授平章政事教化太子太保、太尉、平章军国重事、魏国公。甲辰，升典瑞监为典瑞院，秩从二品。知枢密院事也儿吉尼遥授右丞相。辛亥，枢密院臣言：诸王各用其印符乘驿，使臣旁午，驿户困乏，宜准旧制量其马数，降以玺书。奏可。乙卯，遣米楫等使苏鲁国。丙辰，高丽国王王璋言："陛下令臣还国，复设官行征东行省事，高丽岁数不登，百姓乏食，又数百人仰食其土，则民不胜其困，且非世祖旧制。"帝曰："先请立者以卿言，今请罢亦以卿言，其准世祖旧制，速遣使往罢之。"

五月丙寅，降英德路为州。知枢密院事塔鲁忽台遥授左丞相。丁卯，御史台臣言：成宗朝建国子监学，迄今未成，皇太子请毕其功。制可。己巳，管城县大雨雹。缅国进驯象六。乙亥，知枢密院事憨剌合儿遥授左丞相。丙子，以诸王及西番僧从驾上都，途中扰民，禁之。禁白莲社，毁其祠宇，以其人还隶民籍。御史台臣言："比奉旨罢不急之役，今复为各官营私宅，臣等以为俟旺兀察都行宫及大都、五台寺毕工，然后从事为宜。"有旨：除佻头、三宝奴所居，余悉罢之。授右丞相塔思不花上柱国、监修国史。加左丞相乞台普济太子太傅。辛巳，中书省臣言：旧制，枢密院、御史台、宣政院得自选官，诸官府必由中书省奏闻迁调，宜申严告谕。制可。癸未，济南、般阳雨雹。甲申，立大同侍卫亲军都指挥使司，以丞相赤因铁木儿为使，摘通惠河漕卒九百余人隶之，漕事如故。渭源县旱饥，给粮一月。真定、大名、广平有虫食桑。宁夏府水。晋宁等处蝗。东平、东昌、益都蝝。

六月己丑，渤国公三宝奴加录军国重事、中书右丞相，应国公、太子詹事、平章军国重事、大司农曲出加太子太保，左丞相脱脱加上柱国、太尉，遥授参知政事、行詹事丞大慈都加平章军国重事。甲午，改太子位承和署为典乐司，秩正三品。丁酉，巩昌府陇西、宁远县地震。云南乌撒、乌蒙三日之中地大震者六。戊戌，大都饥，发官廪减价粜贫民，户出印帖，委官监临，以防不均之弊。中书省臣言："江浙行省管内饥，赈米五十三万五千石、钞十五万四千锭、面四万斤，又流民户百三十三万九百五十有奇，赈米五十三万六千石、钞十九万七千锭、盐折直为引五千。"令行省、行台遣官临视。内郡、江淮大饥，免今年常赋及夏税。益都水，民饥，采草根树皮以食，免今岁差徭，仍以本路税课及发朱汪、利津两仓粟赈之。封药木忽儿为定王，驸马阿失为昌王，并赐金印。以司徒、平章政事、领大司农李邦宁遥授左丞相。辛丑，以没入朱请、张瑄田产隶中宫，立江浙财赋总管府、提举司。己酉，减太常礼仪院官二十七员为八员。河南、山东大饥，有父食其子者，以两道没入赃钞赈之。加乞台普济录军国重事。是月，保定、真定蝗。

秋七月庚申，流星起自勾陈，南行，圆若车轮，微有锐，经贯索灭。敕以金银岁入数少，自今毋问何人，以金银为请奏及托之奏者，皆抵罪。又各处行省、宣慰司等官，多以结托来京师，今后非奉朝命，毋赴阙。云南、湖广、河南、四川盗贼窃发，谕军民官用心抚治。立广武康里侍卫亲军都指挥使司，以中书平章政事阿沙不花为都指挥使。壬戌，皇子和世㻋请立总管府，领提举司四，括河南、归德、汝宁境内濒河荒地约六万余顷，岁收其租，令河南省臣高兴总其事。中书省臣言："濒河之地，出没无常，遇有退滩则为之主；先是有亦马罕者妄称省委括地，蚕食其民，以有主之田俱为荒地，所至骚动,民高荣等六百人诉于都省,追其驿券,方议其罪,遇赦获免,今乃献其地于皇子;且河南连岁水灾,人方阙食,若从所请设立官府,为害不细。"帝曰:"安用多言,其止勿行。"禁鹰坊于大同、隆兴等处纵猎扰民。筑呼鹰台于漷州泽中,发军千五百人助其役。旺兀察都行宫成,立中都留守司兼开宁路都总管府。丙寅,复置泰安州之新泰县。辛卯,济宁大水入城,诏遣官以钞五千锭赈之。己巳,真定淫雨,水溢,入自南门,下及藁城,溺死者百七十七人,发米万七百石赈之。辛未,立御香局,秩正五品。壬申太白犯左执法。香山加太子太傅。遣塔察儿等九人使诸王宽阇,遣月鲁等十二人使诸王脱脱。癸酉,诏谕安南国曰:

> 惟我国家,以武功定天下,文德怀远人,乃眷安南,自乃祖乃父,世修方贡,朕甚嘉之。迩者先皇帝晏驾,朕方抚军朔方,为宗室诸王贵戚元勋之所推戴,以谓朕乃世祖嫡孙,裕皇正派,宗藩效顺于外,臣民属望于下,人心所共,神器有归。朕俯徇舆情,大德十一年五月二十一日即皇帝位于上都。今遣少中大夫、礼部尚书阿里灰,朝请大夫、吏部侍郎李京,朝列大夫、兵部侍郎高复礼谕旨。尚体同仁之视,益坚事大之诚,辑宁尔邦,以称朕意。

又以管祝思监为礼部侍郎、朵儿只为兵部侍郎使缅国。遣脱里不花等二十人使诸王合儿班答。弛上都酒禁。壬午,置皇太子司议郎,秩正五品。封乃蛮带为寿王。癸未,枢密院臣言:"世祖时枢密臣六员,成宗时增至十三员,今署事者三十二员,乞省之。"敕罢塔思带等十一人。甲申,太师淇阳王月赤察儿请置王傅,中书省臣谓异姓王无置傅例;不许。乙酉,以拳虎人彻儿怯思为监察御史。是月,以左丞相塔思不花为中书右丞相,太保乞台普济为中书左丞相。内外大小事务并听中书省区处,诸王、公主、驸马、势要人等,毋得搅扰沮坏,近侍臣员及内外诸衙门毋得隔越闻奏,各处行省宣慰司及在外诸衙门等官非奏圣旨并中书省明文,毋得擅自离职、乘驿赴京营干私事。江南、江北水旱饥荒,已尝遣使赈恤者,至大元年差发、官税并行除免。

八月戊子,大宁雨雹。丙申,御史台臣言:

> 奉敕逮监察御史撒都丁赴上都。世祖、成宗迄于陛下,累有明旨,监察御史乃朝廷耳目,中外臣僚作奸犯科有不职者,听其纠劾,治事之际,诸人毋得与焉。迩者,鞫问刑部尚书乌剌沙赃罪,蒙玉音奖谕,诸御史皆被锡赉,台纲益振。今撒都丁被逮,同列皆惧,所系非小。乞寝是命,申明台宪之制,诸人毋得与闻。

制可。辛丑,以中都行宫成,赏官吏有劳者工部尚书黑马而下并升二等,赐塔剌儿银二百五十两,同知察乃、通政使塔利赤、同知留守萧珍、工部侍郎答失蛮金二百两、银一千四百两,军人金二百两、银八百两,死于木石及病没者给钞有差。癸卯,加中书右丞、领将作院吕天麟大司徒。戊申,立中都万亿库。宁夏立河渠司,秩五品,官二员,参以二僧为之。特授弧头太师。赐诸王脱欢金三百两、银二千五百两、钞二千锭,阿里不花金百两、银千两、钞千锭。己酉,大同陨霜杀禾。甲寅,李邦宁以建香殿成,赐金五十两、银四百五十两。乙卯,中书省臣言:"外台、行省及诸人应诏言事,未敢一一上烦圣听,请集朝臣议,择其切于事者,小则辄行,大则上闻。"从之。扬州、淮安蝗。

九月丙辰,以内郡岁不登,诸部人马之入都城者,减十之五。中书省臣言:

> 夏秋之间,巩昌地震,归德暴风雨,泰安、济宁、真定大水,庐舍荡析,人畜俱被其灾,江浙饥荒之余,疫疠大作,死者相枕籍,父卖其子,夫鬻其妻,哭声震野,有不忍闻;臣等不才,猥当大任,虽欲竭尽心力,而闻见浅狭,思虑不广,以致政事多舛,有乖阴阳之和,百姓被其灾殃,愿退位以避贤路。

帝曰:"灾害事有由来,非尔所致,汝等但当慎其所行。"立怯怜口提举司,秩正五品,设官四员。高丽国王王昛卒。命雪尼台铁木察使薛迷思干部。己未,升中政院秩从一品。辛酉,遣人使诸王察八儿、宽阔所。壬戌,太尉脱脱奏泉州大商合只铁即剌进异木沉檀可构宫室者。敕江浙行省驿致之。癸亥,万户也列门合散来自薛迷思干等城,进呈太祖时所造户口青册,赐银、钞、币、帛有差。丙寅,蒲县地震。癸酉,升内史府为内史院,秩正二品。乙亥,车驾至自上都。弛诸路酒禁。戊寅,泉州大商马合马丹的进珍异及宝带、西域马。庚辰,以高丽国王王章嗣高丽王。诸王秃满进所藏太宗玉玺,封秃满为阳翟王,赐金印。中书省臣言:"奉旨:连岁不登,从驾四卫,一卫约四百人,所给刍粟自如常例,给各部者减半;臣等议:大都去岁饲马九万四千匹,今请减为五万匹,外路饲马十一万九千余匹,今请减为六万匹,自十月十五日为始。"又言:"薛迷思干、塔剌思、塔失玄等城三年民赋以输县官;今因薛尼台铁木察往彼,宜令以二年之赋与宽阔,给与元输之人,以一年者上进。"并从之。癸未,太阴犯荧惑。立中都虎贲司。特授承务郎、直省舍人藏吉沙资善大夫、行泉府院使。

冬十月庚寅,为太师伭头建第,给钞二万锭。癸巳,蒲县、陵县地震。甲午,以阿沙不花知枢密院事。丁酉,以大都艰食,复粜米十万石,减其价以赈之,以其钞于江南和籴。罢大都榷酤。赐皇太子金千两。辛丑,太白犯南斗。癸卯,中书省臣请以湖广米十万石贮于扬州,江西、江浙海漕三十万石内分五万石贮朱汪、利津二仓,以济山东饥民。从之。敕:"凡持内降文记买河间盐及以诸王、驸马之言至运司者,一切禁之,持内降文记不由中书者听运司以闻。"禁奉符、长清、泗水、章丘、沾化、利津、无棣七县民田猎。甲辰,从帝师请以释教都总管朵儿只八兼领囊八地产、钱物,为都总管府达鲁花赤,总其财赋。以西番僧教瓦班为翰林承旨。左丞相、知枢密院事铁木儿不花加录军国重事,中书右丞、司徒秃忽鲁,河南江北行省右丞也速,内史脱孛花并知枢密院事。乙巳,改护国仁王寺昭应规运总管府为会福院,秩从二品。丙午,立兴圣宫掌医监,秩正三品。

十一月己未,中书省臣言:

世祖时省、院、台及诸司皆有定员,后略有增者,成宗已尝有旨并省;迩者,诸司递升,四品者三品,三品者二品,二品者一品,一司甚至二三十员,事不改旧而官日增;请依大德十年已定员数,冗滥者从各司自与减汰;衙门既升,诸吏止从旧秩出官,果应例者,自如选格。

从之。庚申,太白昼见。以军五千人供造寺工役。增官吏俸,以至元钞依中统钞数给之,止其禄米,岁该四十万石。吏员以九十月出身,如旧制。诏免绍兴、庆元、台州、建康、广德田租,绍兴被灾尤甚,今岁又旱,凡佃户止输田主十分之四。山场、河泺、商税,截日免之。诸路小稔,审被灾者免之。乙丑,赐诸王南木忽里金印。丁卯,中书省臣言:"今铨选、钱粮之法尽坏,廪藏空虚,中都建城、大都建寺及为诸贵人营私第,军民不得休息;迩者,用度愈广,繁赐一人辄至万锭,惟陛下矜察。"又言:"铨选、钱粮诸司乞毋干预。"帝曰:"已降制书,今诸人毋干中书之政,他日或有乘朕忽忘,持内降文记及传旨至中书省,其执之以来,朕将加罪。"以也儿吉儿为御史大夫。己巳,以乞台普济为右丞相,脱脱为左丞相。既又从脱脱言,以塔思不花与乞台普济俱右丞相。中书省臣言:"国用不给,请沙汰宣徽、太府、利用等院籍,定应给人数,其在上都、行省者委官裁省;又行泉院专以守宝货为任,宜禁私献宝货者;又天下屯田百二十余所,由所用者多非其人,以致废弛,除四川、甘州、应昌府、云南为地绝远,余当选习农务者往,与行省、宣慰司亲履其地,可兴者兴,可废者废,各具籍以闻。"并从之。诏开宁路及宣德、云州工役,供亿浩繁,其赋税除前诏已免三年外,更免一年。辛巳,罢益都诸处合剌赤等狩猎。以银七百五十两、钞二千二百锭、币帛三百匹施昊天寺,为水陆大会。癸未,皇太后造寺五台山,摘军六千五百人供其役。

闰十一月己丑,以大都米贵,发廪十万石减其价以粜赈贫民。北来民饥,有鬻子者,命有司为赎之。乙未,赐故中书右丞相完泽妻金五百两、银千五百。丙申,罢江南进沙糖,止富民输粟赈饥补官。丁酉,禁江西、湖广、汴梁私捕驾鹅。己亥,罢辽阳省进雕豹。贵赤卫受乌江县达鲁花赤献私户万,令隶县官。壬寅,乞台普济乞赐固安田二百余顷,从之。乙巳,中书省臣言:"回回商人持玺书,佩虎符,乘驿马,名求珍异,既而以一豹上献,复邀回赐,似此甚众;臣等议,虎符国之信器,驿马使臣所需,今以畀诸商人,诚非所宜,乞一概追之。"制可。罢顺德、广平铁冶提举司,听民自便,有司税之如旧。丁未,复立汴梁路之项城县。以杭州、绍兴、建康等路岁比饥馑,今年酒课免十分之三。敕河西僧户准先朝定制从军、输税,一与民同。甲寅,答剌罕哈剌哈孙卒。

十二月庚申,封和郎撒为陇王,赐金印。平江路民有隶谨的里部者,依旧制,差赋与民一体均当。云南畏吾儿一千人居荆襄,云南省臣言:世祖有旨使归云南,以佐征讨。中书省臣议发还为是。从之。中都立开宁县,降隆兴为源州。升蔚州为蔚昌府。省河东宣慰司。以大同路隶中都留守司,冀宁、晋宁二路隶中书省。甲戌,以平章政事、商议中书省事、太子宾客王太亨行太子詹事,平章军国重事、太子少詹事大慈都为太子詹事。赐御史台官及监察御史宴服。

元史卷二三
本纪第二三

武宗二

　　二年春正月己丑，从皇太子请，罢官师府，设宾客、谕德、赞善如故。庚寅，越王秃剌有罪，赐死。禁日者、方士出入诸王、公主、近侍及诸官之门。辛卯，皇太子、诸王、百官上尊号曰统天继圣钦文英武大章孝皇帝。乙未，恭谢太庙。丙申，诏：天下弛山泽之禁，恤流移，毋令见户包纳差税，被灾百姓内郡免差税一年，江淮免夏税，内外大小职官普覃散官一等，有出身人考满者加散官一等。己亥，封知枢密院事容国公床兀儿为句容郡王。乙巳，塔思不花、乞台普济言："诸人恃恩径奏，玺书不由中书，直下翰林院给与者，今核其数，自大德六年至至大元年所出，凡六千三百余道，皆干田土、户口、金银铁冶、增余课程、进贡奇货、钱谷、选法、词讼、造作等事，害及于民，请尽追夺之，今后有不由中书者，乞勿与。"制可。丙午，定制大成至圣文宣王春秋二丁释奠用太牢。戊申，迭里帖木儿不花进鹰犬，命岁以币帛千匹、钞千锭与之。

　　二月戊午，铸金印赐句容郡王床兀儿。赈真定路饥民粮万石，搭搭境六千石。癸亥，皇太子幸五台佛寺。罢行泉府院，以市舶归之行省。乙丑，以和林屯田去秋收九万余石，其宣慰司官吏、部校、军士给赏有差。己巳，太阴犯亢。辛未，太阴犯氐。调国王部及忽里合赤、兀鲁带、朵来等军九千五百人赴和林。壬申，令各卫董屯田官三年一易。甲戌，弛中都酒禁。

三月己丑，辽阳行省右丞洪重喜诉高丽国王王章不奉国法、恣暴等事，中书省臣请令重喜与高丽王辩对。敕中书毋令辩对，令高丽王从太后之五台山。梁王在云南有风疾，以诸王老的代梁王镇云南，赐金二百五十两、银七百五十两，从者币帛有差。庚寅，车驾幸上都。摘五卫军五十人隶中都虎贲司。封诸王也不干为襄宁王。辛卯，罢杭州白云宗摄所。立湖广头陀禅录司。丙寅，赐云南王老的金印。戊戌，太阴犯氐。己亥，荧惑犯岁星。封公主阿剌的纳八剌为赵国公主，驸马注安为赵王。甲辰，中书省臣言：

> 国家岁赋有常，顷以岁俭所入曾不及半，而去岁所支钞至千万锭、粮三百万石，陛下尝命汰其求刍粟者，而宣徽院孛可孙竟不能行，视去岁反多三十万石，请用知钱谷者二三员于宣徽院佐而理之；又中书省断事官大德十年四十三员，今皇太子位增二员，诸王阔阔出、剌马甘秃剌亦各增一员，非旧制，臣等以为皇太子位所增宜存，诸王者宜罢。

并从之。升掌医署为典医监。乙巳，中书省臣言："中书为百司之首，宜先汰冗员。"帝曰："百司所汰，卿等定议，省臣去留，朕自思之。"己酉，济阴、定陶雹。

夏四月甲寅，中书省臣言："江浙杭州驿，半岁之间使人过者千二百余，有桑兀、宝合丁等进狮、豹、鸦、鹊留二十有七日，人畜食肉千三百余斤；请自今远方以奇兽、异宝来者，依驿递，其商人因有所献者，令自备资力。"从之。辛酉，立兴圣宫江淮财赋总管府，诏谕中外。癸亥，摘汉军五千给田十万顷于直沽沿海口屯种，又益以康里军二千立镇守海口屯储亲军指挥使司。壬午，召中都创皇城角楼。中书省臣言："今农事正殷，蝗蝻遍野，百姓艰食，乞依前旨罢其役。"帝曰："皇城若无角楼，何以壮观，先毕其功，余者缓之。"以建新寺，铸提调、监造三品银印。益都、东平、东沧、济宁、河间、顺德、广平、大名、汴梁、卫辉、泰安、高唐、曹、濮、德、扬、滁、高邮等处蝗。

五月丁亥，以通政院使憨剌合儿知枢密院事，董建兴圣宫，令大都留守养安等督其工。丁酉，以阴阳家言，自今至圣诞节不宜兴土功,敕权停新寺工役。甲辰,御史台臣言:“乘舆北幸,而京师工役正兴,加之岁旱乏食,民愚易惑,所关其重,乞留一丞相镇京师,后为例。”制可。

六月癸亥,选官督捕蝗。从皇太子言,禁诸赐田者弛驿征租扰民。庚午,中书省臣言:“奉旨既停新寺工役,其亭苑鹰坊诸役乞并罢;又太医院遣使取药材于陕西、四川、云南,费公帑,劳驿传,臣等议事干钱粮,隔越中书省径行,乞禁止。”并从之。以益都、济南、般阳三路,宁海一州,属宣慰司,余并令直隶省部。以大都隶儒籍者四十户充文庙乐工。从皇太子请,改典乐司提点、大使等官为卿、少卿、丞。甲戌,以宿卫之士比多冗杂,遵旧制存蒙古、色目之有阀阅者,余皆革去。皇太子言:“宣政院先奉旨,毁西番僧者截其手,詈之者断其舌,此法昔所未闻,有乖国典,且于僧无益,僧俗相犯已有明宪,乞更其令。”又言:“宣政院文案不检核,于宪章有碍,遵旧制为宜。”并从之。乙亥,中书省臣言:“河南、江浙省言:宣政院奏免僧、道、也里可温、答失蛮租税,臣等议:田有租,商有税,乃祖宗成法,今宣政院一体奏免,非制。”有旨依旧制征之。是月,金城、嶂州、源州雨雹,延安之神木碾谷、盘西、神川等处大雨雹。霸州、檀州、涿州、良乡、舒城、历阳、合肥、六安、江宁、句容、溧水、上元等处蝗。

秋七月癸未,河决归德府境。壬辰,宣政院臣言:“武靖王搠思班与朵思麻宣慰司言:松、潘、叠、宕、威、茂州等处安抚司管内西番、秃鲁卜、降胡、汉民四种人杂处,昨遣经历蔡懋昭往蛇谷陇迷招之,降其八部,户万七千,皆数百年负固顽犷之人,酋长令真巴等八人已尝廷见;今令真巴谓其地邻接四川,未降者尚十余万,宣抚司官皆他郡人,不知蛮夷事宜,才至成都灌州,畏惧即返,何以抚治,宜改安抚司为宣抚司,迁治茂州,徙松州军千人镇遏为便。’臣等议,宜从其言。”诏改松、潘、叠、宕、威、茂州安抚司为宣抚司,迁治茂州汶川县,秩正三品,以八儿思的斤为宣抚司达鲁花赤,蔡懋昭为副使,并佩虎符。乙未,复置赣州龙南、安远二县。以河西二十驿往来使多,马数既少,民力耗竭,命中书省、枢密院、通政院于诸部拨户,增马以济之。乐实言钞法大坏,请更钞法,图新钞式以进。又与保八议立尚书省。诏与乞台普济、塔思不化、赤因铁木儿、脱虎脱集议以闻。己亥,河决汴梁之封丘。甲辰,改昔保赤八剌合孙总管府为奉时院。乙巳,保八言:"臣与塔思不花、乞台普济等集议立尚书省事。臣今窃自思之,政事得失皆前日中书省臣所为,今欲举正,彼惧有累,孰愿行者。臣今不言,诚以大事为惧。陛下若矜怜保八、乐实所议,请立尚书省,旧事从中书,新政从尚书。尚书,请以乞台普济、脱虎脱为丞相,三宝奴、乐实为平章,保八为右丞,王罴参知政事。姓江者画钞式,以为印钞库大使。"并从之。塔思不花言:"此大事,遽尔更张,乞与老臣更议。"帝不从。是月,济南、济宁、般阳、曹、濮、德、高唐、河中、解、绛、耀、同、华等州蝗。

八月壬子,中书省臣言:"甘肃省僻在边垂,城中蓄金谷以给诸王军马,世祖、成宗常修其城池。近撒的迷失擅兴兵甲,掠幽王出伯辎重,民大惊扰。今撒的迷失已伏诛,其城若不修,虑启寇心。又沙、瓜州摘军屯田,岁入粮二万五千石,撒的迷失叛,不令其军入,屯遂废。今乞仍旧遣军屯种,选知屯田地利色目、汉人各一员领之。"皆从之。癸酉,立尚书省,以乞台普济为太傅、右丞相,脱虎脱为左丞相,三宝奴、乐实为平章政事,保八为右丞,忙哥铁木儿为左丞,王罴为参知政事,中书左丞刘楫授尚书左丞、商议尚书省事,诏告天下。甲寅,敕以海剌孙昔与伯颜、阿术平江南,知兵事,可授平章政事、商议枢密院事。以阿速卫军五百人隶诸王怯里不花,驻和林,给钞万五千锭,人备四马。己未,立皇太子右卫率府,秩正三品,命尚书右丞相脱虎脱、御史大夫不里牙敦并领右卫率府事。尚书省臣言:"中书省尚有逋欠钱粮应追理者,宜存断事官十人,余皆并入尚书省。"又言:"往者大辟狱具,尚书省议定,令中书省裁酌以闻,宜依旧制。"从之。以江西等处行中书省参知政事郝彬为尚书省参知政事。甲戌,赐太师佤头名脱儿赤颜。丁丑,永平路陨霜杀禾。己卯,三宝奴言:"尚书省立,更新庶政,变易钞法,用官六十四员,其中宿卫之士有之,品秩未至者有之,未历仕者有之,此皆素习于事,既已任之，乞勿拘例，授以宣敕。"制可。诏天下敢有沮挠尚书省事者罪之。真定、保定、河间、顺德、广平、彰德、大名、卫辉、怀孟、汴梁等处蝗。

九月庚辰朔，以尚书省条画诏天下。改各行中书省为行尚书省。诏："朝廷得失，军民利害，臣民有上言者，皆得实封上闻，在外者赴所属转达。各处人民饥荒转徙复业者，一切逋欠并行蠲免，仍除差税三年，田野死亡遗骸暴露，官为收拾。"颁行至大银钞，诏曰：

> 昔我世祖皇帝既登大宝，始造中统交钞，以便民用，岁久法隳，亦既更张，印造至元宝钞。逮今又复二十三年，物重钞轻，不能无弊，乃循旧典，改造至大银钞，颁行天下。至大银钞一两，准至元钞五贯、白银一两、赤金一钱。随路立平准行用库，买卖金银，倒换昏钞。或民间丝绵布帛，赴库回易，依验时估给价。随处路府州县，设立常平仓以权物价，丰年收籴粟麦米谷，值青黄不接之时，比附时估，减价出籴，以遏沸涌。金银私相买卖及海舶兴贩金、银、铜钱、绵丝、布帛下海者，并禁之。平准行用库、常平仓设官，皆于流官内铨注，以二年为满。中统交钞，诏书到日，限一百日尽数赴库倒换。茶、盐、酒、醋、商税诸色课程，如收至大银钞，以一当五。颁行至大银钞二两至二厘，定为一十三等，以便民用。

壬午，江南行台劾："平章政事教化，诈言家贫，冒受赐货物，折钞二万锭；且其人素行无一善可称，魏国公尊爵也，岂宜授之，请追夺为宜。"制可。癸未，尚书省臣言："古者设官分职，各有攸司。方今地大民众，事益繁冗，若使省臣总挈纲领，庶官各尽厥职，其事岂有不治；顷岁省务壅塞，朝夕惟署押文案，事皆废弛，天灾民困，职此之由；自今以始，省部一切皆令从宜处置，大事或须上请，得旨即行，用成至治，上顺天道，下安民心。"又言："国家地广民众，古所未有，累朝格例，前后不一，执法之吏，轻重任意；请自太祖以来所行政令九千余条，删除繁冗，使归于一，编为定制。"并从之。以大都城南建佛寺，立行工部，领行工部事三人，行工部尚书二人，仍令尚书右丞相脱虎脱兼领之。丙戌,车驾至大都。戊子,尚书省臣言:"翰林国史院,先朝御容、《实录》皆在其中,乡置之南省;今尚书省复立,仓猝不及营建,请买大第徙之。"制可。壬辰,赐高唐王注安金五千两、银五万两。癸巳,以薪价贵,禁权豪畜鹰犬之家,不得占据山场,听民樵采。三宝奴言:冀宁、大同、保定、真定以五台建寺所须,皆直取于民,宜免今年租税。从之。丙申,御史台臣言:"顷年岁凶民疫,陛下哀矜赈之,获济者众;今山东大饥,流民转徙,乞以本台没入赃钞万锭赈救之。"制可。丁酉,御史台臣言:"比者近幸为人奏请,赐江南田千二百三十顷,为租五十万石;乞拘还官。"从之。己亥,尚书省臣言:"今国用需中统钞五百万锭,前者尝借支钞本至千六十万三千一百余锭,今乞罢中统钞,以至大银钞为母,至元钞为子,仍拨至元钞本百万锭,以给国用。"大都立资国院,秩正二品;山东、河东、辽阳、江淮、湖广、川汉立泉货监六,秩正三品;产铜之地立提举司十九,秩从五品。尚书省臣言:"三宫内降之旨,曩中书省奏请勿行;臣等谓宜仍旧行之,傥于大事有害,则复奏请。"帝是其言。又言:"中书之务,乞以尽归臣等,至元二十四年凡宣敕亦尚书省掌之,今臣等议,乞从尚书省任人,而以宣敕散官委之中书。"从之。占八国王遣其弟扎剌奴等来贡白面象、伽蓝木。合鲁纳答思、秃坚铁木儿、桑加失里等奏请遣人使海外诸国;以秃坚、张也先、伯颜使不怜八孙,薛彻兀、李唐、徐伯颜使八昔,察罕、亦不剌金、杨忽答儿、阿里使占八。以陕西行台大夫、大司徒沙的为左丞相、行土蕃等处宣慰使都元帅。甲辰,尚书省言:"每岁刍粟,费钞五十万锭,请废字可孙,立度支院,秩二品,设使、同知、佥院、佥判各二员。"从之。乙巳,以盗多,徙上都、中都、大都旧盗于水达达、亦剌思等地耕种。丁未,三宝奴言:养豹者害民为甚。有旨禁之,有复犯者虽贵幸亦加罪。

冬十月庚戌朔,以皇太子为尚书令,诏天下。令州县正官以九年为任,诏天下。又以行铜钱法诏天下。辛亥,皇太子言:"旧制,百官宣敕散官皆归中书,以臣为中书令故也;自今敕牒宜令尚书省给降,宣命仍委中书。"制可。丙辰,乐实言:

江南平，垂四十年，其民止输地税、商税，余皆无与，其富室有蔽占王民奴使之者，动辄百、千家，有多至万家者，其力可知；乞自今有岁收粮满五万石以上者，令石输二升于官，仍质一子而军之，其所输之粮移其半入京师以养御士，半留于彼以备凶年。富国安民无善于此。

帝曰："如乐实言行之。"辛酉，弛酒禁，立酒课提举司。尚书省以钱谷繁剧，增户部侍郎、员外郎各一员；又增礼部侍郎、郎中各一员，凡言时政者属之。立太庙廪牺署，设令、丞各一员。癸亥，以翰林学士承旨不里牙敦为御史大夫。乙丑，以皇太后有疾，诏天下释大辟百人。丁卯，以御史大夫只儿合郎及中书左丞相脱脱、尚服院使大都，并知枢密院事。壬申，太阴犯左执法。癸酉，尚书省臣言："比来柬汰冗官之故，百官俸至今未给，乞如大德十年所设员数给之，余弗给。"从之。加知枢密院事秃忽鲁左丞相。丁丑，以辽阳行尚书省平章政事合散为左丞相、行中书省平章政事，中书参知政事伯都为平章政事、行中书右丞，商议中书省事忽都不丁为右丞、行中书省左丞，参议中书省事铁里脱欢、贾钧并中书参知政事。戊寅，御史台臣言：常平仓本以益民，然岁不登，遽立之，必反害民，罢之便。又言：至大银钞始行，品目繁碎，民犹未悟，而又兼行铜钱，虑有相妨。又言：民间抱铜器甚急，弗便，乞与省臣详议。又言：岁凶乏食，不宜遽弛酒禁。有旨：其与省臣议之。

十一月庚辰朔，以徐、邳连所大水，百姓流离，悉免今岁差税。增吏部郎中、员外郎、主事各一员，令考功以行黜陟。东平、济宁荐饥，免其民差税之半，下户悉免之。尚书省臣言：比年卫士大滥，率多无赖，请允卫士者必廷见乃听。从之。云南行省言："八百媳妇、大彻里、小彻里作乱，威远州谷保夺据木罗甸，诏本省右丞算只儿威往招谕之，仍令威楚道军千五百人护送入境；而算只儿威受谷保赂金、银各三锭，复进兵攻劫，谷保弓弩乱发，遂以败还；匪惟败事，反伤我人，惟陛下裁度。"帝曰："大事也，其速择使复赍圣玺书往招谕，算只儿威虽遇救，可严鞫之。"甲申，赐宁肃王脱脱金印。升皇太子府正司为从二品。乙酉，尚书省及太常礼仪院言："郊祀者，国之大礼，今南郊之礼已行而未备，北郊之礼尚未举行；今年冬至祀天南郊，请以太祖皇帝配，明年夏至祀地北郊，请以世祖皇帝配。"制可。丁亥，以湖广行省左丞散术带为平章政事、商议枢密院事。丁酉，太尉、尚书右丞相脱虎脱监修国史。乙亥，太阴犯右执法。庚子，太阴犯上相。辛丑，尚书省臣言："臣等窃计国之粮储，岁费浸广而所入不足，今岁江南颇熟，欲遣使和籴，恐米价暴增；请以至大钞二千锭，分之江浙、河南、江西、湖广四省，于来岁诸色应支粮者，视时直予以钞，可得百万，不给，则听以各省钱足之。"制可。丙午，诸王孛兰奚以私怨杀人当死，大宗正也可扎鲁忽赤议：孛兰奚贵为国族，乞杖之，流北鄙从军。从之。丁未，择卫士子弟充国子学生。

十二月乙卯，亲飨太庙，上太祖圣武皇帝尊谥、庙号及光献皇后尊谥，又上睿宗景襄皇帝尊谥、庙号及庄圣皇后尊谥，执事者人升散阶一等，赐太庙礼乐户钞帛有差。和林省右丞相、太师月赤察儿言："臣与哈剌哈孙答剌罕共事时，钱谷必与臣议，自哈剌哈孙没，凡出入不复关闻，予夺失当，而右丞曩家带反相凌侮，辄托故赴京师。"有旨：其锁曩家带诣和林鞫之。武昌妇人刘氏诣御史台诉三宝奴夺其所进亡宋玉玺一、金椅一、夜明珠二。奉旨令尚书省臣及御史中丞冀德方、也可扎鲁忽赤别铁木儿、中政使㯹只等杂问。刘氏称故翟万户妻，三宝奴谪武昌时与留往来，及三宝奴贵，刘托以追逃婢来京师，谒三宝奴于其家，不答，入其西廊，见楬上有逃婢所窃宝鞍及其手缝锦，以问三宝奴，又不答。忿恨而出，即求书状人乔瑜为状，乃因尹荣往见察院吏李节，入诉于台。狱成，以刘氏为妄。有旨：斩乔瑜，笞李节，杖刘氏及尹荣，归之元籍。丙辰，并中书省左右司。遣使往诸路分拣逋负，合征者征之，合免者免之。庚申，太阴犯参。尚书省臣言："盐价每引宜增为至大银钞四两，广西者如故，其煮盐工本请增为至大银钞四钱。"制可。辛酉，申禁汉人执弓矢兵仗。壬戌，阳曲县地震，有声如雷。封西僧迷不韵子为宁国公，赐金印。丁丑，诏：

增百官俸,定流官封赠等第。应封赠者,或使远死节,临阵死事,于见授散官上加之。若六品、七品死节、死事者,验事特赠官。封赠内外百官三品以上者,许请谥。凡请谥者,许其家具本官平日勋劳、政绩、德业、艺能,经由所在官司保勘,与本家所供相同,转申吏部考覆呈都省,都省准拟,令太常礼仪院验事迹定谥。若勋戚大臣奉旨赐谥者,不在此例。

三年春正月癸未,省中书官吏自各省使而下一百八十一员。赐诸王那木忽里等钞万二千锭。赐宣徽院使拙忽难所隶酒人钞万五百八十八锭。乙酉,特授李孟荣禄大夫、平章政事、集贤大学士、同知徽政院事。丁亥,白虹贯日。戊子,禁近侍诸人外增课额及进他物,有妨经制。营五台寺,役工匠千四百人、军三千五百人。己丑,以纽邻参议尚书省事。庚寅,立司禋监,秩正三品,掌巫觋,以丞相厘日领之。辛卯,立皇后弘吉列氏,遣脱虎脱摄太尉,持节授玉册、玉宝。壬辰,升中政院为从一品。癸巳,立中瑞司,秩正三品,掌皇后宝。甲午,太阴犯右执法。乙未,定税课法,诸色课程并系大德十一年考较,定旧额、元增,总为正额,折至元钞作数。自至大三年为始恢办,余止以十分为率,增及三分以上为下酬,五分以上为中酬,七分以上为上酬,增及九分为最,不及三分为殿。所设资品官员,以二周岁为满。定税课官等第,万锭之上,设正提举、同提举、副提举各一员;一千锭之上,设提领、大使、副使各二员;五百锭之上,设提领、大使、副使各一员;一百锭之上,设大使、副使各一员。丙申,立资国院泉货监。命以历代铜钱与至大钱相参行用。复立广平、顺德路铁冶都提举司。戊戌,诏湖广行省招谕叛人上思州知州黄胜许。辛丑,降诏招谕大彻里、小彻里。枢密院臣言:“湖广省乖西带蛮阿马等连结万人入寇,已遣万户移剌四奴领军千人及调思、播土兵并力讨捕;臣等议,事势缓急、地里要害,四奴备知,乞听其便宜调遣。”制可。壬寅,诏谕八百媳妇,遣云南行省右丞算只儿威招抚之。癸卯,改太子少詹事为副詹事。乙巳,令中书省官吏如安童居中书时例存设,其已汰者,尚书省迁叙。省枢密院官,存知枢密院七员、同知枢密院事二员、枢密副使二员、金枢密院事二员、同金枢密院事一员。增御史台官二员,御史大夫、御史中丞、侍御史、治书侍御史各二员。省通政院官六员,存十二员。汰广武康里卫军,非其种者还之元籍,凡隶诸王阿只吉、火郎撒及迤南探马赤者,令枢密院遣人即其处参定为籍。去岁朝会,诸王伯铁木儿、阿剌铁木儿并赐金二百五十两、银一千两、钞四百锭。丙午,诏令知枢密院事大都、金院合剌合孙复职。丁未,立右卫阿速亲军都指挥使司,秩正三品。

二月庚戌,以皇后受册,遣官告谢太庙。辛亥,荧惑犯月星。赐鹰坊马速忽金百两、银五百两。己未,浚会通河,给钞四千八百锭、粮二万一千石以募民,命河南省平章政事塔失海牙董其役。遣商议尚书省事刘楫整治钞法。增大都警巡院二,分治四隅。壬戌,太阴犯左执法。甲子,以上皇太后尊号,告祀南郊。乙丑,复以金枢密院事贾钧为中书参知政事。尚书省臣言:“官阶差等已有定制,近奉圣旨、懿旨、令旨要索官阶者,率多躐等,愿依世祖皇帝旧制次第给之。”制可。丁卯,尚书省臣言:“昔至元钞初行,即以中统钞本供亿,及销其板,今既行至大银钞,乞以至元钞输万亿库销毁其板,止以至大钞与铜钱相权通行为便。”又言:“今夏朝会上都供亿,请先发钞百万锭以往。”并从之。楚王牙忽都所隶户贫乏,以米万石、钞六千锭赈之。己巳,宁王阔阔出谋为不轨,越王秃剌子阿剌纳失里许助力,事觉,阔阔出下狱,赐其妻完者死,窜阿剌纳失里及其祖母、母、妻于伯铁木儿所。以畏吾儿僧铁里等二十四人同谋,或知谋不首,并磔于市。鞠其狱者,并升秩二等。赏牙忽都金千两、银七千五百两。三宝奴赐号答剌罕,以阔阔出食邑清州赐之,自达鲁花赤而下并听举用。辛未,脱儿赤颜加录军国重事。赐故中书右丞相塔剌海妻也里干金七百五十两、银一千五百两、钞四百锭。壬申,乐实为尚书左丞相、驸马都尉,封齐国公。癸酉,以左丞相、行中书省平章政事合散商议辽阳行省事。甲戌,太白犯月星。以上皇太后尊号告祀太庙。

　　三月己卯朔，枢密院臣言："国家设官分职，都省治金谷，枢密治军旅，各有定制；迩者，尚书省弗遵成宪，易置本院官，令依大德十年员数闻奏；臣等议，以铁木儿不花、脱而赤颜、床兀儿、也速、脱脱、也儿吉尼、脱不花、大都知枢密院事，撒的迷失、史弼同知枢密院事，吴元圭枢密副使，塔海姑令为副枢。"有旨：令枢密院如旧制设官十七员。乙酉，以知枢密院事儿合郎为陕西行尚书省平章政事。遣刑部尚书马儿往甘肃和市羊马，分赉诸王那木忽里蒙古军，给钞七万锭。庚寅，太阴犯氐。尚书省臣言："昔世祖有旨，以叛王海都分地五户丝为币帛，俟彼来降赐之，藏二十余年；今其子察八儿向慕德化，归觐阙廷，请以赐之。"帝曰："世祖谋虑深远若是，待诸王朝会颁赏既毕，卿等备述其故，然后与之，使彼知愧。"辛卯，发康里军屯田永平，官给之牛。壬辰，车驾幸上都。立兴圣宫章庆使司，秩正二品。丙申，太阴犯南斗。丁未，太白犯井。

　　夏四月己酉，兴圣宫鹰坊等户四千，分处辽阳，建万户府以统之。容米洞官田墨纠合蛮酋杀千户及戍卒八十余人，俘掠良民。改永顺、保靖、南渭安抚司为永顺等处军民安抚司，以安抚副使梓材为使往招之。赐高丽国王王章功臣号，改封沈王。改大承华普庆寺总管府为崇祥监。庚戌，以钞九千一百五十八锭有奇市耕牛、农具，给直沽酸枣林屯田军。戊辰，太白昼见。己巳，立怯怜口诸色人匠都总管府，秩正三品，提举司二，分治大都，秩正五品；江浙等处财赋提举司，秩从五品；瑞州等路营民都提举司，秩从四品；并隶章庆使司。辛未，赐角抵者阿里银千两、钞四百锭。丙子，立管领军匠千户所，秩正五品，割左都威卫军匠八百隶之，备兴圣宫营缮。增国子生为三百员。灵寿、平阴二县雨雹。盐山、宁津、堂邑、茌平、阳谷、高唐、禹城等县蝗。

　　五月甲申，封诸王完者为卫王。癸巳，东平人饥，赈米五千石。乙未，加尚书参知政事王罴大司徒。是月，合肥、舒城、历阳、蒙城、霍丘、怀宁等县蝗。

　　六月丁未朔，诏太尉、尚书右丞相脱虎脱，太保、尚书左丞相三宝奴总治百司庶务,并从尚书省奏行。戊申,省上都留守司官七。以行中书左丞忽都不丁为中书右丞。己酉,立上都、中都等处银冶提举司,秩正四品。尚书省臣言:"别都鲁思云,云州朝河等处产银,令往试之,得银六百五十两。"诏立提举司,以别都忽思为达鲁花赤。庚戌,立规运都总管府,秩正三品,领大崇恩福元寺钱粮,置提举司、资用库、大益仓隶之。乙卯,太阴犯氐。和林省言:"贫民自迤北来者,四年之间靡粟六十万石、钞四万余锭、鱼网三千、农具二万。"诏尚书、枢密差官与和林省臣核实,给赐农具、田种,俾自耕食,其续至者户以四口为率给之粟。丁巳,敕今岁诸王、妃主朝会,颁赉一如至大元年例。甲子,以太子詹事斡赤为中书左丞、集贤使,领典医监事。戊辰,遣使诸道审决重囚。赐太师淇阳王月赤察儿清州民户万七千九百一十九,安吉王乞台普济安吉州民户五百。壬申,以西北诸王察八儿等来朝,告祀太庙。赐脱虎脱、三宝奴珠衣。封三宝奴为楚国公,以常州路为分地。乙亥,升晋王延庆司秩正二品。是月,襄阳、峡州路、荆门州大水,山崩,坏官廨民居二万一千八百二十九间,死者三千四百六十六人。汝州大水,死者九十二人,六安州大水,死者五十二人,沂州、莒州、兖州诸县水,没民田,威州、洺水、肥乡、鸡泽等县旱。

秋七月戊寅,太阴犯右执法。己卯,太阴犯上相。庚辰,封皇伯晋王长女宝答失怜为韩国长公主。丙戌,循州大水,漂庐舍二百四十四间,死者四十三人,发米赈之。庚寅,罢称海也可扎鲁忽赤。定王药木忽儿乞如例设王府官六员。从之。癸巳,给亲民长吏考功印历,令监治官岁终验其行迹,书而上之,廉访司、御史台、尚书礼部考校以为升黜。增尚书省客省使、副各一员,直省舍人十四员。立河南打捕鹰坊鱼课都提举司,秩正四品。乙未,中都立光禄寺。丁酉,汜水、长林、当阳、夷陵、宜城、远安诸县水,令尚书省赈恤之。己亥,禁权要、商贩挟圣旨、懿旨、令旨阻碍会通河民船者。壬寅,诏禁近侍奏降御香及诸王、驸马降香者。磁州、威州诸县旱、蝗。

八月丁未,以江浙行尚书省左丞相忽剌出、遥授中书右丞相厘日并为御史大夫,诏谕中外。甲寅,白虹贯日。升尚服院从一品。丙辰,以行用铜钱诏谕中外。甲子,猎于昂兀脑儿之地。己巳,以诸王只必铁木儿贫,仍以西凉府田赐之。尚书省臣言:今岁颁赉已多,凡各位下奉圣旨、懿旨、令旨赐财物者,请分汰。有旨:卿等但具名以进,朕自分汰之。汴梁、怀孟、卫辉、彰德、归德、汝宁、南阳、河南等路蝗。

九月己卯,平伐蛮酋不老丁遣其侄与甥十人来降。升平伐等处蛮夷军民安抚司同知陈思诚为安抚使,佩金虎符。御史台臣言:"江浙省丞相答失蛮于天寿节日殴其平章政事李兰奚,事属不敬。"诏遣使诘问之。内郡饥,诏尚书省如例赈恤。辛巳,太阴犯建星。立宣慰司都元帅府于察罕脑儿之地。丙戌,车驾至大都。保八遥授平章政事。辛卯,太阴犯天廪。壬辰,皇太子言:"司徒刘夔乘驿省亲江南,大扰平民,二年不归。"诏罢之。庚子,以潭州隶中宫。上都民饥,敕遣刑部尚书撒都丁发粟万石,下其价赈粜之。壬寅,敕诸司官滥设者,毋给月俸。诏谕三宝奴等:"去岁中书省奏,诸司官员遵大德十年定制,滥者汰之;今闻员冗如故,有不以闻而径之任者。有旨不奏而擅令之任及之任者,并逮捕之,朕不轻释。"

冬十月甲辰朔,太白经天。丙午,太白犯左执法。三宝奴及司徒田忠良等言:"曩奉旨举行南郊配位从祀,北郊方丘、朝日夕月典礼;臣等议,欲祀北郊,必先南郊,今岁冬至祀圜丘,尊太祖皇帝配享,来岁夏至祀方丘,尊世祖皇帝配享,春秋朝日夕月,实合祀典。"有旨:所用仪物,其令有司速备之。又言:"太庙祠祭,故用瓦尊,乞代以银。"从之。戊申,帝率皇太子、诸王、群臣朝兴圣宫,上皇太后尊号册宝曰仪天兴圣慈仁昭懿寿元皇太后。庚戌,恭谢太庙。癸丑,荧惑犯亢。甲寅,敕谕中外:"民户托名诸王、妃主、贵近臣僚,规避差徭,已尝禁止,自今违者,俾充军驿及筑城中都。郡县官不觉察者,罢职。"封僧亦怜真乞烈思为文国公,赐金印。御史台臣言:"江浙省平章乌马儿遣人从使臣昵匝马丁枉道弛驿,取赃吏绍兴狱中释之。"敕台臣遣官往鞫,毋徇私情。山东、徐、邳等处水、旱,以御史台没入赃钞四千余锭赈之。丁巳,尚书省臣言:"宣徽院廪给日增,储偫虽广,亦不能给,宜加分减。"帝曰:"比见后宫饮膳与朕无异,有是理耶,其令伯答沙与宣徽院官核实分减之。"庚申,敕:"尚书省事繁重,诸司有才识明达者,并从尚书省选任;枢密院、御史台及诸有司毋辄奏用,违者论罪,其或私意请托,罢之不叙。"辛酉,以皇太后受尊号赦天下。大都、上都、中都比之他郡供给烦扰,与免至大三年秋税。其余去处,今岁被灾人户,曾经体覆,依上蠲免。内外不急之役,截日停罢。至大二年已前民间负欠差税课程,并行蠲免。阔阔出余党未发觉者,并原其罪。随处官民田土各有所属,诸人勿得陈献。三宝奴言:"省部官不肯勤恪署事。"敕自今晨集暮退,苟或怠弛,不必以闻,便宜罪之;其到任或一再月辞以病者,杖罢不叙。又言:"故丞相和礼霍孙时参议府左右司断事官、六部官日具一膳,不然则抱饥而还,稽误公事,今则无以为资,乞各赐钞二百锭,规运取其息钱以为食。"制可。丁卯,封诸王木八剌子买住韩为兖王。壬申,晋王也孙铁木儿言:"世祖以张铁木儿所献地土、金银铜冶赐臣,后以成宗拘收诸王所占地土、民户,例输县官,乞回赐。"从之,仍赐钞三千锭赈其部贫民。江浙省臣言:"曩者朱清、张瑄海漕米岁四五十万至百十万,时船多粮少,顾直均平;比岁赋敛横出,漕户困乏,逃亡者有之;今岁运三百万,漕舟不足,遣人于浙东、福建等处和顾,百姓骚动;本省左丞沙不丁言其弟合八失及马合谋但的、漖浦杨家等皆有舟,且深知漕事,乞以为海道运粮都漕万户府官,各以己力输运官粮,万户、千户并如军官例承袭,宽恤漕户,增给顾直,庶有成效。"尚书省以闻,请以马合谋但的为遥授右丞、海外诸蕃宣慰使都元帅、领海道运粮都漕运万户府事,设千户所十,每所设达鲁花赤一、千户三、副千户二、百户四。制可。云南省丞相铁木迭儿擅离职赴都,有旨诘问,以皇太后旨贷免,令复职。以丞相铁古迭儿为陕西行御史台御史大夫,诏谕陕西、四川、云南、甘肃。诏谕大司农司劝课农桑。

十一月甲戌朔,太白犯亢。戊寅,济宁、东平等路饥,免曾经赈恤诸户今岁差税,其未经赈恤者量减其半。诏谕厘日移文尚书省,凡宪台除官事,后勿与。庚辰,河南水,死者给槥,漂庐舍者给钞,验口赈粮两月,免今年租赋,停逋责。辛巳,尚书省臣言:“今岁已印至大钞本一百万锭,乞增二十万锭,及铜钱兼行,以备侍卫及鹰坊急有所须。”又言:“上都、中都银冶提举司达鲁花赤别都鲁思去岁输银四千二百五十两,今秋复输三千五百两,且言复得新矿银,当增办,乞加授嘉议大夫。”并从之。加脱虎脱为太师、录军国重事,封义国公。壬午,改大崇恩福元寺规运总管府为隆禧院,秩从二品。丁亥,太阴犯毕。戊子,改皇太子妃怯怜口都总管府为典内司。以益都、宁海等处连岁饥,罢鹰坊纵猎,其余猎地,并令禁约以俟秋成。尚书省臣言:“云南省临安、大理等处宣慰司、丽江宣抚司及晋定路所隶部曲,连结蛮寇,杀掠良民,谕之不服,且方调兵讨八百媳妇,军力消耗;今拟蒙古军人给马一,汉军十人给马二,计直与之,乞赐钞三万锭。”又言:“四川行省绍庆路所隶容米洞田墨连结诸蛮攻劫麻寮等寨,方调兵讨捕,遣千户塔术往谕田墨施什用等来降。宜立黄沙寨,以田墨施什用为千户,塔术为河东、陕西等处万户府千户所达鲁花赤,廖起龙为来宁州判官,田思远为怀德府判官,赏赉遣还。”皆从之。以朱清子虎、张瑄子文龙往治海漕,以所籍宅一区、田百顷给之。尚书省臣言:“昔世祖命皇子脱欢为镇南王居杨州,今其子老章出入导卫,僭窃上仪;敕遣官诘问,仍以所僭仪物来上。”从之。敕城中都,以牛车运土,令各部卫士助之,限以来岁四月十五日毕集,失期者罪其部长,自愿以车牛输运者别赏之。江浙省左丞相答失蛮、江西省左丞相别不花来朝。赐世祖宫人伯牙伦金七百五十两、银二千五百两、钞六百锭。丙申,有事于南郊,尊太祖皇帝配享昊天上帝。己亥,尚书省以武卫亲军都指挥使郑阿儿思兰与兄郑荣祖、段叔仁等图为不轨,置狱鞠之,皆诬服。诏叔仁等十七人并正典刑,籍没其家。

十二月甲辰朔,以建大崇恩福元寺,乞失剌遥授左丞,曲列、刘良遥授参知政事,并领行工部事。立崇辉署,隶中政院。戊申,冀宁路地震。己未,谕中外:应避役占籍诸王者,俾充军驿。镇南王老章僭拟仪卫,究问有验,召老章赴阙。

四年春正月癸酉朔,帝不豫,免朝贺,大赦天下。庚辰,帝崩于玉德殿,在位五年,寿三十一。壬午,灵驾发引,葬起辇谷,从诸帝陵。

夏五月乙未,文武百官也先铁木儿等上尊谥曰仁惠宣孝皇帝,庙号武宗。国语曰曲律皇帝。是日,请谥南郊。

闰七月丙午,附于太庙。

武宗当富有之大业,慨然欲创治改法而有为,故其封爵太盛,而遥授之官众,锡赉太隆,而泛赏之恩溥。至元、大德之政于是稍有变更云。

元史卷二四
本纪第二四

仁宗一

仁宗圣文钦孝皇帝，讳爱育黎拔力八达，顺宗次子，武宗之弟也。母曰兴圣太后，弘吉剌氏。至元二十二年三月丙子生。

大德九年冬十月，成宗不豫，中宫秉政，诏帝与太后出居怀州。十年冬十二月，至怀州，所过郡县供帐华侈，悉令撤去，严饬扈从毋扰于民，且谕金事王毅察而言之，民皆感悦。

十一年春正月，成宗崩，时武宗为怀宁王，总兵北边。戊子，帝与太后闻哀奔赴。庚寅，至卫辉，经比干墓，顾左右曰："纣内荒于色，毒痛四海，比干于谏，纣刳其心，遂失天下。"令祠比干于墓，为后世劝。至漳河，值大风雪，田叟有以盂粥进者，近侍却不受。帝曰："昔汉光武尝为寇兵所迫，食豆粥，大丈夫不备尝艰阻，往往不知稼穑艰难，以致骄惰。"命取食之，赐叟绫一匹，慰遣之。行次邯郸，谕县官曰："吾虑卫士不法，胥吏科敛，重为民困。"乃命王傅巡行察之。

二月辛亥，至大都，与太后入内，哭尽哀，复出居旧邸，日朝夕入哭奠。左丞相阿忽台等潜谋推皇后伯要真氏称制，安西王阿难答辅之。时左丞相哈剌哈孙答剌罕称疾，守宿掖门凡三月，密持其机，阳许之，夜遣人启帝曰："怀宁王远，不能猝至，恐变生不测，当先事而发。"

三月丙寅，帝率卫士入内，召阿忽台等，责以乱祖宗家法，命执之，鞫问辞服。戊辰，伏诛。诸王阔阔出、牙忽都等曰："今罪人斯得，太子实世祖之孙，宜早正天位。"帝曰："王何为出此言也，彼恶人潜结宫壸，构乱我家，故诛之，岂欲作威觊望神器耶；怀宁王，吾兄也，正位为宜。"乃遣使迎武宗于北边。

五月乙丑，帝与太后会武宗于上都。甲申，武宗即位。六月癸巳，诏立帝为皇太子，受金宝。遣使四方，旁求经藉，识以玉刻印章，命近侍掌之。时有进《大学衍义》者，命詹事王约等节而译之。帝曰："治天下，此一书足矣。"因命与《图象孝经》、《列女传》并刊行，赐臣下。十一月戊寅，受玉册，领中书省、枢密院。

至大元年七月，帝谕詹事曲出曰："汝旧事吾，其与同僚协议，务遵法度，凡世祖所未尝行及典故所无者，慎勿行。"二年八月，立尚书省，诏太子兼尚书省令，戒饬百官有司，振纪纲，重名器，夙夜以赴事功。詹事院臣启金州献瑟瑟洞，请遣使采之，帝曰："所宝惟贤，瑟瑟何用焉；若此者，后勿复闻。"先是，近侍言贾人有售美珠者。帝曰："吾服御雅不喜饰以珠玑，生民膏血不可轻耗，汝等当广进贤才，以恭俭爱人相规，不可以奢靡蠹财相导。"言者惭而退。淮东宣慰使撒都献玉观音、七宝帽顶、宝带、宝鞍，却之，戒谕如初。詹事王约启事，二宦者侍侧。帝问："自古宦官坏人家国，有诸？"约对曰："宦官善恶皆有之，但恐处置失宜耳。"帝然之。九月，河间等路献嘉禾，有异亩同颖及一茎数穗者，命集贤学士赵孟頫绘图藏诸秘书。

四年春正月庚辰，武宗崩。壬午，罢尚书省。以丞相脱虎脱、三宝奴，平章乐实，右丞保八，左丞忙哥帖木儿，参政王罴变乱旧章，流毒百姓，命中书右丞相塔思不花、知枢密院事铁木儿不花等参鞫。丙戌，脱虎脱、三宝奴、乐实、保八、王罴伏诛。忙哥帖木儿杖，流海南。壬子，日赤如赭。罢城中都。召世祖朝谙知政务、素有声望老臣平章程鹏飞、董士选，太子少傅李谦，少保张驴，右丞陈天祥、尚文、刘正，左丞郝天挺，中丞董士珍，太子宾客萧㪺、参政刘敏中、王思廉、韩从益，侍御赵君信，廉访使程钜夫，杭州路达鲁花赤阿合马,给传诣阙,同议庶务。甲午,宥阿附脱虎脱等左右司、六部官罪。乙未,禁百官役军人营造及守护私第。丁酉,以云南行中书省左丞相铁木迭儿为中书右丞相,太子詹事完泽、集贤大学士李孟并平章政事。戊戌,以塔思不花及徽政院使沙沙并为御史大夫。己亥,改行尚书省为行中书省。庚子,减价粜京仓米,日千石以赈贫民。停各处营造。罢广武康里卫,追还印符、驿券、玺书,及其万户等官宣敕。辛丑,以塔失铁木儿知枢密院事。壬寅,禁鹰坊驰驿扰民。敕中书,凡传旨非亲奉者勿行。以诸王朝会,普赐金三万九千六百五十两、银百八十四万九千五十两、钞二十二万三千二百七十九锭、币帛四十七万二千四百八十八匹。

二月,复玉宸乐院为仪凤司,改延庆司为都功德使司。乙巳,命和林、江浙行省依前设左丞相,余省唯置平章二员。遥授职事勿与。戊申,罢运江南所印佛经。辛亥,禁诸王、驸马、权豪擅据山场,听民樵采。罢阿老瓦丁买卖浙盐供中政食羊。禁宣政院违制度僧。甲寅,遣使检核小云石不花所献河南荒田。司徒萧珍以城中都徽功毒民,命追夺其符印,令百司禁锢之。还中都所占民田。罢江南行通政院、行宣政院。甲子,太阴犯填星。升典内司为典内院,秩从三品。命中书平章李孟领国子监学,谕之曰:"学校人材所自出,卿等宜数诣国学,课试诸生,勉其德业。"敕诸王、驸马户在缙山、怀来、永兴县者,与民均服徭役。诸司擅奏除官者,毋给宣敕。御史台臣言:"白云宗总摄所统江南为僧之有发者,不养父母,避役损民,乞追收所受玺书、银印,勒还民籍。"从之。罢福建绣匠、河南鱼课两提举司。省宣徽院参议、断事官。丙寅,监察御史言:"比者尚书省臣蠹国乱政,已正典刑,其余党附之徒,布在百司,亦须次第沙汰;今中书奏用孛罗铁木儿为陕西平章、乌马儿为江浙平章、阔里吉思为甘肃平章、塔失帖木儿为河南参政、万僧为江浙参政,各人前任皆受重赇,或挟势害民,咸乞罢黜。"制曰:可。丁卯,命西番僧非奉玺书、驿券及无西蕃宣慰司文牒者,勿辄至京师,仍戒黄河津吏验问禁止。罢总统所及各处僧录、僧正、都纲司,凡僧人诉讼悉归有司。罢仁虞院,复置鹰坊总管府。庚子,命广西静江、融州军民官镇守三载无虞者,民官减一资,军官升一阶,著为令。思州军民宣抚司招谕官唐铨以洞蛮杨正思等五人来朝,赐金帛有差。立淮安忠武王伯颜祠于杭州,仍给田以供祀事。是月,帝谓侍臣曰:"郡县官有善有恶,其命台官选正直之人为廉访司官,而体察之,果有廉能爱民者,不次擢用,则小人自知激厉矣。"旌表漳州长泰县民王初应孝行。

三月庚辰,召前枢密副使吴元珪,左丞拜降、兀伯都剌至京师,同诸老臣议事。丙戌,太阴犯太微上相。罢五台行工部。己丑,命毋赦十恶、大逆等罪。复典瑞院为典瑞监。庚寅,即皇帝位于大明殿,受诸王、百官朝贺。诏曰:

> 惟昔先帝,事皇太后,抚朕眇躬,孝友天至。由朕得托顺考遗体,重以母弟之嫡,加有削平内难之功,于其践阼曾未逾月,授以皇太子宝,领中书令、枢密使,百揆机务,听所总裁,于今五年。先帝奄弃天下,勋戚元老咸谓大宝之承,既有成命,非与前圣宾天而始征集宗亲议所宜立者比,当稽周、汉、晋、唐故事,正位宸极。朕以国恤方新,诚有未忍,是用经时。今则上奉皇太后勉进之命,下徇诸王劝戴之勤,三月十八日,于大都大明殿即皇帝位。凡尚书省误国之臣,先已伏诛,同恶之徒,亦已放殛。百司庶政悉归中书,命丞相铁木迭儿、平章政事李道复等从新拯治。可大赦天下,敢以赦前事相告言者,罪以其罪。

> 诸衙门及近侍人等,毋隔越中书奏事。诸上书陈言者,量加旌擢。其侥幸献地土并山场、窑冶及中宝之人,并禁止之。诸王、驸马经过州郡不得非理需索,应和顾和买,随即给价,毋困吾民。

辛卯,禁民间制金箔、销金、织金,以御史中丞李士英为中书左丞。壬辰,发京仓米,减价以粜,赈贫民。丁酉,命月赤察儿依前太师,宣徽使铁哥为太傅,集贤大学士曲出为太保。敕百司改升品级者,悉复至元旧制。己亥,增置左翼右翼指挥各一员。宁夏路地震。是月,帝谕省臣曰:"卿等裒集中统、至元以来条章,择晓法律老臣斟酌重轻,折衷归一,颁行天下,俾有司遵行,则抵罪者庶无冤抑。”又谕太府监臣曰:“财用足,则可以养万民,给军旅,自今虽一缯之微,不言于朕,毋辄与人。”以陕西行尚书省左丞兀伯都剌为中书右丞,昭文馆大学士察罕参知政事;中书平章政事、知枢密院事床兀儿,钦察亲军都指挥使脱火赤拔都儿,中书右丞相、知枢密院事铁木儿不花,录军国重事、知枢密院事也速,知枢密院事兼山东、河北蒙古军都万户也先铁木儿,遥授左丞相、仁虞院使也儿吉,太子詹事月鲁铁木儿,并知枢密院事。赐大都路民年九十者二千三百三十一人,人帛二匹,八十者八千三百三十一人,人帛一匹。

夏四月壬寅,诏分汰宿卫士,汉人、高丽、南人冒入者,还其元籍。癸卯,荧星于回回司天台。以即位,恩赐太师、太傅、太保,人金五十两、银三百五十两、衣四袭,行省臣预朝会者赏银有差。丁未,以太子少保张驴为江浙平章,戒之曰:“以汝先朝旧人,故命汝往,民为邦本,无民何以为国,汝其上体朕心,下爱斯民。”戊申,以即位告天地于南郊。庚戌,拘收下番将校不典兵者虎符、银牌。癸丑,诏路、府、州、县官三年为满。罢典医监。甲寅,太阴犯亢,荧惑犯垒壁阵。丙辰,诏谕宣徽使亦列赤,诸蒙古民有贫乏者,发廪济之。丁巳,罢中政院。戊午,以即位告于太庙。辛酉,敕:国子监师儒之职,有才德者,不拘品级,虽布衣亦选用。癸亥,敕:诸使臣非军务急速者,毋给金字圆牌。定四宿卫士岁赐钞二十四万二百五锭。罢中都留守司,复置隆兴路总管府,凡创置司存悉罢之。乙丑,封知枢密院事铁木儿不花为宣宁王,赐银印。丁卯,诏曰:

我世祖皇帝参酌古今,立中统、至元钞法,天下流行,公私蒙利,五十年于兹矣。比者尚书省不究利病,辄意变更,既创至大银钞,又铸大元、至大铜钱。钞以倍数太多,轻重失宜,钱以鼓铸弗给,新旧恣用,曾未再期,其弊滋甚。爰咨廷议,允协舆言,皆愿变通,以复旧制。其罢资国院及各处泉货监提举司,买卖铜器,听民自便。应尚书省已发各处至大钞本及至大铜钱截日封贮。民间行使者,赴行用库倒换。

仍免大都、上都、隆兴差税三年。命中书省赈济甘肃过川军。罢僧、道、也里可温、答失蛮、头陀、白云宗诸司。改封亲王迭里哥儿不花为湘宁王，赐金印，食湘乡州、宁乡县六万五千户。拘还甘肃、陕西、辽阳省臣所佩虎符。禁鹰坊扰民。罢通政院，以其事归兵部。增置尚书员外郎各一员。罢回回合的司属。帝御便殿，李孟进曰："陛下御极，物价顿减，方知圣人神化之速，敢以为贺。"帝蹙然曰："卿等能尽力赞襄，使兆民乂安，庶几天心克享；至于秋成，尚未敢必；今朕践阼，曾未逾月，宁有物价顿减之理；朕托卿甚重，兹言非所赖也。"孟愧谢。帝谕集贤学士忽都鲁都儿迷失曰："向召老臣十人所言治政，汝其详译以进。仍谕中书悉心举行。"南阳等处风雹。

五月壬申，以宦者铁昔里为利用监卿。癸酉，八百媳妇蛮与大、小彻里蛮寇边，命云南王及右丞阿忽台以兵讨之。改封乳母夫寿国公杨德荣为云国公。丙子，命翰林国史院纂修先帝《实录》及累朝皇后、功臣列传，俾百司悉上事迹。丁丑，禁毋以毒药酿酒。庚辰，敕中书省裁省冗司。置高昌王傅。复度支院为监。罢泉府司、长信院、司禋监。辛巳，赐大长公主祥哥剌吉钞二万锭。壬午，制定翰林国史院承旨五员，学士、侍读、侍讲、直学士各二员。拘诸王、驸马及有司驿券，自今遣使悉从中书省给降。置祥和署，掌伶人。金齿诸国献驯象。癸未，太阴犯氐。赐国师板的答钞万锭，以建寺于旧城。戊子，罗鬼蛮来献方物。甲午，复太常礼仪院为太常寺。是月，禁民捕驾鹅。

六月癸卯，敕宣政院：凡西番军务必移文枢密院同议以闻。吐蕃犯永福镇，敕宣政院与枢密院遣兵讨之。乙巳，命侍臣咨访内外才堪佐国者，悉以名闻，仍戒敕诸王恪恭乃职。丙午，以内侍杨光祖为秘书卿，谭振宗为武备卿，关居仁为尚乘卿，并授弘文馆学士。置湘宁王迭里、哥儿不花王傅。丁未，太阴犯太微东垣上相。己酉，诏存恤军人。庚戌，太阴犯氐。壬子，敕甘肃省给过川军牛、种、农器，令屯田。癸丑，复太府院为太府监。省上都兵马指挥为五员。甲寅，封亦思丹为怀仁郡王，赐银印。丁巳，敕翰林国史院春秋致祭太祖、太宗、睿宗御容，岁以为常。命和林行省右丞孛里、马速忽经理称海屯田。大同路宣宁县民家产犊而死，颇类麒麟，车载以献。左右曰："古所谓瑞物也。"帝曰："五谷丰熟，百姓安业，乃为瑞也。"己未，复置长信寺。封枢密臣孛罗为泽国公。庚申，敕自今诸司白事须殿中侍御史侍侧。癸亥，赐晋王也孙铁木儿钞五千锭，币、帛各二千匹，太尉不花金百两。复云州银场提举司，置仪局司，秩皆五品。甲子，请大行皇帝谥于南郊，上尊谥曰仁惠宣孝皇帝，庙号武宗。丙寅，拘收泉府司元给诸商贩玺书。丁卯，罢只合赤八剌合孙所造上供酒。戊辰，敕诸王朝会后至者，如例给赐。己巳，卫王阿木哥入见，帝谕省臣曰："朕与阿木哥同父而异母，朕不抚育，徜将谁赖，其锡钞二万锭，他勿援例。"帝览《贞观政要》，谕翰林侍讲阿林铁木儿曰："此书有益于国家，其译以国语刊行，俾蒙古、色目人诵习之。"济宁、东平、归德、高唐、徐、邳诸州水，给钞赈之。河间、陕西诸县水、旱伤稼，命有司赈之，仍免其今年租。诸王塔剌马的遣使进驯象。

秋七月辛未朔，拘还辽阳省官提调诸事圆符、玺书、驿券。裁减虎贲司职员。赐上都宿卫士贫乏者钞十三万九千锭。丁丑，巩昌宁远县暴雨，山土流涌。敕内外军官并覃官一等。癸未，甘州地震，大风，有声如雷。以朝会，恩赐诸王秃满金百五十两、银五千二百五十两、币帛三千匹。乙酉，赐湘宁王迭里哥儿不花所部钞三万二千锭。癸巳，太阴掩毕。甲午，置经正监，掌蒙古军牧地，秩正三品，官五员。丁酉，太阴犯鬼距星。己亥，诏谕省臣曰："朕前戒近侍，毋辄以文记传旨中书，自今敢有犯者，不须奏闻，直捕其人，付刑部究治。"敕御史台臣：选更事老成者为监察御史。超授中散大夫、典内院使孛叔荣禄大夫。是月，江陵属县水，民死者众。太原、河间、真定、顺德、彰德、大名、广平等路，德、濮、恩、通等州霖雨伤稼，大宁等路阴霜，敕有司赈恤。

闰七月辛丑，命国子祭酒刘赓诣曲阜，以太牢祠孔子。甲辰，车驾将还大都，太后以秋稼方盛，勿令鹰坊、驼人、卫士先往，庶免害稼扰民，敕禁止之。枢密院奏："居庸关古道四十有三，军吏防守之处仅十有三,旧置千户位轻责重,请置隆镇万户府俾严守备。"制曰:可。荧五星于司天台。以故鲁王刁斡八剌嫡子阿礼嘉世礼袭其封爵分地。乙巳,以朝会,恩赐月赤察儿、床兀儿金二百两、银二千八百两、币帛有差。丙午,奉武宗神主祔于太庙。戊申,封李孟秦国公。命亦怜真乞剌思为司徒。己酉,吐番寇礼店、文州,命总帅亦怜真等讨之。辛亥,以西僧藏不班八为国师,赐玉印。戊午,复置司禋监。己未,诏谕省臣曰:"国子学,世祖皇帝深所注意,如平章不忽木等皆蒙古人,而教以成材;朕今亲定国子生额为三百人,仍增陪堂生二十人,通一经者,以次补伴读,著为定式。"敕:军官七十致仕,始听子弟承袭,其有未老即托疾引年,令幼弱子弟袭职者,除名不叙,其巧计求迁者,以违制论。壬戌,命赈恤岭北流民。上都立通政院,领蒙古诸驿,秩正二品。甲子,宁夏地震。乙丑,鲁国大长公主祥哥剌吉进号皇姊大长公主。遣使招谕黑水、白水等蛮十二万余户来降。丙寅,太阴犯轩辕。赐诸王阿不花等金二百两、银七百五十两、钞一万三千六百三十锭、币帛各有差。丁卯,完泽、李孟等言:"方今进用儒者,而老成日以凋谢,四方儒士成才者,请擢任国学、翰林、秘书、太常或儒学提举等职,俾学者有所激劝。"帝曰:"卿言是也。自今勿限资级,果才而贤,虽白身亦用之。"敕直省舍人以其半给事殿庭,半听中书差遣。禁医人非选试及著籍者毋行医药。大同宣宁县雨雹,积五寸,苗稼尽殒。

八月己巳朔,裁定京朝诸司员数,并依至元三十年旧额。楚王牙忽都所部乏食,给钞万锭,出粟五千石赈之。赐环卫、围人钞三万锭。以近侍曲列失为户部尚书。甲戌,赐皇姊大长公主钞万锭。丙戌,安南世子陈日㷆奉表以方物来贡。敕西番军务隶宣政院。

九月己亥朔,遥授左丞相不花进太尉。丙午,遥授湖广平章安南国王陈益稷入见,言:"臣自世祖朝来归,妻子皆为国人所害;朝廷授以王爵,又赐汉阳田五百顷,俾自赡以终余年;今臣年几七十,而有司拘臣所受田,就食无所。"帝谓省臣曰:"安南国王慕义来归,宜厚其赐,以怀远人,其进勋爵受田如故。"戊申,禁民弹射飞鸟、杀马牛羊当乳者。禁卫士不得私衣侍宴服及以质于人。庚戌，命枢密院阅各省军马。壬子，改元皇庆，诏曰：

> 朕赖天地祖宗之灵，纂承圣绪，永惟治古之隆，群生咸遂，国以乂宁。朕夙兴夜寐，不敢怠遑，任贤使能，兴滞补阙，庶其臻兹敛时五福，用敷锡厥庶民，朕之志也。逾年改元，厥有彝典，其以至大五年为皇庆元年。

都水监卿木八剌沙传旨给驿，往取杭州所造龙舟，省臣谏曰：“陛下践祚，诞告天下，凡非宣索，毋得擅进；诚取此舟，有乖前诏。”诏止之。复置中宫位下怯怜口诸色民匠打捕鹰坊都总管府，秩正三品。乙卯，太阴犯毕。丁巳，奉太后旨以永平路岁入，除经费外，悉赐鲁国大长公主。给云南王老的部属马价一万二千锭。丙寅，敕省部官勿托以宿卫废职。罢西番茶提举司。是月。江陵路水，漂民居，溺死十有八人。

冬十月戊辰朔，有事于太庙。己巳，敕绘武宗御容，奉安大崇恩福元寺，月四上祭。辛未，赐大普庆寺金千两，银五千两，钞万锭，西锦、彩段、纱罗、布帛万端，田八万亩，邸舍四百间。丁丑，禁诸僧寺毋得冒侵民田。辛巳，罢宣政院理问僧人词讼。以蕲县万户府镇庆元，绍兴沿海万户府镇处州，宿州万户府兼镇台州。戊子，省海道运粮万户为六员，千户为七所。特授故太师月儿鲁子木剌忽荣禄大夫、知枢密院事。辛卯，罢诸王断事官，其蒙古人犯盗诈者，命所隶千户鞫问。壬辰，诏收至大银钞。敕诸卫汉军练习武事。置群牧监，秩正三品，掌兴圣宫位下畜牧。癸巳，诏置汴梁、平江等处田赋提举司，掌大承华普庆寺赀产。给云南增戍军钞二万五千锭。丙申，太白犯垒壁阵。

十一月戊戌，封司徒买僧为赵国公。辛丑，命延安、凤翔、安西军屯田红城者，还陕西屯田。敕商税官盗税课者同职官赃罪。立乖西府，以土官阿马知府事，佩金符。李孟奏：“钱粮为国之本，世祖朝量入为出，恒务撙节，故仓库充牣。今每岁支钞六百余万锭，又土木营缮百余处，计用数百万锭，内降旨赏赐复用三百余万锭，北边军

需又六七百万锭,今帑藏见贮止十一万余锭,若此安能周给,自今
不急浮费宜悉停罢。"帝纳其言,凡营缮悉罢之。辛亥,诸王不里牙
屯等诬八不沙以不法。诏审不里牙屯、秃干于河南,因忽乃于扬州,
纳里于湖广,太那于江西,班出兀那于云南。壬子,赈钦察卫粮五千
七百五十三石。甲寅,太阴犯舆鬼。戊午,禁汉人、回回术者出入诸
王、驸马及大臣家。己未,以辽阳省平章政事合散为中书平章政事。
甲子,敕增置京城米肆十所,日平粜八百石以赈贫民。丙寅,加徽政
使罗源为大司徒。赈诸军粮七千七十石。

十二月辛未,增置经正监官为八员。置尚牧所,秩五品,掌太官
羊。癸酉,封宣政、会福院使暗普为秦国公。增置兵部侍郎、郎中各
一员。庚辰,太白经天。复以陕西屯田军三千隶红城万户府。壬午,
诏曰:"今岁不登,民何以堪,春蒐其勿令供亿。"癸未,太白经天。甲
申,太阴犯太微西垣上将。浙西水灾,免漕江浙粮四分之一,存留赈
济。命江西、湖广补运,输京师。占城遣使奉表贡方物。庚寅,申禁
汉人持弓矢、兵器田猎。曲赦大都大辟囚一人,并流以下罪。辛卯,
裁宗正府官为二十八员。遣官监视,焚至大钞。壬辰,太白经天。敕:
创设边远官员,俟到任方降敕牒。乙未,命李孟整饬国子监学。中
书省臣言:"世祖定立选法升降,以示激劝,今官未及考,或无故更
代,或躐等进阶,僭受国公、丞相等职,诸司已裁而复置者有之,今
春以内,降旨除官千余人,其中欺伪岂能悉知,坏乱选法,莫此为
甚。"帝曰:"凡内降旨,一切勿行。"赐济王朵列纳印。以和林税课建
延庆寺。诏谕安南国世子陈日㷖曰:

惟我祖宗受天明命,抚有万方,威德所加,柔远能迩;乃者
先皇帝龙驭上宾,朕以王侯臣民不释之故,于至大四年三月十
八日即皇帝位,遵逾年改元之制,以至大五年为皇庆元年;今
遣礼部尚书乃马台等赍诏往谕,仍颁皇庆元年历日一本,卿其
敬授人时,益修臣职,毋替尔祖事大之诚,以副朕不忘柔远之
意。

皇庆元年春正月庚子,帝谕御史大夫塔思不花曰:"凡大臣不

法,卿等劾奏毋避,朕自裁之。"癸卯,敕诸僧犯奸盗诈伪斗讼,仍令有司专治之。甲辰,授太师、录军国重事、知枢密院事脱儿赤颜开府仪同三司,嗣淇阳王。戊申,改隆镇万户府为隆镇卫。庚戌,封知枢密院事丑汉为安远王,出总北军。壬子,敕军不满五千者勿置万户。癸丑,太阴犯太微东垣上将。旌表广州路番禺县孝子陈韶孙。戊午,制诸王设王傅六员,银印,其次设官四员。改封济王朵列纳为吴王。赐卫王阿木哥庆元路定海县六万五千户。加崇福使也里牙秦国公。已未,升崇祥监为崇祥院,秩正二品。壬戌,升翰林国史院秩从一品。帝谕省臣曰:"翰林、集贤儒臣,朕自选用,汝等毋辄拟进。人言御史台任重,朕谓国史院尤重,御史台是一时公论,国史院实万世公论。"

二月丁卯朔,徙大都路学所置周宣王石鼓于国子监。敕称海屯内汉军存恤二年。庚午,西北诸王也先不花遣使贡珠宝、皮、币、马驼,赐钞一万三千六百锭。辛未,改安西路为奉元路,吉州路为吉安路。壬申,以霸州文安县屯田水患,遣官疏决之。遣使赐西僧金五千两、银二万五千两、币帛三万九千九百匹。甲戌,制定封赠名爵等级,著为令。改和林省为岭北省。丙子,给称海屯田牛二千。赐晋王也孙铁木儿南康路户六万五千,世祖诸皇子也先铁木儿福州路福安县,脱欢之子不答失里福州路宁德县,忽都鲁铁木儿之子泉州路南安县,爱牙赤之子邵武路光泽县,户并一万三千六百有四,食其岁赋。已卯,置卫龙都元帅府,秩正二品,以古阿速卫隶之。八百媳妇来献驯象二。壬午,太阴犯亢。封孛罗为永丰郡王。置德安府行用钞库。罢庄浪州唐兀千户所。丙戌,省枢密断事官为八员。庚寅,敕岭北省赈给阙食流民。敕两淮民种荒田者如例输税。遣官同江西、江浙省整治茶盐法。赐韩国公主普达实怜钞万锭。诏勉励学校。赈山东流民至河南境者。通、潨州饥,赈粮两月。

三月丁酉朔,荧惑犯东井。升给事中秩正三品。罢诸王、大臣私第营缮。戊戌,右丞相铁木迭儿言:"自今左右司、六部官有不尽心,初则论决,不悛,则黜而不叙。"制曰:可。省女直、水达达万户府冗员。敕诸王脱脱所招户，其未藉者，俾隶有司。己亥，以生日为天寿节。庚子，加御史大夫火尼赤开府仪同三司。罢卫龙都元帅府。壬寅，太阴犯东井。敕归德亳州以宪宗所赐不怜吉带地一千七十三顷还其子孙。丙子，敕北边使者非军机毋给驿。丁未，置内正司，秩正三品，卿、少卿、丞各一员。戊申，升典内院秩正二品。以前河南行省平章政事塔失海牙为御史大夫。改翰林国史院司直司为经历司，置经历、都事各一员。置五台寺济民局，秩从五品。赐安王完泽及其子金三百两、银一千二百五十两、钞三千五百锭。赐汴梁路上方寺地百顷。辽阳省增置滦阳、宽河驿。甲寅，西北诸王也先不花等遣使以橐驼方物入贡。丙辰，封同知徽政院事常不阑奚为赵国公。庚申，敕简汰大明宫、兴圣宫宿卫。甲子，给北军币帛二十万匹。遣户部尚书马儿经理河南屯田。乙丑，命河南省建故丞相阿术祠堂。封诸王塔思不花为恩平王。

夏四月丁卯，简汰控鹤还本籍。以都水监隶大司农寺。置察罕脑儿捕盗司，秩从七品。庚午，命浙东都元帅郑佑同江浙军官教练水军。辛未，给钞万锭修香山永安寺。赵王汝安郡告饥，赈粮八百石。升保定路万户府为上万户。癸酉，车驾幸上都。丙子，太白昼见。封鄄国大长公主忙哥台为大长公主，赐金印。增也可扎鲁忽赤为四十二员。壬午，荧惑犯舆鬼。敕皇子硕德八剌置四宿卫。敕僧人田除宋之旧有，并世祖所赐外，余悉输租如制。阿速卫指挥那怀等冒增卫军六百名，盗支粮七千二百石、币帛一千二百匹、钞二百八锭，敕中书、枢密按治。封知枢密院事木剌忽为广平王。癸未，荧惑犯积尸气。庚寅，太白经天。大崇恩福元寺成，置隆禧院。龙兴新建县霖雨伤禾。彰德安阳县蝗。

五月丙申朔，以中书平章政事合散为中书左丞相，江浙行省平章张驴为中书平章政事，知枢密院事也先铁木儿授开府仪同三司。壬寅，诸王脱忽思海迷失以农时出猎扰民，敕禁止之，自今十月方许出猎。改和林路为和宁路。赐诸王阿木哥钞万锭，速速迭儿、按麻思等各千锭。以蒙古驿隶通政院。置濮阳王脱脱木儿王傅官四员。给上都、滦阳驿马三百匹。己未,缙山县行宫建凉殿。己未,以西宁州田租税课赐大长公主忙古台。赈宿卫士粮二万石。升回回司天台秩正四品。彰德、河南、陇西雹。

六月乙丑朔,日有食之。丁卯,天雨毛。己巳,太阴犯天关。敕李孟博选中外才学之士任职翰林。给羊马钞价济岭北、甘肃戍军之贫者。壬申,减四川盐额五千引。赐崇福寺河南官地百顷。丁亥,敕罢封赠,诫左右守法度、勤职业,勿妄侥幸加官。赐安远王丑汉金百两、银五百两、钞千锭。巩昌、河州等路饥,免常赋二分。

秋七月辛丑,定内正司官为六员。禁诸王径宣旨于各路。徙中都内帑、金银器归太府监。赐新店诸驿钞三千八百锭,充使者饩廪。癸卯,诏奖励御史台。丙午,升大司农司秩从一品。帝谕司农曰:农桑,衣食之本,汝等举谙知农事者用之。敕诸王小薛部归晋宁路襄垣县民田。中书参政贾钧以病请告,赐钞三百锭,给安车还乡。戊午,太阴犯东井。

八月丁卯,敕探马赤军羊马牛依旧制百税其一。戊辰,太白犯轩辕。辛未,太阴犯填星。丁丑,罢司禋监。己卯,以吏部尚书许师敬为中书参知政事。庚辰,车驾至自上都。壬午,辰星犯右执法。置少府监,隶大都留守司。甲申,赐诸王阔阔出金束带一、银百五十两、钞二百锭。乙酉,太白犯右执法。辛卯,敕云南省右丞阿忽台等领蒙古军从云南王讨八百媳妇蛮。滨州旱,民饥,出利津仓米二万石,减价赈粜。宁国路泾县水,赈粮二月。安南国王陈益稷来朝。

九月丁酉,增江浙海漕粮二十万石。戊戌,罢征八百媳妇蛮、大、小彻里蛮,以玺书招谕之。辛丑,命司徒田忠良等诣真定玉华宫,祀睿宗御容。八百媳妇、大、小彻里蛮献驯象及方物。甲辰,升参议中书省事阿卜海牙为参知政事。拘火者等所佩国公、司徒印。丁巳,太阴犯亢。壬戌,琼州黎贼啸聚,遣官招谕。

冬十月甲子,有事于太庙。改隆兴路为兴和路,赐银印。云南行省右丞算只儿威有罪,国师捆思吉斡节儿奏请释之,帝斥之曰:“僧人宜诵佛书,官事岂当与耶!”癸未,以中书参知政事察罕为中书平章政事、商议中书省事。丁亥,太阴犯平道。戊子,太阴犯亢。翰林学士承旨玉连赤不花等进顺宗、成宗、武宗《实录》。罢造船提举司。辛卯,赦天下。赐李孟潞州田二十顷。

十一月戊戌,调汀、漳备军代亳州等翼汉军于本处屯田。己亥,太阴犯垒壁阵。甲辰,捕沧洲群盗阿失答儿等擒之,支解以徇。丙午,谕六部官毋逾越中书奏事。丙辰,封驸马脱脱木儿为岐王。庚申,赐诸王宽彻、忽答迷失金百五十两、银一千五百两、钞三千锭、币帛有差。占城国进犀、象。缅国主遣其婿及云南不农蛮酋长岑福来朝。

十二月癸亥,中书平章政事李孟致仕,以枢密副使张珪为中书平章政事。癸酉,遣使分道决囚。壬申,晋王也孙铁木儿所部告饥,赈钞一万五千锭。庚辰,知枢密院事答失蛮罢。省海道运粮万户一员,增副万户为四员。甲申,荧惑、填星、辰星聚斗。鹰坊不花即列请往河南、湖广括取孔雀、珍禽,敕以扰民不允。丁亥,遣官祈雪于社稷、岳镇、海渎。省臣言:"中书职在总挈纲维,比者行省、六部诸司应决不决者,往往作疑咨呈,以致文繁事弊。"诏体世祖立中书初意,定拟程式以闻,俾遵行之。敕回回合的如旧祈福,凡词讼悉归有司,仍拘还先降玺书。戊子,太阴犯荧惑。己丑,宗王女班丹给驿取江南田租,命拘还驿券。是月,诸王春丹叛。

二年春正月甲午,以察罕脑儿等处宣慰使伯忽为御史大夫。辛丑,封前尚书右丞相乞台普济为安吉王。丙午,宁王阔阔出薨。丁未,以太府卿秃忽鲁为中书右丞相。戊申,太阴犯三公。己未,置辽阳行省儒学提举司。

二月壬戌,改典内院为中政院,秩正一品。甲子,以皇后受册宝,遣官祭告天地于南郊及太庙。丁丑,日赤如赭。己卯,免征益都饥民所贷官粮二十万石。各寺修佛事,日用羊九千四百四十,敕遵旧制易以蔬食。命张珪纲领国子学。庚辰,冀宁路饥,禁酿酒。辛巳,诏以钱粮、造作、诉讼等事悉归有司,以清中书之务。壬午,西北诸王也先不花进马驼、璞玉。丁亥，敕外任官应有公田而无者，皆以至元钞给之。以乖西府隶播州宣抚司。功德使亦怜真等以佛事奏释重囚，不允。帝谕左右曰："回回以宝玉鬻于官，朕思此物何足为宝，唯善人乃可为宝，善人用则百姓安，兹国家所宜宝也。"

丙申，以御史中丞脱欢答剌罕为御史大夫。庚子，荧惑犯垒壁阵。以晋宁、大同、大宁、四川、巩昌、甘肃饥，禁酒。丙午，册立皇后弘吉剌氏，诏天下。丁未，荧出东井。壬子，秃忽鲁言："臣等职专燮理，去秋至春亢旱，民间乏食，而又陨霜雨沙，天文示变，皆由不能宣上恩泽，致兹灾异，乞黜臣等以当天心。"帝曰："事岂关汝辈耶？其勿复言。"御史中丞郝天挺上疏论时政，帝嘉纳之。赐西僧搠思吉斡节儿钞万锭。丙辰，以皇后受册宝遣官恭谢太庙。以亢旱既久，帝于宫中焚香默祷，遣官分祷诸祠，甘雨大注。诏敕谕劝课农桑。

夏四月甲子，荛星于司天台。癸酉，赐寿宁公主橐驼三十六。乙亥，车驾幸上都。丙子，高丽王辞位，以其世子王焘为征东行中书省左丞相、上柱国，封高丽国王。辛巳，加御史大夫伯忽开府仪同三司、太傅。壬午，置中瑞司，秩正四品。甲申，诏遴选贤士纂修国史。乙酉，御史台臣言："富人贪缘特旨，滥受官爵；徽政、宣徽用人率多罪废之流；近侍托为贫乏，互奏恩赏；西僧以作佛事之故，累释重囚；外任之官身犯刑宪，辄营求内旨以免罪；诸王、驸马、寺观、臣僚土田，每岁征租亦极为扰民；请悉革其弊。"制曰：可。诏罢不急之役。真定、保定、河间、大宁路饥，并免今年田租十之三，仍禁酿酒。安南国遣使来贡方物。

五月辛丑，升中书右丞兀伯都剌为平章政事，左丞八剌脱因为右丞，参知政事阿卜海牙为左丞，参议中书省事秃鲁花铁木儿为参知政事。顺德、冀宁路饥，辰州水，赈以米、钞，仍禁酿酒。檀州及获鹿县蝻。

六月己未朔，京师地震。癸亥，秃忽鲁等以灾异，乞赐放黜，不允。丙寅，京师地震。辛未，以参知政事许思敬纲领国子学。乙亥，诏谕僧俗辨讼，有司及主僧同问，续置土田如例输税。丙子，赐诸王按灰金五十两、银七百五十两、金束带一、币帛各四十匹。己卯，河东廉访使赵简言："请选方正博洽之士任翰侍读、侍讲学士，讲明治道，以广圣听。"从之。御史台臣言："比年廉访司多不悉心奉职，宜令监察御史检核名实而黜升之；广海及云南、甘肃地远，迁调者惮弗肯往，乞令后加一等官之。"制曰：可。壬午，命监察御史检察监学官，考其殿最。癸未，命委官简汰卫士。甲申，建崇文阁于国子监。给马万匹与幽王南忽里等军士之贫乏者。以宋儒周敦颐、程颢、颢弟颐、张载、邵雍、司马光、朱熹、张栻、吕祖谦及故中书左丞许衡从祀孔子庙廷。上都民饥，出米五千石减价赈粜。河决陈、亳、睢州、开封、陈留县，没民田庐。

秋七月己丑朔，岁星犯东井。辛卯，太白昼见。癸巳，以作佛事，释囚徒二十九人。赐宣宁王铁木儿不花币帛百二十匹，安远王、亦思丹等各百匹。保定、真定、河间民流不止，命所在有司给粮两月，仍悉免今年差税诸被灾地并弛山泽之禁，猎者毋入其境。甲午，置榷茶批验所并茶由局官。乙未，太白昼见。庚子，立长秋寺，掌武宗皇后宫政，秩三品。敕卫王阿木哥岁赐外，给钞万锭。赐驸马脱铁木儿金百五十两、银七百五十两、钞二千锭、币帛五十匹。辛丑，复立四川等处儒学提举司。壬寅，京师地震。免大宁路今岁盐课。丁未，赐诸王火罗思迷、脱欢、南忽里、驸马忙兀带金二百两、银一千二百两、钞一千六百锭、币帛各有差。己酉，改淮东淮西道宣慰司为淮东宣慰司，以淮西三路隶河南省。敕守令劝课农桑，勤者升迁，怠者黜降，著为令。丙辰，太白昼见。丁巳，太白经天。云州蒙古军乏食，户给米一石。兴国属县蝻，发米赈之。

八月戊午朔，太白昼见。扬州路崇明州大风，海潮泛溢，漂没民居。壬戌，岁星犯东井。丁卯，车驾至自上都。庚午，以侍御史薛居敬为中书参知政事。壬午，太阴犯舆鬼。

九月，以相儿加思巴为帝师。癸巳，以宣徽院使完泽知枢密院事。戊申，封脱欢为安定王，赐金印。敕镇江路建银山寺，勿徙寺傍茔冢。京师大旱，帝问弭灾之道，翰林学士程钜夫举汤祷桑林事，帝奖谕之。

冬十月己卯，敕中书省议行科举。封不答灭里为安德王。辛未，徙昆山州治于太仓，昌平县治于新店。癸未，以辽阳路之懿州隶辽阳行省。复置蒙阴县隶莒州。乙酉，旌表高州民萧乂妻赵氏贞节，免其家科差。

壬寅，敕汉人、南人、高丽人宿卫分司上都，勿给弓矢。甲辰，行科举。诏天下以皇庆三年八月，天下郡县兴其贤者能者，充贡有司，次年二月，会试京师，中选者亲试于廷，赐及第出身有差。帝谓侍臣曰："朕所愿者，安百姓以图至治，然匪用儒士何以致此，设科取士，庶几得真儒之用，而治道可兴也。"

十二月辛酉，可里马丁上所编《万年历》。发米五千石赈阿只吉部之贫乏者。海都、都哇属户内附，敕所在给衣粮。丙子，定百官致仕资格。甲申，诏饬海道漕运万户府。京师以久旱，民多疾疫。帝曰："此皆朕之责也，赤子何罪？"明日，大雪。以嘉定州、德化县民灾，发粟赈之。

元史卷二五
本纪第二五

仁宗二

延佑元年春正月丁亥,授中书右丞刘正平章政事,商议中书省事。丙申,除四川酒禁。兴元、凤翔、泾州、邠州,岁荒禁酒。庚子,敕各省平章为首者及汉人省臣一员,专意访求遗逸,苟得其人,先以名闻,而后致之。以江浙行中书省左丞高昉为中书参知政事。丁未,诏改元延佑。释天下流以罪囚,免上都、大都差税二年,其余被灾曾经赈济人户,免差税一年。庚戌,中书省臣秃鲁忽等以灾变乞罢免,不允。

二月庚申,立印经提举司。戊辰,太宁路地震。癸酉,荧惑犯东井。甲戌,以侍御史赵世延为中书参知政事。诏免蒙古地差税二年,商贾勿免。己卯,给钞六千三百锭赈济良乡诸驿。壬午,以合散为中书右丞相、监修国史。癸未,以中书参政高昉为集贤学士。

三月壬辰,太阴掩荧惑。赐诸王塔失蒙古钞千锭、衣二袭。戊戌,真定、保定、河间民饥,给粮两月。己亥,白晕亘天,连环贯日。癸卯,暹国王遣其臣爱耽入贡。改南剑路曰延平,剑浦县曰南平。乙巳,以僧人作佛事,择释狱囚,命中书审察。丙午,封阿鲁秃为赵王。戊申,车驾幸上都。己酉,敕奸民宫其子为阉宦,谋避徭役者,罪之。辛亥,命参知政事赵世延纲领国子学。癸丑,中书平章政事察罕致仕。晋宁民侯喜儿昆弟五人,并坐法当死,帝叹曰:"彼一家不幸,而有是事,其择情轻者一人杖之,俾养父母,毋绝其祀。"

闰三月甲寅朔，敕减枢密知院冗员。辛酉，太阴犯舆鬼。罢咒僧月给俸。遣人视大都至上都驻跸之地，有侵民田者，计亩给直。丙寅，太阴犯太微东垣。丁丑，畿内及诸卫屯军饥，赈钞七千五百锭。汴梁、济宁、东昌等路，陇州、开州、青城、齐东、渭源、东明、长垣等县陨霜杀桑、果、禾苗。归州告饥，出粮减价赈粜。马八儿国主昔剌木丁遣其臣爱思丁贡方物。

夏四月甲申朔，大宁路地震，有声如雷。丁亥，敕储称海、五河屯田粟，以备赈济。太常寺臣请立北郊，不允。升延庆寺秩正二品。西番诸驿贫乏，给钞万锭。曲鲁部畜牧毙耗，赈钞八百七十三锭。己酉，废真阳、含光二县入英德州。壬辰，诸王脱脱薨，以月思别袭位。己酉，敕郡县官勤职者，加赐币帛。以铁木迭儿录军国重事，监修国史。立回回国子监。帝以《资治通鉴》载前代兴亡治乱，命集贤学士忽都鲁儿迷失及李孟择其切要者译写以进。武昌路饥，命发米减价赈粜。

五月甲寅朔，赐营王也先铁木儿钞万锭。戊午，辰星犯舆鬼。丁卯，赐李孟孝感县地二十八顷。禁诸王支属径取分地租赋扰民。敕岭北行省瘗阵没遗骼。乙亥，赈怯鲁连地贫乏者米三千石。丁丑，徙沧州治于长芦镇。戊寅，京兆为故儒臣许衡立鲁齐书院，降玺书旌之。庚辰，卢阳、麻阳二县以土贼作耗，蠲其地税赋。营王也铁木儿支属贫乏，赈粮两月。武陵县霖雨水溢，溺死居民，漂没庐舍禾稼，潭州、汉阳、思州民饥，并发廪减价粜赈之。肤施县大风雹损禾，并伤人畜。

六月戊子，敕内侍今后止授中官，勿畀文阶。置云南行省儒学提举司。封河南省丞相卜怜吉带为河南王。壬辰，增置畿内州县同知、主簿各一员。诸王察八儿属户匮乏，给粮一岁，仍俾屯田以自赡。发军增垦河南苟陂等处屯田。乙未，荧惑犯右执法。戊申，增置两浙盐运司判官一员。甲辰，拘河西僧免输租赋玺书。敕诸王戚里入觐者，宜趁夏时刍牧至上都，毋辄入京师，有事则遣使奏禀。衡州、郴州、兴国、永州路、耒阳州饥，发廪减价赈粜。宣平、仁寿、白登县雹损稼，伤人畜。

秋七月乙卯，答即乃所部匮乏，户给粮二石。庚午，命中书省臣议复封赠。赐晋王也孙铁木儿部钞十万锭。诏开下番市舶之禁。赐卫王阿木哥等钞七千锭。乙亥，会福院越制奏旨除官，敕自今举人，听中书可否以闻。申饬私盐之禁。沅陵、卢溪二县水。武清县浑河堤决，淹没民田，发廪赈之。

八月戊子，车驾至大都。癸卯，升太常寺为太常礼仪院，秩正二品。丁未，冀宁、汴梁及武安、涉县地震，坏官民庐舍，武安死者十四人，涉县三百二十六人。台州、岳州、武冈、常德、道州等路水，发廪减价赈粜。

九月壬戌，改提点教坊司事为大使。己巳，复以铁木迭儿为右丞相，合散为左丞相。罢陕西诸道行御史台。降仪凤卿为仪凤大使。肇庆、武昌、建德、建康、南康、江州、袁州、建昌、赣州、杭州、抚州、安丰等路水，发廪减价赈粜。

冬十月癸巳，升颍州万户府为中万户府。乙未，敕吏人转官止从七品，在选者降等注授。申饬内侍及诸司隔越中书奏请之禁。敕：下番贩须江浙省给牒以往，归则征税如制，私往者没其物。遣官括淮民所佃闲田不输税者。丙申，复甘肃屯田，置沙、瓜等处屯储总管万户府，秩正三品。乙巳，置恩平王塔思不花傅二人。庚戌，辰星犯东咸。监察御史言：“乞命枢密院设法教练士卒，应军官袭职者，试以武事，而后任之。”制曰：可。遣张驴经理江南田粮。

十一月壬子，升司天台为司天监，秩正三品，赐银印。乙卯，改大同侍卫亲军都指挥使司为中都威卫使司。置保安军于麻阳县，以御徭蛮。戊辰，以通政院使萧拜住为中书右丞。辛未，以翰林学士承旨答失蛮知枢密院事。癸酉，敕吏人贼行者，黥其面。大宁路地震，有声如雷。戊寅，铁木迭儿言：“比者僚属及六部诸臣皆晚至早退，政务废弛，今后有如此者视其轻重杖责之；臣或自惰，亦令诸人陈奏。”帝曰：“如更不悛则罢不叙。”以前中书右丞相秃忽鲁知枢密院事。静安路饥，发粮赈之。诏检核浙西、江东、江西田税。

十二月壬午，汴梁、南昌阳、归德、汝宁、淮安水，敕禁酿酒，量加赈恤。癸未，赈诸王铁木儿不花部米五千石，秃满部二千石。辛卯，禁诸王、驸马、权势之人增价鬻盐。壬辰，诏定官员士庶衣服、车舆制度。甲午，太阴犯舆鬼。己亥，敕中书省定议孔子五十三代孙当袭封衍圣公者，以名闻。庚子，遣官浚扬州、淮安等处运河。以翰林学士承旨李孟复为中书平章政事。癸卯，太阴犯房。甲辰，太阴犯天江。乙巳，敕经界诸卫屯田。沔阳、归德、汝宁、安丰等处饥，发米赈之。

二年春正月乙卯，岁星犯舆鬼。戊午，怀孟、卫辉等处饥，发米赈之。己未，太白昼见。癸亥，太阴犯轩辕。丙寅，霖雨坏浑河堤堰，没民田，发卒补之。禁民炼铁。发卒浚漷州漕河。丁卯，太阴犯进贤。戊辰，晋宁等处民饥，给钞赈之。己巳，置大圣寿万安寺都总管府，秩正三品。庚午，立行用库于江阴州。敕以江南行台赃罚钞赈恤饥民。乙亥，诏遣宣抚使分十二道问民疾苦，黜陟官吏，并给银印。命中书省臣分领庶务。禁南人典质妻子，贩买为驱。御史台臣言：“比年地震、水、旱，民流盗起，皆风宪顾忌失于纠察，宰臣燮理有所未至，或近侍蒙蔽赏罚失当，或狱有冤滥，赋役繁重，以致乖和，宜与老成共议所由。”诏明言其事当行者以闻。诸王脱列铁木儿部阙食，以钞七千五百锭给之。益都、般阳、晋宁民饥，给钞、米赈之。

二月己卯朔，会试进士。戊子，太白昼见。癸巳，太白经天。甲午，诏禁民转鬻养子。丙申，赐诸王纳忽答儿金五十两、银二百五十两、钞五百锭。庚子，诏以公哥罗古罗思监藏班藏卜为帝师，赐玉印，仍诏天下。壬寅，云南王老的来朝。辰、沅洞蛮吴千道为寇，敕调兵捕之。乙巳，赐诸王月鲁铁木儿钞万锭。丙午，太白经天。是月，晋宁、宣德等处饥，给米、钞赈之。真州扬子县火，发米减价赈粜。

三月乙卯，廷试进士，赐护都沓儿、张起岩等五十六人及第、出身有差。丙辰,太阴色赤如赭。庚午,帝率诸王、百官奉玉册、玉宝加上皇太后尊号,诏天下,蠲逋欠税课。丁丑,以中书平章张驴为江浙行省平章政事。

夏四月戊寅朔,日有食之。辛巳,赐进士恩荣宴于翰林院。癸巳,敕亦思丹等部出征军有后期及逃还者,并斩以徇。甲午,谕晋王也孙铁木儿以先朝所赐惠州银矿洞归还有司。庚子,太阴犯垒壁阵。辛丑,赐会试下第举人七十以上从七流官致仕,六十以上府、州教授,余并授山长、学正,后勿援例。敕诸王分地仍以流官为达鲁花赤,各位所辟为副达鲁花赤。命李孟等类集累朝条格,俟成书闻奏颁行。立规运提点所,秩五品,置官四员;广贮库,秩七品,置官三员;并隶寿福院。乙巳,车驾幸上都。宣徽院以供尚膳,遣人猎于归德,敕以其扰民,特罢之。加授特进上卿、玄教大宗师张留孙开府仪同三司。丙午,封诸王察八儿为汝宁王。潭州、江州、建昌、沅州饥,发廪赈粜。

五月戊申朔,改给各道廉访司银印。复立陕西诸道行御史台。贵赤张小厮等招户六千,勒还民籍。御史中丞王毅乞归养亲,不许。庚申,赐公主燕海牙钞千锭。辛酉,太阴犯天江。乙丑,秦州成纪县山移,是夜疾风电雹,北山南移至夕河川,次日再移;平地突出土阜,高者二三丈,陷没民居;敕遣官核验赈恤。庚午,太白昼见。立海西、辽东鹰坊万户府,隶中政院。壬申,诸王撒都失里薨。甲戌,日赤如赭。加授宦者中尚卿续元晖昭文馆大学士。乙亥,日赤如赭。是月,发粟三百石赈诸王按铁木儿等部贫民。奉元、龙兴、吉安、南康、临江、袁州、抚州、江州、建昌、赣州、南安、梅州、辰州、兴国、潭州、岳州、常德、武昌等路,南丰州、澧州等处饥,并发廪赈粜。

六月辛巳,察罕脑儿诸驿乏食,给粮赈之。甲申,太白昼见,是夜太阴犯平道。乙未,徙陕西肃政廉访司于凤翔。戊戌,幽王南忽里等部困乏,给钞俾买马羊以济之。河决郑州。己亥,置汝宁王察八儿王傅官。辛丑,以济宁、益都亢旱,汰省宿卫士刍粟。癸卯,太白犯东井。丙午,辰星犯舆鬼。缅国主遣其子脱剌合等来贡方物。

秋七月庚戌,增兴和路治中一员。戊申,赐宣宁王铁木儿不花及其二弟钞万锭并玉具、鞍勒、币帛。壬子,增尚舍寺官六员为八员。云需总管府增同知二员。癸丑,复赐晋王也孙铁木儿惠州银铁洞。甲寅,置诸王斡罗温孙王傅官四员。复陈州商水镇为南屯县。省两淮屯田总管府官四员,并提领所入提举司。改只合赤八剌合孙总管府为尚供府。乙卯,赣州土贼蔡五九聚众作乱,敕遣兵捕之。敕阿宿卫户贫乏者,给牛、种、耕具,于连怯烈地屯田。甲子,江南湖广道奉使温迪罕言:廉访司公田多取民租,宜复旧制。从之。乙丑,升崇福院秩正二品。癸酉,赐卫王阿木哥钞万锭。命铁木迭儿总宣政院事,诏谕中外。是月,畿内大雨,漷州、昌平、香河、宝坻等县水,没民田庐;潭州、金州、永州路,茶陵州霖雨,江涨没田稼,出米减价赈粜。

八月丙戌,赣州贼蔡五九陷汀州宁化县,僭称王号。诏遣江浙行省平章张驴等率兵讨之。己丑,车驾至自上都。乙未,台臣言:"蔡五九之变,皆由昵匝马丁经理田粮,与郡县横加酷暴,逼抑至此;新丰一县,撤民庐千九百区,夷墓扬骨,虚张顷亩,流毒居民;乞罢经理及冒括田租。"制曰:可。庚子,改辽阳省泰州为泰宁府。壬寅,增国子生百员,岁贡伴读四员。诏江浙行省印《农桑辑要》万部,颁降有司遵守劝课。旌表贵州达鲁花赤相兀孙妻脱脱真死节,仍俾树碑任所。

九月丁未,张驴以括田逼死九人,敕吏部尚书王居仁等鞫之。己酉,太阴犯房。甲寅,日色如赭。辛酉,太白犯左执法。壬戌,蔡五九众溃伏诛,余党悉平。敕赏军士讨捕功,并官其死事者子孙。己巳,徙曲尤仓于赤斤之地。赐诸王别铁木儿永昌路及西凉州田租。

冬十月丙子朔,客星见太微垣。丁丑,封脱火赤为威宁郡王,赐金印,忽儿赤铁木儿不花为赵国公。庚辰,以淮西廉访使郭贯为中书参知政事。壬午,有事于太庙。给云南廉访司公田。乙未,升同知枢密院事铁木儿脱知枢密院事。授白云宗主沈明仁荣禄大夫、司空。丁酉,加授铁木迭儿太师。癸卯,八百媳妇蛮遣使献驯象二,赐以币帛。

十一月丙午，客星变为彗，犯紫微垣，历轸至壁十五宿，明年二月庚寅乃灭。辛未，以星变赦天下，减免各路差税有差。甲戌，封和世㻋为周王，赐金印。左丞相合散等言：“彗星之异，由臣等不才所致，愿避贤路。”帝曰：“此朕之愆，岂卿等所致，其复乃职；苟政有过差，勿惮于改；凡可以安百姓者，当悉言之，庶上下交修，天变可弭也。”

十二月戊寅，赐云南行省参政汪长安虎符，预军政。庚寅，增置平江路行用库。癸巳，给钞买羊马赈北边诸军。命省臣定拟封赠通例，俾高下适宜以闻。旌表汀州宁化县民赖禄孙孝行。

三年春正月乙巳，汉阳路饥，出米赈之。特授昔宝赤八刺合孙达鲁花赤脱欢金紫光禄大夫、太尉，仍给印。丙午，封前中书左丞相忽鲁答儿寿国公，增置晋王部断事官四员，都水太监二员，省卿一员。以真定、保定荐饥，禁畋猎。改直沽为海津镇。辛酉，升同知枢密院事买闾知院事。壬戌，赐上都开元寺江浙田二百顷，华严寺百顷。赐赵王阿鲁秃部钞二万锭。

二月丁丑，调海口屯储汉军千人，隶临清运粮万户府，以供转漕，给钞二千锭。戊寅，命湖广行省谕安南归占城国主。置安远王丑汉王傅。河间、济南、滨、棣等处饥，给粮两月。

三月辛亥，特授高丽王世子王璹开府仪同三司、沈王。加授将作院使吕天麟大司徒。甲寅，敕萧拜住及陕西、四川省臣各一员，护送周王之云南。置周王常侍府，秩正二品，设常侍七员，中尉四员，咨议、记室各二员。置打捕鹰坊民匠总管府，设官六员，断事官八员，延福司、饮膳署官各六员，并隶周王常侍府。辛酉，升太史院秩正二品。癸亥，车驾幸上都。壬申，鹰坊孛罗等扰民于大同，敕拘还所奉玺书，禁天下春时畋猎。

夏四月癸酉朔，赐皇姊大长公主钞五千锭、币帛二百匹。河南流民群聚渡江，所过扰害，命行台廉访司以见贮赃钞赈之。横州徭蛮为寇,命湖广省发兵讨捕。壬午,谕中书省岁给卫王阿木哥钞万锭。敕卫辉、昌平守臣修殷比干、唐狄仁杰祠,岁时致祭。戊子,升印经提举司为广福监。己丑,升会福院秩正二品。癸巳,赐安远王丑汉金各五百两、钞千锭、币帛二十匹。己亥,增置周王断事官二员。以淮东廉访司佥事苗好谦善课民农桑,赐衣一袭。庚子,以上都留守憨剌合儿知枢密院事。升殊祥院秩正二品。命中书省与御史台、翰林、集贤院集议封赠通制,著为令。辽阳盖州及南丰州饥,发廪赈之。

五月甲辰至戊申,日如赭。辛亥,以江西行省右丞相斡赤为大司徒。庚申,以大都留守伯铁木儿为中书平章政事。升中书右丞萧拜住为平章政事,左丞阿卜海牙为右丞,参政郭贯为左丞,参议不花为参知政事。庚午,置甘肃儒学提举司、辽阳金银铁冶提举司,秩并从五品。赐诸王迭里哥儿不花等金三百五十两、银一千二百两、钞三千二百锭、币帛有差。潭、永、宝庆、桂阳、澧、道、袁等路饥,发米赈粜。

六月乙亥,制封孟轲父为邾国公,母为邾国宣献夫人。改诸王、功臣分地郡邑同知、县丞为副达鲁花赤,中下县及录事司增置副达鲁花赤一员。丙子,融、宾、柳州猺蛮叛,命湖广行省遣官督兵捕之。丁丑,敕:“大辟罪临刑,敢有横加刲割者,以重罪论。凡鞫囚,非强盗,毋加酷刑。”戊寅,吴王朵列纳等部乏食,赈粮两月。己卯,诏谕百司各勤其职,毋隳废大政。甲申,给安远王丑汉分枢密院印。丁亥,封床兀儿为句容郡王。丁酉,赐周王从卫钞四十万锭。河决汴梁没民居,辽阳之盖州饥,并发粮赈之。

秋七月壬子,命御史大夫伯忽、脱欢答剌罕拯治台纲,仍降诏宣谕中外。乙卯,封玉龙铁木儿为保恩王,赐金印。辛酉,赐普庆寺益都田百七十顷。丙寅,复以燕铁木儿知枢密院事。庚午,发高丽、女直、汉军千五百人于滨州、辽河、庆云、赵州屯田。

八月癸酉,以兵部尚书乞塔为中书参知政事。己卯,车驾至自上都。戊戌,置织佛像工匠提调所,秩七品,设官二员。

九月辛丑，复五条河屯田。以中书左丞郭贯为集贤大学士，集贤大学士王毅为中书左丞。庚戌，割上都宣德府奉圣州怀来、缙山二县隶大都路。改缙山县为龙庆州，帝生是县，特命改焉。癸丑，太白昼见。己未，冀宁、晋宁路地震。丙寅，太白经天。

冬十月辛未，以江南行台侍御史高昉为中书参知政事。壬申，有事于太庙。调四川军二千人、云南军三千人乌蒙等处屯田，置总管万户府，秩正三品，设官四员，隶云南省。壬午，河南路地震。甲申，太白犯斗。庚寅，敕五台灵鹫寺置铁冶提举司。乙未，赐豳王南忽里部钞四万锭。丁酉，修甘州城。申禁民有父在者不得私贷人钱及鬻墓木。甘州、肃州等路饥，免田租。

十一月壬寅，命监察御史监治岭北钩校钱粮，半岁更代。大万宁寺住持僧米普云济以所佩国公印移文有司，紊乱官政，敕禁止之。乙巳，增集宁、砂井、净州路同知、府判、提控、案牍各一员。乙卯，改旧运粮提举司为大都陆运提举司，新运粮提举司为京畿运粮提举司，澧州路安抚司为安定军民府。

十二月庚午，以知枢密院事秃忽鲁为陕西行省左丞相。壬午，授嗣汉三十九代天师张嗣成太玄辅化体仁应道大真人，主领三山符箓，掌江南道教事。丁亥，立皇子硕德八剌为皇太子兼中书令、枢密使，授以金宝，告天地宗庙。升同知枢密院事床兀儿知枢密院事。诸王按灰部乏食；给米三千一百八十六石济之。

元史卷二六
本纪第二六

仁宗三

　　四年春正月庚子，帝谓左右曰："中书比奏百姓乏食宜加赈恤，朕默思之，民饥若此，岂政有过差，以致然欤？向诏百司，务遵世祖成宪，宜勉力奉行，辅朕不逮；然尝思之，唯省刑薄赋，庶使百姓各遂其生也。"乙卯，诸王脱脱驻云南，扰害军民，以按灰代之。丙辰，以知枢密院事完者为云南行省平章政事。己未，给帝师寺廪食钞万锭。壬戌，冀宁路地震。戊辰，给诸王也速也不干、明安答儿部粮三月。

　　闰月庚辰，封诸王孛罗为冀王。丙戌，以立皇太子诏天下，给赐鳏寡孤独钞，减免各路租税有差。赐诸王宗戚朝会者金三百两、银二千五百两、钞四万三千九百锭。辛卯，封别铁木儿为汾阳王。壬辰，给幽王南忽里部钞十二万锭买马。汴梁、扬州、河南、淮安、重庆、顺庆、襄阳民皆饥，发廪赈之。

　　二月庚子，赐诸王买闾部钞三万锭。甲辰，敕郡县各社复置义仓。戊申，特授近侍完者不花翰林侍读学士、知制诰、同修国史。癸亥，升泰宁府为泰宁路，仍置泰宁县。乙丑，升蒙古国子监秩正三品，赐银印。丙寅，以诸王部值脱火赤之乱，百姓贫乏，给钞十六万六千锭、米万石赈之。曹州水，免今年租。

　　三月丁卯朔，升靖州为路。庚午，给赵王阿鲁秃部粮四千石。乙酉，太阴犯箕。辛卯，车驾幸上都。

夏四月戊戌,给安王兀都思不花部军粮三月。己亥,德安府旱,免屯田租。壬寅,加授太常礼仪院使拜住大司徒,赐赵王阿鲁秃金五十两、银五百两、钞千锭。割怀来县隶龙庆州。甲辰,以太宁路隶辽阳省。戊申,答合孙寇边,吴王朵列纳等败之于和怀,赐金玉束带、黄金、币帛有差。己未,诸王纽怜薨。乙丑,禁岭北酒。帝尝夜坐,谓侍臣曰:"雨旸不时,奈何?"萧拜住对曰:"宰相之过也。"帝曰:"卿不在中书耶?"拜住惶愧。顷之,帝露香默祷。既而大雨,左右以雨衣进,帝曰:"朕为民祈雨,何避焉。"翰林学士承旨忽都鲁都儿迷失、刘赓等译《大学衍义》以进,帝览之谓群臣曰:"《大学衍义》议论甚嘉,其令翰林学士阿怜铁木儿译以国语。

五月辛未,授上都留守阔阔出开府仪同三司、大司徒。壬申,赐出征诸王丑汉等金银、钞币有差。乙亥,加封大长公主忙哥台为皇姑大长公主,给金印。戊寅,改卫率府为中翊府。壬午,黄州、高邮、真州、建宁等处流民群聚,持兵抄掠,敕所在有司,其伤人及盗者罪之,余并给粮遣归。以翰林学士承旨赤因铁木儿为中书平章政事,中书平章兀伯都剌为集贤大学士。己丑,升中书左丞阿卜海牙为平章政事,参政乞塔为右丞,高昉为左丞,参议中书省事换住、张思明并参知政事。

六月乙巳,太阴犯心。内外监察御史四十余人劾铁木迭儿奸贪不法。戊申,铁木迭儿罢,以左丞相合散为中书右丞相。己酉,兀伯都剌复为中书平章政事。壬子,以工部尚书王桂为中书参知政事。安远王丑汉、赵王阿鲁秃为叛王脱火赤所掠,各赐金银、币帛。丙辰,敕诸王、驸马功臣分地仍旧制,自辟达鲁花赤。丁巳。安南国遣使来贡。戊午,置冀王孛罗王傅二员,中尉、司马各一员,都总管府秩正三品。己未,给岭北行省经费钞九十万锭、杂彩五万匹。癸亥,禁总摄沈明仁所佩司空印,毋移文有司。

秋七月乙亥,李孟罢,以江浙行省左丞王毅为中书平章政事。庚辰,赐皇姑大长公主忙哥台金百两、银千两、钞二千锭、币帛各百匹。赏讨叛王有功句容郡王床兀儿等金银、币帛、钞各有差。壬午,敕赤因铁木儿颁赉诸王、驸马及赈济所部贫乏。特授中卫亲军都指挥使孛兰奚太尉。己丑，成纪县山崩，土石溃徙，坏田稼、庐舍，压死居民。辛卯，冀宁路地震。帝谕省臣曰："比闻蒙古诸部困乏，往往鬻子女于民家为婢仆，其命有司赎之还各部。"帝出见卫士有弊衣者，驻马问之，对曰："戍守边镇余十五年，以故贫耳。"帝曰："此辈久劳于外，留守臣未常以闻，非朕亲见，何由知之，自今有类此者，必言于朕。"因命赐之钱帛。

八月丙申，车驾至自上都。荧惑犯舆鬼。壬子，太阴犯昴。庚申，合散奏事毕，帝问曰："卿等日所行者何事？"合散对曰："臣等第奉行诏旨而已。"帝曰："卿等何尝奉行朕旨，虽祖宗遗训、朝廷法令皆不遵守；夫法者所以辨上下、定民志，自古及今，未有法不立而天下治者；使人君制法，宰相能守而勿失，则下民知所畏避，纲纪可正，风谷可厚；其或法弛民慢，怨言并兴，欲求治安岂不难哉？"

九月丙寅，合散言："故事丞相必用蒙古勋臣，合散回回人，不厌人望。"遂恳辞。制以宣徽使伯答沙为中书右丞相，合散为左丞相。己巳，大都南城产嘉禾一茎十一穗。庚午，太阴犯斗。壬辰，诏戒饬海漕，谕诸司毋得沮挠。岭北地震三日。

冬十月甲午朔，有事于太庙。戊戌，给诸王晃火铁木儿等部粮五千石。壬寅，敕刑部尚书举林柏监大都兵马司防遏盗贼，仍严饬军校，制其出入。遣御史大夫伯忽、参知政事王桂祭陕西岳镇、名山，赈恤秦州被灾之民。己酉，监察御史言："官吏丁忧起复，人情惊惑，请禁止以绝侥幸，惟朝廷耆旧特旨起复者不在禁例。"制曰：可。给两淮屯田总管府职田。壬子，给钞五万锭、粮五万石赈察罕脑儿。戊午，海外婆罗公之民往贾海番，遇风涛，存者十四人，漂至温州永嘉县；敕江浙省资遣还乡。改潮州路所统梅州隶广东道宣慰司。

十一月己卯，复浚扬州运河。己丑，并汧源县入陇州。壬辰，谕诸宿卫入直，各居其次，非有旨不得上殿，阑入禁中者坐罪，大臣许从二人，他官一人，门者讥其出入。

十二月丁酉，复广州采金银珠子都提举司，秩正四品，官三员。

乙巳，置詹事院，从一品，太子詹事四员，副詹事、詹事丞并二员，家令府、延庆司设官并四员，典宝监八员。遣官即兴和路及净州发廪赈给北方流民。己酉，卢沟桥、泽畔店、瑠璃河并置巡检司。壬子，置安王王傅。丁巳，赐诸王秃满铁木儿等及驸马忽剌兀带各部金一千二百两、银七千七百两、钞一万七千七百锭、币帛二千匹。以内宰领延福司事秃满迭儿知枢密院事。特授晋王内史按摊出金紫光禄大夫、鲁国公。辛酉，改怯怜口民匠总管府为缮用司。

五年春正月辛未，赐诸王秃满铁木儿等所部钞四万锭。甲戌，懿州地震。丙子，安南国遣其臣尹世才等以方物来贡。乙酉，敕诸王位下民在大都者与民均役。丁亥，会试进士。湖广平章买住加鲁国公、大司农。赈晋王也孙铁木儿等部贫乏者。

二月癸巳朔，日有食之。和宁路地震。丁酉，敕广宁、开元等万户府军入侍卫，有兄弟子侄五人者，三人留，四人、三人者，二人留，著为籍。秦州泰安县山崩。封诸王晃火铁木儿为嘉王，秃满铁木儿为武平王，并赐印。丁未，敕云南、四川归还所侵顺元宣抚司民地。戊申，升内史府秩正二品。建鹿顶殿于文德殿后。辛亥，敕杭州守臣春秋祭淮安忠武王伯颜祠。王子诸王答失蛮部乏食，敕甘肃行省给粮赈之。赐诸王察吉儿钞万锭。甲寅，置宁昌府。乙卯，命中书省汰不急之役。增置河东宣慰司副使一员。敕上都诸寺权豪商贩货物并输税课。戊午，以者连怯耶儿万户府为右卫率府。给书西天字《维摩经》金三千两。庚申，罢封赠。赏讨叛王脱火赤战功，赐诸王部察罕等金银、币钞有差。

三月戊辰，御试进士，赐忽都达儿、霍希贤以下五十人及第、出身有差。己巳，赐宁海王八都儿金印。庚午，立诸王斡罗温孙部打捕鹰坊诸色人匠怯怜口总管府，秩从四品。改静安路为德宁路，静安县为德宁县。癸酉，晋王也孙铁木儿部贫乏，赈米四千一百五十石，仍赐钞二万锭买牛羊孳畜。乙亥，增给两淮运司分司印一。特授安远王丑汉开府仪同三司、录军国重事、知枢密院事。戊寅，以湖州路为安王兀都思不花分地，其户数视卫王阿木哥。癸未，和宁、净州路禁酒。赐钞万锭，命晋王也孙铁木儿赈济辽东贫民。晋王内史拾得间加荣禄大夫，封桓国公。给金九百两、银百五十两书金字《藏经》。甲申，免巩昌等处经赈济者差税禄课。乙酉，御史台臣言：“诸司、近侍隔越中书闻奏者，请如旧制论罪。”制曰：可。己丑，敕以红城屯田米赈净州、平地等处流民。置汾阳王别铁木儿王傅四员。赐丑驴答剌罕平江路田百顷。

夏四月壬辰，安吉王乞台普济薨。丁酉，诸王雍吉剌部乏食，赈米三千石。己亥，耽罗捕猎户成金等为寇，敕征东行省督兵捕之。庚子，赐诸王察吉儿部钞万锭，布帛称是。给中翊府阎台、顺州屯田钞万锭，置牛、种、农具。庚戌，敕安远王丑汉分地隶济宁者七县、汀州者三县，达鲁花赤听其自辟。升印经提举司为延福监，秩正三品。遣官分汰各部流民，给粮赈济。免怀孟、河南、南阳居民所输陕西盐课。是时，解州盐池为水所坏，命怀孟等处食陕西红盐，后以地远，改食沧盐，而仍输课陕西，民不堪命，故免之。木邻、铁里干驿困乏，济以马五千匹。辽阳饥，海漕粮十万石于义、锦州以赈贫民。甲寅，枢密院臣言：“各省调度军马，惟长官二人领其事，今四川省诸臣皆预，非便，请如旧制。”从之。以千奴、史弼并为中书平章政事，侍御史敬俨为中书参知政事。戊午，车驾幸上都。

五月辛酉朔，顺元等处军民宣抚使阿昼以洞蛮酋黑冲子子昌奉方物来觐。丁卯，赐安王兀都思不花金五百两、银五千两。以御史中丞亦列赤为中书右丞相。戊辰，遣平章政事王毅禜星于司天台三昼夜。诸王按塔木儿、不颜铁木儿部乏食，赈粮两月。壬申，监察御史言：“比年名爵冒滥，太尉、司徒、国公接迹于朝，昔奉诏裁罢，中外莫不欣悦；近闻礼部奉旨铸太尉、司徒、司空等印二十有六，此辈无功于国，载在史册，贻笑将来。请自今门阀贵重、勋业昭著者存留一二，余并革去。”制曰：可。癸酉，遣官分道减决笞以下罪。己卯，德庆路地震。巩昌陇西县大雨，南土山崩，压死居民，给粮赈之。

六月辛卯，御史台臣言：“昔遣张驴等经理江浙、江西、河南田粮,虚增粮数,流毒生民,已尝奉旨俟三年徵租,今及其期,若江浙、江西当如例输之,其河南请视乡例减半征之。"制曰:可。癸巳,以典瑞院使斡赤为集贤大学士、领典瑞院事、大司徒。己亥,北地诸部军士乏食,给粮赈之。庚子,遣阿尼八都儿、只儿海分汰净州北地流民,其隶四宿卫及诸王驸马者,给资粮遣还各部。癸卯,赐诸王桑哥班金束带一、银百两、钞五百锭。乙巳,术者赵子玉等七人伏诛。时卫王阿木哥以罪贬高丽,子玉言于王府司马曹脱不台等曰:"阿木哥名应图谶。"于是潜谋备兵器、衣甲、旗鼓,航海往高丽取阿木哥至大都,俟时而发,行次利津县,事觉,诛之。西蕃土寇作乱,敕甘肃省调兵捕之。丁巳,赐安王兀都思不花等金束带及金二百两、银一千五十两、钞二千二百锭、币帛二百八十匹。

秋七月己未朔,李邦宁加开府仪同三司。癸亥,赐诸王八里带等金二百两、银八百五十两、钞二千锭、币帛二百匹。甲子,给钦察卫马羊价钞一十四万五千九百九十二锭。丙寅,调军五千乌蒙等处屯田,置总管万户府,秩正三品,给银印。丁卯,给钞二十万锭、粮万石,命晋王分赉所部宿卫士。壬申,御史中丞赵简言:"皇太子春秋鼎盛,宜选耆儒敷陈道义,今李铨侍东宫说书,未谙经史,请别求硕学分进讲读,实宗社无疆之福。"制曰:可。诸王不里牙敦之叛,诸王也舍、失列吉及卫士朵带、伯都坐持两端,不助官军进讨,敕流也舍江西,失列吉湖广,朵带衡州,伯都潭州。癸酉,拘卫王阿木哥王傅印。置饩廪司,秩正八品,隶上都留守司。丰州石泉店置巡检司。赐诸王别失帖木儿等金银,并赈其部米万石、钞万锭。己卯,诸王雍吉剌带、曲春铁木儿来朝,赐金二百两、银一千两、钞五千锭、币帛一百匹,仍给钞万锭、米万石,分赉其所部。辛巳,立受给库,秩九品,隶工部。壬午,罢河南省左丞陈英等所括民田,止如旧例输税。戊子,巩昌路宁远县山崩。加封楚三闾大夫屈原为忠节清烈公。

八月戊子,车驾至自上都。乙卯,并翁源县入曲江县。

九月癸亥,大司农买住等进司农丞苗好谦所撰《栽桑图说》,帝曰:"农桑,衣食之本,此图甚善。"命刊印千帙,散之民间。丙寅,广西两江龙州万户赵清臣、太平路总管李兴隆率土官黄法扶、何凯并以方物来贡，赐以币帛有差。幽王南忽里等部贫乏，命甘肃省市马万匹给之。丁卯，中书右丞、宣徽使亦列赤为中书平章政事，左丞高昉为右丞，参知政事换住为左丞，吏部尚书燕只干为参知政事。壬申，以钞给北边军为马价。甲戌，以作佛事，释重囚三人，轻囚五十三人。己卯，以江浙省所印《大学衍义》五十部赐朝臣。辛巳，置大永福寺都总管府，秩三品。壬午，敕军官犯罪，行省咨枢密院议拟，毋擅决遣。丙戌，以金太常礼仪院事狗儿为中书参知政事。丁亥，立行宣政院于杭州，设官八员。大同路金城县大雨雹。

冬十月己丑，以大宁路隶辽阳省，宣德府隶大都路。敕：僧人除宋旧有及朝廷拨赐土田免租税，余田与民一体科征。播州南宁长官洛麽作乱，思州守臣换住哥招谕之，洛麽遣人以方物来觐。罢胶、莱、莒、密盐使司，复立涛洛场。辛卯，禁大同、冀宁、晋宁等路酿酒。壬辰，建帝师巴思八殿于大兴教寺，给钞万锭。癸巳，改中翊府为羽林亲军都指挥使司。甲午，有事于太庙。癸丑，赣州路雩都县里胥刘景周以有司征括田新租，聚众作乱，敕免征新租，招谕之。

十一月辛酉，开成、庄浪等处禁酒。壬戌，改黄花岭屯储军民总管府为屯储总管府，设官四员。山后民饥，增海漕四十万石。增置大都南、北两兵马司指挥使，色目、汉人各二员，给分司印二。丁卯，用监察御史乃蛮带等言，追夺建康富民王训等白身滥受宣敕，仍禁冒籍贯宿卫及巧受远方职官、不赴任求别调者，隐匿不自首者罪之。己巳，升同知枢密院事忠嘉知枢密院事。丙子，集贤大学士、太保曲出言：“唐陆淳著《春秋纂例》、《辨疑》、《微旨》三书，有益后学，请令江西行省锓梓，以广其传。”从之。癸未，敕江西茶运司岁课以二十五万锭为额。敕大永福寺创殿，安奉顺宗皇帝御容。

十二月壬辰，特授集贤大学士脱列大司徒。辛亥，置重庆路江津、巴县等处屯田。省成都岁漕万二千石。甲寅，敕枢密院核实蒙古军贫乏者，存恤五年。

六年春正月丁巳朔,暹国遣使奉表来贡方物。丁卯,敕福建、两广、云南、甘肃、四川军官致仕还家,官给驿传如民官例。戊辰,赈晋王部贫民。癸酉,特授同知徽政院事丑驴答剌罕金紫光禄大夫、太尉,给银印。甲戌,监察御史孛术鲁翀等言:"皇太子位正东宫,既立詹事院以总家政,宜择年德老成、道义崇重者为师保宾赞,俾尽心辅导,以广缉熙之学。"制曰:可。戊寅,太阴犯心。己卯,崇星于司天台。广东南恩、新州猺贼龙郎庚等为寇,命江西行省发兵捕之。帝御嘉禧殿,谓扎鲁忽赤买闾曰:"扎鲁忽赤,人命所系,其详阅狱辞,事无大小必谋诸同僚,疑不能决者与省、台臣集议以闻。"又顾谓侍臣曰:"卿等以朕居帝位为安邪?朕惟太祖创业艰难,世祖混一疆宇,兢业守成,恒惧不能当天心,绳祖武,使万方百姓乐得其所,朕念虑在兹,卿等固不知也。"

二月丁亥朔,日有食之。改释奠于中丁,祀社稷于中戊。崇星于回回司天台。丁酉,云南阇里爱俄、永昌蒲蛮阿八剌等并为寇,命云南省从宜剿捕。戊戌,改陕西转运盐使司为河东、陕西都转运盐使司,直隶省部。己亥,太阴犯灵台。乙巳,敕诸司不由中书奏官辄署事者,悉罢之。特授僧从吉祥荣禄大夫、大司空,加荣禄大夫、大司徒僧文吉祥开府仪同三司。

三月丁巳,以天寿节,释重囚一人。乙未,给钞赈济上都、西番诸驿。辛酉,斡端地有叛者入寇,遣镇西武靖王搠思班率兵讨之。诏以御史中丞秃秃合为御史大夫,谕之曰:"御史大夫职任至重,以卿勋旧之裔,故特授汝。当思乃祖、乃父忠勤王室,仍以古名臣为法,否则将坠汝家声,负朕委任之意矣。"丙寅,改怀孟路为怀庆路。特授翰林学士承旨八儿思不花开府仪同三司、大司徒。己巳,太阴犯明堂。敕诸王、驸马、宗姻诸事,依旧制领于内八府官,勿径移文中书。封诸王月鲁铁木儿为恩王,给印,置王傅官。免大都、上都、兴和、大同今岁租税。癸酉,太阴犯日星。甲戌,太阴犯心。壬午,赐大兴教寺僧斋食钞二万锭。禁甘肃行省所属郡县酿酒。

夏四月壬辰,中书省臣言:"云南土官病故,子侄兄弟袭之,无则妻承夫职,远方蛮夷顽犷难制,必任土人可以集事,今或阙员,宜从本俗权职以行。"制曰:可。丙辰,命京师诸司官吏运粮输上都、兴和赈济蒙古饥民。庚子,车驾幸上都。以铁木迭儿为太子太师。内外监察御史四十余人劾其逞私蠹政,难居师保之任。不听。诸王合赞薨。丙午,命宣政院赈给西番诸驿。壬子,伯颜铁木儿部贫乏,给钞赈之。

五月辛酉,太阴犯灵台。丁卯,太阴犯房。丙子,太阴犯垒壁阵。加安南国王陈益稷仪同三司。

六月戊子,以庄浪巡检司为庄浪县,移巡检司于比卜渡。癸巳,以米五千石赈大长公主所隶贫民,甲午,改缮珍司为徽仪使司,秩二品。己亥,岁星犯东咸。辛丑,置河南田赋总管府,隶内史府,设达鲁花赤、总管、同知各一员,副总管二员,秩从三品。戊申,置勇校署,以角抵者隶之。庚戌,大同县雨雹,大如鸡卵。诏以驼马牛羊分给朔方蒙古民戍守边徼者,俾牧养蕃息以自赡,仍命议兴屯田。壬子,赐大乾元寺钞万锭,俾营子钱供缮修之费,仍升其提点所为总管府,给银印,秩正三品。给钞四十万锭,赈合刺赤部贫民;三十万锭,赈诸位怯怜口被灾者,诸有俸禄及能自赡者勿给。癸丑,以羽林亲军万人隶东宫。丙子,升广惠司秩正三品,掌回回医药。丁丑,以济宁等路水,遣官阅视其民,乏食者赈之,仍禁酒,开河泊禁听民采食。晋阳、西凉、钧等州,杨翟、新郑、密等县大雨雹。汴梁、益都、般阳、济南、东昌、东平、济宁、恭安、高唐、濮州、淮安诸处大水。

秋七月丙辰,缅国赵钦撒以方物来觐。来安路总管岑世兴叛据唐兴州,赐玺书招谕之。诸王阔悭坚部贫乏,给粮赈之。壬戌,太阴犯心。以者连怯耶儿万户府军万人隶东宫,置右卫率府,秩正三品。丁卯,诏谕江西官吏豪民毋沮挠茶课。甲戌,皇姊大长公主祥哥刺吉作佛事,释全宁府重囚二十七人,敕按问全宁守臣阿从不法,仍追所释囚还狱。命分简奴儿干流囚,罪稍轻者屯田肇州。乙亥,通州、漷州增置三仓。丙子,太白犯太微垣右执法。增置上都巡警院、开平县官各二员。己卯,晋王也孙铁木儿所部民,经剽掠灾伤,为盗

者众,敕扎鲁忽赤囊加带往,与晋王内史审录罪囚,重者就启晋王
诛之,当流配者加等杖之。庚辰,赐木怜、麦该两驿钞一万二千一百
二十锭,俾市马给驿。辛巳,赐左右鹰坊及合刺赤等贫乏者钞一十
四万锭。

八月甲申,以河东山西道宣慰使张思明为中书参知政事。乙
酉,荧惑犯舆鬼。甲午,以授皇太子玉册告祭于南郊。庚子,车驾至
自上都。丁未,告祭于太庙。是月,伏羌县山崩。

闰八月丙辰,辰星犯太微垣右执法。赐嘉王晃火铁木儿部羊十
万、马万匹。庚申,增置兴和路既备仓,秩正八品。升广盈库从八品。
癸亥,荧惑犯轩辕。甲子,太阴犯垒壁阵。浚会通河。壬申,以太傅、
御史大夫伯忽为太师。癸酉,敕河东山西道宣慰司官,给俸同随朝。
敕诸司有受命不之官,及避繁剧托故去职者,夺其宣敕。乙亥,太白
犯东咸。并永兴县入奉圣州。

九月甲申,以徽政使朵带为太傅。升参议中书省事钦察为参知
政事。辛卯,铁里干等二十八驿被灾,给钞赈之。壬辰,崇星于司天
台。癸巳,以作佛事,释大辟囚七人,流以下囚六人。戊戌,增海漕
十万石。置云南县隶云内州。以故昌州宝山县置宝昌州,隶兴和路。
庚子,并顺德、广平两铁冶提举司为顺德、广平、彰德等处铁冶提举
司。癸卯,御史台臣言:"比者,官以幸求,罪以赂免;乞凡内外官非
勋旧有资望者,不许骤升;诸犯赃罪已款伏,及当鞫而幸免者,悉付
元问官以竟其罪;其贪污受刑夺职不叙者,夤缘近侍,出入内庭,觊
倖名爵,宜斥逐之。"帝皆纳其言。诏谓四宿卫尝受刑者,勿令造禁
庭。山东诸路禁酒。浚镇江练湖。发粟赈济宁、东平、东昌、高唐、
德州、济南、益都、般阳、扬州等路饥。

十月甲寅,省都功德使四员,止存六员。乙卯,东平、济宁路水
陆十五驿乏食,户给麦十石。中书省臣言:"白云宗总摄沈明仁强夺
民田二万顷,诳诱愚俗十万人,私赂近侍妄受名爵,已奉旨追夺,请
汰其徒,还所夺民田,其诸不法事宜令核问。"有旨:"朕知沈明仁奸
恶,其严鞫之。"戊午,遣中书右丞相伯答沙持节授皇太子玉册。辛

酉,以扎鲁忽赤铁木儿不花为御史大夫。癸亥,荧惑犯太微垣左执法。上都民饥,发官粟万石减价赈粜。置两浙盐仓六所,秩从八品,官二员,惟杭州、嘉兴二仓设官三员,秩从七品。盐场三十四所,场设监运一员,正八品。罢检校所。乙丑,太阴犯昴。丁卯,赈北方诸驿。戊辰,太阴犯东井。庚午,太白昼见。辛未,太阴犯轩辕。丙子,以皇太子受玉册,诏天下。己卯,浚通惠河。增河东、陕西盐运司判官一员,给分司印二,置提领所二,秩从八品,官各二员,盐场二,增管勾各二员;罢潆盐户提领二十人。济南滨、棣州、章丘等县水,免其田租。

十一月辛卯,荧惑犯进贤。木邦路带邦为寇,敕云南省招捕之。乙巳,以秘书卿苫思丁为大司徒。庚子,敕晋王部贫民二千居称海屯田。增京畿漕运司同知、副使各一员,给分司印。中书省臣言:"曩赐诸王阿只吉钞三万锭,使营子钱,以给畋猎廪膳,毋取诸民,今其部阿鲁忽等出猎,恣索于民,且为奸事,宜令宗正府、刑部讯鞫之,以正典刑。"制曰:可。禁民匿蒙古军亡奴。帝谕台臣曰:"有国家者,以民为本,比闻百姓疾苦,衔冤者众,其令监察御史、廉访司审察以闻。"河间民饥,发粟赈之。

十二月壬戌,命皇太子参决国政,封宋儒周惇颐为道国公。甲子,遣宗正府扎鲁忽赤二员审决兴和、平地等处狱囚。省云南大理、大、小彻里等地同知、相副官及儒学蒙古教授等官百二十四员。丙寅,太阴犯轩辕。己巳,复吏人出身旧制,其犯赃者止从七品。免大都、上都、兴和延祐七年差税。河西塔塔剌地置屯田,立军民万户府。壬申,太阴犯心。平章政事王毅以亲老辞职,从之,仍赐其父币帛。癸酉,是夜风雪甚寒,帝谓侍臣曰:"朕与卿等居暖室,宗戚昆弟远戍边陲,曷胜其苦,岁赐钱帛可不偏及耶?"敕上都、大都冬夏设食于路,以食饥者。

七年春正月辛巳朔,日有食之。帝斋居损膳,辍朝贺。壬午,御史台臣言:"比赐不儿罕丁山场、完者不花海舶税,会计其钞,皆数十万锭,诸王军民贫乏者所赐未尝若是,苟不撙节,渐致帑藏虚竭,民益困矣。"中书省臣进曰:"台臣所言良是,若非振理朝纲,法度愈坏,臣等乞赐罢黜,选任贤者。"帝曰:"卿等不必言,其各共乃事。"癸未,帝御大明殿,受诸王百官朝贺。辛卯,江浙行省丞相黑驴言:"白云僧沈明仁,擅度僧四千八百余人,获钞四万余锭,既已辞伏,今遣其徒沈崇胜潜赴京师,行贿求援,请逮赴江浙并治其罪。"从之。乙未,太阴犯明堂上星。丁亥,帝不豫。辛丑,帝崩于光天宫,寿三十有六,在位十年。癸卯,葬起辇谷,从诸帝陵。五月乙未,群臣上谥曰圣文钦孝皇帝,庙号仁宗,国语曰普颜笃皇帝。

仁宗天性慈孝,聪明恭俭,通达儒术,妙悟释典。尝曰:"明心见性,佛教为深;修身治国,儒道为切。"又曰:"儒者可尚,以能维持三纲五常之道也。"平居服御质素,澹然无欲,不事游畋,不喜征伐,不崇货利。事皇太后,终身不违颜色;待宗戚勋旧,始终以礼。大臣亲老,时加恩赉;太官进膳,必分赐贵近。有司奏大辟,每惨恻移时。其孜孜为治,一遵世祖之成宪云。

元史卷二七
本纪第二七

英宗一

英宗睿圣文孝皇帝，讳硕德八剌，仁宗嫡子也。母庄懿慈圣皇后，弘吉剌氏，以大德七年二月甲子生。仁宗欲立为太子，帝入谒太后，固辞曰："臣幼无能，且有兄在，宜立兄，以臣辅之。"太后不许。延祐三年十二月丁亥，立为皇太子，授金宝，开府置官属。监察御史段辅、太子詹事郭贯等首请近贤人、择师傅，帝嘉纳之。六年十月戊午，受玉册。诏命百司庶务必先启太子，然后奏闻。帝谓中书省臣曰："至尊委我以天下事，日夜寅畏，惟恐弗堪；卿等亦当洗心涤虑，恪勤乃职，勿有隳坏，以贻君父忧。"

七年春正月戊戌，仁宗不豫，帝忧形于色，夜则焚香，泣曰："至尊以仁慈御天下，庶绩顺成，四海清晏，今天降大厉，不如罚殛我身，使至尊永为民主。"辛丑，仁宗崩，帝哀毁过礼，素服寝于地，日歠一粥。癸卯，太阴犯斗。甲辰，太子太师铁木迭儿以太后命为右丞相。丙午，遣使分谳内外刑狱。戊申，赈通、潨二州蒙古贫民。汰知枢密院事四员。禁巫、祝、日者交通宗戚大官。

二月壬午，罢造永福寺。赈大同、丰州诸驿饥。以江浙行省左丞相黑驴为中书平章政事。丁巳，修佛事。戊午，祭社稷。建御容殿于永福寺。汰富民冒名宿卫者，给役蒙古诸驿。己未，命储粮于宣德、开平、和林诸仓，以备赈贷供亿。复以都水监隶中书。辛丑，太阴犯轩辕御女。平章政事赤斤铁木儿、御史大夫脱欢罢为集贤大学士。壬戌，太阴犯灵台。甲子，铁木迭儿、阿散请捕逮四川行省平章政事赵世延赴京。参议中书省事乞失监坐鬻官，刑部以法当杖，太后命笞之。帝曰："不可，法者天下之公，徇私而轻重之，非示天下以公也。"卒正其罪。丙寅，以陕西行省平章政事赵世荣为中书平章政事，江西行省右丞木八剌为中书右丞，参知政事张思明为中书左丞，中书左丞换住罢为岭北行省右丞。丁卯，太阴犯日星。白云宗摄沈明仁为不法坐罪。诏籍江南冒为白云僧者为民。己巳，修镇雷佛事于京城四门。罢上都乾元寺规运总管府。庚午，太阴犯斗。辛未，括民间系官山场、河泊、窑冶、庐舍。壬申，召陕西行台御史大夫答失铁木儿赴阙。以辽阳、大同、上都、甘肃官牧羊马牛驼给朔方民户，仍给旷地屯种。癸酉，括勘崇祥院地，其冒以官地献者追其直，以民地献者归其主。决开平重囚。丙子，定京城环卫更番法，准五卫汉军岁例。丁丑，夺前中书平章政事李孟所受秦国公制命，仍仆其先墓碑。戊寅，中书平章政事兀伯都剌罢为甘肃行省平章政事，阿礼海牙罢为湖广行省平章政事。铁木迭儿以前御史中丞杨朵儿只、中书平章政事萧拜住违太后旨，矫命杀之，并籍其家。徽政院使失列门以太后命，请更朝官，帝曰："此岂除官时耶？且先帝旧臣，岂宜轻动，俟予即位，议于宗亲、元老，贤者任之，邪者黜之可也。"司农卿完者不花言："先帝以土田颁赐诸臣者，宜悉归之官。"帝问曰："所赐为谁？"对曰："左丞相阿散所得为多。"帝曰："予常谕卿等，当以公心辅弼，卿于先朝尝请海舶之税，以阿散奏而止。今卿所言，乃复私憾耳，非公议也，岂辅弼之道耶？"遂出完者不花为湖南宣慰使。夺僧辇真吃剌思等所受司徒、国公制，仍销其印。

三月辛巳，以中书礼部领教坊司。壬午，赈陈州、嘉定州饥。爪哇遣使入贡。戊子，太阴犯酒旗上星，荧惑犯进贤。徵诸王、驸马流窜者，给侍从，遣就分邑。庚寅，帝即位，诏曰：

> 洪惟太祖皇帝膺期抚运，肇开帝业，世祖皇帝神机睿略，统一四海。以圣继圣，迨我先皇帝，至仁厚德，涵濡群生，君临万国，十年于兹。以社稷之远图，定天下之大本，协谋宗亲，授

予册宝。方春宫之与政，遽昭考之宾天。诸王、贵戚，元勋、硕辅，咸谓朕宜体先帝付托之重，皇太后拥护之慈，既深系于人心，讵可虚于神器，合辞劝进，诚意交孚。乃于三月十一日，即皇帝位于大明殿。可赦天下。

尊太后为太皇太后。是夜，太阴犯明堂。壬辰，太皇太后受百官朝贺于兴圣宫。铁木迭儿进开府仪同三司、上柱国、太师。敕群臣超授散官者，朝会毋越班次。赐诸王也孙铁木儿、脱脱那颜等金银、币帛有差。赈宁夏路军民饥。甲午，作佛事于宝慈殿。赈木怜、浑都儿等十一驿饥。乙未，日有晕，若连环。丙申，斡罗思等内附，赐钞万四千贯，遣还其部。遣知枢密事也儿吉尼检核巩昌等路屯戍，选甘州戍卒。戊戌，汰上都留守司留守五员。定吏员秩止从七品，如前制。庚子，降太常礼仪院、通政院、都护府、崇福司并从二品，蒙古国子监、都水监、尚乘寺、光禄寺并从三品，给事中、阑遗监、尚舍寺、司天监并正四品，其官递降一等有差，七品以下不降。赐边戍诸王、驸马及将校、士卒金银币帛有差，市羊五十万、马十万赡北边贫乏者。辛丑，禁擅奏玺书。以枢密院兼领左、右卫率府。壬寅，降前中书平章政事李孟为集贤侍讲学士，悉夺前所受制命。御史台臣请降诏谕百司，以肃台纲。帝曰：“卿等但守职尽言，善则朕当服行，否亦不汝罪也。”甲辰，诏中外毋沮议铁木迭儿。敕罢医、卜、工匠任子，其艺精绝者择用之。丙午，有事于南郊，告即位。丁未，罢崇祥院。以民匠都总管府隶将作院。

夏四月庚戌，有事于太庙，告即位。追夺佛速司徒官。罢少府监。复仪凤、教坊、广惠诸司品秩。罢行中书省丞相，河南行省丞相也先铁木儿、湖广行省丞相朵儿只斤、辽阳行省丞相并降为本省平章政事，惟征东行省丞相高丽王不降。赐诸王铁木儿不花钞万五千贯。甲寅，太白犯填星。乙卯，复国子监、都水监秩正三品。罢回回国子监、行通政院。封诸王彻彻秃为宁远王。申诏京师势家与民均役。那怀、浑都儿驿户饥，赈之。戊午，祀社稷，告即位。己未，绍庆路洞蛮为寇，命四川行省捕之。祭遁甲神于香山。命平章政事王毅等徵理在京诸仓库粮帛亏额。申严和林酒禁。庚申,降百官越阶者,并依所受之职。以太常礼仪院使拜住为中书平章政事;以西僧牙八的里为元永延教三藏法师,授金印。壬戌,太阴犯房。以即位,赏宿卫军。括马三万匹给蒙古流民,遣还其部。给通、潨二州蒙古户夏布。铁木迭儿请参决政务,禁诸臣毋隔越擅奏,从之。乙丑,仁宗丧卒哭,作佛事七日。戊辰,车驾幸上都。海运至直沽,调兵千人防戍。封王煦为鸡林郡公。议附仁宗,以阴阳拘忌,权结綵殿于太室东南,以奉神主。己巳,河间、直定、济南等处蒙古军饥,赈之。罢市舶司,禁贾人下番。课回回散居郡县者,户岁输包银二两。增两淮、荆湖、江南东西道田赋,斗加二升。赈大都、净州等处流民,给粮马遣还北边。戊寅,以蒙古、汉人驿传复隶通政院。有献七宝带者,因近臣以进,帝曰:“朕登大位,不闻卿等荐贤,而为人进带,是以利诱朕也,其还之。”是月,左卫屯田旱、蝗,左翊屯田虫食麦苗,亳州水。

五月己卯,禁僧驰驿,仍收元给玺书。庚辰,上都留守贺伯颜坐便服迎诏,弃市,籍其家。辛巳,汝宁府霖雨伤麦禾,发粟五千石赈枭之。丁亥,罢沅陵县浦口千户所。己丑,中书省臣请禁擅奏除拜,帝曰:“然恐朕遗忘,或乘间奏请,滥赐名爵,汝等当复以闻。”复置称海、五条河屯田。命僧祷雨。大同、云内、丰、胜诸郡县饥,发粟万三千石贷之。左丞相河散罢为岭北行省平章政事。以拜住为中书左丞相,乃剌忽、塔失海牙并为中书平章政事,只儿哈郎为中书参知政事。庚寅,太阴犯心。辛卯,参知政事钦察罢为集贤学士。赈上都城门及驻冬卫士。遣使榷广东番货。弛陕西酒禁。壬辰,和林民阎海瘗殍死者三千余人,旌其门。癸巳,太阴犯天狗。甲午,沈阳军民饥,给钞万二千五百贯赈之。乙未,请大行皇帝谥于南郊。丙申,太白犯毕。禁宗戚、权贵避徭役及作奸犯科。戊戌,有告岭北行省平章政事阿散、中书平章政事黑驴及御史大夫脱忒哈、徽政使失列门等与故要束谋妻亦列失八谋废立,拜住请鞫状,帝曰:“彼若借太皇太后为词,奈何?”命悉诛之,籍其家。追封陇西公汪世显为陇右王。辛丑，以知枢密院事铁木儿脱为中书平章政事。壬寅，监察御史请罢僧、道、工、伶滥爵及建寺、豢兽之费。甲辰，以诛阿散、黑驴、贺伯颜等诏天下。敕百司日勤政务，怠者罪之。丙午，御史刘恒请兴义仓及夺僧道官。敕捕亦列失八子江浙行省平章政事买驴，仍籍其家。丁未，封王禅为云南王，往镇其地。饶州番阳县进嘉禾一茎六穗。以贺伯颜、失列门、阿散家赀田宅赐铁木迭儿等。

六月己酉，流徽政院使来薛迷于金刚山。以脱忒哈、失列门故夺人畜产归其主。甲寅，前太子詹事床兀儿伏诛。京师疫，修佛事于万寿山。乙卯，昌王阿失部饥，赐钞千万贯赈之。赏诛阿散等功，赐拜住以下金银钞有差。丙辰，召河南行省平章政事野仙帖穆儿至京师。收脱忒哈广平王印。丁巳，以江西行省左丞相脱脱为御史大夫，宗正扎鲁火赤铁木儿不花知枢密院事。戊午，罢徽政院。广东采珠提举司罢，以有司领其事。封知枢密院事塔失铁木儿为蓟国公。己未，定边地盗孳畜罪犯者，令给各部力役，如不悛，断罪如内地法。庚申，太阴犯斗。赐角觗百二十人钞各千贯。辛酉，诏免僧人杂役。壬戌，敕诸使至京者，大事五日、小事三日遣还。是夜，月食既。癸亥，太阴犯垒壁阵。乙丑，赈北边饥民，有妻子者钞千五百贯，孤独者七百五十贯。新作太祖幄殿。西番盗洛各目降。丁卯，太白犯井。赐北诸王阿木里台宴服、珠帽。戊辰，赈雷家驿户钞万五千贯。辛未，太阴犯昴。甲戌，赐北边诸王伯要台等十人钞各二万五千贯。边民赈米三月。修宁夏钦察鲁佛事，给钞二百一十二万贯。丁丑，改红城中都威卫为忠翊侍卫亲军都指挥使司，隶枢密院。罢章庆司、延福司、群牧监、宫正司、辽阳万户府。复徽仪司为缮珍司，善政司为都总管府。内宰司、延庆司、甄用监复为正三品。益都蝗，荆门州旱，棣州、高邮、江陵水。

秋七月戊寅，赐诸王曲鲁不花钞万五千贯。命玄教宗师张留孙修醮事于崇真宫。壬午，立普定路屯田，分乌撒、乌蒙屯田卒二千赴之。运和林粮于扎昆仓，以便边军。市马三万、羊四万，给边军贫乏者。癸未，括马于大同、兴和、冀宁三路以颁卫士。甲申，车驾将北幸,调左右翊军赴北边浚井。以知枢密院事买驴、哈丹并为辽阳行省平章政事。丙戌,赐诸王买奴等钞二十五万贯。丁亥,太阴犯斗。诸王告住等部火,赈粮三月、钞万五千贯。晋王也孙铁木儿部饥,赈钞五千万贯。壬辰,罢女直万户府及狗站脱脱禾孙。散辽阳红花万户府兵。遣扈从诸营还大都,禁践民禾。安南内附人陈岩言其国贡使多为觇伺,敕湖广行省汰遣之。乙未,赐西僧沙加钞万五千贯。以甘肃行省平章钦察知枢密院事。回回太医进药曰打里牙,给钞十五万贯。丙申,以昌平、滦阳十二驿供亿繁重,给钞三十万贯赈之。中书平章政事乃剌忽罢。降封安王兀都不花为顺阳王。禁献珍宝制衮冕。戊戌,荧惑犯房。枢密院臣言:"塔海万户部不剌兀赤与北兵战,拔军士三百人以还,弃其子于野,杀所乘马以啖士卒,请赏之。"赐钞五千贯。斡鲁思辰告诸王月儿鲁铁木儿谋变,赏钞万五千贯。敕中外希赏自请者勿予。己亥,太阴犯昴。赐女巫伯牙台钞万五千贯。庚子,以江南行御台中丞廉恂为中书平章政事。辛丑,赐公主扎牙八剌等钞七万五千贯。晋王也孙铁木儿遣使以地七千顷归朝廷,请有司徵其租,岁给粮钞,从之。以辽阳金银铁冶归中政院。癸卯,赐伶人钞二万五千贯,酒人十五万贯。乙巳,以知枢密院事也先吉尼为江西行省平章政事。是月,后卫屯田及颍、息、汝阳、上蔡等县水,霸州及堂邑县蝻。

八月丁未朔,岭北省臣忻都坐以官钱犒军免官,诏复其职。戊申,祭社稷,罢曲请路人匠提举司。赈晋王部军民钞二百五十万贯。祟星于司天监。辛亥,赈龙居河诸军。乙卯,赐上都驻冬卫士钞四百万贯。诸王木南即部饥,兴圣宫牧驼户贫乏,并赈之。丙辰,袝仁宗圣文钦孝皇帝、庄懿慈圣皇后于太庙,铁木迭儿摄太尉奉玉册行事。太白犯灵台。戊午,铁木迭儿以赵世延尝劾其奸,诬以不敬下狱,请杀之,并究省、台诸臣。不允。帝幸凉亭,从容谓近侍曰:"顷铁木迭儿必欲置赵世延于死地,朕素闻其忠良,故每奏不纳。"左右咸称万岁。乙丑,荧惑犯天江。丁卯,太白犯太微垣右执法。宫人宫奴坐用日者请太皇太后祟星,杖之,籍其资。脱思马部宣慰使亦怜真坐违制不发兵,杖流奴儿干之地。庚午,发米十万石赈枭京师贫民。壬申,太阴犯轩辕御女。甲戌,广东新州饥,赈之。河间路水。

九月甲申,建寿安山寺,给钞千万贯。括兴和马以赡北部贫民。禁五台山樵采,罢上都、岭北、甘肃、河南诸郡酒禁。乙酉,太阴犯垒壁阵。丙戌,荧惑犯斗。壬辰,敕议玉华宫岁享睿宗登歌大乐。土番利族、阿俄等五种寇成谷,遣巩昌总帅以兵讨之。循州溪蛮秦元吉为寇,遣守将捕之。癸巳,太阴犯昴。沈阳水旱害稼,弛其山场河泊之禁。戊戌,太阴犯鬼。己亥,太白犯亢。庚子,常澧州洞蛮贞公合诸洞为寇,命土官追捕之。癸卯,亲王脱不花、搠思班遣使来贺登极。甲辰,云南木邦路土官给邦子忙兀等入贡,赐币有差。遣马扎蛮等使占城、占腊、龙牙门,索驯象。以廪藏不充,停诸王所部岁给。

冬十月丁未,时享太庙。庚戌,太阴犯荧惑于斗。将作院使也速坐董制珠认息工,杖之,籍其家。壬子,作佛事于文德殿四十日。申严两淮盐禁。丁巳,酉阳耸依洞蛮田谋远为寇,命守臣招捕之。戊午,车驾至自上都。诏太常院臣曰:“朕将以四时躬祀太室,宜与群臣集议其礼,此追远报本之道,毋以朕劳于对越而有所损,其悉遵典礼。”安南国遣其臣邓恭俭来贡方物。庚申,敕译佛书。辛酉,赐劳探马赤宿卫者,遣还所部。癸亥,太阴犯井。乙丑,幸大护国仁王寺。帝师请以醮八儿监藏为土蕃宣慰司都元帅,从之。酉阳土官冉世昌遣其子冉朝率大、小石堤洞蛮入贡。丙寅,定恭谢太庙仪式。丁卯,为皇后作鹿顶殿于上都。己巳,罢玉华宫祀睿宗登歌乐。敕翰林院译诏,关白中书。庚午,命拜住督造寿安山寺。癸酉,流诸王阿剌铁木儿于云南。

十一月丙子,帝御斋宫。丁丑,恭谢太庙,至仁宗太室,即流涕,左右感动。戊寅,以海运不给,命江浙行省以财赋府租益之,还其直,归宣徽、中政二院。检勘沙、净二州流民,勒还本部。以登极,大赉诸王、百官,中书会其数,计金五千两、银七十八万两、钞百二十一万一千贯、币五万七千三百六十四匹、帛四万九千三百二十二匹、木绵九万二千六百七十二匹、布二万三千三百九十八匹、衣八百五十九袭,鞍勒、弓矢有差。给岭北驿牛马。造今年钞本至元钞五千万贯、中统钞二百五十万贯。汰卫士冒受岁赐者。庚辰,并永平路滦邑县于石城。遣定住等括顺阳王兀都思不花邸财物入章佩监、中政院。禁京城诸寺邸舍匿商税。辛巳,以亲祀太庙礼成,御大明殿受朝贺。甲申,敕翰林国史院纂修《仁宗实录》。丁亥,作佛事于光天殿。戊子,幸隆福宫。己丑,宣德蒙古驿饥,命通政院赈之。丁酉,诏各郡建帝师八思巴殿,其制视孔子庙有加。戊戌,交趾蛮侬志德寇脱零、那乞等六洞,命守将讨之。遣使阅实各行省戍兵。己亥,计京官俸钞,给米三分。癸卯,荧惑犯垒壁阵。甲辰,铁木迭儿言:"和市织币薄恶,由董事者不谨,请免右丞高昉等官,仍令郡县更造,徵其元直。"不允。太常礼仪院拟进时享太庙仪式。

十二月乙巳朔,诏曰:

> 朕祗遹贻谋,获承丕绪,念付托之惟重,顾继述之敢忘。爰以延祐七年十一月丙子,被服衮冕,恭谢于太庙。既大礼之告成,宜普天之均庆。属兹逾岁,用易纪元,于以导天地之至和,于以法春秋之谨始,可以明年为至治元年。减天下租赋二分,包银五分。免大都、上都、兴和三路差税三年。优复煮监、炼铁等户二年。开燕南、山东河泊之禁,听民采取。命官家属流落边远者,有司资给遣之,其子女典鬻于人者,听还其家。监察御史、廉访司岁举可任守令者二人。七品以上官有伟画长策、可以济世安民者,实封上之。士有隐居行义、明治体不求闻达者,有司具状以闻。

丁未,播州蜒蛮的羊笼等来降。庚戌,铸铜为佛像,置玉德殿。壬子,赐寿宁公主七万五千贯。癸丑,以天寿节,预遣使修醮于龙虎山。乙卯,率百官奉玉册、玉宝加上太皇太后尊号曰仪天兴圣慈仁昭懿寿元全德泰宁福庆徽文崇祐太皇太后。翰林学士忽都鲁都儿译进宋儒真德秀《大学衍义》,帝曰:"修身治国,无逾此书。"赐钞五万贯。河南饥,帝问其故,群臣莫能对,帝曰:"良由朕治道未洽,卿等又不尽心乃职,委任失人,致阴阳失和,灾害荐至;自今各务勤恪,以应天心，毋使吾民重困。"太阴掩昴。丙辰，以太皇太后加号礼成，御大明殿，受朝贺。丁巳，诏谕中外。戊午，太阴犯井。庚申，太阴犯鬼。辛酉，作延春阁后殿。壬戌，召西僧辇真哈剌思赴京师，敕所过郡县肃迎。乙丑，崇星于回回司天监四十昼夜。丙寅，以典瑞院使阔彻伯知枢密院事。修秘密佛事于延春阁。丁卯，铁木迭儿、拜住言："比者，诏内外言得失，今上封事者或直进御前，乞令臣等开视乃入奏闻。"帝曰："言事者直至朕前可也，如细民辄诉讼者则禁之。"给武宗皇后钞七十五万贯。以《大学衍义》印本颁赐群臣。戊辰，以太皇太后加号礼成，告太庙。己巳，敕罢明年二月八日迎佛。中书右丞木八剌罢为江西行省右丞。以中书参知政事只儿哈郎为右丞，江南浙西道廉访使薛处敬为中书参知政事。遣使阅奉元路军需库。辛未，拜住进卤簿图，帝以唐制用万二千三百人耗财，乃定大驾为三千二百人，法驾二千五百人。上思州瑶结交趾寇忠州。癸酉，帝闻贺伯颜母老，悯之，以所籍京兆田础还其家。江浙行省平章政事伯颜察儿、江西行省平章政事白撒都并坐贪墨免官。

是岁，决狱轻重七千六百三十事。河决汴梁原武，浸灌诸县；滹沱决文安、大成等县。浑河溢，坏民田庐。秦州成纪县暴雨，山崩，朽壤坟起，覆没畜产。汴梁延津县大风昼晦，桑多损。大同雨雹，大者如鸡卵。诸卫屯田陨霜害稼。益津县雨黑霜。

至治元年春正月丁丑，修佛事于文德殿。壬午，增置漂州都漕运司同知、运判各一员。甲申，召高丽王王章赴上都。丙戌，帝服衮冕享太庙，以左丞相拜住亚献，知枢密院事阔彻伯终献。诏群臣曰："一岁惟四祀，使人代之，不能致如在之诚，实所未安，岁必亲祀，以终朕身。"廷臣或言祀事毕，宜赦天下，帝谕之曰："恩可常施，赦不可屡下，使杀人获免，则死者何辜？"遂命中书陈便宜事行之。丁亥，帝欲以元夕张灯宫中，参议中书省事张养浩上书谏止，帝遽命罢之，曰："有臣若此，朕复何忧？自今朕凡有过，岂独台臣当谏，人皆得言。"赐养浩帛二匹。诸王忽都答儿来朝。癸巳，诸王斡罗思部饥，发净州、平地仓粮赈之。蕲州蕲水县饥，赈粮三月。奉元路饥，禁酒。
乙未，太阴掩房。己亥，降延福监为延福提举司，广福监为广福提举
司，秩从五品。以寿安山造佛寺，置库掌财帛，秩从七品。甲辰，辰
星犯外屏。水、金、火、土四星聚奎。

二月，汴梁、归德饥，发粟十万石赈粜。河南安丰饥，以钞二万
五千贯、粟五万石赈之。戊申，祭社稷。改中都威卫为忠翊侍卫亲
军都指挥使司。己酉，作仁宗神御殿于普庆寺。辛亥，调军三千五
百人，修上都华严寺。壬子，夜，金、火、土三星聚于奎。大永福寺成，
赐金五百两、银二千五百两、钞五十万贯、币帛万匹。丁巳，畋于柳
林。敕更造行宫。监察御史观音保、锁咬儿哈的迷失、成珪、李谦亨
谏造寿安山佛寺，杀观音保、锁咬儿哈的迷失，杖珪、谦亨，窜于奴
儿干地。己未，枢密院臣请授副使吴元珪荣禄大夫，以阶高不允，授
正奉大夫。赈木怜道三十一驿贫户。辛酉，太白犯荧惑。癸亥，太
阴犯心。甲子，置承徽寺，秩正三品，割常州、宜兴民四万户隶之。丁
卯，以僧法洪为释源宗主，授荣禄大夫、司徒。禁越台、省诉事。罢
先朝传旨滥选者。戊辰，赐公主扎牙八剌从者钞七十五万贯。

三月甲戌，营王也先帖木儿部畜牧死损，赐钞五十万贯。丙子，
建帝师八思巴寺于京师。丁丑，御大明殿受缅国使者朝贡。太阴掩
昴。赐公主买的钞五万贯，驸马灭怜钞二万五千贯。召诸王太平于
汴。发民丁疏小直沽白河。庚辰，廷试进士，泰普化、宋本等六十四
人赐及第出身有差。辛巳，车驾幸上都。遣使赐西番撒思加地僧金
二百五十两、银二千二百两、袈裟二万、币、帛、旛、茶各有差。壬午，
遣咒师朵儿只往牙济、班卜二国取佛经。癸未，制御服珠袈裟。甲
申，敕纂修《仁宗实录》、后妃功臣传。乙酉，宝集寺金书西番《波若
经》成，置大内香殿。益寿安山造寺役军。己丑，大同路麒麟生。甲
午，置云南王府。己亥，宦者孛罗铁木儿坐罪流奴儿干地。庚子，赈
宁国路饥。辛丑，以铁失为御史大夫，佩金符，领忠翊侍卫亲军都指
挥使。癸卯，益都、般阳饥，以粟赈之。

夏四月丙午，给喃答失王府银印，秩正三品，宽撤、忽塔迷失王

府铜印，秩从三品。庚戌，享太庙。江州、赣州、临江霖雨，袁州、建昌旱，民皆告饥，发米四万八千石赈之。丁巳，广德路旱，发米九千石减直赈粜。戊午，太阴犯心。己未，造象驾金脊殿。吉阳黎蛮寇宁远县。庚申，太阴犯斗。戊辰，敕赐铁木迭儿父祖碑。命宦者孛罗台为太常署令，太常官言刑人难与大祭，遂罢之。

五月丙子，毁上都回回寺，以其地营帝师殿。赈益都胶州饥。丁丑，霸州蝗。戊寅，太白犯鬼积尸气，太阴犯轩辕。庚辰，太阴犯明堂。濮州大饥，命有司赈之。壬午，迁亲王图帖穆尔于海南。禁日者毋交通诸王、驸马，掌阴阳五科者毋泄占侯。以兴国路去岁旱，免其田租。丁亥，修佛事于大安阁。庚寅，赈诸王哈宾铁木儿部。沂州民张昱坐妖言，济南道士李天祥坐教人兵艺，杖之。女直蛮赤兴等十九驿饥，赈之。辛卯，海漕粮至直沽，遣使祀海神天妃。作行殿于绾山流杯池。高邮府旱。癸巳，宝定路飞虫食桑。乙未，命世家子弟成童者入国学。辛丑，太常礼仪院进太庙制图。壬寅，开元路霖雨。

六月癸卯朔，日有食之。作金浮屠于上都，藏佛舍利。乙卯，以铁木迭儿领宣政院事。丁巳，参知政事敬俨罢为陕西行御史台中丞。戊午，泾州雨雹。己未，太阴犯虚梁。滁州霖雨伤稼，蠲其租。辛酉，太白经天。赵弘祚等言事，勒归乡里，仍禁妄言时政。壬戌，龙虎山张嗣成来朝，授太玄辅化体仁应道大真人。乙丑，遣使往铨江浙、江西、湖广、四川、云南五省边郡官选。丁卯，崇星于司天台。大同路雨雹。戊辰，卫辉、汴梁等处蝗。己巳，以上都留守只儿哈郎为中书平章政事。临江路旱，免其租。通济屯霖雨伤稼。霸州大水，浑河溢，被灾者二万三千户三百户。

秋七月壬申，赐晋王也孙铁木儿钞百万贯。辽阳、开元等路及顺州、邢台等县大水。癸酉，卫辉路胙城县蝗。乙亥，赈南恩、新州饥。丙子，淮安路属县水。丁丑，享太庙。戊寅，通州潞县榆棣水决。庚辰，卤簿成。滹沱河及范阳县巨马河溢。辛巳，盩厔县僧圆明作乱，遣枢密院判官章台督兵捕之。壬午，通许、临淮、盱眙等县蝗。癸未,封太尉孛兰奚为和国公。乙酉,大雨,浑河防决。庚寅,清池县蝗。癸巳,太阴犯昴。黄平府蛮卢砰为寇,削万户何之祺等官一级。遣吏部尚书教化、礼部郎中文矩使安南,颁登极诏。诸王阔别薨,赙钞万五千贯。丙申,禁服色逾制。己亥,奉仁宗及帝御容于大圣寿万安寺。蒲阴县大水。庚子,修上都城。诏河南、江浙流民复业。淮西蒙城等县饥。邵阳道士刘志先以妖术谋乱,复命章台捕之。蓟州平谷、渔阳等县大水。大都、保定、真定、大名、济宁、东平、东昌、永平等路,高唐、曹、濮等州水。顺德、大同等路雨雹。乞儿吉思部水。

八月壬寅,修都城。安陆府水,坏民庐舍。癸卯,赈胶州饥。甲辰,高邮兴化县水,免其租。丙午,泰兴、江都等县蝗。丁未,太阴犯心。戊申,祭社稷。上都鹿顶殿成。己酉,太阴犯斗。庚戌,以军士贫乏,遣知枢密院事铁木儿不花整治,仍诏谕中外有敢扰害者罪之。赈北部孤寡粮钞,赐公主速哥八剌钞五十万贯。兀儿速、憨哈纳思等部贫乏,户给牝马二匹。壬子,荧惑犯轩辕。乙卯,中书平章政事铁木儿脱罢为上都留守。壬戌,淮安路盐城、山阳县水,免其租。车驾驻跸兴和,左右以寒甚,请还京师,帝曰:"兵以牛马为重,民以稼穑为本,朕迟留,盖欲马得争刍牧,民得刈获,一举两得,何计乎寒。"雷州路海康、遂溪二县海水溢坏民田四千余顷,免其租。秦州成纪县山崩。

九月乙亥,荧惑犯灵台。京师饥,发粟十万石减价粜之。丙子,驻跸昂兀岭。壬午,荧惑犯太微西垣上将。赐诸王撒儿蛮钞五万贯。壬辰,中书平章政事塔失海牙坐受赇杖免。丁酉,荧惑犯太微垣右执法。车驾还大都。庚子,安陆府汉水溢坏民田,赈之。

冬十月辛丑朔,修佛事于大内。妖僧圆明等伏诛。甲午,太白经天。戊申,荧惑犯太微垣右执法。庚戌,亲享太庙。壬子,拜住献嘉禾,两茎同穗。癸丑,敕翰林、集贤官年七十者毋致仕。以内郡水,罢不急工役。敕蒙古子女鬻为回回、汉人奴者,官收养之。禁中书掾曹毋泄机事。命枢密遣官整视各郡兵马。戊午,置赵王马札罕部钱粮总管府,秩正三品。己未,肇庆路水,赈之。丙寅,河南行省参知政事你咱马丁坐残忍免官。丁卯，增置侍仪司通事舍人六员，侍仪舍人四员。己巳，遣燕铁木儿巡边。

十一月辛未，荧惑犯进贤。己亥，幸大护国仁王寺。丙子，太阴犯虚梁。戊寅，御大明殿，群臣上尊号曰继天体道敬文仁武大昭孝皇帝。是夜，辰星犯房。己卯，以受尊号，诏天下，拜住请释囚，不允。庚辰，益寿安山寺役卒三千人。辛巳，命御史大夫铁失领左、右阿速卫。丙戌，太阴犯井。丁亥，以教官待选者借注广海巡检。己丑，太阴犯酒旗，又犯轩辕。庚寅，拜住等言：“受尊号宜谢太庙，行一献礼，世祖亦尝议行，武宗则躬行谢礼。”诏曰：“朕当亲谢。”命太史卜日，枢密选兵肆卤簿。辛卯，太阴犯明堂。癸巳，以营田提举司榷酒税扰民，命有司兼榷之。甲午，以辽阳行省管内山场隶中政院。丙申，敕立故丞相安童碑于保定新城。戊戌，巩昌成州饥，发义仓赈之。己亥，太白犯西咸。

十二月庚子，给蒙古子女冬衣。辛丑，立亦启烈氏为皇后，遣摄太尉、中书右丞相铁木迭儿持节授玉册、玉宝。癸卯，以立后诏天下。庆远路饥，真定路疫，并赈之。甲辰，荧惑犯亢。戊申，躬谢太庙。庚戌，太阴犯昴。作太庙正殿。甲寅，疏玉泉河。车驾幸西僧灌顶寺。己未，封唆南藏卜为白兰王，赐金印。真定、保定、大名、顺德等路水，民饥，禁酿酒。以金虎符颁各行省平章政事。辛酉，荧惑入氐。甲子，置田粮提举司，掌蓟、景二州田赋，以给卫士贫乏者，秩从五品。命帝师公哥罗古罗思监藏班藏卜诣西番受具足戒，赐金千三百五十两、银四千五十两、币帛万匹、钞五十万贯。以诸王怯伯使者数入朝，发兵守北口及卢沟桥。河间路饥，赈之。复以马家奴为司徒。乙丑，置中瑞司。冶铜五十万斤作寿安山寺佛像。宁海州蝗。归德、辽阳、通州等处水。

元史卷二八
本纪第二八

英宗二

二年春正月己巳朔,安南、占城各遣使来贡方物。壬申,保定雄州饥,赈之。庚午,广太庙。甲戌,禁汉人执兵器出猎及习武艺。丁丑,太阴犯昴。亲祀太庙,始陈卤簿,赐导驾耆老币帛。戊寅,敕有司存恤孔氏子孙贫乏者。己卯,山东、保定、河南、汴梁、归德、襄阳、汝宁等处饥,发米三十九万五千石赈之。庚辰,太白犯建星。公主阿剌忒纳八剌下嫁,赐钞五十万贯。辛巳,太白犯建星。敕台宪用人勿拘资格。仪封县河溢伤稼,赈之。癸未,流徽政院使罗源于耽罗。建行殿于柳林。封塔察儿为兰国公。辛卯,太阴犯心。癸巳,以西僧罗藏为司徒。漷州饥,粜米十万石赈之。甲午,荧惑犯房。丁酉,太白犯牛。

二月己亥朔,荧惑犯建闭星。庚子,置左、右钦察卫亲军都指挥使司,命拜住总之。罢上都歇山殿及帝师寺役。辛丑,赐铁失父祖碑。癸卯,以江南行台御史大夫钦察为中书平章政事,江浙行省参政王居仁为中省参知政事,薛处敬罢为河南行省左丞。丙午,荧惑犯罚星。戊申,祭社稷。顺德路九县水、旱,赈之。太阴犯井。庚戌,荧惑犯东咸。辛亥,太阴犯酒旗及轩辕。壬子,太白犯垒壁阵。赐诸王案忒不花钞七万五千贯。以彻兀台秃忽鲁死事,赐钞三万五千贯。诸王怯伯遣使进文豹。河间路饥,禁酿酒。癸丑,太阴犯明堂。甲寅,以太庙役军造流杯池行殿。广海郡邑官旷员,敕原往任者升

秩二等。乙卯，以辽阳行省平章政事买驴为中书平章政事。西僧亦
思剌蛮展普疾，诏为释大辟囚一人、笞罪二十人。戊午，赈真定等路
饥。己未，太阴犯天江。括马赐宗仁卫。壬戌，太白犯垒壁阵。诸
王怯伯遣使进海东青鹘。癸亥，辽阳等路饥，免其租，仍赈粮一月。
甲子，恩州水，民饥、疫，赈之。

三月己巳，中书省臣言："国学废驰，请令中书平章政事廉恂、
参议中书事张养浩、都事孛术鲁翀董之，外郡学校仍命御史台、翰
林院、国子监同议兴举。"从之。敕四宿卫、兴圣宫及诸王部勿用南
人。斡罗思告讦父母，斩之。辛未，禁捕天鹅，违者籍其家。壬申，
复张珪司徒。临安路河西诸县饥，赈之。癸酉，河南两淮诸郡饥，禁
酿酒。丙子，延安路饥，赈粮一月。罢京师诸营缮役卒四万余人。河
间、河南、陕西十二郡春旱、秋霖，民饥，免其租之半。戊寅，修都城。
庚辰，敕江浙僧寺田除宋故有永业及世祖所赐者，余悉税之。癸未，
赈辽阳女直、汉军等户饥。乙酉，赈濮州水灾。丙戌，以亲祀礼成，
赐与祭者币，普减内外官吏一资。万户哈剌那海以私粟赈军，赐银、
币，仍酬其直。给行通政院印。赐潜邸四宿卫士钞有差。复置市舶
提举司于泉州、庆元、广东三路，禁子女、金银、丝绵下番。丁亥，凤
翔道士王道明妖言，伏诛。己丑，有晕贯日如连环。赐诸王斡罗温
孙银印。命有司建木华黎祠于东平，仍树碑。以国用匮竭，停诸王
赏赉及皇后答里麻失等岁赐。庚寅，曹州、滑州饥，赈之。命将作院
更制冕旒。辛卯，遣御史录囚。置甘州八剌哈孙驿。监察御史何守
谦坐赃杖免。壬辰，赈上都十一驿。给宗仁卫蒙古子女衣粮。赐诸
王脱烈铁木儿钞五万贯。甲午，辽阳哈里宾民饥，赈之。丁酉，幸柳
林。驸马许讷之子速怯诉曰："臣父谋叛，臣母私从人。"帝曰："人子
事亲有隐无犯，今有过不谏，乃复告讦。"命诛之。赈奉元路饥。

夏四月戊戌朔，车驾幸上都。己亥，岭北蒙古军饥，给粮遣还所
部。庚子，赈彰德路饥。壬寅，真州火，徽州饥，并赈之。辛亥，泾州
雨雹，免被灾者租。壬子，公主失怜答里薨，赐钞五万贯。甲寅，南
阳府西穰等屯风雹，洪泽芍陂屯田去年旱、蝗，并免其租。丙辰，恩

州饥,禁酿酒。乙丑,中书省臣请节赏赉,以纾民力,帝曰:"朕思所出倍于所入,出纳之际,卿辈宜慎之;朕当撙节其用。"丙寅,赐边卒钞帛。赈东昌、霸州饥民。松江府上海县水,仍旱。

五月己巳,以公主速哥八剌为赵国大长公主。免德安府被灾民租。修滹沱河堤。彰德府饥,禁酿酒。庚午,泰符、临邑二县民谋逆,其首王驴儿伏诛,余杖流之。睢、许二州去年水旱,免其租。辛未,驸马脱脱霭,赐钞五万贯。丙子,荧惑退犯东咸。庚辰,赈固安州饥。置营于永平收养蒙古子女,遣使谕四方,匿者罪之。癸未,以御史大夫脱脱为江南行台御史大夫。置宗仁蒙古侍卫亲军都指挥使司。甲申,车驾幸五台山。赈夏津、永清二县饥。以只儿哈郎为御史大夫。乙酉,以拜住领宗仁蒙古侍卫亲军都指挥使司事,佩三珠虎符。京师饥,发粟二十万石赈籴。云南行省平章答失铁木儿、朵儿只坐赃杖免。戊子,禁民集众祈神。庚寅,河南、陕西、河间、保定、彰德等路饥,发粟赈之,仍免常赋之半。调各卫汉军二千充宗仁卫屯田卒。祟星于五台山。甲午,赈巩昌阶州饥。丙申,以吴全节为玄教大宗师,特进上卿。

闰月戊戌,封诸葛忠武侯为威烈忠武灵仁济王。辛丑,万户李英以良民为奴,擅文其面,坐罪。癸卯,禁白莲佛事。睢阳县亳社屯大水,饥,赈之。诸王阿马、承童坐擅徙脱列揑王卫士,并杖流海南。甲辰,御史台臣请黜监察御史不称职者,以示惩劝,从之。丙午,岭北戍卒贫乏,赐钞三千二百五十万贯、帛五十万匹。戊申,奉元路郿县及成州饥,并赈之。以铁木迭儿子、同知枢密院事班丹知枢密院事。己酉,也不干八秃儿戍边有功,赐以金、钞。壬子,作紫檀殿。乙卯,以淮安路去岁大水,辽阳路陨霜杀禾,南康路旱,并免其租。壬戌,安丰属县霖雨伤稼,免其租。兴元褒城县饥,赈之。甲子,真定、山东诸路饥,弛其河泊之禁。丙寅,辰州沅陵县洞蛮为寇,遣兵捕之。敕:已除,不赴任者,夺其官。封公主速哥八剌乳母为顺国夫人。

六月丁卯朔,车驾至五台山,禁扈从宿卫毋践民禾。置中庆、大

理二路推官各一员。戊辰，扬州属县旱，免其租。己巳，广元路绵谷、
昭化二县饥，官市米赈之。壬申，荧惑犯心。癸酉，申禁日者妄谈天
象。甲戌，新平、上蔡二县水，免其租。丙子，修浑河堤。壬午，辰州
江水溢，坏民庐舍。丁亥，奉元属县水，淮安属县旱，并免其租。庚
寅，思州风、雹，建德路水，皆赈之。

秋七月戊戌，淮安路水，民饥，免其租。己亥，荧惑犯天江。丁
未，赐拜住平江田万亩。壬子，遣亲王阇阇秃总兵北边，赐金二百五
十两、银二千五百两、钞五十万贯。戊午，太阴犯井宿越星。车驾次
应州。曲赦金城县囚徒。庚申，升靖州为路。辛酉，次泽源州。中
书左丞张思明坐罪杖免，籍其家。甲子，录京师诸役军匠病者千人，
各赐钞遣还。南康路大水，庐州六安县大雨，水暴至，平地深数尺，
民饥，命有司赈粮一月。

八月戊辰，祭社稷。己巳，道州宁远县民符翼轸作乱，有司讨擒
之。壬申，蔚州民献嘉禾。甲戌，次奉圣州。筑宗仁卫营。给庐州
流民复业者行粮。戊寅，诏画《蚕麦图》于鹿顶殿壁，以时观之，可知
民事也。己卯，庐州路六安、舒城县水，赈之。庚辰，增寿安山寺役
卒七千人。庚寅，铁木迭儿卒，命给直市其葬地。甲午，瑞州高安县
饥，命有司赈之。

九月戊戌，大宁路水达达等驿水伤稼，赈之。给蒙古子女贫乏
者钞七百五十万贯。戊申，给寿安山造寺役军匠死者钞，人百五十
贯。庚戌，申禁江南典雇妻妾。辛亥，幸寿安山寺，赐监役官钞，人
五千贯。甲寅，赈淮东泰兴等县饥。丙辰，太皇太后崩。戊午，赐蒙
古子女钞百五十万贯。己未，太阴犯明堂。庚申，敕停今年冬祀南
效。癸亥，地震。甲子，临安河西县春、夏不雨，种不入土，居民流散，
命有司赈给，令复业。作层楼于涿州鹿顶殿西。丙寅，西僧班吉疾，
赐钞五万贯。

冬十月丁卯，太史院请禁明年兴作土功，从之。戊辰，享太庙，
以国哀迎香去乐，修庙工役未毕，妨陈宫县悬，止用登歌。丙子，押
济思国遣使来贡方物。江南行台大夫脱脱，坐请告未得旨辄去职，

杖谪云南。庚辰至辛巳,太阴犯井。甲申,建太祖神御殿于兴教寺。己丑,荧惑犯垒壁阵。以拜住为中书右丞相。南恩州贼潭庚生等降。

十一月甲午朔,日有食之。己亥,以立右丞相诏天下。流民复业者免差税三年。站户贫乏鬻卖妻子者,官赎还之。凡差役造作先科商贾、末技、富实之家,以优农力。免陕西明年差税十之三,各处官佃田明年租十之二,江淮创科包银全免之。御史李端言:"近者京师地震,日月薄蚀,皆臣下失职所致。"帝自责曰:"是朕思虑不及致然。"因敕群臣亦当修饬,以谨天戒。罢世祖以后冗置官。括江南僧有妻者为民。安南国遣使来贡方物,回赐金四百五十两、金币九,帛如之。癸卯,地震。甲辰,太白犯垒壁阵。罢徽政院。乙巳,荧惑犯垒壁阵。丙午,造龙船三艘。戊申,太阴掩井。岷州旱、疫,赈之。赐戍北边万户千户等官金带。御史李端言:"朝廷虽设起居注,所录皆臣下闻奏事目,上之言动宜悉书之以付史馆;世祖以来所定制度宜著为令,使吏不得为奸,治狱者有所遵守。"并从之。乙卯,遣西僧高主瓦迎帝师。宣德府宣德县地屡震,赈被灾者粮钞。己未,太阴犯东咸。定脱脱禾孙入流官选,给印与俸。置八番军民安抚司,改长官所二十有八为州县。庚申,太阴犯天江。辛酉,荧惑犯岁星。真人蔡遁泰杀人伏诛。刑部尚书不答失里坐受其金,范德郁坐诡随,并杖免。平江路水,损官民田四万九千六百三十顷,免其租。

十二月甲子朔,南康建昌州大水,山崩,死者四十七人,民饥,命赈之。乙丑,太白、岁星、荧惑三星聚于室,太白犯垒壁阵。丁卯,中书平章政事买驴罢为大司农,廉恂罢为集贤大学士。以集贤大学士张珪为中书平章政事。戊辰,以掌道教张嗣成、吴全节、蓝道元各三授制命、银印,敕夺其二。壬申,免回回人户屯戍河西者银税。甲戌,两江来安路总管岑世兴作乱,遣兵讨之。铁木迭儿子宣政院使八思吉思坐受刘夔冒献田地,伏诛,仍籍其家。乙亥,太阴掩井。丙寅,增镇南王脱不花戍兵。戊寅,太白犯岁星。庚辰,葛蛮安抚司副使龙仁贵作乱,湖广行省督兵捕之。以知枢密院事钦察台为宣政院使,参知政事速速为中书左丞,宗仁侍卫亲军都指挥使马剌为参知政事。癸未,绍兴路柔远州洞蛮把者为寇,遣兵捕之。以御史大夫只儿哈郎知枢密院事。封阇阇秃为武宁王,授金印。以地震、日食,命中书省、枢密院、御史台、翰林、集贤院,集议国家利害之事以闻。敕两都营缮仍旧,余如所议。弛河南、陕西等处酒禁。禁近侍奏取没入钱物。乙酉,杭州火,赈之。丙戌,定谥太皇太后曰昭献元圣,遣太常礼仪院使朵台以谥议告于太庙。升宁昌府为下路,增置一县。并云南西沙县入宁州。赐淮安忠武王伯颜祠祭田二十顷。己丑,荧惑犯外屏。太阴犯建星。辛卯,给蒙古流民粮钞,遣还本部。张珪足疾,免朝贺。西僧灌顶疾,请释囚,帝曰:"释囚祈福,岂为师惜,朕思恶人屡赦,反害善良,何福之有?"宣徽院臣言:"世祖时晃吉剌岁输尚食羊二千,成宗时增为三千,今请增五千。"帝不许曰:"天下之民,皆朕所有,如有不足,朕当济之,若加重赋,百姓必致困穷,国亦何益。"命遵世祖旧制。徽州、庐州、济南、真定、河间、大名、归德、汝宁、巩昌诸处及河南芍陂屯田水。大同、卫辉、江陵属县及丰赡署大惠屯风。河南及云南乌蒙等处屯田旱。汴梁、顺德、河间、保定、庆元、济宁、濮州、益都诸属县及诸卫屯田蝗。

三年春正月癸巳朔,暹国及八番洞蛮酋长各遣使来贡。曹州禹城县去秋霖雨害稼,县人邢著、程进出粟以赈饥民,命有司旌其门。乙未,享太庙。己亥,思明州盗起,湖广行省督兵捕之。庚子,刑部尚书乌马儿坐赃杖免。壬寅,命太仆寺增给牝马百匹,供世祖、仁宗御容殿祭祀马湩。和林阿兰秃等驿户贫乏,给钞赈之。以行中书省平章政事复兼总军政,军官有罪,重者以闻,轻者就决。罢上都、云州、兴和、宣德、蔚州、奉圣州及鸡鸣山、房山、黄芦、三叉诸金银冶,听民采炼,以十分之三输官。授前枢密院副使吴元珪、王约集贤大学士,翰林侍讲学士韩从益昭文馆大学士,并商议中书省事。拜住言,前集贤侍讲学士赵居信、直学士吴澄皆有德老儒,请征用之。帝喜曰:"卿言适副朕心,更当搜访山林隐逸之士。"遂以居信为翰林学士承旨,澄为学士。增置上都留守司判官二员,以汉人为之,专掌刑名。置仁宗中宫位提举司二，秩正五品，隶承徽寺。太阴犯钺星，又犯井。癸卯，太阴犯井。甲辰，镇西武宁王部饥，赈之。遣诸王忽剌出往镇云南，赐钞万五千贯。辛亥，申命铁失振举台纲。壬子，建诸王驿于京师。遣回回炮手万户赴汝宁、新蔡，遵世祖旧制，教习炮法。静江、邕、柳诸郡獠为寇，命湖广行省督兵捕之。甲寅，以宗仁卫蒙古子女额足万户，命罢收之。乙卯，征东末吉地兀者户，以貂鼠、水獭、海狗皮来献，诏存恤三岁。丙辰，泉州民留应总作乱，命江浙行省遣兵捕之。丁巳，定封赠官等秩。辛酉，禁故杀子孙诬平民者。增置兵部尚书一员。四川行省平章政事赵世延，为其弟讼不法事，系狱待对，其弟逃去，诏出之。仍著为令：逃者百日不出，则释待对者。命枢密副使完颜纳丹、侍御史曹伯启、也可扎鲁忽赤不颜、集贤学士钦察、翰林直学士曹元用听读仁宗时纂集累朝格例。敕常调官外不次铨用者，但升以职，勿升其阶。

二月癸亥朔，作上都华严寺、八思巴帝师寺及拜住第，役军六千二百人。定军官袭职，嫡长子孙幼者，令诸兄弟侄摄之，所受制敕书权袭，以息争讼。是夜，荧惑、太白、填星三星聚于胃。丙寅，翰林国史院进《仁宗实录》。遣教化等往西番抚初附之民，徵畜牧，治邮传。戊辰，祭社稷。天寿节，宾丹、爪哇等国遣使来贡。己巳，修广惠河闸十有九所。治野狐、桑乾道。癸酉，畋于柳林，顾谓拜住曰："近者地道失宁，风雨不时，岂朕纂承大宝，行事有阙欤？"对曰："地震自古有之，陛下自责固宜，良由臣等失职，不能燮理。"帝曰："朕在位三载，于兆姓万物岂无乖戾之事，卿等宜与百官议有便民利物者，朕即行之。"置镇远王也不干王傅官属。罢播州黄平府长官所一，徙其民隶黄平。是夜，太白犯昴。辛巳，造五辂。司徒刘夔、同金宣政院事曩加台坐妄献地土、冒取官钱，伏诛。格例成定，凡二千五百三十九条，内断例七百一十七、条格千一百五十一、诏赦九十四、令类五百七十七，名曰《大元通制》，颁行天下。是夜，太阴犯东咸。癸未，赈北边军钞二十五万锭、粮二万石。命宣徽院选蒙古子男四百入宿卫。罢徽政院总管府三：都总管府隶有司，怯怜口及人

匠总管府隶陕西行中书省。降开成路为州。丙戌,雨土。京师饥,
发粟二万石赈粜。造五辂旗。丁亥,敕金书《藏经》二部,命拜住等
总之。戊午,封鹰师不花为赵国公。辛卯,以太子宾客伯都廉贫,赐
钞十万贯。诸王月思别遣使来朝。罢称海宣慰司及万户府,改立屯
田总管府。诸王怯伯遣使贡蒲萄酒。海漕粮至直沽。遣使祀海神
天妃。

三月壬辰朔,车驾幸上都。赐诸王喃答失言钞二百五十万贯,
复给诸王脱欢岁赐。丁酉,平江路嘉定州饥,发粟六万石赈之。戊
戌,安丰芍陂屯田女直户饥,赈粮一月。庚子,崇明诸州饥,发米万
八千三百石赈之。甲辰,台州路黄岩州饥,赈粮两月。丁未,西番参
卜郎诸族叛,敕镇西武靖王搠思班等发兵讨之。戊申,祔太皇太后
于顺宗庙室,遣摄太尉、中书右丞相拜住奉玉册、玉宝,上尊谥曰昭
献元圣皇后。辛亥,以圆明、王道明之乱,禁僧道度牒、符录。丙辰,
敕:医、卜、匠官居丧不得去职,七十不听致仕,子孙无荫叙、能绍其
业者,量材录用。监察御史拜住、教化坐举八思吉思失当,并黜免。
诸王火鲁灰部军驿户饥,赈之。

夏四月壬戌朔,敕天下诸司命僧诵经十万部。丙寅,察罕脑儿
蒙古军、驿户饥,赈之。丁卯,旌内黄县节妇王氏。己巳,浚金水河。
甲戌,命张珪及右司员外郎王士熙勉励国子监学。敕都功德使阔儿
鲁至京师。释囚大辟三十一人,杖五十七以上者六十九人。放笼禽
十万,令有司偿其直。己卯,诏行助役法,遣使考视税籍高下,出田
若干亩,使应役之人更掌之,收其岁入以助役费,官不得与。北边军
饥,赈之。蒙古大千户部比岁风雪,毙畜牧,赈钞二百万贯。敕京师
万安、庆寿、圣安、普庆四寺,扬子江金山寺、五台万圣祐国寺,作水
陆佛事七昼夜。丁亥,故罗罗斯宣慰使述古妻漂末权领司事,遣其
子娑住邦来献方物。戊子,南丰州民及巩昌蒙古军饥,赈之。

五月辛卯,设大理路白盐城榷税官,秩正七品;中庆路榷税官,
秩从七品。置安庆灊山县、云南宁远州。戊戌,太白经天。庚子,大
风雨雹,拔柳林行宫内外大木二千七百。辛丑,以铁失独署御史大

夫事。壬寅，云南行省平章政事忽辛坐赃杖免。诏中外开言路。置
庆远路峰山县，增尉一员。徙安寨县于龙安驿。癸卯，太阴犯房。乙
巳，岭北米贵，禁酿酒。戊申，监察御史盖继元、宋翼言铁木迭儿奸
险贪污，请毁所立碑。从之，仍追夺官爵及封赠制书。帝御大安阁，
见太祖、世祖遗衣皆以缣素木绵为之，重加补缀，嗟叹良久，谓侍臣
曰："祖宗创业艰难，服用节俭乃如此，朕焉敢顷刻忘之。"太白犯
毕。癸丑，荆湖宣慰使脱列受赂事觉，召至京师。御史台臣请遣就
鞫，不允。乙卯，赐勋旧子撒儿蛮、按灰铁木儿、也先铁木儿钞，人万
五千贯。以钞千万贯市羊马给岭北戍卒，人骟马二、牝马二、羊十
五。禁驿户无质卖官地。丙辰，东安州水，坏民田千五百六十顷。戊
午，真定路武邑县雨水害稼。奉元行宫正殿灾。上都利用监库火，
帝令卫士扑灭之，因语群臣曰："世皇始建宫室，于今安焉。朕嗣登
大宝，而值此毁，此朕不能图治之故也。"钦察卫兵戍边，有卒累功，
请赏以官，帝曰："名爵岂赏人之物。"命赐钞三千贯。大名路魏县霖
雨。大同路雁门屯田旱损麦。诸卫屯田及永清县水。保定路归信
县蝗。

六月，寇围宁都，州民孙正臣出粮饷军，旌其门。丁卯，西番参
卜郎诸寇未平，遣徽政使丑驴往督师。戊辰，毁铁木迭儿父祖碑，追
收元受制书，告谕中外。赠乳母忽秃台定襄郡夫人，其夫阿来追封
定襄王，谥忠愍。壬申，将作院使哈撒儿不花坐罔上营利，杖流东
裔，籍其家。留守司以雨请修都城，有旨：今岁不宜大兴土功，其略
完之。癸酉，置太庙夹室。赠燕赤吉台太赤为襄安王。诸王别思铁
木儿统兵北部，别颁岁赐。太常请纂修累朝仪礼，从之。癸未，填星
犯毕。乙酉，易、安、沧、莫、霸、祁诸州及诸卫屯田水，坏田六千余
顷。诸王怯伯数寇边，至是遣使来降，帝曰："朕非欲彼土地人民，但
吾民不罹边患，军士免于劳役，斯幸矣；今既来降，当厚其赐以安
之。"

秋七月辛卯朔，宣政使钦察台自传旨署事，中书以体制非宜，
请通行禁止。从之。壬辰，占城国王遣其弟保佑八剌遮奉表来贡方

物。真定路驿户饥，赈粮二千四百石。癸卯，太庙成。班丹坐赃杖免。赐刺秃屯田贫民钞四十六万八千贯，市牛具。甲辰，诸王帖木儿还自云南，入宿卫，赐钞二万五千贯。乙巳，招谕左右两江黄胜许、岑世兴。己酉，封诸王忽都铁木儿为威远王，授金印。减海道岁运粮二十万石，并免江淮增科粮。甲寅，买马行宫驾车六百五十匹。丙辰，永宁王卜铁木儿为不法，命宗正府及近侍杂治其傅。籍铁木迭儿家资。诸王彻彻秃入朝请印，帝以其政绩未著，不允，赐钞二十五万贯。御史台请降旨开言路，帝曰："言路何尝不开，但卿等选人未当尔。"漷州雨水害屯田稼。真定州诸路属县蝗。冀宁、兴和、大同三路属县陨霜。东路蒙古万户府饥，赈粮两月。

八月癸亥，车驾南还，驻跸南坡。是夕，御史大夫铁失、知枢密院事也先帖木儿、大司农失秃儿、前平章政事赤斤铁木儿、前云南行省平章政事完者、铁木迭儿子前治书侍御史锁南、铁失弟宣徽使锁南、典瑞院使脱火赤、枢密院副使阿散、佥书枢密院事章台、卫士秃满及诸王按梯不花、孛罗、月鲁不花、曲吕不花、兀鲁思不花等谋逆，以铁失所领阿速卫兵为外应，铁失、赤斤铁木儿弑丞相拜住，遂杀帝于行幄。年二十一，从葬诸帝陵。泰定元年二月，上尊谥曰睿圣文孝皇帝，庙号英宗。四月，上国语庙号曰格坚。

英宗性刚明，常以地震减膳、彻乐、避正殿，有近臣称觞以贺，问："何为贺？朕方修德不暇，汝为大臣不能匡辅，反为谄耶？"斥出之。拜住进曰："地震乃臣等失职，宜求贤以代。"曰："毋多逊，此朕之过也。"常戒群臣曰："卿等居高位，食厚禄，当勉力图报。苟或贫乏，朕不惜赐。汝若为不法，则必刑无赦。"八思吉思下狱，谓左右曰："法者，祖宗所制，非朕所得私。八思吉思虽事朕日久，今其有罪，当论如法。"尝御鹿顶殿，谓拜住曰："朕以幼冲，嗣承大业，锦衣玉食，何求不得。惟我祖宗栉风沐雨，戡定万方，曾有此乐邪？卿元勋之裔，当体朕至怀，毋忝尔祖。"拜住顿首，对曰："创业惟艰，守成不易，陛下睿思及此，亿兆之福也。"又谓大臣曰："中书选人署事未旬日，御史台即改除之。台除者，中书亦然。今山林之下，遗逸良多，

卿等不能尽心求访,惟以亲戚故旧更相引用耶?"其明断如此。然以
果于刑戮,奸党畏诛,遂构大变云。

元史卷二九
本纪第二九

泰定帝一

泰定皇帝,讳也孙铁木儿,显宗甘麻剌之长子,裕宗之嫡孙也。初,世祖以第四子那木罕为北安王,镇北边。北安王薨,显宗以长孙封晋王代之,统领太祖四大斡耳朵及军马、达达国土。至元十三年十月二十九日,帝生于晋邸。大德六年,晋王薨,帝袭封,是为嗣晋王,仍镇北边。成宗、武宗、仁宗之立,咸与翊戴之谋,有盟书焉。

王府内史倒剌沙得幸于帝,常侦伺朝廷事机,以其子哈散事丞相拜住,且入宿卫。久之,哈散归,言御史大夫铁失与拜住意相忤,欲倾害之。至治三年三月,宣徽使探忒来王邸,为倒剌沙言:"主上将不容于晋王,汝盍思之。"于是倒剌沙与探忒深相要结。八月二日,晋王猎于秃剌之地,铁失密遣斡罗思来告曰:"我与哈散、也先铁木儿、失秃儿谋已定,事成推立王为皇帝。"又命斡罗思以其事告倒剌沙,且言:"汝与马速忽知之,勿令旭迈杰得闻也。"于是王命囚斡罗思,遣别烈迷失等赴上都,以逆谋告。未至,癸亥,英宗南还,驻跸南坡,是夕,铁失等矫弑拜住,英宗遂遇弑于幄殿。

诸王按梯不花及也先铁木儿奉皇帝玺绶,北迎帝于镇所。癸巳,即皇帝位于龙居河,大赦天下。诏曰:

　　薛禅皇帝可怜见嫡孙、裕宗皇帝长子、我仁慈甘麻剌爷爷根底,封授晋王,统领成吉思皇帝四个大斡耳朵及军马、达达国土都付来。依著薛禅皇帝圣旨,小心谨慎,但凡军马人民的不拣甚么勾当里，遵守正道行来的上头，数年之间，百姓得安业。在后，完泽笃皇帝教我继承位次，大斡耳朵里委付了来。已委付了的大营盘看守著，扶立了两个哥哥曲律皇帝、普颜笃皇帝，侄硕德八剌皇帝。我累朝皇帝根底，不谋异心，不图位次，依本分与国家出气力行来，诸王哥哥兄弟每，众百姓每，也都理会的也者。

今我的侄皇帝生天了也么道，迤南诸王大臣、军上的诸王驸马臣僚、达达百姓每，众人商量著：大位次不宜久虚，惟我是薛禅皇帝嫡派，裕宗皇帝长孙，大位次里合坐地的体例有，其余争立的哥哥兄弟也无有，这般，晏驾其间，比及整治以来，人心难测，宜安抚百姓，使天下人心得宁，早就这里即位提说上头，从著众人的心，九月初四日于成吉思皇帝的大斡耳朵里，大位次里坐了也。交众百姓每心安的上头，赦书行有。

是日，以知枢密院事、淇阳王也先铁木儿为中书右丞相，诸王月鲁铁木儿袭封安西王。甲午，以内史倒剌沙为中书平章政事，乃马台为中书右丞，铁失知枢密院事，马思忽同知枢密院事，孛罗为宣徽院使，旭迈杰为宣政院使。乙未，大理护子罗蛮为寇。以枢密副使阿散为御史中丞，内史善僧为中书左丞。丁酉，以完泽知枢密院事，秃满同金枢密院事。戊戌，以撒的迷失知枢密院事，章台同知枢密院事。己亥，敕谕百司：凡铨授官，遵世祖旧制，惟枢密院、御史台、宣政院、宣徽院得自奏闻，余悉由中书。辛丑，以马某沙知枢密院事，失秃儿为大司农。召诸王官属流徙远地及还元籍者二十四人还京师。是岁，大宁蒙古大千户部风雪毙畜牧，赈米十五万石。南康、漳州二路水，淮安、扬州属县饥，赈之。

冬十月癸亥，修佛事于大明殿。甲子，遣使至大都，以即位告天地、宗庙、社稷。诛逆贼也先铁木儿、完者、锁南、秃满等于行在所。以旭迈杰为中书右丞相，陕西行中书左丞相秃鲁、通政院使纽泽并为御史大夫，速速为御史中丞。遣旭迈杰、纽泽诛逆贼铁失、失秃儿、赤斤铁木儿、脱火赤、章台等于大都，并戮其子孙，籍入家产。己

巳，太白犯亢。戊辰，召亦都护高昌王铁木儿补化。壬申，以内史按
答出为太师、知枢密院事。丙子，太白犯氐。诏百司遵守世祖成宪。
癸未，以旭迈杰兼阿速卫达鲁花赤。丙戌，以江浙行省平章政事兀
伯都剌为中书平章政事。八番顺元及静江、大理、威楚诸路徭兵为
寇，敕湖广、云南二省招谕之。扬州江都县火，云南王、西平王二部
卫士饥，皆赈之。

十一月己丑朔，荧惑犯亢。车驾次于中都，修佛事于昆刚殿。庚
寅，太白犯钩钤。丙申，次于祖妪。乙未，太白犯东咸。辛丑，车驾
至大都。壬寅，荧惑犯氐。诸王怯别遣使来朝。丁未，御大明殿，受
诸王、百官朝贺。庚戌，诏百司朝夕视事，毋怠。辛亥，御史中丞董
守庸坐党铁失，免官。壬子，敕：营缮不急者，罢之。癸丑，遣使诣曲
阜，以太牢祀孔子。敕会福院奉北安王那木罕像于高良河寺。祭遁
甲五福神。甲寅，诸王怯别遣使来朝。乙卯，崇星于司天监。丙辰，
御史中丞速速坐贪淫，免官。丁巳，广州路新会县民汜长弟作乱，广
东副元帅乌马儿率兵捕之。云南开南州大阿哀、阿三木、台龙买六
千余人寇哀卜白盐井。诏凡有罪自首者，原其罪。袁州路宜春县、
镇江路丹徒县饥，赈粜米四万九千石。沅州黔阳县饥，芍陂屯田旱，
并赈之。

十二月己未，御史台经历朵儿只班、御史撒儿塔罕、兀都蛮、郭
也先忽都，并坐党铁失免官。御史言："曩者铁木迭儿专政，诬杀杨
朵儿只、萧拜住、贺伯颜、观音保、锁咬儿哈的迷失，黥窜李谦亨、成
珪，罢免王毅、高昉、张志弼，天下咸知其冤，请昭雪之。"诏：存者召
还，录用；死者赠官有差。授诸王薛彻干以其父故金印。庚申，以宦
者刚答里为中政院使。壬戌，赐潜邸卫士钞人六十锭。浚镇江路漕
河及练湖，役丁万三千五百人。给诸王八剌失里印。戊辰，请皇考、
皇妣谥于南郊，皇考晋王曰光圣仁孝皇帝，庙号显宗，皇妣晋王妃
曰宣懿淑圣皇后。己巳，辰星犯垒壁阵。庚午，以即位，大赉后妃、
诸王、百官金七百余锭、银三万三千锭，钱及币帛称是。遣使祀海神
天妃。盗入太庙，窃仁宗及庄懿慈圣皇后金主。辛未，荧惑犯房。壬

申,作仁宗主,仍督有司捕盗。崇星于司天监。癸酉,德庆路泷水县
徭刘寅等降。甲戌,命道士吴全节修醮事。乙亥,征东夷民奉兽皮
来附。太常院臣言:"世祖以来太庙岁惟一享,先帝始复古制,一岁
四祭,请裁择之。"帝曰:"祭祀,盛事也,朕何敢简其礼。"命仍四祭。
监察御史脱脱、赵成庆等言:"铁木迭儿在先朝,包藏祸心,离间亲
藩,诛戮大臣,使先帝孤立,卒罹大祸。其子锁南亲与逆谋,久逭天
宪,乞正其罪,以快元元之心,月鲁、秃秃哈、速敦皆铁失之党,不宜
宽宥。"遂并伏诛。丙子,命岭北守边诸王彻彻秃月修佛事,以却寇
兵。己卯,命僧作佛事于大内,以厌雷。增诸王薛彻干、驸马哈伯等
岁赐金银、币帛有差。辛巳,荧惑犯东咸。壬午,诸王月思别遣怯烈
来朝,赐以金币。癸未,广西右江来安路总管岑世兴遣其弟世元入
贡。流诸王月鲁铁木儿于云南,按梯不花于海南,曲吕不花于奴儿
干,孛罗及兀鲁思不花于海岛,并坐与铁失等逆谋。乙酉,云南车里
于孟为寇,诏招谕之。谕百司惜名器,各遵世祖定制。丙戌,旭迈杰
言:"近也先铁木儿之变,诸王买奴逃赴潜邸,愿效死力,且言不除
元凶,则陛下美名不著,天下后世何从而知。上契圣衷,尝蒙奖谕。
今臣等议,宗戚之中能自拔逆党,尽忠朝廷者,惟有买奴,请加封
赏,以示激劝。"遂以泰宁县五千户封买奴为泰宁王。知枢密院事、
大司徒阔彻伯授开府仪同三司。以前太师拜忽商议军国重事。丁
亥,议赏讨逆功,赐旭迈杰金十锭、银三十锭、钞七千锭,倒剌沙为
中书左丞相,知枢密院事马某沙、御史大夫纽泽、宣政院使锁秃并
加授光禄大夫,仍赐金、银、钞有差。塑马哈吃剌佛像于延春阁之徽
清亭。下诏改元,诏曰:

　　　朕荷天鸿禧,嗣大历服。侧躬图治,夙夜祗畏,惟祖训是
　　遵。乃开岁甲子,景运伊始,思与天下更新。稽诸典礼,逾年改
　　元,可以明年为泰定元年。

免大都、兴和差税三年,八番、思、播、两广洞寨差税一年,江淮创科
包银三年,四川、云南、甘肃秋粮三分,河南、陕西、辽阳丝钞三分。
除虚增田税。免斡脱逋钱。赈恤云南、广海、八番等处戍军。求直

言。赐高年帛。禁献山场湖泊之利。定吏员出身者秩止四品。以追尊皇考、皇妣，诏天下。云南花脚蛮为寇，诏招谕之。平江嘉定州饥，辽阳答阳失蛮、阔阔部风、雹，并赈之。澧州、归州饥，赈粜米二万石。

是岁，夏，诸卫屯田及大都、河间、保定、济南、济宁五路属县霖雨伤稼。秋，沂州定襄县及忠翊侍卫屯田所营田、象食屯田所陨霜杀禾。土番岷州春疫，夏旱。西番寇巩昌府。

泰定元年春正月乙未，以乃马台为平章政事，善僧为右丞。敕诸王哈剌还本部。召江西行省平章政事也儿吉你赴阙。己亥，以诛逆臣也先铁木儿等诏天下。辛丑，诸王、大臣请立皇太子。赐诸王彻彻秃金一锭、银六十锭、币帛各百匹，塔思不花金一锭、银四十锭、币帛二百匹，阿忽铁木儿等金银各有差。壬寅，以故丞相拜住子答儿麻失里为宗仁卫亲军都指挥使，彻里哈为左右卫阿速亲军都指挥使。命僧讽西番经于光天殿。甲辰，敕译列圣制诏及《大元通制》，刊本赐百官。丁未，以称海屯田万户府达鲁花赤帖陈假岭北行中书省参知政事，近侍忽都帖木儿假礼部尚书，使西域诸王不赛因部。戊申，八番生蛮韦光正等及杨、黄五种人以其户二万七千来附，请岁输布二千五百匹，置长官司以抚之。己酉，命诸王远徙者悉还其部。召亲王图帖睦尔于琼州，阿木哥于大同。定怯薛台岁给钞，人八十锭。甲寅，赐诸王太平、忽剌台、别失帖木儿等金印。敕高丽王还国，仍归其印。粜米二十万石，赈京师贫民。丙辰，赐故监察御史观音保、锁咬儿哈的迷失妻、子钞各千锭。赐司徒道住印。敕封解州盐池神曰灵富公。广德、信州、岳州、惠州、南恩州民饥，发粟赈之。

二月丁巳朔，作显宗影堂。己未，修西番佛事于寿安山寺，曰星吉思吃剌，曰阔儿鲁弗卜，曰水朵儿麻，曰飒间卜里嗬家，经僧四十人，三年乃罢。庚申，监察御史傅岩起、李嘉宾言："辽王脱脱乘国有隙，诛屠骨肉，其恶已彰，恐怀疑贰，如令归藩，譬之纵虎出柙，请废之,别立近族以袭其位。"不报。甲子,作佛事,命僧百八人及倡优百戏导帝师游京城。庚午,选守令、推官。旧制台宪岁举守令、推官二人,有罪连坐;至是言其不便,复命中书于常选,择人用之。壬申,请上大行皇帝谥于南郊,曰睿圣文孝皇帝,庙号英宗。甲戌,江浙行省左丞赵简请开经筵,及择师傅,令太子及诸王、大臣子孙受学,遂命平章政事张珪、翰林学士承旨忽都鲁都儿迷失、学士吴澄、集贤直学士邓文原,以《帝范》、《资治通鉴》、《大学衍义》、《贞观政要》等书进讲,复敕右丞相也先铁木儿领之。诸王怯别、孛罗各遣使来贡。高昌王亦都护帖木儿补化遣使进蒲萄酒。丁丑,监察御史宋本、赵成庆、李嘉宾言:盗窃太庙神主,由太常守卫不谨,请罪之。不报。戊寅,御史李嘉宾劾逆党左阿速卫指挥使脱帖木儿,罢之。癸未,宣谕也里可温各如教具戒。加封广德路祠山神张真君曰普济,宁国路广惠王曰福佑。绍兴、庆元、延安、岳州、潮州五路及镇远府、河州、集州饥,发粟赈之。

三月丁亥朔,罢徽政院。立詹事院。以太傅朵台、宣徽使秃满迭儿、桓国公拾得驴、太尉丑驴答剌罕,并为太子詹事;中书参知政事王居仁为太子副詹事。以同知宣政院事杨廷玉为中书参知政事。罢大同路黄华岭及崇庆屯田。赐寿宁公主金十锭、银五十锭、钞二万锭。乙未,以江西行省平章政事也儿吉你知枢密院事。置定王薛彻干总管府。给蒙古流民粮、钞,遣还所部,敕擅徙者斩,藏匿者杖之。赐诸王彻彻秃永福县户万三千六百为食邑,仍置王傅。戊戌,廷试进士,赐八剌、张益等八十四人及第、出身有差。会试下第者,亦赐教官有差。中书省臣请禁横奏赏赍及逾越奏事者,从之。庚子,钦察罢为陕西行台御史大夫。以四川行中书省平章政事襄加台兼宣政院使,往征西番寇参卜郎。癸卯,命中书平章政事乃马台摄祭南郊,知枢密院事阔彻伯摄祭太庙,以册皇后、皇太子告。丙午,御大明殿。册八八罕氏为皇后,皇子阿速吉八为皇太子。己酉,以皇子八的麻亦儿间卜嗣封晋王。泰宁王买奴卒,以其子亦怜真朵儿赤嗣。遣湘宁王八剌失里出镇察罕脑儿,罢宣慰司,立王傅府。以知枢密院事也先吉你为云南行省右丞相。召流人还京师。庚戌，月直延民真只海、阿答罕来献大珠。监察御史宋本、李嘉宝、傅岩起言：“太尉、司徒、司空三公之职，滥假僧人，及会福、殊祥二院，并辱名爵，请罢之。”不报。癸丑，诸王不赛因遣使朝贡。临洮狄道县、冀宁石州、离石、宁乡县旱，饥，赈米两月。广西横州徭寇永淳县。

夏四月戊午，谦恟罢为集贤大学士，食其禄终身。赐乳母李氏钞千锭。赐征参卜郎军千人钞四万七千锭。太尉不花、平章政事即烈坐矫制以寡妇古哈强配撒梯被鞫，诏以世祖旧臣原其罪。己未，以珠字诏赐帝师所居撒思加都。庚申，诏整饬御史台。作昭圣皇后御容于普庆寺。辛酉，命昌王八剌失里往镇阿难答昔所居地。亲王图帖睦尔至自潭州，及王禅皆赐车帐、驼马。癸亥，以国言上英宗庙号曰格坚皇帝。修佛事于寿昌殿。甲子，车驾幸上都，以诸王宽彻不花、失剌，平章政事兀伯都剌，右丞善僧等居守。以岭北行中书省左丞泼皮为中书左丞，江南行台中丞朵朵为中书参知政事。马剌罢为太史院使。罢卫士四百人还宗仁卫。赐北庭的撒儿兀鲁军羊马。诸王不赛因遣使来贡。发兵民筑浑河堤。丙寅，赐昌王八剌失里牛马橐驼。税僧道邸舍积货。丁卯，遣诸王捏古伯等还和林。封八剌失里继母买的为皇妹昌国大长公主，给银印。以忽咱某丁为哈赞忽咱，主西域户籍。辛未，月食既。癸酉，以太子詹事秃满迭儿为中书平章政事。甲戌，命咒师作佛事厌雷。庚辰，以风烈、月食、地震，手诏戒饬百官。辛巳，太庙新殿成。木怜撒儿蛮部及北边蒙古户饥，赈粮钞有差。江陵路属县饥。云南中庆、昆明屯田水。

五月丁亥，监察御史董鹏南、刘潜、边笥、慕完、沙班以灾异上言：“平章乃蛮台、宣徽院使帖木儿不花、詹事秃满答儿，党附逆徒，身亏臣节，太常守庙不谨，辽王擅杀宗亲，不花、即里矫制乱法，皆蒙宽宥，甚为失刑，乞定其罪，以销天变。”不允。己丑，帝谕倒剌沙曰：“朕即位以来，无一人能执成法为朕言者。知而不言，则不忠，且陷人于罪。继自今，凡有所知，宜悉以闻，使朕明知法度，断不敢自纵。非独朕身，天下一切政务，能守法以行，则众皆乂安；反是，则天下瞿于忧苦。"又曰："凡事防之于小，则易。救之于大则难，尔其以朕言明告于众，俾知所慎。"壬辰，御史台臣秃忽鲁、纽泽以御史言："灾异屡见，宰相宜避位，以应天变，可否仰自圣裁。顾惟臣等为陛下耳目，有徇私违法者，不能纠察，慢官失守，宜先退避，以授贤能。"帝曰："御史所言，其失在朕，卿等何必遽尔!"秃忽鲁又言："臣已老病，恐误大事，乞先退。"于是中书省臣兀伯都剌、张珪、杨廷玉皆抗疏乞罢。丞相旭迈杰、倒剌沙言："比者灾异，陛下以忧天下为心，反躬自责，谨遵祖宗圣训，修德慎行，敕臣等各勤乃职，手诏至大都，居守省臣皆引罪自劾。臣等为左右相，才下识昏，当国大任，无所襄赞，以致灾祲，罪在臣等，所当退黜，诸臣何罪?"帝曰："卿若皆辞避而去，国家大事朕孰与图之，宜各相谕以勉乃职。"戊戌，迁列圣神主于太庙新殿。辛丑，循州徭寇长乐县。甲辰，赦上都囚笞罪以下者。丙午，太白犯鬼。侍御史高奎上书，请求直言，辨邪正，明赏罚。帝善其言，赐以银币。丁未，太白犯鬼积尸气。己酉，宾州民方二等为寇，有司捕擒之。癸丑，命司天监崇星。中书平章政事秃满迭儿、领宣徽使詹事丞回回请如裕宗故事，择名儒辅太子。敕中书省臣访求以闻。袁州火，龙庆、延安、吉安、杭州、大都诸路属县水，民饥，赈粮有差。

六月乙卯朔，遣诸王阔阔出镇畏兀，赐金、银、钞千计。戊午，云南蒙化州高兰神场寨主照明罗九等寇威楚。庚申，张珪自大都至，以守臣集议事言："逆党未讨，奸恶未除，忠愤未雪，冤枉未理，政令不信，赏罚不公，赋役不均，财用不节，请裁择之。"不允。诸王阿木哥薨，赙钞千锭。诸王宽彻、亦里吉赤来朝。赐驸马铁木儿等部钞一万三千锭，北边戍兵钞万六千八十锭。赈蒙古饥民，遣还所部。延安路饥，禁酒。癸亥，作礼拜寺于上都及大同路，给钞四万锭。丙寅，遣使招谕参卜郎。遣阔阔出等诣高丽，取女子三十人。广西左右两江黄胜许、岑世兴乞遣其子弟朝贡，许之。丁卯，大崛殿成，作镇雷坐静佛寺。庚午，置海剌秃屯田总管府。辛未，修黑牙蛮答哥佛事于水晶殿。癸酉，帝受佛戒于帝师。己卯，诸王怯别等遣其宗亲铁木儿不花等奉驯豹、西马来朝贡。诏：疏决紧囚，存恤军士，免天下和买杂役三年，蜒户差税一年；百官四品以下，普覃散官一等，三品递进一阶；远仕瘴地，身故不得归葬，妻子流落者，有司资给遣还，仍著为令。云南大理路你囊为寇。大都，真定晋州、深州，奉元诸路及甘肃河渠营田等处雨伤稼，赈粮二月。大司农屯田，诸卫屯田、彰德、汴梁等路雨伤稼，顺德、大名、河间、东平等二十一郡蝗，晋宁、巩昌、常德、龙兴等处饥，皆发粟赈之。大同浑源河，真定滹沱河，陕西渭水、黑水，渠州江水皆溢，并漂民庐舍。宣德府、巩昌路及八番金石番等处雨雹。河间、晋宁、泾州、扬州、寿春等路，湖广、河南诸屯田皆旱。

　　秋七月丙戌，思州平茶杨大车、酉阳州冉世昌寇小石耶、凯江等寨，调兵捕之。诸王阿马薨，赙钞五千锭。赐云南王王禅钞二千锭，诸王阿都赤钞三千锭。作楠木殿。招谕船领、义宁、灵川等处徭。庚寅，遣使代祀岳渎。丙申，以诸王薛彻秃袭统其父完者所部，仍给故印。己亥，赈蒙古流民，给钞二十九万锭遣还，仍禁毋擅离所部，违者斩。庚子，诸王伯颜帖木儿出镇阔连东部，阿剌忒纳失里出镇沙州，各赐钞三千锭。撒忒迷失率卫士佐太师按塔出行边，赐钞千锭。癸卯，罢广州、福建等处采珠蜒户为民，仍免差税一年。丙午，以畏兀字译西番经。丁未，崇星于上都司天监。以山东盐运司判官马合谟为吏部尚书，佩虎符，翰林修撰杨宗瑞为礼部郎中，佩金符，奉即位诏，往谕安南。置长庆寺，以宦者阿亦伯为寺卿。罢中瑞司。中书省臣言："东宫卫士先朝止三千人，今增至万七千，请命詹事院汰去，仍依旧制。"从之。戊申，以籍入铁木迭儿及子班丹、观音奴赀产给还其家。奉元路朝邑县、曹州楚丘县、大名路开州濮阳县河溢。大都路固安州清河溢。顺德路任县沙、沣、洛水溢。真定、广平、庐州等十一郡雨伤稼，龙庆州雨雹，大如鸡子，平地深三尺。定州屯河溢、山崩。免河渠营田租。大都、巩昌、延安、冀宁、龙兴等处饥，赈粜有差。广西庆远徭酋潘父绢等率众来降，署为簿、尉等官有差。加封温州故平阳侯曰英烈侯。

八月甲寅，彻彻儿、火儿火思之地五千贫乏，赈粮二月。乙卯，敕以刑狱复隶宗正府，依世祖旧制，刑部勿与。丙辰，享太庙。丁巳，赐诸王八里台、黄头钞各千五百锭。禁言赦前事。庚申，市牝马万匹取潼酒。赈帖列干、木伦等驿户粮钞有差。辛亥，遣翰林学士承旨斡赤祀太祖、太宗、睿宗御容于普庆寺。赐亲王图帖睦尔钞三千锭。庚午，作中宫金脊殿。辛未，绘帝师八思巴像十一，颁各行省，俾塑祀之。敕：武官坐罪，制授者以闻，敕授者从行省处决。以金泉馆酒课赐公主寿宁。丁丑，罢浚玉泉山河役。车驾至大都。癸未，敕枢密役军凡三百人以上奏闻。诏谕云南大车里、小车里。秦州成纪县大雨，山崩，水溢，壅土至来谷河成丘阜。汴梁、济南属县雨水伤稼，赈之。延安、冀宁、杭州、潭州等十二郡及诸王哈伯等部饥，赈粮有差。

九月乙酉，封也速不坚为荆王，赐金印。以宣德府复隶上都留守司。辛卯，罢哈思的结鲁思伴卜总统所，更置临洮总管府。赐潜邸卫士钞万锭。丙申，葺太祖神御殿。乙巳，昭献元圣皇后忌日，修佛事饭僧万万人。敕存恤武卫军一年。癸丑，以籍入阿散家赀，给其子脱列。改邕州为南宁路。岑世兴遣其弟兴元来朝贡。奉元路长安县大雨，沣水溢，延安路洛水溢，濮州馆陶县及诸卫屯田水，建昌、绍兴二路饥，赈粮有差。

冬十月乙卯，秦州成纪县赵氏妇一产三男。成都嘉谷生一茎九穗。丁巳，监察御史王士元请早谕教太子，帝嘉纳之。戊午，享太庙。立寿福总管府，秩正三品，典累朝神御殿祭祀及钱谷事；降大天源延圣寺总管府为提点所，以隶之。庚申，命左右相日直禁中，有事则赴中书。丙寅，太白犯斗。己巳，太白入斗，太阴犯填星。云南车里蛮为寇，遣斡耳朵奉诏招谕之，其酋塞赛子尼面雁、构木子刁零出降。庚午，太白犯斗。壬申，安南国世子陈日㷖遣其臣莫节夫等来朝贡。真州珠金沙河，松江府、吴江州诸河淤塞，诏所在有司佣民丁浚之。丙子，命帝师作佛事于延春阁。丁丑，缅国王子吾者那等争立，岁贡不入，命云南行省谕之。徙封云南王王禅为梁王，食邑益阳州六万五千户，仍以其子帖木儿袭封云南王。封亲王图帖睦尔为怀王，食邑端州六万五千户，增岁赐币帛千匹，并赐金印。壬午，荧惑犯垒壁阵。肇庆猺黄宝才等降。延安路饥，发义仓粟赈之，仍给钞四千锭。广东道及武昌路江夏县饥，赈粜有差。河南廉访使买奴坐多徵公田租，免官。以鲁国大长公主女适怀王。

己丑，命道士修醮事。癸巳，遣兵部员外郎宋本，吏部员外郎郑立、阿鲁灰，工部主事张成，太史院都事费著，分调闽海、两广、四川、云南选。诸王不赛因言其臣出班有功，请官之，以出班为开府仪同三司、翊国公，给银印、金符。赐诸王散术台、也速速儿钞各千五百锭，斡耳朵罕钞千二百锭，鲁宾钞千五百锭。甲午，崇星于回回司天监。己亥，以术温台知枢密院事。辛丑，造金宝盖，饰以七宝，贮佛舍利。甲辰，作歇山鹿顶楼于上都。丁未，释笞四十七以下囚及轻罪流人。给钞二千锭散与贫者。印明年钞本至元钞四十万锭、中统十万锭。己酉，诏免也里可温、答失蛮差役。庚戌，招谕融州猺般领，大、小木龙等百七十五团。河间路饥，赈粮二月。汴梁、信州，泉州、南安、赣州等路饥，赈粜有差。嘉定路龙兴县饥，赈粮一月。大都、上都、兴和等路十三驿饥，赈钞八千五百锭。

十二月癸丑朔，以岑世兴为怀远大将军，遥授沿边溪洞军民安抚使，佩虎符，仍来安路总管，黄胜许为怀远大将军，遥授沿边溪洞军民安抚使，佩虎符，致仕，其子志熟袭为上思州知州，降诏宣谕，仍各赐币帛二。乙卯，云南猺阿吾及歪闹为寇，行省督兵捕之。庚申，同州地震，有声如雷。癸亥，盐官州海水溢，屡坏堤障，侵城郭，遣使祀海神，仍与有司视形势所便，还请叠石为塘。诏曰：筑塘是重劳吾民也，其增石囤扞御，庶天其相之。乙丑，给蒙古子女孳畜。丙寅，命翰林国史院修纂英宗、显宗《实录》。敕内外百官：凡行朝贺等礼，雨雪免朝服。庚午，荧惑犯外屏。辛未，新作棕殿成。诸王锁思的嫠，赙钞五百锭。乙亥，太白经天。曲赦重囚三十八人，以为三宫祈福。夔路容米洞蛮田先什用等九洞为寇，四川行省遣使谕降五洞，余发兵捕之。陕西行省以兵讨阶州土番。察罕脑儿千户部饥，赈粮一月。延安路雹灾，赈粮一月。温州路乐清县盐场水，民饥，发义仓粟赈之。两浙及江东诸郡水、旱，坏田六万四千三百余顷。

二年春正月丙戌，辰星犯天鸡。乙未，以畿甸不登，罢春畋。禁后妃、诸王、驸马毋通星术之士，非司天官不得妄言祸福。敕：御史台选举，与中书合议以闻。中书省臣言："江南民贫、僧富，诸寺观田土非宋旧置并累朝所赐者，请仍旧制，与民均役。"从之。以籍八思吉思地赐故监察御史观音宝、锁咬儿哈的迷失妻、子各十顷。戊戌，造象辇。参卜郎来降，赐其酋班术儿银、钞、币、帛。辛丑，怀王图帖睦尔出居于建康。壬寅，太白犯建星。甲辰，奉安显宗像于永福寺，给祭田百顷。广西山獠为寇，命所在有司捕之。江浙行省平章政事脱欢答剌罕升为左丞相。诸王怯别遣使贡方物，赐钞四万锭。戊申，以乞剌失思八班藏卜为土蕃等路宣慰使、都元帅，兼管长河西、奔不儿亦思刚、察沙加儿、朵甘思、朵思麻等管军达鲁花赤，与其属往镇抚参卜郎。庚戌，诏谕宰臣曰："向者卓儿罕察苦鲁及山后皆地震，内郡大小民饥。朕自即位以来，惟太祖开创之艰，世祖混一之盛，期与人民共享安乐，常怀祗惧，灾沴之至，莫测其由。岂朕思虑有所不及，而事或僭差，天故以此示儆？卿等其与诸司集议便民之事，其思自死罪始，议定以闻，朕将肆赦，以诏天下。"肇庆、巩昌、延安、赣州、南安、英德、新州、梅州等处饥，赈粜有差。

闰月壬子朔，诏赦天下，除江淮创科包银，免被灾地差税一年。庚申，修野狐岭、色泽、桑乾岭道。乙丑，命整治屯田。河南行省左丞姚炜请禁屯田吏蚕食屯户，及勿务羡增以废裕民之意。不报。丁卯，中书省臣言："国用不足，请罢不急之费。"从之。置惠远仓、永需库于海剌秃总管府。己巳，修滹沱河堰。壬申，罢永兴银场，听民采炼，以十分之二输官。罢松江都水庸田使司，命州县正官领之，仍加兼知渠堰事。癸酉，作棕毛殿。丙子，浙西道廉访司言："四方代祀之使，弃公营私，多不诚洁，以是神不歆格，请慎择之。"山南廉访使帖木哥请削降铁失所用骤升官。戊寅，诸王忽塔梯迷失等来朝，赐金银、钞币有差。己卯，河间、真定、保定、瑞州四路饥，禁酿酒。阶州土蕃为寇，巩昌总帅府调兵御之。站八儿监藏叛于兀敦。保定路饥，赈钞四万锭、粮万五千石。雄州归信诸县大雨，河溢，被灾者万一千六百五十户，赈钞三万锭。南宾州、棣州等处水，民饥，赈粮二万石，死者给钞以葬。五花城宿灭秃、拙只干、麻兀三驿饥，赈粮二千石。衡州衡阳县民饥，瑞州蒙山银场丁饥，赈粟有差。山东廉访使许师敬请颁族葬制，禁用阴阳相地邪说。

二月甲申，祭先农。丙戌，颁《道经》于天下名山宫观。丁亥，平伐苗酋的娘率其户十万来降，土官三百六十人请朝。湖广行省请汰其众还部，令的娘等四十六人入觐，从之。己丑，加嗣汉三十九代天师张嗣成太玄辅化体仁应道大真人。庚寅，荧惑、辰星、填星聚于毕。辛卯，赈安定王朵儿只班部军粮三月。爪哇国遣其臣昔刺僧迦里也奉表及方物来朝贡。广西徭潘宝陷柳城县。丁酉，崇星于回回司天监。己亥，命西僧作烧坛佛事于延华阁。封阿里迷失为和国公、张珪为蔡国公，仍知经筵事。以中书右丞善僧为平章政事，参知政事泼皮为右丞，御史大夫秃忽鲁加太保，仍御史大夫。庚子，姚炜以河水屡决，请立行都水监于汴梁，仿古法备捍，仍命濒河州县正官皆兼知河防事，从之。丙午，造玉御床。戊申，命道士祭五福太一神。庚戌，通、潨二州饥，发粟赈粜。蓟州、宝坻县、庆元路象山诸县饥，赈粮二月。甘州蒙古驿户饥，赈粮三月。大都、凤翔、宝庆、衡州、潭州、全州诸路饥，赈粜有差。

三月癸丑，修曹州济阴县河堤，役民丁一万八千五百人。甲寅，禁捕天鹅。丁巳，赐诸王帖木儿不花等钞有差。辛酉，咸平府清河、寇河合流，失故道，坏堤堰，敕蒙古军千人及民丁修之。乙丑，车驾幸上都。诸王搠思班部战士四百人征参卜郎有功，人赏钞四千锭。乙亥，安南国世子陈日㷆遣使贡方物。荆门州旱，潨州、蓟州、凤州、延安、归德等处民及山东蒙古军饥，赈粮钞有差。肇庆、富州、惠州、袁州、江州诸路及南恩州、梅州饥，赈粜有差。

夏四月丁亥，作吾殿。癸巳，和市牝马有驹者万匹。敕宿卫驼马散牧民间者,归官厩饲之。丁酉,濮州鄄城县言城西尧冢上有佛寺,请徙之。不报。辛丑,加公主寿宁为皇姊大长公主。禁山东诸路酒。丙午,僰夷及搜雁遮杀云南行省所遣谕蛮使者,敕追捕之。丁未,封后父火里兀察儿为威靖王。戊申,以许师敬为中书左丞,中政使冯亨为中书参知政事,仍中政使。奉元路白水县雹。巩昌路伏羌县大雨、山崩,镇江、宁国、瑞州、桂州、南安、宁海、南丰、潭州、涿州等处饥,赈粮五万余石。陇西、汉中、秦州饥,赈钞三万锭。

五月壬子,车里陶剌孟及大阿哀蛮兵万人,乘象寇陷朵剌等十四寨,木邦路蛮八庙率僰夷万人寇陷倒八汉寨,督边将严备之。癸丑,龙牙门蛮遣使奉表贡方物。辛未,罢京师官鬻盐肆十五。改河间盐运司为大都河间等路都转运盐使司。遣察乃使于周王和世㻋。癸酉,融州否泉洞、吉龙洞、洞村山、黑江诸徭为寇,广西元帅府发兵讨之。丙子,旭迈杰等以国用不足,请减厩马,汰卫士及节诸王滥赐,从之。赐潜邸怯怜口千人钞三万锭。浙西诸郡霖雨,江湖水溢,命江浙行省及都水庸田司兴役疏泄之。置谏议书院于昌平县,祀唐刘蕡。大都路檀州大水,平地深丈有五尺,汴梁路十五县河溢,江陵路江溢,洮州、临洮府雨雹,潭州、兴国属县旱,彰德路蝗,龙兴、平江等十二郡饥,赈粜米三十二万五千余石。巩昌路临洮府饥,赈钞五万五千锭。

六月己卯朔,皇子生,命巫被除于宫。葺万岁山殿。静江徭为寇,遣广西宣慰司发兵捕之。辛巳,柳州徭为寇,戍兵讨斩之。癸未,浔州平南县徭为寇,达鲁花赤都坚、都监姚泰亨死之。甲申,改封嘉王晃火帖木儿为并王。丙戌,填星犯井钺星。丙申,中书参知政事左塔不台言:"大臣兼领军务,前古所无。铁失以御史大夫,也先帖木儿以知枢密院事,皆领卫兵,如虎而翼,故成逆谋。今军卫之职,乞勿以大臣领之,庶勋旧之家得以保全。"从之,仍赐币帛以旌其直。丁酉,静江义宁县及庆远安抚司蛮徭为寇,敕守将捕之。息州民赵丑厮、郭菩萨,妖言弥勒佛当有天下,有司以闻,命宗正府、刑部、枢密院、御史台及河南行省官杂鞫之。辛丑,柳州马平县徭为寇,湖广行省督所属追捕之。丙午,填星犯井。丁未,立都水庸田使司,浚吴、松二江。敕营造毋役五卫军士,止以武卫、虎贲二卫给之。开南州阿只弄、哀培蛮兵为寇,命云南行省督所属兵捕之。通州三河县大雨,水丈余。潼川府绵江、中江水溢入城郭。冀宁路汾河溢。秦州秦安山移。新州路旱,济南、河间、东昌等九郡蝗,奉元、卫辉路及永平屯田丰赡、昌国、济民等署雨伤稼,蠲其租。济宁、兴元、宁夏、南康、归州等十二郡饥,赈粜米七万余石。镇西武靖王部及辽阳水达达路饥,赈粮一月。

秋七月戊申朔,大、小车里蛮来献驯象。乙酉,赐诸王燕大等金钞有差。庚戌,遣阿失伯祀宅神于北部行幄。甲寅,遣使奉诏分谕徭蛮,镇康路土官你囊、谋粘路土官赛丘罗出降。木邦路土官八庙既降复叛。祟星于上都司天监。纽泽、许师敬编类《帝训》成,请于经筵进讲,仍俾皇太子观览。有旨译其书以进。丙辰,享太庙。播州蛮黎平爱等集群夷为寇,湖广行省请兵讨之,不许,诏播州宣抚使杨也里不花招谕之。戊午,遣使代祀龙虎、武当二山。己未,置车里军民总管府,以土人寒赛为总管,佩金虎符。中书省臣言:"往岁征徭,廉访司劾其滥杀,今凡出师,请廉访司官一员莅军纠正。"从之。庚申,以宫人二赐藩王怯别。癸亥,修大乾元寺。以许师敬及郎中买驴兼经筵官。广西诸徭寇城邑,遣湖广行省左丞乞住、兵部尚书李大成、中书舍人买驴将兵二万二千人讨之,仍以诸王斡耳朵罕监其军。海北徭酋盘吉祥寇阳春县,命江西行省督兵捕之。庚午,以国用不足,罢书金字《藏经》。威楚、大理诸蛮为寇,云南行省请出师,不允,遣亦剌马丹等使大理,普颜实立等使威楚,招谕之。思州洞蛮杨银千等来献方物。封驸马孛罗帖木儿、知枢密院事火沙并为郡王。辛未,立河南行都水监。申禁汉人藏执兵仗,有军籍者出征则给之,还,复归于官。壬申,御史台臣言:"廉访司莅军,非世祖旧制,贾胡鬻宝,西僧修佛事,所费不赀,于国无益,并宜除罢。"从之。敕太傅朵台、太保秃忽鲁日至禁中,集议国事。徭蛮潘宝寇镡津、义宁、来宾诸县,命广西守将捕之。庆远溪洞民饥,发米二万五百石平价粜之。敕山东州县收养流民遗弃子女。延安、鄜州、绥德、巩昌等处雨雹，般阳新城县蝗，宗仁卫屯田陨霜杀禾，睢州河决，顺德、汴梁、德安、汝宁诸路旱，免其租。梅州、饶州、镇江、邠州诸路饥，赈粜米三万余石。

八月戊子，修上都香殿。辛卯，云南白夷寇云龙州。癸巳，岁星犯天罇。辛丑，遣使代祀岳渎名山大川。敕诸王私驻入京者，勿供其所用，诸部曲宿卫私入京者，罪之。命度支监汰阿塔赤所掌驼马，于外郡饲之。大都路檀州、巩昌府静宁县、延安路安塞县雨雹。卫辉路汲县河溢。南恩州、琼州饥，赈粮一月。临江路、归德府饥，赈粮二月。衡州、建昌、岳州饥，赈粜米一万三千石。

九月戊申朔，分天下为十八道，遣使宣抚。诏曰：

> 朕祗承洪业，夙夜惟寅，凡所以图治者，悉遵祖宗成宪。曩屡诏中外百司，宣布德泽，蠲赋详刑，赈恤贫民，思与黎元共享有生之乐。尚虑有司未体朕意，庶政或阙，惠泽未洽，承宣者失于抚绥，司宪者怠于纠察，俾吾民重困，朕甚悯焉。今遣奉使宣抚分行诸道，按问官吏不法，询民疾苦，审理冤滞，凡可以兴利除害，从宜举行。有罪者，四品以上停职申请，五品以下就便处决。其有政绩尤异，暨晦迹丘园，才堪辅治者，具以名闻。

以湖广行省参知政事马合某、河东宣慰使李处恭之两浙、江东道，江东道廉访使朵列秃、太史院使齐履谦之江西、福建道，都功德使举林伯、荆湖宣慰使蒙弼之江南、湖广道，礼部尚书李家奴、工部尚书朱赟之河南、江北道，同知枢密院事阿吉剌、御史中丞曹立之燕南山东道，太子詹事别帖木儿、宣徽院判韩让之河东、陕西道，吏部尚书纳哈出、董讷之山北、辽东道，陕西盐运使众家奴、中书断事官韩庭茂之云南省，湖南宣慰使寒食、冀宁路总管刘文之甘肃省，山东宣慰使秃思帖木儿、陕西行省左丞廉惇之四川省，翰林侍讲学士帖木儿不花、秘书卿吴秉道之京畿道。以郡县饥，诏运粟十五万石，贮濒河诸仓，以备赈救，仍敕有司治义仓。禁大都、顺德、卫辉等十郡酿酒。募富民入粟拜官，二千石从七品，千石正八品，五百石从八

品,三百石正九品,不愿仕者旌其门。诸王斡即遣使贡金浮图。己
酉,海运江南粮百七十万石至京师。庚戌,复尚乘寺、光禄寺为正三
品,给银印。癸丑,车驾至大都。遣使祀海神天妃。甲寅,禁饥民结
扁担社,伤人者杖一百,著为令。乙卯,享太庙。己未,岑世兴上言,
自明不反,请置蒙古、汉人监贰官。诏优从之。壬戌,诸王牙即贡马。
丁丑,浚河间陈玉带河。广西徭寇宾州。礼部员外郎元永贞曰:"铁
失弑逆,皆由铁木迭儿始祸,请明其罪,仍录付史馆,以为人臣之
戒。"汉中道文州霖雨,山崩。檀州雨雹。开元路三河溢。琼州、南
安、德庆诸路负,赈粮钞有差。

　　冬十月戊寅朔,张珪归保定上冢,以病辞禄,不允。岑世兴及子
铁木儿率众寇上林等州,命抚谕之。壬午,禁成都路酿酒。癸未,以
倒剌沙为御史大夫。丁亥,享太庙。己丑,赐恩平王塔思不花部钞
五千锭。壬辰,荧惑犯氐。癸巳,填星退犯井。播州凯黎苗率诸寨
苗、獠为寇。乙未,皇后亦怜真八剌受佛戒于帝师。丁酉,广西徭酋
何童降,请防边自效,从之。乙巳,宁远知州添插言,安南国土官押
那攻掠其木末诸寨,请治之。敕安南世子喻押那归其俘。丙辰,宁
夏路、曹州属县水。霸州、衢州路饥,赈粮二月。

　　戊申,周王和世㻋遣使以豹来献。改长宁军为州。庚戌,旭迈
杰以岁饥,请罢皇后上都营缮,从之。纽泽以病乞罢,不允。丙辰,
郭菩萨等伏诛,杖流其党。丁巳,幸大承华普庆寺,祀昭献元圣皇后
于影堂,赐僧钞千锭。岑世兴结八番蛮班光金等合兵攻石头等寨,
敕调兵御之,八番宣慰司官失备坐罪。戊午,填星退犯井宿钺星。己
未,诏整饬台纲。庚申,倭舶来互市。广西道宣慰使获徭酋潘宝下
狱,其弟潘见遂寇柳州,命湖广行省左丞乞住捕之。壬戌,敕军民官
荫袭者,由本贯图宗支,申请铨授。丙寅,倒剌沙复为中书左丞相,
加开府仪同三司、录军国重事。丁卯,罢蒙山银冶提举司,命瑞州路
领之。壬申,赐诸王不赛因钞二万锭、帛百匹。诸王斡耳朵罕遣使
以追捕广西徭寇上闻。帝曰:"朕自即位,累诏天下悯恤黎元,惟广
徭屡叛,杀掠良民,故命斡耳朵罕等讨之。今闻迎降者甚众,宜更以

恩抚之，若果不悛，严兵追捕。"京师饥，赈粜米四十万石。内郡饥，赈钞十万锭、米五万石。河间诸郡流民就食通、漷二州，命有司存恤之。杭州路火，赈贫民粮一月。常德路水，民饥，赈粮万一千六百石。

十二月戊寅，以塔失帖木儿为中书右丞相。癸未，加塔失帖木儿开府仪同三司、上柱国、录军国重事、监修国史，封蓟国公。诸王不赛因遣使贡珠，赐钞二万锭。乙酉，帝复受佛戒于帝师。荧惑犯天江，辰星犯建星。丁亥，修鹿顶殿。镇南王脱不花薨，遣中书平章政事乃马歹摄镇其地。中书省臣言："山东、陕西、湖广地接戎夷，请议选宗室往镇。"从之。申禁图谶，私藏不献者罪之。癸巳，京师多盗，塔失帖木儿请处决重囚，增调逻卒，仍立捕盗赏格。从之。甲午，太白犯垒壁阵。召张珪于保定。丁酉，加纽泽知枢密院事，与马某沙并开府仪同三司。弛瑞州路酒禁。左丞乞住、诸王斡耳朵罕征徭贼，败之。元江路土官普山为寇，命戍兵捕之。壬寅，大宁路凤翔府饥，禁酿酒。右丞赵简请行区田法于内地，以宋董煟所编救荒活民书颁州县。济南、延川二路饥，赈钞三千五百锭。惠州、杭州等处饥，赈粜有差。

是岁，陕西府雨雹。御河水溢。以故翰林学士不花、中政使普颜笃、指挥使卜颜忽里为铁失等所系死，赠功臣号及阶勋爵谥。

元史卷三○
本纪第三○

泰定帝二

三年春正月丙午朔，征东行省左丞相、高丽国王王章遣使奉方物，贺正旦。播州宣慰使杨燕里不花招谕蛮酋黎平庆等来降。戊申，元江路总管普双叛，命云南行省招捕之。诸王薛彻秃、晃火帖木儿来朝，赐金银、钞币有差。壬子，封诸王宽彻不花为威顺王，镇湖广，买奴为宣靖王，镇益都，各赐钞三千锭。以山东、湖广官田赐民耕垦，人三顷，仍给牛具。诸王不寨因遣使献西马。徵前翰林学士吴澄，不起。置都水庸田司于松江，掌江南河渠水利。己未，赐武平王帖古思不花部军民钞，人十五锭。以湘宁王八剌失里镇兀鲁思部。辛酉，太白犯外屏。癸亥，封朵列捏为国公。以知枢密院事撒忒迷失为岭北行中书省平章政事。戊辰，缅国乱，其主答里也伯遣使来乞师，献驯象、方物。安南国阮叩寇思明路，命湖广行省督兵备之。大都路属县饥，赈粮六万石。恩州水，以粮赈之。

二月丁丑，购能首告谋逆厌魅者给赏，立赏格，喻中外。庚辰，赈鲁王阿儿加失里部瓮吉剌贫民钞六万锭。命诸王鲁宾为大宗正。壬午，广西全茗州土官许文杰率诸徭以叛，寇茗盈州，杀知州事李德卿等，命湖广行省督兵捕之。以乃马台知枢密院事。甲申，祭太祖、太宗、睿宗御容于翰林国史院。丁亥，中书请罢征徭，敕斡耳朵罕等班师，其镇戍者如故。乙丑，禁汴梁路酿酒。甲午，葺真定玉华宫。乙未，修佛事厌雷于崇天门。丙申，建显宗神御殿于卢师寺，赐额曰大天源延寿寺。敕以金书西番字《藏经》。甲戌，建殊祥寺于五台山，赐田三百顷。爪哇国遣使贡方物。庚子，以通政院使察乃为中书平章政事。甲辰，车驾幸上都，命诸王也忒古不花及中书省臣兀伯都剌、察乃、善僧、许师敬、朵朵居守。立典医署，秩从五品，隶詹事院。归德府属县河决，民饥，赈粮五万六千石。河间、保定、真定三路饥，赈粮四月。建昌路饥，赈粜米三万石。

三月乙巳朔，帝以不雨自责，命审决重囚，遣使分祀五狱、四渎、名山大川及京城寺观。安南国言，为龙州万户赵雄飞等所侵，乞谕还所掠；诏广西道遣官究之。丙午，填星犯井宿钺星。丁未，敕百官集议急务，中书省臣等请汰卫士、节滥赏、罢营缮、防徭寇，诸寺官署坑冶等事归中书；并从之。壬子，孛星于司天监。癸丑，八番岩霞洞蛮来降，原岁输布二千五百匹，设蛮夷官镇抚之。乙卯，申禁民间金龙文织币。丁巳，遣诸王失剌镇北边。戊午，诏安抚缅国，赐其主金币。甲子，命功德使司简岁修佛事一百三十七。丙寅，翰林承旨阿怜帖木儿、许师敬译《帝训》成，更名曰《皇图大训》，敕授皇太子。考试国子生。遣僧修佛事于临洮、凤翔、星吉儿宗山等处。赐诸王孛罗铁木儿、阿剌忒纳各钞二千锭。戊辰，荧惑犯垒壁阵，填星犯井。庚午，填星、太白、岁星聚于井。辛未，泉州民阮凤子作乱，寇陷城邑，军民官以失讨坐罪。永平、卫辉、中山、顺德诸路饥，赈钞六万六千余锭。宁夏、奉元、建昌诸路饥，赈粮二月。大都、河间、保定、永平、济南、常德诸路饥，免其田租之半。

四月丙戌，镇安路总管岑修广为弟修仁所攻，来告，命湖广行省办治之。戊戌，太白犯鬼。壬寅，荧惑犯垒壁阵。米洞蛮田先什用等结十二洞蛮寇长阳县，湖广行省遣九姓长官彭忽都不花招之；田先什用等五洞降，余发兵讨之。修夏津、武河堤三十三所，役丁万七千五百人。

五月甲戌朔，藩王怯别遣使来献豹。乙巳，修镇雷佛事三十一所。甘肃行省臣言，赤斤储粟，军士度川，远给不便，请复徙于曲尤之地。从之。修上都复仁门。泾州饥，禁酿酒。罢造福建岁供蔗饧。

以西僧驰驿扰民,禁之。甲寅,八百媳妇蛮招南道遣其子招三听奉
方物来朝。乙卯。以帝师兄锁南藏卜领西番三道宣慰司事,尚公主,
锡王爵。给寿宁公主印,仍赐田百顷、钞三万锭。甲子,中书会岁钞
出纳之数,请节用以补不足。从之。监察御史劾宣抚使朵儿只班、
学士李塔剌海、刘绍祖庸鄙不胜任;中书议三人皆勋旧子孙,罪无
实状,乞复其职,仍敕宪台勿以空言妄劾。从之。丁卯,岑世兴及镇
安路岑修文合山獠、角蛮六万余人为寇,命湖广、云南行省招谕之。
遣指挥使兀都蛮锩西番咒语于居庸关崖石。庚午,乞住招谕永明县
五洞徭来降,河西加木笼四部来降,以答儿麻班藏卜领卜剌麻沙搠
部,公哥班领古笼罗乌公远宗兰宗字儿间沙加坚部,唆南监藏卜领
兰宗古卜剌卜吉里昔吉林亦木石威石部,朵儿只本剌领笼答吃列
八里阿卜鲁答思阿答藏部。雄州饥,太平、兴化属县水,并赈之。庐
州、郁林州及洪泽屯田旱,扬州路属县财赋官田水,并免其租。

六月癸酉朔,赐藩王怯别七宝束带。以秃哈帖木儿为四川行省
平章政事,请终母丧,从之。癸未,播州蛮黎平爱复叛,合谢乌穷为
寇。宣抚使杨燕礼不花招平爱出降,乌穷不附,命湖广省讨之。丁
亥,命湘宁王八剌失里镇阿难答的之地。戊子,诸王脱脱等来朝,赐
金银、钞币有差。乙未,命梁王王禅及诸王彻彻秃镇抚北军,赐王禅
钞五千锭、币帛各二百匹。丁酉,遣道士吴全节修醮事于龙虎、三
茅、阁皂三山。戊戌,遣使祀解州盐池神。中书省臣言:"比郡县旱、
蝗,由臣等不能调燮,故灾异降戒,今当恐惧儆省,力行善政,亦冀
陛下敬慎修德,悯恤生民。"帝嘉纳之。赈昌王八剌失里部钞四万
锭。赐吴王泼皮钞万锭。己亥,纳皇姊寿宁公主女撒答八剌于中宫。
道州路栎所源徭为寇,命乞住督兵捕之。奉元、巩昌属县大雨雹,峡
州旱,东平属县蝗,大同属县大水,莱、芜等处冶户饥,赈钞三万锭。
光州水,中山安喜县雨雹伤稼,大昌屯河决,大宁、庐州、德安、梧
州、中庆诸路属县水、旱,并蠲其租。

秋七月甲辰,车驾发上都,禁车骑践民禾。辽王脱脱请复太母
月也伦宫守兵及女直屯户,不允,增给太祖四大斡耳朵岁赐银二百

锭、钞八千锭。遣使祀海神天妃。造豢豹毡车三十两。乙巳,怯怜口屯田霜,赈粮二月。丙午,享太庙。丁未,绍庆酉阳寨冉世昌及何惹洞蛮为寇。诏行宫驼马及宗戚将校驻冬北边者,毋辄至京师。辛亥,封阿都赤为绥宁王,赐钞四千锭,给金印。壬子,皇后受牙蛮答哥戒于水精殿。甲寅,幸大乾元寺,敕铸五方佛铜像。乙卯,诏翰林侍讲学士阿鲁威、直学士燕赤译《世祖圣训》,以备经筵进讲。戊午,诸王不赛因献驼马。遣日本僧瑞兴等四十人还国。作别殿于潜邸。敕入粟拜官者,准致仕铨格。己未,禁诸王妃入京告饥。以月鲁帖木儿嗣齐王,给金印。八百媳妇蛮招南通遣使来献驯象、方物。乙丑,发兵修野狐、色泽、桑乾三岭道。戊辰,太白经天。己巳,大理土官你囊来献方物。庚申,广西宣慰副使王瑞请益戍兵及以土民屯田备蛮,仍置南宁安抚司。河决郑州、阳武县,漂民万六千五百余家,赈之。永平、大都诸属县水,大风,雨雹。龙兴、辰州二路火。大名、永平、奉元诸路属县旱。汴梁路水。大名、顺德、卫辉、淮安等路,睢、赵、涿、霸等州及诸位屯田蝗。大同浑源河溢。檀、顺等州两河决。温榆水溢。赈永平、奉元钞七万锭。赈柴濠州饥民麦三万九千余石。命瘗京城外弃骸,死状不白者有司究之。

八月甲戌,兀伯都剌、许师敬并以灾变饥歉,乞解政柄,不允。乙亥,遣乃马台简阅边兵,赐钞千锭。大天源延圣寺神御殿成。戊寅,修澄清石闸。甲申,享太庙。长春宫道士蓝道元以罪被黜。诏道士有妻者悉给徭役。迁黄羊坡民二百五十户于鞑靼部。宁远州洞蛮刁用为寇,命云南行省备之。丁亥,遣梁王王禅整饬斡耳朵思边事。辛卯,云南行省丞相亦儿吉觯、廉访副使散兀只台以使酒相诋,状闻,诏两释之。甲午,以灾变罢猎。赈河南探马赤军,籍其余丁。罢行宣政院及功德使司。免武备寺逋负兵器。丁酉,藩王不赛因遣使献玉及独峰驼。是夜,太白犯轩辕御女。以星变,下诏恤民。辛丑,次中都,畋于汪火察秃之地。赐太师按摊出钞二千八百锭。鹿顶殿成。罢甘肃札浑仓,徙其军储于汪古剌仓。户部尚书郭良坐赃免。作天妃宫于海津镇。西番土官撒加布来献方物。海寇黎三来附。诏谕廉州蜑户使复业。盐官州大风，海溢，坏堤防三十余里，遣使祭海神；不止，徙居民千二百五十家。大都昌平大风，坏民居九百家。龙庆路雨雹一尺，大风损稼。真定蠡州、奉元蒲城等县及无为州诸处水，河中府、永平、建昌印都、中庆、太平诸路及广西两江饥，并发粟赈之。扬州崇明州大风雨，海水溢，溺死者给棺敛之。杭州火，赈粮一月。

九月丁未，增置上都留守判官二员，兼推官。辛亥，命帝师还京，修洒净佛事于大明、兴圣、隆福三宫。丁巳，弛大都、上都、兴和酒禁。庚申，车驾至大都。壬戌，以察乃领度支事。癸亥，太白犯太微垣右执法。赐大车里新附蛮官七十五人裘帽、靴袜。戊辰，命欢赤等使于诸王怯别、月思别、不赛因三部。赈潜邸贫民钞二十万锭。湖广行省太平路总管郭扶、云南行省威楚路秃剌寨长哀培、景东寨长阿只弄男阿吾、大阿哀寨主弟你刀、木罗寨长哀卜利、茫施路土官阿利、镇江路土官泥囊弟陀金客、木帖路土官丘罗、大车里昭哀侄哀用、孟隆甸土官吾仲，并奉方物来献。以昭哀地置木朵路一、木来州一、甸三，以吾仲地置孟隆路一、甸一，以哀培地置甸一，并降金符、铜印，仍赐币帛、鞍勒有差。中书省臣言："今国用不继，陛下当法世祖之勤俭，以为永图。臣等在职，苟有滥承恩赏者，必当回奏。"帝嘉纳之。扬州、宁国、建德诸属县水，南恩州旱，民饥，并赈之。汾州平遥县汾水溢。庐州、怀庆二路蝗。

冬十月辛未朔，发卒四千治通州道，给钞千六百锭。甲戌，纽泽陛右御史大夫。庚辰，享太庙。奉安显宗御容于大天源延圣寺。辛巳，太白昼犯贤。天寿节，遣道士祠卫辉太一万寿宫。壬午，帝师以疾还撒思加之地，赐金银、钞币万计，敕中书省遣官从行，备供亿。癸酉，河水溢，汴梁路乐利堤坏，役丁夫六万四千人筑之。京师饥，发粟八十万石减价粜之。赐大天源延圣寺钞二万锭，吉安、临江二路田千顷。中书省臣言："养给军民，必籍地利。世祖建大宣文弘教等寺，赐永业，当时已号虚费。而成宗复构天寿万宁寺，较之世祖用增倍半。若武宗之崇恩福元、仁宗之承华普庆，租榷所入，益又甚焉。英宗凿山开寺，损兵伤农，而卒无益。夫土地祖宗所有，子孙当共惜之。臣恐兹后藉为口实，妄兴工役，徼福利以逞私欲，惟陛下察之。"帝嘉纳焉。

十一月庚子，陕西行台中丞姚炜请集世祖嘉言善行，以时省览，从之。沈阳、辽阳、大宁等路及金、复州水，民饥，赈钞五万锭。怀庆修武县旱，免其租。宁夏路万户府，庆远安抚司饥，并赈之。弛宁夏路酒禁。宣抚使马合某、李让劾浙西谦访使完者不花受赂，簿对不服，诏遣刑部郎中唆住鞫其侵辱使者，笞之。藩王不赛因遣使来献虎。癸卯，中书省臣言，西僧每假元辰，疏释重囚，有乖政典，请罢之。有旨：自今当释者，敕宗正府审覆。乙巳，梁王王禅往北边，赐钞三千锭。己酉，作鹿顶棕楼。辛亥，追复前平章政事李孟官。赐湘宁王八剌失里钞三千锭。诸王不赛因遣使来献马。乙卯，太白犯键闭。广西透江团徭为寇，宣慰使买奴谕降之。扶灵、青溪、栎头等源蛮为寇，湖南道宣慰司遣使谕降之。戊午，造中统、至元钞各十万锭。封诸王铁木儿不花为镇南王，镇扬州。辛酉，加御史大夫纽泽开府仪同三司。加封庐陵江神曰显应。弛成都酒禁。播州蛮宋王保来降。己巳，徙上都清宁殿于伯亦儿行宫。弛永平路山泽之禁。阶州土番为寇，武靖王遣临洮路元帅盏盏谕降之。广宁路属县霖雨伤稼，赈钞三万锭。沔阳府旱，免其税。永平路大水，免其租，仍赈粮四月。汴梁、建康、太平、池州诸路及甘肃亦集乃路饥，并赈之。锦州水溢，坏田千顷，漂死者百人，人给钞一锭。崇明州海溢，漂民舍五百家，赈粮一月，给死者钞二十贯。

丁丑，诸王月思别献文豹，赐金银、钞币有差。御史哈剌那海请择正人傅太子，帝嘉纳之。壬午，御史贾昼请祔武宗皇后于太庙，不报。敕以来年元夕构灯山于内廷，御史赵师鲁以水、旱，请罢其事，从之。甲申，师鲁又请亲祀郊庙，帝嘉纳之。丙戌，以回回阴阳家言天变，给钞二千锭施有道行者及乞人、系囚，以禳之。丁亥，宁夏路地震，有声如雷，连震者四。庚寅，赦天下。召江浙行省右丞赵简为集贤大学士，领经筵事。壬辰，赐梁王王禅宴器、金银。以皇子小薛

夜啼，赐高年钞。癸巳，作鹿顶殿。己亥，命帝师修佛事，释重囚三
人。置大承华普庆寺总管府，罢规运提点所。御史言，比年营缮，以
卫军供役，废武事不讲，请遵世祖旧制，教习五卫亲军，以备扈从。
不报。湖广屯戍千户只干不花招谕扶灵洞蛮刘季等来降。保定路
饥，赈米八万一千五百石。怀庆路饥，赈钞四万锭。亳州河溢，漂民
舍八百余家，坏田二千三百顷，免其租。广西静江、象州诸路及辽阳
路饥，并赈之。大宁路大水，坏田五千五百顷，漂民舍八百余家，溺
死者人给钞一锭。

　　四年春正月甲辰，诸王买奴来朝，赐金一锭、银十锭、钞二千
锭、币帛各四十匹。乙巳，御史台臣请亲祀郊庙，帝曰："朕遵世祖旧
制，其命大臣摄之。"己酉，太白犯牛。庚戌，置绍庆路石门十寨巡检
司。御史辛钧言，西商鬻宝，动以数十万锭，今水旱民贫，请节其费。
不报。壬子，以中政院金银铁冶归中书。靖安王阔不花出镇陕西，
赐钞二千锭。癸丑，赐诸王阿剌忒纳失里等钞六千锭。甲寅，鹰师
脱脱病，赐钞千锭。戊午，命市珠宝首饰。庚申，皇子允丹藏卜受佛
戒于智泉寺。盐官州海水溢，坏捍海堤二千余步。甲子，武笼洞蛮
寇武缘县诸堡。丁卯，燕南廉访司请立真定常平仓，不报。浚会通
河，筑漷州护仓堤，役丁夫三万人。初置云南行省检校官。辽阳行
省诸郡饥，赈钞十八万锭。彰德、淮安、扬州诸路饥，并赈之。大宁
路水，给溺死者，人钞一锭。

　　二月辛未，祀先农。甲戌，祭太祖、太宗、睿宗御容于大承华普
庆寺，以翰林院官执事。乙亥，亲王也先铁木儿出镇北边，赐金一
锭、银五锭、钞五百锭、币帛各十匹。丙子，命亦烈赤领仁宗神御殿
事，大司徒亦怜真乞剌思为大承华普庆寺总管府达鲁花赤，仍大司
徒。壬午，狩于漷州。诸王火沙、阿荣、答里出镇北边，赐金银、钞币
有差。帝师参马亦思吉思卜长出亦思宅卜卒，命塔失铁木儿、纽泽
监修佛事。丙戌，诏同金枢密院事燕帖木儿教阅诸卫军。戊子，进
袭封衍圣公孔思晦阶嘉议大夫。以马忽思为云南行省平章政事，提

调乌蒙屯田。庚寅，八百媳妇蛮酋招南通来献方物。辛卯，白虹贯日。以尚供总管府及云需总管府隶上都留守司。奉元、庐州、淮安诸路及白登部饥，赈粮有差。永平路饥，赈钞三万锭、粮二月。

三月辛丑，皇子允丹藏卜出镇北边。以那海赤为惠国公，商议内史府事。癸卯，和宁地震，有声如雷。丙午，廷试进士阿察赤、李黼等八十五人，赐进士及第出身有差。命西僧作止风佛事。潮州路判官钱珍，挑推官梁楫妻刘氏，不从，诬楫下狱，杀之。事觉，珍饮药死，诏戮尸传首。海北廉访副使刘安仁坐受珍赂，除名。辛亥，诸王槊思班、不赛亦等以文豹、西马、佩刀、珠宝等物来献，赐金钞万计。庚申，遣使往江南求奇花异果。辛酉，以太傅朵台为太师，太保秃忽鲁为太傅，也可扎鲁忽赤伯达沙为太保。敕前太师伯忽与议大事，食其俸终身。召翰林学士承旨蔡国公张珪、集贤大学士廉恂、太子宾客王毅，悉复旧职，陕西行台中丞敬俨为集贤大学士，并商议中书省事，珪仍领经筵事。赐诸王火沙部钞四千锭。郡王朵来、兀鲁兀等部畜牧灾。赈钞三万五千锭。中书省臣请酬哈散等累朝售宝价钞十万二千锭，从之。壬戌，车驾幸上都。复设武备寺同判六员。命亲王八剌失思出镇察罕脑儿。封宽彻为国公。以阿散火者知枢密院事。浑河决，发军民万人塞之。丁卯，荧惑犯井。复置卫候直都指挥使司，秩正四品。诸王不赛因遣使献文豹、狮子，赐钞八千锭。大宁、广平二路属县饥，赈钞二万八千锭。河南行省诸州县及建康属县饥，赈粮有差。

夏四月辛未，盗入太庙，窃武宗金主及祭器。大理庆甸酋阿你为寇。壬申，作武宗主。甲戌，作棕毛鹿顶楼。己卯，道州永明县徭为寇。癸未，盐官州海水溢，侵地十九里，命都水少监张仲仁及行省官发工匠二万余人，以竹落木栅实石塞之，不止。癸巳，高州徭寇电白县，千户张恒力战死之，邑人立祠，敕赐额曰"旌义"。甲午，以西僧公哥列思巴冲纳思监藏班藏卜为帝师，赐玉印，仍诏谕天下僧。乙未，以武备寺卿阿昔儿答剌罕为御史大夫。崇星于回回司天台。湖广徭寇全州、义宁属县，命守将捕之。河南、奉元二路及通、顺、檀、蓟等州,渔阳、宝坻、香河等县饥,赈粮两月。河间、扬州、建康、太平、衢州、常州诸路属县及云南乌撒、武定二路饥,赈粮、钞有差。永平路饥,免其租,仍赈粮两月。

五月辛丑,太尉丑驴卒。癸卯,以盐官州海溢,命天师张嗣成修醮禳之。乙巳,作成宗神御殿于天寿万宁寺。己未,占城国遣使贡方物。甲子,以典守宗庙不严,罢太常礼仪院官。丁卯,修佛事于贺兰山及诸行宫。罢诸王分地州县长官世袭,俾如常调官,以三载为考。元江路总管普双坐赃免,遂结蛮兵作乱,敕复其旧职。德庆路徭来降,归所掠男女,悉给其亲。河南、江陵属县饥,赈粮有差。汴梁属县饥,免其租。常州、淮安二路,宁海州大雨雹。睢州河溢。大都、南阳、汝宁、庐州等路属县旱、蝗。卫辉路大风九日,禾尽偃。河南路洛阳县有蝗可五亩,群乌食之,既数日蝗再集,又食之。

六月辛未,翰林侍讲学士阿鲁威、直学士燕赤等进讲,仍命译《资治通鉴》以进。参知政事史惟良请解职归养,不允。丁丑,倒剌沙等以灾变乞罢,不允。罢两都营缮工役。录诸郡系囚。己卯,永兴屯被灾,免其租。辛巳,造象舆六乘。癸未,遣察乃、伯颜赴大都铨选。甲申,广西花角蛮为寇,命所部讨之。乙未,绍庆路四洞酋阿者等降,并命为蛮夷长官,仍设巡检司以抚之。发义仓粟,赈盐官州民。庐州路饥,赈粮七万九千石。镇江、兴国二路饥,赈粜有差。中山府雨雹。汴梁路河决。汝宁府旱。大都、河间、济南、大名、峡州属县蝗。

秋七月丁酉,元江路普双复叛。戊戌,诸王燕只吉台袭位,遣使来朝。己亥,八儿忽部晃忽来献方物。御史台臣言,内郡、江南旱、蝗荐至,非由细故,丞相塔失帖木儿、倒剌沙,参知政事不花、史惟良,参议买奴,并乞解职。有旨:"毋多辞,朕当自儆,卿等亦宜各钦厥职。"修大明殿。占城国献驯象二。建横渠书院于郿县,祠宋儒张载。辛丑,赐齐王月鲁帖木儿钞二万锭。甲辰,播州蛮谢乌穷来献方物。丙午,享太庙。丁未,敕:经筵讲读官非有代不得去职。诏谕宗正府决狱遵世祖旧制。戊戌,遣翰林侍读学士阿鲁威还大都译

《世祖圣训》。壬子，赐诸王火儿灰、月鲁帖木儿、八剌失里及驸马买住罕钞一万五千锭，金银、币帛有差。甲寅，遣使市牦牛于西域。丁巳，给齐王月鲁帖木儿印。伯颜察儿、兀伯都剌以疾乞解政，优诏谕之。戊午，谋粘路土官赛丘罗招谕八百媳妇蛮招三斤来降，银沙罗土官散怯遮杀赛丘罗，敕云南王遣人谕之。癸亥，赐寿宁公主钞五千锭。岐王锁南管卜诉荆王也速也不干侵其分地，命甘肃行省阅籍归之。乙丑，周王和世琜及诸王燕只哥台等来贡，赐金银、钞币有差。遣使祀海神天妃。丙寅，籍僧道有妻者为民。塞保安镇渠，役民丁六千人。是月，籍田蝗。云州黑河水溢。衢州大雨水，发廪赈饥者，给漂死者棺。延安属县旱，免其租税。辽阳辽河、老撒加河溢，右卫率部饥，并赈之。

八月戊辰，给累朝斡耳朵钞有差。癸酉，给别乞烈失宁国公印。度支监卿孛罗请辞职奉母，不允。赐皇后乳母钞千七百锭。滹沱河水溢，发丁浚冶河，以杀其势。奉元路治中单鸧言，令民采捕珍禽异兽不便，请罢之。敕：应猎者其捕以进。乙亥，赐公主不答昔你媵户钞四千锭。苗人祭伯秧寇李陀寨，命湖广行省捕之。庚辰，运粟十万石贮濒河诸仓，备内郡饥。田州洞徭为寇，遣湖广行省捕之。癸未，赐营王也先帖木儿钞三千锭。乙酉，伯亦斡耳朵作钦明殿成。壬辰，御史李昌言，河南行省平章政事童童世官河南，大为奸利，请徙他镇。不报。癸巳，谥武宗皇后曰宣慈惠圣，英宗皇后曰庄静懿圣，升祔太庙。发卫军八千修白浮、瓮山河堤。是月，扬州路崇明州、海门县海水溢，汴梁路扶沟、兰阳县河溢，没民田庐，并赈之。建德、杭州、衢州属县水。真定、晋宁、延安、河南等路屯田旱。大都、河间、奉元、怀庆等路蝗。巩昌府通漕县山崩。硼门地震，有声如雷，昼晦。天全道山崩，飞石毙人。凤翔、兴元、成都、峡州、江陵同日地震。

九月丙申朔，日有食之。阿察赤的斤献木绵大行帐。敕：国子监仍旧制，岁贡生员业成者六人。禁僧道买民田，违者坐罪，没其直。壬寅，宁夏路地震。壬子，太白犯房。甲寅，湖广土官宋王保来献方物。壬戌，遣欢赤等使诸王怯别等部。甲子，御史言广海古流放之地，请以职官赃污者处之，以示惩戒。从之。保定、真定二路饥，赈粮三万石、钞万五千锭。

闰月丁卯，赐诸彻彻秃、浑都帖木儿钞各五千锭。己巳，太白经天。车驾至大都。壬申，以灾变赦天下。广西两江猺为寇，命所部捕之。甲戌，命祀天地、享太庙、致祭五岳四渎名山大川。甲午，八百媳妇蛮请官守，置蒙庆宣慰司都元帅府及木安、孟杰二府于其地，以同知乌撒宣慰司事你出公、土官招南通并为宣慰司都元帅，招谕人米德为同知宣慰司事副元帅，南通之子招三斤知木安府，侄混盆知孟杰府，仍赐钞币各有差。建昌、赣州、惠州者路饥，赈米四万四千石。土番阶州饥，赈钞千五百锭。奉元、庆远、延安诸路饥，赈粜有差。

冬十月丙申，享太庙。戊戌，诸王脱别帖木儿、哈儿蛮等献玉及蒲萄酒，赐钞六千锭。己亥，御史德住请择东宫官。癸卯，命帝师作佛事于大天源延圣寺。甲辰，改封建德路乌龙山神曰忠显灵泽普祐孚惠王。乙巳，昼有流星。己酉，以治书侍御史王士熙为参知政事。辛亥，监察御史亦怗列台卜答言，都水庸田使司扰民，请罢之。癸丑，江浙行省左丞相脱欢答剌罕、平章政事高昉以海溢病民，请解职，不允。云南沙木寨土官马愚等来朝。丁巳，以御史中丞赵世延为中书右丞，以中书参议傅岩起为吏部尚书。御史韩镛言，尚书三品秩，岩起由吏累官四品，于法不得升。制可。安南遣使来献方物。戊午，辰星犯东咸。监察御史冯思忠请命太常纂修累朝礼仪。壬戌，开南州土官阿只弄率蛮兵为寇，云南行省招捕之。增置肃州、沙州、亦集乃三路推官。大都路诸州县霖雨，水溢，坏民田庐，赈粮二十四万九千石。卫辉获嘉等县饥，赈钞六千锭，仍蠲丁地税。龙兴路属县旱，免其租。大名、河间二路属县饥，并赈之。

十一月庚午，禁晋宁路酿酒。减价粜京仓米十万石，以赈贫民。以思州土官田仁为思州宣慰使。召云南王帖木儿不花赴上都。癸酉，太白犯垒壁阵。乙亥，荧惑犯天江。丙子，赐公主不答昔你钞千锭。平乐府猺为寇，湖广行省督兵捕之。辛卯，以降蛮谢乌穷为蛮夷官。云南蒲蛮来附，置顺宁府、宝通州、庆甸县。缅国主答里必牙请复立行省于迷郎崇城，不允。孛斯来附。给伯亦斡耳朵驼、牛。以岁饥，开内郡山泽之禁。永平路水、旱，民饥，蠲其赋三年。诸王塔思不花部卫士饥，赈粮千石。冀宁路阳曲县地震。

十二日庚子，发米三十万石赈京师饥。绛州太平县赵氏妇一产三子。定捕盗令，限内不获者，偿其赃。辛丑，敕塔失铁木儿、倒剌沙领内史府四斡耳朵事。癸卯，安南遣使来贡方物。甲辰，梧州猺为寇，湖广行省督兵捕之。戊申，诸王孛罗遣使贡砒砂，赐钞二千锭。癸丑，命赵世延及中书参议韩让、左司郎中姚庸提调国子监。乙卯，爪哇遣使献金文豹、白猴、白鹦鹉各一。蔡国公张珪卒。植万岁山花木八百七十本。丙辰，赐诸王孛罗帖木儿等钞四千锭。己未，岁星退犯太微西垣上将。静江路猺兵为寇，湖广行省督兵捕之。右江诸寨土官岑世忠等来献方物。大都、保定、真定、东平、济南、怀庆诸路旱，免田租之半。河南、河间、延安、凤翔属县饥，并赈之。

是岁，汴梁、延安、汝宁、峡州旱，济南、卫辉、济宁、南阳八路属县蝗。汴梁诸属县霖雨，河决。扬州路通州、崇明州大风，海溢。

致和元年春正月乙丑朔，高丽王遣使来朝贺，献方物。甲戌，享太庙。命绘《蚕麦图》。乙亥，诏谕百司凡不赴任及擅离职者，夺其官，避差遣者，笞之。御史邹惟亨言：时享太庙三献官旧皆勋戚大臣，而近以户部尚书为亚献，人既疏远，礼难严肃，请仍旧制，以省、台、枢密、宿卫、重臣为之。丁丑，颁农桑旧制十四条于天下，仍诏励有司以察勤惰。己卯，帝将畋柳林，御史王献等以岁饥谏，帝曰："其禁卫士毋扰民家，命御史二人巡察之。"诸王星吉班部饥，赈钞万锭、米五千石。占城遣使来贡方物，且言为交趾所侵，诏谕解之。禁僧道匿商税。给宗仁卫蒙古子女粮六月。辛巳，静江猺寇灵川、临桂二县，命广西招捕之。甲申，遣使祀海神天妃。戊子，诏优护爪哇国主札牙纳哥，仍赐衣物、弓矢。罢河南铁冶提举司，归有司。命帝师修佛事于禁中。免陕西捞盐一年。发卒修京城。罢益都诸属县食盐。加封幸渊龙神福应昭惠公。河间、真定、顺德诸路饥,赈钞万一千锭。大都路东安州、大名路白马县饥,并赈之。

二月癸卯,弛汴梁路酒禁。乙卯,牙即遣使藏古来贡方物。庚申,诏天下改元致和。免河南自实田粮一年,被灾州郡税粮一年,流民复业者差税三年。疑狱系三岁不决者,咸释之。赐辽王脱脱钞五千锭,梁王王禅钞二千锭。壬戌,太白昼见。癸亥,解州盐池黑龙堰坏,调番休盐丁修之。陕西诸路饥,赈钞五万锭。河间、汴梁二路属县及开城、乾州蒙古军饥,并赈之。

三月庚午,阿速卫兵出戍者千人,人给钞四十锭,贫乏者六千一百人,人给米五石。云南安隆寨土官岑世忠与其兄世兴相攻,籍其民三万二千户来附,岁输布三千匹,请立宣抚司以总之,不允。置州一,以世兴知州事,置县二,听世忠举人用之。仍谕其兄弟共处。立万户府二,领征西红胖祅军。塔失帖木儿、倒剌沙言:“灾异未弭,由官吏以罪黜罢者怨诽所致,请量才叙用。”从之。辛未,大天源延圣寺显宗神御殿成,置总管府以司财赋。壬申,雨雹。甲戌,雅济国遣使献方物。乙卯,帝御兴圣殿受无量寿佛戒于帝师。庚辰,命僧千人修佛事于镇国寺。辛巳,赐寿宁公主盐价钞万引。甲申,遣户部尚书李家奴往盐官祀海神,仍集议修海岸。丙戌,诏帝师命僧修佛事于盐官州,仍造浮屠二百一十六以厌海溢。戊子,车驾幸上都。己丑,以赵世延知经筵事,赵简预经筵事,阿鲁威同知经筵事,曹元用、吴秉道、虞集、段辅、马祖常、燕赤、字术鲁翀并兼经筵官。云南土官撒加布降,奉方物来献。置州一,以撒加布知州事,隶罗罗宣慰司,徵其租赋。壬辰,太平路当涂县杨氏妇一产三子。晋宁、卫辉二路及泰安州饥,赈钞四万八千三百锭。冀宁路平定州饥,赈粜米三万石。陕西、四川及河南府等处饥,并赈之。

夏四月丙申,钦州徭黄焱等为寇,命湖广行省备之。己亥,塔失帖木儿、倒剌沙请凡蒙古、色目人效汉法丁忧者,除其名,从之。壬寅,李家奴以作石囤捍海议闻。己酉,御史杨倬等以民饥,请分僧道储粟济之,不报。甲寅,改封蒙山神曰嘉惠昭应王,盐池神曰灵富公,洞庭庙神曰忠惠顺利灵济昭佑王,唐柳州刺史柳宗元曰文惠昭灵公。戊午,禁伪造金银器皿。大都、东昌、大宁、汴梁、怀庆之属州县饥,发粟赈之。保定、冠州、德州、般阳、彰德、济南属州县饥,发钞赈之。是月,灵州、浚州大雨雹。蓟州及岐山、石城二县蝗。广宁路大水。崇明州大风,海溢。

五月甲子,遣官分护流民还乡,仍禁聚至千人者,杖一百。丙寅,广西普宁县僧陈庆安作乱,僭建国,改元。己巳,八百媳妇蛮遣子哀招献驯象。癸酉,籍在京流民废疾者,给粮遣还。大理怒江甸土官阿哀你寇乐辰诸寨,命云南行省督兵捕之。庚辰,有流星大如缶,其光烛地。甲申,安南国及八洞蛮酋遣使献方物。戊子,以岭北行省平章政事塔失帖木儿为中书平章政事。是月,燕南、山东东道及奉元、大同、河间、河南、东平、濮州等处饥,赈钞十四万三千余锭。峡州属县饥,赈粜粮五千石。冀宁、广平、真定诸路属县大雨雹。汝宁府颍州、卫辉路汲县蝗。泾州灵台县旱。

六月,高丽世子完者秃诉取其印,遣平章政事买闾往谕高丽王,俾还之。丙午,遣使祀世祖神御殿。是月,诸王喃答失、彻彻秃、火沙、乃马台诸郡风雪毙畜牧,士卒饥,赈粮五万石、钞四十万锭。奉元、延安二路饥,赈钞四千八百九十锭。彰德属县大雨雹。南宁、开元、永平诸路水。江陵路属县旱。河南安德屯蝼食桑。

秋七月辛酉朔;宁夏地震。庚午,帝崩,寿三十六。葬起辇谷。己卯,大宁路地震。癸未,修佛事于钦明殿。乙酉,皇后、皇太子降旨谕安百姓。丙戌,太白犯轩辕大星。

九月,倒剌沙立皇太子为皇帝,改元天顺诏天下。

泰定之世,灾异数见,君臣之间,亦未见其引咎责躬之实。然能知守祖宗之法以行,天下无事,号称治平,兹其所以为足称也。

元史卷三一
本纪第三一

明　宗

　　明宗翼献景孝皇帝，讳和世㻋，武宗长子也。母曰仁献章圣皇后，亦乞烈氏。成宗大德三年，命武宗抚军北边，帝以四年十一月壬子生。成宗崩，十一年，武宗入继大统，立仁宗为皇太子，命以次传于帝。

　　武宗崩，仁宗立，延祐三年春，议建东宫，时丞相铁木迭而欲固位取宠，乃议立英宗为皇太子，又与太后幸臣识烈门潛帝于两宫，浸润久之，其计遂行。于是封帝为周王，出镇云南。置常侍府官属，以遥授中书左丞相秃忽鲁、大司徒斡耳朵、中政使尚家奴、山北辽阳等路蒙古军万户孛罗、翰林侍讲学士教化等，并为常侍，中卫亲军都指挥使唐兀、兵部尚书赛罕八都鲁为中尉，仍置谘议、记室各二员，遣就镇。

　　是年冬十一月，帝次延安，秃忽鲁、尚家奴、孛罗及武宗旧臣厘日、沙不丁、哈八儿秃等皆来会。教化谋曰："天下者，我武皇之天下也，出镇之事，本非上意，由左右构间致然。请以其故白行省，俾闻之朝廷，庶可杜塞离间，不然，事变叵测。"遂与数骑驰去。先是，阿思罕为太师，铁木迭儿夺其位，出之为陕西行省丞相。及教化等至，即与平章政事塔察儿、行台御史大夫脱里伯、中丞脱欢，悉发关中兵，分道自潼关、河中府入。已而，塔察儿、脱欢袭杀阿思罕、教化于河中，帝遂西行，至北边金山。西北诸王察阿台等，闻帝至，咸率众来附。帝至其部,与定约束,每岁冬居扎颜,夏居斡罗斡察山,春则命从者耕于野泥。十余年间,边境宁谧。

延佑七年,仁宗崩,英宗嗣立。是岁夏四月丙寅,子妥欢帖木尔生,是为至正帝。至治三年八月癸亥,御史大夫铁失等弑英宗,晋王也孙铁木儿自立为皇帝,改元泰定。五月,遣使扈从皇后八不沙至自京师。二年,帝弟图帖睦尔以怀王出居于建康。三年三月癸酉,子懿璘质班生,是为宁宗。

岁戊辰七月庚午,泰定皇帝崩于上都,倒刺沙专权自用,逾月不立君,朝野疑惧。时金枢密院事燕铁木儿留守京师,遂谋举义。八月甲午,黎明,召百官集兴圣宫,兵皆露刃,号于众曰:"武皇有圣子二人,孝友仁文,天下归心,大统所在,当迎立之,不从者死。"乃缚平章乌伯都刺、伯颜察儿,以中书左丞朵朵、参知政事王士熙等下于狱。燕铁木儿与西安王阿刺忒纳失里固守内廷。于是帝方远在沙漠,猝未能至,虑生他变,乃迎帝弟怀王于江陵,且宣言已遣使北迎帝,以安众心。复矫称帝所遣使者自北方来,云周王从诸王兵整驾南辕,且夕即至矣。丁巳,怀王入京师,群臣请正大统,固让曰:"大兄在北,以长以德,当有天下。必不得已,当明以朕志播告中外。"九月壬申,怀王即位,是为文宗。改元天历,诏天下曰:"谨俟大兄之至,以遂朕固让之心。"

时倒刺沙在上都,立泰定皇帝子为皇帝,乃遣兵分道犯大都,而梁王王禅、右丞相答失铁木儿、御史大夫纽泽、太尉不花等兵皆次于榆林。燕帖木儿与其弟撒敦、子唐其势等,帅师与战,屡败之。上都兵皆溃。十月辛丑,齐王月鲁帖木儿、元帅不花帖木儿以兵围上都,倒刺沙乃奉皇帝宝出降,两京道路始通。

于是文宗遣哈散及撒迪等相继来迎,朔漠诸王皆劝帝南还京师,遂发北边。诸王察阿台、沿边元帅朵烈捏、万户买驴等,咸帅师扈行。旧臣孛罗、尚家奴、哈八儿秃皆从。至金山,岭北行省平章政事泼皮奉迎,武宁王彻彻秃、金枢密事帖木儿不花继至。乃命孛罗如京师。两京之民闻帝使者至,欢呼鼓舞曰:"吾天子实自北来矣!"

诸王、旧臣争先迎谒,所至成聚。

天历二年正月乙丑,文宗复遣中书左丞跃里帖木儿来迎。乙酉,撒迪等至,入见帝于行幄,以文宗命劝进。丙戌,帝即位于和宁之北,扈行诸王、大臣咸入贺。乃命撒迪遣人还报京师。是月,前翰林学士承旨不答失里以太府太监沙剌班辇金银、币帛至。遣撒迪等还京师,帝命之曰:"朕弟曩尝览观书史,迩者得无废乎?听政之暇,宜亲贤士大夫,讲论史籍,以知古今治乱得失。卿等至京师,当以朕意谕之。"

二月壬辰,宣靖王买奴自京师来觐。辛丑,追尊皇妣亦乞烈氏曰仁献章圣皇后。是月,文宗立奎章阁学士院于京师,遣人以除目来奏,帝并从之。

三月戊午朔,次洁坚察罕之地。辛酉,文宗遣右丞相燕铁木儿奉皇帝宝来上,御史中丞八即剌、知枢密院事秃儿哈帖木儿等各率其属以从。壬戌,造乘舆、服御及近侍诸服用。丙寅,帝谓中书左丞跃里帖木儿曰:"朕至上都,宗藩、诸王必皆来会,非寻常朝会比也,诸王察阿台今亦从朕远来,有司供张皆宜豫备,卿其与中书臣僚议之。"丁亥,雨土,霾。

四月癸巳,燕铁木儿见帝于行在,率百官上皇帝宝。帝嘉其勋,拜太师,仍命为中书右丞相,开府仪同三司、上柱国、录军国重事、监修国史、答剌罕、太平王并如故。复谕燕铁木儿等曰:"凡京师百官,朕弟所用者,并仍其旧,卿等其以朕意谕之。"燕铁木儿奏:"陛下君临万方,国家大事所系者,中书省、枢密院、御史台而已,宜择人居之。"帝然其言,以武宗旧人哈八儿秃为中书平章政事,前中书平章政事伯帖木儿知枢密院事,常侍孛罗为御史大夫。甲午,立行枢密院,命昭武王、知枢密院事火沙领行枢密院事,赛帖木儿、买奴并同知行枢密院事。是日,帝宴诸王、大臣于行殿,燕铁木儿、哈八儿秃、伯帖木儿、孛罗等侍,帝特命台臣曰:"太祖皇帝尝训敕臣下云:'美色名马人皆悦之,然方寸一有系累,即能坏名败德。'卿等居风纪之司,亦尝念及此乎?世祖初立御史台,首命塔察儿、奔帖杰儿二人协司其政。天下国家,譬犹一人之身,中书则右手也,枢密则左手也。左右手有病,治之以良医,省院阙失,不以御史台治之可乎？凡诸王、百司,违法越礼,一听举劾。风纪重则贪墨惧,犹斧斤重则入木深,其势然也。朕有缺失,卿亦以闻,朕不尔责也。"乙未,特命孛罗等传旨宣谕燕铁木儿、伯答沙、火沙、哈八儿秃、八即剌等曰:"世祖皇帝立中书省、枢密院、御史台及百司庶府,共治天下,大小职掌,已有定制。世祖命廷臣集律令章程,以为万世法。成宗以来,列圣相承,罔不恪遵成宪。朕今居太祖、世祖所居之位,凡省、院、台、百司庶政,询谋佥同,标译所奏,以告于朕。军务机密,枢密院当即以闻,毋以夙夜为间,而稽留之。其他事务,果有所言,必先中书、院、台,其下百司及昝御之臣毋得隔越陈请。宜宣谕诸司,咸俾闻知。傥违朕意,必罚无赦。"丁酉,以陕西行台御史大夫铁木儿脱为上都留守。辛丑,文宗立都督府于京师,遣使来奏,又以台宪官除目来上,并从之。癸卯,遣使如京师,卜日,命中书左丞相铁木儿补化摄告即位于郊庙、社稷。遣武宁王彻彻秃及哈八儿秃,立文宗为皇太子,仍立詹事院,罢储庆司。以彻里铁木儿为中书平章政事,阔儿吉司为中书右丞,怯来、只儿哈郎并为甘肃行省平章政事,忽剌台为江浙行省平章政事,那海为岭北行省平章政事。甲辰,敕中书省赐官吏送宝者秩一等,从者赉以币、帛。乙巳,监察御史言:"岭北行省控制一方,广轮万里,实为太祖肇基之地,国家根本系焉。方面之寄,岂可轻任。平章塔即吉素非勋旧,奴事倒剌沙,倔起宿卫,辄为右丞,俄升平章,年已七十,眊昏殊甚。左丞马谋本晋邸部民,以女妻倒剌沙引为都水,遂除左丞。郎中罗里市井小人,秃鲁忽乃晋邸卫卒,不谙政务,并宜黜退。"台臣以闻。帝曰:"御史言甚善,其并黜之。"又谕台臣曰:"御史劾岭北省臣,朕甚嘉之。继今所当言者,毋有所惮。被劾之人,苟营求申诉,朕必罪之。或廉非其实,毋辄以闻。"

　　五月丁巳朔,次朵里伯真之地。戊午,遣西安王阿剌忒纳失里还京师。封帖木儿为保德郡王。赐扈驾宿卫士等币帛有差。己未,

皇太子遣翰林学士承旨阿邻帖木儿来觐。庚申，次斡耳罕水东。辛
酉，御史大夫孛罗、中政使尚家奴，并特授开府仪同三司，以典四番
宿卫。癸亥，次必忒怯秃之地，翰林学士承旨斡耳朵自京师来觐。命
有司新武宗幄殿、车舆。庚午，命燕铁木儿升用岭北行省官吏，其余
官吏并赐散官一级。选用潜邸旧臣及扈从士，受制命者八十有五
人，六品以下二十有六人。壬申，次探秃儿海之地。封亦怜真八为
柳城郡王。以八即剌为陕西行台御史大夫，众家奴为御史中丞。乙
亥，次秃忽剌。敕大都省臣铸皇太子宝。时求太子故宝不知所在，
近侍伯不花言宝藏于上都行幄，遣人至上都索之，无所得，乃命更
铸之。西木邻等四十三驿旱灾，命中书以粮赈之，计八千二百石。丁
丑，皇太子发京师，镇南王帖木儿不花，诸王也速、斡即、答来不花、
朵来只班、伯颜也不干，驸马别阇里及扈卫百官，悉从行。戊寅，京
师市马二百八十匹，载乘舆服御送行在所。己卯，次秃忽剌河东。加
翰林学士承旨唐兀为太尉。赵王马札罕部落旱，民五万五千四百口
不能自存，敕河东宣慰司赈粮两月。庚辰，赐诸王燕只哥台钞二百
锭、币帛二千匹。辛巳，次斡罗斡秃之地。壬午，次不鲁通之地。是
日，左丞相铁木儿补化等以帝即位，摄告南郊。甲申，次忽剌火失温
之地。

　　六月丁亥朔，次坤都也不剌之地。是日，铁木儿补化等以帝即
位，摄告于宗庙、社稷。戊子，燕铁木儿等奏："中政院越中书擅奏除
授，移文来徼制敕，已如所请授之，然于大体非宜，乞申命禁止，庶
使政权归一。"从之。庚寅，次撒里之地。陕西行省告饥，遣使还都，
与诸老臣议赈救之。丁酉，次兀纳八之地。升都督府为大都督府。
己亥，次阔朵之地。枢密院奏："皇太子遣使来言，近已颁赦，四川诸
省兵悉遣还营，惟云南逆谋叵测，兵未可即罢，令臣等以闻。"帝曰：
"可仍屯戍，俟平定而后罢。"辛丑，次散里怯儿之地。壬寅，戒近侍
毋得辄有奏请。甲辰，赐驸马脱必儿钞千锭，往云南。丁未，次哈里
温。戊申，次阔朵杰阿剌伦。辛亥，次哈儿哈纳秃之地。诏谕中书
省臣："凡国家钱谷、铨选诸大政事，先启皇太子，然后以闻。"癸丑，

次忽秃之地。甲寅,赈陕西临潼、华阴二十三驿钞一千八百锭,晋宁路十五驿钞八百锭。是月,铁木儿补化以久旱,启于皇太子辞相位,乞更选贤德委以燮理,皇太子遣使以闻。帝谕阔儿吉思等曰:"修德应天,乃君臣当为之事,铁木儿补化所言良是。天明可畏,朕未尝斯须忘于怀也。皇太子来会,当与共图其可以泽民利物者行之。卿等其以朕意谕群臣。"

七月丙辰朔,日有食之。甲子,次字罗火你之地。壬申,监察御史把的于思言:"朝廷自去秋命将出师,戡定祸乱,其供给军需、赏赉将士所费不可胜纪。若以岁入经赋较之,则其所出已过数倍。况今诸王朝会,旧制一切供亿俱尚未给,而陕西等处饥馑荐臻,饿殍枕藉,加以冬春之交,雪雨愆期,麦苗槁死,秋田未种,民庶遑遑,流移者众。臣伏思之,此正国家节用之时也。如果有功必当赏赉者,宜视其官之崇卑而轻重之,不惟省费,亦可示劝。其近侍诸臣奏请恩赐,宜悉停罢,以纾民力。"台臣以闻,帝嘉纳之,仍敕中省以其所言示百司。乙亥,次不罗察罕之地。丙子,文宗受皇太子宝。戊寅,次小只之地。壬午,遣使诣京师,敕中书平章政事哈八儿秃同翰林国史院官致祭太祖、太宗、睿宗三朝御容,发诸卫军六千完京城。

八月乙酉朔,次王忽察都之地。丙戌,皇太子入见。是日,宴皇太子及诸王大臣于行殿。庚寅,帝暴崩,年三十。葬起辇谷,从诸陵。是月己亥,皇太子复即皇帝位。十二月乙巳,知枢密院事臣也不伦等议请上尊谥曰翼献景孝皇帝,庙号明宗。三年三月壬申,祔于太庙。

元史卷三二
本纪第三二

文宗一

文宗圣明元孝皇帝，讳图帖睦尔，武宗之次子，明宗之弟也。母曰文献昭圣皇后，唐兀氏。大德三年，武宗总兵北边。帝以八年春正月癸亥生。

十一年，武宗入继大统。至大四年，武宗崩，传位于弟仁宗。延祐三年，丞相铁木迭儿等议立英宗为皇太子，明宗以武宗长子，乃出之居于朔漠。及英宗即位，铁木迭儿复为丞相，怀私固宠，构衅骨肉，诸王大臣，莫不自危。至治元年五月，中政使咬住告脱欢察儿等交通亲王，于是出帝居于海南。三年六月，英宗在上都，谓丞相拜住曰：“朕兄弟实相友爱，曩以小有谮愬，俾居远方，当亟召还，明正小人离间之罪。”未几，铁失、也先铁木儿等为逆，而晋王遂立为皇帝，改元泰定，召帝于海南之琼州，还至潭州，复命止之，居数月，乃还京师。十月，封怀王，赐黄金印。二年正月，又命出居于建康，以殊祥院使也先捏掌其卫士。

初，晋王既为皇帝，以内史倒剌沙为中书平章政事，遂为丞相，狠愎自用，灾异数见。而帝兄弟播越南北，人心思之。

致和元年春，大驾出畋柳林，以疾还宫。诸王满秃、阿马剌台，太常礼仪使哈海，宗正扎鲁忽赤阔阔出等与金枢密院事燕铁木儿谋曰：“今主上之疾日臻，将往上都，如有不讳，吾党扈从者执诸王、大臣杀之。居大都者，即缚大都省、台官，宣言太子已至，正位宸极，传檄守御诸关,则大事济矣。"

三月,大驾至上都,满秃、阔阔出等扈从。西安王阿剌忒纳失里居守,燕铁木儿亦留大都。时也先捏私至上都,与倒剌沙等图弗利于帝,乃遣宗正扎鲁忽赤雍古台迁帝居江陵。

七月庚午,泰定皇帝崩于上都。倒剌沙及梁王王禅、辽王脱脱因结党害政,人皆不平。时燕铁木儿实掌大都枢密符印,谋于西安王阿剌忒纳失里,阴结勇士,以图举义。

八月甲午黎明,百官集兴圣宫,燕铁木儿率阿剌铁木儿、孛伦赤等十七人,兵皆露刃,号于众曰:"武宗皇帝有圣子二人,孝友仁文,天下正统当归之。今尔一二臣敢紊邦纪,有不顺者斩!"乃手缚平章政事乌伯都剌、伯颜察儿,分命勇士执中书左丞朵朵、参知政事王士熙,参议中书省事脱脱、吴秉道,侍御史铁木哥、丘世杰,治书侍御史脱欢,太子詹事丞王桓等,皆下之狱。燕铁木儿与西安王阿剌忒纳失里共守内廷,籍府库,录符印,召百官入内听命。即遣前河南行省参知政事明里董阿、前宣政使答里麻失里驰驿迎帝于江陵,密以意谕河南行省平章政事伯颜,令简兵以备扈从。是日,前湖广行省左丞相别不花为中书左丞相,太子詹事塔失海涯为中书平章政事,前湖广行省右丞速速为中书左丞,前陕西行省参知政事王不怜吉台为枢密副使,与中书右丞赵世延、同金枢密院事燕铁木儿、翰林学士承旨亦列赤、通政院使寒食分典机务,调兵守御关要,征诸卫兵屯京师,下郡县造兵器,出府库犒军士。燕铁儿直宿禁中,达旦不寐,一夕或再徙,人莫知其处。乙未,以西安王令,给宿卫京城军士钞有差。调诸卫兵守居庸关及卢儿岭。丙申,遣左卫率使秃鲁将兵屯白马甸,隆镇卫指挥使斡都蛮将兵屯泰和岭。丁酉,发中卫兵守迁民镇。又遣撒里不花等往迎帝,且令塔失帖木儿矫为使者自南来,言帝已次近郊,使民毋惊疑。戊戌,征宣靖王买奴、诸王燕不花于山东。己亥,征兵辽阳。明里董阿至汴梁,执行省臣皆下之狱。又收肃政廉访司、万户府及郡县印。庚子,发宗仁卫兵增守迁民镇。辛丑,遣万户彻里帖木儿将兵屯河中。壬寅,河南行省以郡县缺人,权署官摄其事。癸卯,燕铁木儿之弟撒敦、子唐其势自上都来归。河南行省杀平章曲烈、右丞别铁木儿。是日,明里董阿等至江陵。甲辰,帝发江陵,遣使召镇南王铁木儿不花、威顺王宽彻不花、湖广行省平章政事高昌王铁木儿补化来会。执湖广行省左丞马合某送京师,以别薛代之。河南行省出府库金千两、银四千两、钞七万一千锭,分给官吏将士。又命有司造乘舆、供张、仪杖等物。乙巳,遣隆镇卫指挥使也速台儿将兵守碑楼口。河南行省杀其参政脱孛台。召陕西行台侍御史马扎儿台及行省平章政事探马赤,不至。丙午,诸王按浑察至京师。遣前西台御史剌马黑巴等谕陕西。丁未,撒敦守居庸关,唐其势屯古北口。命河南行省造银符以给军士有功者。戊申,燕铁木儿又令乃马台矫为使者北来,言周王整兵南行,闻者皆悦。帝命河南行省平章政事伯颜为本省左丞相。河南行省遣前万户孛罗等将兵守潼关。己酉,诸王满秃、阿马剌台,宗正扎鲁忽赤阔阔出,前河南行平章政事买闾,集贤侍读学士兀鲁思不花,太常礼仪院使哈海赤等十八人同谋援大都,事觉,倒剌沙杀之。庚戌,帝至汴梁,伯颜等扈从北行。以前翰林学士承旨阿不海牙为河南行省平章政事。发平滦民堑迁民镇,以御辽东军。辛亥,以燕铁木儿知枢密院事,亦列赤为御史中丞。壬子,阿速卫指挥使脱脱木儿帅其军自上都来归,即命守古北口。癸丑,铸枢密分院印。是日,上都诸王及用事臣以兵分道犯京畿,留辽王脱脱、诸王孛罗帖木儿、太师朵带、左丞相倒剌沙、知枢密院事铁木儿脱居守。甲寅,剌马黑巴等至陕西,皆见杀。乙卯,脱脱木儿及上都诸王失剌、平章政事乃马台、詹事钦察战于宜兴。斩钦察于阵,禽乃马台送京师戮之,失剌败走。丙辰,燕铁木儿奉法驾郊迎。丁巳,帝至京师,入居大内。贵赤卫指挥使脱迭出自上都率其军来归,命守古北口。戊午,以速速为中书平章政事,前御史中丞曹立为中书右丞,江浙行省参知政事张友谅为中书参知政事,河南行省左丞相伯颜为御史大夫,中书右丞赵世延为御史中丞。己未,以河南万户也速台儿同知枢密院事。罢回回掌教哈的所。上都梁王王禅、右丞相塔失铁木儿、太尉不花、平章政事买闾、御史大夫纽泽等兵次榆林。升宜兴县为州。隆镇卫指挥使黑汉谋附上都，坐弃市，籍其家。

九月庚申朔，燕铁木儿督师居庸关，遣撒敦以兵袭上都兵于榆林，击败之，追至怀来而还。隆镇卫指挥使斡都蛮以兵袭上都诸王灭里铁木儿、脱木赤于陀罗台，执之归于京师。遣使即军中赐脱脱木儿等银各千两，以分给军士有功者。赐京师耆老七十人币帛。命有司括马。中书左丞相别不花言："回回人哈哈的自至治间贷官钞，违制别往番邦得宝货无算，法当没官，而倒剌沙私其种人，不许，今请籍其家。"从之。燕铁木儿请释马合某，从之。陕西兵入河中府，劫行用库钞万八千锭，杀同知府事不伦秃。壬戌，遣使祭五狱、四渎。命速速宣谕中外曰："昔在世祖以及列圣临御，咸命中书省纲维百司，总裁庶政，凡钱谷、铨选、刑罚、兴造，罔不司之。自今除枢密院、御史台，其余诸司及左右近侍敢有隔越中书奏请政务者，以违制论。监察御史其纠言之。"以高昌王铁木儿补化知枢密院事，也先捏为宣徽使。给居庸关军士糗粮，赐镇南王铁木儿不花等钞有差。徵五卫屯田兵赴京师。安南国来贡方物。赐上都将士来归者钞各有差。枢密院臣言："河南行省军列戍淮西，距潼关、河中不远。湖广行省军唯平阳、保定两万户号称精锐，请发蕲、黄戍军一万人及两万户军，为三万，命湖广参政郑昂霄、万户脱脱木儿将之，并黄河为营，以便徵遣。"从之。召燕铁木儿赴阙。上都诸王也先帖木儿、平章秃满迭儿自辽东以兵入迁民镇，诸王八剌马、也先帖木儿以所部兵入管州，杀掠吏民。丙寅，命造兵器，江浙、江西、湖广三省六万事，内郡四万事。丁卯，燕铁木儿率诸王，大臣，伏阙请早正大位，以安天下，帝固辞曰："大兄在朔方，朕敢紊天序乎？"燕铁木儿曰："人心向背之机，间不容发，一或失之，噬脐无及。"帝曰："必不得已，必明著朕意以示天下而后可。"赐西安王阿剌忒纳失里、镇南王帖木儿不花、威顺王宽彻不花、宣靖王买奴等金各五十两、银各五百两、币各三十匹。遣撒敦拒辽东兵于蓟州东流沙河，元帅阿兀剌守居庸关。上都军攻碑楼口，指挥使也速台儿御之，不克。戊辰，大司农明

里董阿、大都留守阔阔台并为中书平章政事。募勇士从军。遣使分
行河间、保定、真定及河南等路括民马。徵鄢陵县河西军赴阙。命
襄阳万户杨克忠、邓州万户孙节以兵守武关。命海道万户府来年运
米三百一十万石。造金符八十。己巳,铸御宝成。立行枢密院于汴
梁,以同知枢密院事也速台儿知行枢密院事,将兵行视太行诸关,
西击河中、潼关军,以摺叠弩分给守关军士。上都诸王忽剌台等引
兵犯崞州。庚午,命有司和市粟豆十六万五千石,分给居庸等关军
马。遣军民守归、峡诸隘。辛未,常服谒太庙。云南孟定路土官来
贡方物。乌伯都剌、铁木哥弃市,朵朵、王士熙、伯颜察儿、脱欢等各
流于远州,并籍其家。同知枢密院事脱脱木儿与辽东秃满迭儿战于
蓟州两家店。壬申,帝即位于大明殿,受诸王、百官朝贺,大赦,诏
曰:

　　　洪惟我太祖皇帝混一海宇,爰立定制,以一统绪,宗亲各
受分地,勿敢妄生觊觎,此不易之成规,万世所共守者也。世祖
之后,成宗、武宗、仁宗、英宗以公天下之心,以次相传,宗王、
贵戚咸遵祖训。至于晋邸,具有盟书,愿守藩服,而与贼臣铁
失、也先帖木儿等潜通阴谋,冒干宝位,使英宗不幸罹于大故。
朕兄弟播越南北,备历艰险,临御之事,岂获与闻。

　　　朕以叔父之故,顺承惟谨,于今六年,灾异迭见。权臣倒剌
沙、乌伯都剌等专权自用,疏远勋旧,废弃忠良,变乱祖宗法
度,空府库以私其党类。大行上宾,利于立幼,显握国柄,用成
其奸。宗王、大臣以宗社之重,统绪之正,协谋推戴,属于眇躬。
朕以菲德,宜俟大兄,固让再三。宗戚、将相,百僚、耆老,以为
神器不可以久虚,天下不可以无主,周王辽隔朔漠,民庶遑遑
已及三月,诚恳迫切。朕姑从其请,谨俟大兄之至,以遂朕固让
之心。已于致和元年九月十三日,即皇帝位于大明殿。其以致
和元年为天历元年。

　　　可大赦天下。自九月十三日昧爽已前,除谋杀祖父母、父
母,妻妾杀夫,奴婢杀主,谋故杀人,但犯强盗,印造伪钞不赦

外,其余罪无轻重,咸赦除之。

於戏!朕岂有意于天下哉!重念祖宗开创之艰,恐隳大业,是以勉徇舆情,尚赖尔中外文武臣僚协心相予,辑宁亿兆,以成治功。咨尔多方,体予至意。

癸酉,翰林院增给驿玺书。命燕铁木儿将兵击辽东军。封燕铁木儿为太平王,以太平路为食邑,赐金五百两、银二千五百两、钞万锭、平江官地五百顷。中书右丞曹立为江浙行省平章政事,福建廉访使易释董阿为右丞,前中书左丞张思明为左丞。诸王塔术、只儿哈郎、佛宝等自恩州来朝。赐按灰钞百锭,以祀天神。括河东马。甲戌,燕铁木儿加开府仪同三司、上柱国、录军国重事、中书右丞相、监修国史,依前知枢密院事。伯颜加太尉。以江南行台御史大夫朵儿只为江浙行省左丞相,淮西道肃政廉访使阿儿思兰海牙为江南行台御史大夫。诸王孛罗、忽都火者来朝。徵左右两阿速卫军老幼赴京师,不行者斩,籍其家。乙亥,立太禧院,以奉祖宗神御殿祠祭,秩正二品。罢会福、殊祥两院。江西行省平章政事秃坚帖木儿、江浙行省右丞易释董阿并为太禧院使。中书平章速速、御史中丞亦列赤兼太禧院使。上都王禅兵袭破居庸关,将士皆溃。燕铁木儿军次三河。丙子,王禅游兵至大口,燕铁木儿还军次榆河。帝出齐化门视师。丁丑,燕铁木儿来见曰:"乘舆一出,民心必惊。军旅之事,臣请以身任之。"即日还宫。命司天监崇星。戊寅,谕中外曰:"近以奸臣倒剌沙、乌伯都剌潜通阴谋,变易祖宗成宪,既已明正其罪,凡回回种人不预其事者,其安业勿惧。有因而扇惑其人者罪之。"又敕军中逃归及京城游民敢攘民财者斩。命高昌僧作佛事于延春阁。又命也里可温于显懿庄圣皇后神御殿作佛事。诸王阿儿八忽、按灰、脱脱来朝,命留守司完京城,军士乘城守御。燕铁木儿与王禅前军战于榆河,败之,追奔红桥北。其枢密副使阿剌帖木儿、指挥使忽都帖木儿以兵会王禅,复来战,又败之。我师据红桥。增给大都驿马百匹。庚辰,太白犯亢宿。诏谕御史台:今后监察御史廉访司,凡有刺举,并著其实,无则勿妄以言;廉访司书吏,当以职官、教授、吏员、乡贡进士参用。加封汉将军关羽为显灵义勇武安英济王，遣使祠其庙。辛巳，命司天监崇星。以别不花知枢密院事，依前中书左丞相。括山东马。燕铁木儿与上都军大战白浮之野，燕铁木儿手刃七人于阵，败之。脱脱木儿与辽东军战蓟州之檀子山。壬午，大雾，王禅等通昆山州。获上都颁诏使者及辽东徵兵使者，以闻，诏诛之。癸未，以同知枢密院事秃儿哈帖木儿知枢密院事，中书平章政事明里董阿为江浙行省平章政事。王禅收集散亡，复来战。我师列阵白浮之西，敌不敢犯。至夜，撒敦、脱脱木儿前后夹攻，败走之，追及于昌平北，斩首数千级，降者万余人。帝遣使赐燕铁木儿上尊，谕旨曰：“丞相每临阵躬冒矢石，脱有不虞，奈何？自今第以大将旗鼓督战可也。”燕铁木儿对曰：“凡战，臣必以身先之，敢后者，论以军法。若委之诸将，万一失利，悔将何及！”甲申，庆云见。王禅单骑亡，撒敦追之不及而还。命御史台：“凡各道廉访司官用蒙古二人，畏兀、河西、回回、汉人各一人。各司书吏十六人，用职官五，各路司吏五，教授二，乡贡进士四人。本台经历品秩相当者，除各道廉访使，都事除副使。本台译史、通事考满，不得除御史。”靖安王阔不花等将陕西兵潜由潼关南水门入，万户孛罗弃关走，阔不花等分据陕州等县，纵兵四劫。乙酉，以明里董阿为中书平章政事，岭北行省左丞燕不邻知枢密院事。募丁壮千人守捍城郭。上都兵入古北口，将士皆溃，其知枢密院事竹温台以兵掠石槽。追封乳母完者云国夫人，其夫斡罗思赠太保，封云国公，谥忠懿，子锁乃赠司徒，封云国公，谥贞闵。燕铁木儿遣撒敦倍道趋石槽，掩其不备，击之。燕铁木儿大兵继至，转战四十余里，至牛头山，擒驸马孛罗帖木儿，平章蒙古塔失、帖木儿，将作院使撒儿讨温，送阙下戮之，将校降者万人。余兵奔窜，夜遣撒敦出古北口逐之。脱脱木儿与辽东军战蓟州南，杀获无算。调河南蒙古军老幼五万人，增守京师。募丁壮守直沽。调临清万户府运粮军三千五百并御河分守，山东丁壮万人守御益都、般阳诸处海港。居庸关垒石以为固。丁亥，辽东军抵京城，燕铁木儿引兵拒之。令京城里长召募丁壮及百工合万人，与兵士为伍，乘城守御，月给钞三锭、米三斗。冀宁、晋宁两路所辖代州之雁门关,崞州之阳武关,岚州之大涧口、皮库口,保德州之寨底、天桥、白羊三关,石州之坞堡口,汾州之向阳关,隰州之乌门关,吉州之马头、秦王岭二关,灵石县之阴地关,皆令穿堑垒石以为固,调丁壮守之。戊子,上都诸王忽剌台等兵入紫荆关,将士皆溃。行枢密院官卜颜、斡都蛮,指挥使也速台儿将兵援之。陕西行台御史大夫也先帖木儿引兵从大庆关渡河,擒河中府官,杀之。万户彻里帖木儿军溃而遁。河南廉访副使万家闾言彻里帖木儿身为大将,纪律不严,望风奔溃,宜加重罚以示劝惩。不报。河东闻也先帖木儿军至,官吏皆弃城走。也先帖木儿悉以其党代之。召云南行省左丞相也先吉尼,不至。前尚书左丞相三宝奴以罪诛,其二子上都、哈剌八都儿近侍,命以所籍家赀及制命还之。

冬十月己丑朔,命西僧作佛事。燕铁木儿引兵至通州,击辽东军,败之,皆渡潞水走。遣脱脱木儿等将兵四千西援紫荆关。调江浙兵万人西御潼关。紫荆关溃卒南走保定,因肆剽掠,同知路事阿里沙及故平章张珪子武昌万户景武等率民持挺击死数百人。河南行省调兵守虎牢关。庚寅,我师与辽东军夹潞水而阵,辽东军宵遁,我师渡而袭之。辛卯,礼官言:"即位之始,当告祭郊庙、社稷,时享之礼,请改用仲月。"从之。紫荆关兵进逼涿州,同知州事教化的调丁壮御之。壬辰,也先捏以军至保定,杀阿里沙等及张景武兄弟五人,并取其家赀。倒剌沙贷其姻家长芦盐运司判官亦剌马丹钞四万锭,买盐营利于京师,诏追理之。癸巳,立寿福、会福、隆禧、崇祥四总管府,分奉祖宗神御殿,秩正三品,并隶太禧院。忽剌台游兵进逼南城,令京城居民户出壮丁一人,持兵仗从军士乘城。仍于诸门列瓮贮水,以防火。燕铁木儿及阳翟王太平、国王朵罗台等战于檀子山之枣林。唐其势陷阵,杀太平,死者蔽野,余皆宵遁。遣撒敦追之,弗及。甲午,命有司市马千匹,赐军士出征者。脱脱木儿、章吉与也先捏合击敌军于良乡南,转战至泸沟桥,忽剌台被创,据桥而宿。乙未,燕铁木儿率军循北山而西,趣良乡。诸将时与忽剌台、阿剌帖木儿等战于泸沟桥,声言燕铁木儿大军至,敌兵皆遁。使者颁诏于甘肃,至陕西,行省、行台官涂毁诏书,械使者送上都。湘宁王八剌失里引兵入冀宁,杀掠吏民。时太行诸关守备皆阙,冀宁路来告急,敕万户和尚将兵由故关援之。冀宁路官募民丁迎敌,和尚以兵为殿,杀获甚众。会上都兵大至,和尚退保故关,冀宁遂破。丙申,燕铁木儿入朝,赐宴兴圣殿。赈通州被兵之家。命速速等董度支刍粟。中书省臣言:"上都诸王、大臣,不思祖宗成宪,惑于奸臣倒剌沙之言,辄以兵犯京畿。赖陛下洪福,王禅遂致溃亡。生擒诸王孛罗帖木儿及诸用事臣蒙古答失、雅失帖木儿等,既已明正典刑,宜传首四方以示众。"从之。丁酉,以缙山县民十人尝为王禅向导,诛其为首者四人,余杖一百七,籍其家赀,妻子,分赐守关军士。戊戌,命湖广行省平章政事乞住调兵守归、峡,左丞别薛守八番,以御四川军。诸将追阿剌帖木儿等至紫荆关,获之,送京师,皆弃市。己亥,幸大圣寿万安寺,谒世祖、裕宗神御殿。赐燕铁木儿太平王黄金印,并降制书,及赐玉盘、龙衣、珠衣、宝珠、金腰带、海东白鹘、青鹘各一。河南行中书省、行枢密院皆听便宜行事。秃满迭儿军复入古北口,燕铁木儿引军御之,大战于檀州南,败之。其万户以兵万人降,秃满迭儿遂走还辽东。使者颁诏于陕西,行省、行台官焚诏书,下使者狱,告于上都。庚子,以梁王王禅第赐诸王帖木儿不花。廷臣言:"保定万户张昌,其诸父景武等既受诛,宜罢其所将兵,而夺其金虎符。"不许。辛丑,以同知枢密院事脱脱木儿,通政使也不伦并知枢密院事,御史中丞亦列赤为御史大夫。还给伯颜察儿、朵朵家赀。齐王月鲁帖木儿、东路蒙西元帅不花帖木儿等以兵围上都,倒剌沙等奉皇帝宝出降,梁王王禅遁,辽王脱脱为齐王月鲁帖木儿所杀,遂收上都诸王符印。壬寅,以使也先捏知行枢密院事,宣徽副使章吉为行枢密院副使,与知枢密院事也速台儿等将兵西击潼关军。中书省臣言:"野理牙旧以赃罪除名,近复命为太医使,臣等不敢奉诏。"帝曰:"往者勿咎,比兵兴之时,朕已录用,其依朕命行之。"以张珪女归也先捏。癸卯,以故徽政使失烈门妻赐燕铁木儿。以通州知州赵

义能御敌,赐币二匹。也先铁木儿军至晋宁,本路官皆遁。甲辰,晋
邸及辽王所辖路府州县达鲁花赤并罢免禁锢,选流官代之。给淮东
宣慰司银字圆符。命有司收将士所遗符印、兵仗。赈粜京城米十万
石,石为钞十五贯。丙午,中书省臣言:"凡有罪者,既籍其家赀,又
没其妻子,非古者罪人不孥之意。今后请勿没人妻子。"制可。丁未,
告祭于南郊。以中书平章政事塔失海涯为大司农,复以钦察台为中
书平章政事,侍御使玥璐不花为中丞。以度支刍豆经用不足,凡诸
王、驸马来朝,并节其给,宿卫官已有廪禄者及内侍宫人岁给刍豆,
皆权止之。籴豆二十万石于濒御河州县,以河间、山东盐课钞给其
直。放还防河运粮军。陕西兵至巩县黑石渡,遂据虎牢,我师皆溃,
储仗悉为所获。河南行省来告急,戒有司修城壁,严守卫。云南银
罗甸土官哀赞等来贡方物。己酉,别不花加太保,落知枢密院事。命
刑部郎中大都、前广东金事张世荣追理乌伯都剌家赀。开居庸关。
陕西军夺武关,万户杨克忠等兵溃。庚戌,帝御兴圣殿,齐王月鲁帖
木儿,诸王别思帖木儿、阿儿哈失里、那海罕及东路蒙古元帅不花
帖木儿等奉上皇帝宝。倒剌沙等从至京师,下之狱。分遣使者檄行
省、内郡罢兵,以安百姓。以宦者伯帖木儿妻及奴婢田宅赐撒敦。辛
亥,云南彻里路土官刁赛等来贡方物。诏自今朝廷政务及籍没田宅
赐人者,非与燕铁木儿议,诸人不许奏陈。以宦者米薛迷奴婢、家赀
赐伯颜。壬子,以河南、江西、湖广入贡驾鹅太频,令减其数,以省驿
传。以诸王火沙第赐燕铁木儿继母、公主察吉儿。癸丑,燕铁木儿
辞知枢密院事,命其叔父东路蒙古元帅不花帖木儿代之。燕铁木儿
请以蒙古塔失等三十人田宅赐彻里铁木儿等三十人,从之。以所括
河北诸路马,四百匹给四宿卫阿塔赤,二百匹给中宫阿塔赤,余二
千匹分牧于内郡。核上都仓库钱谷。御史台臣言:"近北兵夺紫荆
关,官军溃走,掠保定之民,本路官与故平章张珪子景武五人,率其
民击官军死,也先捏不俟奏闻,辄擅杀官吏及珪五子。珪父祖三世
为国勋臣,设使捏子有罪,捏之妻女又何罪焉?今既籍其家,又以其
女妻也先捏,诚非国家待遇勋臣之意。"帝曰:"卿等言是。"命中书

革正之。命御史台择人充各道廉访司官。遣官赈良乡、涿州、定兴、保定驿户之被兵者。甲寅，罢徽政院，改立储庆使司，秩正二品。平章政事速速，明里董阿并领储庆司事，鹰坊伯撒里，河南行省左丞姚炜并为储庆使。元帅也速答儿执湘宁王八剌失里送京师。八剌失里及赵王马扎罕、诸王忽剌台承上都之命，各起所部兵南侵冀宁，还次马邑，至是被执。其所俘男女千人悉还其家。遣使止江浙军士之往潼关者，就还镇。也先铁木儿兵至潞州。乙卯，以倒剌沙宅赐不花帖木儿，倒剌沙子泼皮宅赐斡都蛮，内侍王伯颜宅赐唐其势。丙辰，燕铁木儿请以所没逆臣赤斤铁木儿家赀还其妻。铁木哥兵入邓州。丁巳，毁显宗室，升顺宗祔右穆第二室，成宗祔右穆第三室，武宗祔左昭第三室，仁宗祔左昭第四室，英宗祔右穆第四室。加命燕铁木儿为答剌罕，仍命子孙世袭其号。燕铁木儿请以河南平章曲列等二十三人田宅赐西安王阿剌忒纳失里等二十三人，从之。戊午，诏谕廷臣曰："凡今臣僚，唯丞相燕铁木儿、大夫伯颜许兼三职署事，余者并从简省。百司事当奏者，共议以闻。或私任己意者，不许独请。上都官吏自八月二十一日以后擢用者，并追收其制。"敕：天下僧道有妻者，皆令为民。也先捏军次顺德。令广平、大名两路括马。盗杀太尉不花。初，不花乘国家多事，率众剽掠，居庸以北皆为所扰。至是，盗入其家杀之。兴和路当盗以死罪，刑部议以为不花不道，众所闻知，幸遇盗杀，而本路隐其残剽之罪，独以盗闻，于法不当。中书以闻，帝嘉其议。

十一月己未，诏谕中外曰："诸王王禅及秃满迭儿、阿剌不花、秃坚等兵败而逃，有能擒获之者，授五品官。同党之人，若能去逆效顺，擒王禅等来归者，免本罪，依上授官。家奴获之者，得备宿卫。敢有隐匿者，事觉，与犯人同罪。"给殿中侍御史及冀宁路印。凡内外百司印因兵兴而失者，令中书如品秩铸给之。命太保伯答沙升太傅，兼宗正扎鲁忽赤，总兵北边。中书省臣言："侍御史左吉非才，不当任风宪御史台臣。"伯颜等言："左吉，御史所荐，若既用之，又以人言而止，台纲不能振矣！必如省臣所言，臣等乞辞避。"帝曰："汝等其勿为是言。左吉果不可用，省臣何不先言之，其令左吉仍为侍御史。"帝谓中书省臣曰："朕在琼州、建康时，撒迪皆从，备极艰苦。其赐盐引六万，俾规利以赡其家。"命郡县招集被兵流亡之民，贫者赈给之。辽东降军给行粮遣还。京畿及四方民为兵所掠而奴于人者，令有司追理送还。山北、京东驿被兵者，赈以钞二万一千五百锭。放高丽官者米薛迷、刚答里归田里。庚申，中书录用前御史台官亦怜真、蔡文渊。用江南行台御史王珫仁言，汰近岁白身入官者。敕行御史台凡有纠劾，必由御史台陈奏，勿径以封事闻。命中书省追理倒剌沙及其兄马某沙，子泼皮、木八剌沙等家赀。辛酉，燕铁木儿请以纽泽田宅赐钦察台。也先捏兵至武安，也先铁木儿以军降。河东州县闻之，尽杀其所署官吏。癸亥，帝宿斋宫。甲子，服衮冕，享于太庙。陕西兵进逼汴梁，闻朝廷传檄罢兵，乃解去。乙丑，燕铁木儿请以乌伯都剌等三十人田宅赐斡鲁思等三十人。从之。丁卯，伯颜兼忠翊侍卫都指挥使。庚午，复立察罕脑儿宣慰司。命总宿卫官分简所募勇士，非旧尝宿卫者皆罢去。汴梁、河南等路及南阳府频岁蝗、旱，禁其境内酿酒。日本舶商至福建博易者，江浙行省选廉吏征其税。中书省臣言："今岁既罢印钞本，来岁拟印至元钞一百一十九万二千锭、中统钞四万锭。"监察御史言："户部钞法，岁会其数，易故以新，期于流通，不出其数。迩者倒剌沙以上都经费不足，命有司刻板印钞。今事既定，宜急收毁。"从之。监察御史撒里不花、锁南八、于钦、张士弘言："朝廷政务，赏罚为先。功罪既明，天下斯定。国家近年自铁木迭儿窃位擅权，假刑赏以遂其私，纲纪始紊。迨至泰定，爵赏益滥。比以兵兴，用人甚急，然而赏罚不可不严。夫功之高下，过之重轻，皆系天下之公论。愿命有司，务合公议，明示黜陟。功罪既明，赏罚攸当，则朝廷肃清，纪纲振举，而天下治矣。"帝嘉纳之。辛未，遣西僧作佛事于兴和新内。铁木哥兵入襄阳，本路官皆遁。襄阳县尹谷庭珪、主簿张德独不去，西军执使降，不屈死之。时金枢密院事塔海拥兵南阳不救。壬申，遣官告祭社稷。以故平章黑驴平江田三百顷及嘉兴芦地赐西安王阿剌忒纳失里。癸酉，八百媳妇国使者昭哀,云南威楚路土官朏放等,九十九寨土官必也姑等,各以方物来贡。燕铁木儿言:"向者上都举兵,诸王失剌、枢密同知阿乞剌等十人,南望宫阙鼓噪,其党拒命逆战,情不可恕。"诏各杖一百七流远,籍其家赀。甲戌,居泰定后雍吉剌氏于东安州。杭州火,命江浙行省赈被灾之家。乙亥,赐西安王阿剌忒纳失里、齐王月鲁帖木儿、知枢密院事不花帖木儿金各五百两、银各二千五百两、钞各万锭,诸王朵列帖木儿金五十两、银五百两、钞千锭,从者及军士有差。丙子,速速坐受赂,杖一百七,徙襄阳,以母年老,诏留之京师。丁丑,以躬祀太庙礼成,御大明殿,受诸王、文武百官朝贺。荆王也速也不干遣使传缴至襄阳,铁木哥引兵走。戊寅,以御史中丞玥璐不花为太禧使。监察御史撒里不花等言:"玥璐不花素禀直气,操履端正。陛下欲振宪纲,非任斯人不可。"乃复以玥璐不花为中丞兼太禧使。作佛事于五台寺。命河南、江浙两省以兵五万益湖广。己卯,中书省臣言:"内外流官,年及致仕者,并依阶叙,授以制敕。今后不须奏闻。"制可。以也先铁木儿、乌伯都剌珠衣赐撒迪、赵世安。诸卫汉军及州县丁壮所给甲胄、兵仗,皆令还官。庚辰,遣使奉迎皇兄明宗皇帝于漠北。以中政院使敬俨为中书平章政事,同知枢密院事彻里帖木儿为中书左丞。辛巳,遣钦察百户及其军士还镇。以脱脱等三人妻赐阔阔出等三人,以朵台等十一人田宅赐驸马朵必儿等十一人。壬午,第三皇子宝宁,易名太平讷,命大司农买住保养于其家。诏行枢密院罢兵还。以御史中丞玥璐不花为中书右丞。癸未,倒剌沙伏诛,磔其尸于市。王禅亦赐死。马某沙、纽泽、撒的迷失、也先铁木儿等皆弃市。以所赐速速、也先揑宅改赐驸马谨只儿及乳媪乜孙真。甲申,命威顺王宽彻不花还镇湖广。御史中丞赵世延以老疾辞职,不许;用故中丞崔彧故事,加平章政事,居前职。御史台臣言:"行宣政院、行都水监,宜罢。"从之。丙戌,作水陆会。以阿鲁灰帖木儿等六人在上都欲举义,不克而死,并赐赠谥,恤其家。燕铁木儿言:"晋王及辽王等所辖府县达鲁花赤既已黜罢,其所举宗正府扎鲁忽赤、中书断事官皆其私人,亦宜革去。"从之。敕赵世延及翰林直学士虞集制御史台碑文。遣诸卫兵各还镇。别不花罢。命有司追理上都官吏预借俸。辽王脱脱之子八都聚党出剽掠，敕宣德府官捕之。四川行省平章囊加台自称镇西王，以其省左丞脱脱为平章，前云南廉访使杨静为左丞，杀其省平章宽彻等官，称兵，烧绝栈道。乌蒙路教授杜岩肖谓圣明继统，方内大宁，省臣当罢兵入朝，庶免一方之害。囊加台以其妄言惑众，杖一百七，禁锢之。

十二月己丑朔，监察御史言：伯颜宜与燕铁木儿一体论功行赏。帝曰："伯颜之功，朕心知之，御史不必言。"庚寅，令内外诸司，天寿节听具肉食，民间禁屠宰如旧制。命通政院整饬蒙古驿。诸关隘尝毁民屋以塞者，赐民钞，俾完之。甲午，以王禅奴婢赐镇南王铁木儿不花及燕铁木儿。乙未，以王禅弓矢赐燕铁木儿、伯颜。燕铁木儿请以马某沙等九人田宅赐燕不邻等九人。从之。丙午，幸大崇恩福元寺谒武宗神御殿。分命诸僧于大明殿、延春阁、兴圣宫、隆福宫、万岁山作佛事。云南土官普双等来贡方物。御史台臣言："也先捏将兵所至，擅杀官吏，俘掠子女、货财。"诏刑部鞫之，籍其家，杖一百七，窜于南宁，命其妻归父母家。己亥，造皇后玉册、玉宝。庚子，赦天下。赐诸王满秃为果王，阿马剌台为毅王，宗正札鲁忽赤阔阔出等十七人并赐功臣号及阶官、爵谥，仍命有司刻其功于碑，赐钞恤其家。中书省臣言："陕西行省、行台官焚弃诏书，坐罪当流，虽经赦宥，永不录用为宜。"制可。辛丑，立龙翊侍卫亲军都指挥使司，分掌钦察军士，秩正三品；指挥使三人，命燕铁木儿及卜兰奚、卯罕为之，余官悉听燕铁木儿选人以闻。命高昌僧作佛事于宝慈殿。江南行台御史言："辽王脱脱自其祖父以来，屡为叛逆，盖因所封地大物众。宜削王号，处其子孙远方，而析其元封分地。"诏中书与勋旧大臣议其事。火儿忽答等十三人从湘宁王八剌失里用兵，既伏诛，命皆籍其家赀。西僧百人作佛事于徽猷阁七日。癸卯，钦察、阿速二部依宿卫军士例给刍豆。乙巳，伯颜加太尉、开府仪同三司，与亦列赤并为御史大夫，同振台纲，诏天下。立内宰司，隶储庆使司，秩正三品。以阿伯等六人田宅赐诸王老的等六人。云南姚州知州高明来贡方物。戊申，以潜邸所用工匠百五十人付皇子阿剌忒纳答剌，立异样局以司之，秩从六品。加伯颜为太保，知枢密院事不花帖木儿为太尉，香山为司徒。己酉，开上都酒禁。壬子，以诸路民匠提领所合为提举司，秩从五品。甲寅，复遣治书侍御史撒迪、内侍不颜秃古思奉迎皇兄于漠北。西安王阿剌忒纳失里及燕铁木儿、铁木儿补化请各遣人送名鹰于行在所。以王禅妻金珠首饰归中宫。丙辰，升太禧院从一品，中书左丞玥璐不花为太禧使。丁巳，封西安王阿剌忒纳失里为豫王，赐南康路为食邑。彻里铁木儿升右丞，参知政事跃里铁木儿为左丞，参议省事赵世安为参知政事。戊午，诏："被兵郡县免杂役，禁酿酒，弛山场河泺之禁，私相假贷者俟秋成责偿。蒙古、色目人愿丁父母忧者，听如旧制。"御史台言："曩加台拒命西南，罪不可宥，所授制敕宜从追夺。"中书省臣言："今方许曩加台等自新，则御史言宜勿行。"从之。教坊司达鲁花赤撒剌儿在武宗时遥授参知政事，阶中奉大夫。诏落遥授之职，而仍其旧阶。是月，复遣使者召云南行省左丞相也儿吉你，又不至。加谥唐司徒颜真卿正烈文忠公，令有司岁时致祭。陕西自泰定二年至是岁不雨，大饥，民相食。杭州、嘉兴、平江、湖州、镇江、建德、池州、太平、广德等路水，没民田万四千余顷。河北、山东有年。

元史卷三三
本纪第三三

文宗二

天历二年春正月己未朔，立都督府以总左、右钦察及龙翊卫。庚申，封知枢密院事火沙为昭武王，床兀儿之子答邻答里袭父封为句容郡王。高丽国遣使来朝贺。遣前翰林学士承旨不答失里北还皇兄行在所，仍命太府太监沙剌班奉金、币以往。辛酉，封朵列帖木儿复为楚王。高昌王铁木儿补化为中书左丞相，大司农王毅为平章政事，钦察台知枢密院事。皇兄遣火里忽达孙、剌剌至京师。以伯帖木儿扈从有功，遣使以币帛百匹即行在赐之。诸王浑都帖木儿薨，取其印及王傅印以赐斡即。武宁王彻彻秃遣使来言皇兄启行之期。癸亥，燕铁木儿为御史大夫，太平王如故。赐鲁国大长公主钞二万锭营第宅。甲子，太白犯垒壁阵。时享于太庙。齐王月鲁帖木儿薨。乙丑，中书省言：“度支今岁刍稿不足，常例支给外，凡陈乞者，宜勿予。”从之，仍命中书右丞彻里帖木儿总其事。丙寅，帝幸大崇恩福元寺。遣使赐西域诸王燕只吉台海东鹘二。戊辰，遣使献海东鹘于皇兄行在所。己巳，赐内外军士四万二千二百七十人，钞各一锭。作佛事。陕西告饥，赈以钞五万锭。辛未，以册命皇后，告于南郊。赐豫王黄金印。回回人户与民均当差役。中书省臣言：“近籍没钦察家，其子年十六，请令与其母同居。仍请继今臣僚有罪致籍没者，其妻有子，他人不得陈乞，亦不得没为官口。”从之。壬申，遣近侍星吉班以诏往四川，招谕囊加台。癸酉，命中书省、宣徽院臣稽考近侍宿卫禀给，定其名籍。以辽阳省蒙古、高丽、肇州三万户将校从逆举兵，犯京畿，拘其符印、制敕。罢今岁柳林田狩。复盐制每四百斤为引，引为钞三锭。四川囊加台乞师于镇西武靖王搠思班，搠思班以兵守关隘。甲戌，复命太仆卿教化献海东鹘于皇兄行在所。罢中瑞司。丙子，皇后媵臣张住童等七人授集贤侍讲学士等官。丁丑，四川囊加台攻破播州猫儿垭隘，宣慰使杨延里不花开关纳之。陕西蒙古军都元帅不花台者，囊加台之弟；囊加台遣使招之，不花台不从，斩其使。中书省臣言："朝廷赏赉不宜滥及罔功。鹰鹘、狮豹之食，旧支肉价二百余锭。今增至万三千八百锭。控鹤旧止六百二十八户，今增二千四百户。又佛事岁费，以今较旧，增多金千一百五十两、银六千二百两、钞五万六千二百锭、币帛三万四千余匹。请悉拣汰。"从之。中正院臣言，皇后日用所需钞十万锭、币五万匹、绵五千斤。诏钞予所需之半，币给一万匹。赈大都路涿州房山、范阳等县饥民粮两月。己卯，以册命皇后，告于太庙。庚辰，赐潜邸说书刘道衡等四人官从七品，薛允等十六人官从八品。辛巳，起复中书左丞史惟良为御史中丞。上都官吏惟初入仕及骤升者黜之，余听叙复。以御史台赃罚钞三百锭赐教坊司撒刺儿。壬午，以陕西行台御史大夫阿不海牙为中书平章政事。皇兄遣常侍孛罗及铁住讫先至京师，赏以金、币、居宅，仍遣内侍秃教化如皇兄行在所。播州杨万户引四川贼兵至乌江峰，官军败之。八番元帅脱出亦破乌江北岸贼兵，复夺关口。诸王月鲁帖木儿统蒙古、汉人、答剌罕诸军及民丁五万五千，俱至乌江。癸未，遣宣靖王买奴往行在所。丙戌，皇兄明宗即皇帝位于和宁之北。四川囊加台焚鸡武关大桥，又焚栈道。命中书省录江陵、汴梁郡县官扈从者三十四人，并升其阶秩。陕西大饥，行省乞粮三十万石、钞三十万锭。诏赐钞十四万锭，遣使往给之。大同路言，去年旱且遭兵，民多流殍。命以本路及东胜州粮万三千石，减时直十之三，赈粜之。奉元蒲城县民王显政五世同居，卫辉安寅妻陈氏、河间王成妻刘氏、冀宁李孝仁妻寇氏、浦州王义妻雷氏、南阳郐二妻张氏、怀庆阿鲁辉妻翟氏皆以贞节，并旌其门。

二月己丑,曲赦四川囊加台。庚寅,燕铁木儿复为中书右丞相。立缯工司,掌织御用纹绮,秩正三品。辛卯,帝御大明殿,册命皇后雍吉剌氏。广西思明路军民总管黄克顺来贡方物。壬辰,囊加台据鸡武关,夺三叉,柴关等驿。癸巳,遣翰林侍讲学士曹元用祀孔子于阙里。囊加台以书诱巩昌总帅汪延昌。丙申,命中书省、翰林国史院官祀太祖、太宗、睿宗御容于普庆寺。丁酉,遣晋邸部曲之在京师者还所部。囊加台以兵至金州,据白土关,陕西行省督军御之。枢密院言:"囊加台阻兵四川,其乱未已,请命镇西武靖王搠思班等皆调军,以湖广行省官脱欢、别薛、孛罗及郑昂霄总其兵进讨。"从之。戊戌,命察罕脑儿宣慰使撒忒迷失将本部蒙古军会镇西武靖王等讨四川。诸佣雇者,主家或犯恶逆及侵损己身,许诉官,余非干己,不许告许,著为制。颁行《农桑辑要》及《栽桑图》。辛丑,中书省议追尊皇妣亦乞烈氏曰仁献章圣皇后;唐兀氏曰文献章昭圣皇后;命有司具册宝。建游皇城佛事。云南行省蒙通蒙算甸土官阿三木,开南土官哀放,八百媳妇、金齿、九十九洞、银沙罗甸,咸来贡方物。癸卯,赐吴王木楠子、西宁王忽答的迷失,诸王那海罕、阔儿吉思金银有差。丙午,囊加台分兵逼襄阳,湖广行省调兵镇播州及归州。己酉,荧惑犯井宿。辛亥,帝谓廷臣曰:"撒迪还,言大兄已即皇帝位。凡二月二十一日以前除官者,速与制敕。后凡铨选,其诣行在以闻。"庐州路合肥县地震。壬子,命有司造行在帐殿。癸丑,诸王月鲁帖木儿等至播州招谕土官之从囊加台者,杨延里不花及其弟等皆来降。甲寅,立奎章阁学士院,秩正三品;以翰林学士承旨忽都鲁都儿迷失、集贤大学士赵世延并为大学士,侍御史撒迪、翰林直学士虞集并为侍书学士,又置承制、供奉各一员。更铸钞版,仍毁其刓者。调河南、江浙、江西、山东兵万一千,及左右翼蒙古侍卫军二千,讨四川。乙卯,置银沙罗甸等处宣慰司都元帅府。丙辰,奉元临潼、咸阳二县及畏兀儿八百余户告饥,陕西行省以便宜发钞万三千锭赈咸阳,麦五千四百石赈临潼,麦百余石赈畏兀儿,遣使以闻。从之。永平、大同二路,上都云需两府,贵赤卫,皆告饥。永平赈粮五万石,大同赈粜粮万三千石,云需府赈粮一月,贵赤卫赈粮二月。真定平山县、河间临津等县、大名魏县有虫食桑,叶尽,虫俱死。

三月辛酉,遣燕铁忽木儿奉皇帝宝于明宗行在所,仍命知枢密事秃儿哈帖木儿、御中中丞八即剌、翰林直学士马哈某、典瑞使教化的、宣微副使章吉、金中政院事脱因、通政使那海、太医使吕廷玉、给事中咬驴、中书断事官忽儿忽答、右司郎中学别出、左司员外郎王德明、礼部尚书八剌哈赤等从行;复命有司奉金千五百两、银七千五百两、币帛各四百匹及金腰带二十诣行在所,以备赐予。帝命廷臣曰:“宝玺既北上,继今国家政事,其遣人闻于行在所。”癸亥,命有司造乘舆、服御,北迎大驾。改潜邸所幸诸路名:建康曰集庆,江陵曰中兴,琼州曰乾宁,潭州曰天临。甲子,减太官羊直。丙寅,跃里帖木儿自行在还,谕旨曰:“朕在上都,宗王、大臣必皆会集,有司当备供张;上都积贮,已为倒剌沙所耗,大都府藏,闻亦悉虚,供亿如有不足,其以御史台、司农司、枢密、宣徽、宣政等院所贮充之。”蒙古饥民之聚京师者,遣往居庸关北,人给钞一锭、布一匹,仍令兴和路赈粮两月,还所部。戊辰,云南诸王答失不花、秃坚不花及平章马忽思等集众五万,数丞相也儿吉尼专擅十罪,将杀之;也儿吉尼遁走八番。答失不花等伪署参知政事等官。己巳,命改集庆潜邸建大龙翔集庆寺,以来岁兴工。辛未,监察御史与扎鲁忽赤等官录囚。壬申,以去冬无雪,今春不雨,命中书及百司官分祷山川群祀。设奎章阁授经郎二员,职正七品,以勋旧、贵戚子孙及近侍年幼者肄业。甲戌,旧赐笃麟帖木儿平江田百顷,官尝收其租米,诏特予之。开辽阳酒禁。乙亥,置行枢密院,以山东都万户也速台儿知行枢密院事,与湖广、河南两省官进兵平四川;也速台儿以病不往。命明里董阿为蒙古巫觋立祠。丁丑,文献昭圣皇后神御殿月祭,特命如列圣故事。僧、道、也里可温、术忽、答失蛮为商者,仍旧制纳税。丙戌,囊加台所遣守隘碉门安抚使布答思监等降于云南行省。丁亥,雨土,霾。

夏四月己丑,时享于太庙。辛卯,命跃里铁木儿、王不怜吉台代也速台儿讨四川，不怜吉台以母老辞，同金枢密院事傅岩起请往，从之。壬辰，匠官年七十者，许致仕。浚漷州漕运河。甲午，四番卫士各分五十人直东宫。丁酉，给钞万锭，为集庆大龙翔寺置永业。戊戌，以陕西久旱，遣使祷西岳、西镇诸祠。赐卫士万三千人钞，人八十锭。四番卫士旧以万人为率，至是增三千人。己亥，湖广行省参知政事孛罗奉诏至四川，赦囊加台等罪。囊加台等听诏，蜀地悉定，诸省兵皆罢。癸卯，明宗遣武宁王彻彻秃、中书平章政事哈八儿秃来锡命，立帝为皇太子，命仍置詹事院，罢储庆司。陕西诸路饥民百二十三万四千余口，诸县流民又数十万，先是尝赈之不足，行省复请令商贾入粟中盐，富家纳粟补官，及发孟津仓粮八万石及河南、汉中廉访司所贮官租以赈。从之。德安府屯田饥，赈粮千石。常德、澧州慈利州饥，赈枭粮万石。赈卫辉路饥民万七千五百余户。丙午，封孛罗不花为镇南王。占腊国来贡罗香木及象、豹、白猿。戒翰林、典瑞两院官不许互相奏请玺书，以护其家。诸王分邑达鲁花赤受代，不得仍留官所，其父兄所居官，子弟不得再任。辛亥，赈邓州诸县被兵逃户粮三千六百石。壬子，赈通州诸县被兵之民粮两月，被俘者四千五百一十人，命辽阳行省督所属簿录护送归其家。丙辰，行在所遣只儿哈郎等至京师。河南廉访司言：“河南府路以兵、旱，民饥，食人肉事觉者五十一人，饿死者千九百五十人，饥者二万七千四百余人。乞弛山林川泽之禁，听民采食，行入粟补官之令，及括江淮僧道余粮以赈。”从之。江浙行省言：“池州、广德、宁国、太平、建康、镇江、常州、湖州、庆元诸路及江阴州饥民六十余万户，当赈粮十四万三千余石。”从之。诸王忽剌答儿言黄河以西所部旱、蝗，凡千五百户，命赈粮两月。大都、兴和、顺德、大名、彰德、怀庆、卫辉、汴梁、中兴诸路，泰安、高唐、曹、冠、徐、邳诸州饥民六十七万六千余户，赈以钞九万锭、粮万五千石。大都宛平县，保定遂州、易州，赈粮一月。靖州赈枭粮九千八百石。濮州鄄城县蚕灾。大宁兴中州、怀庆孟州、庐州无为州蝗。广西獠寇古县。

五月丁巳朔，复赐鲁国大长公主钞二万锭，以构居第。赐燕铁木儿祖父纪功碑铭。水达达路阿速古儿千户所大水。己未,遣翰林学士承旨阿邻帖木儿北迎大驾。命司天监崇星。昌王八剌失里还镇。庚申,太白犯鬼宿积尸气。癸亥,复遣翰林学士承旨斡耳朵迎大驾。乙丑,命有司给行在宿卫士衣粮及马刍豆。以储庆司所贮金三十锭、银百锭建大承天护圣寺。给皇子宿卫之士千人钞,四番宿卫增为万三千人,至是又增千人。甲戌,命中书省臣拟注中书六部官,奏于行在所。乙亥,幸大圣寿万安寺,作佛事于世祖神御殿,又于玉德殿及大天源延圣寺作佛事。丙子,武宁王彻彻秃、中书平章政事哈八儿秃至自行在所,致立皇太子之命。赐彻彻秃金五百两,余有差。改储庆使司为詹事院。伯颜、铁木儿补化及江南行台御史大夫阿儿思兰海牙、江浙行省平章政事曹立,并为太子詹事,又除副詹事、詹事丞及断事官、家令司、典宝、典用、典医等官。丁丑,帝发京师,北迎明宗皇帝。戊寅,次于大口。徵诸王鼎八入朝。庚辰,次香水园。置江淮财赋都总管府,秩正三品,隶詹事院。陕西行省言:“凤翔府饥民十九万七千九百人,本省用便宜赈以官钞万五千锭;又丰乐八屯军士饥死者六百五十人,万户府军士饥者千三百人,赈以官钞百三十锭。”从之。给保定路定兴驿车马,又赈被兵之民百四十五户粮一月。真定路民被兵者二千七百四十八户,亦命赈之。上都迭只诸位宿卫士及开平县民被兵者,并赈以粮。大名路蚕灾。

　　六月丁亥朔,明宗遣近侍马驹、塔台、别不花至。丁酉,铁木儿补化以旱乞避宰相位,有旨谕之曰:“皇帝远居沙漠,未能即至京师,是以勉摄大位。今亢阳为灾,皆予阙失所致。汝其勉修厥职,祗修实政,可以上答天变。”仍命驰奏于行在。己亥,江浙行省言:“绍兴、庆元、台州、婺州诸路饥民凡十一万八千九十户。”乙巳,命中书省逮系也先揑以还。丙午,永平屯田府所隶昌国诸屯大风骤雨,平地出水。丁未,太白昼见。庚戌,次于上都之六十店。辛亥,陕西行台御史孔思迪言:“人伦之中,夫妇为重。比见内外大臣得罪就刑者,其妻妾即断付他人,似与国朝旌表贞节之旨不侔、夫亡终制之令相反。况以失节之妇配有功之人，又与前贤所谓‘娶失节者以配身是己失节’之意不同。今后凡负国之臣，籍没奴婢、财产，不必罪其妻子。当典刑者，则孥戮之，不必断付他人，庶使妇人均得守节。请著为令。”壬子，海运粮至京师，凡百四十万九千一百三十石。是月，陕西雨。赐凤翔府岐阳书院额。书院祀周文宪王，仍命设学官，春秋释奠，如孔子庙仪。明宗遣吏部尚书别儿怯不花还京师。命中书集老臣议赈荒之策。时陕西、河东、燕南、河北、河南诸路流民十数万，自嵩、汝至淮南，死亡相籍，命所在州县官，以便宜赈之。顺元、思、播州诸驿，因兵兴，马多羸毙，驿户贫乏，令有司市马补之。益都莒、密二州春水，夏旱、蝗，饥民三万一千四百户，赈粮一月。陕西延安诸屯，以旱免徵旧所逋粮千九百七十石。永平屯田府昌国、济民、丰赡诸署，以蝗及水灾，免今年租。汴梁蝗，卫辉蚕灾，峡州旱，淮东诸路、归德府徐、邳二州大水。

秋七月丙辰朔，日有食之。丁巳，次上都之三十里店。宗仁卫屯田大水，坏田二百六十顷。戊午，大都之东安、蓟州、永清、益津、潞县春夏旱，麦苗枯，六月壬子，雨至，是日乃止，皆水灾。己未，更定迁徙法：凡应徙者验所居远近移之千里，在道遇赦，皆得放还；如不悛再犯，徙之本省不毛之地，十年无过，则量移之；所迁人死，妻子听归土著。著为令。征京师僧、道商税。癸亥，太白经天。丙子，帝受皇太子宝。辛巳，发诸卫军六千完京城。冀宁阳曲县雨雹，大者如鸡卵。令诸王封邑达鲁花赤，推择本部年二十五以上、识达治体、廉慎无过者以充，或有冒滥，罪及王傅。遣使以上尊、腊羊、钞十锭至大都国子监，助仲秋上丁释奠。以淮安海宁州、盐城、山阳诸县去年水，免今年田租。真定、河间、汴梁、永平、淮安、大宁、庐州诸属县及辽阳之盖州蝗。

八月乙酉朔，明宗次于王忽察都。丙戌，帝入见，明宗宴帝及诸王、大臣于行殿。庚寅，明宗崩，帝入临哭尽哀。燕铁木儿以明宗后之命，奉皇帝宝授于帝，遂还。壬辰，次字罗察罕。以伯颜为中书左丞相，依前太保，钦察台、阿儿思兰海牙、赵世延并中书平章政事，甘肃行省平章朵儿只为中书右丞,中书参议阿荣、太子詹事丞赵世安并中书参知政事,前右丞相塔失铁木儿知枢密院事,铁木儿补化及上都留守铁木儿脱并为御史大夫。癸巳,帝至上都。乙未,赐护守大行皇帝山陵官、御史大夫孛罗等钞有差。焚四川伪造盐、茶引。丙申,监察御史徐奭言:"天下不可一日无君,神器不可一时而旷。先皇帝奄弃臣庶,已逾数日,伏望圣上早正宸极,以安亿兆之心,实宗社无疆之福。"流诸王忽剌出于海南。丁酉,命阿荣、赵世安提调通政院事,一切给驿事,皆关白然后给遣。戊戌,四川囊加台以指斥乘舆,坐大不道弃市。己亥,帝复即位于上都大安阁,大赦天下,诏曰:

朕惟昔上天启我太祖皇帝肇造帝业,列圣相承。世祖皇帝既大一统,即建储贰。而我裕皇天不假年,成宗入继才十余载。我皇考武宗归膺大宝,克享天心,志存不私,以仁庙居东宫,遂嗣宸极。甫及英皇,降割我家。晋邸违盟,构逆,据有神器;天示谴告,竟陨厥身。

于是宗戚旧臣协谋以举义,正名以讨罪。揆诸统绪,属在眇躬。朕兴念大兄播迁朔漠,以贤以长,历数宜归,力拒群言,至于再四。乃曰艰难之际,天位久虚,则众志弗固,恐隳大业。朕虽从请而临御,秉初志之不移;是以固让之诏始颁,奉迎之使已遣。寻命阿剌忒纳失里、燕铁木儿奉皇帝宝玺,远迓于途。受宝即位之日,即遣使授朕皇太子宝。朕幸释重负,实获素心,乃率臣民北迎大驾。而先皇帝跋涉山川,蒙犯霜露,道里辽远,自春徂秋,怀艰阻于历年,望都邑而增慨,徒御弗慎,屡爽节宣。信使往来,相望于道路,彼此思见,交切于衷怀。八月一日,大驾次王忽察都。朕欣瞻对之有期,独兼程而先进。相见之顷,悲喜交集。何数日之间,而宫车弗驾,国家多难,遽至于斯!念之痛心,以夜继旦。

诸王大臣以为祖宗基业之隆,先帝付托之重,天命所在,诚不可违,请即正位,以安九有。朕以先皇帝奄弃方新,摧怛何

忍;衔哀辞对;固请弥坚,执谊伏阙者三日,皆宗社大计。乃以
八月十五日即皇帝位于上都。可大赦天下,自天历二年八月十
五日昧爽以前,罪无轻重,咸赦除之。於戏! 戡定之余,莫急乎
与民休息;丕变之道,莫大乎使民知义。亦惟尔中外大小之臣,
各究乃心,以称朕意。

庚子,命阿荣、赵世安督造建康龙翔集庆寺。辛丑,立宁徽寺,掌明
宗宫分事。壬寅,以钞万锭、币帛二千匹,供明宗后八不沙费用。升
奎章阁学士院秩正二品。更司籍郎为群玉署,秩正六品。癸卯,幸
世祖所御幄殿祓祭。禁凡送诸王、驸马恩赐者,毋受金、币,犯者以
赃论,或以衣马为赠者听。遣道士苗道一、吴全节修醮事于京师,毛
颖达祭遁甲神于上都南屏山、大都西山。甲辰,命司天监及回回司
天监崇星。中书省臣言:"祖宗故事,即位之初,必恩赉诸王、百官。
比因兵兴,经费不足,请如武宗之制,凡金银五铤以上减三之一,五
铤以下全界之。又以七分为率,其二分准时直给钞。"制可。遣钦察
台先还京师经理政务,燕铁木儿、阿荣留上都监给恩赉金币。以仁
宗、英宗潜邸宿卫士二百人还大都备直宿。乙巳,立艺文监,秩从三
品,隶奎章阁学士院;又立艺林库、广成局,皆隶艺文监。赐御史中
丞史惟良沛县地五十顷。发诸卫军浚通惠河。丙午,自庚子至是日,
昼雾夜晴。封牙纳失里为辽王,以故辽王脱脱印赐之。出官米五万
石赈粜京师贫民。丁未,以马扎儿台为上都留守。马扎儿台前为陕
西行台侍御史,坐涂毁诏书得罪,以其兄伯颜有功,故特官之。戊
申,封诸王宽彻为肃王。己酉,车驾发上都,赐明宗北来卫士千八百
三十人各钞五十锭,怯薛官十二人各钞二百锭。赐诸部曲出征者币
帛人各二匹,遣还。冀宁之忻州兵后荐饥,赈钞千锭。庚戌,改詹事
院为储政院,伯颜兼储政使,中政使哈撒儿不花、太子詹事丞霄云
世月思、前储庆使姚炜并储政使。河东宣慰使哈散托朝贺为名,敛
所属钞千锭入己,事觉,虽会赦,仍徵钞还其主。敕自今有以朝贺敛
钞者,依枉法论罪。癸丑,徵吴王泼皮及其诸父木楠子赴京师。甲
寅,置隆祥总管府,秩正三品,总建大承天护圣寺工役。监察御史劾

前丞相别不花："昔以赃罢,天历初因人成功,遂居相位;既矫制以买驴家赍赐平章速速,又与速速等潜呼日者推测圣算。今奉诏已释其罪,宜窜诸海岛以杜奸萌。"帝曰:"流窜海岛,朕所不忍,其并妻子置之集庆。"河南府路旱、疫,又被兵,赈以本府屯田租及安丰务递运粮三月。莒、密、沂诸州饥民采草木实,盗贼日滋,赈以米二万一千石;并赈晋宁路饥民钞万锭。大名、真定、河间诸属县及湖、池、饶诸路旱,保定之行唐县蝗。加封大都城隍神为护国保宁王,夫人为护国保宁王妃。

九月乙卯朔,作佛事于大明殿、兴圣、隆福诸宫。市故宋太后全氏田为大承天护圣寺永业。戊午,赐武宁王彻彻秃金百两、银五百两,西域诸王燕只吉台金二千五百两、银万五千两,钞、币有差。己未,立龙翔、万寿营缮提点所,海南营缮提点所,并秩正四品,隶隆祥总管府。庚申,加封故领诸路道教事张留孙为上卿、大宗师、辅成赞化保运神德真君。辛酉,凡往明宗所送宝官吏,越次超升者皆从黜降。赈甘肃行省沙州、察八等驿钞各千五百锭。癸亥,敕宣徽院所储金、银、钞、币,百司毋得奏请。甲子,赐云南乌撒土官禄余、曲靖土官举精衣各一袭。丁卯,大驾至大都。戊辰,敕翰林国史院官同奎章阁学士采辑本朝典故,准唐、宋《会要》,著为《经世大典》。召威顺王宽彻不花赴阙。敕:"使者颁诏敕,率日行三百余里。既受命,逗留三日及所至饮宴稽期者治罪,取赂者以枉法论。"辛未,以控鹤士二十人赐宣靖王买奴。监察御史劾奏:"知枢密院事塔失帖木儿阿附倒剌沙,又与王禅举兵犯阙;今既待以不死,而又付之兵柄,事非便。"诏罢之。壬申,怯薛官武备卿定住特授开府仪同三司。癸酉,帝御大明殿,受诸王百官朝贺。铁木迭儿诸子锁住等,明宗尝敕流于南方;燕铁木儿言锁住天历初有劳于国,请各遣还田里,从之。甲戌,命江浙行省明年漕运粮二百八十万石赴京师。广西思明州土官黄宗永遣其子来贡虎豹、方物。乙亥,史惟良上疏言:"今天下郡邑被灾者众,国家经费若此之繁,帑藏空虚,生民凋瘵,此政更新百废之时。宜遵世祖成宪,汰冗滥蚕食之人,罢土木不急之役,事有不便者咸厘正之；如此则天灾可弭，祯祥可致；不然，将恐因循苟且，其弊渐深，治乱之由，自此而分矣。"帝嘉纳之。丙子，改太禧院为太禧宗禋院。立温州路竹木场。以卫辉路旱，罢苏门岁输米二千石。铁木儿补化加录军国重事。以翰林学士承旨也儿吉尼、元帅梁国公都列捏并知行枢密院事。立卫候司，秩正四品，隶储政院。赈陕西临潼等二十三驿各钞五百锭。论也先捏以不忠、不敬，伏诛。岚、管、临三州所居诸王八剌马、忽都火者等部曲乘乱为寇，遣省、台、宗正府官往督有司捕治之。壬午，伯颜以病在告，居赤城，遣使召赴阙。封知枢密院事燕不邻为兴国公。以大司农卿燕赤为司徒。癸未，建颜子庙于曲阜所居陋巷。上都西按塔罕、阔干忽剌秃之地，以兵、旱，民告饥，赈粮一月。

冬十月甲申朔，帝服衮冕，享于太庙。丙戌，命钦察台兼领度支监。遣镇南王孛罗不花还镇扬州。禁奉元、永平酿酒。戊子，知枢密院事、昭武王火沙知行枢密院事。己丑，立大承天护圣寺营缮提点所，秩正五品，又立大都等处、平江等处田赋提举司二，秩从五品，皆隶隆祥总管府。辛卯，燕铁木儿率群臣请上尊号，不许。云南行省立元江等处宣慰司。申饬海道转漕之禁。籍四川囊加台家产，其党杨静等皆夺爵，仗一百七，籍其家，流辽东。封太禧宗禋使秃坚帖木儿为梁国公。甲午，以登极恭谢，遣官代祀于南郊社稷。中书省臣言："旧制朝官以三十月为一考，外任则三年为满。比年朝官率不久于其职，或数月即改迁，于典制不类，且治迹无从考验。请如旧制为宜。"敕：除风宪官外，其余朝官不许二十月内迁调。监察御史劾奏吏部尚书八剌哈赤先除陕西行台侍御史，避难不行。罢之。丙申，中书省臣言："臣等谨集枢密院、御史台、翰林、集贤院、奎章阁、太常礼仪院、礼部诸臣僚，议上大行皇帝尊谥曰翼献景孝皇帝，庙号明宗，国言谥号曰护都笃皇帝。"是日，奉玉册、玉宝于太庙，如常仪。命江西、湖广分漕米四十万石以纾江浙民力。给钞十五万锭赈陕西饥民。己亥，加封天妃为护国庇民广济福惠明著天妃，赐庙额曰灵慈，遣使致祭。申饬都水监河防之禁。辛丑，遣使括勘内外郡邑官久次事故应代者,岁终上名于中书省。以怯怜口诸色民匠总管府及所属诸司隶徽政院者,悉隶储政院。发中政院财赋总管府粮储在江南者赴京师,以助经费,验时直以钞还之。诸王、公主、官府、寺观拨赐田租,除鲁国大长公主听遣人徵收外,其余悉输于官,给钞酬其直。壬寅,弛陕西山泽之禁以与民。大宁路地震。癸卯,命道士苗道一建醮于长春宫。改琼州军民安抚司为乾宁军民安抚司。升定安县为南康州,隶海北元帅府,以南建洞主王官知州事,佩金符,领军民。监察御史劾奏:"张思明在仁宗朝阿附权臣铁木迭儿,间谍两宫。仁宗灼见其奸,既行黜降,及英宗朝铁木迭儿再相,复援为左丞,稔恶不悛,竟以罪废。今又冒居是官,宜从黜罢。"诏罢之。敕刑部尚书察民之无赖者惩治之。甲辰,畏兀僧百八人作佛事于兴圣殿。戊申,以江淮财赋都总管府隶储政院,供皇后汤沐之用。作佛事于广寒殿。徵朵朵、王士熙等十二人于贬所,放还乡里。庚戌,以亲祀太庙礼成,诏天下。罢大承天护圣寺工役。囚在狱三年疑不能决者,释之。民间拖欠官钱无可追徵者,尽行蠲免。命通政院官分职往所在官司金补逃亡驿户。大都至上都并塔思哈剌、旭麦怯诸驿自备首思,供给繁重,天历三年官为应付。免徵奉元路民间商税一年,命所在官司设置常平仓。云南八番为囊加台所诖误反侧未安者,并贯其罪。免各处煎盐灶户杂泛夫役二年。遣使代祀岳渎山川。免永平屯田总管府田租。申禁天下私杀马牛。明宗乳媪夫斡耳朵在武宗时为大司徒,仁宗朝拘其印,燕铁木儿以为言,诏给还之。云南威楚路黄州土官哀放遣其子来朝贡。湖广常德、武昌、澧州诸路旱饥,出官粟赈粜之。陕西凤翔府饥民四万七千户,皆赈以钞。

十一月乙卯,以立皇后,诏天下。受佛戒于帝师,作佛事六十日。丙辰,以句容郡王答邻答里知行枢密院事。诏列圣诸宫后妃陪从之臣,永给衣禀皀粟。后八不沙请为明宗资冥福,命帝师率群僧作佛事七日于大天源延圣寺,道士建醮于玉虚、天宝、太乙、万寿四宫及武当、龙虎二山。戊午,遣使代祀天妃。赐燕铁木儿宅一区。皇后以银五万两,助建大承天护圣寺。冠州旱。命朵耳只亦都护为河南行省丞相。近制行省不设丞相,中书省以为言,帝有旨:"朵耳只先朝旧臣,不当以例拘。"武宗宿卫士岁赐,如仁宗卫士例。西夏僧总统封国公冲卜卒,其弟监藏班藏卜袭职,仍以玺书、印章与之。癸亥,以翰林学士承旨阔彻伯知枢密院事,位居众知院事上。甲子,庐州旱饥,发粮五千石赈之。止鹰坊毋猎畿甸。江西龙兴、南康、抚、瑞、袁、吉诸路旱。丙寅,升山东、河北蒙古军大都督府秩从二品。改普庆修寺人匠提举司为营缮提点所,秩从五品,隶崇祥总管府。云南威楚路土官昵放来朝贡。罢功德使司,以所掌事归宣政院。己巳,撒迪为中书右丞。命中书左丞赵世安提调国子监学。庚午,诸王阔不花至自陕西,收其印,遣还。壬申,毁广平王木剌忽印,命哈班代之,更铸印以赐。癸酉,太阴犯填星。丙子,诸王阿剌忒纳失里翊戴有劳,以其父越王秃剌印与之。丁丑,复立孟定路军民总管府。复给元江路军民总管府印。湖广州县为广源等猺寇掠者二百八十余所,命行省平章刘脱欢招捕之。造青木绵衣万领赐围宿军。乙卯,翰林国史院臣言:"纂修《英宗实录》,请具倒剌沙款伏付史馆。"从之。高丽国王王焘久病不能朝,请命其子祯袭位。以平江官田百五十顷赐大龙翔集庆寺及大崇禧万寿寺。辛巳,迁山东、河北蒙古军大都督府于濮州,仍听山东廉访司按治。钦察台兼右都威卫使。壬午,诏豫王阿剌忒纳失里镇云南,赐其卫士钞万锭,仍每岁豫给其衣廪。

　　十二月甲申,给豳王忽塔忒迷失王傅印。以西僧辇真吃剌思为帝师。诏僧尼徭役,一切无有所与。丙戌,诏百官一品至三品,先言朝政得失一事,四品以下,悉听敷陈,仍命赵世安、阿荣辑录所上章疏,善者即议举行。追封燕铁木儿曾祖班都察为溧阳王,祖土土哈为升王,父床兀儿为杨王。庚寅,袚祭于太祖幄殿。以末吉为大司徒。中书省臣言:"旧制凡有奏陈,众议定,共署乃入奏。近年事方议拟,一二省臣辄已上请,致多乖滞。今请如旧制。"御史台臣言:"风宪官赴任,毋拘远近,均给驿为宜。"并从之。辛卯,命帝师率其

徒作佛事于凝晖阁。甲午，冀宁路旱饥，赈粮二千九百石。乙未，改
封前镇南王帖木儿不花为宣让王。初，镇南王脱不花薨，子孛罗不
花幼，命帖木儿不花袭其爵；孛罗不花既长，帖木儿不花请以王爵
归之，乃特封宣让王以示褒宠。收诸王帖古思金印。诏谕臣曰："皇
姑鲁国大长公主，夐寡守节，不从诸叔继尚，鞠育遗孤，其子袭王
爵，女配予一人。朕思庶民若是者犹当旌表，况在懿亲乎！赵世延、
虞集等可议封号以闻。"诏："诸僧寺田自金、宋所有及累朝赐予者，
悉除其租。其有当输租者，仍免其役。僧还俗者，听复为僧。"戊戌，
以淮、浙、山东、河间四转运司盐引六万为鲁国大长公主汤沐之资。
己亥，遣使驿致故帝师舍利还其国，给以金五百两、银二千五百两、
钞千五百锭、币五千匹。加谥汉长沙王吴芮为长沙文惠王。壬寅，
命江浙行省印佛经二十七藏。癸卯，蕲州路夏秋旱饥，赈米五千石。
甲辰，以明年正月武宗忌辰，命高丽、汉僧三百四十人预诵佛经二
藏于大崇恩福元寺。丁未，造至元钞四十五万锭、中统钞五万锭如
岁例。中书省臣言："在京酒坊五十四所。岁输课十余万锭。比者
间以赐诸王、公主及诸官寺。诸王、公主自有封邑，岁赐，官寺亦各
有常产，其酒课悉令仍旧输官为宜。"从之。开河东冀宁路、四川重
庆路酒禁。罢土番巡捕都元帅府。赈上都留守司八剌哈赤二千二
百余户、烛剌赤八百余户粮三月，钞有差，牙连秃杰鲁迭所居鹰坊
八百七十户粮三月。戊申，以玥璐不花为御史大夫兼领隆祥总管府
事。庚戌，诏兴举中政院事。辛亥，趣内外已授官者速赴任。改上
都馒头山为天历山。壬子，织武宗御容成，即神御殿作佛事。敕：凡
阶开府仪同三司者，班列居一品之前。武昌江夏县火，赈其贫乏者
二百七十户粮一月。黄州路及恩州旱，并免其租。

　　是岁，会赋入之数：金三百二十七锭，银千一百六十九锭，钞九
百二十九万七千八百锭，币帛四十万七千五百匹，丝八十八万四千
四百五十斤，绵七万六百四十五斤，粮千九十六万五十三石。

元史卷三四
本纪第三四

文宗三

　　至顺元年春正月丙辰,命赵世延、赵世安领纂修《经世大典》事。怀庆路饥,赈钞四千锭。丁巳,赐明宗妃按出罕、月鲁沙、不颜忽鲁都钞、币有差。以知枢密院事伯帖木儿为辽阳行省左丞相。戊午,颁玺书谕云南。辛酉,时享太庙。命回回司天监崇星。壬戌,中兴路饥,赈粜粮万石,贫者仍周其家。甲子,燕铁木儿、伯颜并辞丞相职,不允,仍命阿荣、赵世安慰谕之。丁卯,云南诸王秃坚及万户伯忽、阿禾、怯朝等叛,攻中庆路,陷之,杀廉访司官,执左丞忻都等,迫令署诸文牍。庚午,芍陂屯及鹰坊军士饥,赈粮一月。辛未,中书省臣言:“科举会试日期,旧制以二月一日、三日、五日,近岁改为十一、十三、十五。请依旧制。”从之。壬申,衡阳猺为寇,劫掠湘乡州。癸酉,以宣徽使撒敦复知枢密院事,与钦察台并领长宁卿。乙亥,赐燕铁木儿质库一。宁海州文登、牟平县饥,赈以粮三千石。丙子,衡州路饥,总管王伯恭以所受制命质官粮万石赈之。丁丑,追封三宝奴为郓城王,谥荣敏。召荆王之子脱脱木儿赴阙。赵世延请致仕,不允。命中书省制玉带二十,赐臣僚官一品者。遣使赍金千五百两、银五百两,诣杭州书佛经。赐海南大兴龙普明寺钞万锭,市永业地。戊寅,赐隆禧总管府田千顷。立荆、襄等处、平、松等处田赋提举司,并隶太禧宗禋院。命陕西行省以盐课钞十万锭,赈流民之复业者。猺贼八百余人寇石康县。己卯,封太医院使野理牙为秦国

公。庚辰,升群玉署为群玉内司,秩正三品,置司尉、亚尉、佥司、司
丞,仍隶奎章阁学士院。礼部尚书嵬嵬兼监群玉内司事。辛巳,改
大都田赋提举司为宣农提举司,荆襄田赋提举司为荆襄济农香户
提举司,平江提举司为平江善农提举司。遣使赍钞三千锭往甘肃市
牦牛。濠州去年旱,赈粮一月。大明路及江浙诸路俱以去年旱告,
永平路以去年八月雹灾告。加封秦蜀郡太守李冰为圣德广裕英惠
王,其子二郎神为英烈昭惠灵显仁祐王。

　　二月壬午朔,以赵世安为御史中丞,史惟良为中书左丞。癸未,
加知枢密院事燕不邻开府仪同三司。籍张珪子五人家资。乙酉,以
西僧加瓦藏卜、蘸八儿监藏并为乌思藏土蕃等处宣慰使都元帅。云
南麓州等土官来贡方物。扬州、安丰、庐州等路饥,以两淮盐课钞五
万锭、粮五万石赈之。真定、蕲、黄等路,汝宁府、郑州饥,各赈粮一
月。丁亥,命江南、陕西、河南等处富民输粟补官,江南万石者官正
七品,陕西千五百石、河南二千石、江南五千石者从七品,自余品级
有差。四川富民有能输粟赴江陵者,依河南例。其不愿仕乞封父母
者听。僧道输己粟者加以师号。徵江浙、江西、湖广赈粜粮价钞赴
京师。己丑,秃坚、伯忽等攻陷仁德府,至马龙州;调八番元帅完泽
将八番答刺罕军千人、顺元土军五百人御之。庚寅,改万圣佑国、兴
龙普明、龙翔万寿三提点所并为营缮都司,秩正四品;万安规运、普
庆营缮等八提点所并为营缮司,秩正五品。以修《经世大典》久无成
功,专命奎章阁阿邻帖木儿、忽都鲁都儿迷失等译国言所纪典章为
汉语,纂修则赵世延、虞集等,而燕铁木儿如国史例监修。开元路胡
里改万户府军士饥,给粮赈之。二月辛卯朔,以御史台赃罚钞万锭、
金千两、银五千两付太禧宗禋院,供祭祀之需。赐燕铁木儿给驿玺
书,以徵其食邑租赋。奎章阁学士忽都鲁都儿迷失、撒迪、虞集辞
职,诏谕之曰:“昔我祖宗睿知聪明,其于致理之道,自然生知。朕以
统绪所傅,实在眇躬,夙夜忧惧。自惟早岁跋涉艰阻,视我祖宗,既
乏生知之明,于国家治体,岂能周知。故立奎章阁,置学士员,日以
祖宗明训、古昔治乱得失陈说于前,使朕乐于听闻。卿等其推所学

以称朕意,其勿复辞。"帖麦赤驿户及建康、广德、镇江诸路饥,赈粮一月。卫辉、江州二路饥,赈钞二万锭。宁国路饥,尝赈粮二万石,不足,复赈万五千石。癸巳,卫辉路胙城、新乡县大风雨灾。甲午,自庚寅至是日,京师大霜昼雾。立诸色民匠打捕鹰坊都总管府,秩正二品。置奎章阁监书博士二人,秩正五品。秃坚、伯忽等攻晋宁州。秃坚自立为云南王,伯忽为丞相,阿禾、忽剌忽等为平章等官,立城栅,焚仓库以拒命。乙未,中书省言:"江浙民饥,今岁海运为米二百万石,其不足者来岁补运。"从之。丙申,云南蒲蛮来朝。赈常德、澧州路饥。丁酉,帝及皇后、燕王阿剌忒纳答剌并受佛戒。己亥,命明宗皇子受佛戒。监察御史言:"中书平章朵儿失职任台衡,不思报效,铨选之际,紊乱纲纪,贪污著闻,恬不知耻,黜罢为宜。"从之。徭贼入灌阳县,劫民财。庚子,以兵兴,所收诸王也先帖木儿、搠思监等印,还给之。壬寅,玥璐不花辞御史大夫职,不允。土蕃等处民饥,命有司以粮赈之。新安、保定诸驿孳畜疫死,命中书给钞济其乏。癸卯,汴梁路封丘、祥符县霜灾。甲辰,流王禅之子于吉阳军。乙巳,封明宗皇子亦邻真班为鄜王。豫王阿剌忒纳失里所部千六百余人饥,赈粮二月。淮安路民饥,以两淮盐课钞五万锭赈之。丙午,复以阿儿思兰海牙为江南行台御史大夫。命中尚卿小云失以兵讨云南。御史台臣言:"钦察台天历初在上都,常与阔阔出等谋执倒剌沙,事泄,同谋者皆死,钦察台以出征获免。顷台臣疑而劾之,不称事情,宜雪其枉。"制曰:可。丁未,以伯颜知枢密院事,依前太保、录军国重事。诏谕中书曰:"昔在世祖,尝以宰相一人总领庶务,故治出于一,政有所统。今燕铁木儿为右丞相,伯颜既知枢密院事,左丞相其勿复置。"太禧宗禋院所隶总管府,各置副达鲁花赤一人。赐豫王王傅官金虎符。戊申,命中书省及翰林国史院官祭太祖、太宗、睿宗三朝御容。以太禧宗禋使阿不海牙为中书平章政事。命史惟良及参知政事和尚总督建言之事。中书省臣言:"旧制,正旦、天寿节,内外诸司各有贽献,顷者罢之。今江浙省臣言,圣恩公溥,覆帱无疆,而臣等殊无补报,凡遇庆礼,进表称贺,请如旧制为宜。"从之。

降玺书申盐法之禁。以嘉兴路崇德县民四万户所输租税供英宗后妃岁赐钱帛。诏谕枢密院：以屯田子粒钱万锭助建佛寺，免其军卒土木之役。庚戌，茶陵州民饥，同知万家奴、江存礼以所受敕质粮三千石赈之。辛亥，迤西蒙古驿民饥，给刍粟有差。赈河南流民复归者钞五千锭。泰安州饥民三千户，真定南宫县饥民七千七百户，松江府饥民万八千二百户，及土蕃朵里只失监万户部内饥，命所在有司从宜赈之。济宁路饥民四万四千九百户，赈以山东盐课钞万锭。杭州火，赈粮一月。命市故瀛国公赵㬎田为大龙翔集庆寺永业。御史台臣言，不必予其直。帝曰："吾建寺为子孙黎民计，若取人田，而不予直，非朕志也。"察罕脑儿宣慰司所部千户察剌等卫饥者万四千四百五十六人，人给钞一锭。

三月甲寅，命宣政院供显懿庄圣皇后神御殿祭祀。乖西僰蛮三千人入松梨山烧沿边官军营堡。东平路须城县饥，赈以山东盐课钞。安庆、安丰、蕲、黄、庐五路饥，以淮西廉访司赃罚钞赈之。丁巳，徙封济阳王木楠子为吴王，吴王泼皮为济阳王。赐八番顺元、曲靖、乌撒、乌蒙、蒙庆、罗罗斯、嵩明州土官币帛各一。禁泛滥给驿。四川官吏胁从囊加台者皆复故职。戊午，封皇子阿剌忒纳答剌为燕王，立宫相府，总其府事，秩正二品，燕铁木儿领之。廷试进士，赐笃列图、王文烨等九十七人及第、出身有差。命彰德路岁祭羑里周文王祠。以河南行省平章乞住为云南行省平章，八番顺元宣慰使帖木儿不花为云南行省左丞，从豫王由八番道讨云南。赐明宗近侍七十人官有差。裕宗及昭献元圣皇后位宿卫三千人，命储政院给其衣粮刍粟。发米十万石赈粜京师贫民。癸亥，遣诸王桑哥班、撒忒迷失、买哥分使西北诸王燕只吉台、不赛因、月即别等所。甲子，诏谕中外，命御史大夫铁木儿补花、玥璐不华振举台纲。丁卯，木八剌沙来贡蒲萄酒，赐钞、币有差。以山东盐课钞万锭，赈东昌饥民三万三千六百户。己巳，议明宗升祔，序于英宗之上，视顺宗、成宗庙迁之例。辛未，群臣请上皇帝尊号，不许，固请不已，乃许之。封知枢密院事不花帖木儿为武平郡王。录讨云南秃坚、伯忽之功，云南宣慰使土官举宗、禄余并遥授云南行省参知政事,余赐赍有差。分龙庆州隶大都路。诸王也孙台部七百余人入天山县掠民财产,遣枢密院、宗正府官往捕之。壬申,奉玉册、玉宝,祔明宗神主于太庙。濮州临清、馆陶二县饥,赈钞七千锭。光州光山县饥,出官粟万石下其直赈粜。信阳、息州及光之固始县饥,并以附近仓粮赈之。甲戌,封诸王速来蛮为西宁王。乙亥,西番、哈剌火州来贡蒲萄酒。诸王、驸马还镇,锡赍有差。丙子,改山东都万户府为都督府。云南木邦路土官浑都来贡方物。河南登封、偃师、孟津诸县饥,赈以两淮盐课钞三万锭。巩昌、临洮、兰州、定西州饥,赈钞三千五百锭。沂、莒、胶、密、宁海五州饥,赈粮五千石。中兴、峡州、归州、安陆、沔阳饥户三十万有奇,赈粮四月。丁丑,升太常礼仪院秩正二品。敕有司供明宗后八不沙宫分币帛二百匹,及阿梯里、脱忽思币帛有差。赐燕铁木儿功勋之碑。广平路饥,以河间盐课钞万三千锭赈之。辛巳,诸王哈儿蛮遣使来贡蒲萄酒。广德、太平、集庆等路饥,凡数百万户。濮州诸县虫食桑叶将尽。

　　夏四月壬午朔,命西僧作佛事于仁智殿,自是日始至十二月终罢。癸未,置怯怜口钱、粮都总管府,秩正三品。中书省臣言:“各宫分及宿卫士岁赐钱、帛,旧额万人,去岁增四千人,迩者增数益广,请依旧额为宜。”诏命阿不海牙裁省以闻。甲申,时享太庙。丙戌,封也真也不干为桓国公。燕铁木儿言:“天历初阿速军士为国有劳,请以钞十万锭、米十万石分给其家。”从之。戊子,四川行省调重庆五路万户以兵救云南。庚寅,中书省臣言:“迩者诸处民饥,累常赈救,去岁赈钞百三十四万九千六百余锭、粮二十五万一千七百余石。今汴梁、怀庆、彰德、大名、兴和、卫辉、顺德、归德及高唐、泰安、徐、邳、曹、冠等州饥民六十七万六千户,一百一万二千余口,请以钞九万锭、米万五千石命有司分赈。”制曰:可。以陕西饥,敕有司作佛事七日。壬辰,以所籍张珪诸子田四百顷赐大承天护圣寺为永业。沿边部落蒙古饥民八千二百,人给钞三锭、布二匹、粮二月,遣还其所部。癸巳,置豫王王傅、副尉、司马各二员。丁酉,遣诸王桑兀孙还云南。金兰等驿马牛死,赈钞五百锭。庚子,降玺书申谕太禧宗禋院。天临之醴陵、湘阴等州、台州之临海等县饥,各赈粜米五千石。辛丑,明宗后八不沙崩。壬寅,括益都、般阳、宁海闲田十六万二千九十顷,赐大承天护圣寺为永业。立益都广农提举司及益都、般阳、宁海诸提领所,并隶隆祥总管府。乌蒙土官禄余杀乌撒宣慰司官吏,降于伯忽。罗罗诸蛮俱叛,与伯忽相应,平章帖木儿不花为其所害。晋宁、建昌二路民饥,赈粮五万五千石、钞二万三千锭。戊申,陕西行台言:"奉元、巩昌、凤翔等路以累岁饥,不能具五谷种,请给钞二万锭,俾分粜于他郡。"从之。云南贼禄余以蛮兵七百余人拒乌撒、顺元界,立关固守。重庆五路万户军至云南境,值罗罗蛮,万余人遇害,千户祝天祥等引余众遁还。诏江浙、河南、江西三省调兵二万,命诸王云都思帖木儿及枢密判官洪泆将之,与湖广行省平章脱欢会兵讨云南。己酉,作佛事。是月,沧州、高唐州属县虫食桑叶尽。荀陂屯饥,赈粮三月。土蕃等处脱思麻民饥,命有司赈之。赈怀庆承恩、孟州等驿钞千锭。

五月乙卯,遣宣徽使定住等以受尊号告祭南郊。故四川行省平章宽彻、四川道廉访使忽都鲁养阿等皆为囊加台所害,并赠官、赐谥。榆次县主簿太帖木儿、河中府判官秃塔儿皆为辽东军所害,并加褒赠。戊午,帝御大明殿,燕帖木儿率文武百官及僧道、耆老奉玉册、玉宝,上尊号曰钦天统圣至德诚功大文孝皇帝。是日,改元至顺,诏天下。河南、怀庆、卫辉、普宁四路曾经赈济人户,今岁差发全行蠲免,其余被灾路分人民已经赈济者,腹里差发,江淮夏税亦免三分。己未,罗罗斯权土官宣慰撒加伯、阿漏土官阿剌,里州土官德益,叛附于禄余。庚申,以受尊号,恭谢太庙。辛酉,四川行省讨云南,进军至乌蒙。壬戌,归德府之谯县雾伤麦。癸亥,四川军至云南之雪山峡,遇罗罗斯军败之。德州饥,赈以山东盐课钞三千锭。武昌路饥,赈以粮五万石、钞二千锭。甲子,申命燕铁木儿为中书右丞相,诏天下。以钞四万锭分给宫人,赐鲁国大长公主钞万锭。丁卯,翰林国史院修《英宗实录》成。戊辰,车驾发大都,次大口。升尚舍

寺秩正三品。命阿邻帖木儿为大司徒。遣豫王阿剌忒纳失里镇西
番，授以金印。赐诸王脱欢金印，大司徒不兰奚银印。加赵世延翰
林学士承旨，封鲁国公。赈卫辉、大名、庐州饥民钞六千锭、粮五千
石。开元路胡里该万户府、宁夏路哈赤千户所军士饥，各赈粮二月。
己巳，次龙虎台。置肃王宽彻傅、尉、司马各一员。辛未，置宣忠扈
卫亲军都万户府，秩正三品，总斡罗思军士，隶枢密院。以太禧宗禋
使亦列赤为中书平章政事。左、右钦察、龙翊侍卫军士五千三百七
十户饥，户赈钞二锭、布一匹、粮一月。癸酉，遣使劳军于云南。时
诸王秃剌率万户忽都鲁沙、怯列、孛罗等，皆领兵进讨秃坚、伯忽。
甲戌，八番乖西觚苗阿马、察伯秩等万人侵扰边境，诏枢密臣分兵
讨之。乙亥，置顺元宣抚司统答剌斥军征云南，人赐钞五锭。卫辉
路之辉州以荒乏谷种，给钞三千锭，俾籴于他郡。己卯，遣使诣五台
山作佛事。庚辰，命湖广行省以钞五万锭给云南军需。是月，右卫
左右手屯大水，害禾稼八百余顷。广平、河南、大名、般阳、南阳、济
宁、东平、汴梁等路，高唐、开、濮、辉、德、冠、滑等州及大有、千斯等
屯田蝗。以浙东宣慰使陈天祐，湖广参知政事樊楫死于王事，赠封
特加一级。龙兴张仁兴妻邹氏，奉元李郁妻崔氏以志节，汴梁尹华
以孝行，皆旌其门。

六月辛巳朔，燕铁木儿言："向有旨，惟许臣及伯颜兼领三职。
今赵世延以平章政事兼翰林学士承旨、奎章阁大学士，引疾以辞。"
帝曰："朕重老成人，其令世延仍视事中书，果病，无预铨选可也。"
丙戌，大驾至上都。戊子，给左、右钦察、龙翊侍卫军士粮。壬辰，镇
江饥，赈粮四万石。饶州饥，亦命有司赈之。癸巳，御史台臣言："宣
徽院钱谷，出纳无经，以上供饮饍，冒昧者多，不稽其案牍，则弊日
滋。宜如旧制，具实上之省部以备考核。"从之。丙申，立行枢密院
讨云南，赐给驿玺书十五、银字圆符五。以河南行省平章彻里铁木
儿知行枢密院事，陕西行省平章探马赤、近侍教化为同知、副使。发
朵甘思、朵思麻及巩昌诸处军万三千人，人乘马三匹。彻里铁木儿
同镇西武靖王搠思班等由四川，教化从豫王阿剌忒纳失里等由八

番,分道进军。黄河溢,大名路之属县没民田五百八十余顷。庚子,以内侍中瑞卿撒里为大司徒。赐四川行省左丞孛罗金虎符。以盐课钞二十万锭供云南军需。命河南、湖广、江西、甘肃行省诵《藏经》六百五十部,施钞三万锭。知枢密院事阔彻伯、脱脱木儿,通政使只儿哈郎,翰林学士承旨教化的、伯颜也不干,燕王宫相教化的、斡罗思,中政使尚家奴、秃乌台,右阿速卫指挥使那海察、拜住,以谋变有罪,并弃市,籍其家。癸卯,四川孛罗以蒙古渐丁军五千往云南。乙巳,罗罗斯土官撒加伯合乌蒙蛮兵万人,攻建昌县,云南行省右丞跃里帖木儿拒之,斩首四百余级。四川军亦败撒加伯于芦古驿。丙午,朵思麻蒙古民饥,赈粮一月。丁未,改东路蒙古军元帅府为东路钦察军万户府。是月,高唐、曹州及前、后、武卫屯田水灾。大都、益都、真定、河间诸路,献、景、泰安诸州及左都威卫屯田蝗。迤北蒙古饥民三千四百人,人给粮二石、布二匹。旌表真定梁子益妻李氏等贞节,徐州胡居仁孝行。

　秋七月辛亥,封诸王按浑察为广宁王,授以金印。壬子,命西僧崇星。丙辰,以阔彻伯大司徒印授撒里。丁巳,命中书省、翰林国史院官祀太祖、太宗、睿宗御容于大普庆寺。命西僧为皇子燕王作佛事。西域诸王不赛因遣使来朝贺。监察御史请以所籍阔彻伯衣物分赐宿卫军士,从之。己未,以阔彻伯宅赐太禧宗禋院,衣服赐群臣。通渭山崩,压民舍,命陕西行省赈被灾者十二家。庚申,籍脱脱木儿家赀输内府。辛酉,改哈思罕万户府为总管府,秩四品。诏僧、道、猎户、鹰坊合得玺书者,翰林院无得越中书省以闻。真定路之平棘,广平路之肥乡,保定路之曲阳、行唐等县大风、雨雹,伤稼。许失台速怯、月谨真字可等部献人口、牧畜,命酬其直。江西建昌万户府军戍广海者,一岁更役,来往劳苦,诏仍至元旧制,二岁一更。乙丑,翰林学士承旨也儿吉尼知枢密院事。调诸卫卒筑漷州柳林海子堤堰。丙寅,蒙古百姓以饥乏至上都者,阅口数给以行粮,俾各还所部。增大都赈粜米五万石。大都之顺州、东安州大风、雨雹,伤稼。戊辰,寿宁公主薨,收其印。己巳,命江浙行省以钞十万锭至云南,增其军需。庚午,岁星犯氐宿。开平路雨雹,伤稼。中书省臣言:"近岁帑廪虚空,其费有五,曰赏赐,曰作佛事,曰创置衙门,曰滥冒支请,曰续增卫士、鹰坊。请与枢密院、御史台、各怯薛官同加汰减。"从之。御史台臣劾奏新除河南府总管张居敬避难不之官,有旨免所授官,加其罪笞。甲戌,赐诸王养怯帖木儿、孛栾台、徼棘斯、察阿兀罕等金、银、钞、币有差。丙子,敕中书省、御史台遣官诣江浙、江西、湖广、四川、云南诸行省,迁调三品以下官。命四川行省于明年茶盐引内给钞八万锭增军需,以讨云南。赈木邻、扎里至苦盐泊等九驿,每驿钞五百锭。增给戍居庸关军士粮。海潮溢,漂没河间运司盐二万六千七百余引。丁丑,以给驿玺书五、银字圆符二,增给陕西蒙古都万户府,以讨云南。故丞相铁木迭儿子将作使锁住与其弟观音奴、姊夫太医使野理牙坐怨望、造符录、祭北斗、咒咀,事觉,诏中书鞫之。事连前刑部尚书乌马儿、前御史大夫孛罗、上都留守马儿及野理牙姊阿纳昔木思等,俱伏诛。云南秃坚、伯忽等势愈猖獗,乌撒禄余亦乘势连约乌蒙、东川、茫部诸蛮,欲令伯忽弟拜延顺等兵攻顺元。枢密臣以闻,诏即遣使督豫王阿纳忒剌失里及行枢密院、四川、云南行省亟会诸军,分道进讨,以乌蒙、乌撒及罗罗斯地接西番,与碉门安抚司相为唇齿,命宣政院督所属军民严加守备。又命巩昌都总帅府调兵千人戍四川。开元、大同、真定、冀宁、广平诸路及忠翊侍卫左、右屯田,自夏至于是月不雨。奉元、晋宁、兴国、扬州、淮安、怀庆、卫辉、益都、般阳、济南、济宁、河南、河中、保定、河间等路及武卫、宗仁卫、左卫率府诸屯田蝗。永平庞遵以孝行,福州王荐以隐逸,大同李文实妻齐氏、河南阎遂妻杨氏、大都潘居敬妻陈氏、王成妻高氏以志节,顺德马奔妻胡闰奴、真定民妻周氏、冀宁民妻魏益红以夫死自缢殉葬,并旌其门。

闰七月庚辰朔,封诸王卯泽为永宁王,授金印及给银字圆符、给驿玺书,并以所隶封邑岁赋赐之。癸未,遣诸王笃怜、浑秃、孛罗等赍银千两、币二百匹,赐诸王朵列铁木儿。监察御史葛明诚言:"中书平章政事赵世延年逾七十,智虑耗衰,固位苟容,无补于事,请斥归田里。"台臣以闻,诏令中书议之。云南茫部路九村夷人阿斡、阿里诣四川行省自陈:本路旧隶四川,今土官撒加伯与云南连叛,愿备粮四百石、民丁千人,助大军进征。事闻,诏嘉其去逆效顺,厚慰谕之。卫士上都驻冬者,所给粮以三分为率,二分给钞。大驾将还,敕上都兵马司官二员率兵士由偏岭至明安巡逻,以防盗贼。市槖驼百、牛三百,充扈从属军之用。丙戌,忠翊卫左、右屯田陨霜杀稼。籍锁住、野里牙等库藏、田宅、奴仆、牧畜,给大承天护圣寺为永业。铸黄金神仙符命印,赐掌全真教道士苗道一。己丑,立掌医署,秩正五品。庚寅,以所籍野理牙宅为都督府公署。辛卯,以陕西行台御史中丞脱亦纳为中书参知政事。燕铁木儿言:"赵世延向自言年老,屡乞致仕。臣等以闻,尝有旨,世延旧人,宜与共政中书。御史之言,不知前有旨也。"帝曰:"如御史言,世延固难任中书矣。其仍任以翰林、奎章之职。"四川行省平章汪寿昌言:"云南伯忽叛逆,兴兵进讨,调遣馈饷,皆寿昌领之。顷以市马、造器械、军官俸给、军士行粮,已给钞十五万锭。今伯忽未及殄灭,而乌撒、乌蒙相继为乱,大兵深入,去朝廷益远,元请军需,早乞颁降,从本省酌其缓急,便宜以行,庶不稽误。"从之。宁夏、奉元、巩昌、凤翔、大同、晋宁诸路属县陨霜杀稼。癸巳,以月鲁帖木儿为大司徒。赐哈剌赤军士钞一万锭、粮十万石。察罕脑儿并东、西凉亭诸卫士九百五十人,人赐钞五锭、粮二月,朔漠军士,人钞三锭、布二匹、粮二月。命燕铁木儿以钞万锭分赐天历初诸王、群臣死事之家。行枢密院言:"征戍云南军士二人,逃归捕获,法当死。"诏曰:"如临战阵而逃,死宜也。非接战而逃,辄当以死,何视人命之易耶!其杖而流之。"丁酉,大驾发上都。授阿邻帖木儿大司徒印。戊戌,甘肃平章政事乃马台封宁郡王,授以金印,驸马谨只儿封郓国公,授以银印,并知行枢密院事。赠安南国王陈益稷仪同三司、湖广行省平章政事,王爵如故,谥忠懿。益稷在世祖时,自其国来归,遂授以国王,即居于汉阳府,天历二年卒,至是加赠谥。庚子,鲁王阿剌忒识里所部三万余人告饥,赈钞万锭、粮二万石。中书省臣言:"内外佛寺三百六十七所,用金、银、钞、币不赀。今国用不充,宜从裁省。"命省人及宣政院臣裁减。上都岁作佛事百六十五所,定为百四所,令有司永为岁例。乙巳,云南使来报捷,遣使赐云南、四川省臣、行枢密院臣以上尊。丙午,诸王卜颜帖木儿请给鞍马,愿从诸军击云南,帝嘉其意,从之。戊申,加封孔子父齐国公叔梁纥为启圣王,母鲁国太夫人颜氏为启圣王夫人,颜子兖国复圣公,曾子郕国宗圣公,子思沂国述圣公,孟子邹国亚圣公,河南伯程颢豫国公,伊阳伯程颐洛国公。罗罗斯土官撒加伯及阿陋土官阿剌、里州土官德益兵八千撤毁栈道,遣把事曹通潜结西番,欲据大渡河进寇建昌;四川行省调碉门安抚司军七百人,成都、保宁、顺庆、广安诸屯兵千人,令万户周戡统领,直抵罗罗斯界,以控扼西番及诸蛮部,又遣成都、顺庆二翼万户昝定远等以军五千同邛部知州马伯所部蛮兵会周戡等从便道共讨之。发成都沙糖户二百九十人防遏叙州。徙重庆、夔州逃亡军八百人赴成都。广西徭于国安率千五百人寇修仁、荔浦等县,广西元帅府发兵捕之。贼众溃走,生擒国安。大都、太宁、保定、益都诸属县及京畿诸卫、大司农诸屯水,没田八十余顷。杭州、常州、庆元、绍兴、镇江、宁国诸路及常德、安庆、池州、荆门诸属县皆水,没田一万三千五百八十余顷。松江、平江、嘉兴、湖州等路水,漂民庐,没田三万六千六百余顷,饥民四十万五千五百七十余户;诏江浙行省以入粟补官钞三千锭及劝率富人出粟十万石赈之。宝庆、衡、永诸处田生青虫,食禾稼。冠州郁世复、大都赵祥及弟英以孝行,旌其门。大都爱祖丁、塔术,漳州刘仲温以输米赈贫,旌其门。

八月庚戌,河南府路新安、沔池等十五驿饥、疫,人给米、马给刍粟,各一月。辛亥,云南跃里铁木儿以兵屯建昌,执罗罗斯把事曹通斩之。丁巳,北边诸王月即别遣使来京师。燕铁木儿由西道田猎未至,诏以机务至重,遣使趣召之。己未,大驾至京师。劳遣人士还营。有言蔚州广灵县地产银者,诏中书、太禧院遣人莅其事,岁所得银归大承天护圣寺。辛酉,以世祖是月生,命京师率僧百七十人作佛事七日。御史台臣请立燕王为皇太子,帝曰:"朕子尚幼,非裕宗为燕王时比,俟燕帖木儿至,共议之。"甲子,忠州土官黄祖显遣其子宗忠来朝献方物。乙丑,遣使诣真定玉华宫祀睿宗及显懿庄圣皇后神御殿。戊辰,太白犯氐宿。壬申,诏兴举蒙古字学。中书省、枢密院、御史台言:"臣等比奉旨裁省卫士。今定大内四宿卫之士:每宿卫不过四百人,累朝宿卫之士各不过二百人,鹰坊万四千二十四人,当减者四千人,内饔九百九十人,四怯薛当留者各百人,累朝旧邸宫分饔人三千二百二十四人,当留者千一百二十人,媵臣、怯怜口共万人,当留者六千人。其汰去者斥归本部,著籍应役。自裁省之后,各宿卫复有容匿汉、南、高丽人及奴隶滥充者,怯薛官与其长杖五十七,犯者与典给散者皆杖七十七,没家赀之半,以籍入之半为告者赏。仍令监察御史察之。"制可。

九月庚辰,江浙行省言:"今岁夏秋霖雨,大水没民田甚多,税粮不满旧额。明年海运,本省止可二百万石,余数令他省补运为便。"从之。罢入粟补官例。籴豆二十三万石于河间、保定等路,冠、恩、高唐等州,出马八万匹,令诸路分牧之。大宁路地震。甲申,授不兰奚及月鲁铁木儿大司徒印。史惟良辞中书左丞职,不允。命艺文监以燕铁木儿《世家》刻板行之。命河南行省给湖广行省钞四千锭为军需,讨云南。辽阳诸王老的、蛮子台诸部扰民,敕枢密院、宗正府及行省每岁遣官偕往巡问,以治其狱讼。监察御史葛明诚劾奏:"辽阳行省平章哈剌铁木儿,尝坐赃被杖罪,今复任以宰执,控制东藩,亦足见国家名爵之滥。黜罢为宜。"从之。丙戌,邛部州土官马伯向导征云南军有功,以为征进招讨,知本州事。江西、湖广蒙古军进征云南者,人给钞五锭。云南罗罗斯叛,与成都甚迩,而成都军马俱进征云南,诏四川邻境诸王发藩部丁壮二千人戍成都。广源贼弗道闭覆寇龙州罗回洞,龙州万户府移文诘安南国。其国回言:"本国自归顺天朝,恪共臣职,彼疆我界,尽归一统。岂以罗回元隶本国,遂起急端?此盖边吏生衅,假闭覆为名尔,本府宜自加穷治。"湖广行省备其言以闻。命龙州万户府申严边防。己丑,荧惑犯鬼宿。辛卯,赐陕西蒙古军之征云南者三十人,人钞六锭。监察御史朵罗台、王文若言："岭北行省乃太祖肇基之地。武宗时太师月赤察儿为右丞相，太傅答剌罕为左丞相，保安边境，朝廷遂无北顾之患。今天子临御及命哈八儿秃为平章政事，其人无正大之誉，有鄙俚之称，钱谷、甲兵之事，懵无所知，岂能昭宣皇猷，赞襄国政？且以月赤察儿辈居于前，而以斯人继其后，贤不肖固不待辩而明。理宜黜罢。"制曰：可。癸巳，白虹贯日。置麓川路军民总管府。复立总管府于哈剌火州。甲午，荧惑犯鬼宿积尸气。封魏王阿木哥子阿鲁于西靖王。乙未，以立冬，祀五福十神、太一真君。御史台臣劾奏："前中书平章速速，叨居台鼎，专肆贪淫，两经杖断一百七，方议流窜，幸蒙恩宥，量徙湖广。不复畏法自守，而乃携妻娶妾，滥污百端。况湖广乃屯兵重镇，岂宜居此？乞屏之远裔，以示至公。"诏永窜雷州，湖广行省遣人械送其所。丙申，以鲁国大长公主邸第未完，复给钞万锭，命中书平章亦列赤董其役。己亥，以奎章阁纂修《经世大典》，命省、院、台诸司以次宴其官属。以平江等处官田五百顷，赐鲁国大长公主。敕："诸人非其本俗，敢有弟收其嫂、子收庶母者，坐罪。"壬寅，核实诸卫军户物力。赐鲁国大长公主钞万锭，命燕铁木儿诣其邸第送之。丙午，命西僧作佛事于大明殿。史惟良复乞辞职归养，允其请，仍赐钞二百锭。丁未，中书参知政事张友谅为左丞。知枢密院事脱别台为陕西行台御史大夫。铁里干、木邻等三十二驿，自夏秋不雨，牧畜多死，民大饥，命岭北行省，人赈粮二石。至治初，以白云宗田给寿安山寺为永业，至是其僧沈明琦以为言；有旨令中书省改正。敕有司缮治南郊斋宫。辽阳行省水达达路自去夏霖雨，黑龙、宋瓦二江水溢，民无鱼为食。至是末鲁孙一十五狗驿，狗多饿死，赈粮两月，狗死者给钞补市之。辰州万户图格里不花母石抹氏以志节，漳州龙溪县陈必达以孝行，并旌其门。

冬十月戊申朔，降玺书申饬衍圣公崇奉孔子庙事。赐云南行省参政忽都沙三珠虎符。辛亥，命湖广行省给诸王云都思铁木儿币百匹，以赏将士捕猺贼有功者。壬子，诸王、大臣复请立燕王为皇太子，帝曰："卿等所言诚是，但燕王尚幼，恐其识虑未弘，不克负荷，徐议之未晚也。”立宣忠扈卫亲军都万户营于大都北,市民田百三十余顷赐之。戊午,致斋于大明殿。己未,遣亚献官中书右丞相燕铁木儿、终献官贴木尔补化率诸执事告庙,请以太祖皇帝配享南郊。庚申,出次郊宫。辛酉,帝服大裘、衮冕,祀昊天上帝于南郊,以太祖皇帝配,礼成,是日大驾还宫。甲子,以奉元驿马瘠死,命陕西行省给钞三千锭补市之。木纳火失温所居诸牧人三千户、濒黄河所居鹰坊五千户,各赈粮两月。乙丑,广西猺贼寇横州及永淳县,敕广西元帅府率兵捕之。枢密院臣言:“每岁大驾幸上都,发各卫军士千五百人扈从,又发诸卫汉军万五千人驻山后,蒙古军三千人驻官山,以守关梁。乞如旧数调遣,以俟来年。”从之。辛未,乌蒙路土官阿朝归顺,遣其通事阿累等贡方物。壬申,御史台臣言:“内外官吏令家人受财,以其干名犯义,罪止四十七、解任。今贪污者缘此犯法愈多,请依十二章计赃多寡论罪。”从之。甲戌,敕累朝宫分、官署,凡文移无得称皇后,止称某位下娘子,其委用官属,并由中书拟闻。乙亥,改打捕鹰坊总管府为仁虞都总管府。知枢密院事撒敦、宣徽使唐其势并赐答剌罕之号。中书省臣言:“近讨云南,已给钞二十万锭为军需。今费用已尽,镇西武靖王搠思班及行省、行院复求钞如前数。臣等议,方当进讨之际,宜依所请给之。”制曰:可。赐伯夷、叔齐庙额曰圣清,岁春秋祠以少牢。遣使趣四川、云南行省兵进讨。于是四川行省平章塔出引兵由永宁,左丞孛罗引兵由青山、茫部并进,陈兵周泥驿,及禄余等战,杀蛮兵三百余人,禄余众溃,即夺其关隘,以导顺元诸军。时云南行省平章乞住等俱失期不至。

十一月庚辰,命中书赈粜粮十万石济京师贫民。辛巳,御史台臣言:“陕西行省左丞怯列,坐受人僮奴一人及鹦鹉,请论如律。”诏曰:“位至宰执,食国厚禄,犹受人生口,理宜罪之。但鹦鹉微物,以是论赃,失于太苛,其从重者议罪。今后凡馈禽鸟者,勿以赃论。著为令。”癸未,赈上都滦河驻冬各宫分怯怜口万五千七百户,粮二万石。甲申,荧惑退犯鬼宿。命帝师率西僧作佛事内外凡八所,以是日始,岁终罢。丙戌,太白犯垒壁阵。中书省臣言:“至元间,安丰、安庆、庐州等路有未附籍户千四百三十六,世祖命以其岁赋赐床兀儿。后既附籍,所输岁赋皆入官,别令万亿库岁给以钞二百锭。今乞停所给钞,复以其户还赐床兀儿之子燕铁木儿。"从之。罗罗斯撒加伯、乌撒阿答等,合诸蛮万五千人,攻建昌,跃里铁木儿等引兵追战于木托山下,败之,斩首五百余级。赈襄、邓畏兀民被西兵害者六十三户,户给钞十五锭、米二石,被西兵掠者五百七十七户,户给钞五锭、米二石。广西廉访司言:"今讨叛徭,各行省官将兵二万人皆屯驻静江,迁延不进,旷日持久,恐失事机。"诏遣使趣之。知枢密院事燕不怜请依旧制,全给鹰坊刍粟,使毋贫乏。帝曰:"国用皆百姓所供,当量入为出。朕岂以鹰坊失所,重困吾民哉!"不从。辛卯,以阔阔台知枢密院事。给山东盐课钞三千锭,赈曹州济阴等县饥民。癸巳,以临江、吉安两路天源延圣寺田千顷所入租税,隶太禧宗禋院。戊戌,立打捕鹰坊红花总管府于辽阳行省,秩四品。辛丑,徵河南行省民间自实田土粮税,不通舟楫之处,得以钞代输。命陕西行省赈河州蒙古屯田卫士粮两月。甲辰,命司天监崇星。丙午,恩州诸王按灰坐击伤巡检张恭,杖六十七,谪还广宁王所部充军役。

十二月戊申,遣伯颜等以将立燕王阿剌忒纳答剌为皇太子,告祭于郊、庙。己酉,以董仲舒从祀孔子庙,位列七十子之下。国子生积分及等者,省、台、集贤院、奎章阁官同考试,中式者以等第试官,不中者复入学肄业。以粟十万石,米、豆各十五万石,给河北诸路牧官马之家。宣忠扈卫斡罗思屯田,给牛、种、农具。辛亥,立燕王阿剌忒纳答剌为皇太子,诏天下。甲寅,西域军士居永平、滦州、丰闰、玉田者,人给钞三锭、布二匹、粮两月。监察御史言:"昔裕宗由燕邸而正储位,世祖择耆旧老臣如王颙、姚燧、萧斟等为之师保、宾客。今皇太子仁孝、聪睿,出自天成,诚宜慎选德望老成、学行纯正者,俾之辅导于左右,以宏养正之功,实宗社、生民之福也。"帝嘉纳其言。诏:龙翔集庆寺工役、佛事,江南行台悉给之。戊午,以十月郊祀礼成,帝御大明殿受文武百官朝贺,大赦天下。癸亥,知枢密院事阔阔台兼大都留守。乙丑,遣集贤侍读学士珠遘诣真定,以明年正

月二十日祀睿宗及后于玉华宫之神御殿。丁卯，命西僧于兴圣、光
天宫十六所作佛事。癸酉，诏宣忠扈卫亲军都万户府：凡立营司境
内，所属山林、川泽，其鸟兽、鱼鳖，悉供内膳，诸猎捕者坐罪。甲戌，
御史中丞和尚坐受妇人为赂，遇赦原罪。监察御史言："和尚所为贪
纵，有污台纲，罪虽见原，理宜追夺所受制命，禁锢元籍终其身。"台
臣以闻，制可。敕："各行省凡遇边防有警，许令便宜发兵，事缓则驿
闻。"赈龙庆州怀来县前岁被兵万一千八百六十户，粮两月。冀宁路
梁世明妻程氏、中兴路伯颜妻阿迭的以志节，大都宛平县郑珪以行
义，并旌其门。赈辽阳行省所居鹰坊户粮一月。

元史卷三五
本纪第三五

文宗四

二年春正月己卯,御制《奎章阁记》。行枢密臣言:"十一月,仁德府权达鲁花赤曲术,纠集兵众以讨云南,首败伯忽贼兵于马龙州。以是月十一月杀伯忽弟拜延,献馘于豫王。十三日,战于马金山,获伯忽及其弟伯颜察儿、其党拜不花、卜颜帖木儿等十余人,诛之。余兵皆溃,独禄余犹据金沙江。"有旨:趣进兵讨之。庚辰,住持大承天护圣寺僧宝峰加司徒。辛巳,大名魏县民曹革输粟赈陕西饥,旌其门。癸未,立侍正府,以总近侍,秩从二品。乙酉,时享太庙。丙戌,伯颜、月鲁帖木儿、玥璐不花、阿卜海牙等十四人,并以本官兼侍正。旌大都大兴县郭仲安妻李氏贞节。丁亥,以寿安山英宗所建寺未成,诏中书省给钞十万锭供其费,仍命燕铁木儿、撒迪等总督其工役。命后卫指挥使史塄往四川行省调军官选。戊子,命奴都赤阿里火者按行北边牧地。以晋邸部民刘元良等二万四千余户,隶寿安山大昭孝寺为永业户。中书省臣言:"四川省臣塔出、脱帖木儿等讨云南,以十一月九日领兵至乌撒周泥驿。明日,禄余、阿奴、阿答等贼兵万余自山后间道潜出,塔出、脱帖木儿等进击,屡战败之。十五日,又战七星关。六日凡十七战,贼大败溃去。"诏遣使以银、币赏塔出、脱帖木儿等。造岁额钞本:至元钞八十九万五十锭,中统钞五千锭。给钞五千锭赈宁海州饥民。罢益都等处广农提举司,改立田赋总管府,秩从三品,仍令隆祥总管府统之。命兴和路建燕铁木儿鹰棚。枢密院臣言："四川行省地邻乌撒，而云南未平，今戍卒单少，宜增兵防遏。请调夔路怯怜口户丁七百、重庆河东五路两营兵三百，同往戍之。俟征进军还日，悉罢遣。"从之。庚寅，改东路蒙古军万户府为东路蒙古侍卫亲军指挥使司。诸王哈儿蛮遣使来贡蒲萄酒。国制：累朝行帐设卫士、给事如在位时。近尝汰其冗滥，武宗、仁宗两朝各定为八百人，英宗七百人。中书省臣言："旧给事人有失职者。"诏复其百人。辛卯，皇太子阿剌忒纳答剌薨。壬辰，命宫相法里及给事者五十八人护灵舆北衬葬于山陵，仍令法里等守之。御史台臣劾奏："福建宣慰副使哈只，前为广东廉访副使，贪污狼籍，宜罢黜。"从之。己亥，遣吏部尚书撒里瓦佩虎符，礼部郎中赵期颐佩金符，赍即位诏，告安南国，且赐以《授时历》。赐武宁王彻彻秃金百两、银五百两，以淮安路之海宁州为其食邑。癸卯，以皇子古纳答剌疹疾愈，赐燕铁木儿及公主察吉儿各金百两、银五百两、钞二千锭，撒敦等金、银、钞各有差。又赐医巫、乳媪、宦官、卫士六百人：金三百五十两、银三千四百两、钞五千三百四十锭。甲辰，敕每岁四祭五福太一星。建孔子庙于后卫。至元末，讨诸王乃颜之叛，获其部蒙古军，分置河南、江浙、湖广、江西诸省；命枢密院遣使括其数，得二千六百人。乙巳，封蒙古巫者所奉神为灵感昭应护国忠顺王，号其庙曰灵祐。给卫士万人岁例钞，人八十锭，内以他物及粟折五之一。

镇西武靖王搠思班、豫王阿剌忒纳失里及行省、行院官同讨云南，兵十余万，以去年十一月十一日，搠思班师次罗罗斯，期跃里铁木儿俱至三泊郎，仍趣小云失会于曲靖马龙等州同进兵。跃里铁木儿倍道兼进，夺金沙江。十二月十七日，大兵与阿禾蒙古军相值，战败之。阿禾伪降，明日率其兵三千为三队，来袭我营，搠思班、跃里铁木儿等分十三队，又击败之。阿禾窜走，大兵直趋中庆。二十六日，遇贼党蒙古军于安宁州，与再战，又大败之。二十八日，阿禾来逆战，遂就禽，斩于军前。三十日，将抵中庆，贼兵七千犹拒战于伽桥、古壁口。兵交，跃里铁木儿左颊中流矢，洞耳后，拔矢，复与战，大捷，遂复行省治。诸军皆会，驻于城中，分兵追捕残贼于嵩明州。

枢密院臣以捷闻。诏总兵官量度缓急，从宜区处。新添安抚司礱河寨主诉他部徭、獠蹂其禾，民饥，命湖广行省发钞二千锭，市米赈之。

二月丙戌，以上都留守乃马台行岭北行枢密院事，太禧宗禋使谨只儿、答邻、答里、笃烈捏四人并知院事，遥授平章政事。戊申，立广教总管府，以掌僧尼之政，凡十六所，曰京畿山后道，曰河东山右道，曰辽东山北道，曰河南荆北道，曰两淮江北道，曰湖北湖南道，曰浙西江东道，曰浙东福建道，曰江西广东道，曰广西两海道，曰燕南诸路，曰山东诸路，曰陕西诸路，曰甘肃诸路，曰四川诸路，曰云南诸路。秩正三品，府设达鲁花赤、总管、同知府事、判官各一员，宣政院选流内官拟注以闻，总管则僧为之。四川行省招谕怀德府驴谷什用等四洞及生蛮十二洞皆内附。诏升怀德府为宣抚司，以镇之。诸洞各设长官司及巡检司，且命各还所掠生口。湖广参政彻里帖木儿与速速、班丹俱坐出怨言，鞫问得实。刑部议当彻里帖木儿、班丹杖一百七，速速处死。会赦，彻里帖木儿流广东，班丹广西，速速徙海南，皆置荒僻州郡。有旨："此辈怨望于朕，向非赦原，俱当置之极刑，可俱籍其家，速速禁锢终身。"己酉，白虹贯日。旌巩昌金州民杜祖隆妻张氏志节。枢密院臣言："彻里铁木儿、孛罗以正月戊寅败乌撒蛮兵，射中禄余，降其民，乌蒙、东川、易良州蛮兵、夷獠等俱款附。镇西武靖王搠思班等驻中庆，复行省事。豫王阿刺忒纳失里等至当当驿，安辑其人民。"又言："澄江路蛮官郡容报贼古刺忽及秃坚之弟必刺都迷失等伪降于豫王，而反围之，至易龙驿，古刺忽等兵掩袭官军。四川行省平章塔出顿兵不进，平章乞住妻、子、孳畜为贼所掠。谍知秃坚方修城堡，布兵拒守，无出降意。"诏速进兵讨之。敕探马赤军士岁以五月十日迁处山后诸州。辛亥，建燕铁木儿居第于兴圣宫之西南，诏撒迪及留守司董其役。壬子，太白昼见。中书平章政事亦列赤兼沈阳等路安抚使。燕王宫相伯撒里为中书平章政事，陕西行台中丞朵儿只班为中书参知政事，户部尚书高履亨、两淮都转运盐使许有壬并参议中书省事。甲寅，燕铁木儿言："赛因

怯列木丁英宗时尝献宝货于昭献元圣太后，议给价钞十二万锭，故
相拜住奏酬七万锭未给，泰定间以盐引万六百六十道折钞给之。今
有司以诏书夺之还官。臣等议以为，宝货太后既已用之，以盐引还
之为宜。”从之。燕铁木儿又言：“安庆万户锁住，坐令家人杀人系
狱，久未款伏，宜若无罪，乞释之。”制曰：可。乙卯，太白犯昴。祀太
祖、太宗、睿宗御容。云南统兵官来报捷：诸蛮悉降，唯禄余追捕未
获。命番休各卫汉军，十之二以三月一日放遣。丁巳，驸马不颜帖
木儿自北边从武宁王彻彻秃来朝。己未，命西僧为皇子古纳答剌作
佛事一周岁。壬戌，改封武宁王彻彻秃为郯王，赐以金印。甲子，中
书省臣言：“国家钱谷岁入有额，而所费浩繁，是以不足。天历二年，
尝以盐赋十分之一折银纳之，凡得银二千余锭。今请以银易官帑钞
本，给宿卫士卒。”又言：“陛下不用经费，不劳人民，创建大承天护
圣寺，臣等愿上向所易钞本十万锭、银六百链，助建寺之需。”从之。
丙寅，以太祖四大行帐世留朔方不迁者，其马驼孳畜多死损，发钞
万锭，命内史府市以给之。行枢密院都事阿里火者来报云南之捷。
庚午，给宿卫士岁例钞，诏毋出定额万人之外。占城国遣其臣高暗
都剌来朝贡。创建五福太一宫于京城乾隅。修上都洪禧、崇寿等殿。
诸王彻彻秃、沙哥，坐妄言不道，诏安置彻彻秃广州，沙哥雷州。壬
申，命辽阳行省发粟赈国王朵儿只及纳忽答儿等六部蒙古军民万
五千户。旌大都民刘德仁妻王氏贞节。甲戌，给宣让王王傅印。荆
王也速也不干贡犎牛。命田赋总管府税矿银输大承天护圣寺。命
兴和路为玥璐不花作鹰棚。云南景东甸蛮官阿只弄遣子罕旺来朝
献驯象，乞陞甸为景东军民府，阿只弄知府事，罕旺为千户，常赋外
岁增输金五千两、银七百两，许之。以山东盐课钞万锭赈胶州饥。命
龙翊卫以屯田岁入粟赡卫卒孤贫者。是月，深、冀二州有虫食桑为
灾。

　　三月丙子朔，荧惑犯鬼宿。辛巳，御史台臣劾奏：“燕南廉访使
卜咱儿，前为闽海廉访使，受赃计钞二万二千余锭、金五百余两、银
三千余两、男女生口二十二人，及它宝货无算。虽遇赦原，乞追夺制

命,籍没流窜。"诏如所言,仍暴其罪示天下。壬午,赐南郊侍祠文武官金、币有差。特命沙津爱护持必刺忒纳失里为三藏国师,赐玉印。以陕西盐课钞万锭赈察罕脑儿蒙古饥民。癸未,割外府币帛各千匹输之中宫,以供需用。甲申,绘皇太子真容奉安庆寿寺之东鹿顶殿,祀之如累朝神御殿仪。鞠宫者拜住侍皇太子疹疾,饮食不时进,以酥拭其眼鼻,又为禳咒,杖一百七,斥出京城。冠州有虫食桑四十余万株。御史台臣言:"奎章阁参书雅琥,阿媚奸臣,所为不法,宜罢其职。"从之。丙戌,雨土,霾。伯撒里辞所兼储政使,不允。伯颜娶诸王女,赐金二百两、银千两。赐上都死事者不颜帖木儿等十一家钞各百锭。分赐燕铁木儿鹰坊百人。中书省臣言:"宣课提举司岁榷商税,为钞十万余锭。比岁数不登,乞凡僧道为商者,仍征其税。"有旨:"诚为僧者,其仍免之。"司徒香山言:"陶弘景《胡笳曲》有'负宸飞天历、终是甲辰君'之语,今陛下生年、纪号实与之合,此实受命之符,乞录付史馆,颁告中外。"诏令翰林、集贤、奎章、礼部杂议之。翰林诸臣议以谓:"唐开元间,太子宾客薛让进武后鼎铭云'上玄降鉴、方建隆基',为玄宗受命之符。姚崇表贺,请宣示史官,颁告中外。而宋儒司马光斥其采偶就之文,以为符瑞,乃小臣之谄,而宰相实之,是侮其君也。今弘景之曲,虽于生年、纪号若偶合者,然陛下应天顺人,绍隆正统,于今四年,薄海内外,罔不归心,固无待于旁引曲说以为符命。从其所言,恐启谶纬之端,非所以定民志。"事遂寝。赵王不鲁纳食邑沙、净、德宁等处蒙古部民万六千余户饥,命河东宣慰发近仓粮万石赈之。又发山东盐课钞、朱王仓粟,赈登、莱饥民,兴和仓粟赈保昌饥民。戊子,以西僧旭你迭八答刺班的为三藏国师,赐金印。以龙庆州之流杯园池、水砲、土田赐燕铁木儿。命诸王阿鲁出镇陕西行省。以籍入速速、班丹、彻理帖木儿赀产,赐大承天护圣寺为永业。浙西诸路比岁水、旱,饥民八十五万余户,中书省臣请令官私、儒学、寺观诸田佃民,从其主假贷钱谷自赈,馀则劝分富家及入粟补官,仍益以本省钞十万锭,并给僧道度牒一万道。从之。旌同知大都府事忙兀秃鲁迷失妻海迷失贞节。己丑,赈云内州饥民及察忽凉楼戍兵共七千户。庚寅,命威顺王宽彻不花还镇湖广。癸巳,诏累朝神御殿之在诸寺者,各制名以冠之:世祖曰元寿,昭睿顺圣皇后曰睿寿,南必皇后曰懿寿,裕宗曰明寿,成宗曰广寿,顺宗曰衍寿,武宗曰仁寿,文献昭圣皇后曰昭寿,仁宗曰文寿,英宗曰宣寿,明宗曰景寿。召亳州太清宫道士马道逸、汴梁朝天宫道士李若讷、河南嵩山道士赵亦然各率其徒赴阙,修普天大醮。赈浙西盐丁五千余户。命玥璐不花作佛事于德兴府。监察御史劾江浙行省平章童童荒泆宴安,才非辅佐。诏免其官。豫王阿剌忒纳失里、镇西武靖王搠思班等禽云南诸贼也木干、罗罗、脱脱木儿、板不、阿居、澄江路总管罗罗不花、伯忽之叔怯得该、伪署万户哈剌答儿及诸将校,悉斩之,磔尸以徇。赈辽阳境内蒙古饥民万四千余户。旌山丹州郝荣妻李闰贞节。陕州诸县蝗。八番军从征云南者俱屯贵州,枢密院臣请遣使发粟给之。己亥,御史台臣劾奏:"大都总管刘原仁称疾,久不视事,及迁同知储政院事,即就职,侥幸巧宦,避难就易。"有旨罢之。庚子,以将幸上都,命西僧作佛事于乘舆次舍之所。壬寅,以钦察卫军士增多,析为左、右二卫。给云南行省钞十万锭,以备军资、民食。癸卯,御史台臣劾奏工部尚书苏炳性行贪邪。诏罢之。大同路累岁水、旱,民大饥。裁节卫士马刍粟,自四月一日始。寿王脱里出、阳翟王帖木儿赤、西平王管不八、昌王八剌失里等七部之民居辽阳境者万四千五百余户告饥,命辽阳行省发近境仓粮赈两月。命宣靖王买奴置王傅等官。立宫相都总管府,秩正三品,给银印。以儒学教授在选数多,凡仕,由内郡、江淮者,注江西、江浙、湖广,由陕西、两广者,注福建,由甘肃、四川、云南、福建者,注两广。敕河南行省右丞那海提督境内屯田。中书省臣言:"嘉兴、平江、松江、江阴芦场、荡山、沙涂、沙田等地之籍于官者,尝赐他人,今请改赐燕铁木儿。"有旨:"燕铁木儿非他臣比,其令所在有司如数给付。"发通州官粮赈檀、顺、昌平等处饥民九万余户,以山东盐课钞三千五百锭赈益都三万余户。是月,陕西行省遣官分给复业饥民七万余口行粮。赈诸王伯颜也不干部内蒙古饥民千余口。真定、汴梁二路，恩、冠、晋、冀、深、蠡、景、献等八州，俱有虫食桑为灾。旌故户部主事赵野妻柳氏贞节。

夏四月丙午朔，全宁民王脱欢献银矿，诏设银场提举司，隶中政院。中书、枢密臣言："天历兵兴，诸领军与敌战者，宜定功赏。臣等议：诸王各金百两、银五百两、金腰带一、织金等币各十八匹，诸臣四战以上者同，三战及一战者各有差。"有旨："赏格具如卿等议。燕铁木儿首倡大义，躬擐甲胄，伯颜在河南先诛携贰，使朕道路无虞，两人功无与比，其赏不可与众同。其赐燕铁木儿七宝腰带一、金四百两、银九百两，伯颜金腰带一、金二百两、银七百两。"受赏者凡九十六人，用金二千四百两、银万五千六百两、金腰带九十一副、币帛千三百余匹。命西僧于五台及雾灵山作佛事各一月，为皇太子古讷答剌祈福。以粮五万石赈枭京师贫民。戊申，皇姑鲁国大长公主薨。以宫中高丽女子不颜帖你赐燕铁木儿，高丽国王请割国中田为资送，诏遣使往受之。发卫卒三千助大承天护圣寺工役。庚戌，诏建燕铁木儿生祠于红桥南，树碑以纪其勋。御史台臣言："平章政事曹立累任江浙，今虽闲废，犹与富民交纳，宜遣还其本籍大同路。又，监察御史万家闾尝荐中丞和尚，脱脱尝举廉访使卜咱儿，今和尚、卜咱儿俱以赃罪除名，万家闾、脱脱难任台、省之职。"并从之。真定武陟县地震，逾月不止。壬子，命燕铁木儿总制宫相都总管府事，也不伦、伯撒里俱以本官兼宫相都总管府都达鲁花赤。诸王哈儿蛮遣使来朝贡。甲寅，改宣忠扈卫亲军都万户府为宣忠斡罗思扈卫亲军诸指挥使司，赐银印。中书省臣言："越王秃剌在武宗时，以绍兴路为食邑，岁割赐本路租赋钞四万锭。今其子阿剌忒纳失里袭王号，宜岁给其半。"从之。乙卯，时享太庙。镇西武靖王搠思班等已平云南，各遣使来报捷。诸王朵列捏镇云南品甸，自以赀力给军，协力讨贼，诏以袭衣赐之。丙辰，葺太祖所御大行帐。戊午，以集庆路玄妙观为大元兴崇寿宫。命兴和建屋居海青，上都建屋居鹰鹘。庚申，特命河南儒士吴炳为艺文监典簿，仍予对品阶。宁国路泾县民张道杀人为盗，道弟吉从而不加功，居囚七年不决。吉母老，无他子孙,中书省臣以闻。敕:免死,杖而黜之,俾养其母。辛酉,以山东盐课钞五千锭赈博兴州饥民九千户,一千锭赈信阳等场盐丁。御史台臣言:"储政使哈撒儿不花侍陛下潜邸时,受马七十九匹,又盗用官库物。天历初领兵泸沟桥,迎敌即逃,擅闭城门,惊惑民庶。度支卿纳哈出尝匿官马,又矫增制命,又受诸王斡即七宝带一、钞百六十锭,臣等议其罪,宜杖一百七,除名斥还乡里。"从之。壬戌,枢密院臣言:"云南事已平,镇西武靖王搠思班言蒙古军及哈剌章、罗罗斯诸种人叛者,或诛或降,虽已略定,其余党逃窜山谷,不能必其不反侧。今请留荆王也速也不干及诸王锁南等各领所部屯驻一二岁,以示威重。"从之,仍命豫王阿剌忒纳失里分兵,给探马赤三百、乞赤伯三百,共守一岁,以镇辑之,余军皆遣还所部,统兵官召赴阙。时已命探马赤为云南行省平章政事,遂命总制境内军。潞州潞城县大水。癸亥,诸王完者也不干所部蒙古民二百八十余户告饥,命河东宣慰司发官粟赈之。甲子,陕西行省言终南屯田,去年大水,损禾稼四十余顷。诏蠲其租。镇宁王那海部曲二百,以风雪损孳畜,命岭北行省赈粮两月。钦察台以名园为献,命御史台给赃罚钞千锭,酬其直。诸王乞八言:"臣每岁扈从时巡,为费甚广,臣兄豫王阿剌忒纳失里、弟亦失班岁给钞五百锭、币帛各五千匹,敢视其例以请。"制可。诏:"故尚书省丞相脱脱,可视三宝奴例,以所籍家赀还其家。"御史台臣言:"同金中政院事殷仲容奸贪邪佞,冒哀居官。"诏黜之。扬州泰兴县饥民万三千余户,河南行省先赈以粮一月后以闻,许之。命辽阳行省发粟赈孛罗部内蒙古饥民。戊辰,奎章阁以纂修《经世大典》,请从翰林国史院取《脱卜赤颜》一书,以纪太祖以来事迹。诏以命翰林学士承旨押不花、塔失海牙。押不花言:"《脱卜赤颜》事关秘禁,非可令外人传写,臣等不敢奉诏。"从之。增置拱卫司仪仗。命武备寺诸匠官避元籍。遣使召赵世延于集庆。诏以泥金畏兀字书《无量寿佛经》千部。壬申,散遣宣忠扈卫新籍军士六百人还乡里,期以七月一日还营。衡州路属县比岁旱、蝗,仍大水,民食草木殆尽,又疫疠,死者十九,湖南道宣慰司请赈粮米万石,从之。河中府蝗。晋宁、冀宁、大同、河间诸路属县皆以旱,不能种,告饥。甘州阿儿思兰免古妻忽都的斤以贞节旌其门。

五月丙子,皇太子影殿造祭器如裕宗故事。敕建宫相都总管府公廨。丁丑,荧惑犯轩辕左角。赐宫相都总管府给驿玺书。调卫兵浚金水河。己卯,安南世子陈日焜遣其臣段子贞来朝贡。安庆之望江县、淮安之山阳县,去岁皆水灾,免其田租。丙戌,太禧宗禋院臣言:“累朝所建大万安等十二寺,旧额僧三千一百五十人,岁例给粮,今其徒猥多,请汰去九百四十三人。”制可。常德之桃源州,去岁水灾,免其租。丁亥,复立怯怜口提举司,仍隶中政院。命枢密院调军士修京城。己丑,置八百等处宣慰司都元帅府,以土官昭练为宣慰使都元帅。又置临江元江等处宣慰司兼管军万户。孟定路、孟昌路并为军民总管府,秩从三品。者线、蒙庆甸、银沙罗等甸,并为军民府,秩从四品。孟并、孟广、者样等甸,并设军民长官司,秩从五品。益都路宋德让、赵仁各输米三百石赈胶州饥民九千户,中书省臣请依输粟补官例予官,从之。赈驻冬卫士二万一千五百户粮四月。庚寅,立云南省芦传路军民总管府,以土官为之,制授者各给金符。癸巳,云南威楚路之蒲蛮猛吾来朝贡,愿入银为岁赋。诏为置散府一及土官三十三所,皆赐金、银符。甲午,太白犯毕宿。封宣政使脱因为蓟国公。以平江官田五百顷立稻田提举司,隶宫相都总管府。乙未,以陕西行台御史大夫脱别台知枢密院事。御史大夫玥璐不花累辞职,江西行省平章朵儿只以疾辞新任,并许之。脱忽思娘子继主明宗幄殿,诏赐湘潭州民户四万为汤沐。奎章阁学士院纂修《皇朝经世大典》成。诏以泥金书佛经一藏。丙申,大驾幸上都。四川行省平章汪寿昌辞职,不允。敕在京百司日集公署,自晨及暮,毋废事。赈滦阳、桓州、李陵台、昔宝赤、失儿秃五驿钞各二百锭。桓州民以所种麦献,诏赐币帛二匹,慰遣之。戊戌,次红桥,临视燕铁木儿生祠。以太禧宗禋院所隶昭孝营缮司隶崇禧总管府。赈辽阳东路蒙古万户府饥民三千五百户粮两月。己亥,也儿吉尼知行枢密院事。八番西蛮官阿马路奉方物入贡。高邮、宝应等县去岁水,免其租。庚子,太阴犯太白。辛丑,太白经天。改阿速万户府为宣毅万户府,赐银印,命伯颜领之。旌济南章丘县马万妻晋氏志节。癸卯,加也儿吉尼太尉,赐银印。以河间盐课钞四千锭赈河间属县饥民四千一百户。甲辰,诏通政院整治内外水、陆驿传。宣政院臣言:"旧制,列圣神御殿及诸寺所作佛事,每岁计二百十六,今汰其十六为定式。"制可。东昌、保定二路,濮、唐二州有虫食桑。宁夏、绍庆、保定、德安、河间诸路属县大水。

六月乙巳朔,徵储政院钞三万锭给中宫道路之用。敕河南行省立阿不海牙政迹碑。监察御史韩元善言:"历代国学皆盛,独本朝国学生仅四百员,又复分辨蒙古、色目、汉人之额。请凡蒙古、色目、汉人,不限员额,皆得入学。"又监察御史陈守中言:"请凡仕者,亲老别无侍丁奉养,不限地方名次,宜从优附近迁调,庶广忠孝之道。"皆不报。发米五千石赈兴和属县饥民。丁未,太白昼见。乙卯,监察御史陈良劾浙东廉访使脱脱赤颜阿附权奸倒剌沙,其生母何氏本父之妾,而兄妻之,欺诳朝廷,封温国夫人,请黜罢宪职,追还赠恩为宜。御史台臣以闻,从之。旌大都右警巡院胡德妻曹氏贞节。壬戌,以钞万五千锭赈国王朵儿只等九部蒙古饥民三万三百六十二户。癸亥,诏:"诸官吏在职役或守代未任,为人行赇关说,即有所取者,官如十二章论赃,吏罢不叙终其身,虽无所取,讼起灭由己者,罪加常人一等。"甲子,太府监颁宫嫔、阉宦及宿卫士行帐资装。免控鹤卫士当驿户。丙寅,云南出征军悉还,乌撒、罗罗蛮复杀戍军黄海潮等,撒加伯又杀掠良民为乱。命云南行省及行枢密院:凡境上诸关,戍兵未可轻撤,宜视缓急,以制其变。"丁卯,太阴犯毕,太白犯井。庚午,以扬州泰兴、江都二县,去岁雨害稼,免今年租。枢密院臣言:"征西万户府军七百人,自泰定以来累经优恤,放还者四百五十人,今边防军少,例当追使还营。"从之。是月,晋宁、亦集乃二路旱。济宁路虫食桑。河南、晋宁二路诸属县蝗。大都、保定、真定、河间、东昌诸路属州县及诸屯水。彰德路临漳县漳水决。

秋七月甲戌朔,赐野马川等处驻冬卫士衣。艺文少监欧阳玄言:"先圣五十四代孙袭封衍圣公,爵最五等,秩登三品,而用四品铜印,于爵秩不称。"诏铸从三品印给之。德安府去年水,免今年田租。旌德安应山县高可烹孝行。己卯,以云南既平,惟禄余等惧罪窜伏,降诏曲赦之。辛巳,只儿哈答儿坐罪当流远,以唐其势舅氏故,释之。壬午,祀太祖、太宗、睿宗御容于翰林国史院。监察御史张益等言:"钦察台在英宗朝,阴与中政使咬住造谋,诬告脱欢察儿将构异图,辞连潜邸,致出居海南。及天历初,倒剌沙据上都,遣钦察台以兵拒命,倒剌沙疑其有异志,复禽以归,即追言昔日咬住之谋以自解。皇上即位,不念旧恶,擢居中书,而又自贻厥咎,以致夺官籍产。旋复释宥,以为四川平章。今云南未平,与蜀接境,其人反覆,不可信任,宜削官远窜,仍没入其家产。"台臣以闻,诏夺其制命、金符,同妻孥禁锢于广东,毋籍其家。仍诏谕御史:凡憸人如钦察台者,其极言之毋隐。铁木儿补化辞御史大夫职,不允。乙酉,遣使代祀护国庇民广济福惠明著天妃。命西僧于大都万岁山、悯忠阁作佛事,起八月八日,至车驾还大都日止。丁亥,海南黎贼作乱,诏江西、湖广两省合兵捕之。诸王搠思吉亦儿甘卜、哈儿蛮,驸马完者帖木儿,遣使来献蒲萄酒。壬辰,以知枢密院事脱别台为御史大夫。癸巳,辰州、兴国二路虫伤稼,免今年租。甲午,归德府雨伤稼,免今年租。给诸卫士及蒙古户粮四月。乙未,立闵子书院于济南。杭州火,赈被灾民百九十户。丁酉,调甘州兵千人、撒里畏兀兵五百人,守参卜郎,以防土番。戊戌,封伯颜为浚宁王,赐金印,仍前太保、知枢密院事。高邮府去岁水灾,免今年田租。湖州安吉县大水暴涨,漂死百九十人,人给钞二十贯瘗之,存者赈粮两月。庚子,广西徭贼平,召诸王云都思帖木儿还。辛丑,怀德府洞蛮二十一洞田先什用等以方物来贡,还所虏生口八百余人给其家。癸卯,知行枢密院事彻里帖木儿以兵讨叛蛮锁力哈迷失,戮其党七百余人。是月,河南、奉元属县蝗。大都、河间、汉阳属县水。冀宁属县雨雹伤稼。庐州去年水,宁夏霜为灾,并免今年田租。赈灵夏鸣沙、兰山二驿户二百九十,定州新军户千二百,应理州民户千三百粮各一月。又赈龙兴路饥民九百户粮一月。大宁和众县何千妻柏都赛儿,夫亡以身殉葬,旌其门。

八月甲辰朔,日有食之。封脱怜忽秃鲁为靖恭王,沙蓝朵儿只为懿德王,并给以涂金银印。西域诸王卜赛因遣使忽都不丁来朝。滦阳驿户增置马、牛各一,免其和市杂役。赐上都孔子庙碑。御史台臣劾奏:"宣徽副使桑哥,比奉旨给宿卫士钱粮,稽缓九日,玩法欺公,罪当黜罢。"从之。己酉,以银符二十八赐拱卫直百户。命燕铁木儿以钞万锭分赐蒙古孤寡者。辛亥,大驾南还大都。壬子,西域诸王答儿麻袭朵列帖木儿之位,遣诸王孛儿只吉台等来朝贡。甲寅,雪别台之孙月鲁帖木儿,买闻也先来献失剌奴,赐以金百两、银千五百两、钞五百锭、金带一。命宣课提举司毋收燕铁木儿邸舍商货税。斡儿朵思之地,频年灾,畜牧多死,民户万七千一百六十,命内史府给钞二万锭赈之。乙卯,太白犯轩辕大星。丙辰,封内史怯列该为丰国公。以星变,令群臣议赦。丁巳,命郐王不颜帖木儿围猎于抚州。己未,立镇宁王总管府于抚州。公主脱脱灰来朝。以汴梁路尉氏县赐伯颜为食邑。诏刑部鞫内侍撒里不花巫蛊事,凡当死者杖一百七,流广东、西。中书省臣言:"明年海运粮二百四十万石,已令江浙运二百二十万,河南二十万。今请令江浙复增二十万,本省参政杜贞督领。"从之。复命赈粜米五万石济京城贫民。旌济宁路魏铎孝行、扬州路吕天麟妻韦氏贞节。庚申,太白犯轩辕左角。中书、枢密臣言:"西域诸王不赛因,其臣怯列木丁矫王命来朝,不赛因遣使来言,请执以归。臣等议,宗蕃之国,行人往来,执以付之不可。宜令乘驿归国,以自辨。"制可。壬申,升侍正府秩正二品。是月,江浙诸路水潦害稼,计田十八万八千七百三十八顷。景州自六月至是月不雨。澧州、泗州等县去年水,免今年租。沅州饥,振粜米二千石。金州及西和州频年旱灾,民饥,赈以陕西盐课钞五千锭。

九月癸酉朔,市阿鲁浑撒里宅,命燕铁木儿奉皇子古纳答剌居之。中书省臣言:"今岁当饲马驼十四万八千四百匹,京城饲六万匹,余令外郡分饲。每匹给刍粟价钞四锭。"从之。乙亥,命留守司发军士筑驻跸台于大承天护圣寺东。御史台臣劾奏："四川行省参政马镕发粮六千石饷云南军,中道辄还,预借俸钞一十九锭以娶妾,又诟骂平章汪寿昌。罪虽蒙宥,难任宰辅。"帝曰："纲常之理,尊卑之分,憒无所知,其何以居上而临下。亟罢之。"丙子,太白犯填星。枢密院臣言："云南东川路总管普折兀那具,会禄余兵,杀乌撒宣慰使月鲁、东川路府判教化的二十余人,又会伯忽伥阿福,领蒙古兵将击罗罗斯。臣等与燕铁木儿议:遣西域指挥使锁住等,发陕西都万户府兵直抵罗罗斯,发碉门安抚司兵,绝大渡河,直抵邛部州,巡守关隘。"诏宣政院亦遣使同往督之。海南贼王周纠率十九洞黎蛮二万余人作乱,命调广东、福建兵隶湖广行省左丞移剌四奴统领,讨捕之。阿速及斡罗思新戍边者,命辽阳行省给其牛具、粮食。己卯,发粟五千石赈兴和路鹰坊。庚辰,枢密院臣言:"六月中,行枢密院官以兵与乌撒贼兵五战,破之,惟禄余窜伏未获。"命四川行省给其军饷。赈兴和宝昌州饥民米二千石。御史台臣言:"大圣寿万安寺坛主、司徒严吉祥,盗公物,畜妻孥,宜免其司徒、坛主之职。"从之。禁诸驿毋畜窜行马。免控鹤户杂役。湖州安吉县久雨,太湖溢,漂民居二千八百九十户,溺死男女百五十七人,命江浙行省赈恤之。丁亥,御史台臣言:"江西行省参政李允中乃故内侍李邦宁养子,器质庸下,误叨重选,宜黜罢。"从之。庚寅,幸大承天护圣寺。以钞五万锭及预贷四川明年盐课钞五万锭,给行枢密院军需。禄余寇顺元路。癸巳,罢供需府覆实司,置广谊司,秩正三品,以右丞撒迪领其务。御史台臣劾太禧宗禋使童童淫侈不洁,不可以奉明禋,又,奎章阁鉴书博士柯九思性非纯良,行极矫谲,挟其末技,趋附权门,请罢黜之。乙未,以金虎符赐中书平章政事亦列赤。思州镇远府饥,赈米五百石。丁酉,云南行省遣都事那海、镇抚栾智等奉诏往谕禄余,及授以参政制命。至撒家关,禄余拒不受。俄而贼大至,那海因与力战。贼乃退。及晚,乌撒兵入顺元境,左丞帖木儿不花御战,那海复就阵宣诏招之,遂遇害。帖木儿不花等敛兵还。壬寅,改隆祥总管府为隆祥使司,秩从二品。

冬十月甲辰，遣秘书太监王珪等代祀岳镇、海渎、后土。乙巳，召行枢密院彻里铁木儿、小云失还朝。以前东川路总管普折子安乐袭其父职。己酉，时享于太庙。为皇子古纳答剌作佛事，释在京囚，死罪者二人，杖罪者四十七人。辛亥，召江南行台御史大夫阿儿思兰海牙赴阙。癸丑，幸大承天护圣寺。蒙古都元帅怯烈引兵击阿禾贼党于靖江路海中山，为云梯登山，破其栅，杀贼五百余人。秃坚之弟必剌都古象失举家赴海死。又获秃坚弟二人，子三人，诛之。甲寅，杭州火，命江浙行省赈其不能自存者。丁巳，中书省臣言："江浙平江、湖州等路水伤稼，明年海漕米二百六十万石恐不足，若令运百九十万，而命河南发三十万，江西发十万为宜。又遣官赍钞十万锭、盐引三万五千道，于通、漷、陵、沧四州优价和籴米三十万石，又以钞二万五千锭，盐引万五千道于通、漷二州和籴粟、豆十五万石，以钞三十万锭往辽阳懿、绵二州和籴粟、豆十万石。"并从之。烧在京积年还倒昏钞二百七十余万锭。戊午，诏还平江路大玉清昭应宫田百顷，官勿徵其租。己未，给宿卫士有官者刍豆。诸王卜赛因使者还西域，诏酬其所贡药物价直。辛酉，命西僧作佛事于兴圣宫，十有五日乃罢。吴江州大风雨，太湖溢，漂没庐舍资畜千九百七十家，命江浙行省给钞千五百锭赈之。乙丑，立昭功万户都总使府，伯颜、铁木儿补化并兼昭功万户都总使。丙寅，命大都路定时估，每月朔望送广谊司，以酬物价。燕铁木儿取犎牛五十于西域来献。

十一月壬申朔，日有食之。云南行省言："亦乞不薛之地所牧国马，岁给盐，以每月上寅日啖之，则马健无病。比因伯忽叛乱，云南盐不可到，马多病死。"诏令四川行省以盐给之。乙亥，李彦通、萧不兰奚等谋反，伏诛。丙子，封诸王斡即为保宁王，赐以印，以其先所受印赐诸王浑秃帖木儿之子庚兀台。诏给移剌四奴分行省印。丁丑，兴和路鹰坊及蒙古民万一千一百余户，大雪畜牧冻死，赈米五千石。戊寅，枢密院臣言："天历兵兴，以扬州重镇，尝假淮东宣慰司以兵权。今事已宁，宜以所部兵复隶河南行省。又征西元帅府自泰定初调兵四千一百人戍龙剌、亦集乃，期以五年为代。今已七年，逃亡者众，宜加优恤，期以来岁五月代还。"并从之。已卯，封醮班为幽国公。庚辰，左、右钦察卫军士千四百九十户饥，命上都留守司赈之。辛巳，以户部尚书耿焕为中书参知政事。癸未，诏养燕铁木儿之子塔剌海为子，赐居第及所籍李彦通赀产。荆王也速也不干献犛牛四百。诏每岁枢密院、宗正府遣官，与辽阳行省官巡历诸郡，毋令诸王所部扰民。隆祥司使晃忽儿不花言："海南所建大兴龙普明寺，工费浩穰，黎人不胜其扰，以故为乱。"诏湖广行省臣玥璐不花及宣慰、宣抚二司领其役，仍命廉访司莅之。辛卯，诸王撒儿蛮遣使者七十四人来。赈左钦察卫撒敦等翼顶也儿古驻冬军士五百八十户。诸盐课钞以十分之一折收银，银每锭五十两折钞二十五锭。乙未，敕宫相都总管府勿隶昭功都总使府。丁酉，以南阳府之嵩州更赐伯颜为食邑。

十二月戊申，陕西行台御史捏日伯、高坦等劾奏："本台监察御史陈良恃势肆毒，徇私破法，请罢职籍赃，还归田里。"有旨："虽会赦，其准风宪例，追夺敕命，余如所奏。"以黄金符镌文曰"翊忠徇义迪节同勋"，赐西域亲军副都指挥使钦察，以旌其天历初红桥战功。壬子，复命诸王忽剌出还镇云南。癸丑，撒敦献斡罗思十六户，酬以银百七锭、钞五千锭。以河间路清池、南皮县牧地赐斡罗思驻冬，仍以忽里所牧官羊给之。河南河北道廉访副使僧家奴言："自古求忠臣必于孝子之门。今官于朝者十年不省觐者有之，非无思亲之心，实由朝廷无给假省亲之制，而有擅离官次之禁。古律：诸职官父母在三百里，于三年听一给定省假二十日，无父母者，五年听一给拜墓假十日。以此推之，父母在三百里以至万里，宜计道里远近，定立假期。其应省觐匿而不省觐者坐以罪。若诈冒假期，规避以掩其罪，与诈奔丧者同科。"御史台臣以闻，命中书省、礼部、刑部及翰林、集贤、奎章阁议之。丁巳，雨木冰。戊午，西域诸王秃列帖木儿遣使献西马及蒲萄酒。预给四宿卫及诸潜邸卫士岁赐钞，人二十锭。庚申，遣集贤直学士答失蛮诣真定玉华宫祀睿宗及显懿庄圣皇后神御殿。辛酉，遣兵部尚书也速不花、同金通政院事忽纳不花迎帝师。诏中书省、御史台遣官诣各道,同廉访司录囚。癸亥,雨木冰。给征东元帅府兵仗。丁卯,御史台臣言:"甘肃行省平章月鲁帖木儿既非蒙古族姓,且阘于事机,使总兵柄,恐非所宜。"诏枢密院勿令提调军马。己巳,御史台臣言:"河东道廉访副使忽哥儿不花,金燕南道廉访司事不颜忽都、王士元、郝志善宪纲不振,宜免官。"从之。旌宁海州崔惟孝孝行。

是岁,真定路属州水。冀宁、河南二路旱,大饥。

元史卷三六
本纪第三六

文宗五

　　三年春正月辛未朔,高丽国王祯遣其臣元忠奉表称贺,贡方物。癸酉,命高丽国王王焘仍为高丽国王,赐金印。初,焘有疾,命其子祯袭王爵,至是焘疾愈,故复位。甲戌,赐燕铁木儿妻公主月鲁金五百两、银五千两。丁丑,禁冒哀求叙复者。赈枲米五万石济京师贫民。己卯,时享太庙。罢诸建造工役,惟城郭、河渠、桥道、仓库勿禁。广西罗伟里叛寇马武冲等,合龙州岭北朗龙洞韦大虫贼兵万人,攻陷那马连、那马安等寨,命广西宣慰司严军御之。月阙察儿冒请卫士刍束,当坐罪;燕铁木儿请释之。壬午,命甘肃行省为豳王不颜帖木儿建居第。封孔子妻郓国夫人并官氏为大成至圣文宣王夫人。癸未,给纳邻等十四驿粮及刍粟。赈永昌路流民。庆远南丹等处溪洞军民安抚司言:所属宜山县饥、疫,死者众,乞以给军积谷二百八十石赈枲。从之。江西行省言:梅州频年水、旱,民大饥。命发粟七百石以赈枲。丙戌,印造岁额钞本:至元钞九十九万六千锭,中统钞四千锭。丁亥,幸大承天护圣寺。赐诸王帖木儿及其妃阿剌赤八剌金五百两、银万两、钞二万锭、币帛各千匹。监察御史劾奏:“翰林学士承旨典哈,其兄野里牙坐诛,当罢。”从之。戊子,万安军黎贼王奴罗等集众五万人,寇陵水县。己丑,赈肇庆路高要县饥民九千五百四十。四川行省言:“去年九月,左丞帖木儿不花与禄余贼兵战,被创,贼遂侵境。乞调重庆、叙州兵二千五百人往救之。”顺元宣抚司亦言:贼列行营为十六所,乞调兵分道备御。诏上都留守司为燕铁木儿建居第。御史台言:"选除云南廉访司官,多托故不行,继今有如是者,风宪勿复用。"制可。戊戌,命中书省以钞三千锭、币帛各三千匹,给皇子古纳答剌岁例鹰犬回赐。诸王章吉献斡罗思百七十人,酬以银七十二铤、钞五千锭。己亥,给斡罗思千人衣粮。山南道廉访副使秃坚董阿劾:"荆湖北道宣慰使别列怯都尝贷内府钞,威逼部民代偿,不足则以宣慰司公帑钞偿之;又副使驴驹以修治沿江堤岸,纵家奴搕敛民财,二人罪虽遇赦,宜从黜退。"御史台臣以闻,从之。庚子,封公主不纳为郓安大长公主。夔路忠信寨洞主阿具什用,合洞蛮八百余人寇施州。

二月辛丑朔,八番苗蛮骆度来贡方物。癸卯,诸王也先帖木儿薨。甲辰,诸王答儿马失里、哈儿蛮各遣使来贡蒲葡酒、西马、金鸦鹘。乙巳,以湖广行省平章玥璐不华为陕西行台御史大夫。给豳王及其王傅禄。戊申,云南行省言:"会通州土官阿赛及河西阿勒等与罗罗贼兵千五百人,寇会川路之卜龙村。又禄余将引兵与茫部合寇罗罗斯,截大渡河、金沙江以攻东川、会通等州。臣等敢奉先所降诏书招谕之,不奉命则从宜进军。"制可。己酉,赐怯薛官完者帖木儿及阿昔儿珠衣帽。德宁路去年旱,复值霜雹,民饥,赈以粟三千石。旌晋宁路沁州刘玮妻张氏志节。禄余言于四川行省:"自父祖世为乌撒土官宣慰使,佩虎符,素无异心。曩为伯忽诱胁,比闻朝廷招谕,而今期限已过。乞再降诏赦,即率四路土官出降。仍乞改属四川省,隶永宁路,冀得休息。"四川行省以闻。诏中书、枢密、御史诸大臣杂议之。己未,旌宁夏路赵那海孝行。辛酉,燕铁木儿兼奎章阁大学士,领奎章阁学士院事。己巳,命燕铁木儿集翰林、集贤、太禧宗禋院议立太祖神御殿。诏修曲阜宣圣庙。邛州有二井,宋旧名曰金凤、茅池,天历初,九月,地震,盐水涌溢,州民侯坤愿作什器煮盐而输课于官;诏四川转运盐司主之。旌济州任城县王德妻秦氏、婺州路金华县吴埙妻宋氏、庐州路高仁妻张氏、甘州路岳忽南妻失林、盖州完颜帖哥住妻李氏志节。

三月庚午朔,帝师至京师。遣使往西域,赐诸王不赛因绣彩币帛二百四十匹。中书省臣言:"凡远戍军官,死而归葬者,宜视民官例给道里之费。又四川驿户比以军兴消乏,宜遣官同行省量济之。"制可。燕铁木儿言:"平江、松江溆山湖圩田方五百顷有奇,当入官粮七千七百石,其总佃者死,颇为人占耕。今臣愿增粮为万石入官,令人佃种,以所得余米赡臣弟撒敦。"从之。洛水溢。爪哇国遣其臣僧伽剌等八十三人,奉金书表及方物来朝贡。己卯,诏以西宁王速来蛮镇御有劳,其如安定王朵儿只班例,置王傅官四人,铸印给之。庚辰,以安陆府赐并王晃火儿不花为食邑。旌大都良乡县韦安妻张氏贞节。丁亥,诸王伯岳兀、完者帖木儿来朝。戊子,占城国遣其臣阿南那那里沙等四人,奉金书表及方物来朝贡。己丑,复立功德使司。癸巳,皇子古剌答纳更名燕帖古思。置兴瑞司,掌中宫岁作佛事,秩正三品。乙未,命燕铁木儿依旧例以钞万锭分给蒙古孤寡者。以帝师泛舟于西山高梁河,调卫士三百挽舟。丙申,赐怯薛官笃怜铁木儿玺书,申饬其所部。赈木怜、苦盐泺、札哈、扫怜九驿之贫者凡四百五十二户。丁酉,缅国遣使者阿落等十人,奉方物来朝贡。己亥,赐行枢密院钞四万锭,分给征乌撒、乌蒙所调陕西、四川蒙古军及渐丁万人。高唐、德、冀诸州,大名、汴梁、广平诸路有虫食桑,叶尽。

夏四月壬寅,中书省臣言:"去岁宿卫士给钞者万五千人。今减去千四百人,余当给者万三千六百人。又太府监岁支币帛二万匹,不足于用,请再给二百匹。"并从之。四川师壁、散毛、盘速出三洞蛮野王等二十三人来贡方物。戊申,大宁路地震。四川大盘洞谋者什用等十四人来贡方物。丙辰,诸王不别居法郎,遣使者要忽难等,及西域诸王不赛因使者也先帖木儿等,皆来贡方物。戊午,命奎章阁学士院以国字译《贞观政要》,锓板模印,以赐百官。四川行省平章汪寿昌辞职,不允。以作佛事祈福,释御史台所囚定兴刘县尹及刑部囚二十六人。乙丑,安南国世子陈日焞遣其臣邓世延等二十四人来贡方物。安西王阿难答之子月鲁帖木儿,坐与畏兀僧玉你达八的刺板的、国师必刺忒纳失里沙津爱护持谋不轨,命宗王,大臣杂鞫之。狱成,三人皆伏诛,仍籍其家,以必刺忒纳失里沙津爱护持妻丑丑赐通政副使伯蓝,玉鞍赐撒敦,余人畜、土田及七宝籢具、金珠、宝玉、钞币并没入大承天护圣寺。免四川行省境内今年租。命有司为伯颜建生祠立纪功碑于涿州,仍别建祠立碑于汴梁。戊辰,免云南行省田租三年。安州饥,给河间盐课钞万锭赈之。东昌、济宁二路及曹、濮诸州,皆有虫食桑。

五月己巳朔,高昌王藏吉薨,其弟太平奴袭位。壬申,赈木怜、七里等二十三驿,人米二石。癸酉,荧惑犯东井。赐燕铁木儿宴于流杯池。云南大理、中庆等路大饥,赈钞十万锭。甲戌,升尚舍寺为从三品。撒迪请备录皇上登极以来固让大凡、往复奏答,其余训敕、辞命及燕铁木儿等宣力效忠之迹,命朵来续为《蒙古脱卜赤颜》一书,置之奎章阁。从之。赐湖广行省平章政事脱亦纳金虎符。旌保定路郭琦孝行、探忒妻灵保贤孝。戊寅,幸大承天护圣寺。京师地震有声。己卯,命诸王也失班还镇。浙西道廉访司劾副使三宝凶恶阴险,紊乱纪纲,诏罢之。壬午,复赈枭米五万石济京城贫民。戊子,唐其势以疾先往上都,赐药价钞千锭。遣使往帝师所居撒思吉牙之地,以珠织制书宣谕其属,仍给钞四千锭、币帛各五千匹,分赐之。赈帖里干、不老、也不彻温等十九驿,人米二石。庚寅,大驾发大都,时巡于上都。置山东益都等处金银铜铁提举司。辛卯,复以司徒印给万安寺僧严吉祥。诏给钞五万锭修帝师巴思八影殿。壬辰,太常博士王瓒言:“各处请加封神庙,滥及淫祠。按《礼经》,以劳定国,以死勤事,能御大灾,能捍大患,则祀之。其非祀典之神,今后不许加封。”制可。丁酉,白虹并日出,长竟天。追封颜子父颜无繇为杞国公,谥文裕;母齐姜氏杞国夫人,谥端献;妻宋戴氏兖国夫人,谥贞素。甘州大雹。扬州之江都、泰兴,德安府之云梦、应城县水。汴梁之睢州、陈州,开封之兰阳、封丘诸县河水溢。滹沱河决没河间、清州等处屯田四十三顷。常宁州饥,赈枭米二千四百石。杭州火,被灾九十一户,池州火,被灾七十三户,命江浙行省量赈之。

六月己亥朔,以月鲁帖木儿等罪,诏告中外,赦天下。免四川行省今年差税、陕西行省今年商税。录用朵朵、王士熙、脱欢等。己酉,以御史中丞赵世安为中书左丞。癸丑,遣使分祀狱镇、海渎。戊午,给钞五万锭,赐云南行省为公储。己未,燕铁木儿言:"顷伯颜封浚宁王,赐食邑嵩州,今请于濒汴择一州赐之。"诏改赐陈州。癸亥,加授知枢密院事也卜伦开府仪同三司。乙丑,御史台臣劾辽阳行省参政赛甫丁庸鄙不胜任,罢之。监察御史陈思谦言:"内外官非文武全才、出处系天下安危、能拯金革之难者,勿许夺情起复。"制可。禁诸卜筮、阴阳人,毋出入诸王公、大臣家。晋宁、冀州桑灾。益都、济宁大雨。无为州、和州水。旌归德府永城县民张氏孝节。

秋七月戊辰朔,诸王答里麻失里等遣使来贡虎豹。云南行省言:"本省旧降给驿玺书六十九、金字圆符四,伯忽之乱,散失殆尽。乞更赐为宜。"敕更赐玺书三十二、圆符四,仍究诘所失者。辛未,以车坊、官园赐伯颜。赐从征云南将校三百四十七人钞、币有差。调军士修柳林海子桥道。乙亥,命僧于铁幡竿修佛事,施金百两、银千两、币帛各五百匹、布二千匹、钞万锭。丁丑,赈蒙古军流离至陕西者四百六十七户粮三月,遣复其居,户给钞五十锭。湖广行省言:"黎贼势猖獗,乞益兵三千,以备调用。"有旨:"依前诏,促移剌四奴剋日进兵。"壬午,江西行省造螺钿几榻遗燕铁木儿,诏赐匠者币帛各一。甲申,燕铁木儿献斡罗思二千五百人。旌裕州民李庭瑞孝行。庚寅,给钞万锭,命燕铁木儿分赐累朝宫分嫔御之贫乏者。壬辰,西域诸王不赛因遣哈只怯马丁以七宝水晶等物来贡。给蒙古民及各部卫士钞、币有差,仍赈粮五月。甲午,北边诸王月即别遣南忽里等来朝贡。燕铁木儿言:"诸王彻彻秃、沙哥曩坐罪流雨荒,乞赐矜闵,俾还本部。"从之。赈宗仁卫军士九百户各钞一锭。滕州民饥,赈粜米二万石。庆都县大饥,以河间盐课钞万锭赈之。

八月辛丑,诸王阿儿加失里献斡罗思三十人、渐丁百三人。赈大都宝坻县饥民以京畿运司粮万石。癸卯,吴王木喃子及诸王答都河海、锁南管卜、帖木儿赤、帖木迭儿等来朝。赐护守上都宫殿卫卒二千二百二十九人，人钞二十五锭。乙巳，天鼓鸣于东北。丙午，遣官祭社稷。丁未，有事于太庙。海道漕运粮六十九万余石至京师。己酉，陇西地震。帝崩，寿二十有九，在位五年。癸丑，灵驾发引，葬起辇谷，从诸帝陵。

元统二年正月己酉，太师、右丞相伯颜率文武百官等议，上尊谥曰圣明元孝皇帝，庙号文宗，国言谥号曰札牙笃皇帝，请谥于南郊。三月己酉，祔于太庙。后至元六年六月，以帝谋为不轨，使明宗饮恨而崩，诏除其庙主。放燕帖古思于高丽，未至，月阔察儿害之于中道。

元史卷三七
本纪第三七

宁　宗

宁宗冲圣嗣孝皇帝，讳懿璘质班，明宗第二子也。母曰皇后乃蛮真氏。初，武宗有子二人，长明宗，次文宗。延佑中，明宗封周王，出居朔漠。泰定之际，正统遂偏。天历元年，文宗入绍大统，内难既平，即遣使奉皇帝玺绶，北迎明宗。明宗崩，文宗复即皇帝位。明宗有子二人，长妥欢帖木耳，次即帝也。天历二年二月乙巳，封帝为鄜王。至顺三年八月己酉，文宗崩于上都，皇后导扬末命，申固让初志，传位于明宗之子。时妥欢帖木耳出居静江，帝以文宗眷爱之笃，留京师；太师、太平王、右丞相燕铁木儿请立帝以继大统。于是遣使徽诸王会京师，中书百司政务，咸启中宫取进止。八月甲寅，中书省臣奉中宫旨，预备大朝会赏赐金银、币帛等物。乙卯，燕铁木儿奉中宫旨，赐驸马也不干于欢忒哈赤、太尉孛兰奚、句容郡王答邻答里、金事小薛、阿麻剌台之子秃帖木儿、公主本答里、诸王丑汉妃公主台忽都鲁、诸王卯泽妃公主完者台及公主本答里、彻里帖木儿等金、银、币、钞有差。是月，浑源、云内二州陨霜杀禾。冀宁路之阳曲、河曲二县及荆门州皆旱。江水又溢。高邮府之宝应、兴化二县，德安府之云梦、应城二县大雨，水。

九月丁丑，填星犯太徽垣左执法。辛巳，修皇太后仪仗。是夜，地震有声来自北。是月，益都路之莒、沂二州，泰安州之奉符县，济宁路之鱼台、丰县，曹州之楚丘县，平江、常州、镇江三路，松江府、江阴州,中兴路之江陵县,皆大水。河南府之洛阳县旱。

十月庚子,帝即位于大明殿,大赦天下,诏曰:

洪惟太祖皇帝启辟疆宇,世祖皇帝统一万方,列圣相承,法度明著。我曲律皇帝入纂大统,修举庶政,动合成法,授大宝位于普颜笃皇帝以及格坚皇帝。历数之归,实当在我忽都笃皇帝、扎牙笃皇帝,而各播越辽远。时则有若燕铁木儿建义效忠,戡平内难,以定邦国,协恭推戴扎牙笃皇帝。登极之始,即以让兄之诏明告天下;随奉玺绂,远迓忽都笃皇帝。朔方言还,奄弃臣庶。扎牙笃皇帝荐正宸极,仁义之至,视民如伤,恩泽旁被,无间远迩。顾育眇躬,尤笃慈爱。宾天之日,皇后传顾命于太师、太平王、右丞相、答剌罕燕帖木儿,太保、浚宁王、知枢密院事伯颜等,谓圣体弥留,益推固让之初志,以宗社之重,属诸大兄忽都笃皇帝之世嫡。乃遣使召诸王宗亲,以十月一日来会于大都,与宗王、大臣同奉遗诏。揆诸成宪,宜御神器,以至顺三年十月初四日,即皇帝位于大明殿。

可大赦天下:自至顺三年十月初四日昧爽以前,除谋反大逆、谋杀祖父母父母、妻妾杀夫、奴婢杀主、谋故杀人、但犯强盗、印造伪钞、蛊毒魇魅犯上者不赦外,其余一切罪犯,咸赦除之。

大都、上都、兴和三路差税免三年。腹里差发并其余诸郡不纳差发去处,税粮十分为率,免二分。江淮以南,夏税亦免二分。土木工役,除仓库必合修理外,毋复创造,以纾民力。民间在前应有逋欠差税、课程,尽行蠲免。监察御史、肃政廉访司官并内外三品以上正官,岁举才堪守令者一人,申达省部,先行录用。如果称职,举官优加旌擢。一任之内,或犯赃私者,量其轻重黜罚。其不该原免重囚,淹禁三年以上、疑不能决者,申达省部,详谳释放。学校农桑、孝义贞节、科举取士、国学贡试,并依旧制。广海、云南梗化之民,诏书到日,限六十日内出官,与免本罪,许以自新。

“官员递升，窒碍选法。今请自省、院、台官外，其余不许递升。”从之。丁巳，太阴犯填星。己未，太阴犯氐宿。庚申，诏太师、右丞相伯颜，太傅、左丞相撒敦专理国家大事，其余官不得兼领三职。秦州山崩。赈恤宁夏饥民五万三千人一月。诏免儒人役。

冬十月甲子，太阴犯斗宿。丙寅，凤州山崩。戊辰，改元，诏曰：

在昔世祖皇帝绍开丕图，稽古建元，立经陈纪。列圣相承，恪遵成宪。肆予冲人，嗣大历服，兹图治之云初，嘉与民而更始。乃新纪号，诞告多方，其以至顺四年为元统元年。於戏！一元运于四时，惟裁成之有道；大统绵于万世，思保佑于无疆。

中书省臣言：“凡朝贺雨，请便服行礼。”从之。己巳，加知枢密院事、答剌罕答里金紫光禄大夫。庚午，诏以察罕脑儿宣慰司人民，止令应当徽政院差发。癸酉，云南傀罗土官浑邓马弄来贡方物，诏以其地升立散府。丁丑，依皇太后行年之数，释放罪囚二十七人。庚辰，奉文宗皇帝及太皇太后御容于大承天护圣寺；命左丞相撒敦为隆祥使，奉其祭祀。乙酉，诏以高邮府为伯颜食邑。戊子，封撒敦为荣王，食邑庐州。唐其势袭父封为太平王，进阶金紫光禄大夫。庚寅，中书省臣请集议武宗、英宗、明宗三朝皇后升祔。

十一月辛卯朔，罢富州金课。甲午，太阴犯垒壁阵。丙申，巩昌成纪县地裂、山崩，令有司赈被灾人民。丁酉，享于太庙。辛丑，起棕毛殿。丙午，申饬盐运司。辛亥，江西、湖广、江浙、河南复立榷茶运司。追谥札牙笃皇帝为圣明元孝皇帝，庙号文宗。时寝庙未建，于英宗室次，权结彩殿以奉安神主。封伯颜为秦王，锡金印。是日，秦州山崩、地裂。夜，太阴犯太微东垣上相。壬子，太阴犯填星。癸丑，太阴犯亢宿。乙卯，以燕铁木儿平江所赐田五百顷，复赐其子唐其势。罢河间大报恩寺诸色人匠总管府。江浙旱、饥，发义仓粮、募富人入粟以赈之。诏秦王、右丞相伯颜，荣王、左丞相撒敦统百官，总庶政。

十二月庚申，命伯颜提调彰德威武卫。乙丑，广西徭寇湖南，陷道州，千户郭震战死。寇焚掠而去。壬申，遣省、台官分理天下囚，於戏！肆予冲人，托于天下臣民之上，任大守重，若涉渊冰。尚赖宗王、大臣、百司庶府，交修乃职，思尽厥忠。嘉与亿兆之民，共保承平之治。咨尔多方，体予至意。故兹诏示，想知悉。

辛丑，以知枢密院事撒敦为御史大夫，中书右丞撒迪为中书平章政事，宣政使阔里吉思为中书右丞，中书平章政事秃儿哈铁木儿知枢密院事。乙巳，造皇太后玉册、玉宝。丁未，皇太后命作两宫幄殿、车乘、供张。戊申，赏赉诸王金、币，其数如文宗即位之制。立徽政、中政二院。己酉，太白犯斗宿。敕：“诸王、驸马、勋旧大臣及中书省、枢密院、御史台秩正二品，百司庶府秩至一品者，阙门之内，得施绳床以坐，余皆禁之。”庚戌，修郊祀法服。以宦者铁古思、哈里兀答儿、黑狗者、阔阔出，并为中政院使。辛亥，以江浙岁比不登，其海运粮不及数，俟来岁补运。壬子，定妇人犯私盐罪，著为令。甲寅，诸王不赛因遣使贡塔里牙八十八斤、佩刀八十，赐钞三千三百锭。乙卯，以即位告祭南郊。丙辰，给宿卫士、蒙古、汉军三万人御寒衣。命江浙行省范铜造和宁宣圣庙祭器，凡百三十有五事。己未，告祭太庙。庚申，告祭社稷。以伯颜为徽政使，依前开府仪同三司、浚宁王、太保、录军国重事、知枢密院事。提调忠翊侍卫亲军都指挥使司事伯撒里、右都威卫都指挥使常不兰奚，并为徽政使。赐诸妃后大朝会赏赉有差。甲子，以诸王忽剌台贫乏，赐钞五百锭。皇弟燕帖古思受戒于西僧加儿麻哇。敕：百官及宿卫士有只孙衣者，凡与宴飨，皆服以侍；其或质诸人者，罪之。丙寅，楚丘县河堤坏，发民丁二千三百五十人修之。

十一月己巳，诏翰林、国史、集贤院、奎章阁学士院，集议先皇帝庙号、神主、升祔武宗皇后及改元事。庚午，赐郯王彻彻秃以海宁州朐山、赣榆、沭阳三县。壬申，命郯王彻彻秃镇辽阳。甲戌，遣宿卫官阿察赤以上皇太后玉册告祭南郊，中书平章政事伯撒里告祭太庙。戊寅，奉玉册、玉宝尊皇后曰皇太后。皇太后御兴圣殿受朝贺。己卯，帝御大明殿受朝贺。庚寅，赐诸王宽彻币、帛各二千匹，以周其贫。左钦察卫士饥，赈粮二月，壬辰，帝崩，年七岁。甲午，葬起辇谷，从诸陵。

明年六月己巳，明宗长子妥欢帖木耳即位。至元四年三月辛酉，谥曰冲圣嗣孝，庙号宁宗。四月乙酉，祔于太庙。

元史卷三八
本纪第三八

顺帝一

　　顺帝名妥欢贴睦尔,明宗之长子。母罕禄鲁氏,名迈来迪,郡王阿儿厮兰之裔孙也。初,太祖取西北诸国,阿儿厮兰率其众来降,乃封为郡王,俾信其部族。及明宗北狩,过其地,纳罕禄鲁氏。延佑七年四月丙寅,生帝于北方。

　　当泰定帝之崩,太师燕铁木儿与诸王、大臣迎立文宗。文宗既即位,以明宗嫡长,复遣使迎之。明宗即位于和宁之北,而立文宗为皇太子。及明宗崩,文宗复正大位。至顺元年四月辛丑,明宗后八不沙被谗遇害,遂徙帝于高丽,使居大青岛中,不与人接。阅一载,复诏天下,言明宗在朔漠之时,素谓非其己子,移于广西之静江。

三年八月己酉,文宗崩,燕铁木儿请文宗后立太子燕帖古思。后不从,而命立明宗次子懿璘只班,是为宁宗。十一月壬辰,宁宗崩,燕铁木儿复请立燕帖古思,文宗后曰:"吾子尚幼。妥欢贴睦尔在广西,今年十三矣,且明宗之长子,礼当立之。"乃命中书右丞阔里吉思迎帝于静江。至良乡,具卤簿以迓之。燕铁木儿既见帝,并马徐行,具陈迎立之意,帝幼且畏之,一无所答。于是燕铁木儿疑之,故帝至京,久不得立。适太史亦言帝不可立,立则天下乱。以故议未决,迁延者数月,国事皆决于燕铁木儿,奏文宗后而行之。俄而,燕铁木儿死,后乃与大臣定议立帝,且曰:"万岁之后,其传位于燕帖古思,若武宗、仁宗故事。"诸王宗戚奉上玺绶劝进。

四年六月己巳,帝即位于上都,诏曰:

> 洪惟我太祖皇帝受命于天,肇造区夏;世祖皇帝奄有四海,治功大备。列圣相传,丕承前烈。我皇祖武宗皇帝入纂大统,及致和之季,皇考明宗皇帝远居朔漠,札牙笃皇帝戡定内难,让以天下。我皇考宾天,札牙笃皇帝复正宸极。治化方隆,奄弃臣庶。

> 今皇太后召大臣燕铁木儿、伯颜等曰:"昔者阔彻、脱脱木儿、只儿哈郎等谋逆,以明宗太子为名,又先为八不沙始以妒忌,妄构诬言,疏离骨肉。逆臣等既正其罪,太子遂迁于外。札牙笃皇帝后知其妄。寻至大渐,顾命有曰:'朕之大位,其以朕兄子继之。'"时以朕远征南服,以朕弟懿璘只班登大位,以安百姓,乃遽至大故。皇太后体承札牙笃皇帝遗意,以武宗皇帝之元孙,明宗皇帝之世嫡,以贤以长,在予一人,遣使迎还。徵集宗室诸王来会,合辞推戴。今奉皇太后勉进之笃,宗亲、大臣恳请之至,以至顺四年六月初八日即皇帝位于上都。

> 於戏!惟天、惟祖宗全付予有家,慄慄危惧,若涉渊冰,罔知攸济。尚赖宗亲臣邻,交修不逮,以底隆平。其赦天下。

时有阿鲁辉帖木儿者,明宗亲臣也,言于帝曰:"天下事重,宜委宰相决之,庶可责其成功。若躬自听断,则必负恶名。"帝信之,由是深居宫中,每事无所专焉。辛未,命伯颜为太师、中书右丞相、上柱国、监修国史,兼奎章阁大学士,领学士院、太史院、回回、汉人司天监事;撒敦为太傅、左丞相。是月,大霖雨,京畿水,平地丈余,饥民四十余万,诏以钞四万锭赈之。泾河溢,关中水灾。黄河大溢,河南水灾。两淮旱,民大饥。

秋七月,霖雨。潮州路水。己亥,太阴犯房宿。

八月壬申,巩昌徽州山崩。是月,立燕铁木儿女伯牙吾氏为皇后。

九月甲午,太阴犯填星。乙未,太阴犯天江。甲寅,中书省臣言:

罪状明者处决,冤者辨之,疑者谳之。淹滞者罪其有司。以奴列你他代其父塔剌赤为耽罗国军民安抚使司达鲁花赤,锡三珠虎符。癸酉,太阴犯鬼宿。甲戌,秃坚帖木儿致仕,锡太尉印,置僚属。乙亥,为皇太后置徽政院,设官属三百六十有六员。太白犯壁垒阵。太阴犯轩辕。己卯,太阴犯进贤。癸未,太阴犯东咸。

元统二年春正月庚寅朔,雨血于汴梁,着衣皆赤。辛卯,东平须城县、济宁济州、曹州济阴县水灾,民饥,诏以钞六万锭赈之。以御史大夫脱别台为中书平章政事,阿里海牙为河南行省左丞相。丁酉,享于太庙。戊戌,四川大盘洞蛮谋谷什用遣男谋者什用来贡方物,即其地立盘顺府,命谋谷什用为知府。遣吏部尚书帖住、礼部郎中智熙善使交趾,以《授时历》赐之。太阴犯轩辕。癸卯,敕僧、道与民一体充役。己酉,以上文宗皇帝谥号,遣官告祭于南郊。庚戌,太阴犯房宿。甲寅,罢广教总管府,立行宣政院。乙卯,云南土酋姚安路总管高明来献方物,锡符印遣之。

二月己未朔,诏内外兴举学校。癸亥,广西徭寇边,杀官吏。广海官已除而未上者,罪之。甲子,塞北东凉亭雹,民饥,诏上都留守发仓廪赈之。乙丑,命有司以时给宿卫冬衣。以燕不邻为太保,置僚属。戊辰,封也真也不干为昌宁王,锡金印。癸酉,太阴犯太微上相。丁丑,封皇姑妥妥辉为英寿大长公主。癸未,安丰路旱、饥,敕有司赈粜麦万六千七百石。甲申,太庙木陛坏,遣官告祭。丁亥,太白经天。是月,滦河、漆河溢,永平诸县水灾,赈钞五千锭。瑞州路水,赈米一万石。

三月己丑朔,诏:“科举取士,国子学积分、膳学钱粮,儒人免役,悉依累朝旧制。学校官选有德行、学问之人以充。”辛卯,以阴阳家言,罢造作四年。太阴犯填星。癸巳,广西徭贼复起,杀同知元帅吉烈思,掠库物;遣右丞秃鲁迷失将兵讨之。复立西番巡捕都元帅府。罢广谊司,复立覆实司。赠吉烈思官,令其子孙袭职。庚子,杭州、镇江、嘉兴、常州、松江、江阴水、旱、疾疫,敕有司发义仓粮赈饥民五十七万二千户。癸卯，月食既。甲辰，中书省臣言："兴和路起建佛事，一路所费，为钞万三千五百三十余锭。请依上都、大都例给膳僧钱，节其冗费。"从之。乙巳，中书省臣言："益都、真定盗起，请选省、院官往督捕之。仍募能擒获者，倍其赏，获三人者与一官。"从之。丁未，以河南行省左丞相阿里海牙为江浙行省左丞相。壬子，广西庆远府徭贼寇全州，诏平章政事探马赤统兵二万人击之。丁巳，诏："蒙古、色目犯奸盗、诈伪之罪者，隶宗正府。汉人、南人犯者，属有司。"是月，山东霖雨，水涌，民饥，赈粜米二万二千石。淮西饥，赈粜米二万石。湖广旱，自是月不雨，至于八月。

夏四月戊午朔，日有食之。庚申，封宗室蛮子为文济王。乙丑，命顺元等处军民宣抚使、八番等处沿边宣慰使伯颜溥花承袭父职。丙寅，罢龙庆州黑峪道上胜火儿站。庚午，诏：云南出征军士亡殁者，人赐钞二锭以葬。壬申，命唐其势为总管高丽、女直、汉军万户府达鲁花赤，与马札儿台并为御史大夫。丁丑，太白经天。戊寅，太白昼见。己卯，奉圣明元孝皇帝文宗神主，祔于太庙，躬行告祭之礼，乐用宫悬，礼三献。先是御史台臣言："郊庙，国之大典，王者必行亲祀之礼，所以尽尊尊、亲亲之诚，宜因升祔，有事于太庙。"帝从之。是日，罢夏季时享。诏加荣王、左丞相撒敦开府仪同三司、上柱国、录军国重事，食邑庐州。复立杭州四隅录事司。太白昼见。壬午，复如之。帝嘉许衡辅世祖以不杀一天下，特录其孙从宗为章佩监异珍库提点。癸未，立盐局于京师南北城，官自卖盐，以革专利之弊。乙酉，中书省臣言："佛事布施费用太广，以世祖时较之，岁增金三十八锭、银二百三锭四十两、绘帛六万一千六百余匹、钞二万九千二百五十余锭；请除累朝期年忌日之外，余皆罢。"从之。是月，车驾时巡上都。益都、东平路水，设酒禁。大名路桑、麦灾。成州旱、饥，诏出库钞及发常平仓米赈之。河南旱，自是月不雨至于八月。

五月己丑，诏威武西宁王阿哈伯之子亦里黑赤袭其父封。宦者孛罗帖木儿传皇后旨，取盐一十万引入中政院。辛卯，以唐其势代撒敦为中书左丞相，撒敦仍商量中书省事。壬辰，命中书平章政事

撒的领蒙古国子监。癸巳，罢洪教提点所。戊申，诏文济王蛮子镇
大名。云南王阿鲁镇云南，给银字团牌。是月，中书省臣言："江浙
大饥，以户计者五十九万五百六十四，请发米六万七百石、钞二千
八百锭，及募富人出粟、发常平义仓赈之，并存海运粮七十八万三
百七十石，以备不虞。"从之。诏："王侯、宗戚军、站、人匠、鹰房、控
鹤，但隶京师诸县者，令所在一体役之。"赠故中书平章政事王泰亨
谥清宪。旧令：三品以上官，立朝有大节及有大功勋于王室者，得赐
功臣号及谥。时寝冗滥失实，惟泰享在中书时，安南请佛书，乞以
《九经》赐之，使高丽不受礼遗，为尚书贫不能自给，故特赐是谥。赠
漳州万户府知事阚文兴英毅侯，妻王氏贞烈夫人，庙号双节。

　　六月丁巳朔，中书省臣言："云南大理、中庆诸路，曩因脱肩、败
狐反叛，民多失业，加以灾伤，民饥，请发钞十万锭，差官赈恤。"从
之。戊午，淮河涨，淮安路山阳县满浦、清冈等处民畜、房舍多漂溺。
丙寅，宣德府水灾，出钞二千锭赈之。乙亥，唐其势辞左丞相，不拜，
复命撒敦为左丞相。辛巳，诏蒙古、色目人行父母丧。癸未，复立缮
工司，造绘帛。乙酉，赠燕铁木儿公忠开济弘谟同德翊运佐命功臣、
开府仪同三司、太师、中书右丞相，追封德王，谥忠武。是月，彰德雨
白毛。大宁、广宁、辽阳、开元、沈阳、懿州水、旱、蝗，大饥，诏以钞二
万锭遣官赈之。

　　秋七月丁亥，戒阴阳人毋得于贵戚之家妄言祸福。辛卯，祭太
祖、太宗、睿宗三朝御容。罢秋季时享。壬辰，帝幸大安阁。是日，
宴侍臣于奎章阁。甲午，太白昼见。己亥，太白经天。壬寅，诏蒙古、
色目人犯盗者免刺。甲辰，太白经天。丙午，复如之。帝幸楠木亭。
己酉，太白昼见。夜，有流星大如酒杯，色赤，长五尺余，光明烛地，
起自天津，没于离宫之南。庚戌，太白经天。壬子，复如之。夜，荧
惑犯鬼宿。癸丑、甲寅，太白复经天。是月，池州青阳、铜陵饥，发米
一千石及募富民出粟赈之。

　　八月丙辰朔，太白经天，凡四日。戊午，祭社稷。癸亥，太白经
天。丙寅至戊辰，太白复经天。辛未，赦天下。京师地震。鸡鸣山

崩,陷为池,方百里,人死者甚众。自是日至甲戌,太白经天,丁丑、己卯,复如之;夜,犯轩辕。庚辰至壬午,太白复经天。癸未,中书平章政事阿里海牙罢。是月,南康路诸县旱、蝗,民饥,以米十二万三千石赈粜之。

九月庚寅,太白经天。辛卯,车驾还自上都。壬辰,太阴入南斗。癸巳,太白犯灵台。甲午,太白经天。猺贼陷贺州,发河南、江浙、江西、湖广诸军及八番义从军,命广西宣慰使、都元帅章伯颜将以击之。乙未,太白经天。己亥、壬寅,复如之。乙巳,太白犯太微垣。壬子,吉安路水灾,民饥,发粮二万石赈粜。夜,太白犯太微垣。

冬十月乙卯朔,正内外官朝会仪班次,一依品从。戊午,享于太庙。辛酉,以侍御史许有壬为中书参知政事。癸亥,太白犯太微上相,复犯进贤。丁卯,立湖广黎兵屯田万户府,统千户一十三所,每所兵千人,屯户五百,皆土人为之,官给田土、牛、种、农器,免其差徭。又创立武安县。移石山寨巡检司于清水寨。立霍丘县淮阴乡临水山巡检司。改乾宁军民安抚司曰乾宁安抚司。乙亥,太阴犯轩辕,太白犯填星。己卯,奉玉册、玉宝,上皇太后尊号曰赞天开圣仁寿徽懿昭宣皇太后,诏曰:

> 朕登大宝,君临万方,永惟大母拥佑之勤。神器奠安,海宇宁谧,实慈训之致然也。爰协众议,再举徽称,而皇太后以文宗皇帝未祔于庙,至诚谦抑,弗赐俞允。今告祔礼成,亦既阅岁,始徇所请。乃以吉日奉上尊号,思与普天同兹大庆,其赦天下。

免今年民租之半。内外官,四品以下,减一资。却天鹅之献。癸未,命台宪部官各举材堪守令者一人。

十一月戊子,中书省臣请发两艍船下番,为皇后营利。济南莱芜县饥,罢官冶铁一年。辛卯,赐行宣政院废寺钱一千锭以营公廨。乙未,填星犯亢宿。庚戌,荧惑犯太徽垣。是月,镇南王孛罗不花来朝。

十二月,立道州永明县白面墟、江华县涛墟巡检司各一,以镇遏猺贼。甲戌,诏整治学校。

是岁，禁私创寺、观、庵、院，僧道入钱五十贯，给度牒，方听出家。

至元元年春正月癸巳，申命廉访司察郡县劝农官勤惰，达大司农司，以凭黜陟。乙未，立徽政院属官侍正府。丙午，云南妇人一产三男。

二月甲寅朔，革冗官。乙卯，车驾将田于柳林，御史台臣谏曰："陛下春秋鼎盛，宜思文皇付托之重，致天下于隆平。况今赤县之民供给繁劳，农务方兴，而驰骋冰雪之地，倘有衔橛之变，奈宗庙社稷何？"遂止。丁巳，立缥甸散府一，穆由甸、范陵甸军民长官司二。以蓟州宝坻县稻田提举司所辖田土，赐伯颜。戊午，祭社稷。甲戌，荧惑逆行，入太微。己卯，以上皇太后册、宝，遣官告祭天地。

三月癸未朔，诏遣五府官决天下囚。御史台臣言："丞相已领军国重事，省、院、台官俱不得兼领各卫。"从之。平伐、都云、定云酋长宝郎、天都虫等来降，即其地复立宣抚司，参用其土酋为官。辛卯，以上皇太后宝、册，遣官告祭太庙。壬辰，河州路大雪十日，深八尺，牛羊驼马冻死者十九，民大饥。丙申，中书省臣言："甘肃甘州路十字寺奉安世祖皇帝母别吉太后于内，请定祭礼。"从之。丁酉，以沾益州所辖罗山、石、梁、交水三县并归巡检司。月食。己亥，龙兴路饥，出粮九万九千八百石，赈其民。庚子，御史台臣言："高丽为国，首效臣节，而近年屡遣使往选取媵妾，至使生女不举，女长不嫁，乞赐禁止。"从之。中书省臣言："帝生母太后神主宜于太庙安奉。"命集议其礼。甲辰，山东、河间、两淮、福建四处增盐课一十八万五千引，中书请权罢徵，止令催办正额。乙巳，以中书左丞王结、参知政事许有壬知经筵事。封安南世子陈端午为安南国王。是月，益都路沂水、日照、蒙阴、莒县旱、饥，赈米一万石。

夏四月癸丑朔，诏："诸官非节制军马者，不得佩金虎符。"辛酉，享于太庙。以江南行御史台中丞不花为中书省参知政事。壬戌，太阴犯左执法。丙寅，诏以钞五十万锭，命徽政院散给达达兀鲁思、

怯薛丹、各爱马。己巳，加唐其势开府仪同三司。己卯，诏翰林国史
院纂修累朝实录及后妃、功臣列传。庚辰，罢功德、典瑞、营缮、集
庆、翊正、群玉、缮工、金玉珠翠诸提举司。以撒的为御史大夫。禁
犯御名。是月，河南旱，赈恤芍陂屯军粮两月。

五月壬午朔，皇太后以膺受宝、册，恭谢太庙。丙戌，占城国遣
其臣剌忒纳瓦儿撒来献方物，且言交趾遏其贡道；诏遣使宣谕交
趾。戊子，车驾时巡上都。遣使者诣曲阜孔子庙致祭。加伯撒里金
紫光禄大夫。壬辰，命严谥法，以绝冒滥。京畿民饥，诏有司议赈恤。
癸卯，太阴犯垒壁阵。甲辰，伯颜请以右丞相让唐其势，诏不允，命
唐其势为左丞相。是月，永新州饥，赈之。

六月辛酉，有司言甘肃撒里畏产金银，请遣官税之。壬戌，太阴
犯心宿。癸酉，禁服色不得僭上。乙亥，罢江淮财赋总管府所管杭
州、平江、集庆三处提举司，以其事归有司。诏湖南宣慰使司兼都元
帅府总领所辖诸路镇守军马。庚辰，伯颜奏唐其势及其弟塔剌海谋
逆，诛之，执皇后伯牙吾氏幽于别所。大霖雨。

秋七月辛巳朔，以马札儿台、阿察赤并为御史大夫。壬午，伯颜
杀皇后伯牙吾氏于开平民舍。丁亥，享于太庙。壬辰，加马札儿台
银青荣禄大夫、开府仪同三司，领承徽寺。乙未，太阴犯垒壁阵。壬
寅，专命伯颜为中书右丞相，罢左丞相不置。癸卯，立脱脱禾孙于察
罕脑儿之地。乙巳，罢燕铁木儿、唐其势举用之人。戊申，诛答里及
剌剌等于市，诏曰：

> 曩者文宗皇帝以燕铁木儿尝有劳伐，父子、兄弟，显列朝
> 廷，而辄造事衅，出朕远方。文皇寻悟其妄，有旨传次于予。燕
> 铁木儿贪利幼弱，复立朕弟懿璘质班，不幸崩殂。今丞相伯颜
> 追奉遗诏，迎朕于南，既至大都，燕铁木儿犹怀两端，迁延数
> 月，天陨厥躬。伯颜等同辞翊戴，乃正宸极。后撒敦、答里、唐
> 其势相袭用事，交通宗王晃火帖木儿，图危社稷，阿察赤亦尝
> 与谋。赖伯颜等以次掩捕，明正其罪。元凶构难，贻我太皇后
> 震惊，朕用兢惕。永惟皇太后后其所生之子，一以至公为心，亲

挈大宝，畀予兄弟，迹其定策两朝，功德隆盛，近古罕比。虽尝奉上尊号，揆之朕心，犹为未尽；已命大臣特议加礼。伯颜为武宗捍御北边，翼戴文皇，兹又克清大憝，明饬国宪，爰赐答剌罕之号，至于子孙，世世永赖。可赦天下。

是月西和州、徽州雨雹，民饥，发米赈贷之。

八月辛亥朔，荧惑犯氐宿。戊午，祭社稷。癸亥，诏以岐阳王完者帖木儿、知枢密院事帖木儿不花并为御史大夫。甲子，加完者帖木儿太傅。戊寅，道州、永兴水灾，发米五千石及义仓粮赈之。己卯，议尊皇太后为太皇太后，许有壬谏以为非礼；不从。是月，广西徭反，命湖广行省右丞完者讨之。沅州等处民饥，赈米二万七千七百石。

九月庚辰朔，车驾驻扼胡岭。丙戌，赦。丁亥，封知枢密院事阔里吉思为宜国公，太保、中书平章政事定住为宣德王。夜，太阴犯斗宿。庚寅，太阴犯垒壁阵。庚子，加中书平章政事彻里帖木儿银青荣禄大夫。命有司造太皇太后玉册、玉宝。御史台臣言：“国朝初用宦官不过数人，今内府执事不下千余；乞依旧制裁减冗滥，广仁爱之心，省糜费之患。”从之。丙午，诏以乌撒、乌蒙之地隶四川行省。是月，耒阳、常宁、道州民饥，以米万六千石并常平米赈粜之。车驾还自上都。以京畿盐换羊二万口。

冬十月甲寅，荧惑犯南斗。丙辰，以大司农塔失海牙为太尉，置僚属，商议中书省事。丁巳，以塔失帖木儿为太禧院使，议军国重事。流晁火帖木儿、答里、唐其势子孙于边地。诏海道都漕运万户府船户与民一体充役。壬戌，加御史大夫帖木儿不花银青荣禄大夫。癸亥，流御史大夫完者帖木儿于广海安置。完者帖木儿乃贼臣也先铁木儿骨肉之亲，监察御史以为言，故斥之。选省、院、台、宗正府通练刑狱之官，分行各道，与廉访司审决天下囚。甲子，太阴犯昴宿。丁卯，太阴犯斗宿。戊辰，太白昼见。以宗王亦思干儿弟撒昔袭其兄封。监察御史吕思诚等十九人劾奏彻里帖木儿之罪，不听；皆辞去，惟陈允文以不署名留。辛未，太皇太后玉册、玉宝成，遣官告祭于太庙。是月，以伯颜独任中书右丞相诏天下。

十一月庚辰，敕以所在儒学贡士庄田租，给宿卫衣粮。诏罢科举。甲申，太白经天。乙酉，伯颜请内外官悉循资铨注，今后毋得保举，涩滞选法；从之。癸巳，命知枢密院事马札儿台领武备寺。丙戌，太白经天。己丑，辰星犯房宿。甲午，以燕铁木儿、唐其势、答里所夺高丽田宅，还其王阿剌忒纳失里。丁酉，以户部尚书徐奭、吏部尚书定住参议中书省事。戊戌，召前知枢密院事福丁、失剌不花、撒儿的哥还京师。初，二人以帝未立，谋诛燕铁木儿，为所诬贬，故正之。己亥，太阴犯太微垣。庚子，太阴犯左执法。辛丑，下诏改元，诏曰：

　　朕祗绍天明，入纂丕绪，于今三年，夙夜寅畏，罔敢怠荒。兹者年谷顺成，海宇清谧，朕方增修厥德，日以敬天恤民为务。属太史上言，星文示儆。将朕德菲薄，有所未逮欤？天心仁爱，俾予以治，有所告戒欤？弭灾有道，善政为先。更号纪年，实惟旧典。惟世祖皇帝在位长久，天人协和，诸福咸至，祖述之志，良切朕怀。今特改元统三年仍为至元元年。通遵成宪，诞布宽条，庶格祯祥，永绥景祚。赦天下。

立常平仓。丁未，赐知枢密院事彻里帖木儿三珠虎符。

十二月己酉朔，荆门州献紫芝。以廪给司属通政院。加知枢密院事阔里吉思银青荣禄大夫，兼左翊蒙古侍卫亲军都指挥使。壬子，太阴犯垒壁阵。乙卯，命云南行省造军士钱粮新旧之籍。丙辰，制省诸王、公主、驸马饮膳之费。诏徵高丽王阿剌忒纳失里入朝。丁巳，诏伯颜领宫相府。戊午，日赤如赭。辛酉，太白犯垒壁阵。壬戌，拨庐州、饶州牧地一百顷赐宣让王帖木儿不花。命四川、云南、江西行省保选蛮夷官，以俟铨注。乙丑，奉玉册、玉宝，上太皇太后尊号曰赞天开圣徽懿宣昭贞文慈佑储善衍庆福元太皇太后，诏曰："钦惟太皇太后，承九庙之托，启两朝之业，亲以大宝付之眇躬。尚依拥佑之慈，恪遵仁让之训，爰极尊崇之典，以昭报本之忱。庸上徽称，宣告中外。"命宣政院使末吉以司徒就第。太白犯轩辕夫人星。丙寅，太白经天。丁卯，复如之。夜，太阴犯右执法。庚午，太白经天。

壬申,复如之。癸酉,岁星昼见。乙亥,太白岁星皆昼见。丙子,安
庆、蕲、黄地震。丁丑,西番贼起,遣兵击之。戊寅,蒙古国子监成。
是日,太白经天,岁星昼见。是月,宝庆路饥,赈粜米三千石。

闰月乙酉,诏:"四川盐运司于盐井仍旧造盐,余井听民煮造,
收其课十之三。"荧惑犯垒壁阵。丁亥,日赤如赭,凡三日。戊子,复
以宗正府为大宗正府。壬辰,诏宗室脱脱木儿袭封荆王,赐金印,命
掌忙来诸军,设立王府官属。丁酉,御史大夫撒的加银青荣禄大夫,
领奎章阁,知经筵事。戊戌,御史台臣复劾奏中书平章政事彻里帖
木儿罪,罢之。庚子,太阴犯心星。壬寅,流彻里帖木儿于南安。太
阴犯箕宿。癸卯,太阴犯南斗。丙午,诏平章政事塔失海牙领都水、
度支二监。

是年,江西大水,民饥,赈粜米七万七千石。赐天下田租之半。
凡有妻室之僧,令还俗为民,既而复听为僧。移犍为县还旧治。

元史卷三九
本纪第三九

顺帝二

　　二年春正月壬戌，太阴犯右执法。甲子，太阴犯角宿。乙丑，宿松县地震，山裂。丁卯，太阴犯房宿。是月，置都水庸田使司于平江。

　　二月戊寅朔，祭社稷。辛巳，太阴犯昴宿。甲申太白经天。戊子，诏以世祖所赐王积翁田八十顷还其子都中。初，积翁赍诏谕日本，死于王事；尝受赐，后收入官，故复赐之。己丑，立穆陵关巡检司。壬辰，日赤如赭。乙未、丙申，复如之。丁酉，追尊帝生母迈来迪为贞裕徽圣皇后。庚子，分衡州路衡阳县，立新城县。进封宣靖王买奴为益王。甲辰，宗王也可札鲁忽赤添孙薨，赐钞一百锭以葬。乙巳，诏赏劳广海征徭将卒，有官者升散阶，殁于王事者优加褒赠。金山甘肃兵士在逃者，听复业，免其罪。

　　三月戊申，以阿里海牙家藏书尽赐伯颜。甲寅，以按灰为大宗正府也可札鲁忽赤，总掌天下奸盗、诈伪。丁巳，以累朝御服珠衣、七宝项牌赐伯颜。庚申，日赤如赭。壬戌，复如之。赐征东元帅府军士冬衣及甲。诸军讨广西徭，久无功；敕行省、行台、廉访司官共督之。顺州民饥，以钞四千锭赈之。夜，太阴犯心宿。癸亥，日赤如赭。甲子，太阴犯箕宿。乙丑，太阴犯南斗。赐宗王火儿灰母答里钞一千锭。以撒敦上都居第赐太保定住，仍敕有司籍撒敦家财。甲戌，复四川盐井之禁。以按答木儿家人田宅赐太保定住。以汪家奴为宣政院使，加金紫光禄大夫。造武宗、英宗、明宗三朝皇后玉册、玉宝。是月,陕西暴风,旱,无麦。

夏四月丁丑朔,日赤如赭。禁民间私造格例。戊寅,封驸马孛
罗帖木儿为毓德王。丙戌,太阴犯角宿。丁亥,禁服麒麟、鸾凤、白
兔、灵芝、双角五爪龙、八龙、九龙、万寿、福寿字、赭黄等服。庚寅,
以知枢密院事帖木儿不华为中书平章政事,撒迪为御史大夫。甲
午,遣使以香、币赐武当、龙虎二山。诏以太平路为郯王彻彻秃食
邑。以集庆、庐州、饶州秃秃哈民户赐伯颜,仍于句容县设长官所领
之。戊戌,车驾时巡上都。拜中书左丞耿焕为侍御史,王德懋为中
书左丞。赐宗室灰里王金一锭、钞一千锭,毓德王孛罗帖木儿钞三
千锭,公主八八钞二千锭。

五月丙午朔,黄河复于故道。庚戌,太阴犯灵台。乙卯,南阳邓
州大霖雨,自是日至于六月甲申。湍河、白河大溢,水为灾。丙辰,
太白昼见。丁巳,亦如之。壬申,秦州山崩。是月,婺州不雨,至于
六月。

六月丁丑,禁诸王、驸马从卫服只孙衣,系修环。赠宗王忽都答
儿为云安王,谥忠武,罗罗歹为保宁王,谥昭勇。庚辰,命中书平章
政事阿吉剌知经筵事。戊子,以铁木儿补化为江浙行省左丞相。太
白犯井宿。辛卯,以汴梁、大名诸路脱别台地土赐伯颜。礼部侍郎
忽里台请复科举取士之制,不听。庚子,泾水溢。辛丑,以钞五千锭
赐吴王搠失江。

秋七月丙午,诏以公主奴伦引者思之地五千顷赐伯颜。以卫辉
路赐卫王宽彻哥为食邑。己酉,太白犯鬼宿。庚戌,以定住、锁南参
议中书省事。壬子,发阿鲁哈、不兰奚骆驼一百一十,上供太皇太后
乘舆之用。乙卯,太白犯荧惑。庚申,禁隔越中书口传敕旨冒支钱
粮。甲子,命有司以所籍撒敦宝器,分赐伯颜及太保定住。乙丑,中
书平章政事孛罗徙宅,赐金二锭、银十锭。庚午,敕赐上都孔子庙
碑,载累朝尊崇之意。省诸王、公主、驸马从卫粮赐之数。癸酉,命
宗王不兰奚,驸马月鲁不花、帖古思、教化镇薛连哥、怯鲁连之地,
各赐钞六百锭及银牌遣之。是月,黄州蝗,督民捕之,人日五斗。以

钞二千锭赈新收阿速军扈从车驾者,每户钞二锭,死者人一锭。

八月甲戌朔,日有食之。高邮大雨雹。诏:"云南、广海、八番及甘肃、四川边远官,死而不能归葬者,有司给粮食、舟车,护送还乡。去乡远者,加钞二十锭,无亲属者,官为瘗之。"命威顺王宽彻不花还镇湖广。先是,伯颜矫制召之至京,至是帝遣归藩。戊寅,祭社稷。大都至通州霖雨,大水,敕军人修道。己卯,太阴犯心宿。辛巳,太阴犯箕宿。辛卯,以徽政院、中政院财赋府田租六万三千三百石,补本年海运未敷之数,令有司归其直。壬辰,立屯卫于马札罕之地。庚子,诏:"强盗皆死。盗牛马者劓。盗驴骡者黥额,再犯劓。盗羊豕者墨项,再犯黥,三犯劓。劓后再犯者死。盗诸物者,照其数估价。省、院、台、五府官三年一次审决。著为令。"辛丑,减湖马路泥溪、平夷、蛮夷、夷都、沐川、雷坡六长官司,并为三。

九月庚戌,荧惑犯太微垣。癸亥,弛巩昌总帅府汉人军器之禁。戊辰,车驾还自上都。海运粮至京,遣官致祭天妃。是月,台州路饥,发义仓,募富人出粟赈之。沅州路卢阳县饥,赈粜米六千石。

冬十月丙子,荧惑犯左执法。己卯,享于太庙。丙申,命参知政事纳麟监绘明宗皇帝御容。丁酉,太阴犯昴宿。己亥,诏:"每日,右丞相伯颜,太保定住,中书平章政事莳罗、阿吉剌聚议于内廷,平章政事塔失海牙,右丞巩卜班,参知政事纳麟、许有壬等聚议于中书。"太阴犯进贤。是月,抚州、袁州、瑞州诸路饥,发米六万石赈粜之。

十一月己酉,太阴犯垒壁阵。壬子,以那海为湖广行省平章政事,讨广西叛猺。武宗、英宗、明宗三朝皇后升祔入庙,命官致祭。丁巳,遣河南行省平章政事玥普普华于西番为僧。己未,太阴犯垒壁阵。辛酉,赐宣让王帖木儿不花市宅钱四千锭。诏帖木儿不花王府官属,朝贺班次列于有司之右。壬戌,命同知枢密院事者燕不花兼官相都总管府达鲁花赤,领隆镇卫、左阿速卫诸军。癸亥,安置宗王不兰奚于梧州。丁卯,太阴犯房宿。辛未,禁弹弓、弩箭、袖箭。壬申,国公买住卒,赐钞三百锭。印造至元三年钞本一百五十万锭。是月,松江府上海县饥,发义仓粮及募富人出粟赈之。安丰路饥,赈粜麦四万二千四百石。

十二月甲戌,日赤如赭。丙子,命兴元府凤州留坝镇及晋宁路辽山县十八盘各立巡检司。宗王也孙帖木儿进西马三匹。赐文济王蛮子金印、驿券及从卫者衣并粮五千石。诏省、院、台、翰林、集贤、奎章阁、太常礼仪院、礼部官定议宁宗皇帝尊谥、庙号。是月,江州诸县饥,总管王大中贷富人粟以赈贫民,而免富人杂徭以为息,约年丰还之,民不病饥。庆元慈溪县饥,遣官赈之。

是岁,诏整治驿传。以甘肃行省白城子屯田之地赐宗王喃忽里。以燕铁木儿居第赐灌顶国师曩哥星吉,号大觉海寺,朔千佛于其内。江浙旱,自春至于八月不雨,民大饥。

三年春正月癸卯,广州增城县民朱光卿反,其党石昆山、钟大明率众从之,伪称大金国,改元赤符;命指挥狗札里、江西行省左丞沙的讨之。戊申,大都南北两城设赈粜米铺二十处。辛亥,升祔懿璘只班皇帝于庙,谥冲圣嗣孝皇帝,庙号宁宗。豫王阿剌忒纳失里买池州铜陵产银地一所,请用私财锻炼,输纳官课;从之。癸丑,立宣镇侍卫屯田万户府于宁夏。丙辰,月食。丁巳,日有交晕,左右珥上有白虹贯之。戊午,帝猎于柳林,凡三十五日;监察御史丑的、宋绍明进谏,帝嘉纳之,赐金、币。丑的等固辞,帝曰:"昔魏徵进谏,唐太宗未尝不赏,汝其受之。"是月,临江路新淦州、新喻州,瑞州民饥,赈粜米二万石。封晋郭璞为灵应侯。

二月壬申朔,日有食之。棒胡反于汝宁信阳州。棒胡本陈州人,名闰儿,以烧香惑众,妄造妖言作乱,破归德府鹿邑,焚陈州,屯营于杏冈。命河南行省左丞庆童领兵讨之。绍兴路大水。丙子,立船户提举司十处;提领二十处;定船户科差:船一千料之上者,岁纳钞六锭,以下递减。壬午,以上太皇太后玉册、玉宝,恭谢太庙。甲申,定服色、器皿、舆马之制。己丑,汝宁献所获棒胡弥勒佛、小旗、伪宣敕并紫金印、量天尺。辛卯,发钞四十万锭,赈江浙等处饥民四十万户,开所在山场、河泊之禁,听民樵采。广西猺贼复反,命湖广行省平章那海、江西行省平章秃儿迷失海牙总兵捕之。丙申,太保定住薨,给赐殡葬诸物。庚子,中书参知政事纳麟等请立采珠提举司。先是尝立提举司,泰定间以其烦扰,罢去。至是,纳麟请复立之,且以采珠户四万赐伯颜。是月,发义仓米赈蕲州及绍兴饥民。

三月辛亥,太阴犯灵台。发钞一万锭,赈大都宝坻饥民。戊午,以玉宝、玉册立弘吉剌氏伯颜忽都为皇后,因雨辍贺。诏以完者帖木儿苏州之田二百顷,赐郯王彻彻秃。己未,大都饥,命于南、北两城赈粜糙米。癸亥,加封晋周处为英义武惠正应王。己丑,命宗王燕帖木儿为大宗正府札鲁忽赤。是月,天雨线。发义仓粮,赈溧阳州饥民六万九千二百人。

夏四月壬申,遣使降香于龙虎、三茅、阁皂诸山。癸酉,禁汉人、南人、高丽人,不得执持军器,凡有马者拘入官。甲戌,有星孛于王良,至七月壬寅没于贯索。皇后以受玉册、玉宝,恭谢太庙。命伯颜领宣镇侍卫军,赐钞三千锭,建宣镇侍卫府。以太皇太后受册、宝,诏天下。已卯,车驾时巡上都。壬午,高丽王阿剌忒纳失里朝贺还国,赐金一锭、钞二千锭,从官赐与有差。辛卯,合州大足县民韩法师反,自称南朝赵王。太阴犯垒壁阵。丁酉,谥唐杜甫为文贞。己亥,惠州归善县民聂秀卿、谭景山等造军器,拜戴甲为定光佛,与朱光卿相结为乱;命江西行省左丞沙的捕之。庚子,太白昼见。是月,诏:"省、院、台、部、宣慰司、廉访司及郡府幕官之长,并用蒙古、色目人。禁汉人、南人,不得习学蒙古、色目文字。"以米八千石、钞二千八百锭,赈哈剌奴儿饥民。龙兴路南昌新建县饥,太皇太后发徽政院粮三万六千七百七十石赈粜之。

五月辛丑,民间讹言朝廷拘刷童男、童女,一时嫁娶殆尽。壬寅,太白犯鬼宿。癸卯,给平伐、都云定云二处安抚司达鲁花赤暗都剌等虎符。乙巳,以兴州、松州民饥,禁上都、兴和造酒。太阴犯轩辕。戊申,诏:"汝宁棒胡,广东朱光卿、聂秀卿等,皆系汉人;汉人有官于省、台、院及翰林、集贤者,可讲求诛捕之法以闻。"太白昼见。

壬子，太阴犯心宿。甲寅，诏哈八儿秃及秃坚帖木儿为太尉，各设哭属幕官。西番贼起，杀镇西王子党兀班；立行宣政院，以也先帖木儿为院使，往讨之。戊午，太白昼见。己未，太阴犯垒壁阵。辛酉，太白昼见。壬戌，命四川行省参知政事举理等捕反贼韩法师。丁卯，彗星见于东北，大如天船星，色白，约长尺余，彗指西南，至八月庚午始灭。

六月庚午，太白经天。辛未、甲戌，复如之。乙亥，太白犯灵台。戊寅，赠丞相安童推忠佐运开国元勋、东平忠宪王，于所封城内建立祠庙，官为致祭。己卯，太白经天。夜，太白犯太微垣。辛巳，大霖雨，自是日至癸巳不止。京师、河南、北水溢，御河、黄河、沁河、浑河水溢，没人畜、庐舍甚众。壬午，太白昼见。太阴犯斗宿。癸未，设醮长春宫。丁亥，太白犯太微垣。戊子，加封文始尹真人为无上太初博文文始真君，徐甲为垂玄感圣慈化应御真君，庚桑子洞灵感化超蹈混然真君，文子通玄光畅升元敏诱真君，列子冲虚至德遁世游乐真君，庄子南华至极雄文弘道真君。己丑，太白昼见。庚寅，复如之，至七月辛酉方息。壬辰，彰德大水，深一丈。立高密县潍川乡景芝社巡检司。

秋七月己亥，漳河泛溢至广平城下。赐巩卜班西平王印。癸卯，车驾出猎。太白经天。乙巳，复如之。丙午，车驾幸失剌斡耳朵。太白复经天。丁未，车驾幸龙冈，洒马乳以祭。戊申，召朵儿只国王入朝。庚戌，太白昼见。河南武陟县禾将熟，有蝗自东来，县尹张宽仰天祝曰："宁杀县尹，毋伤百姓。"俄有鱼鹰群，飞啄食之。壬子，车驾幸乾元寺。甲寅，太白经天。乙卯，怀庆水。庚申，诏："除人命重事之外，凡盗贼诸罪，不须候五府官审录，有司依例决之。"辛酉，太白昼见。壬戌，赐宗王桑哥八剌七宝系腰。太白经天。癸亥、甲子，复如之。是月，狗札里、沙的擒朱光卿，寻追擒石昆山、钟大明。

八月戊辰，祭社稷。遣使赈济南饥九万户。庚午，彗星不见，自五月丁卯始见，至是凡六十三日，自昴至房，凡历一十五宿而灭。甲戌，太阴犯心宿。辛巳，京畿盗起。壬午，京师地大震，太庙梁柱裂，各室墙壁皆环，厌损仪物，文宗神主及御床尽碎。西湖寺神御殿壁仆，压损祭器。自是累震，至丁亥方止，所损人民甚众。癸未，日有交晕，左右珥白虹贯之。河南地震。弛高丽执持军器之禁，仍令乘马。戊子，汉人镇遏生蕃处，亦开军器之禁。修理文宗神主并庙中诸物。是月，车驾至自上都。

九月己亥，荧惑犯斗宿。甲辰，太白犯斗宿。丁未，太阴犯垒壁阵。己酉，立皮货所于宁夏，设提领使、副主之。立四川、湖广、江西、江浙行枢密院。文宗新主、玉册及一切神御之物皆成，诏依典礼祭告。太阴犯垒壁阵。辛亥，太阴犯轩辕。丙寅，大都南、北两城添设赈粜米铺五所。

冬十月庚午，太白昼见。癸酉，日赤如赭。乙亥，命江浙行省丞相搠思监提调海运。丙子，太阴犯鬼垒壁阵。壬午，太阴犯昴宿。丁亥，太白昼见。太阴犯鬼宿。庚寅，太白昼见。辛卯，亦如之。丙申，复如之。

十一月丁酉，太白经天。戊戌，太白犯亢宿。己亥，太白经天。壬寅，太阴犯荧惑。癸卯，太阴犯垒壁阵。丙午，立屯田于雄州。丁未，填星犯键闭。辛亥，太白犯五车。甲寅，太白犯鬼宿。丙辰，太阴犯轩辕。丁巳，太白经天。太阴犯太微垣。诏脱脱木儿袭脱火赤荆王位，仍命其妃忽剌灰同治兀鲁思事。戊午，太白经天。癸亥，发钞万五千锭，赈宣德等处地震死伤者。太白经天。甲子、乙丑，复如之。

十二月己巳，享于太庙。岁星退犯天罇，填星犯罚星。甲戌，荧惑犯垒壁阵，太白犯东咸。乙亥，吏部仍设考功郎中、员外郎、主事各一员。庚辰，命阿鲁图袭广平王爵。壬午，集贤大学士羊归等言：“太上皇、唐妃影堂在真定玉华宫，每年宜于正月二十日致祭。”从之。丙戌，命阿速卫探马赤军屯田。是月，以马札儿台为太保，分枢密院镇北边。

是岁，诏赐孝子靳昺碑。伯颜请杀张、王、刘、李、赵五姓汉人，帝不从。徽西域僧加剌麻至京师，号灌顶国师，赐玉印。

四年春正月丙申，以地震，赦天下。诏："内外廉能官，父母年七十无侍丁者，附近铨注，以便侍养。"以宣政院使不兰奚年七十致仕，授大司徒，给全俸终身。癸卯，太白犯建星。甲辰，复如之。丙午，太白犯五车。辛亥，太阴犯轩辕。己未，填星犯东咸。江浙海运粮数不足，拨江西、河南五十万石补之。庚申，太阴入南斗，太白犯牛宿。辛酉，分命宗王乃马歹为知行枢密院事。癸亥，印造钞本百二十万锭。是月，诏修曲阜孔子庙。

二月丁卯，罢河南、江西、江浙、湖广、四川等处行枢密院。戊辰，祭社稷。庚午，车驾猎于柳林。戊寅，太阴犯轩辕。己卯，太阴犯灵台。乙酉，奉圣州地震。是月，赈京师、河南、北被水灾者。龙兴路南昌州饥，以江西海运粮赈粜之。

三月戊申，填星退犯东咸。辛酉，命中书平章政事阿吉剌监修《至正条格》。告祭南郊。以国王朵儿只为辽阳行省左丞相，宗王玉里不花为知枢密院事，赐钞一千锭、金一锭、银十锭。

夏四月辛未，京师天雨红沙，昼晦。以探马赤、只儿瓦歹为中书平章政事。癸酉，以脱脱为御史大夫。乙亥，命阿吉剌为奎章大学士兼知经筵事。己卯，车驾时巡上都。河南执棒胡至京师，诛之。癸巳，车驾薄暮至八里塘，雨雹，大如拳，其状有小儿，环玦，狮、象、龟、卵之形。

五月乙未，立五台山等处巡检司。庚戌，升两淮屯田打捕总管府为正三品。甲寅，赠湖广行省平章政事燕赤推诚翊戴安边制胜功臣、太傅、开府仪同三司、上柱国，追封永平王，谥忠襄。辛酉，诏土番宣慰司军士，许令乘马执兵器。湖广行省元领新化洞、古州、潭溪、龙里、洪州诸洞三百余处，洞民六万余户，分隶靖州，立叙南、横江巡检司。是月，命佛家闾为考功郎中，乔林为考功员外郎，魏宗道为考功主事，考较天下郡县官属功过。命阿剌吉复为中书平章政事。彰德献瑞麦，一茎三穗。临沂、费县水，发米三万石赈粜之。

六月庚午，广东廉访司访司佥事恩莫绰言："处决重囚，宜命五府官斟酌地理远近,预选官分行各道,比到秋分时毕事。"从之。辛巳,袁州民周子旺反,僭称周王,伪改年号;寻擒获,伏诛。填星退犯键闭。壬午,立重庆路垫江县。己丑,邵武路大雨,水入城郭,平地二丈。是月,信州路灵山裂。漳州路南胜县民李志甫反,围漳城;守将捌思监与战,失利。诏江浙行省平章别不花总浙闽、江西、广东军讨之。

秋七月壬寅,诏以伯颜有功,立生祠于涿州、汴梁。己酉,奉圣州地大震,损坏人民庐舍。丙辰,巩昌府山崩,压死人民。戊午,为伯颜立打捕鹰房诸色人户总管府。

八月癸亥朔,日有食之。戊辰,祭社稷。己巳,申取高丽女子及阉人之禁。赠伯颜察儿守诚佐治安惠世美功臣、太师、开府仪同三司、上柱国,追封奉元王,谥忠宣。辛未,宣德府地大震。癸酉,山东盐运司于济南历城立滨洛盐仓东西二场。丙子,京师地震,日二、三次,至乙酉乃止。丁丑,白虹贯天。癸未,改宣德府为顺宁府,奉圣州为保安州。赠太保曲出推忠翊运保宁一德功臣、太师、开府仪同三司、上柱国,追封广阳王,谥忠惠。赠平章伯帖木儿宣忠济美协诚正德功臣、太傅、开府仪同三司、上柱国,追封文安王,谥忠宪。甲申,云南老告土官八那遣侄那赛赍象、马来朝,为立老告军民总管府。是月,车驾还自上都。

闰八月戊戌,日赤如赭。己亥,复如之。填星犯罚星。太阴犯斗宿。壬寅,日赤如赭。庚戌,太阴犯斗宿。乙卯,太阴犯鬼宿。

九月丙寅,太阴犯斗宿。戊辰,太白犯东咸。癸酉,奔星如杯大,色白,起自右旗之下,西南行,没于近浊。甲申,太阴犯轩辕。乙酉,太阴犯灵台。庚寅,日赤如赭。太白犯斗宿。

冬十月辛卯,享于太庙。辛亥,太阴犯酒旗。

十一月丙寅,改英宗殿名昭融。丁卯,立绍熙府军民宣抚都总使司,命御史大夫脱脱兼都总使,治书侍御史吉当普为副都总使,世袭其职。本府元领六州、二十县、一百五十二镇,国初以其地荒而废之;至是居民二十余万,故立府治之。乙巳,命平章政事字罗领太常礼仪院使。荧惑犯氐宿。丁丑,太阴犯鬼宿。戊寅,太阴犯垒壁阵。壬午,四川散毛洞蛮反,遣使赈被寇人民。

十二月甲午,大都南城等处设米铺二十,每铺日粜米五十石,以济贫民,俟秋成乃罢。戊戌,立邦牙等处宣慰司都元帅府并总管府。先是,世祖既定缅地,以其处云南极边,就立其酋长为帅,令三年一入贡。至是来贡,故立官府。庚子,荧惑犯房宿。壬寅,以宣徽使别儿怯不花为御史大夫。癸卯,太白经天。己酉,复如之。庚戌,加荆王脱脱木儿元德上辅广忠宣义正节振武佐运功臣之号。太白经天。辛亥,复如之。壬子,荧惑犯东咸。乙卯,太白犯外屏。太阴犯斗宿。丙辰,太白经天。

元史卷四○
本纪第四○

顺帝三

五年春正月癸亥,禁滥予僧人名爵。庚午,太阴犯井宿。乙亥,荧惑犯天江。濮州鄄城、范县饥,赈钞二千一百八十锭。冀宁路交城等县饥,赈米七千石。桓州饥,赈钞二千锭。云需府饥,赈钞五千锭。开平县饥,赈米两月。兴和宝昌等处饥,赈钞万五千锭。

二月庚寅,信州雨土。甲午,太阴犯昴宿。戊戌,祭社稷。庚子,免广海添办盐课万五千引,止办元额。壬寅,太阴犯灵台。

三月辛酉,八鲁剌思千户所民被灾,遣太禧宗禋院断事官塔海发米赈之。戊辰,滦河住冬怯怜口民饥,每户赈粮一石、钞二十两。

夏四月辛卯,革兴州兴安县。癸巳,立伯颜南口过街塔二碑。乙未,加封孝女曹娥为慧感灵孝昭顺纯懿夫人。壬寅,太阴犯日星及房宿。己酉,申汉人、南人、高丽人不得执军器、弓矢之禁。是月,车驾时巡上都。

五月己未朔,晃火儿不剌、赛秃不剌、纽阿迭烈孙、三卜剌等处六爱马大风雪,民饥,发米赈之。庚午,太阴犯心宿。壬申,太阴犯斗宿。丙子,太白犯昴宿。丙戌,加封浏阳州道吾山龙神崇惠昭应灵显广济侯。

六月壬寅,月食。甲辰,荧惑退入南斗。庚戌,汀州路长汀县大水,平地深可三丈余,没民庐八百家,坏民田二百顷,户赈钞半锭,死者一锭。乙卯,达达民饥,赈粮三月。是月,沂、莒二州民饥,发粮赈粜之。

秋七月辛酉、壬戌,荧惑犯南斗。甲子,荧惑犯南斗。太阴犯房宿。甲戌,太白经天。丙子,开上都、兴和等处酒禁。丁丑,封皇姊月鲁公主为昌国大长公主。戊寅,太白经天。诏诸王位下官毋入常选。甲申,常州宜兴山水出,势高一丈,坏民庐。乙酉,太白经天。丙戌,太白复经天。

八月丁亥,车驾至自上都。戊子,太白经天。祭社稷。己丑,太白复经天。庚寅,宗王脱欢脱木尔各爱马人民饥,以钞三万四千九百锭赈之。宗王脱怜浑秃各爱马人民饥,以钞万一千三百五十七锭赈之。太白经天。辛卯,太白复经天。甲午,太阴犯斗宿。丁酉,太白犯轩辕。戊戌、己亥,太白经天。壬寅至甲辰,太白复经天。乙巳,太阴犯昴宿。

九月丁巳,沈阳饥,民食木皮,赈粜米一千石。戊午,太白经天。己未,太白复经天。

冬十月辛卯,享于太庙。壬辰,禁倡优盛服,许男子裹青巾,妇女服紫衣,不许戴笠乘马。甲午,诏命伯颜为大丞相,加元德上辅功臣之号,赐七宝、玉书、龙虎金符。己亥,荧惑犯垒壁阵。是月,衡州饥,赈粜米五千石。辽阳饥,赈米五百石。文登、牟平二县饥,赈粜米一万石。

十一月丁巳,荧惑犯垒壁阵。禁宰杀。戊辰,开封杞县人范孟反,伪传帝旨,杀河南行省平政事月禄帖木儿、左丞劫烈、廉访使完者不花等;已而捕诛之。癸酉,瑞州路新昌州雨木冰,至明年二月始解。是月,八番顺元等处饥,赈钞二万二十锭。

十二月辛卯,复立都水庸田使司于平江。先是尝置而罢,至是复立。甲午,太阴犯昴宿。癸卯,荧惑犯外屏。

是岁,敕赐曲阜宣圣庙碑。工部厅梁上,出芝草,一本七茎。袁州饥,赈粜米五千石。胶、密、莒、潍等州饥,赈钞二万锭。

六年春正月丁卯,太阴犯鬼宿。甲戌,立司禋监,奉太祖、太宗、睿宗三朝御容于石佛寺。乙亥,太阴犯房宿。戊寅,追封阔儿吉思宣诚戡难翊运致美功臣、太师、开府仪同三司、上柱国,追封晋宁王,谥忠襄。是月,察忽、察罕脑儿等处马灾,赈钞六千八百五十八锭。邠州饥,赈米两月。

二月甲申朔,诏权止今年印钞。戊子,祭社稷。己丑,太阴犯昴宿。丙申,太阴犯太微垣。己亥,黜中书大丞相伯颜为河南行省左丞相,诏曰:

> 朕践位以来,命伯颜为太师、秦王、中书大丞相,而伯颜不能安分,专权自恣,欺朕年幼,轻视太皇太后及朕弟燕帖古思,变乱祖宗志宪,虐害天下。加以极刑,允合舆论。朕念先朝之故,尚存悯恤。今命伯颜出为河南行省左丞相,所有元领诸卫亲军并怯薛丹人等,诏书到时,即许散还。

以太保马札儿台为太师、中书右丞相,太尉塔失海牙为太傅,知枢密院事塔马赤为太保,御史大夫脱脱为知枢密院事,汪家奴为中书平章政事,岭北行省平章政事也先帖木儿为御史大夫。增设京城米铺,从便赈粜。壬寅,诏:"除知枢密院事脱脱之外,诸王侯不得悬带弓箭、环刀辄入内府。"癸卯,太阴犯心宿。乙巳,罢各处船户提举、广东采珠提举二司。丁未,太阴犯罗堰。立延徽寺,以奉宁宗祀事。罢司禋监。罢通州、河西务等处抽分按利房,大都东里山查提领所。戊申,荧惑犯月星。己酉,彗星如房星大,色白,状如粉絮,尾迹约长五寸余,彗指西南,渐向西北行。是月,福宁州大水,溺死人民。京畿五州、十一县水,每户赈米两月。

三月甲寅,漳州义士陈君用袭杀反贼李志甫,授君用同知漳州路总管府事。乙卯,益都、般阳等处饥,赈之。丙辰,赦漳、潮二州民为李志甫、刘虎仔胁从之罪。褒赠军将死事者。丁巳,大斡耳朵思风雪为灾,马多死,以钞八万锭赈之。癸亥,四怯薛役户饥,赈米一千石、钞二千锭。成宗潜邸四怯薛户饥,赈米二百石、钞二百锭。以知枢密院事脱脱、御史大夫别儿怯不花、知枢密院事牙不花知经筵事,中书参议阿鲁佛住兼经筵官。太阴犯轩辕。丁卯,诏赐江南行台御史中丞史惟良、御史中丞耿焕、山东廉访使张友谅、中书参知政事许有壬上尊、束帛。庚午，太阴犯房宿。辛未，诏徙伯颜于南恩州阳春县安置。壬申，太阴犯南斗。丁丑，以治书侍御史达识帖睦迩为奎章阁大学士，翰林直学士揭傒斯为奎章阁供奉学士。戊寅，太白犯月星。辛巳，彗星见，自二月己酉至三月庚辰，凡三十二日。是月，淮安路山阳县饥，赈钞二千五百锭，给粮两月。顺德路邢台县饥，赈钞三千锭。

夏四月己丑，享于太庙。庚寅，诏大天元延寿寺立明宗神御殿碑。以同知枢密院事铁木儿塔识为中书右丞。丙午，诏封马札儿台为忠王及加答剌罕之号，马札儿台辞。

五月癸丑，禁民间藏军器。乙卯，监察御史普鲁台言："右丞相马札儿台辞答剌罕及王爵名号，宜示天下，以劝廉让。"从之。己未，诏以党兀巴太子擒贼阿答理胡，殁于王事，追封谅王，谥忠烈。漳州龙岩尉黄佐才获李志甫余党郑子箕。佐才因与贼战，妻子四十余口皆遇害，以佐才为龙岩县尹。丁卯，太阴犯斗宿。辛未，降钞万锭，给守卫宫阙内外门禁唐兀、左、右阿速，贵赤，阿儿浑，钦察等卫军。丙子，车驾时巡上都。置月祭各影堂香于大明殿，遇行礼时，令省臣就殿迎香祭之。以宦者伯不花为长宁寺卿。是月，济南饥，赈钞万锭。

六月丙申，诏撤文宗庙主，徙太皇太后不答失里东安州安置，放太子燕帖古思于高丽，其略曰：

　　昔我皇祖武宗皇帝升遐之后，祖母太皇太后惑于憸慝，俾皇考明宗皇帝出封云南。英宗遇害，正统寖偏，我皇考以武宗之嫡，逃居朔漠，宗王、大臣同心翊戴，肇启大事，于时以地近，先迎文宗，暂总机务。继和天理人伦之攸当，假让位之名，以宝玺来上，皇考推诚不疑，即授以皇太子宝。文宗稔恶不悛，当躬逃之际，乃与其臣月鲁不花、也里牙、明里董阿等谋为不轨，使我皇考饮恨上宾。归而再御宸极，思欲自解于天下，乃谓夫何数日间，宫车弗驾。海内闻之，靡不切齿。

又私图传子,乃构邪言,嫁祸于八不沙皇后,谓朕非明宗之子,遂俾出居遐陬。祖宗大业,几于不继。内怀愧慊,则杀也里牙以杜口。上天不佑,随降殒罚。叔婶不答失里怙其势焰,不立明考之冢嗣,而立孺稚之弟懿璘质班,奄复不年,诸王、大臣以贤以长,扶朕践位。国之大政,属不自遂者,讵能枚举。

每念治必本于尽孝,事莫先于正名,赖天之灵,权奸屏黜,尽孝正名,不容复缓,永惟鞠育罔极之恩,忍忘不共戴天之义。既往之罪,不可胜诛,其命太常彻去脱脱木儿在庙之主。不答失里本朕之婶,乃阳构奸臣,弗体朕意,僭膺太皇太后之号,迹其闺门之祸,离间骨肉,罪恶尤重,揆之大义,削去鸿名,徙东安州安置。燕帖古思昔虽幼冲,理难同处,朕终不陷于覆辙,专务残酷,惟放诸高丽。当时贼臣月鲁不花、也里牙已死,其以明里董阿等明正典刑。

监察御史崔敬言:"燕帖古思不宜放逐。"不报。己亥,秦州成纪县山崩、地坼。癸卯,太白昼见。己酉,太白复昼见。辛亥,太白昼见,夜犯岁星。是月,济南路历城县饥,赈钞二千五百锭。

秋七月甲寅,太白昼见。诏封微子为仁靖公,箕子为仁献公,比干加封为显忠烈公。乙卯,奉元路盩厔县河水溢,漂流人民。丁巳,太白昼见。戊午,以星文示异,地道失宁,蝗、旱相仍,颁罪己诏于天下。享于太庙。己未,以亦怜真班为御史大夫。庚申,太阴犯心宿。壬戌至癸亥,太白复昼见。甲子,太阴犯罗堰。乙丑至丙寅,太白复昼见。丁卯,燕帖古思薨,诏以钞一百锭备物祭之。癸酉,太白昼见。戊寅,命翰林学士承旨腆哈、奎章阁学士嵘嵘等删修《大元通制》。庚辰,达达之地大风雪,羊马皆死,赈军士钞一百万锭,并遣使赈怯烈干十三站,每站一千锭。是月,禁色目人勿妻其叔母。

八月壬午,以也先帖木儿为御史大夫。戊子,祭社稷。是月,车驾至自上都。

九月辛亥,明里董阿伏诛。癸丑,加封汉张飞武义忠显英烈灵惠助顺王。辛酉,太白犯虚梁。丙寅,诏:"今后有罪者,毋籍其妻女以配人。"丁卯,太阴犯昴宿,荧惑犯岁星。甲戌,太阴犯轩辕。

冬十月甲申,奉玉册、玉宝,尊皇考为顺天立道睿文智武大圣孝皇帝,亲裸太室。庚寅,奉符、长清、元城、清平四县饥,诏遣制国用司官验而赈之。辛卯,各爱马人不许与常选。壬辰,立曹南王阿剌罕、淮安王伯颜、河南王阿术祠堂。丁酉,太白入南斗。己亥,太白犯斗宿。壬寅,马札儿台辞右丞相职,仍为太师。以脱脱为中书右丞相,宗正札鲁忽赤铁木儿不花为中书左丞相。是月,河南府宜阳等县大水·漂没民庐,溺死者众,人给殡葬钞一锭,仍赈义仓粮两月。

十一月甲寅,监察御史世图尔言,宜禁答失蛮、回回、主吾人等叔伯为婚姻。乙卯,太阴犯虚梁。以亲裸大礼庆成,御大明殿受群臣朝。戊午,荧惑犯氐宿。甲子,月食。辰星犯东咸。辛未,以孔克坚袭封衍圣公。戊寅,辰星犯天罡。是月,处州、婺州饥,以常平、义仓粮赈之。

十二月,复科举取士制。国子监积分生员,三年一次,依科举例入会试,中者取一十八名。癸未,太阴犯虚梁。乙酉,太阴犯土公。丁亥,荧惑犯钩钤。戊子,罢天历以后增设太禧宗禋等院及奎章阁。乙未,荧惑犯东咸。戊戌,太阴犯明堂。是月,东平路民饥,赈之。宝庆路大雪,深四尺五寸。

至正元年春正月己酉朔,改元,诏曰:

朕惟帝王之道,德莫大于克孝,治莫大于得贤。朕早历多难,入绍大统,仰思祖宗付托之重,战兢惕励,于兹八年。慨念皇考久劳于外,甫即大命,四海觖望,凤夜追慕,不忘于怀。乃以至元六年十月初四日,奉玉册、玉宝,追上皇考曰顺天立道睿文智武大圣孝皇帝,被服衮冕裸于太室,式展孝诚。十有一月六日,勉徇大礼庆成之请,御大明殿受群臣朝。

爰自去春,畴咨于众,以知枢密院事马札儿台为太师、右丞相,以正百官,以亲万民。寻即控辞,养疾私第,再三谕旨,勉令就位,自春徂秋,其请益固。朕悯其劳日久,察其至诚,不忍烦之以政,俾解机务仍为太师。而知枢密院事脱脱早岁辅朕,克著忠贞,乃命为中书右丞相;宗正札鲁忽赤帖木儿不花,尝历政府,嘉绩著闻,为中书左丞相,并录军国重事。夫三公论道,以辅予德,二相总政,以弼予治。其以至元七年为至正元年,与天下更始。

甲寅,荧惑犯天江。丁巳,享于太庙。庚申,太阴犯井宿。癸亥,诏天寿节禁屠宰六日。辛未,太阴犯心宿。癸酉,太阴犯斗宿。甲戌,太白昼见,凡四日。是月,命脱脱领经筵事。命永明寺写金字经一藏。免天下税粮五分。湖南诸路饥,赈粜米十八万九千七十六石。

二月戊寅,祭社稷。己卯,太白昼见。庚辰,太白复昼见。辛巳,立广福库。罢藏珍等库。乙酉,济南滨州沾化等县饥,以钞五万三千锭赈之。丙戌,太白昼见。癸巳,太阴犯明堂。乙未,加封皇姊不答昔你明惠贞懿大长公主。是月,大都宝坻县饥,赈米两月。河间莫州、沧州等处饥,赈钞三万五千锭。晋州饶阳、阜平、安喜、灵寿四县饥,赈钞二万锭。印造至元钞九十九万锭、中统钞一万锭。

三月庚戌,罢两淮屯田手号打捕军役,令属本所领之。癸丑,命屯储御军于河南芍陂、洪泽、德安三处屯种。甲寅,给还帖木儿不花宣让王印,镇淮西。己未,汴梁地震。大都路涿州范阳、房山饥,赈钞四千锭。丙子,以行省平章政事燕帖木儿就佩虎符,提调屯田。是月,般阳路长山等县饥,赈钞万锭。彰德路安阳等县饥,赈钞万五千锭。

夏四月丁丑,道州土贼蒋丙等反,破江华县,掠明远县。戊寅,彰德有赤风自西北起,昼晦如夜。甲申,享于太庙。丁亥,临贺县民被徭寇钞掠,发义仓粮赈之。庚寅,帝幸护圣寺,命中书右丞铁木儿塔识为平章政事,阿鲁为右丞,许有壬为左丞。癸巳,立富昌库,隶资正院。复立卫候司。丁酉,以两浙水灾,免岁办余盐三万引。己亥,立吏部司绩官。庚子,复封太师马札儿台为忠王。罢漷州河西务。彰德饥,赈钞万五千锭。是月,车驾时巡上都。

五月戊申，以崇文监属翰林国史院。己未，罢河西务行用库。壬戌，月食。是月，赈阿剌忽等处被灾之民三千九百一十三户，给钞二万一千七百五锭。

闰五月丁丑，改封徽州土神汪华为昭忠广仁武烈灵显王。甲午，赏赐扈从明宗诸王官属八百七人，金、银、钞、币各有差。壬寅，诏刻宣文、至正二宝。

六月戊午，禁高丽及诸处民以亲子为宦者，因避赋役。戊辰，改旧奎章阁为宣文阁。庚午，太阴犯井宿。是月，扬州路崇明、通、泰等州海潮涌溢，溺死一千六百余人，赈钞万一千八百二十锭。

秋七月己卯，享于太庙。乙酉，太阴犯填星。庚寅，太阴犯云雨。

八月戊申，祭社稷。是月，车驾至自上都。

九月庚辰，太阴犯建星。壬午，赐文臣燕于拱辰堂。己丑，冀宁路嘉禾生，异亩同颖。壬辰，太阳犯钺星，又犯井宿。壬寅，许有壬进讲明仁殿，帝悦，赐酒宣文阁中，仍赐貂裘、金织纹币。

冬十月丁未，享于太庙。己酉，封阿沙不花顺宁王，昔宝赤寒食顺国公。甲寅，中书省臣奏：“海运不给，宜令江浙行省于中政院财赋府拨赐诸人寺观田粮，总运二百六十万石。”从之。乙卯，岁星犯氐宿。丁巳，太阴犯月星。戊午，月食既。

十一月丙子，道州路贼何仁甫等反。戊寅，彰德属县各添设县尉一员。庚辰，分吏部、礼部、兵部、刑部为二库，户部、工部为二库，各设管勾一员。己亥，太阴犯东井。庚子，太阴犯天江。徭贼寇边，诏湖广行省平章政事巩卜班总兵讨平之，定赏有差。

十二月乙卯，诏：“民年八十以上，蒙古人赐绘帛二表里，其余州县，旌以高年耆德之名，免其家杂役。”丁巳，太白犯垒壁阵。己未，立四川安岳县。增设嘉兴等处盐仓。壬戌，云南车里寒赛、刀等反，诏云南行省平章政事脱脱木儿讨平之。癸亥，以在库至元、中统钞二百八十二万二千四百八十八锭，可支二年，住造明年钞本。诏革王伯颜察儿等所献檀、景等处产金地土。山东、燕南强盗纵横，至三百余处，选官捕之。复立拱仪局。己巳，以翰林学士承旨张起岩知经筵事。是月，复立司禋监。加封真定路滹沱河神为昭佑灵源侯。

二年春正月丁丑，享于太庙。丙戌，开京师金口河，深五十尺，广一百五十尺，役夫一十万。戊子，太阴犯明堂。癸巳，遣翰林学士三保等代祀五岳、四渎。甲午，荧惑犯月星。是月，大同饥，人相食，运京师粮赈之。顺宁保安饥，赈钞一万锭。广平磁、威州饥，赈钞五万锭。降咸平府为县，升懿州为路，以大宁路所辖兴中、义州属懿州。

二月壬寅，颁《农桑辑要》。戊申，祭社稷。乙卯，李沙的伪造御宝圣旨，称枢密院都事，伏诛。己巳，织造明宗御容。是月，彰德路安阳、临漳等县饥，赈钞二万锭。大同路浑源州饥，以钞六万二千锭、粮二万石兼赈之。大名路饥，以钞万二千锭赈之。河间路饥，以钞五万锭赈之。

三月戊寅，亲试进士七十八人，赐拜住、陈祖仁及第，其余出身有差。辛巳，冀宁路饥，赈粜米三万石。戊子，太阴犯房宿。是月，顺德路平乡县饥，赈钞万五千锭。卫辉路饥，赈钞万五千锭。杭州路火灾，给钞万锭赈之。

夏四月辛丑，冀宁路平晋县地震，声鸣如雷，裂地尺余，民居皆倾。乙巳，享于太庙。己酉，罢云南蒙庆宣慰司。庚申，太阴犯罗堰。是月，车驾时巡上都。

五月甲申，太白经天。丁亥，以江浙行省平章政事只而瓦台为河南行省平章政事。东平雨雹如马首。

六月戊申，命江浙拨赐僧道田还官，徵粮以备军储。壬子，济南山崩，水涌。乙丑，罢邦牙宣慰司。是月，汾水大溢。

秋七月庚午，惠州路罗浮山崩。辛未，享于太庙。乙未，太阴掩太白。丁酉，太白昼见。己亥，庆远路莫八聚众反，攻陷南丹、左右两江等处，命脱脱赤颜讨平之。立司狱司于上都，比大都兵马司。是月，拂郎国贡异马，长一丈一尺三寸，高六尺四寸，身纯黑，后二蹄皆白。

八月庚子朔，日有食之。癸卯，罢上都事产提举司。丙午，太白昼见。戊申，祭社稷。是月，冀宁路饥，赈粜米万五千石。

九月己，诏遣湖广行省平章政事巩卜班领河南、江浙、湖广诸军，讨道州贼，平之，复平嵊峒堡寨二百余处。辛未，车驾至自上都。丁丑，太阴犯罗堰。京城强贼四起。戊子，太阴犯井宿。是月，归德府睢阳县因黄河为患，民饥，赈粜米万三千五百石。

冬十月己亥朔，日有食之。癸卯，太阴犯建星。陕西行省平章政事朵朵辞职侍亲，不允。丁未，享于太庙。甲寅，太阴犯天关。壬戌，诏遣官致祭孔子于曲阜。罢织染提举司。甲子，杭州、嘉兴、绍兴、温州、台州等路各立检校批验盐引所。权免两浙额盐十万引，福建余盐三万引。

十一月甲申，诏免云南明年差税。辛卯，岁星、荧惑、太白聚于尾宿。

十二月壬寅，申服色之禁。丙午，命中书右丞太平、枢密副使姚庸、御史中丞张起岩知经筵事。己酉，京师地震。辛亥，封晃火帖木儿之子彻里帖木儿为抚宁王。丙辰，赐云南行省参知政事不老三珠虎符，以兵讨死可伐。癸亥，阿鲁、秃满等以谋害宰臣，图为叛逆，伏诛。

元史卷四一
本纪第四一

顺帝四

　　三年春正月丙子,中书左丞许有壬辞职。丁丑,享于太庙。乙酉,中书平章政事纳麟辞职。庚寅,沙汰怯薛丹名数。

　　二月戊戌,祭社稷。甲辰,太阴犯井宿。填星犯牛宿,荧惑犯罗堰。丁未,立四川省检校官。辽阳吾者野人叛。乙卯,太阴犯氐宿。是月,汴梁路新郑、密二县地震。宝庆路饥,判官文殊奴以所受救牒贷官粮万石赈之。秦州成纪县,巩昌府宁远、伏羌县山崩,水涌,溺死人无算。

　　三月壬申,造鹿顶殿。监察御史成遵等言:"可用终场下第举人充学正、山长。国学生会试不中者,与终场举人同。"戊寅,诏:"作新风宪。在内之官,有不法者,监察御史劾之。在外之官,有不法者,行台监察御史劾之。岁以八月终出巡,次年四月中还司。"壬午,太阴犯氐宿。是月,诏修辽、金、宋三史,以中书右丞相脱脱为都总裁官,中书平章政事铁木儿塔识、中书右丞太平、御史中丞张起岩、翰林学士欧阳玄、侍御史吕思诚、翰林侍讲学士揭傒斯为总裁官。

　　夏四月丙申朔,日有食之。乙巳,享于太庙。是月,两都桑果叶皆生黄色龙文。车驾时巡上都。

　　五月,河决白茅口。

　　六月壬子,命经筵官月进讲者三。是月,回回剌里五百余人渡河,寇掠解、吉、隰等州。中书户部以国用不足,请撙节浮费。

秋七月丁卯,享于太庙。戊辰,修大都城。戊寅,立永昌等处宣慰司。庚辰,太白犯右执法。是月兴国路大旱。河南自四月至是月,霖雨不止。户部复言撙节钱粮。

八月甲午朔,晋宁路临汾县献嘉禾,一茎有八穗者。命朵思麻同知宣慰司事锁儿哈等讨四川上蓬琐吃贼。戊戌,祭社稷。山东有贼焚掠兖州。是月,车驾还自上都。

九月甲子,湖广行省平章政事巩卜班擒道州、贺州徭贼首唐大二、蒋仁五至京,诛之。其党蒋丙自号顺天王,攻破连、桂二州。甲申,修理太庙,遣官告祭,奉迁神主于后殿。

冬十月乙未,增立巡防捕盗所于永昌。丁酉,告祭太庙,奉安神主。戊戌,帝将祀南郊,告祭太庙。至宁宗室,问曰:"朕宁宗兄也,当拜否?"太常博士刘闻对曰:"宁宗虽弟,其为帝时陛下为之臣。春秋时,鲁闵公弟也,僖公兄也,闵公先为君,宗庙之祭,未闻僖公不拜。陛下当拜。"帝乃拜。丁未,月食。己酉,帝亲祀上帝于南郊,以太祖配。癸丑,命金枢密院事韩元善为中书参知政事,中书参议买术丁同知宣徽院事。己未,以郊祀礼成,诏大赦天下,文官普减一资,武官升官一等。蠲民间田租五分。赐高年帛。以湖广行省平章政事巩卜班为宣徽院使,行枢密院知院剌剌为翰林学士承旨。

十一月辛未,享于太庙。

十二月丙申,诏写金字《藏经》。丁未,以别儿怯不花为中书左丞相。是月,胶州及属邑高密地震。河南等处民饥,赈粜麦十万石。

是岁,诏立常平仓。罢民间食盐。徵遗逸脱因、伯颜、张瑾、杜本,本辞不至。

四年春正月辛未,享于太庙。辛巳,诏:"定守令黜陟之法,六事备者升一等,四事备者减一资,三事备者平迁,六事俱不备者降一等。"庚寅,河决曹州,雇夫万五千八百修筑之。是月,河又决汴梁。

二月戊戌,祭社稷。辛丑,四川行省立惠民药局。是月,中书右丞太平升平章政事。

闰月辛酉朔,永平、澧州等路饥,赈之。乙亥,月食。

三月丁酉,复立武功县。壬寅,特授八秃麻朵儿只征东行省左丞相,嗣高丽国王。癸丑,以河南行省平章政事纳麟为中书平章政事,集贤大学士姚庸为中书左丞。

夏四月丁亥,复立广祥局。是月,车驾时巡上都。

五月乙未,右丞相脱脱辞职,不许。甲辰,许之。以阿鲁图为中书右丞相。乙巳,封脱脱为郑王,食邑安丰,赐金印及海青、文豹等物,俱辞不受。是月,大霖雨,黄河溢,平地水二丈,决白茅堤、金堤,曹、浦、济、兖皆被灾。

六月戊辰,巩昌陇西县饥,每户贷常平仓粟三斗,俟年丰还官。己巳,赐脱脱松江田,为立松江等处稻田提领所。

秋七月戊子朔,温州飓风大作,海水溢,地震。益都濒海盐徒郭火你赤作乱。己丑,享于太庙。是月,滦河水溢。

八月戊午,祭社稷。丁卯,山东霖雨,民饥,相食,赈之。丙戌,赐脱脱金十锭、银五十锭、钞万锭、币帛二百匹,辞不受。是月,陕西行省立惠民药局。莒州蒙阴县地震。郭火你赤上太行,由陵川入壶关,至广平,杀兵马指挥,复还益都。车驾还自上都。

九月丁亥朔,日有食之。丙午,命太平提调都水监。辛亥,以南台治书侍御史秦从德为江浙行省参知政事,提调海运。癸丑,命御史大夫也先帖木儿、平章政事铁木儿塔识知经筵事,右丞达识帖睦迩提调宣文阁、知经筵事。

冬十月乙酉,议修黄河、淮河堤堰。

十一月丁亥朔,以各郡县民饥,不许抑配食盐,复令民入粟补官以备赈济。戊子,禁内外官民宴会不得用珠花。己亥,保定路饥,以钞八万锭、粮万石赈之。戊申,河南民饥,禁酒。

十二月己未,四川廉访司建言:"广元等五路,广安等三府、永宁等两宣抚司,请依内郡设置推官一员。"从之。壬戌,太阴犯外屏。癸亥,汉阳地震。戊寅,猺贼寇靖州。是月,东平地震。禁淫祠。赈东昌、济南、般阳、庆元、抚州饥民。

是岁，徭贼寇浔州，同知府事保童率民兵击走之。

五年春正月辛卯，享于太庙。是月，蓟州地震。

二月戊午，祭社稷。

三月辛卯，帝亲试进士七十有八人，赐普颜不花、张士坚进士及第，其余赐出身有差。是月，以陈思谦参议中书省事。先是，思谦建言："所在盗起，盖由岁饥民贫，宜大发仓廪赈之，以收人心，仍分布重兵镇抚中夏。"不听。大都、永平、巩昌、兴国、安陆等处，并桃温万户府各翼人民饥，赈之。

夏四月丁卯，大都流民，官给路粮，遣其还乡。是月，汴梁、济南、邠州、瑞州等处民饥，赈之。募富户出来五十石以上者，旌以义士之号。车驾时巡上都。

五月己丑，诏以军士所掠云南子女一千一百人，放还乡里，仍给其行粮，不愿归者听。丁未，河间转运司灶户被水灾，诏权免余盐二万引，候年丰补还官。

六月，庐州张顺兴出米五百余石赈饥，旌其门。

秋七月丁亥，河决济阴。己丑，享于太庙。丙午，命也先帖木儿、铁木儿塔识并为御史大夫。诏作新风纪。

八月戊午，祭社稷。是月，车驾还自上都。

九月壬午，日有食之。戊戌，开酒禁。辛丑，以中书右丞达识帖睦迩为翰林学士承旨，中书参知政事搠思监为右丞，资政院使朵儿直班为中书参知政事。是月，革罢奥鲁。

冬十月壬子，以中书平章政事太平为御史大夫。乙卯，享于太庙。辛酉，命奉使宣抚巡行天下，诏曰：

朕自践祚以来，至今十有余年，托身亿兆之上，端居九重之中，耳目所及，岂能周知。故虽夙夜忧勤，觊安黎庶，而和气未臻，灾眚时作，声教未洽，风俗未淳，吏弊未祛，民瘼滋甚。岂承宣之寄，纠劾之司，奉行有所未至欤？若稽先朝成宪，遣官分道奉使宣抚，布朕德意，询民疾苦，疏涤冤滞，蠲除烦苛。体察官使贤否,明加黜陟,有罪者,四品以上停职申请,五品以下就便处决。民间一切兴利、除害之事,悉听举行。

命江西省左丞忽都不丁、吏部尚书何执礼巡两浙江东道,前云南行省右丞散散、将作院使王士弘巡江西福建道,大都路达鲁花赤拔实、江浙行省参知政事秦从德巡江南湖广道,吏部尚书定僧、宣政金院魏景道巡河南江北道,资政院使蛮子、兵部尚书李献巡燕南山东道,兵部尚书不花、枢密院判官靳义巡河东陕西道,宣政院同知伯家奴、宣徽金院王也速迭儿巡山北辽东道,荆湖北道宣慰使阿乞剌、两淮运使杜德远巡云南省,上都留守阿牙赤、陕西行省左丞王绅巡甘肃永昌道,大都留守答尔麻失里、河南行省参知政事王守诚巡四川省,前西台中丞定定、集贤侍讲学士苏天爵巡京畿道,平江路达鲁花赤左答纳失里、都水监贾惟贞巡海北海南广东道。黄河泛溢。辛未,辽、金、宋三史成,右丞相阿鲁图进之,帝曰:"史既成书,前人善者,朕当取以为法,恶者取以为戒。然岂止激劝为君者,为臣者亦当知之。卿等其体朕心,以前代善恶为勉。"己卯,监察御史不答失里请罢造作不急之务。是月,以吕思诚为中书参知政事。

十一月甲午,《至正条格》成。奉元路陈望叔伪称燕帖古思太子,伏诛。

十二月丁巳,诏定荐举守令法。

是岁,宣徽院使笃怜铁穆迩知枢密院事,冯思温为御史中丞。

六年春二月庚戌朔,日有食之。辛未,兴国雨雹,在者如马首。是月,山东地震,七日乃止。

三月辛未,盗扼李开务之闸河,劫商旅船。两淮运使宋文瓒言:"世皇开会通河,千有余里,岁运米至京者五百万石。今骑贼不过四十人,劫船三百艘,而莫能捕,恐运道阻塞。乞选能臣率壮勇千骑捕之。"不听。戊申,京畿盗起,范阳县请增设县尉及巡警兵,从之。山东盗起,诏中书参知政事锁南班至东平镇遏。八番龙宜来进马。

夏四月壬子,辽阳为捕海东青烦扰,吾者野人及达达皆叛。癸

丑，以长吉为皇太子宫傅官。颁《至正条格》于天下。甲寅，以中书
参知政事吕思诚为左丞。乙卯，享于太庙。丁卯，车驾时巡上都。发
米二十万石赈粜贫民。万户买住等讨吾者野人遇害，诏恤其家。以
中书左丞吕思诚知经筵事，命左右二司、六部吏属于午后讲习经
史。

五月壬午，陕西饥，禁酒。象州盗起。江西田赋提举司扰民，罢
之。丁亥，盗窃太庙神主。遣火儿忽答讨吾者野人。丁酉，以黄河
决，立河南山东都水监。

六月己酉，汀州连城县民罗天麟、陈积万叛，陷长汀县，福建元
帅府经历真宝、万户廉和尚等讨之。丁巳，诏以云南贼死可伐盗据
一方，侵夺路甸，命亦秃浑为云南行省平章政事讨之。

秋七月己卯，享于太庙。丙戌，以辽阳吾者野人等未靖，命太保
伯撒里为辽阳行省左丞相镇之。丁亥，降诏招谕死可伐。散毛洞蛮
覃全在叛，招降之，以为散毛誓崖等处军民宣抚使，置官属，给宣
敕、虎符，设立驿铺。癸巳，诏选怯薛官为路、府、县达鲁花赤。丙申，
以朵儿直班为中书右丞，答儿麻为参知政事。壬寅，以御史大夫亦
怜真班等知经筵事。甲辰，京畿奉使宣抚定定奏言御史撒八儿等
罪，杖黜之。时诸道奉使，皆与台宪互相掩蔽，惟定定与湖广道拔实
纠举无避。

八月丙午，命江浙行省右丞忽都不花、江西行省右丞秃鲁统军
合讨罗天麟。戊申，祭社稷。是月，车驾还自上都。

九月乙酉，克复长汀。戊子，邵武地震，有声如鼓，至夜复鸣。

冬十月，思、靖徭寇犯武冈，诏湖广省臣及湖南宣慰元帅完者
帖木儿讨之，俘斩数百级，徭贼败走。

闰月乙亥，诏赦天下。免差税三分，水、旱之地全免。靖州徭贼
吴天保陷黔阳。癸未，汀州贼徒罗德用杀首贼罗天麟、陈积万，以首
级送官，余党悉平。

十二月丁丑，省臣改拟明宗母寿童皇后徽号曰庄献嗣圣皇后。
己卯，改立山东东西道宣慰使司都元帅府，开设屯田，驻军马。甲

申,诏复立大护国仁王寺昭应宫财用规运总管府,凡贷民间钱二十六万余锭。辛卯,有司以赏赉泛滥,奏请恩赐必先经省、台、院定拟。甲午,设立海海剌秃屯田二处。诏:犯赃罪之人,常选不用。复立八百宣慰司,以土官韩部袭其父爵。辛丑,以吉剌班为太尉,开府置僚属。壬寅,山东、河南盗起,遣左、右阿速卫指挥不儿国等讨之。

是岁,黄河决。尚书李絅请躬祀郊庙,近正人,远邪佞,以崇阳抑阴;不听。

七年春正月甲辰朔,日有食之。大寒而风,朝官仆者数人。己酉,享于太庙。壬子,命中书左丞相别儿怯不花为右丞相,寻辞职。丁巳,复立东路都蒙古军都元帅府。庚申,云南老丫等蛮来降,立老丫耿冻路军民总管府。丙寅,以广西宣慰使章伯颜讨徭獠有功,升湖广行省左丞。诏以怯薛丹支给浩繁,除累朝定额外,悉罢之。

二月甲戌朔,兴圣宫作佛事,赐钞二千锭。己卯,山东地震,坏城郭,棣州有声如雷。河南、山东盗蔓延济宁、滕、邳、徐州等处。庚辰,以中书参知政事锁南班为中书右丞,道童为中书参知政事。丙戌,以宦者伯帖木儿为司徒。是月,徭贼吴天保寇沅州。以阿吉剌为知枢密院事,整治军务。

三月甲辰,中书省臣言:“世祖之朝,省、台、院奏事,给事中专掌之,以授国史纂修。近年废弛,恐万世之后,一代成功无从稽考。乞复旧制。”从之。乙巳,遣使铨选云南官员。修光天殿。庚戌,试国子监,会食弟子员,选补路、府及各卫学正。戊午,诏编《六条政类》。庚申,监察御史王士点劾集贤大学士吴直方躐进官阶;夺其宣命。乙丑,云南王孛罗来献死可伐之捷。壬申,遣使修上都大乾元寺,命有司定吊赙诸王、公主、驸马礼仪之数。

夏四月乙亥,命江浙省臣讲究役法。己卯,享于太庙。辛巳,遣达本、贺方使于占城。以通政院使朵郎吉儿为辽阳行省参知政事,讨吾者野人。己丑,发米二十万石,赈粜贫民。以翰林学士承旨定住为中书右丞。庚寅,复命别儿怯不花为中书右丞相,以中书平章政事铁木儿塔识为左丞相。临清、广平、滦河等处盗起，遣兵捕之。通州盗起，监察御史言："通州密迩京城，而盗贼蜂起，宜增兵讨之，以杜其源。"不听。是月，河东大旱，民多饥死，遣使赈之。车驾时巡上都。

五月庚戌，徭贼吴天保陷武冈路。诏遣湖广行省右丞沙班统军讨之。乙丑，右丞相别儿怯不花以调燮失宜、灾异迭见，罢，诏以太保就第。是月，临淄地震，七日乃止。

六月，诏免太师马札儿台官，安置西宁州，其子脱脱请与父俱行。以御史大夫太平为中书平章政事。彰德路大饥，民相食。

秋七月甲寅，召隐士完者图、执礼哈琅为翰林待制，张枢、董立为翰林修撰，李孝光为著作郎；张枢不至。丙辰，太阴犯垒壁阵。丁巳，以江南行台大夫纳麟为御史大夫。是月，徭贼吴天保复寇沅州，陷溆浦、辰汉县，所在焚掠无遗。徙马札儿台于甘肃，以别怯不花之谮也。

九月癸卯，八怜内哈剌那海、秃鲁和伯贼起，断岭北驿道。甲辰，辽阳霜早伤禾，赈济驿户。戊申，车驾还自上都。癸丑，上都斡耳朵成，用钞九千余锭。甲寅，诏举材能学业之人，以备侍卫。丁巳，中书左丞相铁木儿塔识薨。辛酉，以御史大夫朵儿只为中书左丞相。甲子，集庆路盗起，镇南王孛罗不花讨平之。丁卯，徭寇吴天保复陷武冈，延及宝庆，杀湖广行省右丞沙班于军中。

冬十月辛未，享于太庙。丁丑，诏："左右丞相、平章、枢密知院、御史大夫得赐玉押字印，余官不与。"庚辰，诏建木华黎、伯颜祠堂于东平。丙戌，亦怜只答儿反，遣兵讨之。辛卯，开东华射圃。戊戌，西蕃盗起凡二百余所，陷哈剌火州，劫供御蒲萄酒，杀使臣。是月，徭贼吴天保复寇沅州，州兵击走之。

十一月辛丑，监察御史曲曲以宦者陇普凭藉宠幸，骤升荣禄大夫，追封三代，田宅逾制，上疏劾之。甲辰，沿江盗起，剽掠无忌，有司莫能禁，两淮运使宋文瓚上言："江阴、通、泰，江、海之门户，而镇江、真州次之，国初设万户府以镇其地。今戍将非人，致使贼舰往来无常。集庆花山劫贼才三十六人，官军万数，不能进讨，反为所败。后竟假手盐徒，虽能成功，岂不贻笑。宜亟选知勇，以任兵柄，以图后功。不然，东南五省租赋之地，恐非国家之有。"不听。拨山东地土十六万二千余顷属大承天护圣寺。乙巳，中书户部言："各处水、旱，田禾不收，湖广、云南盗贼蜂起，兵费不给。而各位怯薛冗食甚多，乞赐分拣。"帝牵于众请，令三年后减之。庚戌，太阴犯天廪。怀庆路饥。猺贼吴天保复陷武冈，命湖广行省平章政事苟尔领兵讨之。以河决，命工部尚书迷儿马哈谟行视金堤。甲寅，猺贼吴天保陷靖州，命威顺王宽彻不花、镇南王孛罗不花及湖广、江西二省以兵讨之。丁巳，命中书平章政事太平为左丞相，辞，不允。戊午，命河南、山东都府发兵讨湖广洞蛮。己未，以中书省平章政事韩嘉讷为陕西行台御史大夫。迤北荒旱缺食，遣使赈济驿户。丁卯，海北、湖南猺贼窃发两月余，有司不以闻，诏罪之，并降散官一等。是月，马札儿台薨，召脱脱还京师。

十二月庚午，以中书左丞相朵儿只为右丞相，平章政事太平为左丞相，诏天下。丙子，以连年水、旱，民多失业，选台阁名臣二十六人出为郡守县令，仍许民间利害实封呈省。壬午，晋宁、东昌、东平、恩州、高唐等处民饥，赈锭十四万锭、米六万石。丙戌，中书省臣建议："以河南盗贼出入无常，宜分拨达达军与扬州旧军于河南水陆关隘戍守，东至徐、邳，北至夹马营，遇贼掩捕。"从之。是月，陕西行御史台臣劾奏："别儿怯不花乃逆臣之亲子，不可居太保之职。"不从。

是岁，置中书议事平章四人。隆福宫三皇后弘吉剌氏木纳失里薨。

八年春正月戊戌朔，命也先帖木儿知枢密院事。丁未，享于太庙。辛亥，黄河决，迁济宁路于济州。诏："各官府谙练事务之人，毋得迁调。"诏翰林国史院纂修后妃、功臣列传，学士承旨张起岩、学士杨宗瑞、侍讲学士黄溍为总裁官，左丞相太平、左丞吕思诚领其事。甲子，木怜等处大雪，羊马冻死，赈之。是月，诏给铜虎符，以宫尉完者不花、贵赤卫副指挥使寿山监湖广军。命湖广行省右丞秃赤、湖南宣慰都元帅完者帖木儿讨莫磐洞诸蛮，斩首数百级，其余二十余洞缚其洞首杨鹿五赴京师。

二月癸酉，御史大夫纳麟加太尉致仕。乙亥，以北边沙土苦寒，罢海海剌秃屯田。丙子，命太子爱猷识理达腊习读畏吾儿文字。庚辰，太阴犯轩辕。癸未，太阴犯平道。甲申，命星吉为江南行台御史大夫。壬辰，太平言：“孛答、乃秃、忙兀三处屯田，世祖朝以行营旧站拨属虎贲司，后为豪有力者所夺，遂失其利。今宜仍前拨还。”从之。是月，以前奉使宣抚贾惟贞称职，特授永平路总管。会岁饥，惟贞请降钞四万余锭赈之。诏济宁郓城立行都水监，以贾鲁为都水。

三月丁酉，诏以束帛旌郡县守令之廉勤者。辽东锁火奴反，诈称大金子孙，水达达路脱脱禾孙唐兀火鲁火孙讨擒之。壬寅，土番盗起，有司请不拘资级，委官讨之。福建盗起，地远难于讨捕，诏汀、漳二州立分元帅府辖之。癸卯，帝亲试进士七十有八人，赐阿鲁辉帖木儿、王宗哲进士及第，余出身有差。己酉，湖广行省遣使献石壁洞蛮捷。丙辰，太阴犯建星。己未，遣使诣江浙、江西、湖广、四川、云南铨福建、番、广蛮夷等处官员选。辛酉，辽阳兀颜拨鲁欢妄称大金子孙，受玉帝符文，作乱，官军讨斩之。壬戌，《六条政类》书成。京畿民饥，徽州路达鲁花赤哈剌不花以政绩闻，诏赐金帛旌之。是月，徭贼吴天保复寇沅州。

夏四月辛未，河间等路以连年河决，水、旱相仍，户口消耗，乞减盐额，诏从之。乙亥，帝幸国子学，赐衍圣公银印，升秩从二品。定弟子员出身及奔丧、省亲等法。诏：守令选立社长，专一劝课农桑。诏：“京官三品以上岁举守令一人，守令到任三月，亦举一人自代。其玉典赤、拱卫百户，不得授县达鲁花赤，止授佐贰，久著廉能则用之。”平江、松江水灾，给海运粮十万石赈之。丁丑，辽阳董哈剌作乱，镇抚钦察讨擒之。己卯，海宁州沭阳县等处盗起，遣翰林学士秃坚不花讨之。是月，享于太庙。车驾时巡上都。命脱脱为太傅。湖广章伯颜引兵捕土寇莫万五、蛮雷等。已而,广西峒贼乘隙入寇,伯颜退走。

五月丁酉朔,大霖雨,京城崩。庚子,广西山崩,水涌,漓江溢,平地水深二丈余,屋宇、人畜漂没。壬子,宝庆大水。丁巳,四川旱,饥,禁酒。

六月丙寅朔,升徐州为总管府,以邳、宿、滕、峄四州隶之。丙戌,立司天台于上都。是月,山东大水,民饥,赈之。

秋七月丙申朔,日有食之。辛丑,复立五道河屯田。乙巳,享于太庙。旌表大都节妇巩氏门。戊申,西北边军民饥,遣使赈之。壬子,量移窜徙官于近地安置,死者听归葬。乙卯,遣使祭曲阜孔子庙。江州路总管刘恒有政绩,升授山东宣慰使。丙辰,以阿刺不花为大司徒。

八月丙子,太阴犯垒壁阵。己卯,山东雨雹。是月,车驾还自上都。

九月己未,太阴犯灵台。

冬十月丁亥,广西蛮掠道州。

十一月辛亥,猺贼吴天保率众六万掠全州。

是岁,诏赐高年帛。设分元帅府于沂州,以买列的为元帅,备山东寇。台州方国珍为乱,聚众海上,命江浙行省参知政事朵儿只班讨之。监察御史张桢劾太尉阿乞刺欺罔之罪,又言:“明里董阿、也里牙、月鲁不花皆陛下不共戴天之仇,伯颜贼杀宗室嘉王、郯王一十二口,稽之古法,当伏门诛,而其子、兄弟尚仕于朝,宜急诛窜。别儿怯不花阿附权奸,亦宜远贬。今灾异迭见,盗贼蜂起,海寇敢于要君,阃帅敢于玩寇,若不振举,恐有唐末藩镇噬脐之祸。”不听。监察御史李泌言:“世祖誓不与高丽共事,陛下践世祖之位,何忍忘世祖之言,乃以高丽奇氏亦位皇后。今灾异屡起,河决地震,盗贼滋蔓,皆阴盛阳微之象。乞仍降为妃,庶几三辰奠位,灾异可息。”不听。

元史卷四二
本纪第四二

顺帝五

九年春正月丁酉，享于太庙。癸卯，立山东、河南等处行都水监，专治河患。乙巳，广西猺贼复陷道州，万户郑均击走之。丙午，命中书平章政事太不花提调会同馆。庚戌，太白犯建星。辛亥，太白犯平道。

二月戊辰，祭社稷。辛巳，太不花辞职，不允。甲申，太阴犯建星。

三月丁酉，坝河浅涩，以军士、民夫各一万浚之。己亥，太白犯垒壁阵。己巳，命大司农达识帖睦迩为湖广行省平章政事。是月，河北溃。陈州麒麟生，不乳而死。贼吴天保复寇沅州。

夏四月丁卯，享于太庙。丁丑，以知枢密院事钦察台为中书平章政事。己卯，以燕南廉访使韩元善为中书左丞。立镇抚司于直沽海津镇。壬午，以河间盐运司水灾，住煎盐三万引。是月，车驾时巡上都。

五月戊戌，命太傅脱脱提调大斡耳朵内史府。庚子，诏修黄河金堤，民夫日给钞三贯。辛丑，罢瑞州路上高县长官司。庚戌，命翰林国史院等官荐举守令。丙辰，定守令督摄之法：路督摄府，府督摄州，州督摄县。是月，白茅河东注沛县，遂成巨浸。蜀江大溢，浸汉阳城，民大饥。

六月丙子，刻小玉印，以"至正珍秘"为文，凡秘书监所掌书画，皆识之。

秋七月庚寅，监察御史斡勒海寿劾奏殿中侍御史哈麻及其弟雪雪罪恶，御史大夫韩嘉讷以闻，不省。章三上，诏夺哈麻、雪雪官，出海寿为陕西廉访副使，韩家讷为宣政院使。壬辰，诏命太子爱猷识理达腊习学汉人文书，以李好文为谕德，归旸为赞善，张冲为文学；李好文等上书辞，不许。赐公主不答昔你平江田五十顷。甲午，以也先帖木儿为御史大夫。乙未，以湖广行省左丞相亦怜真班知枢密院事。丙午，太阴犯垒壁阵。癸丑，太阴犯天关。甲寅，以柏颜为集贤大学士。乙卯，罢右丞相朵儿只，依前为国王，左丞相太平为翰林学士承旨。是月，大霖雨水，没高唐州城，江、汉溢，漂没民居、禾稼。

闰月辛酉，诏脱脱为中书右丞相，仍太傅，韩家讷为江浙行省平章政事。庚午，以也可扎鲁忽赤搠思监为中书右丞，同知枢密院事玉枢虎儿吐华为中书参知政事。辛巳，诏赦湖广徭贼违误者。戊子，命岐王阿剌乞镇西番。

八月甲辰，以集贤大学士柏颜为中书平章政事，河南行省平章政事月鲁不花为宣政院使。庚戌，以司徒雅普化提调太史院、知经筵事。是月，车驾还自上都。

九月甲子，凡建言中外利害者，诏委官选其可行之事以闻。丙寅，命平章政事柏颜提调留守司。丙子，中书平章政事定住以疾辞职，不允。辛巳，命知枢密院事亦怜真班提调武备寺。丙戌，荧惑犯灵台。是月，遣御史中丞李献代祀河渎。

冬十月辛卯，享于太庙。丁酉，命皇太子爱猷识理达腊自是日为始，入端本堂肄业。命脱脱领端本堂事，司徒雅普化知端本堂事。端本堂虚中座，以俟至尊临幸，太子与师傅分东西向坐授书，其下僚属以次列坐。

十一月戊午朔，日有食之。戊辰，太阴犯毕宿。庚辰，太白犯垒壁阵。

十二月戊戌，太白复犯垒壁阵。丁未，徭贼吴天保陷辰州。

是岁，诏汰冗官，均俸禄，赐致仕官及高年帛。漕运使贾鲁建言便益二十余事，从其八事，其一曰京畿和籴，二曰优恤漕司旧领漕户，三曰接运季官，四曰通州总治、豫定委官，五曰船户困于坝夫、海粮坏于坝户，六曰疏浚运河，七曰临清运粮万户府当隶漕司，八曰宜以宣忠船户付本司节制。冀宁平遥等县曹七七反，命刑部郎中八十、兵马指挥沙不丁讨平之。

十年春正月丙辰朔，以中书右丞搠思监为平章政事，玉枢虎儿吐华为中书右丞。壬戌，立四川容美洞军民总管府。壬申，太阴犯荧惑。甲戌，陨石棣州，色黑，中微有金星，先有声自西北来，至州北二十里乃陨。

二月丙戌，诏加封天妃父种德积庆侯，母育圣显庆夫人。辛丑，太阴犯平道。甲辰，太阴犯键闭。

三月己卯，荧惑犯太微垣。是月，奉化州山石裂，有禽鸟、草木、山川、人物之形。

夏四月己丑，左司都事武祺建言更钞法。丁酉，赦天下，其略曰：

朕纂承洪业，抚临万邦，夙夜厉精，靡遑暇逸。比缘倚注失当，治理乖方，是用图任一相，俾赞万机。爰命脱脱为中书右丞相，统正百官，允釐庶绩，会未期月，百废具举，中外协望，朕甚嘉焉。尚虑军国之重，民物之繁，政令有未孚，生息有未遂，可赦天下。

丙午，太白犯鬼宿。是月，车驾时巡上都。

六月壬子，星大如月，入北斗，震声若雷，三日复还。

秋七月辛酉，太阴犯房宿。癸亥，以大护国仁王寺昭应宫财用规运总管府，仍属宣政院。辛未，太白昼见。丁丑，太白复昼见。

八月壬寅，车驾还自上都。

九月癸丑朔，太白昼见。辛酉，祭三皇，如祭孔子礼。先是，岁祀以医官行事，江西廉访使文殊讷建言礼有未备；乃敕工部具祭器,江浙行省造雅乐,太常定仪式,翰林撰乐章,至是用之。壬戌,荧惑犯天江。庚午,命枢密院以军士五百修筑白河堤。壬午,脱脱以吏部选格条目繁多,莫适据依,铨选者得以高下之,请编类为成书;从之。

冬十月癸巳,岁星犯轩辕。乙未,吏部尚书偰哲笃建言更钞法,命中书省、御史台、集贤、翰林两院之臣集议之。丙申,太阴犯昴宿。辛丑,置诸路宝泉都提举司于京城。是月,大名、东平、济南、徐州各立兵马指挥司以捕上马贼。

十一月壬子朔,日有食之。丙辰,以高丽沈王之孙脱脱不花等为东宫怯薛官。辛酉,罢辽阳滨海民煎熬野盐。戊辰,太阴犯鬼宿。己巳,诏天下以中统交钞壹贯文权铜钱壹千文,准至元宝钞贰贯,仍铸至正通宝钱并用,以实钞法,至元宝钞通行如故。是月,三星陨于耀州,化为石,如斧形,削之有屑,击之有声。

十二月壬午朔,修大都城。辛卯,以大司农秃鲁等兼领都水监,集河防正官议黄河便益事。命前同知枢密院事不颜不花等讨广西徭贼。乙未,太阴犯鬼宿。己酉,方国珍攻温州。

是岁,京师丽正门楼上忽有人妄言灾祸,鞫问之,自称蓟州人,已而不知所往。

十一年春正月乙卯,享于太庙。丙辰,辰星犯牛宿。庚申,命江浙行省左丞孛罗帖木儿讨方国珍。丁卯,兰阳县有红星,大如斗,自东南坠西北,其声如雷。己卯,命搠思监提调大都留守司。

二月庚寅,太阴犯鬼宿。乙未,太阴犯太微。丁酉,太阴犯亢宿。是月,命游皇城,中书省臣谏止之,不听。立湖南元帅府,分府于宝庆路。

三月庚戌,立山东分元帅府于登州。丙辰,亲策进士八十三人,赐朵烈图、文允中进士及第,其余赐出身有差。壬戌,徵建宁处士彭炳为端本堂说书,不至。丁卯,太阴犯东咸。戊辰,太阴犯天江。是月,遣使赈湖南、北被寇人民,死者钞五锭,伤者三锭,毁所居屋者一锭。

夏四月壬午，诏开黄河故道，命贾鲁以工部尚书为总治河防使，发汴梁、大名十三路民十五万，庐州等戍十八翼军二万，自黄陵冈南达白茅，放于黄固、哈只等口，又自黄陵西至阳青村，合于故道，凡二百八十里有奇，仍命中书右丞玉枢虎儿吐华、同知枢密院事黑厮以兵镇之。冀宁路属县多地震，半月乃止。乙酉，享于太庙。诏加封河渎神为灵源神佑弘济王，仍重建河渎及西海神庙。改永顺安抚司为宣抚司。丁酉，孟州地震。庚子，罢海西辽东道巡防捕盗所，立镇宁州。辛丑，师壁安抚司土官田驴什用、盘顺府土官墨奴什用降，立长官司四、巡检司七。乙巳，彰德路雨雹，形如斧，伤人畜。是月，罢沂州分元帅府，改立兵马指挥使司，复分司于胶州。车驾时巡上都。

五月己酉朔，日有食之。辛亥，颍州妖人刘福通为乱，以红巾为号，陷颍州。初，栾城人韩山童祖父，以白莲会烧香惑众，谪徙广平永平县。至山童，倡言天下大乱，弥勒佛下生，河南及江淮愚民皆翕然信之。福通与杜遵道、罗文素、盛文郁、王显忠、韩咬儿复鼓妖言，谓山童实宋徽宗八世孙，当为中国主。福通等杀白马、黑牛，誓告天地，欲同起兵为乱。事觉，县官捕之急，福通遂反。山童就擒，其妻杨氏，其子韩林儿逃之武安。癸丑，文水县雨雹。壬申，命同知枢密院事秃赤以兵讨刘福通，授以分枢密院印。丙子，命大都至汴梁二十四驿，凡马一匹，助给钞五锭。

六月，发军一千从直沽至通州疏浚河道。是月，刘福通据朱皋，攻破罗山、真阳、确山，遂犯舞阳、叶县等处。江浙左丞孛罗帖木儿为方国珍所败。

秋七月丙辰，广西大水。丁巳，罢四川大奴管勾洞长官司，改立忠孝军民府。己未，太阴犯斗宿。壬戌，太阴犯右执法，己巳，太白犯左执法，荧惑入鬼宿。是月，开河功成，乃议塞决河。命大司农达识帖睦迩及江浙行省参知政事樊执敬、浙东廉访使董守悫同招谕方国珍。

八月丁丑朔,中兴地震。戊寅,祭社稷。乙酉,太阴犯天江。丙戌,萧县李二及老彭、赵君用攻陷徐州。李二号芝麻李,与其党亦以烧香聚众而反。是月,车驾还自上都。蕲州罗田县人徐贞一,名寿辉,与黄州麻城人邹普胜等以妖术阴谋聚众,遂举兵为乱,以红巾为号。

九月戊申,以中书平章政事朵儿直班提调宣文阁、知经筵事,平章政事定住提调会同馆事。壬子,命御史大夫也先帖木儿知枢密院事,及卫王宽彻哥总率大军出征河南妖寇,各赐钞一千锭,从征者赐予有差。乙卯,辰星犯左执法。丁巳,太白犯房宿。壬戌,诏以高丽国王不答失里之弟伯颜帖木儿袭其王封,不答失里之子遂废。戊辰,太阴犯鬼宿。是月,刘福通陷汝宁府及息州、光州,众至十万。徐寿辉陷蕲水县及黄州路。

冬十月戊寅,荧惑犯太微垣。己卯,享于太庙。辛巳,太阴犯斗宿。癸未,立宝泉提举司于河南行省及济南、冀宁等路凡九,江浙、江西、湖广行省等处凡三。命知枢密院事老章以兵同也先帖木儿讨河南妖寇。乙酉,太白犯斗宿。己丑,太白昼见,荧惑犯岁星。辛卯,太白犯斗宿。立中书分省于济宁。癸巳,岁星犯右执法。癸卯,以宗王神保克复睢宁、虹县有功,赐金带一,从征者赏银有差。丙午,荧惑犯左执法。是月,天雨黑子于饶州,大如黍菽。徐寿辉据蕲水为都,国号天完,僭称皇帝,改元治平,以邹普胜为太师。

十一月癸丑,有星孛于娄宿。甲寅,孛星见于胃宿。乙卯、丙辰,亦如之。丁巳,太阴犯填星。孛星微见于毕宿。黄河堤成,散军民役夫。庚午,监察御史彻彻帖木儿等言,右丞相脱脱治河功成,宜有异数以旌其劳。甲戌,江西妖人邓南二作乱,攻瑞州,总管禹苏福擒斩之。是月,遣使以治河功成告祭河伯,召贾鲁还朝,超授荣禄大夫、集贤大学士,赐金系腰一、银十锭、钞千锭、币帛各二十匹。都水监并有司官有功者三十七员,皆升迁其职。诏赐脱脱答剌罕之号,俾世袭之,以淮安路为其食邑。命立河平碑。

十二月丙子朔,太白昼见。丁丑,太白经天。己卯,立河防提举

司,隶行都水监。庚辰,太白经天,是夜,犯垒壁阵。甲申,太阴犯填
星。丙戌,太白复经天,是夜,复犯垒壁阵。以治书侍御史乌古孙良
桢为中书参知政事。辛卯,太白经天。壬辰,复如之。丁酉,太白昼
见,太阴犯荧惑。命脱脱于淮安立诸路打捕鹰房民匠钱粮总管府,
秩从三品。庚子,太白经天,辰星犯天江。辛丑,太白经天。也先帖
木儿复上蔡县,擒韩咬儿等至京师,诛之。壬寅,太白昼见。

　　是岁,括马。

　　十二年春正月丙午朔,诏印造中统元宝交钞一百九十万锭、至
元钞十万锭。戊申,竹山县贼陷襄阳路,总管柴肃死之。是日,荆门
州亦陷。己酉,时享太庙。庚戌,以宣政院使月鲁不花为中书平章
政事。壬子,中书省臣言:

　　　　河南、陕西、腹里诸路供给繁重,调兵讨贼正当春首耕作
　　之时,恐农民不能安于田亩,守令有失劝课。宜委通晓农事官
　　员,分道巡视,督勒守令亲诣乡都,省谕农民依时播种,务要人
　　尽其力,地尽其利。其有曾经盗贼、水患、供给之处,贫民不能
　　自备牛、种者,所在有司给之。仍令总兵官禁止屯驻军马,毋得
　　踏践,以致农事废弛。

从之。乙卯,淮东宣慰司添设同知宣慰司事及都事各一员。丙辰,
徐寿辉遣伪将丁普郎、徐明远陷汉阳。丁巳,陷兴国府。己未,徐寿
辉遣邹普胜陷武昌,威顺王宽彻普化、湖广行省平章政事和尚弃城
走。刑部尚书阿鲁收捕山东贼,给敕牒十一道,使分赏有功者。辛
酉,徐寿辉伪将曾法兴陷安陆府,知府丑驴战不胜,死之。癸亥,刑
部添设尚书、侍郎、郎中、员外郎各一员。五爱马添设忽剌罕赤二百
名。乙丑,太阴犯荧惑。丙寅,以河复故道,大赦天下。己巳,岁星
犯右执法。辛未,徐寿辉兵陷沔阳府。壬申,中兴路陷,山南宣慰司
同知月古轮失领兵出战,众溃,宣慰使锦州不花、山南廉访使卜礼
月敦皆遁走。是月,命逮鲁曾为淮东添设元帅,统领两淮所募盐丁
五千讨徐州。拘刷河南、陕西、辽阳三省及上都、大都、腹里等处汉

人马。命四川行省平章政事月鲁帖木儿为总兵官，与四川行省右丞长吉讨兴元、金州等处贼。宣政院同知桑哥率领亦都护畏吾儿军与荆湖北道宣慰使朵儿只班同守襄阳。济宁兵马指挥使宝童统领右都卫军，从知枢密院事月阔察儿讨徐州。

二月乙亥朔，诏许溪洞蛮徭自新。丁丑，以集贤大学士贾鲁为中书添设左丞。以河南廉访使哈蓝朵儿只为荆湖北道宣慰使都元帅，守襄阳。癸未，命诸王秃坚领从官百人驰驿守扬州，赐金一锭、钞一千锭。命宁王牙安沙镇四川。赐镇南王孛罗不花钞一万锭。甲申，邹平县马子昭为乱，捕斩之。乙酉，徐寿辉兵陷江州，总管李黼死之，遂陷南康路。丙戌，霍州灵石县地震。徐寿辉兵陷岳州。房州贼陷归州。戊子，诏徐州内外群聚之众，限二十日，不分首从，并与赦原。置安东、安丰分元帅府。己丑，游皇城。庚寅，太阴犯太微垣。癸巳，太阴犯氐宿。辛丑，邓州贼王权、张椿陷澧州，龙镇卫指挥使俺都剌哈蛮等帅师复之。褒赠伏节死义宣徽使帖木儿等二十七人。壬寅，以御史大夫纳麟为江南行台御史大夫，仍太尉。命翰林学士承旨八剌与诸王孛兰奚领军守大名。癸卯，命中书平章政事月鲁不花知经筵事，左丞贾鲁、参知政事帖理帖木儿，乌古孙良桢并同知经筵事。是月，贼侵滑、浚，命德住为河南右丞，守东明。德住时致仕于家，闻命驰至东明，浚城隍，严备御，贼不敢犯。徐寿辉伪将欧祥陷袁州。命帖理帖木儿以中书参知政事分省济宁。

三月乙巳朔，追封太师、忠王马扎儿台为德王。丁未，徐寿辉伪将许甲攻衡州，洞官黄安抚败之。徐寿辉伪将陶九陷瑞州，总管禹苏福、万户张岳败之。壬子，河南左丞相太不花克复南阳等处。癸丑，中书省臣请行纳粟补官之令：“凡各处士庶，果能为国宣力，自备粮米供给军储者，照依定拟地方实授常选流官，依例升转、封荫，及已除茶盐钱谷官有能再备钱粮供给军储者，验见授品级，改授常流。”从之。戊午，太阴犯进贤。辛酉，命亲王阿儿麻以兵讨商州等处贼。以巩卜班知行枢密院事。壬戌，太阴犯东咸。甲子，徐寿辉伪将项普略陷饶州路，遂陷徽州、信州。四川未附生蛮向亚甲洞主

墨得什用出降,立盘顺府。丁卯,江南行台御史大夫帖木哥乞致仕,
不允,以为甘肃行省平章政事。以出征马少,出币、帛各一十万匹,
于迤北万户、千户所易马。戊辰,太白昼见。诏:"南人有才学者,依
世祖旧制,中书省、枢密院、御史台皆用之。"中书省臣言:"张理献
言,饶州德兴三处,胆水浸铁,可以成铜,宜即其地各立铜冶场,直
隶宝泉提举司,宜以张理就为铜冶场官。"从之。以江浙行省左丞相
亦怜真班为江西行省左丞相,领兵收捕饶、信贼。庚午,诏:

> 随朝一品职事及省、台、院、六部、翰林、集贤、司农、太常、
> 宣政、宣徽、中政、资正、国子、秘书、崇文、都水诸正官,各举循
> 良材干、智勇兼全、堪充守令者二人。知人多者,不限员数。各
> 处试用守令,并授兼管义兵防御诸军奥鲁劝农事,所在上司不
> 许擅差。守令既已优升,其佐贰官员,比依入广例,量升二等。
> 任满,验守令全治者,与真授;不治者,全削二等,依本等叙;半
> 治者,减一等叙。杂职人员,其有知勇之士,并依上例。凡除常
> 选官于残破郡县及迫近贼境之处,升四等,稍近贼境,升二等。

是月,方国珍复劫其党下海,入黄岩港,台州路达鲁花赤泰不花率
官军与战,死之。陇西地震百余日,城郭颓夷,陵谷迁变,定西、会
州、静宁、庄浪尤甚。会州公宇中墙崩,获弩五百余张,长者丈余,短
者九尺,人莫能挽。改定西为安定州,会州为会宁州。诏定军民官
不守城池之罪。

闰三月辛巳,以台州路达鲁花赤泰不花为江浙行省参知政事,
行台州路事。命下,泰不花已死。壬午,以大理宣慰使答失八都鲁
为四川行省添设参知政事,与本省平章政事咬住讨山南、湖广等处
贼。乙酉,徐寿辉伪将陈普文陷安吉路,乡民罗明远起义兵复之。命
工部尚书朵来、兵部侍郎马某火者,分诣上都、察罕脑儿、集宁等
处,给散出征河南达达军口粮。立淮南江北等处行中书省,治扬州,
辖扬州、高邮、淮安、滁州、和州、庐州、安丰、安庆、蕲州、黄州。壬
辰,以大都留守兀忽失为江浙行省添设右丞,讨饶、信贼。丙申,阿
速爱马里纳忽台擒滑州、开州贼韩兀奴罕有功,授资用库大使。丁

酉,湖广行省参知政事铁杰以湖南兵复岳州。戊戌,诏淮南行省设官二十五员,以翰林学士承旨晃火儿不花、湖广平章政事失列门并为平章政事,淮东元帅蛮子为右丞,燕南廉访使秦从德为左丞,陕西行台侍御史答失秃、山北廉访使赵琏并为参知政事。庚子,以枢密副使悟良哈台为中书添设参知政事、同知经筵事。辛丑,命淮南行省平章政事晃火儿不花提调镇南王傅事。是月,诏四川行省平章政事咬住以兵东讨荆襄贼,克复忠、万、夔、云阳等州。命江西行省左丞相亦怜真班以兵守江东、西关隘。命诸王亦怜真班、爱因班,参知政事也先帖木儿与陕西行省平章政事月鲁帖木儿讨南阳、襄阳贼,刑部尚书阿鲁讨海宁贼,江西行省右丞火你赤与参知政事朵罕讨江西贼。以浙东宣慰使恩宁普代江浙行省左丞左答纳失里守芜湖。命江西行省右丞兀忽失,江浙行省左丞老老与星吉、不颜帖木儿、蛮子海牙同讨饶、信等处贼。方国珍不受招安之命,命江浙左丞左答纳失里讨之。命典瑞院给淮南行省银字圆牌三面、驿券五十道。诏江西行省左丞相亦怜真班、淮南行省平章政事晃火儿不花、江浙行省左丞左答纳失里、湖广行省平章政事也先帖木儿、四川行省平章政事八失忽都及江南行台御史大夫纳麟与江浙行省官并以便宜行事。也先帖木儿驻军沙河,军中夜惊,军溃,退屯朱仙镇。诏以中书平章政事蛮子代总其兵。也先帖木儿还京师,仍命为御史大夫。

夏四月癸卯朔,日有食之。江西临川贼邓忠陷建昌路。己酉,时享太庙。甲寅,以御史大夫搠思监为中书平章政事,提调留守司。乙卯,铁杰及万户陶梦桢复武昌、汉阳,寻再陷。丙辰,江西宜黄贼涂佑与邵武建宁贼应必达等攻陷邵武路,总管吴按摊不花以兵讨之,千户魏淳以计擒涂佑、应必达,复其城。辛酉,翰林学士承旨浑都海牙乞致仕,不允,以为中书平章政事。四川行省参知政事桑哥失里复渠州。甲子,翰林学士承旨欧阳玄以湖广行省右丞致仕,赐玉带及钞一百锭,给全俸终其身。戊辰,诸王秃坚帖木儿、平章政事也先帖木儿讨和州有功,各赐金系腰并钞一千锭。辛未,荆门知州聂炳复荆门州。平章政事忽都海牙年老有疾，诏免其朝贺。是月，大驾时巡上都。永怀县贼陷桂阳。咬住复归州，进攻峡州，与峡州总管赵余褫大破贼兵，诛贼将李太素等，遂平之。诏天下完城郭，筑堤防。命亦都护月鲁帖木儿领畏吾儿军马，同豫王阿剌忒纳失里、知枢密院事老章讨襄阳、南阳、邓州贼。陕西行台监察御史蒙古鲁海牙、范文等纠言也先帖木儿丧师辱国，乞明正其罪；诏不允。左迁西台御史大夫朵尔直班为湖广行省平章政事，蒙古鲁海牙十二人为各路添设佐贰官。

五月癸酉朔，太白犯镇星。戊寅，命龙虎山张嗣德为三十九代天师，给印章。海道万户李世安建言权停夏运，从之。命江南行台御史大夫纳麟给宣敕，与台州民陈子由、杨恕卿、赵士正、戴甲，令其集民丁，夹攻方国珍。己卯，咬住复中兴路。庚辰，监察御史彻彻帖木儿等言：“河南诸处群盗辄引亡宋故号，以为口实；宜以瀛国公子和尚赵完普及亲属徙沙州安置，禁勿与人交通。”从之。罢芪儿棚等处金银场课。癸未，建昌民戴良起乡兵，克复建昌路。乙酉，命留守帖木哥与诸王朵儿只守口北龙庆州。是月，答失八都鲁至荆门增募兵，趋襄阳，与贼战，大败克之。命左答纳失里仍守芜湖险隘。

六月丙午，中书省臣言：大名路开、滑、浚三州、元城十一县水旱、虫蝗，饥民七十一万六千九百八十口，给钞十万锭赈之。戊申，命治书侍御史杜秉彝、中书参议李稷并兼经筵官。辛亥，太白犯井宿。河南行省左丞匝纳禄、参知政事王也速迭儿并以失误军需，左迁添设淮西宣慰使，随军供给。命河南行省平章政事秃鲁、参知政事李猷供给汝宁军需。丁巳，赐中书参知政事悟良哈台珠衣并帽。乙丑，宣让王帖木儿不花，诸王乞塔歹、曲怜帖木儿及淮南廉访使班祝儿并平贼有功，赐金系腰、银、钞有差。绍庆宣慰使杨延礼不花遥授湖广左丞。杨伯颜卜花为绍庆宣慰使，换文资、杨城为沿边溪洞招讨使兼征行万户，回赐先所拘收牌面。丙寅，红巾周伯颜陷道州。修太庙西神门。

秋七月丁丑，时享太庙。庚辰，饶、徽贼犯昱岭关，陷杭州路。辛巳,命通政院使答儿麻失里与枢密副使秃坚不花讨徐州贼,给敕牒三十道以赏功。己丑,湘乡贼陷宝庆路。庚寅,以杀获西番首贼功,赐岐王阿剌乞巴钞一千锭,邠王嵬厘、诸王班的失监、平章政事锁南班各金系腰一。以征西元帅斡罗为章佩添设少监,讨徐州。脱脱请亲出师讨徐州,诏许之。辛卯,命脱脱台为行枢密院使,提调二十万户,赐金系腰一、银钞币帛有差。丁酉,辰星犯灵台。以杜秉彝为中书添设参知政事。湖南元帅副使小云失海牙、总管兀颜思忠复宝庆路。是月,徐寿辉伪将王善、康寿四、江二蛮等陷福安、宁德等县。

八月癸卯,命中书参知政事帖理帖木尔、淮南行省右丞蛮子供给脱脱行军一应所需。方国珍率其众攻台州城,浙东元帅也忒迷失、福建元帅黑的儿击退之。甲辰,以同知枢密院事哈麻为中书添设右丞。齐王失列门献马一万五千匹于京师。赐脱脱金三锭、银三十锭,钞一万锭,币、帛各一千匹。丁未,日本国白高丽贼过海剽掠,身称岛居民,高丽国王伯颜帖木儿调兵剿捕之,赐金系腰一、钞二千锭。己酉,命知枢密院事咬咬、中书平章政事搠思监、也可扎鲁忽赤福寿并从脱脱出师征徐州,赐金系腰及银、钞、币、帛有差。翰林学士承旨阔怯镇遏五投下百姓,赐金系腰一。壬子,以扎撒温孙为河南行省右丞,偰哲笃为淮南行省左丞,各赐钞五十锭。丙辰,以秃思迷失为淮南行省平章政事。丁巳,命中书平章政事普化知经筵事。脱脱将出师,六部尚书密迩麻和谟等上言:“大臣,天子之股肱,中书,庶政之根本,不可以一日离。乞诏留贤相,弼亮天工,如此则内外有兼治之宜,社稷有倚重之寄。”不报。脱脱言,皇后斡耳朵思支用不敷,自今为始,每年宜给金一十锭、银五十锭。以同知枢密院事雪雪出军南阳,同知枢密院事秃赤出军河南,皆有功,各进阶荣禄大夫。中书右丞哈麻进阶荣禄大夫。庚申,命哈麻等提调各怯薛、各爱马口粮。丁卯,太白犯岁星。诏:“脱脱以答剌罕、太傅、中书右丞相分省于外,督制诸处军马讨徐州。中书省、枢密院、御史台分官属从行,禀受节制,爵赏有功,诛杀有罪,绥顺讨逆,悉听便宜从事。”是日,发京师。是月,大驾还大都。安陆贼将俞君正复陷荆门州,知州聂炳死之。贼将党仲达复陷岳州。

九月乙亥,俞君正复陷中兴,咬住领兵与战于楼台,败绩,奔松滋,本路判官上都死之。己卯,监察御史及河南分御史台、行枢密院、河南廉访司、巩昌总帅府、陕西都府、义兵万户府等官,交章言御史大夫也先帖木儿出征河南功绩。庚辰,赐也先帖木儿金系腰一、金一锭、银一十锭、钞五千锭、币帛各一百匹。癸未,中兴义士范忠偕荆门僧李智,率义兵复中兴路,俞君正败走,龙镇卫指挥使俺都剌哈蛮领兵入城。咬住自松滋还,屯兵于石马。乙酉,脱脱至徐州。丁亥,命知行枢密院事阿剌吉从脱脱讨徐州,赐金系腰一,金一锭、银五锭、钞、币有差。辛卯,脱脱复徐州,屠其城,芝麻李等遁走。壬辰,太阴犯轩辕。戊戌,赐哈麻钞三百锭买玉带。己亥,贼攻辰州,达鲁花赤和尚击走之。庚子,诏加脱脱为太师,班师还京。

冬十月丁未,时享太庙。庚戌,知枢密院事老章进阶金紫光禄大夫。命平章定住、右丞哈麻同知经筵事。癸丑,命和籴粟豆五十万石于辽阳。甲寅,拜知行枢密院事阿乞剌为太尉、淮南行省平章政事。戊午,太阴犯鬼宿。甲子,太阴犯岁星。乙丑,太阴犯亢宿。

十一月辛未,命江浙行省平章政事庆童收捕常州贼。乙亥,以星吉为江西行省平章政事,出师湖广。丙子,中书省臣请为脱脱立《徐州平寇碑》及加封王爵。癸未,命江浙行省右丞帖理帖木儿总兵讨方国珍。己丑,以脱脱平徐功,锡金一十锭、银一百锭、钞五万锭、币帛各三千匹,上表辞,从之。庚寅,太阴犯太微垣。

十二月壬寅,答失八都鲁复襄阳。辛亥,诏以杭、常、湖、信、广德诸路皆克,复赦诖误者,蠲其夏税、秋粮,命有司抚恤其民。辛酉,以湖广行省参知政事卜颜不花、右丞阿儿灰讨徭贼,复湖南潭、岳等处有功,卜颜不花升散阶从一品,阿儿灰升正二品。癸未,脱脱言:"京畿近地水利,召募江南人耕种,岁可得粟、麦百万余石,不烦海运而京师足食。"帝曰:"此事有利于国家,其议行之。"

是岁,海运不通,立都水庸田使司于汴梁,掌种植之事。颍州沈丘人察罕帖木儿与信阳州罗山人李思齐同起义兵,破贼有功。授察罕帖木儿中顺大夫、汝宁府达鲁花赤,李思齐知汝宁府。

元史卷四三

本纪第四三

顺帝六

　　十三年春正月庚午朔,用帝师请,释放在京罪囚。以中书添设平章政事哈麻为平章政事,参知政事悟良哈台为右丞,参知政事乌古孙良桢为左丞。诏印造中统元宝交钞一百九十万锭、至元钞一十万锭。辛未,命悟良哈台、乌古孙良桢兼大司农卿,给分司农司印。西自西山,南至保定、河间,北至檀、顺州,东至迁民镇,凡系官地及元管各处屯田,悉从分司农司立法佃种。合用工价、牛具、农器、谷种、召募农夫诸费,给钞五百万锭,以供其用。旌表真定路藁城县董氏妇贞节。壬申,命陕西行省平章政事卜答失里为总兵官。癸酉,享于太庙。以皇第二子育于太尉众家奴家,赐众家奴及乳母钞各一千锭。甲戌,重建穆清阁。乙亥,命中书右丞秃秃以兵讨商州贼。丙子,方国珍复降。以司农司旧署赐哈麻。庚辰,中书省臣言:“近立分司农司。宜于江浙、淮东等处,召募能种水田及修筑围堰之人,各一千名为农师,教民播种。宜降空名添设职事敕牒一十二道,遣使赍往其地。有能募农民一百名者,授正九品,二百名者正八品,三百名者从七品,即书填流官职名给之,就令管领所募农夫。不出四月十五日俱至田所,期年为满,即放还家。其所募农夫,每名给钞十锭。”从之。以杜秉彝为中书参知政事。乙酉,太阴犯太微垣。丙戌,以武卫所管盐台屯田八百顷,除军见种外,荒闲之地尽付分司农司。答失八都鲁克复襄阳、樊城有功,升四川行省右丞,赐金系腰乱,陷泰州及兴化县,遂陷高邮据之,僣国号大周,自称诚王,建元天佑。

六月丙申朔,立詹事院,设詹事三员、同知二员、副詹事二员、丞二员。命四川行省平章政事玉枢虎儿吐华便宜行事。丁酉,立皇子爱猷识理达腊为皇太子、中书令、枢密使,授以金宝,告祭天地、宗庙。命右丞相脱脱兼詹事。己亥,诏征西都元帅汪只南发本处精锐勇敢军一千人从征讨,以千户二员、百户一十员领之。庚子,知枢密院事失剌把都总河南军,平章政事答失八都鲁总四川军,自襄阳分道而下,克复安陆州。辛丑,罢宫傅府,以所掌钱帛归詹事院。癸卯,诏以敕牒二十道、钞五万锭,给付淮南行省平章政事达世帖睦迩,于淮南、淮北等处召募壮丁,并总领汉军、蒙古守御淮安。辽东搠羊哈及乾帖因、术赤术等五十六名吾者野人,以皮货来降。给搠羊哈等三人银牌一面,管领吾者野人。甲辰,以立皇太子,诏天下,大赦。己酉,亦都护、高昌王月鲁帖木儿薨于南阳军中,命其子桑哥袭亦都护、高昌王爵。辛亥,亲王完者秃泰州阵亡,八秃亳州阵亡,各赙钞五百锭。命前河西廉访副使也先不花为淮西添设宣慰副使,讨泰州。丙辰,诏皇太子位下立仪卫司,设指挥二员,给二珠金牌,副指挥二员,一珠金牌。赐吴王搠思监金二锭、银五锭、钞二千锭、币帛各九匹。以资政院所辖左、右都威卫属詹事院。是月,命淮南行省平章政事达世帖睦迩便宜行事。诏淮南行省平章政事福寿讨兴化。

是夏,蓟州大水。

秋七月丁卯,泉州天雨白丝,海潮日三至。时享太庙。戊辰,太白昼见。宦官至一品、二品者,依常例给俸禄。壬申,湖广行省参知政事阿鲁辉复武昌及汉阳府。癸酉,诏詹事院自行铨注本院属官。壬辰,亲王只儿哈忽薨于海宁军中,以其子宝童继袭王爵。

八月癸卯,亲王阔儿吉思、帖木儿献马。辛亥,赐脱脱东泥河田一十二顷。亲王只儿哈郎讨捕金山贼,薨于军中,命其子秃鲁帖木儿入备宿卫。庚申,命不花帖木儿袭封文济王。是月,车驾还自上都。资政院使脱火赤以兵复江州路。以四川行省平章政事玉枢虎儿吐华、右丞完者不花守镇中兴路。左迁平章政事咬住为淮西元帅,供给乌撒军,进讨蕲、黄。

九月乙丑朔,日有食之。乙亥,以怯薛官广平王咬咬征讨慢功,削其王爵,降为河南行省平章政事。己丑,广宁王浑都帖木儿薨,赙钞一千锭。建皇太子鹿顶殿于圣安殿西。歪剌歹桑哥失里献马一百匹,赐金系腰一、币帛各九。庚寅,太阴犯荧惑。辛卯,扎你别之地献大撒哈剌、察赤儿、米西儿刀、弓、锁子甲及青、白西马各二匹,赐钞二万锭。壬辰,太白经天,荧惑犯左执法。南台御史大夫纳麟以老疾辞职,从之,命太尉如故。丁酉,享于太庙。庚子,太白经天。

冬十月癸卯,以江浙行省参知政事买住丁升本省右丞,提调明年海运。甲辰,岁星犯氐宿。丁未,广西元帅甄崇福复道州,诛贼将周伯颜。庚戌,从帖里帖木儿、左答纳失里之请,授方国珍徽州路治中,国璋广德路治中,国瑛信州路治中,督遣之任。国珍疑惧,不受命。立水军都万户府于昆山州,以浙东宣慰使纳麟哈剌为正万户,宣慰使董搏霄为副万户。庚申,赐皇太子妃钞十万锭。壬戌,赐皇太子五爱马怯薛丹二百五十人钞各一百一十锭。癸亥,太白犯亢宿。是月,撤世祖所立毡殿,改建殿宇。

十一月壬申,太阴犯垒壁阵。乙酉,立典藏库,贮皇太子钱帛。丁亥,江西左丞火你赤以兵平富州、临江,遂引兵复瑞州。是月,立义兵千户、水军千户所于江西,事平,愿还为民者听。

十二月丁酉,太白犯东咸。己亥,宁王旭灭该还大斡耳朵思,赐金系腰一、钞一千锭。庚子,荧惑入氐宿。癸卯,脱脱请以赵完普家产、田地赐知枢密院事桑哥失里。庚戌,京城天无云而雷鸣,少顷有火坠于东南。怀庆路及河南府西北有声,如击鼓者数四,已而雷声震地。癸丑,以西安王阿剌忒纳失里为豫王,弟答儿麻讨南阳贼有功,以西安王印与之,命镇宠吉儿之地。丁巳,太阴犯心宿。西宁王牙罕沙镇四川,还沙州,赐钞一千锭。是月,大同路疫,死者太半。江浙行省平章政事卜颜帖木儿、南台御史中丞蛮子海牙及四川行省参知政事哈临秃、左丞桑秃失里、西宁王牙罕沙,合军讨徐寿辉于蕲水,败之,寿辉遁走,获其伪官四百余人。陕西行省平章政事字罗、四川行省右丞答失八都鲁复均、房等州,诏字罗等守之,答失八都鲁讨东正阳。

是岁,自六月不雨至于八月。造清宁殿前山子、月宫诸殿宇,以宦官留守也先帖木儿、留守同知也速迭儿及都水少监陈阿木哥等董其役。哈麻及秃鲁帖木儿等阴进西天僧于帝,行房中运气之术,号演揲儿法,又进西番僧善秘密法,帝皆习之。

十四年春正月甲子朔,汴梁城东汴河冰,皆成五色花草如绘画,三日方解。乙丑,荧惑犯岁星。丁卯,太白犯建星。辛未,享于太庙。壬申,命帖木儿不花袭封广宁王,赐钞一千锭。癸酉,荧惑犯房宿。立辽阳等处漕运庸田使司,属分司农司。丁丑,帝谓脱脱曰:“朕尝作朵思哥儿好事,迎白伞盖游皇城,实为天下生灵之故。今命剌麻选僧一百八人,仍作朵思哥儿好事。凡所用物,官自给之,毋扰于民。”丙戌,以答儿麻监臧遥授陕西行省平章政事,实授行宣政院使,整治西番人民。是月,命桑哥失里、哈临秃守中兴。答失八都鲁复峡州。

二月戊戌,祭社稷。乙卯,命中书平章政事搠思监提调规运总管府。戊午,太白犯垒壁阵。己未,以湖广行省平章政事苟儿为淮南行省平章政事,以兵攻高邮。是月,以吕思诚为湖广行省左丞。命湖广行省右丞伯颜普化、江南行台中丞蛮子海牙、江浙行省平章政事卜颜帖木儿、参知政事阿里温沙,会合湖广行省平章政事也先帖木儿讨沿江贼。立镇江水军万户府,命江浙行省右丞佛家闾领之。诏河南、淮南两省并立义兵万户府。建清河大寿元忠国寺,以江浙废寺田归之。

三月癸亥朔,日有食之。己巳,廷试进士六十二人,赐薛朝晤、牛继志进士及第,余授官出身有差。壬申,以皇太子行幸,和买驼马。甲戌,命亲王速哥帖木儿以兵讨宿州贼。丙子,颍州陷。是月,中书定拟义兵立功者权任军职,事平授以民职;从之。命四川行省右丞答失八都鲁升本省平章政事兼知行枢密院事,总荆襄诸军从宜调遣。诏和买马于北边,以供军用,凡有马之家,十匹内和买二匹,每匹给钞一十锭。

夏四月癸巳朔,汾州介休县地震,泉涌。以武祺参议中书省事。是月,车驾时巡上都。江西、湖广大饥,民疫疠者甚众。御史台臣纠言江浙行省左丞帖里帖木儿等罪。先是,帖里帖木儿与江南行台侍御史左答纳失里奉旨招谕方国珍,报国珍已降,乞立巡防千户所,朝廷授以五品流官,令纳其船,散遣徒众,国珍不从,拥船一千三百余艘,仍据海道阻绝粮运,以故归罪二人。以江浙行省参知政事阿儿温沙升本省右丞,浙东宣慰使恩宁普为江浙行省参知政事,皆总兵讨方国珍。发陕西军讨河南贼,给钞令自备鞍马、军器,合二万五千人,马七千五百匹,永昌、巩昌沿边人匠、杂户亦在遣中。造过街塔于卢沟桥,命有司给物色人匠,以御史大夫也先不花督之。复立应昌、全宁二路。先是,有诏罢之,以拨属鲁王马某沙王傅府,至是有司以为不便,复之。诏复起永昌、巩昌、喃巴、临洮等处军。命各卫军人修白浮、瓮山等处堤堰。

五月甲子,安丰、正阳贼围庐州。是月,诏修砌北巡所经色泽岭、黑石头河西沿山道路,创建龙门等处石桥。皇太子徙居宸德殿,命有司修葺之。立南阳、邓州等处毛胡芦义兵万户府,募土人为军,免其差苪,令讨贼自效。因其乡人自相团结,号毛胡芦,故以名之。诏以玉枢虎儿吐华募兵万人下蜀江,代答失八都鲁守中兴、荆门。命答失八都鲁以兵赴汝宁。升湖广行省参知政事阿儿灰为右丞,讨庐州。募宁夏善射者及各处回回、术忽殷富者赴京师从军。复发苪卜军万人,命太傅阿剌吉领之。命荆王答儿麻失里代阔瑞阿合镇河西,讨西番贼。

六月辛卯朔,蓟州雨雹。高邮张士诚寇扬州。丙申,达识帖睦迩以兵讨张士诚,败绩,诸军皆溃。诏江浙行省参知政事佛家闾会达识帖睦迩复进兵讨之。甲辰,太阴入斗宿。己酉,盱眙县陷。庚戌,陷泗州,官军溃。

秋七月甲子,潞州襄垣县大风,拔木、偃禾。乙丑,太阴犯角宿。壬申,诏免大都、上都、兴和三路今年税粮。命邢部尚书阿鲁于海宁州等处募兵讨泗州。壬午,太阴犯昴宿。是月,汾州孝义县地震。

八月,冀宁路榆次县桃李花。车驾还自上都。

九月己未朔,赐亲王撒蛮答失金二锭、银二十锭、钞一万锭、币帛表里各三百匹。创设奥剌赤二十名,仍给衣粮、草料。庚申,以湖广行省左丞吕思诚复为中书左丞。辛酉,以知枢密院事月赤察儿为中书平章政事。诏脱脱以太师、中书右丞相总制诸王各爱马、诸省各翼军马,董督总兵、领兵大小官将,出征高邮。甲子,封高丽国王脱脱不花为沈王。丁卯,普颜忽都皇后母殁,赙钞三百锭。立宁宗影堂。戊子,免河南蒙古军人杂泛差役。是月,赐穆清阁工匠皮衣各一领。盖海青鹰房。禁河南、淮南酒。阶州西番贼起,遣兵击之。方国珍拘执元帅也忒迷失、黄岩州达鲁花赤宋伯颜不花、知州赵宜浩以俟诏命。

冬十月甲午,享于太庙。戊戌,诏答失八都鲁及泰不花等会军讨安丰。甲辰,诏加号海神为辅国护圣庇民广济福惠明著天妃。壬子,太阴犯太微垣。

十一月丙寅,敕中书省、枢密院、御史台,凡奏事先启皇太子。诏:“江浙应有诸王、公主、后妃、寺观、官员拨赐田粮及江淮财赋稻田营田各提举司粮,尽数赴仓,听候海运,以备军储,价钱依本处十月时估给之。”丁卯,脱脱领大兵至高邮。辛未,战于高邮城外,大败贼众。丙子,太阴犯鬼宿。癸未,赐亲王嗬答失金镀银印。乙酉,脱脱遣兵平六合县。是月,答失八都鲁复苗军所据郑、均、许三州。皇太子修佛事,释京师死罪以下囚。

十二月辛卯,绛州北方有红气,如火蔽天。丙申,以中书平章政事定住为左丞相,宣政院使哈麻、永昌宣慰锁南班为中书平章政事,进阶光禄大夫。监察御史袁赛因不花等劾奏:“脱脱出师三月,略无寸功,倾国家之财以为己用,半朝廷之官以为自随。又其弟也先帖木儿庸材鄙器，玷污清台，纲纪之政不修，贪淫之心益著。”章三上，诏令也先帖木儿出都门听旨。以宣徽使汪家奴为御史大夫。丁酉，诏以脱脱老师费财已逾三月，坐视寇盗恬不为意，削脱脱官爵，安置淮安路，弟御史大夫也先帖木儿安置宁夏路。以河南行省平章政事泰不花为本省左丞相，中书平章政事月阔察儿加太尉，集贤大学士雪雪知枢密院事，一同总兵，总领诸处征进军马，并在军诸王、驸马、省、院、台官及大小出军官员，其灭里、卜亦失你山、哈八儿秃、哈怯来等拨都儿、云都赤、秃儿怯里兀、字可、西番军人、各爱马朵怜赤、高丽、回回民义丁壮等军人，并听总兵官节制。诏：“被灾残破之处，令有司赈恤，仍蠲租税三年。赐高年帛。”罢庸田、茶运、宝泉等司。戊戌，以定住领经筵事，中政院使桑哥失里为中书添右丞。己亥，太阴掩昴宿。庚子，以桑哥失里同知经筵事。冀国公秃鲁加太尉，进阶金紫光禄大夫。癸卯，命哈麻提调经正监、都水监、会同馆，知经筵事，就带元降虎符。甲辰，以桑哥失里提调宣文阁；哈麻兼大司农，吕思诚兼司农卿，提调农务。己酉，绍兴路地震。是月，命织造世祖御容。诏威顺王宽彻普化还镇湖广。先是，以贼据湖广，命夺其王印。至是，宽彻普化讨贼累立功，故诏还其印，仍守旧镇。命甘肃右丞鬼的讨捕西番贼。答失八都鲁复河阴、巩县。徭贼自耒阳寇衡州，万户许脱因死之。

　　是岁，诏谕：“民间私租太重，以十分为率，普减二分，永为定例。”降钞十万锭，赏江西守城官吏军民。京师大饥，加以疫疠，民有父子相食者。帝于内苑造龙船，委内官供奉少监塔思不花监工。帝自制其样，船首尾长一百二十尺，广二十尺，前瓦簾棚、穿廊、两暖阁，后吾殿楼子，龙身并殿宇用五彩金粧，前有两爪。上用水手二十四人，身衣紫衫，金荔枝带，四带头巾，于船两旁下各执篙一。自后宫至前宫山下海子内，往来游戏。行时，其龙首眼口爪尾皆动。又自制宫漏，约高六七尺，广半之。造木为匮，阴藏诸壶其中，运水上下。匮上设西方三圣殿。匮腰立玉女捧时刻筹，时至，辄浮水而上。左、右列二金甲神人，一悬钟，一悬钲。夜则神人自能按更而击，无分毫差。当钟钲之鸣，狮、凤在侧者，皆翔舞。匮之西东有日月宫，飞仙六人立宫前，遇子午时，飞仙自能耦进，度仙桥，达三圣殿，已而复退立如前。其精巧绝出，人谓前代所鲜有。时帝怠于政事，荒于游宴，以宫女三圣奴、妙乐奴、文殊奴等一十六人按舞，名为十六天魔，首垂发数辫，戴象牙佛冠，身被缨络、大红绡金长短裙、金杂袄、云肩、合袖天衣、绶带鞋袜，各执加巴剌般之器，内一人执铃杵奏乐。又宫女一十一人，练槌髻，勒帕，常服，或用唐帽、窄衫。所奏乐用龙笛、头管、小鼓、筝、繁、琵琶、笙、胡琴、响板、拍板。以宦者长安迭不花管领。遇宫中赞佛，则按舞奏乐。宫官受秘密戒者得入，余不得预。